WORKS
Integrierte Software optimal eingesetzt

Douglas Cobb
The Cobb Group

WORKS
Integrierte Software optimal eingesetzt

Douglas Cobb
The Cobb Group

Dieses Buch ist die deutsche Übersetzung von
Cobb, Putting Microsoft Works to work
Microsoft Press, Redmond, Washington 98052-6399
Copyright © 1988 by The Cobb Group

Übersetzt aus dem Amerikanischen von Almut Kleine
Bearbeitet von Peter Riswick

Dieses Buch ist keine Original-Dokumentation zur Software der Fa. Microsoft.
Sollte Ihnen dieses Buch dennoch anstelle der Original-Dokumentation zusammen mit Disketten
verkauft worden sein, welche die entsprechende Microsoft-Software enthalten, so handelt es sich
wahrscheinlich um eine Raubkopie der Software.
Benachrichtigen Sie in diesem Fall umgehend Microsoft GmbH, Edisonstr. 1, 8044 Unterschleiß-
heim – auch die Benutzung einer Raubkopie kann strafbar sein.

Verlag Vieweg und Microsoft GmbH

Das in diesem Buch enthaltene Programm-Material ist mit keiner Verpflichtung oder Garantie
irgendeiner Art verbunden. Der Autor, der Übersetzer und der Verlag übernehmen infolgedessen
keine Verantwortung und werden keine daraus folgende oder sonstige Haftung übernehmen, die auf
irgendeine Art aus der Benutzung dieses Programm-Materials oder Teilen davon entsteht.

Alle Rechte vorbehalten
© Springer Fachmedien Wiesbaden 1991
Ursprünglich erschienen bei Friedr. Vieweg & Sohn Verlagsgesellschaft mbH, Braunschweig 1991.

Das Werk einschließlich aller seiner Teile ist urheberrechtlich geschützt. Jede
Verwertung außerhalb der engen Grenzen des Urheberrechtsgesetzes ist ohne
Zustimmung des Verlags unzulässig und strafbar. Das gilt insbesondere für
Vervielfältigungen, Übersetzungen, Mikroverfilmungen und die Einspeiche-
rung und Verarbeitung in elektronischen Systemen.

ISBN 978-3-528-04633-0   ISBN 978-3-663-13867-9 (eBook)
DOI 10.1007/978-3-663-13867-9

INHALT

VORWORT

Microsoft Works ist eines der interessantesten Programme für DOS-kompatible Personal Computer. Works ist ein integriertes Softwarepaket, das alle Programme in sich vereint, die man von einem integrierten Softwarepaket erwartet: Textverarbeitung, Tabellenkalkulation einschließlich Diagrammerstellung, Datenbankverwaltung und Datenkommunikation - und das zu einem Preis, den sich die meisten Anwender leisten können. Ein leistungsstarkes, ausgereiftes Produkt für die neue Generation von Computern und Anwendern.

Works bietet Möglichkeiten, wie sie in dieser Preiskategorie wohl unübertroffen sein dürften, denn jedes Works-Dokument stellt ein völlig selbständiges Programm dar.

Im Mittelpunkt steht die Textverarbeitung, die alle Werkzeuge enthält, die zur Erstellung professioneller Memos, Berichte und Briefe erforderlich sind. Außerdem bietet Works eine leistungsstarke Tabellenkalkulation, die beispielsweise mit Lotus 1-2-3 voll kompatibel ist. Zusätzlich besteht die Möglichkeit, aus den Daten der Tabellenkalkulation mit Hilfe der Diagrammeinrichtung schnell und mühelos Präsentations-Diagramme anzufertigen. Mit der formularorientierten Datenbankverwaltung können Informationen gespeichert, sortiert und abgefragt werden, die dann später vom Berichtgenerator zur Anfertigung von Reports verwendet werden. Und da bei Works diese verschiedenen Einrichtungen in einem Softwarepaket integriert sind, können die Informationen zwischen den einzelnen Dokumenten beliebig ausgetauscht werden.

Zu diesem Buch

Das vorliegende Buch will anhand von Mustertabellen zeigen, wie man Works-Dokumente kreativ und sinnvoll einsetzen kann. Jedes Kapitel stellt ein Arbeitsblatt vor, einige davon sind ganz einfach, andere dagegen recht komplex. Einige Arbeitsblätter sind für den privaten Einsatz bestimmt und andere für Unternehmen. Alle Beispiele, bzw. Arbeitstabellen, sind als praktische Hilfe für den Einsatz von Works gedacht.

Dieses Buch verfolgt zwei Ziele.

Erstens soll es Ihnen beim Aufbau praxisnaher und einsatzbereiter Arbeitsblätter helfen - Arbeitsblätter, die Sie dann für Ihre privaten oder unternehmerischen Aktivitäten jederzeit aktivieren können. Mit der Tabelle *Scheckjournal mit Abstimmung*, in **Kapitel 3**, können Sie beispielsweise Ihr Girokonto verwalten und mit dem Arbeitsblatt *Amerikanisches Journal* in **Kapitel 4** Ihre Einnahmen und Ausgaben kontenmäßig verbuchen.

Zweitens soll dieses Buch Ihnen das Arbeiten mit Works erleichtern. Sie finden also detaillierte Anweisungen, wie die einzelnen Tabellen aufgebaut und Daten eingetragen, Formeln und Labels kopiert, Felder formatiert, Spaltenbreiten geändert, Diagramme angefertigt, Datenbankformulare und -berichte definiert und Mailmerge-Dokumente erstellt werden. Beim Aufbau der einzelnen Arbeitsblätter werden Sie mit den verschiedenen Einrichtungen und Techniken von Works bestens vertraut gemacht.

Kapitel 1 erklärt alle Grundeinrichtungen von Works, die Sie unbedingt kennen und verstehen sollten, bevor Sie die ersten Arbeitsblätter anlegen. Im ersten Kapitel erfahren Sie, wie man Menüs öffnet, Befehle aufruft, sich in den Dialogfeldern bewegt und Bereiche markiert. Außerdem erfahren Sie, wie Dateien geöffnet, gespeichert und gedruckt werden. Falls Works Ihnen noch unbekannt sein sollte, empfehlen wir Ihnen, dieses Kapitel sorgfältig durchzulesen. Wenn Sie allerdings mit den Einrichtungen von Works bereits vertraut sind, können Sie mit jedem beliebigen anderen Kapitel beginnen.

Die **Kapitel 2 bis 13** sind alle gleich strukturiert, d.h. in drei Abschnitte unterteilt: Der erste Abschnitt jedes Kapitels, "Das Arbeitsblatt", befaßt sich mit allgemeinen Informationen zum Arbeitsblatt, wie z.B. Layout und Funktion der Tabelle. Der zweite Abschnitt, "Das Arbeitsblatt erstellen", erklärt Schritt für Schritt, wie das Arbeitsblatt aufgebaut wird. Wenn Sie die Instruktionen genau befolgen, werden Sie bereits nach wenigen Stunden eine einsatzbereite Tabelle aufgebaut haben. (In einigen Fällen reichen sogar einige Minuten.) Der dritte Abschnitt, "Mit dem Arbeitsblatt arbeiten", erläutert, wie man mit der Tabelle arbeitet. In diesem Abschnitt werden detaillierte Informationen über Feldbezüge und Datenzusammenhänge gegeben.

Die *Einnahmen-/Ausgabenplanung* in **Kapitel 2** zeigt Ihnen, wie Sie Ihre Geldausgaben besser planen und in den Griff bekommen können. Sie geben einfach den Ausgangssaldo Ihres Kontos und alle voraussichtlichen Ausgaben und Einnahmen für das kommende Jahr in die Tabelle ein. Works berechnet dann den voraussichtlichen Saldo in jeder Woche des entsprechenden Jahres. Die Tabelle ist zur Kalkulation des voraussichtlichen Cashflows für das kommende Jahr sowohl im privaten als auch im unternehmerischen Bereich geeignet. Beim Aufbau und Einsatz der Tabelle werden einige interessante Techniken gezeigt, die auch in anderen Tabellen eingesetzt werden können.

Mit dem *Scheckjournal mit Abstimmung* in **Kapitel 3** können Sie Ihr Girokonto verwalten, damit Sie jederzeit auf dem laufenden sind. Wenn Sie mit dieser Tabelle arbeiten, tragen Sie jeden ausgestellten Scheck und jede Gutschrift auf Ihr Konto im Scheckjournal der Tabelle ein. Die Tabellenkalkulation errechnet nach jeder Bewegung den Kontostand anhand der eingetragenen Formeln. Wenn Sie am Ende eines Monats Ihr Konto abstimmen wollen, kodieren Sie einfach alle Schecks und Gutschriften, die von der Bank noch nicht verbucht wurden. Die Tabellenkalkulation nimmt Ihnen dann die Rechenarbeit ab.

Das Arbeitsblatt *Amerikanisches Journal* in **Kapitel 4** ist ein einfaches Buchungssystem von Einnahmen und Ausgaben. Sie können selbst bestimmen, nach welchem Kontenschema Sie Ihre Buchungen vornehmen wollen. Nachdem Sie ein Schema festgelegt haben, tragen Sie dann nur noch Ihre Einnahmen und Ausgaben in die Tabelle ein und weisen jeder Zahlung einen Buchungsschlüssel zu. Die Tabelle benutzt dann die Buchungsschlüssel - und das von Ihnen festgelegte Kontenschema -, um die einzelnen Zahlungen auf das entsprechende Konto zu verbuchen. Auch bei dieser Tabelle werden wieder interessante Techniken gezeigt, u.a. wie man Informationen von einer Tabelle in eine andere kopieren kann.

Kapitel 5 zeigt, wie eine Tabelle aufgebaut wird, mit der man Kreditkonditionen überprüfen und die Tilgung des Kredits verfolgen kann. Die Tabelle *Kredittilgung* kann mit unterschiedlichen Ratenzahlungen, Laufzeiten (bis 360 Monate) und Zinsraten sowie Sondersituationen, wie z.B. monatliche Zusatzzahlungen oder variable Zinsen umgehen. Darüber hinaus besteht die Möglichkeit, unterschiedliche Kreditkonditionen durchzuspielen. Sie können beispielsweise errechnen lassen, wie hoch der gesamte Rückzahlungsbetrag und wie hoch allein der Zinsanteil für eine bestimmte Laufzeit sein werden. Außerdem haben Sie die Möglichkeit, jederzeit den aktuellen Stand Ihres Kredits festzustellen. Die Tabelle eignet sich für den privaten Gebrauch, z.B. für Haushypotheken, und ebenso für Darlehen im Firmenbereich.

Wenn Sie eine kleine Firma haben oder in einem größeren Unternehmen ein Produkt leiten, werden Sie mit der *Breakeven-Analyse* in **Kapitel 6** gut bedient sein. Diese einfache Tabelle berechnet Ihnen den Breakeven-Punkt für ein bestimmtes Produkt. Dazu geben Sie einfach den Verkaufspreis und alle variablen und fixen Kosten für Ihr Produkt ein. Die Tabelle berechnet daraus dann den Breakeven-Punkt für das Produkt und zeigt Ihnen, wenn Sie wollen, anhand eines Diagramms das Verhältnis von verkauften Stücken zu Erträgen, Kosten und Gewinn.

Für eine *Finanzanalyse* empfiehlt sich die Tabelle in **Kapitel 7**. Wenn Sie mit dieser Tabelle arbeiten, geben Sie in den entsprechenden Feldern Bilanz und Gewinn- und Verlustrechnung des zu untersuchenden Unternehmens ein. Die Tabelle berechnet dann einige wichtige Kennzahlen für das Unternehmen: Liquidität dritten Grades, Quick Ratio, Debt/Equity Ratio usw.

Mit der *Adressverwaltung* von **Kapitel 8** stehen Ihnen die wichtigsten Arbeitshilfen zur Verfügung, um Verteilerlisten zu verwalten. Das Arbeitsblatt ist äußerst praktisch und ganz einfach zu erstellen. Sie können es nicht nur im Büro einsetzen, um die Namen Ihrer Mitarbeiter, Kunden, Interessenten etc. zu erfassen, sondern auch eine private Adreßliste der Namen und Adressen Ihrer Freunde und Bekannten damit anfertigen. Wenn Sie das Arbeitsblatt entwickeln, lernen Sie, mit Works Datenbanken einzurichten, abzufragen und zu sortieren und Seriendokumente anzulegen.

Wenn Sie Ihre Leistungen nach Stunden abrechnen, finden Sie in der *Arbeits-zeitverwaltung* in **Kapitel 9** ein nützliches Hilfsmittel. Beim Erstellen dieses Arbeitsblattes lernen Sie zusätzlich, mit Datenbankberichten umzugehen.

Mit der *Debitorenverwaltung* in **Kapitel 10** können die Außenstände eines kleines Betriebes verwaltet werden. Dieses Arbeitsblatt besteht zum einen aus einer Datenbank, in der alle ausgestellten Rechnungen eingetragen werden, und zum anderen aus einer Reihe von Berichtsdefinitionen. Wenn Sie mit dem Arbeitsblatt arbeiten, geben Sie einfach in die Datenbank Forderungen die Daten zu jeder Rechnung und alle eingehenden Zahlungen ein. Das Arbeitsblatt enthält Formeln, die ausstehende Beträge sowie das Alter der Rechnungen ermitteln. Mit Hilfe von Berichten können Sie Ihre Daten auf ganz unter-schiedliche Weise einsehen. Mit einem der Berichte können Sie sogar Kontoauszüge drucken lassen.

Wenn Sie ein eigenes Unternehmen haben, sollten Sie auf jeden Fall die *Gewinn/Verlustprognose* in **Kapitel 11** einsetzen. Mit dieser Tabelle können Sie einfach und bequem einen Ertragsplan aufstellen - eine Voraussage der Einnahmen und Ausgaben Ihres Unternehmens. Die Tabelle ist zwar ziemlich kompliziert, aber auch außerordentlich nützlich und flexibel genug, um für Unternehmen jeglicher Größe geeignet zu sein.

Die *Cashflow-Planung* in **Kapitel 12** ermöglicht, eventuelle finanzielle Engpässe Ihres Unternehmens bereits ein Jahr im voraus zu erkennen. Sie geben einfach Schätzwerte für Verkäufe, Lagerumschlag, Betriebskosten, Ein- und Ausgänge von Sachvermögen sowie Schuldendienst ein. Die Tabelle berechnet anhand dieser Werte die voraussichtliche Liquidität Ihres Unter-nehmens, d.h. Kasseneingänge und -ausgänge sowie Netto-Kassenbestände. Die Cashflow-Tabelle arbeitet mit einer interessanten Formel, die kurzfristige Verbindlichkeiten aufnimmt, wenn die Liquidität unter ein von Ihnen festge-legtes Limit sinkt und diese geliehenen Mittel automatisch wieder zurückgibt, sobald dafür überschüssige Mittel zur Verfügung stehen. Auch diese Tabelle ist sowohl für kleine als auch große Unternehmen geeignet.

Die Tabelle in **Kapitel 13**, *Persönliche Finanzplanung*, eignet sich ideal zur Vorausplanung der persönlichen Finanzen für das kommende Jahr. Diese Tabelle wird Ihnen helfen, finanzielle Engpässe und unliebsame Über-raschungen zu vermeiden.

An wen wendet sich dieses Buch?

Es ist für jeden geeignet, der mit Microsoft Works arbeitet. Anfänger werden die schrittweisen Anweisungen und sorgfältigen, detaillierten Beschreibungen begrüßen. Wenn Sie also zu den Works-Anfängern zählen, werden Sie mit Hilfe dieses Buches den Einstieg schnell schaffen. Für Fortgeschrittene werden die Tricks und besonderen Techniken, die in den einzelnen Kapiteln vorgestellt werden, von Interesse sein. Wenn Sie bereits mit Works arbeiten, wird Ihnen das Buch helfen, weitere Fertigkeiten zu erwerben.

Obgleich die Arbeitsblätter von Kapitel zu Kapitel komplexer werden, müssen Sie nicht unbedingt vorne im Buch beginnen. Jedes Kapitel ist in sich geschlossen, Sie können also selbst wählen, mit welchem Kapitel Sie anfangen wollen.

Noch etwas

Wenn Sie die Disketten zum Buch vorliegen haben, können Sie in den einzelnen Kapiteln jeweils den Abschnitt über den Aufbau der Tabelle überschlagen und gleich zum Abschnitt *Mit dem Arbeitsblatt arbeiten* übergehen.

Kapitel 1

ALLGEMEINES ZU WORKS

Works ist ein integriertes Software-Paket mit vier völlig unterschiedlichen Arbeitsprogrammen - Textverarbeitung, Tabellenkalkulation, Datenbankverwaltung und Datenübertragung. Jedes dieser vier Arbeitsprogramme ist in sich geschlossen und bearbeitet ein eigenes Aufgabengebiet. In den vier Arbeitsprogrammen - oder Dokumenten - sind viele Befehle und Handgriffe identisch: z.B. Menüansteuerung, Arbeiten mit Dialogfeldern oder Speichern und Öffnen von Dokumenten.

Das Einrichtungsprogramm

Bevor Works einsatzbereit ist, muß das Programm erst einmal in Ihrem System installiert werden. Dazu benutzen Sie die Diskette mit dem Einrichtungs-/Lernprogramm. Das Einrichtungsprogramm erfüllt zwei Funktionen: es erstellt eine Arbeitskopie von Works auf Ihrer Diskette oder Festplatte, und es konfiguriert Works für Ihr System.

Das Einrichtungsprogramm wird folgendermaßen installiert. Zuerst laden Sie Ihr System und bestimmen A: zum aktuellen Laufwerk. Dazu legen Sie eine MS-DOS-Diskette in Laufwerk A und schalten Ihr Gerät ein. Nach dem Boot-Signal erscheint das DOS-Prompt A> auf dem Bildschirm. Legen Sie nun die Diskette mit dem Einrichtungs-/Lernprogramm in Laufwerk A, und schreiben Sie *setup*. Anschließend drücken Sie Enter.

Auf dem Bildschirm erscheinen einige Informationen zum Einrichtungsprogramm sowie folgende drei Auswahlmöglichkeiten: *Eine neue Kopie von Works erstellen*, *Vorhandene Kopie von Works ändern* und *SETUP abbrechen*. Da Sie Works zum ersten Mal installieren, wählen Sie *Eine neue Kopie von Works erstellen*. Beantworten Sie anschließend alle weiteren Anweisungen des Einrichtungsprogramms, und wechseln Sie die Disketten, wenn Sie dazu aufgefordert werden. Als letztes geben Sie Ihre System-Konfiguration an - Computertyp, Grafikkarte und Druckerart. Wenn Sie Works auf einer Festplatte installieren, können Sie noch den Hilfe-Index und die Rechtschreibungs-Datei - oder auch beide - auf Ihrer Platte installieren, vorausgesetzt der verfügbare Speicherplatz reicht aus. Wählen Sie eine der angebotenen Optionen, sobald Sie dazu aufgefordert werden.

Nachdem Sie das Einrichtungsprogramm installiert haben und eine entsprechende Meldung auf dem Bildschirm erscheint, drücken Sie eine beliebige Taste, um das Einrichtungsprogramm zu verlassen und ins Betriebssystem zurückzukehren. Sobald das DOS-Prompt erscheint, können Sie Works laden.

Laden des Works-Programmes

Bevor Sie mit Works arbeiten können, müssen Sie das Programm erst einmal in Ihr System laden. Der Ladevorgang richtet sich danach, ob Works auf einem Disketten-Laufwerk oder einer Festplatte installiert wurde.

Works von einem Disketten-Laufwerk laden

Haben Sie Works auf einem Disketten-Laufwerk installiert, laden Sie das Programm nun aus dem Laufwerk A. Wenn Ihr Computer noch ausgeschaltet ist, legen Sie eine MS-DOS-Diskette in Laufwerk A, und schalten Sie Ihr Gerät ein. Nach kurzer Wartezeit ertönt das Bootsignal, und auf dem Bildschirm erscheint das System-Prompt A>. Haben Sie Ihr System bereits eingeschaltet, befinden sich aber nicht in der Betriebssystemebene, so verlassen Sie das Programm, in dem Sie gerade arbeiten, und gehen in die Systemebene. Erscheint ein anderes Prompt als A>, geben Sie einfach *a:* und anschließend Enter ein, um A: zum aktuellen Laufwerk zu bestimmen. Sobald A> angezeigt wird, legen Sie Ihre Works-Arbeitsdiskette (die Kopie, die Sie mit dem Einrichtungsprogramm angelegt haben) in Laufwerk A, schließen das Laufwerk, schreiben *works* und bestätigen Ihre Eingabe anschließend mit Enter.

Works von der Festplatte laden

Wenn Sie Works auf der Festplatte installiert haben, laden Sie das Programm von dort. Schalten Sie also Ihren Computer ein - falls dies noch nicht geschehen ist. Nach kurzer Wartezeit ertönt das Ladesignal, und das System-Prompt C> erscheint auf dem Bildschirm. Haben Sie Ihr System bereits eingeschaltet, befinden sich aber nicht in der Systemebene, verlassen Sie das Programm, mit dem Sie gerade arbeiten, und gehen in die Systemebene. Erscheint ein anderes Prompt als C>, schreiben Sie einfach *c:* und drücken anschließend Enter. Damit haben Sie Laufwerk C: zum aktuellen Laufwerk bestimmt.

Nachdem C: das aktuelle Laufwerk ist, machen Sie das Verzeichnis mit Ihrer Works-Datei - in den meisten Fällen C:\WORKS - zum Standardverzeichnis. Dazu schreiben Sie einfach *cd c:\works* und drücken anschließend Enter. Um Works zu laden, schreiben Sie *works* und bestätigen mit Enter.

Sobald Works geladen ist, gleicht Ihr Bildschirm Abbildung 1-1. Von diesem Startbildschirm aus können Sie zahlreiche Aktionen durchführen, meistens werden Sie mit einem bestehenden Arbeitsblatt arbeiten oder ein neues erstellen. Abbildung 1-2 zeigt den Bildschirm, wenn der Menüpunkt Neue Datei erstellen aus dem Dateien-Menü ausgewählt wurde. In der Bildschirmmitte sehen Sie das geöffnete Dialogfeld, mit dem Sie ein neues Works-Arbeitsdokument anlegen können. Die vier angebotenen Optionen - Neue Textverarbeitung, Neue Tabellenkalkulation, Neue Datenbank und Neue Datenübertragung - entsprechen den vier Dokumentenarten von Works.

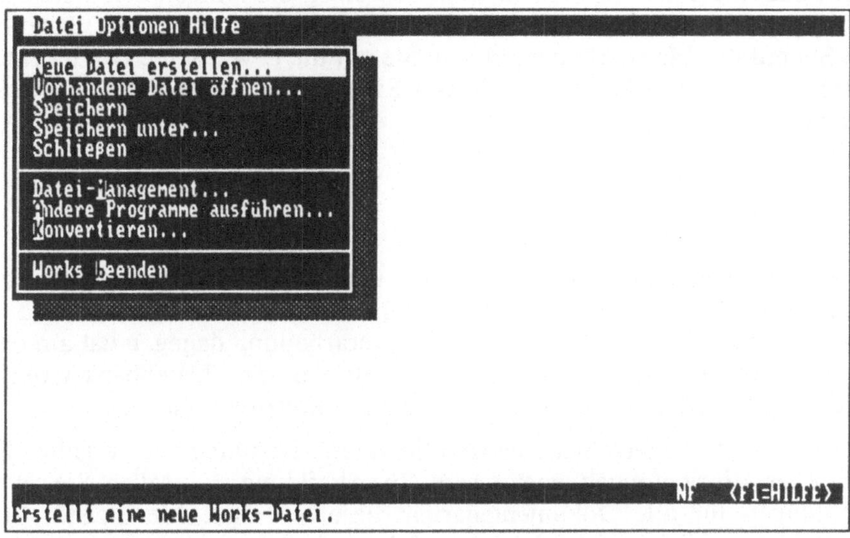

Abbildung 1-1.

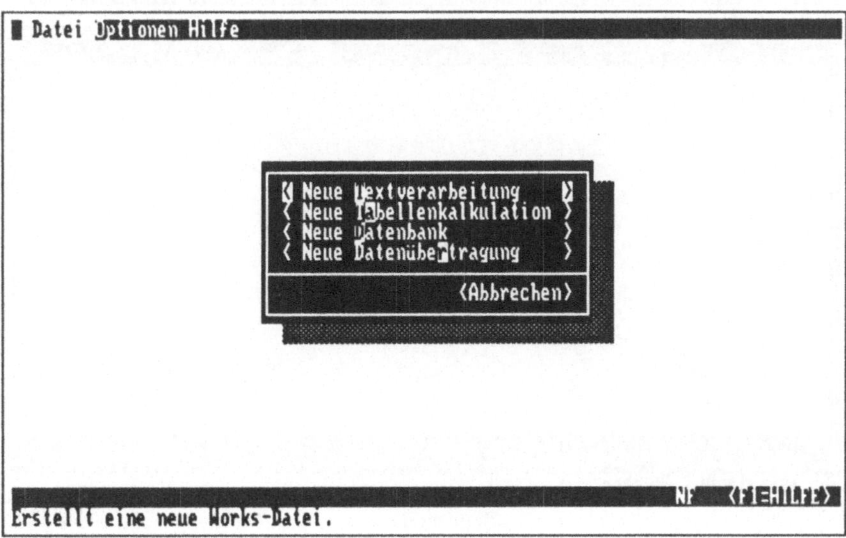

Abbildung 1-2.

Erstellen eines Works-Dokuments

Als erstes geben Sie im Dialogfeld Neue Datei erstellen an, in welcher Dokumentenart (Arbeitsprogramm) Sie ein Dokument erstellen wollen. Mit Hilfe der
Pfeiltasten können Sie die gewünschte Option markieren (sie wird intensiv dargestellt) und mit Enter auswählen. Oder schreiben Sie einfach den ersten Buchstaben der Option *t* oder *T* für Tabellenkalkulation, *d* oder *D* für Datenbank.
Wenn Sie mit der Maus arbeiten, zeigen Sie auf die gewünschte Dokumentenart
und drücken die linke Maustaste. Sobald Sie gewählt haben, legt WORKS das
neue Dokument an.

Der Bildschirm

Die verschiedenen Works-Dokumente sind unterschiedlich angelegt. So besteht
beispielsweise das Arbeitsblatt in der Tabellenkalkulation aus einem Koordina-
tensystem aus Spalten und Zeilen. Die Textverarbeitung dagegen hat am oberen
Rand des Arbeitsbereichs ein Lineal, während das Datenbank-Dokument
entweder als Koordinatennetz oder als Formular konzipiert ist.

Doch trotz dieser Unterschiede haben alle Works-Dokumente eine ganze Reihe
struktureller Einrichtungen gemeinsam. In Abbildung 1-3 sehen Sie, welche
Einrichtungen für alle Dokumentenarten dieselben sind: Menüleiste, Statuszeile, Meldungszeile, Schieberleisten und der Arbeitsbereich.

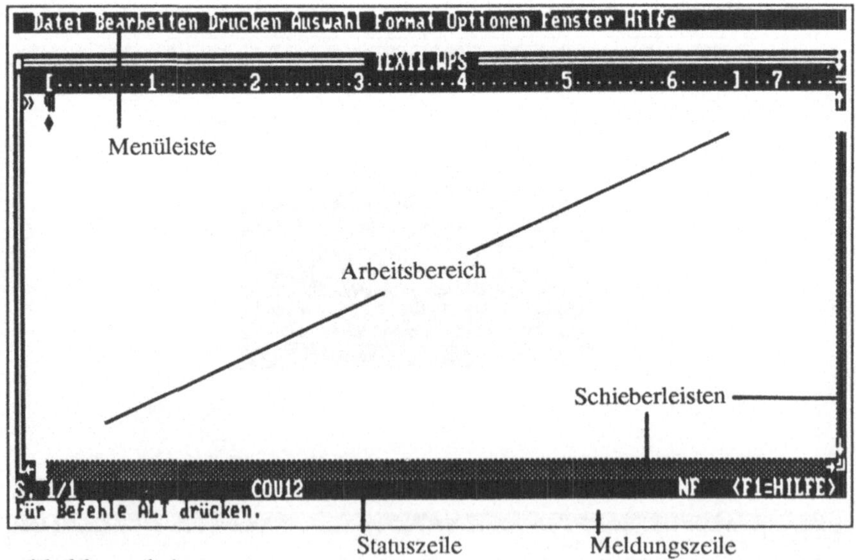

Abbildung 1-3.

Am oberen Rand des Dokuments sehen Sie die *Menüleiste*. Sie zeigt, welche Menüpunkte für das jeweilige Dokument zur Verfügung stehen. Wie in Abbildung 1-3 zu erkennen ist, arbeitet ein Textverarbeitungs-Dokument mit sieben Menüs: Datei, Bearbeiten, Drucken, Auswahl, Format, Optionen, Fenster und Hilfe. Jedes einzelne Menü enthält mehrere Befehle, mit denen das aktivierte Dokument bearbeitet werden kann. Um einen dieser Befehle aufzurufen, muß das entsprechende Menü geöffnet werden. Wie dies im einzelnen vor sich geht, wird später in diesem Kapitel gezeigt.

Die vorletzte Zeile unten auf dem Bildschirm ist die *Statuszeile*. Hier werden Informationen über das aktuelle Dokument gezeigt - u.a. der Name des Dokuments. Die Art der weiteren Informationen hängt jeweils vom Typ des Dokuments ab. In der Textverarbeitung finden Sie in der Statuszeile z.B. neben der jeweiligen Seitenzahl Informationen über das Format des markierten Textes, während in der Tabellenkalkulation - neben anderen Informationen - die Adresse des aktivierten Feldes bzw. Feldbereichs gezeigt wird.

Die unterste Zeile auf dem Bildschirm bildet die *Meldungszeile*. Hier erscheinen Aufforderungen und Anweisungen für den Benutzer bzw. Erklärungen zu den aufgerufenen Befehlen.

Wenn Sie mit Works arbeiten, schreiben Sie Ihre Informationen und Daten in den *Arbeitsbereich* - der Bereich zwischen Menüleiste und Statuszeile. In der Textverarbeitung besteht der Arbeitsbereich aus einer Bildschirmseite, die am oberen Rand ein Lineal zeigt; in der Tabellenkalkulation aus einem Feldsystem mit Zeilen und Spalten; in der Datenbank entweder aus einem benutzerspezifischen Formular oder einem Feldsystem. Beim Datenübertragungs-Dokument werden die vom Host-Rechner empfangen Informationen in diesen Arbeitsbereich geschrieben.

Am rechten und unteren Rand der Arbeitsfläche befindet sich eine sogenannte Schieberleiste. Abbildung 1-3 zeigt ein Textverarbeitungs-Dokument mit dieser Einteilung. Die Schieberleiste ermöglicht dem Benutzer, sich mit der Maus im Dokument hin und her zu bewegen. Mit der vertikalen Schieberleiste (rechts auf dem Bildschirm) bewegen Sie sich auf und ab, mit der horizontalen (unten auf dem Bildschirm) nach rechts und links.

Die Works-Tastatur

Works ist für IBM- und IBM-kompatible Tastaturen ausgelegt. Lassen Sie uns kurz einen Blick auf die Tastatur und die Funktion einiger Tasten werfen.

Cursorbewegung

Die Grundfunktion einer Taste oder Tastenkombination ist für alle Works-Dokumente dieselbe, auch wenn die Auswirkung eines Tastenbefehls zum Teil von der Art des Dokuments abhängig ist. Die Tabelle in Abbildung 1-4 zeigt die einzelnen Tasten und Tastenkombinationen zur Cursorbewegung in Works-Dokumenten und erklärt ihre jeweilige Funktion (innerhalb der verschiedenen Dokumentenarten).

Taste	Cursorbewegung
Abwärtspfeil	nach unten um ein Feld (TK), eine Zeile (TV), einen Datensatz (DB-Liste) oder Feld (DB-Formular)
Pfeil links	nach links um ein Feld (TK), Zeichen (TV) und (TK)
Pfeil rechts	nach rechts um ein Feld (TK), Zeichen (TV) und (DB)
Aufwärtspfeil	nach oben um ein Feld (TK), eine Zeile (TV), einen Datensatz (DB-Liste) oder ein Feld (DB-Formular)
End	rechts ans Ende von aktueller Zeile (TK) und (TV) der aktuellem Datensatz (DB)
Home	links an den Anfang von aktueller Zeile (TK) und (TV) oder aktuellem Datensatz (DB)
PgDn	abwärts um einen Bildschirm (TK, TV und DB)
PgUp	aufwärts um einen Bildschirm (TK, und TV)
Tab	nach rechts um eine Spalte oder ein Feld (TK und DB)
Shift-Tab	nach links um eine Spalte oder ein Feld (TK und DB)
Ctrl-Abwärtspfeil	abwärts ans Ende des aktuellen Blocks (TK) oder Paragraphen (TV)
Ctrl-Aufwärtspfeil	aufwärts ans Ende des aktuellen Blocks (TK) oder Paragraphen (TV)
Ctrl-Pfeil Links	links ans Ende des aktuellen Blocks (TK9 oder ein Wort nach links (TV)
Ctrl-Pfeil Rechts	rechts ans Ende des aktuellen Blocks (TK) oder ein Wort nach rechts (TV)
Ctrl-End	abwärts und rechts ans Ende eines Dokuments
Ctrl-Home	aufwärts und links an den Anfang eines Dokuments
Ctrl-PgDn	nach rechts um einen Bildschirm (TK), nach unten ans Ende des Paragraphen (TV) oder nach unten zum nächsten Datensatz (DB-Formular)
Ctrl-PgUp	nach links um einen Bildschirm (TK), aufwärts zum Anfang des Paragraphen (TV) oder aufwärts zum vorhergehenden Datensatz (DB-Formular)

Abbildung 1-4. Cursorbewegungstasten unter Works

Funktionstasten

Die Funktionstasten, [F1], [F2] usw., befinden sich links oder oben auf Ihrer Tastatur. Beachten Sie, daß diese Tasten in den verschiedenen Dokumenten zum Teil unterschiedliche Funktionen haben, - oder einige nur in bestimmten Dokumenten aktiviert werden können. Einige Funktionstasten werden auch in Verbindung mit Shift (Umschalten) und Ctrl (Strg) verwendet.

Taste	Bezeichnung	Funktion
[F1]	Hilfe	Hilfe anfordern
[F2]	Bearbeiten	Editiert aktuelles Feld
[F3]	Bewegen	Führt Verlagerung aus
Shift-[F3]	Kopieren	Führt Kopierbefehl aus
[F4]	Bezug	Absolute und gemischte Bezüge
[F5]	Gehe Zu	Bewegt Cursor in angegebene Position
[F6]	Fenster	Bewegt Cursor zum nächsten Fenster
Shift-[F6]	Voriges Fenster	Bewegt Cursor zum vorhergehenden Fenster
[F7]	Suche Wiederholen	Sucht weiteres Vorkommen des gesuchten Strings
Shift-[F7]	Wiederholen	Wiederholt den letzten Formatierbefehl
[F8]	Erweitern	Hebt einen Bereich von Feldern oder Zeichen hervor
Shift-[F8]	Reduzieren	Verkleinert den Umfang einer Markierung
Shift-Ctrl-[F8]	Spaltenmarkierung	Spalte aus Feldern markieren
Ctrl-[F8]	Reihenmarkierung	Zeile aus Feldern markieren
Shift-Ctrl-[F8]	Arbeitsblattmarkierung	Gesamtes Arbeitsblatt markieren
[F9]	Berechnen	Arbeitsblatt neu berechnen
	Formular	DB-Formular zeigen
[F10]	Entwurf-Ende	Formular-, Bericht- oder Diagrammerstellung beenden
Shift-[F10]	Zeigen	Diagramm oder Bericht auf dem Bildschirm anzeigen

Abbildung 1-5 Funktionstasten unter Works

Andere Tasten

Einige Tasten haben spezielle Funktionen. So werden z.B. mit Enter Einträge in der Tabellenkalkulation oder Datenbank bestätigt, Befehle wie Kopieren in ein Tabellenkalkulations-Dokument ausgeführt oder in der Textverarbeitung ein Absatz gesetzt. Beim Arbeiten mit den Arbeitsblättern werden Sie diese Taste sehr häufig verwenden.

Mit Esc heben Sie die Markierung eines Feld- oder Zeichenbereichs auf, verlassen ein versehentlich geöffnetes Menü oder stornieren einen Befehl.

Mit der Alt-Taste steuern Sie die Menüleiste an, um eines der Menüs zu öffnen. Wenn Alt gedrückt wird, markiert Works einen Schlüsselbuchstaben in jedem Menünamen. Doch wie Sie mit der Menüleiste und den einzelnen Menüs arbeiten, werden wir später in diesem Kapitel noch genau erklären.

Einige Befehle können vereinfacht ausgeführt werden, durch Kombination von Ctrl mit einer anderen Taste. Wenn Sie in der Textverarbeitung z.B. Ctrl-F drücken, entspricht dieser Tastenbefehl der Option Fett im Format-Menü. Wenn Sie in der Tabellenkalkulation die Tastenkombination Ctrl-' drücken, wird der Inhalt des Feldes über dem aktuellen Feld in das aktuelle Feld kopiert. Mehr über diese Spezialbefehle erfahren Sie, wenn Sie mit den Arbeitstabellen arbeiten.

Menüs und Befehle

Wie bereits erwähnt, ist in jedem Works-Dokument in der obersten Bildschirmzeile die Menüleiste zu sehen. Hinter jedem Namen in dieser Leiste verbirgt sich ein Menü mit mehreren Befehlen, die für die Dokumentenbearbeitung erforderlich sind.

In jeder Dokumentenart sieht die Menüauswahl anders aus. Doch da Works ein integriertes Softwarepaket ist, sind viele Funktionen für alle Dokumente identisch. Einige Menübezeichnungen finden Sie in mehreren Dokumenten, und in einigen Fällen enthalten diese Menüs auch exakt dieselben Optionen. In allen Dokumentenart gibt es z.B. ein Menü mit der Bezeichnung Datei, das folgende Befehle enthält: Neue Datei erstellen, Vorhandene Datei laden, Speichern, Speichern unter, Schließen, Datei-Management, Andere Programme ausführen, Konvertieren und Works beenden

Jede Dokumentenart hat zwar seine eigene Menüauswahl, doch werden alle Menüpunkte in allen Dokumenten gleich angesteuert. Folgende drei Schritte sind erforderlich: Auf die Menüleiste gehen, gewünschtes Menü öffnen, und Befehl wählen.

Ansteuern der Menüleiste

Mit der Taste Alt gelangen Sie aus allen Works-Dokumenten direkt auf die Menüleiste. Dabei markiert Works automatisch den ersten Menüpunkt (in allen Fällen die Menübezeichnung Datei) und hebt gleichzeitig jeweils einen Buchstaben in jedem Menünamen hervor. In der Meldungenzeile erscheint dazu die Aufforderung *Wählen Sie mit den RICHTUNGSTASTEN und bestätigen Sie mit der EINGABETASTE*.

Öffnen eines Menüs

Nachdem Sie sich auf der Menüleiste befinden, wählen Sie das Menü mit der von Ihnen benötigten Option und öffnen es. Mit der rechten bzw. linken Pfeiltaste bewegen Sie dann die Markierung (Hervorhebung) auf den gewünschten Menünamen und wählen Enter oder OK. Beispiel: Wenn Sie in der Tabellenkalkulation das Menü Bearbeiten öffnen möchten, drücken Sie erst Alt, dann einmal die rechte Pfeiltaste und schließlich Enter. In Abbildung 1-6 sehen Sie, was dabei herauskommt.

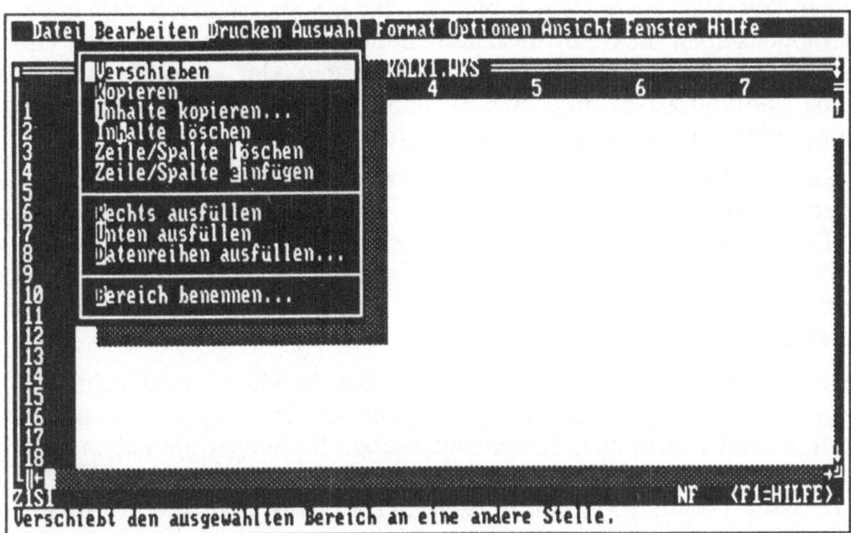

Abbildung 1-6.

Sie können aber auch folgendes machen: Nachdem Sie die Menüleiste angesteuert haben, tippen Sie einfach den markierten Buchstaben des gewünschten Menüs ein. Wenn Sie beispielsweise das Menü Bearbeiten öffnen möchten, tippen Sie *b* oder *B* für Bearbeiten; um das Menü Format zu öffnen, geben Sie *f* oder *F* ein. Sie können dabei ruhig die Alt-Taste gedrückt lassen.

Menübefehle

Ein geöffnetes Works-Menü zeigt alle in diesem Menü ausführbaren Befehle. Das Menü Bearbeiten zeigt z.B in der Tabellenkalkulation zehn verschiedene Befehle: Verschieben, Kopieren, Inhalte kopieren, Inhalte löschen, Zeile/Spalte löschen, Zeile/Spalte einfügen, Rechts ausfüllen, Unten ausfüllen, Datenreihe ausfüllen und Bereich benennen (siehe Abbildung 1-6). Die Befehle in den einzelnen Menüs sind, entsprechend ihrer Funktion, in Gruppen zusammengefaßt.

Wenn Sie ein Menü zum ersten Mal öffnen, markiert Works automatisch den ersten Befehl in diesem Menü. Wenn Sie diesen Befehl aufrufen wollen, bestätigen Sie einfach durch Enter. Benötigen Sie einen anderen Befehl aus diesem Menü, bewegen Sie die Markierung mit Hilfe der Taste Pfeil aufwärts oder Pfeil abwärts auf den gewünschten Befehl und bestätigen mit Enter. Ist der letzte (unterste) Befehl in einem Menü markiert, während Sie die Taste Pfeil abwärts drücken, springt die Markierung automatisch wieder zum ersten (obersten) Befehl im Menü. Umgekehrt, wenn der erste Menübefehl markiert ist und Sie die Taste Pfeil aufwärts drücken, wird die Markierung automatisch zum letzten Befehl im Menü bewegt. Zu jedem markierten Befehl in einem geöffneten Menü erscheint in der Nachrichtenzeile eine kurze Erläuterung.

Bequemer läßt sich ein Befehl eingeben, indem man einfach den markierten Schlüsselbuchstaben des gewünschten Befehls eintippt. Beispiel: Um den Befehl Unten ausfüllen zu wählen, geben Sie nur *u* oder *U* im Menü Bearbeiten ein (siehe Abbildung 1-6). Beachten Sie dabei, daß der Schlüsselbuchstabe nicht unbedingt immer der Anfangsbuchstabe sein muß.

Wenn Sie den Schlüsselbuchstaben eines Befehls eingeben, führt Works diesen Befehl sofort aus, ohne den Befehl erst zu markieren und auf Ihre Bestätigenung durch Enter zu warten. Solange Sie noch nicht mit Works vertraut sind, empfehlen wir Ihnen jedoch den etwas umständlicheren Weg über die Befehlsmarkierung mit anschließendem Enter. Damit vermeiden Sie ungewollte Befehlsausführungen.

Wie bereits erwähnt, können Sie während der Befehlseingabe ruhig die Alt-Taste gedrückt lassen. Dies hat keinen Einfluß auf die Befehlsausführung: Works führt den Befehl aus, dessen Buchstaben Sie eingetippt haben. Während der gesamten Befehlseingabe können Sie also ruhig den Finger auf der Alt-Taste belassen. Beim Eingeben eines Makros sollte man die Alt-Taste nicht gedrückt halten.

Es wird sicher auch vorkommen, daß Sie ein Menü schließen möchten, ohne einen Befehl aufgerufen zu haben. Drücken Sie dazu einfach Alt. Das Menü wird geschlossen, die Menüleiste aber bleibt weiterhin aktiviert. Wollen Sie ein Menü schließen und gleichzeitig die Menüleiste verlassen, drücken Sie Esc.

Arbeiten mit der Maus

Wollen Sie Ihre Works-Menüs und -Befehle mit der Maus bearbeiten, können Sie ein Menü entweder durch Klicken der Maustaste oder über die Schieberleiste anwählen. Bewegen Sie einfach den Mauszeiger auf den gewünschten Menü-Namen, und drücken Sie anschließend die linke Maustaste, um das Menü zu öffnen. Anschließend zeigen Sie dann auf den gewünschten Befehl und "klicken" nochmals. Works führt Ihre Befehle genauso selbstverständlich aus, wie beim Arbeiten mit der Tastatur.

Schieben

Statt durch Klicken kann ein Menü auch durch Schieben geöffnet werden. Man zeigt mit der Maus auf das Menü mit dem gesuchten Befehl, drückt die linke Maustaste und schiebt gleichzeitig den Mauszeiger auf den entsprechenden Menü-Befehl. Sobald die linke Taste losgelassen wird, führt Works den markierten Befehl aus. Während der Mauszeiger über die verschiedenen Befehle gleitet, erscheint in der Nachrichtenzeile jeweils die Erklärung zu den beim Schieben berührten Befehlen.

Inaktive Befehle

Einige Befehle sind nur in bestimmten Situationen aktiv. Die Befehle Löschen und Einfügen bleiben beispielsweise inaktiv, solange bestimmte Voraussetzungen, wie z.B. Markieren einer Zeile oder Spalte, nicht erfüllt sind.

Befehlsarten

Works-Befehle können in vier Gruppen unterteilt werden: Befehle, die sofort etwas ausführen, Umschalt-Befehle, Befehle, die eine Aktivität erfordern und Befehle, die Zusatzinformationen benötigen. Einige dieser Befehle erfüllen auch zwei Merkmale: Der Befehl Inhalte kopieren im Tabellenkalkulations-Menü Bearbeiten erwartet eine Aktivität und gleichzeitig weitere Informationen.

Befehle mit umgehender Ausführung

Bestimmte Befehle werden sofort von Works ausgeführt. Viele (nicht alle) dieser Befehle setzen aber eine bereits erfolgte Aktivität voraus. So müssen Felder, die aus einer Tabelle gelöscht werden sollen, bereits markiert sein, wenn der Löschbefehl erteilt wird.

Umschaltbefehle

Einige Works-Befehle funktionieren wie Umschalter - sie schalten eine Option entweder Ein oder Aus. Der Befehl Manuell berechnen im Optionen-Menü der Tabellenkalkulation z.B. schaltet zwischen automatischer und manueller Berechnung hin und her. Der Punkt links vor dem Befehl zeigt an, daß ein Befehl eingeschaltet ist. Fehlt der Punkt, ist die Einstellung ausgeschaltet, die Berechnung wird in diesem Fall also automatisch durchgeführt.

Befehle, die Aktivitäten voraussetzen

Viele Works-Befehle setzen zur Ausführung bestimmte Aktivitäten voraus. Wenn Sie z.B. in der Textverarbeitung den Befehl Kopieren wählen, zeigt Works in der Nachrichtenzeile die Meldung *Zielort wählen und EINGABETASTE drücken. Zum Abbrechen ESC-TASTE drücken.* Nachdem Sie den Cursor an eine Zielstelle gesetzt und Enter gedrückt haben, kopiert Works den Text in die von Ihnen bestimmte Position.

Befehle, die Zusatzinformationen benötigen

Die meisten Works-Befehle benötigen zur Ausführung weitere Informationen. Drei Pünktchen hinter der Befehlsbezeichnung kennzeichnen diese Befehle. Beispiel: Der Neu Datei erstellen-Befehl im Datei-Menü erscheint so: Neue Datei erstellen..., der Befehl zum Drucken im Drucken-Menü so: Drucken... .

Bei allen Befehlen, die zur Ausführung weitere Informationen benötigen, erscheint auf dem Bildschirm ein Dialogfeld - ein Fenster, das die Eingabe weiterer Informationen anbietet. Wenn Sie das Datei-Menü öffnen und den Befehl Vorhandene Datei öffnen eingeben, erscheint auf dem Bildschirm z.B. das in Abbildung 1-7 gezeigte Dialogfeld.

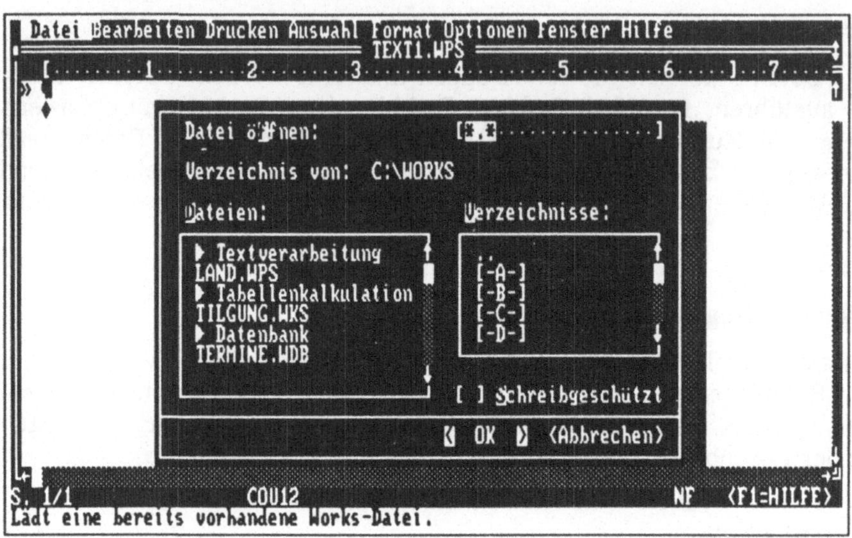

Abbildung 1-7.

Die einfachsten Dialogfelder enthalten nur einige wenige Auswahlangebote. Doch Sie werden bald feststellen, daß die meisten Dialogfelder mehrere Entscheidungen verlangen. Nachdem Sie Ihre Informationen in einem Dialogfeld eingegeben haben, verlassen Sie das Feld, indem Sie eine der unten gezeigten Schaltflächen ansteuern. Eine dieser Schaltflächen, (gewöhnlich OK) weist Works an, den markierten Befehl mit den entsprechenden Einstellungen aus dem Dialogfeld (falls vorhanden) auszuführen. Mit der anderen Schaltfläche (meist Abbrechen) wird ein Befehl abgebrochen oder storniert.

Arbeiten mit Dialogfeldern

Dialogfelder werden in zwei Schritten bearbeitet. Zuerst werden die gefragten Informationen in das Dialogfeld eingegeben und anschließend dem Programm über eine der unten gezeigten Schaltflächen mitgeteilt, wie es fortfahren soll.

Fünf verschiedene Elemente können in einem Dialogfeld enthalten sein: Feld für Text, Prüfung, Option und Liste sowie einige -Schaltflächen. (Alle Dialogfelder arbeiten mit Schaltflächen.) Das in Abbildung 1-7 gezeigte Dialogfeld verfügt über ein Textfeld, zwei Listenfelder, ein Optionenfeld und zwei Schaltflächen.

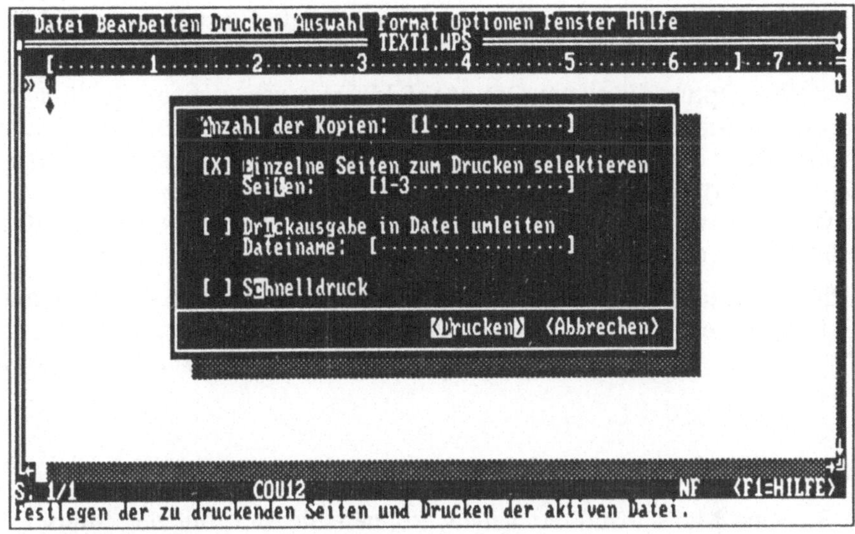

Abbildung 1-8.

Bewegung zwischen den einzelnen Elementen

In einem frisch geladenen Dialogfeld ist automatisch das erste Element - links oben - markiert. Sie haben zwei Möglichkeiten, mit dem Cursor ein Element anzusteuern. Entweder mit Tab zum nächst folgenden Element oder mit Shift-Tab zum vorherigen Element gehen.
Was der Cursor im angesteuerten Feld (Element) jeweils bewirkt, hängt von der Art des Feldes ab. In einem Textfeld wird z.B. der Inhalt des Feldes markiert, es sei denn, das Feld ist leer. In diesem Fall wird der Cursor am Anfang des Textfeldes plaziert. Im Listenfeld wird der Cursor auf das aktuelle Element gesetzt. Ist keines vorhanden, plaziert das Programm den Cursor in die erste Listenposition, ohne diese zu markieren. Im Optionenfeld wird der Cursor auf die markierte Option gesetzt. Wenn Sie den Cursor zum Auswahlfeld bewegen, setzt Works zwar den Cursor in das Feld, ändert aber nichts an der aktuellen Einstellung. Ähnlich verhält es sich mit den Schaltflächen unten im Dialogfeld. Das Programm plaziert den Cursor nur auf die entsprechende Schaltfläche, ohne eine Aktivität auszuführen.

Arbeiten mit Alt-Taste und Schlüsselbuchstaben

Die einzelnen Elemente in einem Dialogfeld können auch folgendermaßen angesteuert werden: Sie drücken die Taste Alt und schreiben gleichzeitig den markierten Schlüsselbuchstaben des entsprechenden Elements. In einem Listen- oder Textfeld antwortet Works genau so, als hätten Sie sich mit der Tab-Taste dorthin bewegt. In einem Prüffeld bewegt das Programm den Cursor zum gewünschten Element und schaltet die entsprechende Einstellung um, d.h. was vorher eingeschaltet war, wird ausgeschaltet (und umgekehrt).

Jede einzelne Option in einem Optionenfeld hat einen eigenen Schlüsselbuchstaben. Wenn Sie also die Alt-Taste drücken und gleichzeitig den Schlüsselbuchstaben einer dieser Optionen eingeben, bewegt Works den Cursor zu dieser Option und führt sie aus. Wurde bereits eine andere Option in diesem Feld schon vorher markiert, bleibt sie unberücksichtigt, da immer nur eine Option ausgeführt werden kann.

Schaltflächen, die mit Schlüsselbuchstaben arbeiten, können ebenfalls mit Alt und Schlüsselbuchstaben angesteuert werden. Works bewegt dabei nicht nur den Cursor zur Schaltfläche, sondern führt auch gleichzeitig die gewählte Aktivität aus.

Mit der Maus arbeiten

Wenn Sie eine Maus installiert haben, können Sie sich mit der Maus zu den einzelnen Elementen innerhalb des Dialogfeldes bewegen. Zeigen Sie einfach auf irgendeinen Bereich innerhalb des gewünschten Elements, und drücken Sie die linke Maustaste. Works bewegt den Cursor dann zu diesem Element. Wenn Sie z.B. auf einem Listenfeld klicken, ändert Works den Status dieses Feldes. Klicken auf einer der Optionen bedeutet, daß Works den entsprechenden Befehl ausführt. Wenn Sie in einem Optionenfeld die Maustaste drücken, markiert Works die Option, auf die Sie während des Klickens gezeigt haben. Beim Klicken auf einem Textfeld plaziert das Programm den Cursor auf dem Buchstaben (falls vorhanden), auf den der Mauszeiger beim Drücken der Maustaste zeigt.

Arbeiten mit den Elementen eines Dialogfeldes

Im folgenden Abschnitt werden wir zeigen, wie die Einstellungen in den einzelnen Elementen eines Dialogfeldes geändert werden können.

Auswahlfelder

Auswahlfelder arbeiten mit Umschaltung - ihre Einstellungen sind entweder ein- oder ausgeschaltet. Ein X im Feld markiert, daß eine Einstellung eingeschaltet ist, ein leeres Feld, daß die Einstellung ausgeschaltet ist. Solange der Cursor auf einem Auswahlfeld plaziert ist, kann diese Einstellung mit der Leertaste ein- bzw. ausgeschaltet werden.

Natürlich können Sie auch hier wieder die Alt-Taste drücken und gleichzeitig den Schlüsselbuchstaben der Einstellung eintippen, auf der sich der Cursor gerade befindet - oder mit der Maus darauf zeigen und klicken. In beiden Fällen ändert Works den Status des Feldes und beläßt den Cursor in seiner Position.

Optionenfeld

Im Optionenfeld werden mehrere Optionen angeboten, von denen nur jeweils eine ausgewählt werden kann. Es gibt verschiedene Möglichkeiten, eine Option zu wählen. Entweder: Sie bewegen den Cursor mit den Richtungspfeil-Tasten von Option zu Option. Die Option, auf der der Cursor gerade plaziert ist, ist jeweils die markierte (gewählte) Option. Mit jeder Cursorbewegung wird also automatisch eine neue Option gewählt. Selbstverständlich können Sie auch hier wieder einfach den Schlüsselbuchstaben der gewünschten Option eingeben - dabei muß die Alt-Taste nicht gedrückt werden. Oder: Sie zeigen mit der Maus auf die entsprechende Option und klicken.

Listenfelder

Listenfelder bieten mehrere Auswahlmöglichkeiten an. Wie beim Optionenfeld kann auch hier nur jeweils eine Option markiert werden. Anders dagegen als im Optionenfeld, sind die Einträge im Listenfeld nicht fixiert, sondern in unterschiedlichen Situationen können unterschiedliche Einträge erscheinen. Works benutzt z.B. Listenfelder, um die Namen der Dateien in einem Verzeichnis aufzulisten. Diese Liste ändert sich jedesmal, wenn Sie einen Dateinamen ändern, neue Dateien laden oder löschen oder auch eine neue Diskette ins Laufwerk einlegen. Jede Liste in einem Listenfeld ist alphanumerisch, in aufsteigender Reihenfolge sortiert.

Es gibt wieder verschiedene Möglichkeiten, den Eintrag im Listenfeld zu markieren. Entweder: Sie bewegen den Cursor mit den Pfeiltasten Aufwärtspfeil und Abwärtspfeil jeweils um einen Eintrag weiter. Der Cursor kann dabei jedoch nicht vom Listenende wieder zum Anfang springen.

Oder: Sie steuern die einzelnen Einträge im Listenfeld mit End, Home, PgUp und PgDn an. Mit End gelangen Sie zum letzten Namen in der Liste, mit Home entsprechend zum ersten. Mit PgUp und PgDn rollen sie die Liste um einen ganzen Ausschnitt aufwärts bzw. abwärts.

Am rechten Rand jedes Listenfeldes finden Sie eine Schieberleiste. Der Schieber (das schwarze Rechteck) auf dieser Schieberleiste markiert die Position des sichtbaren Listenteils innerhalb der gesamten Liste. Wenn Sie mit der Maus arbeiten, können Sie sich anhand der Schieberleiste sehr einfach in der Liste zurechtfinden.

Um den Cursor direkt am Anfang einer bestimmten Gruppe von Einträgen zu plazieren, tippen Sie den Anfangsbuchstaben des ersten Eintrags in dieser Gruppe ein. Der Cursor bewegt sich dann direkt dorthin. Ist kein Eintrag mit dem eingegebenen Buchstaben vorhanden, bleibt das Programm passiv.

Wenn Sie mit der Maus arbeiten, haben Sie wieder verschiedene Möglichkeiten, einen Listeneintrag anzusteuern. Ist der gesuchte Eintrag auf dem Bildschirm sichtbar, zeigen Sie mit der Maus darauf und drücken die linke Maustaste. Suchen Sie einen nicht sichtbaren Eintrag, können Sie mit einem der oben beschriebenen Schritte den Listenteil mit dem gewünschten Eintrag auf den Bildschirm rollen - oder mit der Maus und der Schieberleiste rechts im Listenfeld ansteuern. Wenn Sie die Maustaste drücken, während sich der Schieber ganz oben und unten auf der Schieberleiste befindet, wird jeweils ein neuer Listeneintrag auf den Bildschirm gerollt. Wenn Sie dagegen die Maustaste auf der Schieberleiste oberhalb oder unterhalb des Schiebers drücken, wird ein ganzer Listenteil (Bildschirmseite) auf den Bildschirm gerollt.

Textfelder

Einen Teil der Informationen, die das Programm zur Ausführung einer Aktivität benötigt, holt es sich über Textfelder. Dabei schreiben Sie im allgemeinen die gewünschten Informationen einfach in das Feld. Wenn ein Feld jedoch bereits einen Eintrag enthält - oder wenn Sie mit der Maus arbeiten - müssen Sie anders vorgehen.

Bewegen Sie den Cursor zu einem leeren Textfeld - mit Tab oder durch Eintippen des Schlüsselbuchstaben -, so wird er automatisch an den Anfang des Feldes gesetzt. Enthält das Feld bereits einen Eintrag, wird dieser automatisch von Works markiert. Sie haben nun die Möglichkeit, den vorhandenen Eintrag durch einen neuen Eintrag zu ersetzen, oder den bereits vorhandenen Eintrag zu ändern.

Wenn Sie in ein leeres Feld einen Eintrag machen, erscheint dieser so, wie Sie ihn schreiben. Wollen Sie dagegen in einem markierten Feld einen Eintrag ändern, müssen Sie zuerst die Markierung - oder Hervorhebung - aufheben. Drücken Sie dazu Home. Die Markierung verschwindet, und der Cursor befindet sich auf dem ersten Buchstaben des Eintrags. Wenn Sie die linke Pfeiltaste drücken, springt der Cursor auf den letzten Buchstaben des vorhandenen Eintrags. Mit der rechten Pfeiltaste oder End positionieren Sie den Cursor auf den ersten Leerraum hinter dem letzten Buchstaben.

Nachdem Sie die Markierung aufgehoben haben, können Sie sich mit diesen vier Cursorbewegungstasten auch im Eintrag hin und her bewegen. Mit der linken Pfeiltaste gelangen Sie um ein Zeichen nach links, mit der rechten Pfeiltaste ein Zeichen nach rechts, mit Home auf den ersten Buchstaben des Eintrags und mit End ans Ende, hinter den letzten Buchstaben.

Beim Schreiben werden alle eingetippten Zeichen links vom Cursor eingefügt. Mit der Löschtaste (Delete) wird das Zeichen gelöscht, auf dem der Cursor gerade steht, mit der Rücktaste (Backspace) jeweils das Zeichen links vom Cursor.

Sie können auch mehrere aufeinanderfolgende Zeichen oder Wörter auf einmal löschen. Dazu muß der Bereich, der gelöscht werden soll, erst einmal hervorgehoben werden. Bewegen Sie zu diesem Zweck den Cursor auf den Anfang oder das Ende des zu löschenden Bereichs, drücken Sie Shift und gleichzeitig eine der vier Cursortasten (Pfeil Rechts, Links, Home oder End), um den Bereich zu hervorzuheben. Anschließend löschen Sie dann entweder mit Delete oder Backspace.

Haben Sie Works mit der Maus installiert, können Sie einfach auf ein Textfeld zeigen und die Maustaste drücken. Der Cursor wird dann automatisch auf das Zeichen gesetzt, auf das Sie gezeigt haben. Wenn Sie beim Klicken rechts hinter das letzte Zeichen zeigen, erscheint der Cursor direkt hinter dem letzten Zeichen des Eintrags. Ist das Feld leer, wird der Cursor in der Ecke links oben im Feld plaziert. Mit Del oder der Rücktaste können Sie Zeichen löschen und neue Zeichen einfügen.

Um eine ganze Gruppe von Zeichen zu markieren, zeigen Sie mit der Maus einfach auf das erste oder letzte Zeichen des zu löschenden Bereichs, drücken die linke Maustaste und halten sie fest, während Sie den Cursor an andere Ende des Bereichs setzen. Lassen Sie nun die Taste los. Mit Del oder der Rücktaste können Sie dann den so markierten Bereich löschen oder durch andere Zeichen ersetzen.

Die Breite eines Textfeldes sagt nichts über ihre Aufnahmefähigkeit aus. Wenn Sie sehr viel Text in ein Feld schreiben, rollt Works den Text links über den Bildschirmrand, um Platz für weiteren Text zu schaffen.

Schaltflächen

In jedem Dialogfeld befinden sich im unteren Teil mindestens zwei Schaltflächen. Eine der Schaltflächen ist durch fett markierte Klammern (<>) gekennzeichnet. Wenn Sie eine Schaltfläche ansteuern, wird Works sofort entsprechend aktiv - im allgemeinen entweder Befehl ausführen oder Befehl abbrechen.

Eine Schaltfläche wird mit Tab oder mit Shift-Tab angesteuert und durch Drücken von Enter bestätigt - oder durch Zeigen mit der Maus und Klicken.

In jedem Dialogfeld gilt jeweils eine Schaltfläche als Standardeinstellung. Diese Fläche ist durch fett markierte Klammern gekennzeichnet. Wenn Sie die Standardeinstellung wählen wollen, müssen Sie nicht eigens den Cursor auf die entsprechende Schaltfläche setzen, sondern können gleich Enter drücken. gleichgültig wo sich der Cursor innerhalb des Dialogfeldes befindet - er darf nur nicht auf einer anderen Schaltfläche plaziert sein. Enthält ein Dialogfeld eine OK-Schaltfläche, gilt diese immer als Standardeinstellung.

Eine Schaltfläche kann im allgemeinen auch über einen Schlüsselbuchstaben angesteuert werden (Groß- oder Kleinbuchstabe). Drücken Sie die Taste Alt, und geben Sie gleichzeitig den entsprechenden Schlüsselbuchstaben ein. Jedes Dialogfeld verfügt unter anderem über eine Schaltfläche zum Abbrechen des Befehls. Diese Schaltfläche hat keinen Schlüsselbuchstaben, kann also nicht über eine Tastenkombination mit Alt angesteuert werden. Sie müssen sich mit

dem Cursor oder Mauszeiger dorthin bewegen und ausdrücklich mit Enter oder
durch Klicken der Maustaste bestätigen, oder indem Sie die Esc-Taste drücken.
Works bricht den Befehl dann ab und schließt das Dialogfeld.

Markierung

Bei vielen Works-Befehlen muß erst ein bestimmter Bereich markiert werden,
bevor ein Befehl ausgeführt werden kann. Um einen solchen Bereich zu
markieren (oder hervorzuheben), setzen Sie den Cursor auf das entsprechende
Feld oder Zeichen am Anfang oder Ende des zu markierenden Bereichs und
drücken die Erweiterungstaste [F8]. Mit der entsprechenden Richtungspfeil-
Taste gehen Sie dann ans entgegengesetzte Ende des Bereichs und markieren
ihn dabei gleichzeitig.

Beispiel: Nehmen wir an, Sie wollen einen Feldblock markieren, der von Feld
Z1S1 bis Z5S1 sämtliche Tabellenspalten bis einschließlich Spalte 4 umfaßt.
Setzen Sie also als erstes den Cursor auf Feld Z1S1, und gehen Sie dann mit
[F8] in den Erweiterungs-Modus. Bewegen Sie nun mit der rechten und linken
Pfeiltaste den Cursor auf Feld Z5S4. Den markierten Bereich Z1S1:Z5S4 sehen
Sie in Abbildung 1-9.

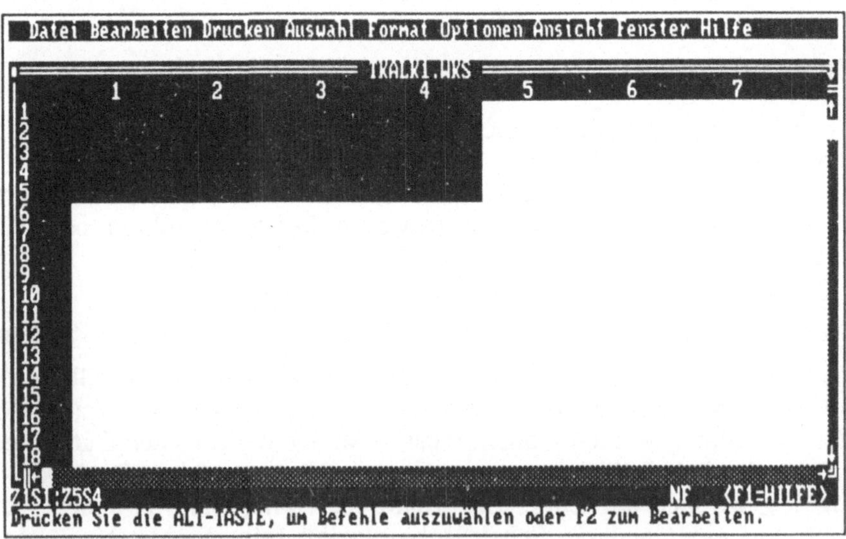

Abbildung 1-9. Tabelle mit markiertem Bereich Z1S1:Z5S4

Wenn Sie mit der Maus arbeiten, können Sie den gewünschten Bereich durch
Schieben des Mauszeigers markieren. Zeigen Sie mit der Maus auf das Feld
oder Zeichen am einen Ende des Bereichs, und drücken Sie die linke Maustaste.
Halten Sie die Maustaste gedrückt, und schieben Sie den Mauszeiger zum
anderen Ende des zu markierenden Bereichs. Während des Schiebens wird der
Bereich hell unterlegt - markiert bzw. hervorgehoben.

Eine Hervorhebung kann mit den Cursortasten verändert werden. Durch Drücken von End im Erweiterungs-Modus wird z.B.ein Bereich bis zum Ende der aktuellen Zeile markiert.

Falls Sie einen Bereich falsch oder versehentlich hervorgehoben haben, drücken Sie zweimal Esc. Die Hervorhebung wird dann wieder aufgehoben. Beim ersten Drücken von Esc verläßt Works den Erweiterungs-Modus, beim zweiten Drücken hebt es die Markierung auf und setzt den Cursor wieder in seine Ausgangsposition.

Jedes Works-Dokument arbeitet beim Hervorheben eines Bereichs mit eigenen "Tricks". Wenn Sie z.B in der Textverarbeitung wiederholt [F8] drücken, vergrößert sich der Markierungsbereich jedesmal um eine Stufe. Beim ersten Drücken von [F8] geht Works in den Erweiterungs-Modus; beim zweiten Drücken markiert es das Wort, auf dem der Cursor gerade plaziert ist; beim nächsten Drücken den gesamten Absatz; und wenn Sie jetzt noch einmal [F8] drücken, ist das gesamte Dokument hell unterlegt. Mit Shift-[F8] können Sie die Markierung wieder jeweils um eine Stufe aufheben.

In Tabellen und Datenbanken wird die Hervorhebung von ganzen Zeilen und Spalten oder Datensätzen und Feldern über das Auswahl-Menü gesteuert. Wenn Sie den Cursor in eine Tabellenzeile setzen und im Auswahl-Menü Zeile wählen, markiert Works alle Felder in dieser Zeile. Analog markiert Works alle Felder in der aktivierten Spalte, wenn Sie Spalte wählen. Ist in mehreren Zeilen jeweils ein Feld markiert, und Sie wählen Zeile im Menü Auswahl, hebt Works alle Felder in den entsprechenden Zeilen hervor. Genauso können Sie mehrere Spalten hervorheben, indem Sie in jeder Spalte ein Feld markieren und anschließend den Befehl Spalte wählen.

Statt Spalte bzw. Zeile im Auswahl-Menü anzusteuern, können Sie auch mit Shift-[F8] eine Spalte markieren, und mit Ctrl-[F8] eine Zeile.

Soll eine ganze Tabelle hervorgehoben werden, markieren Sie zuerst eine Spalte mit dem Befehl Spalte und anschließend eine Zeile mit dem Befehl Zeile im Menü Auswahl - oder in umgekehrter Reihenfolge. Eine andere Möglichkeit ist Shift-Ctrl-[F8]. Mit dieser Tastenkombination wird ebenfalls eine ganze Tabelle markiert.

Wenn Sie mit der Maus arbeiten, können Sie Zeilen und Spalten hervorheben, indem Sie mit dem Mauszeiger auf die Zeilen- oder Spaltenbezeichnung zeigen und anschließend klicken. Wollen Sie mehrere Zeilen oder Spalten gleichzeitig markieren, zeigen Sie auf die Ziffern- oder Buchstabenbezeichnung der ersten zu markierenden Spalte oder Zeile, drücken dann die Maustaste und halten sie fest, während Sie den Mauszeiger zur letzten Spalte oder Zeile des zu markierenden Bereichs schieben.

In der Datenbank enthalten die Zeilen Datensätze, die Spalten Felder. Wie Sie sich wahrscheinlich denken können, bewirken die Befehle Datensatz und Feld im Menü Auswahl dasselbe in der Datenbank, wie die Befehle Spalte und Zeile in der Tabelle. Auch in der Datenbank können Sie mit Shift-[F8] und Ctrl-Shift-[F8] Felder und Datensätze markieren. Wenn Sie mit der Maus arbeiten, gilt hier dasselbe wie bei der Tabellenkalkulation.

Dateiverwaltung

Obgleich die vier verschiedenen Works-Umgebungen zwar unterschiedliche Dokumente erstellen - Textverarbeitung, Tabellenkalkulation, Datenbank und Datenübertragung - sind die Befehle für die Dateiverwaltung in allen vier Arbeitsbereichen im wesentlichen identisch. In jedem Datei-Menü finden Sie Befehle wie Neue Datei erstellen, Vorhandene Datei öffnen, oder Schließen. Mit Neue Datei erstellen wird ein neues Dokument angelegt, mit Speichern bzw. Speichern unter können Dokumente abgespeichert werden und mit Schließen geöffnete Dokumente wieder geschlossen werden. Das Fenster-Menü bietet noch weitere Befehle dieser Art, die wichtig sind, wenn Sie mehrere Dokumente gleichzeitig geöffnet haben.

Erstellen eines neuen Dokuments

Wählen Sie im Datei-Menü Neue Datei erstellen, wenn Sie ein neues Works-Dokument anlegen wollen. Works zeigt dann ein Dialogfeld (wie in Abbildung 1-10).

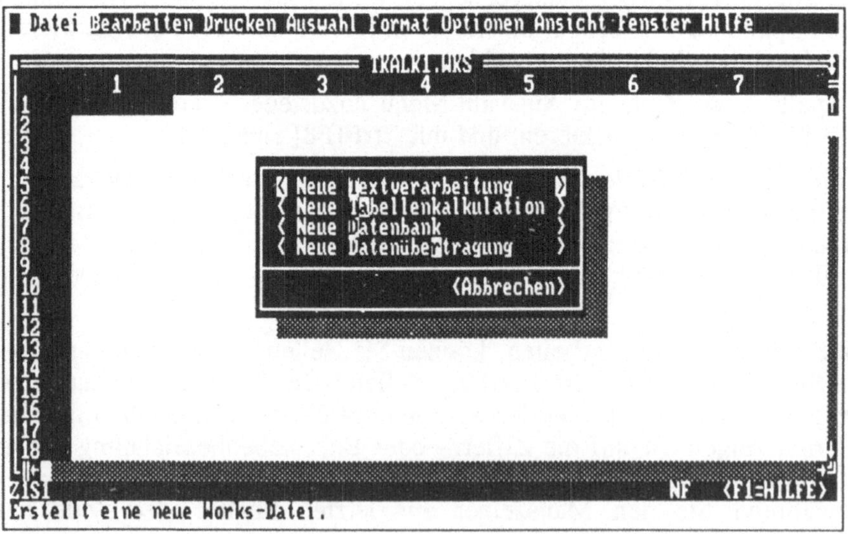

Abbildung 1-10.

Wählen Sie die gewünschte Dokumentenart, indem Sie den Schlüsselbuchstaben tippen. Wenn Sie z.B. eine neue Tabellenkalkulation anlegen wollen, öffnen Sie das Datei-Menü, geben Neue Datei erstellen ein, tippen *a* oder klicken mit der Maus auf Neue Tabellenkalkulation. Works zeigt dann das in Abbildung 1-11 dargestellte Tabellen-Dokument.

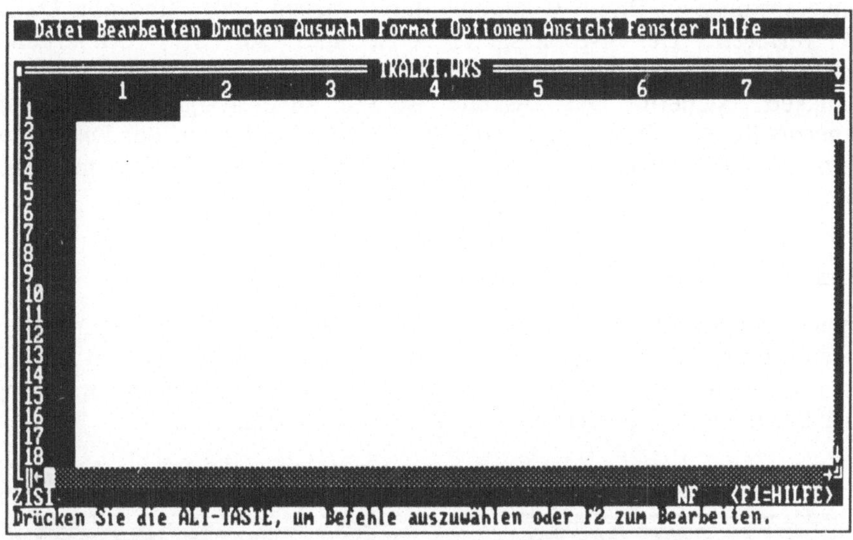

Abbildung 1-11.

Standardbezeichnungen der einzelnen Dokumente

Jedes Works-Dokument hat einen eigenen Standard-Dateinamen, der immer im Kopf des zugehörigen Fensters erscheint. Alle Dokumente werden automatisch mit einer solchen Bezeichnung versehen.

Tabellenkalkulations-Dokumente beginnen alle mit TKALK und enden mit der Dateierweiterung .WKS; Textverarbeitungs-Dokumente beginnen immer mit TEXT und enden mit der Erweiterung .WPS; Datenbank-Dokumente beginnen mit DATEN und enden mit .WDB; und Datenübertragungs-Dokumente beginnen mit KOMM und enden mit .WCM.

Jeder Standard-Dateiname hat links vor der Dateierweiterung eine Zahl, durch die er sich von den anderen Dokumenten - mit der gleichen Bezeichnung - im Verzeichnis unterscheidet. Works weist z.B. dem zweiten Textverarbeitungs-Dokument, das Sie während einer Sitzung anlegen, den Namen TEXT2.WKS zu. Bei dem Dokument mit dem Namen TKALK1.WKS in Abbildung 1-11 handelt es sich also um das erste Dokument, das während der aktuellen Sitzung in der Tabellenkalkulation angelegt wurde.

Speichern der Dokumente

Alles was Sie in den Works-Dokumenten erarbeiten, wird in Ihrem Arbeits-
speicher (RAM) zwischengespeichert, bis Sie es endgültig auf Ihrer Platte oder
Diskette abspeichern. Der RAM-Speicher ermöglicht schnellen Zugriff auf die
Daten in Ihren Dokumenten. Wenn jedoch durch irgendein Mißgeschick die
Stromversorgung zu Ihrem Computer unterbrochen wird, sind alle Daten im
RAM verloren. Der Arbeitsspeicher ist also nur als vorübergehender
Zwischenspeicher geeignet. Sie sollten daher unbedingt eine Kopie Ihrer Arbeit
auf Diskette sichern. Die Diskette ist ein zuverlässiger und bleibender
Speicherort für Ihre Dokumente, solange Sie die Dateien auf der Diskette nicht
löschen, oder die Diskette zerstören. Wir werden Ihnen in diesem Abschnitt
genau erklären, mit welchen Befehlen Sie wie und was speichern.

Erstmaliges Speichern eines Dokuments

Ein neues Dokument wird entweder mit dem Befehl Speichern oder Speichern
unter zum ersten Mal gespeichert. Wenn Sie einen dieser beiden Befehle in
einem noch nicht gespeicherten Dokument wählen, zeigt Works ein Dialogfeld
mit der Bezeichnung Speichern unter, wie in Abbildung 1-12.

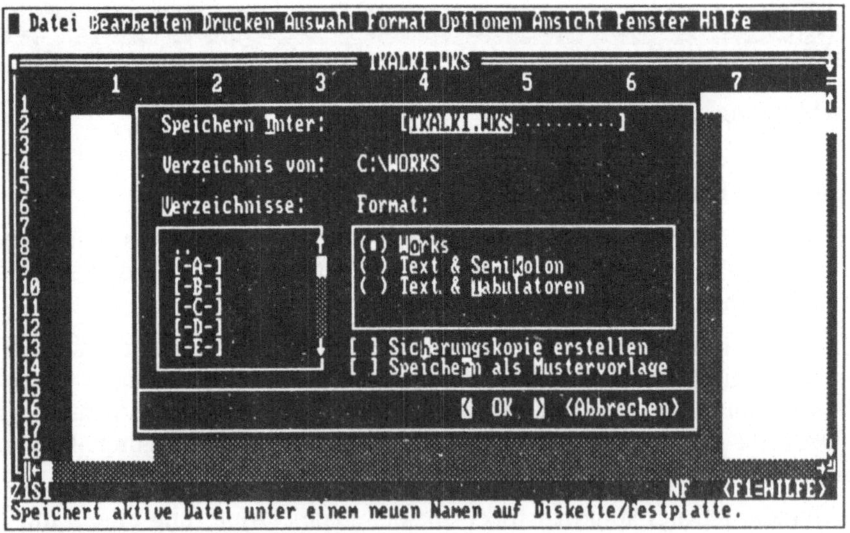

Abbildung 1-12.

Wenn Sie in diesem Dialogfeld die Option OK wählen, speichert Works Ihr
Dokument unter dem im Textfeld angegebenen Namen und in dem im
Optionenfeld Format spezifizierten Format. Das Dokument wird automatisch
im vorgebenen Verzeichnis abgelegt - es sei denn, im Feld Dateiname wird
ausdrücklich auch das Verzeichnis angegeben.

Spezifikation der Dateinamen

Das erste Element im Dialogfeld Speichern unter ist das Textfeld Dateiname .
Geben Sie hier den Namen der Datei ein, in der Sie Ihr Dokument speichern
wollen. Der Befehl Speichern unter bietet immer einen markierten Dateinamen
an. Wenn Sie Ihr Dokument zum ersten Mal speichern, wird der Standardname
für die entsprechende Dokumentenart als Dateiname angeboten, z.B.
TKALK1.WKS oder DATEN2.WDB. Das in Abbildung 1-12 gezeigte Dialogfeld ist übrigens das Ergebnis der Befehlseingabe Speichern in der Tabellenkalkulation von Abbildung 1-11. Wollen Sie ein Dokument ablegen, das Sie
schon einmal abgespeichert haben, wird der Dateiname vorgeschlagen, unter
dem Sie das Dokument beim ersten Speichern abgelegt haben. Wenn Sie es
unter diesem Namen speichern wollen, drücken Sie zur Bestätigung Enter oder
wählen OK.

Wollen Sie Ihrer Datei einen neuen Namen geben, können Sie den vorgegebenen Namen ändern oder ersetzen. Sie könnten z.B. das Tabellenkalkulations-Dokument mit Ihrem Budget von 1989 unter der Bezeichnung
BUDGET89.WKS speichern.

Dateinamen

Da Works unter MS-DOS arbeitet, müssen bei der Zuweisung von Dateinamen
die Regeln und Bestimmungen dieses Betriebssystems eingehalten werden. MS-
DOS schreibt vor, daß ein Dateiname nicht mehr als acht Zeichen enthalten
darf, zuzüglich drei Zeichen Dateierweiterung. Der Name KUNDE.WKS ist
also zulässig, der Name KUNDENSTAMM.WKS nicht.

Folgende Zeichen sind außerdem in einem Dateinamen unzulässig: Sternchen
(*), Fragezeichen (?), Schrägstrich(/), Punkt (.) (nur um Dateinamen von
Dateierweiterung zu trennen), Anführungszeichen ("), Semikolon (;), Doppel-
punkt (:), linke eckige Klammer ([), rechte eckige Klammer (]), Pluszeichen
(+) und Gleichheitszeichen (=). Der Dateiname TEST.WKS ist zulässig,
TEST?.WKS nicht.

Ihre Dateierweiterung darf aus nicht mehr als drei Buchstaben bestehen. Beim
Speichern fügt Works die von Ihnen angegebene Dateierweiterung an den
Dateinamen an. Wenn Sie weder einen Punkt noch eine Dateierweiterung ange-
ben, hängt Works automatisch die Standarderweiterung für den entsprechenden
Dokumententyp an: .WKS für Tabellenkalkulations-Dokumente, .WPS für
Textverarbeitungs-Dokumente, .WDB für Datenbank-Dokumente und .WCM
für Datenübertragungs-Dokumente. Beenden Sie Ihren Dateinamen nur mit
einem Punkt, ohne daß eine Dateierweiterung folgt, speichert Works das
Dokument ohne Dateierweiterung. Wenn also im Textfeld der Dateiname
TEMP. erscheint, wählen Sie OK und Works speichert dieses Dokument nur
unter dem Namen TEMP.

Die Dateierweiterung hat keinen Einfluß darauf, in welcher Dokumentenart Works Ihr Dokument speichert. Wenn Sie z.B. fälschlicherweise eine Tabelle mit der Erweiterung .WPS versehen, oder mit einer eigenen Erweiterung wie .SSC, speichert Works dieses Dokument trotzdem als Tabelle. Falsch zugeordnete Dateierweiterungen haben zwar keinen Einfluß auf den Speicherort, komplizieren aber das Wiederauffinden der Datei. Eine Liste von Dateien ohne Standarderweiterungen bedarf einer besonderen Behandlung.

Speichern der Dateien

Nachdem Sie einen Dateinamen festgelegt haben, können Sie mit OK Ihr Dokument in dieser Datei speichern. Falls Sie den vorgschlagenen Dateinamen geändert haben, erscheint Ihr Dokument beim Neuladen unter diesem neuen Namen. Haben Sie beispielsweise eine Tabelle mit dem Namen TKALK1.WKS in der Datei BUDGET.WKS gespeichert, wird automatisch auch die Dokumentenbezeichnung in der Kopfzeile in BUDGET.WKS geändert.

Nachdem Sie Ihr Dokument auf der Platte/Diskette gespeichert haben, bleibt es weiterhin auf dem Bildschirm sichtbar, so daß Sie sofort weiterarbeiten können. Später in diesem Kapitel werden Sie noch erfahren, wie Sie mit dem Befehl Schliessen Ihr Dokument speichern und gleichzeitig weglegen können.

Ist der von Ihnen angegebene Dateiname unzulässig, zeigt Works ein Fehlerfeld mit der Meldung *Ungültiger Dateiname* und einer OK-Schaltfläche. Wählen Sie OK. Works bringt Sie dann zurück ins Dialogfeld Speichern unter, in der der unzulässige Teil des Dateinamens markiert ist. Korrigieren Sie den Namen, und wählen Sie anschließend wieder OK.

Änderung des aktuellen Verzeichnisses

Works speichert alle Dateien in ein vorgegebenes Verzeichnis - gewöhnlich A:\ oder C:\WORKS. Wollen Sie Ihre Dateien in einem anderen Verzeichnis ablegen, machen Sie einfach das von Ihnen gewünschte Verzeichnis zum Standard-Verzeichnis.

Gehen Sie zum Listenfeld Verzeichnisse. Hier finden Sie immer eine Liste der verfügbaren Laufwerke (im allgemeinen [-A-] und [-B-], wenn Ihr Computer mit Diskettenlaufwerk arbeitet, oder [-A-] und [-C-], wenn Sie ein Diskettenlaufwerk und eine Festplatte haben). Im Listenfeld sind außerdem alle Unterverzeichnisse des vorgegebenen Verzeichnisses aufgeführt. Befindet sich das vorgegebene Verzeichnis nicht in der Hauptebene, fügt Works noch die Wahlmöglichkeit ".." im Listenfeld hinzu.

Ändern Sie das vorgegebene Verzeichnis folgendermaßen: Bewegen Sie die Hervorhebung auf den Namen des von Ihnen gewünschten Laufwerks oder Verzeichnisses, und wählen Sie OK. (Mit der Maus zeigen Sie einfach auf das entsprechende Laufwerk oder Verzeichnis und drücken zweimal die linke Maustaste.) Der Name des neuen Standard-Verzeichnisses erscheint nun rechts vom Befehls-Prompt des aktuellen Laufwerks. Den Eintrag im Textfeld Dateiname ersetzt Works durch das von Ihnen gewählte Verzeichnis/Laufwerk.

Angenommen, C:\WORKS ist Ihr aktuelles Verzeichnis, und Sie möchten Ihr Dokument im Unterverzeichnis C:\WORKS\DATEIEN ablegen. Markieren Sie dazu *Dateien* im Listenfeld Dateien, und wählen Sie anschließend OK. Works bestimmt C:\WORKS\DATEIEN zum neuen Standard-Verzeichnis und zeigt die zugehörigen Unterverzeichnisse.

Sie haben noch eine andere Möglichkeit, ein neues Standard-Verzeichnis zu bestimmen. Schreiben Sie einfach den Namen (oder Symbole, die Works aus dem aktuellen Verzeichnis dorthin bringen) ins Textfeld Dateiname, und wählen Sie dann OK. Nehmen wir einmal an, C:\WORKS ist das aktuelle Verzeichnis. Sie möchten Ihr Dokument im Unterverzeichnis C:\WORKS\DATEIEN speichern. Dann schreiben Sie ins Textfeld Dateiname einfach *C:\WORKS\DATEIEN*, und wählen anschließend OK.

Nachdem Sie das Standard-Verzeichnis geändert haben, sind die Laufwerk/Verzeichnis-Angaben im Textfeld Dateiname nicht mehr erforderlich. Schreiben Sie einfach den Dateinamen, und ändern Sie damit die markierten Angaben.

Wurde das Standard-Verzeichnis nicht geändert, können Sie bei Dateiname einfach den Verzeichnisnamen eintippen (davor die Laufwerksbezeichnung, falls abweichend vom vorgegebenen Laufwerk), gefolgt vom Dateinamen. Angenommen, C:\WORKS\ ist das aktuelle Verzeichnis, und Sie möchten Ihr Dokument in eine Datei mit dem Namen MEIDAT.WPS im Verzeichnis \WKSDAT in Laufwerk A speichern. Schreiben Sie also *A:\WKSDAT\MEIDAT.WPS* ins Textfeld Dateiname, und bestätigen Sie mit Enter oder OK.

Mit OK speichern Sie das aktuelle Dokument unter dem von Ihnen bestimmten Namen, in der angegebenen Datei, im gezeigten Verzeichnis. Der Dokumentenname in der Kopfzeile wird automatisch dem Dateinamen angepaßt.

Bestimmung des Dateityps

Im Dialogfeld Speichern unter können Sie im Feld Format festlegen, in welchem Format Sie Ihr Dokument speichern möchten. Die angebotene Auswahl hängt vom Typ Ihres Dokuments ab. Für Textverarbeitungs-Dokumente werden drei Formate angeboten - Works, Text und ASCII; für Tabellenkalkulation und Datenbank zwei Formate - Works und Text; und für Datenübertragung nur Works-Format.

Die Option Works

Die Option Works weist das Programm an, eine komplette Arbeitskopie des aktuellen Dokuments zu speichern. Bei allen Dokumenten bleiben die individuellen Formate und Einstellungen erhalten: Bei Text-Dokumenten Absätze, Ausrichtungen, Schriftart usw.; bei Tabellen Formeln, Funktionen, Bereichs- namen und sonstige Strukturen; bei Datenbank-Dokumenten Formular- und Bericht-Spezifikationen; und bei der Datenübertragung alle Einstellungen.

Im Optionenfeld Format ist Works als Standardformat markiert, weil man davon ausgeht, daß die Works-Dokumente im allgemeinen in Works-Dateien ablegt werden.

Die Option Text

Wenn Sie die Option Text wählen, speichert Works Ihr Dokument als ASCII- Text-Datei. Diese Option ist wichtig, wenn Sie die Daten in Ihrem Works- Dokument mit den Daten einer Fremddatei mischen wollen. Text-Format unter- scheidet sich vom Works-Format u.a. dadurch, daß jeder Absatz eines Text- Dokuments in einer einzigen Zeile gespeichert wird, nur durch einen einzigen Zeilenumbruch vom nächsten Absatz getrennt. Tabellen und Datenbanken werden in Komma-Format gespeichert, d.h. Formeln und Funktionen sind in ihre aktuellen Werte umgewandelt.

Sobald für ein Text-Dokument Text-Format gewählt wird, öffnet Works das in Abbildung 1-13 dargestellte Dialogfeld. Wählen Sie in diesem Feld Ja, wenn Sie Ihr Dokument in Text-Format speichern wollen, Nein, wenn nicht. Stor- nieren Sie den Speicherbefehl mit Abbrechen.

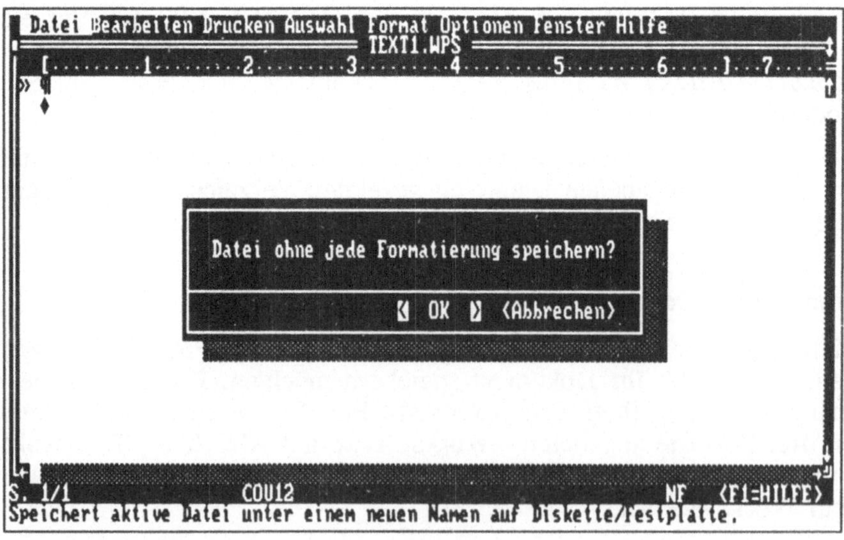

Abbildung 1-13.

Die Option ASCII

Diese Option wird nur in Textverarbeitungs-Dokumenten angeboten. Die ASCII-Option ähnelt der Option Text. Doch anders als bei Text, setzt ASCII hinter jede Zeile des Text-Dokuments einen Zeilenumbruch - also immer dort, wo Works auch einen Zeilenumbruch gemacht hat, und bei jeder Markierung für Zeilenende. Ähnlich wie Text-Format ist auch ASCII-Format immer dann interessant, wenn der Text einer Works-Datei mit Text einer Fremddatei gemeinsam verarbeitet werden soll.

Wenn Sie ASCII-Format für ein Textverarbeitungs-Dokument wählen, öffnet Works das in der Abbildung oben gezeigte Dialogfeld. Mit Ja speichern Sie Ihr Dokument in Text-Format, mit Nein oder Abbrechen stornieren Sie den Speicherbefehl.

Anmerkung

Wenn Sie eine Datei in einem Alternativformat (Text oder ASCII) speichern wollen, geben Sie ihr einen anderen Dateinamen oder eine andere Datei- erweiterung (oder beides) als Ihrer Works-Datei. Sie können beispielsweise die Erweiterung .TXT für Text-Format oder .ASC für ASCII-Format verwenden. Unterschiedliche Dateinamen oder Dateierweiterungen verhindern, daß die im Text/ASCII-Format gespeicherte Datei beim nächsten Speichern im Works- Format überschrieben wird. (Works ändert den Namen des aktuellen Doku- ments nur, wenn es in Works-Format gespeichert wird - nicht beim Speichern in einem Alternativ-Format.)

Überschreiben einer vorhandenen Datei

Wenn Sie ein Dokument unter einem bereits existierenden Dateinamen speichern wollen, führt Works den Speicherbefehl nicht sofort aus, sondern zeigt auf dem Bildschirm ein Dialogfeld, mit der Frage *Vorhandene Datei ersetzen?* Wählen Sie Ja (Standardeinstellung). Das Dokument wird über das bereits vorhandene Dokument gespeichert und damit der alte Inhalt über- schrieben. Wenn Sie Nein wählen, kehrt das Programm zum Dialogfeld Speichern unter zurück, und Sie können einen neuen Namen eingeben.

Abbrechen des Speichervorgangs

Mit dem Befehl Abbrechen kann ein bereits erteilter Speicherbefehl storniert werden. Wählen Sie im geöffneten Dialogfeld Abbrechen, oder drücken Sie Esc. Works schließt das Dialogfeld und kehrt in seine Ausgangsposition zurück.

Wiederholtes Speichern

Die meisten Dokumente werden nach dem ersten Speichern mehrfach überarbeitet und immer wieder gespeichert. Mit dem Befehl Speichern wird die
neue Version eines Dokuments in seiner Datei abgelegt und dabei automatisch
die alte Version überschrieben.

Wenn Sie ein Dokument mit Speichern sichern, bleibt es auf dem Bildschirm
sichtbar - genau wie beim ersten Speichern -, und Sie können sofort nach dem
Speichern an der alten Stelle mit der Arbeit fortfahren. Da das Speichern wirklich sehr einfach ist, empfehlen wir Ihnen, nach jeder größeren Änderung - oder
wenigstens alle 15 Minuten - Ihr Dokument zwischenzuspeichern. Damit stellen
Sie sicher, daß bei falscher Bedienung oder sonstigen Fehlern nicht zuviel von
Ihrer Arbeit verlorengeht.

Dateikopie

Bei jedem Speichern-Befehl kopiert Works die alte Dateiversion mit einer
anderen Erweiterung in das gleiche Verzeichnis wie die neueste Version.
Angenommen, Sie legen eine Tabelle an und speichern sie unter dem Namen
BUDGET.WKS. Irgendwann nehmen Sie einige Änderungen in dieser Tabelle
vor und speichern die geänderte Version. Plötzlich stellen Sie fest, daß Sie vor
dem Speichern versehentlich einen Teil Ihrer Daten gelöscht hatten. Dann holen
Sie sich einfach die letzte Version, die unter dem Namen BUDGET.BKS
gespeichert ist.

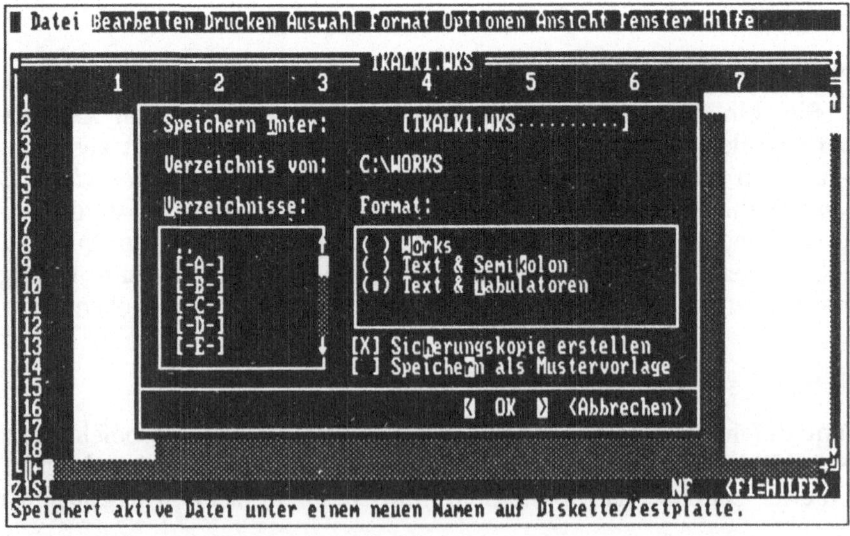

Abbildung 1-14.

Die Kopien der anderen Dokumenttypen bekommen automatisch die Erweiterungen .BPS (Textverarbeitung), .BDB (Datenbank) und .BCM (Datenübertragung) zugewiesen.

Häufiges Speichern nimmt natürlich Zeit und Speicherplatz in Anspruch. Wenn Sie also diese Einrichtung nicht ausnutzen wollen, schalten Sie die Option aus. Schalten Sie dazu im Dialogfeld Speichern unter den Schalter Sicherungskopie aus.

Speichern einer Datei unter anderem Namen

Im allgemeinen werden Sie jede neue Version eines Dokuments speichern und dabei die alte Version überschreiben. Es kann aber durchaus auch vorkommen, daß Sie eine neue Version speichern möchten, ohne die alte Version zu zerstören. Zum Beispiel, wenn Sie eine Tabelle entwickeln und verbessern wollen, können Ihnen die alten Versionen als Entwicklungsstütze durchaus nützlich sein.

Soll allso eine alte Version erhalten bleiben, wählen Sie Speichern unter aus einem bereits gespeicherten Dokument. Gehen Sie dann in das zugehörige Dialogfeld, und speichern Sie Ihr Dokument noch einmal unter einem anderen Namen oder in einem neuen Verzeichnis - oder beides. Ändern Sie dazu einfach den vorhandenen Dateinamen und/oder das Standard-Verzeichnis.

Der Befehl Schließen

Mit dem Befehl Schließen speichern Sie Ihr Dokument mit den neuesten Änderungen und entfernen es aus dem Arbeitsspeicher. Das Dokument bleibt also nicht, wie bei den Befehlen Speichern und Speichern unter auf dem Bildschirm sichtbar, sondern wird geschlossen und weggelegt.

Schließen eines bereits gespeicherten Dokuments

Wählen Sie den Befehl Schließen aus einem bereits gespeicherten Dokument, das Sie während der aktuellen Sitzung geändert haben, wird ein Dialogfeld geöffnet. Sie werden gefragt, ob Ihre Änderungen gespeichert werden sollen. Wählen Sie Ja (die Standardeinstellung), dann wird Ihre neue Version auf die alte gespeichert - wie beim Befehl Speichern - und das Dokument geschlossen. Wenn Sie Nein wählen, schließt Works das Dokument, ohne die Änderungen vorher zu speichern. Mit Abbrechen stornieren Sie den Befehl und kehren in Ihre Ausgangsposition im Dokument zurück.

Wird der Befehl Schließen aus einem bereits gespeicherten Dokument gewählt, ohne daß seit dem letzten Speichern Änderungen vorgenommen wurden, schließt Works das Dokument einfach.

Schließen eines neuen Dokuments

Wenn Sie aus einem neuen, noch nicht gespeicherten Dokument Schließen wählen, wird das oben beschriebene Dialogfeld geöffnet. Sie haben nun verschiedene Möglichkeiten. Entweder: Sie stornieren den Schließbefehl mit Abbrechen oder Esc, dann bleibt das Dokument zum Weiterarbeiten geöffnet. Oder: Sie wählen Nein, dann wird das Dokument unabgespeichert geschlossen. Oder: Sie geben Ja ein, dann erscheint das Dialogfeld Speichern unter, in welchem Sie Namen, Verzeichnis und Format für die neue Datei bestimmen können. Anschließend speichern und schließen Sie Ihr Dokument mit Enter oder OK. Oder: Sie verlassen das Dialogfeld Speichern unter mit Abbrechen und kehren zu Ihrer Ausgangposition im Arbeitsblatt zurück.

Diskette voll

Beim Speichern auf Diskette werden Sie sicher hin und wieder mit der Meldung überrascht, daß Ihre Diskette keine Kapazität mehr hat. Geschieht dies während eines Speichervorgangs, zeigt Works eine Fehlermeldung *Datenträger ist voll*. Bestätigen Sie die Meldung mit OK. Das Feld wird wieder geschlossen. Legen Sie nun eine Diskette mit ausreichend verfügbarem Speicherplatz ins Laufwerk. Wiederholen Sie den Speicherbefehl. Auf dem Bildschirm erscheint das Dialogfeld Speichern unter (falls nicht bereits geöffnet). Bestätigen Sie mit OK, damit die Datei abgespeichert wird.

Mit dieser Fehlermeldung werden Sie wahrscheinlich nur beim Arbeiten mit Disketten-Laufwerken konfrontiert. Allerding kann es durchaus auch einmal bei einer Festplatte passieren. In dem Fall sollten Sie Ihr Dokument in eine Datei auf dem Disketten-Laufwerk speichern oder über das Datei-Menü Datei-Management anwählen und einige Dateien von der Festplatte löschen. (Als erstes vielleicht einige Dateien aus dem Verzeichnis Sicherung.) Anschließend kehren Sie in Ihr Dokument zurück und wiederholen den Speichervorgang.

Laden einer Datei

Nachdem Sie eine Datei gespeichert haben, können Sie sie jederzeit wieder auf den Bildschirm laden. Wählen Sie dazu den Befehl Vorhandene Datei öffnen im Datei-Menü. Ein Dialogfeld (siehe Abbildung 1-15) mit sechs Elementen wird geöffnet: Textfeld für Dateiname, Listenfeld für Dateien, Listenfeld für Verzeichnisse, Auswahlfeld für Schreibgeschützt und Schaltflächen OK und Abbrechen.

Um eine Ihrer Works-Dateien zu laden, gehen Sie als erstes ins Datei-Menü und wählen Vorhandene Datei öffnen. Nachdem Sie Enter gedrückt oder OK gewählt haben, zeigt Works eine Liste mit Dateien des aktuellen Verzeichnisses nach Dokumententyp geordnet. Gehen Sie nun zum Listenfeld Verzeichnisse, und wählen Sie das Laufwerk/Verzeichnis mit Ihrer Datei. Drücken Sie Enter, oder wählen Sie OK. Das Listenfeld Dateien in enthält nur Dateien des angege-

benen Verzeichnisses. Als nächstes wählen Sie aus dem Listenfeld Dateien Ihre
Datei und laden sie mit Enter oder OK.

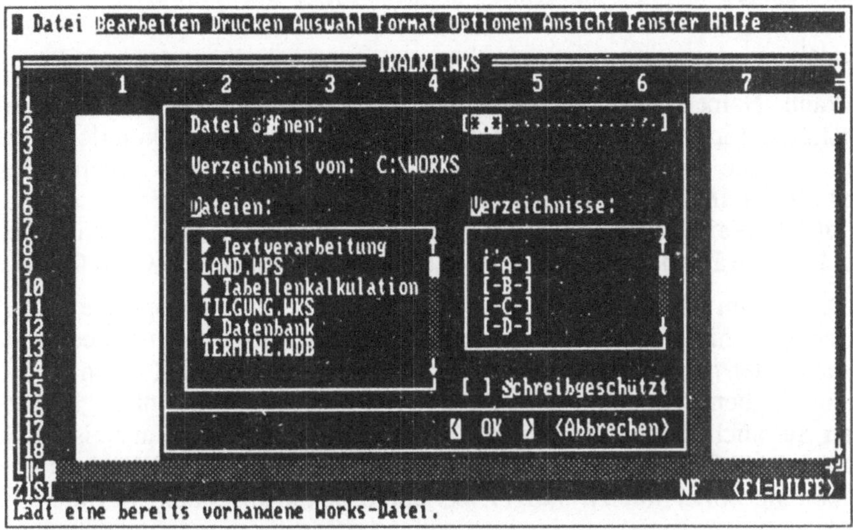

Abbildung 1-15.

Wahl des Laufwerks/Verzeichnisses

Das aktuelle Verzeichnis wird rechts hinter Verzeichnis von: aufgeführt. Im
geöffneten Dialogfeld in Abbildung 1-15 ist C:\WORKS das aktuelle Verzeichnis.

Im Feld unter Dateien in werden nur Dateien aus diesem Verzeichnis aufgelistet. Finden Sie die von Ihnen gesuchte Datei in diesem Verzeichnis,
markieren Sie einfach den Dateinamen in der Liste, und wählen anschließend
Enter oder OK. Ist Ihre Datei nicht dort aufgelistet, gehen Sie zu Verzeichnisse
und ändern das aktuelle Verzeichnis.

Markieren Sie einfach das gewünschte Verzeichnis. Works trägt den Namen
dann sofort im Feld Dateiname ein. Wenn Sie jetzt Enter oder OK wählen,
ändert Works das aktuelle Verzeichnis und zeigt die Dateiliste des gewählten
Verzeichnisses.

Öffnen einer Datei

Als nächstes markieren Sie mit Hilfe der Cursortasten - oder der Maus - die
gesuchte Datei oder tippen einfach den ersten Buchstaben des Dateinamens ein.

Da ein Works-Dokument fast den gesamten Bildschirm belegt (falls Sie nicht
Maximale Größe aus dem Fenster-Menü gewählt haben), verdeckt ein neu

geöffnetes Dokument zum großen Teil jedes andere bereits geöffnete Dokument. Wir werden noch in diesem Kapitel darauf zu sprechen kommen, wie Sie in mehreren geöffneten Dokumenten gleichzeitig arbeiten können.

Alternativen

Man kann Namen und Verzeichnis einer Datei auch direkt ins Textfeld Dateiname eintippen. Wenn beispielsweise C:\WORKS das aktuelle Verzeichnis ist, und Sie Ihre Datei BUDGET.WKS von Laufwerk **A** laden möchten, geben Sie *A:\BUDGET.WKS* ein und bestätigen mit Enter oder OK. C:\WORKS bleibt aber weiterhin das aktuelle Verzeichnis. Wenn Sie den Befehl Laden wählen, zeigt WORKS wieder die Dateiliste von C:\WORKS.

Eine Datei kann bereits beim Laden des Systems direkt angesprochen werden. Schreiben Sie hinter dem Befehls-Prompt Works, anschließend Leeraum und den Namen der gewünschten Datei. Bestätigen Sie mit Enter. (Wenn Ihre Datei nicht im selben Verzeichnis wie das Works-Programm untergebracht ist, müssen Sie auch das entsprechende Verzeichnis angeben.) Um beispielsweise die Datei BUDGET.WKS im Verzeichnis C:\WORKS\DATEIEN zu öffnen, schreiben Sie *works dateien\budget.wks* und drücken anschließend Enter.

Öffnen einer Fremdformat-Datei

In den überwiegenden Fällen werden Sie mit Dateien in Works-Format arbeiten. Sie können aber jederzeit auch Dateien in anderem Format öffnen. Wenn Sie ein Fremdformat wählen, zeigt das Programm ein Dialogfeld mit mehreren Optionen (Abbildung 1-16). Wählen Sie die gewünschte Dokumentenart für Ihre Datei, und drücken Sie Enter, oder bestätigen Sie mit OK.

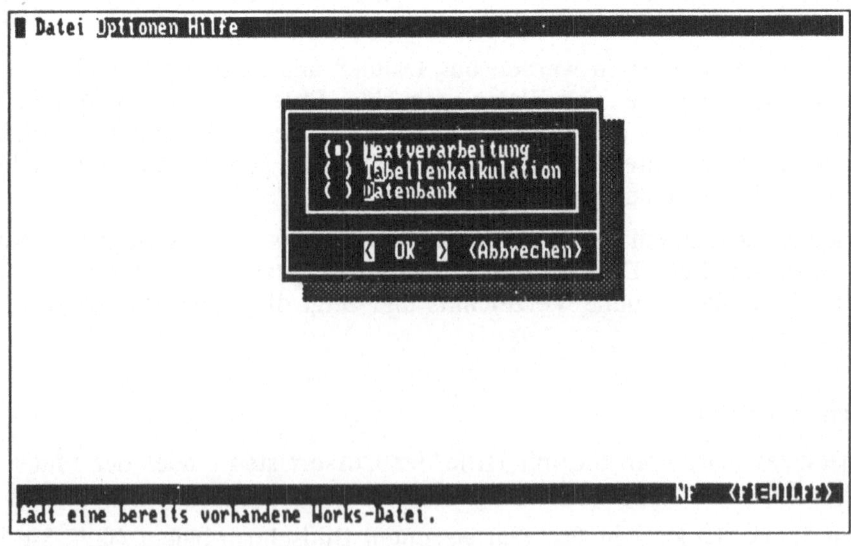

Abbildung 1-16.

Mit mehreren Dokumenten gleichzeitig arbeiten

Sie können mit Works bis zu acht Dokumente gleichzeitig bearbeiten. Nachdem Sie das erste Dokument geöffnet haben, erstellen Sie mit Neue Datei erstellen ein zweites Dokument oder öffnen mit Vorhandene Datei öffnen ein bereits gespeichertes.

Stellen Sie sich der Einfachheit halber vor, Ihre geöffneten Dokumente liegen alle auf einem Stapel, wie Spielkarten. Der Stapel kann viele Karten (Dokumente) enthalten, doch nur eine(s) kann oben liegen. Jedesmal, wenn Sie ein weiteres Dokument öffnen, wird das neue Dokument oben auf den Stapel gelegt.

Angenommen, Sie laden Works und legen ein neues Text-Dokument mit dem Namen TEXT1.WPS an. Dies ist jetzt das einzige geöffnete Dokument und daher das einzig sichtbare - oder aktive Dokument. Anschließend öffnen Sie die Tabelle TILGUNG.WKS. Die Tabelle wird nun oben auf das Text-Dokument gelegt, TEXT1.WPS liegt jetzt also an zweiter Stelle von oben. Dann öffnen Sie eine weitere Tabelle mit dem Namen TKALK1.WKS. Jetzt liegt TKALK1.WKS oben und verdeckt die anderen beiden Dokumente (TILGUNG.WKS zweites von oben, TEXT1.WPS drittes von oben).

Fenster

Ein unsichtbares, im Stapel liegendes Dokument kann durch ein Fenster gesehen oder aufgerufen werden. Das Menü Fenster zeigt eine Liste mit allen zur selben Zeit geöffneten Dokumenten.

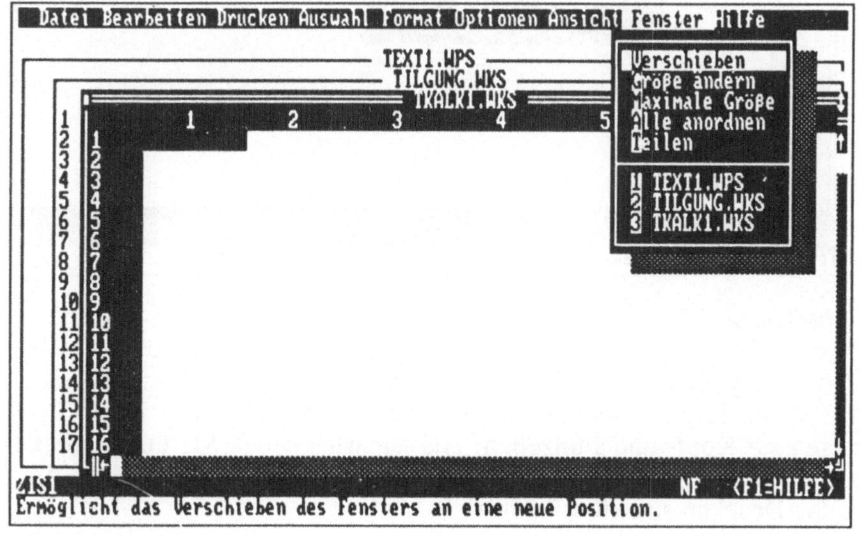

Abbildung 1-17

In Abbildung 1-17 sehen Sie ein Fenster-Menü, mit einer Liste aller geöffneten Dokumente. Die Dokumente werden in der Reihenfolgen, in der sie geöffnet oder angelegt wurden, aufgelistet: TEXT1.WPS, dann TILGUNG.WKS und als letztes TKALK1.WKS.

Sie werden festgestellt haben, daß links neben jedem Dokumentennamen eine Zahl steht. Diese Zahlen dienen als "Schlüsselzeichen". Wenn Sie ein Dokument aus der Liste wählen, wird es oben auf den Stapel gelegt und damit aktiviert, d.h. zur Weiterbearbeitung auf dem Bildschirm gezeigt.

Drucken

Die Druckbefehle finden Sie im Menü Drucken. In Abbildung 1-18 sehen Sie ein typisches Druck-Menü (hier das Menü Drucken aus der Textverarbeitung). Jedes Works-Dokument hat eigene Druckbefehle, doch einige Befehle sind in allen vier Dokumentenarten identisch: Drucken, Papierformat und Drucker einrichten.

Abbildung 1-18.

Der Druckvorgang erfolgt in drei Schritten. Als erstes bestimmen Sie mit dem Befehl Papierformat Randabstände, Seitengröße. Über Kopf-/Fußzeilen definieren sie Kopf- und Fußzeilen. Als nächstes geben Sie über Drucker einrichten Druckertyp und -anschluß für Ihren Drucker an und drucken dann, indem Sie Drucken aufrufen.

Druckformat: Papierformat-Befehl

Mit dem Befehl Papierformat im Menü Drucken legen Sie die Einstellungen für
Ihr Druckdokument fest. Works öffnet dazu das in Abbildung 1-19 dargestellte
Dialogfeld.

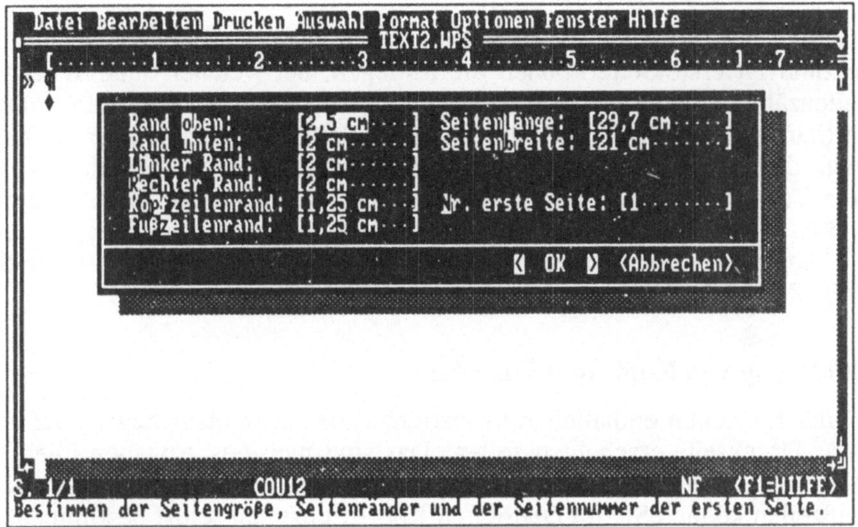

Abbildung 1-19.

Randabstände

In den vier Textfeldern oben links im Dialogfeld Papierformat können die
Randabstände für Ihr Dokument festgelegt werden - d.h. der Abstand oben,
unten, links und rechts bis zur Druckseite.

In Abbildung 1-19 sehen Sie die Standardeinstellungen, die sich für die
meisten Dokumente empfehlen. Falls Sie andere Randabstände vorziehen,
können Sie problemlos Änderungen vornehmen. Bewegen Sie den Cursor zur
Einstellung, die Sie ändern möchten, und geben Sie einfach den neuen Wert
ein. Wenn Sie beispielsweise den oberen Randabstand von 2,5 auf 3,5 ändern
möchten, gehen Sie mit dem Cursor zu Rand oben und schreiben *3,5*. Wird
keine Maßeinheit bestimmt, geht Works von Zentimetern aus.

Seitengröße

Seitenlänge und Seitenbreite können in den entsprechenden Textfeldern im
Dialogfeld Papierformat festgelegt werden. Der Standardwert für diese Einstellungen ist 29,7 cm und 21 cm. (Siehe Abbildung 1-19.)

Auch diese Einstellung dürfte für die meisten Dokumente richtig sein. Sollten
Sie jedoch die eine oder andere Einstellung ändern wollen, gehen Sie wie bei

den Randabständen vor. Bewegen Sie den Cursor zum entsprechenden Textfeld, und ändern Sie den Eintrag. Wenn Sie keine Maßeinheit angeben, geht Works auch hier wieder von Zentimetern aus.

Numerierung der ersten Seite

Beim Drucken können Sie die einzelnen Seiten Ihres Dokuments numerieren. Im Textfeld Nr.erste Seite können Sie festlegen, bei welcher Seite Works mit der Seitenzählung beginnen soll. In den meisten Fällen wohl mit Seite 1. Daher ist die Standardeinstellung im Feld für erste Seite 1. Es kann aber auch vorkommen, daß Sie Ihr Dokument mit einer anderen Seitenzahl beginnen wollen, z.B. ein Text-Dokument, das mit dem zweiten Kapitel eines Buches beginnt. Wenn Kapitel 1 bei Seite 26 geendet hat, muß die Zählung für Kapitel 2 bei Seite 27 beginnen - und nicht bei 1. Geben Sie dann im Textfeld Nr.Erste Seite den Wert *27* ein.

Positionierung von Kopf- und Fußzeilen

Kopf- und Fußzeilen enthalten Informationen, die ganz oben bzw. ganz unten auf jeder Druckseite erscheinen sollen. Das sind meistens Angaben über Titel und Nummer eines Kapitels, Druckdatum sowie Seitenzahl. Inhalt der Kopf- und Fußzeilen können Sie im Dialogfeld Kopf-/Fußzeilen selbst bestimmen.

Plazierung von Kopf- und Fußzeilen

In den Textfeldern Kopfzeilenrand und Fußzeilenrand im Dialogfeld Papierformat können Sie den oberen und unteren Seitenrandabstand für Kopf- und Fußzeile bestimmen. Der vorgegebene Wert für den Kopfzeilenabstand beträgt 1,25 cm, das bedeutet, Works läßt zwischen oberem Seitenrand und Druckbeginn der Kopfzeile 1,25 Zentimeter Abstand.

Wichtig ist, daß die Kopfzeile innerhalb des oberen Randabstands liegt, die Fußzeile innerhalb des unteren Randabstands. Das heißt, der von Ihnen festgelegte Wert für Kopfzeilenrand bzw. Fußzeilenrand darf nicht den festgelegten Wert für Rand oben bzw. Rand unten überschreiten. Falls Sie einen unkorrekten Wert angeben, teilt Works Ihnen mit, daß Ihre Kopf- bzw. Fußzeile den Drucktext überschneidet. Sie sollten sich zur Regel machen, für Kopf- und Fußzeile die Hälfte des Wertes von Rand oben bzw. Rand unten zu nehmen. Dann druckt Works Ihre Kopf- und Fußzeile genau in die Mitte des oberen bzw. unteren Randabstands.

Schließen des Dialogfeldes Papierformat

Nachdem Sie alle Einstellungen Ihren Erfordernissen angepaßt haben, bestätigen Sie mit OK. Das Dialogfeld wird geschlossen. Wenn Sie statt OK die

Option Abbrechen wählen, wird das Feld geschlossen und die Änderungen bleiben unberücksichtigt.

Alle Änderungen im Dialogfeld Layout gelten nur für das Dokument, aus dem Layout geöffnet wurde. Beim Speichern dieses Dokuments, werden die entsprechenden Einstellungen mitgespeichert. Beim Drucken müssen sie also nicht jedesmal neu bestimmt werden.

Inhalt von Kopf- und Fußzeilen

Öffnen Sie das Dialogfeld Kopf-/Fußzeilen im Menü Drucken (Abbildung 1-20). Gehen Sie mit dem Cursor zum Textfeld Kopfzeile, und schreiben Sie den von Ihnen gewünschten Inhalt der Kopfzeile in dieses Feld. Schreiben Sie z.B. *Fusionspläne 1987* , wenn das Ihre Kopfzeile sein soll, und in die Fußzeile vielleicht *Streng geheim*.

Works gibt keine Vorgabe für die Kopfzeile, wohl aber für die Fußzeile. Hier ist Seite - mit einem Spezialcode vorgegeben. Mit dieser Vorgabe wird Works angewiesen, die Druckseiten fortlaufend zu numerieren, beginnend mit der im Textfeld Nr.erste Seite angegebenen Seitenzahl. Im Microsoft Works Benutzerhandbuch finden Sie weitere Spezialcodes, um Datum, Zeit oder Dokumentennamen zu drucken bzw. den Text in Kopf- und Fußzeilen abzugleichen.
Ob Kopf- bzw. Fußzeile (oder keine von beiden, oder beide) auf der ersten Druckseite gedruckt werden sollen, können Sie selbst entscheiden. Dafür sind die beiden Optionen Erste Seite keine Kopfzeile und Erste Seite keine Fußzeile vorgesehen. Ein X im Feld zeigt an, daß die Option eingeschaltet ist, d.h. daß Works keine Kopf- bzw. Fußzeile auf der ersten Seite drucken wird.

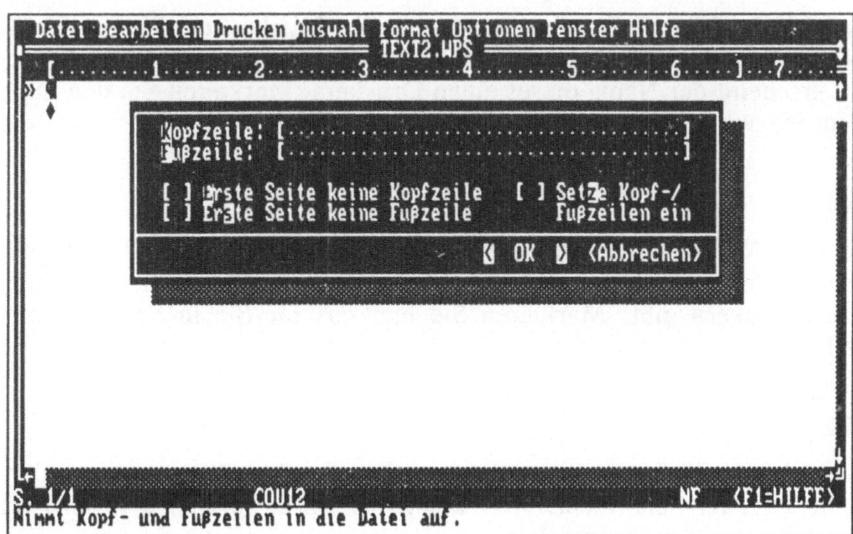

Abbildung 1-20.

Druckerauswahl: Das Dialogfeld Drucker einrichten

Mit der Option Drucker einrichten legen Sie Ihren Druckertyp und Anschluß
fest. Wenn Sie diese Option im Menü Drucken wählen, öffnet Works das in
Abbildung 1-21 gezeigte Dialogfeld.

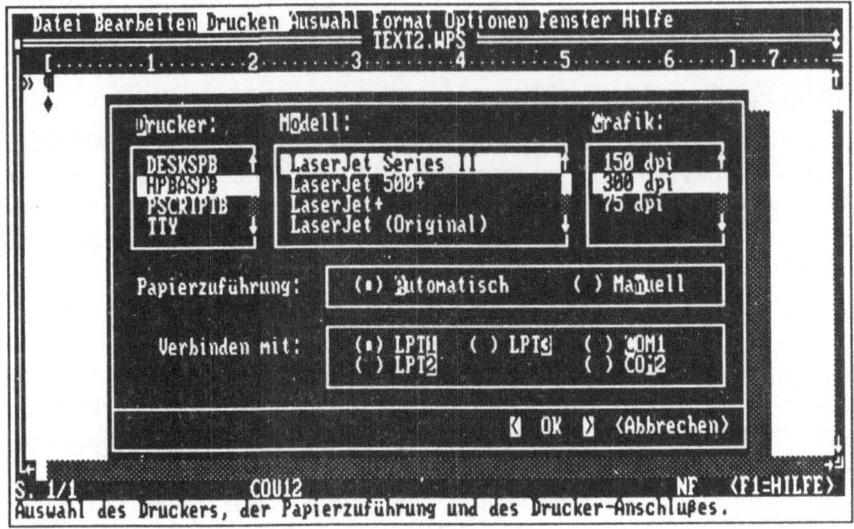

Abbildung 1-21.

Druckertyp

Im Textfeld Drucker finden Sie eine Liste aller Drucker, die Sie bei der Instal-
lation von Works konfiguriert haben. Falls Sie nur einen Drucker angegeben
haben, erscheint der Name dieses einen Druckers. Markieren Sie den Drucker,
mit dem Sie nun arbeiten wollen.

Modell

Im Textfeld Modell können Sie aus der Liste der vorhandenen Druckermodelle
wählen. In der Abbildung sehen Sie, daß es verschiedene Ausführungen von
HP-Laserdruckern gibt. Markieren Sie hier das für Sie in Frage kommende
Modell.

Grafik

Im Textfeld Grafik finden Sie eine Liste aller Grafikauflösungen, die der aus-
gewählte Drucker beherrscht. Hier können Sie z.B. für einen Probeausdruck
eine niedrige Auflösung einstellen.

Druckeranschluß

Als nächstes müssen Sie Works mitteilen, über welchen Port Ihr Drucker ange-
schlossen ist. Wählen Sie dazu im Feld Verbinden mit den entsprechenden
Anschluß. Die ersten drei Optionen in diesem Feld - LPT1, LPT2 und LPT3 -
sind parallele Anschlüsse, die letzten beiden - COM1 und COM2 - serielle
Anschlüsse. Wenn Ihr Drucker, wie die meisten Drucker, mit parallelem
Anschluß arbeitet, verbinden Sie ihn mit einer der parallelen Schnittstellen
Ihres Computers, und markieren Sie den entsprechenden Namen im Listenfeld.
Wenn Sie sich über den Anschluß Ihres Druckers nicht sicher sind, versuchen
Sie es mit LPT1. Einen Drucker mit seriellem Anschluß (z.B. HP LaserJet)
verbinden Sie mit einer der seriellen Schnittstellen Ihres Computers und
markieren die entsprechende Option. Falls Sie nicht sicher sind, versuchen Sie
es mit COM1.

Papierzuführung

In der Mitte des Dialogfelds Textdrucker wählen finden Sie das Optionenfeld
Papierzuführung. Sie haben die Möglichkeit, entweder auf Einzelseiten oder
auf Endlospapier zu drucken. Wenn sie mit Einzelblatt arbeiten, hält der
Drucker nach jeder gedruckten Seite an, fordert Sie auf, eine neue Seite
einzulegen und mit OK den Weiterdruck zu bestätigen. Wählen Sie hierfür die
Option Manuell. Beim Drucken auf Endlospapier nimmt Works automatisch
den Vorschub zur nächsten Seite vor und druckt nach Beendigung einer Seite
sofort die nächste Seite. Wählen Sie hierfür die Option Automatisch.

Speichern der Einstellungen im Dialogfeld Textdrucker wählen

Anders als bei den Papierformat-Einstellungen, die nur für das aktuelle Doku-
ment gelten, haben die Einstellungen in Textdrucker wählen für alle
Dokumente Gültigkeit, solange Sie sie nicht ausdrücklich wieder ändern.
Works speichert die Einstellungen in der Datei WORKS.INI - eine Datei, in der
alle globalen Works-Einstellungen gespeichert werden. Beachten Sie, daß
Works diese Einstellungen nicht sofort speichert, sondern erst, wenn Sie das
Works-Programm verlassen.

Der Druckbefehl

Nachdem Sie alle Einstellungen festgelegt und einen Drucker gewählt haben,
können Sie Ihr Dokument drucken. Gehen Sie dazu ins Menü Drucken, und
wählen Sie Drucken - der erste Befehl in allen Druck-Menüs. Works öffnet das
Dialogfeld Drucken in Abbildung 1-22. Sie können hier weitere Druckmerk-
male bestimmen: Anzahl der Kopien, welche Seiten gedruckt werden sollen und
wohin sie gedruckt werden sollen (Drucker oder Datei). Mit OK druckt Works
Ihr Dokument dann über bzw. auf das angegebene Medium.

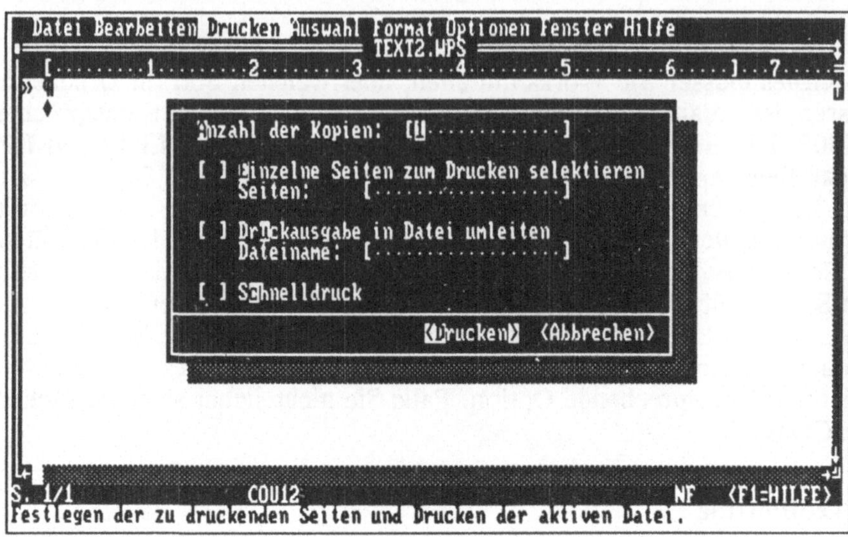

Abbildung 1-22.

Die ersten fünf Elemente im Dialogfeld Drucken sind in allen Dokumentenarten identisch. Das sechste Element ist in den verschiedenen Dokumentenarten unterschiedlich. In der Textverarbeitung erscheint hier die Option Entwurfsqualität, in der Tabellenkalkulation Zeilen- und Spaltenbezeichnung drucken und in der Datenbank Datensatz und Feldbezeichnung drucken. Die beiden Schaltflächen unten im Dialogfeld sind wieder in allen Dokumenten identisch.

Anzahl der Kopien

Im Textfeld Anzahl der Kopien geben Sie an, wie viele Kopien Sie drucken wollen (von 1 bis 9999). Die Standardeinstellung ist 1. Works druckt also jeweils nur eine Kopie. Benötigen Sie mehrere Kopien, ändern Sie den Eintrag in diesem Feld. Wenn mehrere Kopien gedruckt werden sollen, druckt Works erst ein Dokument komplett, und beginnt dann mit der nächsten Kopie.

Druckseitenangabe

Es müssen nicht unbedingt alle Seiten eines Dokuments nacheinander gedruckt werden. Sie können Works auch anweisen, nur bestimmte Seiten zu drucken. Schalten Sie zuerst die Option Einzelne Seiten zum Drucken selektieren ein, markieren Sie das Textfeld Seiten, und geben Sie anschließend die Seitenzahlen der zu druckenden Seiten ein - in dieser Reihenfolge.

Das Textfeld Seiten kann sehr flexibel genutzt werden. Sie können nur eine einzige Seite zum Drucken bestimmen oder mehrere, nicht zusammenhängende Seiten. Geben Sie einfach die gewünschten Seitenzahlen ein, und trennen Sie diese jeweils durch ein Komma. Um die Seiten 1, 3, 5 und 7 zu drucken,

schreiben Sie *1, 3, 5, 7* oder *1,3,5,7* ins Textfeld. Wenn Sie mehrere aufein-
ander folgende Seiten drucken wollen, geben Sie einfach die erste und letzte
Seitenzahl an und setzen zwischen die beiden Zahlen entweder einen Binde-
strich (-) oder einen Doppelpunkt (:). Um die Seiten 3, 4, 5, 6 und 7 zu
drucken, schreiben Sie ins Textfeld entweder *3-7* oder *3:7*. Sie können auch die
verschiedenen Anweisungen in einem gemeinsamen Eintrag verwenden. Der
Eintrag 1, 3, 5-9, 26 weist Works an, die Seiten 1, 3, 5, 6, 7, 8, 9 und 26 zu
drucken.

Wenn Sie erst auf einer späteren Seite mit dem Drucken beginnen und bis zum
Ende weiterdrucken wollen, geben Sie im Textfeld Seiten einen Seitenbereich
ein, der mit der ersten zu druckenden Seite beginnt und mit einer Seitenzahl
größer als (oder gleich) die letzte Seite des Dokuments endet.

Drucken in eine Datei

Schalten Sie das Auswahlfeld Druckausgabe in Datei umleiten ein (X), dann
können Sie Ihr Dokument direkt in eine Datei drucken. Geben Sie im Textfeld
Dateiname die Datei an, in die Sie Ihr Dokument drucken wollen. Works
speichert dann das Dokument exakt in derselben Form wie auf dem Drucker,
einschließlich Kopf- und Fußzeilen, Randabstände, Tabulatoren, aller Druckattribute und so weiter.

Soll Ihr Dokument in eine Datei gedruckt werden, müssen Sie als erstes die
Option Druckausgabe in Datei umleiten einschalten. Anschließend setzen Sie
den Cursor auf das Textfeld Dateiname und schreiben hier den Namen der
Datei, in die Ihr Druckdokument gespeichert werden soll. Wie immer, darf der
Dateiname auch hier aus nicht mehr als acht Zeichen bestehen, plus drei
Zeichen Dateierweiterung.

Works speichert die Datei ins aktuelle Verzeichnis, wenn Sie kein anderes Ver-
zeichnis/Laufwerk im Textfeld angeben. Nähere Einzelheiten hierzu können Sie
im Abschnitt Erstmaliges Speichern einer Datei in diesem Kapitel nachlesen.

Nachdem Sie Ihr Dokument in die Datei gespeichert haben, können Sie es
jederzeit mit den Befehlen MS-DOS PRINT oder TYPE auf Ihrem Drucker
ausdrucken. Nähere Einzelheiten zu diesen Befehlen finden Sie in Ihrem
Betriebssystem-Handbuch.

Drucken

Sobald alle Druckvorbereitungen abgeschlossen sind, schalten Sie Ihren
Drucker ein, legen Papier ein und wählen im Dialogfeld Drucken einfach Enter
oder OK

Der Druckvorgang kann vorzeitig unterbrochen oder beendet werden. Drücken
Sie Esc. Works schickt dann keine weiteren Informationen an den Drucker,
sondern öffnet ein Dialogfeld. (Wenn Ihr Drucker über einen Puffer verfügt,

wird der Druckvorgang nicht sofort beendet, sondern erst nachdem der Puffer leer ist.) Mit OK können Sie den Druckvorgang an der abgebrochenen Stelle wieder aufnehmen. Haben Sie dagegen Abbrechen gewählt, schiebt Works das Papier zum Anfang der nächsten Seite und bricht den Druckbefehl ab.

Speichern der Druckeinstellungen

Die Druckeinstellungen werden nicht im Dialogfeld gespeichert. Sowie Sie OK oder Abbrechen wählen, werden die von Ihnen vorgegebenen Einstellungen wieder aufgehoben. Bei jedem Druckvorgang müssen Sie diese Einstellungen neu spezifizieren. (Die Einstellungen für Einzelne Seiten zum Drucken selektieren und Seiten bleiben während der aktuellen Works-Sitzung erhalten.)

Works verlassen

Nachdem Sie Ihre Arbeit in Works beendet haben, verlassen Sie das Programm. Wählen Sie im Menü Datei die Option Works beenden. Sind bereits alle aktuellen Dokumente seit der letzten Änderung gespeichert worden, bringt Works Sie direkt in die Betriebssystemebene. Müssen die geänderten Dokumente noch abgespeichert werden, fragt das Programm für jedes aktivierte Dokument, ob die Änderungen gespeichert werden sollen. Wählen Sie Ja, Nein oder Abbrechen. Nachdem Sie Ende gewählt haben, speichert Works die Spezifikationen für Ihr Dokument in einer Datei mit dem Namen WORKS.INI. Wenn Sie Ihr Programm das nächste Mal starten, wird Works diese Spezifikationen wieder verwenden.

Zusammenfassung

In diesem Kapitel wurden allgemeine Handgriffe und Einrichtungen beschrieben, die im wesentlichen für alle Dokumentenarten identisch sind. In den weiteren Kapiteln wollen wir Ihnen nun zeigen, wie Sie das Gelernte in den Arbeitstabellen anwenden können. Alle Anweisungen und Beschreibungen in den folgenden Kapiteln gehen davon aus, daß Sie mit den Grundeinrichtungen vertraut sind. Sie werden beispielsweise keine Hinweise mehr finden, wie Sie ein Menü ansteuern und öffnen, einen Befehl wählen oder ein Dokument drucken. Wenn Sie beim Arbeiten Unsicherheiten feststellen, lesen Sie noch einmal die entsprechenden Abschnitte in diesem Kapitel durch.

Kapitel 2

EINNAHMEN/AUSGABEN-PLANUNG

Haben Sie schon einmal einen ungedeckten Scheck ausgestellt, oder Ihr Konto überzogen, oder eine größere Summe ungenutzt auf Ihrem Konto gelassen, statt sie gewinnbringend anzulegen?
Durch sinnvolle Planung können sowohl Kontoüberziehungen als auch ungenutzte Geldmittel vermieden werden. Wichtig ist, daß der Kontostand immer ausgeglichen ist - d.h. nur ein geringes Guthaben aufweist. Mit der Arbeitstabelle Einnahmen/Ausgaben-Planung können Sie sich jederzeit schnell und bequem einen Überblick über Ihre voraussichtliche finanzielle Situation verschaffen.
Das Arbeitsblatt Einnahmen/Ausgaben-Planung ist eine Tabelle, mit der die voraussichtlichen Einnahmen und Ausgaben für das kommende Jahr geplant und geplatzte Schecks, unnötige Schuldzinsen sowie entgangene Kapitalzinsen vermieden werden können. Diese Tabelle ist eines der einfachsten Arbeitsblätter in diesem Buch, dabei aber sehr nützlich und praktisch. Das Arbeitsblatt ist für Großunternehmen ebenso geeignet wie für Kleinunternehmen oder für den Privatgebrauch.

DAS ARBEITSBLATT

In Abbildung 2-1 sehen Sie eine neu erstellte Einnahmen/Ausgaben-Planung, in Abbildung 2-2 dasselbe Arbeitsblatt mit einigen Musterdaten. Wie Sie sehen, arbeitet Einnahmen/Ausgaben-Planung mit nur einem Bereich, einer Cashflow-Tabelle. Wenn das Arbeitsblatt geladen wird, erscheint immer der oberere Tabellenteil, wie in Abbildung 2-3. Spalte 1 enthält das Datum des ersten Tages jeder Woche im Planungsjahr. In den Spalten 2, 3, 4 und 5 sind Art und Betrag der einzelnen Zahlungsposten für das Planungsjahr eingetragen. Die Formeln in Spalte 6 berechnen den laufenden Saldo nach jedem Zahlungseintrag.

```
                1           2           3           4           5           6
 1  ===============================================================================
 2  EINNAHMEN/AUSGABEN-PLANUNG
 3  ===============================================================================
 4       Woche            Einnahmen                Ausgaben
 5        vom       Vermerk      Betrag       Vermerk      Betrag       Saldo
 6      -------   -----------  ----------   -----------  ----------   ----------
 7               Anfangssaldo                                          0,00 DM
 8      1.1.89                                                         0,00 DM
 9      8.1.89                                                         0,00 DM
10     15.1.89                                                         0,00 DM
11     22.1.89                                                         0,00 DM
12     29.1.89                                                         0,00 DM
13      5.2.89                                                         0,00 DM
14     12.2.89                                                         0,00 DM
15     19.2.89                                                         0,00 DM
16     26.2.89                                                         0,00 DM
17      5.3.89                                                         0,00 DM
18     12.3.89                                                         0,00 DM
19     19.3.89                                                         0,00 DM
20     26.3.89                                                         0,00 DM
21      2.4.89                                                         0,00 DM
22      9.4.89                                                         0,00 DM
23     16.4.89                                                         0,00 DM
24     23.4.89                                                         0,00 DM
25     30.4.89                                                         0,00 DM
26      7.5.89                                                         0,00 DM
27     14.5.89                                                         0,00 DM
28     21.5.89                                                         0,00 DM
29     28.5.89                                                         0,00 DM
30      4.6.89                                                         0,00 DM
31     11.6.89                                                         0,00 DM
32     18.6.89                                                         0,00 DM
33     25.6.89                                                         0,00 DM
34      2.7.89                                                         0,00 DM
35      9.7.89                                                         0,00 DM
36     16.7.89                                                         0,00 DM
37     23.7.89                                                         0,00 DM
38     30.7.89                                                         0,00 DM
39      6.8.89                                                         0,00 DM
40     13.8.89                                                         0,00 DM
41     20.8.89                                                         0,00 DM
42     27.8.89                                                         0,00 DM
43      3.9.89                                                         0,00 DM
44     10.9.89                                                         0,00 DM
45     17.9.89                                                         0,00 DM
46     24.9.89                                                         0,00 DM
47      1.10.89                                                        0,00 DM
48      8.10.89                                                        0,00 DM
49     15.10.89                                                        0,00 DM
50     22.10.89                                                        0,00 DM
51     29.10.89                                                        0,00 DM
52      5.11.89                                                        0,00 DM
53     12.11.89                                                        0,00 DM
54     19.11.89                                                        0,00 DM
55     26.11.89                                                        0,00 DM
56      3.12.89                                                        0,00 DM
57     10.12.89                                                        0,00 DM
58     17.12.89                                                        0,00 DM
59     24.12.89                                                        0,00 DM
60     31.12.89                                                        0,00 DM
```

Abbildung 2-1

```
           1            2            3            4            5            6
 1    =================================================================================
 2    EINNAHMEN/AUSGABEN-PLANUNG
 3    =================================================================================
 4    Woche              Einnahmen                    Ausgaben
 5    vom          Vermerk       Betrag         Vermerk        Betrag          Saldo
 6    -------   ------------  -----------   ------------  -----------   -----------
 7              Anfangssaldo                                            4.572,98 DM
 8    1.1.89    Gehalt        1.145,62 DM   Miete          745,94 DM   4.972,66 DM
 9                                          Krankenvers.   155,00 DM   4.817,66 DM
10                                          Bausparvertr.  115,00 DM   4.702,66 DM
11                                          Lebensvers.    100,00 DM   4.602,66 DM
12                                          Sonstiges      375,00 DM   4.227,66 DM
13                                          Bar            175,00 DM   4.052,66 DM
14    8.1.89                                Bar            175,00 DM   3.877,66 DM
15   15.1.89    Gehalt        1.145,62 DM   Bar            175,00 DM   4.848,28 DM
16   22.1.89    Kindergeld      375,00 DM   Bar            175,00 DM   5.048,28 DM
17   29.1.89    Gehalt        1.145,62 DM   Bar            175,00 DM   6.018,90 DM
18    5.2.89                                Miete          745,94 DM   5.272,96 DM
19                                          Krankenvers.   155,00 DM   5.117,96 DM
20                                          Bausparvertr.  115,00 DM   5.002,96 DM
21                                          Lebensvers.    100,00 DM   4.902,96 DM
22                                          Sonstiges      375,00 DM   4.527,96 DM
23                                          Bar            175,00 DM   4.352,96 DM
24   12.2.89                                Urlaub       2.000,00 DM   2.352,96 DM
25   19.2.89    Gehalt        1.145,62 DM   Bar            175,00 DM   3.323,58 DM
26   26.2.89                                Bar            175,00 DM   3.148,58 DM
27    5.3.89    Gehalt        1.145,62 DM   Miete          745,94 DM   3.548,26 DM
28                                          Krankenvers.   155,00 DM   3.393,26 DM
29                                          Bausparvertr.  115,00 DM   3.278,26 DM
30                                          Lebensvers.    100,00 DM   3.178,26 DM
31                                          Sonstiges      375,00 DM   2.803,26 DM
32                                          Bar            175,00 DM   2.628,26 DM
33   12.3.89                                Bar            175,00 DM   2.453,26 DM
34   19.3.89    Gehalt        1.145,62 DM   Bar            175,00 DM   3.423,88 DM
35   26.3.89                                Bar            175,00 DM   3.248,88 DM
36    2.4.89    Gehalt        1.145,62 DM   Miete          745,94 DM   3.648,56 DM
37                                          Krankenvers.   155,00 DM   3.493,56 DM
38                                          Bausparvertr.  115,00 DM   3.378,56 DM
39                                          Lebensvers.    100,00 DM   3.278,56 DM
40                                          Sonstiges      375,00 DM   2.903,56 DM
41    9.4.89    Kindergeld      350,00 DM   Bar            175,00 DM   3.078,56 DM
42   16.4.89    Gehalt        1.145,62 DM   Bar            175,00 DM   4.049,18 DM
43                                          Bar            175,00 DM   3.874,18 DM
44   23.4.89                                Bar            175,00 DM   3.699,18 DM
45   30.4.89    Gehalt        1.145,62 DM   Miete          745,94 DM   4.098,86 DM
46                                          Krankenvers.   155,00 DM   3.943,86 DM
47                                          Bausparvertr.  115,00 DM   3.828,86 DM
48                                          Lebensvers.    100,00 DM   3.728,86 DM
49                                          Sonstiges      375,00 DM   3.353,86 DM
50                                          Bar            175,00 DM   3.178,86 DM
51    7.5.89                                Bar            175,00 DM   3.003,86 DM
52   14.5.89    Gehalt        1.145,62 DM   Bar            175,00 DM   3.974,48 DM
53   21.5.89                                Bar            175,00 DM   3.799,48 DM
54   28.5.89    Steuerrückz.    475,00 DM   Bar            175,00 DM   4.099,48 DM
55    4.6.89    Gehalt        1.145,62 DM   Miete          745,94 DM   4.499,16 DM
56                                          Krankenvers.   155,00 DM   4.344,16 DM
57                                          Bausparvertr.  115,00 DM   4.229,16 DM
58                                          Lebensvers.    100,00 DM   4.129,16 DM
59                                          Sonstiges      375,00 DM   3.754,16 DM
60                                          Bar            175,00 DM   3.579,16 DM
61   11.6.89                                Bar            175,00 DM   3.404,16 DM
62   18.6.89    Gehalt        1.145,62 DM   Bar            175,00 DM   4.374,78 DM
63   25.6.89                                Bar            175,00 DM   4.199,78 DM
64    2.7.89    Gehalt        1.145,62 DM   Miete          745,94 DM   4.599,46 DM
65                                          Krankenvers.   155,00 DM   4.444,46 DM
66                                          Bausparvertr.  115,00 DM   4.329,46 DM
67                                          Lebensvers.    100,00 DM   4.229,46 DM
```

Abbildung 2-2.

(2-2. Fortsetzung)

68				Sonstiges	375,00 DM	3.854,46 DM
69				Bar	175,00 DM	3.679,46 DM
70	9.7.89	Kindergeld	375,00 DM	Bar	175,00 DM	3.879,46 DM
71				Renovierung	2.500,00 DM	1.379,46 DM
72	16.7.89	Gehalt	1.145,62 DM	Bar	175,00 DM	2.350,08 DM
73	23.7.89			Bar	175,00 DM	2.175,08 DM
74	30.7.89	Gehalt	1.145,62 DM	Bar	175,00 DM	3.145,70 DM
75	6.8.89			Miete	745,94 DM	2.399,76 DM
76				Krankenvers.	155,00 DM	2.244,76 DM
77				Bausparvertr.	115,00 DM	2.129,76 DM
78				Lebensvers.	100,00 DM	2.029,76 DM
79				Sonstiges	375,00 DM	1.654,76 DM
80				Bar	175,00 DM	1.479,76 DM
81	13.8.89			Bar	175,00 DM	1.304,76 DM
82	20.8.89	Gehalt	1.145,62 DM	Bar	175,00 DM	2.275,38 DM
83	27.8.89			Bar	175,00 DM	2.100,38 DM
84	3.9.89	Gehalt	1.145,62 DM	Miete	745,94 DM	2.500,06 DM
85				Krankenvers.	155,00 DM	2.345,06 DM
86				Bausparvertr.	115,00 DM	2.230,06 DM
87				Lebensvers.	100,00 DM	2.130,06 DM
88				Sonstiges	375,00 DM	1.755,06 DM
89				Bar	175,00 DM	1.580,06 DM
90	10.9.89			Bar	175,00 DM	1.405,06 DM
91	17.9.89	Gehalt	1.145,62 DM	Jubiläum	1.400,00 DM	1.150,68 DM
92				Bar	175,00 DM	975,68 DM
93	17.9.89			Bar	175,00 DM	800,68 DM
94	24.9.89	Gehalt	1.145,62 DM	Miete	745,94 DM	1.200,36 DM
95				Krankenvers.	155,00 DM	1.045,36 DM
96				Bausparvertr.	115,00 DM	930,36 DM
97				Lebensvers.	100,00 DM	830,36 DM
98				Sonstiges	375,00 DM	455,36 DM
99				Bar	175,00 DM	280,36 DM
100	1.10.89			Bar	175,00 DM	105,36 DM
101	8.10.89	Gehalt	1.145,62 DM	Fernseher	800,00 DM	450,98 DM
102	15.10.89	Kindergeld	375,00 DM	Bar	175,00 DM	650,98 DM
103	22.10.89	Aktienverkauf	2.500,00 DM	Bar	175,00 DM	2.975,98 DM
104	29.10.89	Gehalt	1.145,62 DM	Miete	745,94 DM	3.375,66 DM
105				Krankenvers.	155,00 DM	3.220,66 DM
106				Bausparvertr.	115,00 DM	3.105,66 DM
107				Lebensvers.	100,00 DM	3.005,66 DM
108				Sonstiges	375,00 DM	2.630,66 DM
109				Bar	175,00 DM	2.455,66 DM
110	5.11.89			Bar	175,00 DM	2.280,66 DM
111	12.11.89	Gehalt	1.145,62 DM	Bar	175,00 DM	3.251,28 DM
112	19.11.89			Bar	175,00 DM	3.076,28 DM
113	26.11.89	Gehalt	1.145,62 DM	Miete	745,94 DM	3.475,96 DM
114				Krankenvers.	155,00 DM	3.320,96 DM
115				Bausparvertr.	115,00 DM	3.205,96 DM
116				Lebensvers.	100,00 DM	3.105,96 DM
117				Sonstiges	375,00 DM	2.730,96 DM
118				Bar	175,00 DM	2.555,96 DM
119	3.12.89			Geschenke	400,00 DM	2.155,96 DM
120				Bar	175,00 DM	1.980,96 DM
121	10.12.89	Gehalt	1.145,62 DM	Bar	175,00 DM	2.951,58 DM
122	17.12.89			Bar	175,00 DM	2.776,58 DM
123	24.12.89	Gehalt	1.145,62 DM	Miete	745,94 DM	3.176,26 DM
124				Krankenvers.	155,00 DM	3.021,26 DM
125				Bausparvertr.	115,00 DM	2.906,26 DM
126				Lebensvers.	100,00 DM	2.806,26 DM
127				Sonstiges	375,00 DM	2.431,26 DM
128				Bar	175,00 DM	2.256,26 DM

Abbildung 2-3

DAS ARBEITSBLATT ERSTELLEN

Wenn Sie eine Tabelle Einnahmen/Ausgaben-Planung anlegen wollen, öffnen Sie als erstes eine neue Tabellenkalkulation: Dazu wählen Sie Neue Datei erstellen im Menü Datei und markieren Neue Tabellenkalkulation im Dialogfeld. Anschließend schalten Sie die Option Manuell berechnen im Optionen-Menü ein. Dadurch vermeiden Sie, daß das Arbeitsblatt nach jedem Tabelleneintrag neu berechnet wird, was bei einer umfangreichen Tabelle sehr zeitraubend wäre.

Als nächstes wählen Sie im Format-Menü Währungsformat mit zwei Nachkommastellen. Markieren Sie zu diesem Zweck die gesamte Tabelle mit Shift-Ctrl-[F8] (drücken Sie alle drei Tasten gleichzeitig), und wählen Sie dann im Format-Menü Währung und Nachkommastellen 2. Bestätigen Sie mit Enter oder OK.

Ändern Sie als nächstes einige Spaltenbreiten. Markieren Sie dazu ein Feld in der entsprechenden Spalte, wählen Sie Spaltenbreite im Menü Format, und schreiben Sie die neue Breite. Bestätigen Sie mit Enter oder OK. Die Tabelle in Abbildung 2-4 zeigt die neuen Spaltenbreiten für das Arbeitsblatt Einnahmen/Ausgaben-Planung.

Sie können nun mit den Einträgen beginnen. Geben Sie zuerst die Labels für die Zeilen 1, 2 und 3 wie in Abbildung 2-1 ein. Die Doppellinien in den Zeilen 1 und 3 werden aus Gleichheitszeichen (=) gebildet und erstrecken sich durchgehend von Zeile 1 bis Zeile 6. Für die Doppellinie in Zeile 1 geben Sie in jedes Feld in Zeile 1 ein Label aus Gleichheitszeichen ein. Tippen Sie ein

Anführungszeichen und anschließend die entsprechende Anzahl Gleichheitszeichen (Anzahl entspricht der festgelegten Zeilenbreite). In Feld Z1S1 tippen
Sie beispielsweise ein Anführungszeichen gefolgt von neun Gleichheitszeichen
(`"=========`).

Spalte	Breite
1	9
2	14
3	12
4	14
5	12
6	12

Abbildung 2-4. Tabelle mit Spaltenbreiten für Einnahmen/Ausgaben-Planung

Als nächstes geben Sie in die Felder Z4S1, Z4S2 und Z4S4 die Bezeichnungen
Woche, *Einnahmen* und *Ausgaben* ein. Wie Sie in Abbildung 2-1 sehen, wird
das Label *Einnahmen* zwischen den Spalten 2 und 3 zentriert, das Label
Ausgaben zwischen den Spalten 4 und 5. Das erreichen Sie, indem Sie den
Labeleintrag mit einigen Leerräumen beginnen. Um *Einnahmen* zu zentrieren,
bewegen Sie den Cursor zu Feld Z4S2, drücken neunmal die Leertaste, schreiben *Einnahmen* und bestätigen mit Enter. Analog drücken Sie für *Ausgaben* in
Feld Z4S4 neunmal die Leertaste und schreiben dann *Ausgaben*. Bestätigen Sie
auch hier wieder den Eintrag mit Enter.

Gehen Sie nun mit dem Cursor in Zeile 5 und schreiben in die Felder Z5S1 bis
Z5S6 die Labels *Vom*, *Bezeichnung*, *Betrag*, *Bezeichnung*, *Betrag* und *Saldo*.
In Zeile 6 tragen Sie anschließend von Z6S1 bis Z6S6 die gestrichelte Linie
ein. Dazu bewegen Sie den Cursor zum jeweiligen Feld und geben ein
Anführungszeichen gefolgt von der entsprechenden Anzahl von Bindestrichen
ein (Anzahl gleich Spaltenbreite minus zwei). Die einzelnen Linien in den
Feldern sollen immer um zwei Abstände kürzer sein, als die jeweilige Spalten-
breite. Das Label in Feld Z6S1 soll also aus sieben Bindestrichen bestehen (`"---
----`), das Label in Z6S2 aus 14 Bindestrichen (`"--------------`).

Nachdem alle Labels eingegeben sind, zentrieren Sie sie. Markieren Sie dazu
den Bereich Z4S1:Z6S6, und wählen Sie im Format-Menü Schriftstil und im
Dialogfeld die Option Zentriert.

Fixieren Sie die Zeilen 1 bis 6 mit den Spaltenlabels, damit diese Bezeichnungen jederzeit auf dem Bildschirm sichtbar bleiben - auch dann, wenn sich der
Cursor am untersten Ende der Tabelle befindet. Zum Fixieren der Zeilen 1 bis
6 gehen Sie mit dem Cursor in ein beliebiges Feld in Zeile 7, wählen Zeile im
Menü Auswahl und anschließend Titel fixieren im Optionen-Menü.

Eine Arbeitstabelle anlegen

Jetzt können Sie die eigentliche Arbeitstabelle anlegen. Bewegen Sie als erstes den Cursor zu Feld Z7S2, und geben Sie das Label Anfangssaldo ein. Anschließend gehen Sie mit dem Cursor zu Feld Z8S1 und tragen das Datum des ersten Tages (Sonntag) der laufenden Woche ein. Wenn Sie beispielsweise Ihre Tabelle am Donnerstag, den 2. Februar 1989 anlegen, geben Sie in Feld Z8S1 das Datum 29.1.89 ein - erster Tag der entsprechenden Woche. In Abbildung 2-1 wurde das Datum 1.1.89 eingetragen - der erste Tag der ersten Woche im Jahr 1989.

In Feld Z9S1 geben Sie folgende Formel ein

```
=Z(-1)S+7
```

Zur Eingabe dieser Formel mit relativer Adresse, setzen Sie den Cursor zuerst auf Feld Z9S1 und tippen hier

```
=
```

Anschließend gehen Sie mit dem Cursor auf Feld Z8S1 (mit dem ersten Datum) und schreiben hinter die in der Bearbeitungszeile gezeigte Formel

```
+7
```

Damit wird der Wert in Feld Z9S1 dem Wert in Feld Z8S1 plus 7 gleichgesetzt. Da das Datum im Feld Z8S1 ein Sonntag ist und eine Woche aus sieben Tagen besteht, gibt diese Formel als Wert den Sonntag der nächstfolgenden Woche zurück. Das Ergebnis der Formel zeigt jedoch keine Datumsangabe, sondern eine Reihe Nummernzeichen (########), da Sie dem Feld Z9S1 Währungs-Format mit zwei Nachkommastellen zugewiesen hatten. Ändern Sie also das Format für diese Spalte im Format-Menü mit Uhrzeit/Datum in Tag, Monat, Jahr in Kurzform. Bestätigen Sie Ihre Wahl mit Enter oder OK.

Nachdem die Formel für Feld Z9S1 eingegeben und das Feld formatiert ist, kopieren Sie Formel und Format in den Bereich Z10S1:Z60S1. Markieren Sie den Bereich Z9S1:Z60S1, und wählen Sie Unten Ausfüllen im Menü Bearbeiten. Anschließend drücken Sie die Funktionstaste [F9], um diesen Bereich neu zu berechnen. Als Ergebnis erhalten Sie eine Reihe fortlaufender Datumsangaben, die gegenüber dem Vordatum jeweils um sieben Tage verschoben sind. Das letzte Datum müßte ziemlich genau ein Jahr nach dem ersten Datum liegen.

Als nächstes werden die Formeln in Spalte 6 definiert. Gehen Sie also mit dem Cursor zu Feld Z8S6, und geben Sie hier die Formel

```
=Z(-1)S+ZS(-3)-ZS(-1)
```

ein. Dazu bewegen Sie den Cursor auf Feld Z7S6 und setzen ein Pluszeichen (+) hinter die in der Bearbeitungszeile gezeigte Adresse. Dann gehen Sie auf Feld Z8S3, tippen ein Minuszeichen (-), setzen anschließend den Cursor auf Feld Z8S5 und drücken Enter. Die so erstellte Formel berechnet jeweils den

Saldo nach einer Woche. Dabei werden die Wocheneinnahmen in Spalte 3 mit dem Anfangssaldo in Spalte 6 addiert und die Wochenausgaben in Spalte 5 von dieser Summe subtrahiert. Da Sie bisher noch keine Einnahmen und Ausgaben eingetragen haben, entspricht der Wert in Z8S6 dem Anfangssaldo in Z7S6.

Kopieren Sie nun die Formel von Feld Z8S6 in den Bereich Z9S6:Z61S6. Dazu markieren Sie den Bereich Z8S6:Z61S6 und wählen im Bearbeiten-Menü den Befehl Unten ausfüllen. Mit [F9] nehmen Sie anschließend die Neuberechnung der Formeln vor. Als Ergebnis erhalten Sie eine Reihe DM-Werte. Da Sie bisher noch keine Werte für Einnahmen und Ausgaben eingetragen haben, sind alle Werte in Spalte 6 mit dem Anfangssaldo in Z7S6 identisch.

Speichern der Tabelle

Ihre Arbeitstabelle ist damit fertiggestellt. Bevor Sie irgendwelche Daten eintragen, speichern Sie erst einmal die Tabelle. Wählen Sie Speichern unter im Menü Datei. Soll die Tabelle nicht im Standardverzeichnis gespeichert werden, wählen Sie das gewünschte Verzeichnis aus der Liste der Verzeichnisse aus. Anschließend bestimmen Sie einen Namen für Ihre Arbeitstabelle (z.B. *EAPLAN.WKS*), und bestätigen den Namen mit Enter oder OK.

MIT DEM ARBEITSBLATT ARBEITEN

Öffnen Sie die Tabelle Einnahmen/Ausgaben-Planung. (Falls Sie die Tabelle gerade erst erstellt haben, können Sie diesen Schritt übergehen.) Wählen Sie im Datei-Menü Vorhandene Datei öffnen. Falls sich Ihre Datei nicht im Standardverzeichnis befindet, wählen Sie das entsprechende Verzeichnis aus der Liste der Verzeichnisse. Anschließend wählen Sie die gesuchte Datei aus der Liste der Dateien und laden diese mit Enter oder OK.

Cursorbewegung

Wie Sie in Abbildung 2-3 sehen, sind auf dem ersten Bildschirm (nachdem Sie Home gedrückt haben) die ersten 13 Zeilen der Tabelle zu sehen. Mit den Cursortasten - oder der Maus - können Sie sich in andere Tabellenbereiche bewegen. Angenommen, Sie wollen den nächsten Bildschirm der Tabelle ansehen, dann drücken Sie einfach Pgdn. Um ans Ende der Tabelle zu gelangen, bewegen Sie den Cursor zu Spalte 6 (enthält durchgehend in jeder Zeile Einträge) und drücken Ctrl-Abwärtspfeil. Um aus jeder beliebigen Position innerhalb der Tabelle wieder zurück an den Tabellenanfang zu gelangen, gehen Sie mit dem Cursor wieder in Spalte 6 und drücken Ctrl-Aufwärtspfeil.

Wenn Sie eine ganz bestimmte Zeile der Tabelle ansteuern wollen, drücken Sie die Funktionstaste [F5] (Gehe Zu) und schreiben Z und die gewünschte Zeilennummer und anschließend eine Spaltenbezeichnung. Mit Enter oder OK bestätigen Sie die Eingabe. Angenommen, Sie wollen direkt an den Anfang der Zeile

50 gehen, dann drücken Sie erst [F5], schreiben *Z50S1* und bestätigen mit Enter oder OK.

Wenn Sie die Titel der Zeilen 1 bis 6 fixiert haben, bleiben diese Zeilen immer auf dem Bildschirm sichtbar, gleichgültig, wo sich der Cursor innerhalb der Tabelle befindet. Mit den Pfeiltasten kann der Cursor nicht in diesen Tabellenbereich bewegt werden. Wenn Sie Ctrl-Home drücken, wird der Cursor auf Feld Z7S1 und nicht auf Z1S1 positioniert.

Eingabe der Einnahmen und Ausgaben

Falls Sie den Anfangssaldo noch nicht eingetragen haben, bewegen Sie den Cursor in Feld Z7S6 und geben hier den Anfangswert ein - den Kontostand am Anfang der ersten Woche Ihrer Planung. Wenn Ihr Konto z.B. am 1.1.89 einen Betrag von DM 4.572,98 aufweist, schreiben Sie *4572,98* in Feld Z7S6.

Als nächstes geben Sie Ihre voraussichtlichen Einnahmen und Ausgaben ein. Wie Sie dabei vorgehen, hängt davon ab, ob Sie Ihre Planung für private oder Firmenzwecke vornehmen. Wenn Sie beispielsweise Ihre privaten Finanzen planen wollen, geben Sie in die Spalten 2 und 3 die laufenden Einnahmen, wie Lohn oder Gehalt, Kindergeld usw. ein und in die Spalten 4 und 5 die laufenden Ausgaben, wie Mietzahlung, Versicherungen, Bausparvertrag usw. Damit die Tabelle nicht zu umfangreich wird, sollten Sie kleinere Beträge zu einem Posten zusammenfassen.

Nachdem alle fixen Kosten und Einnahmen eingetragen sind, geben Sie die nicht eindeutig bezifferbaren Posten ein, wie Dividenden, Zinsen, Steuerrückzahlungen, Steuerzahlungen, Zuwendungen, Reisekosten usw. Diese Posten sind imgrunde die wesentlichen Faktoren dieser Planung, denn sie können Ihren Kontostand völlig durcheinanderbringen. Daher ist es wichtig, daß Sie gerade diese Einträge besonders sorgfältig überdenken und keinen größeren Posten vergessen.

Wenn Sie eine Einnahmen/Ausgaben-Planung für Ihre Firma vornehmen, ist das Ganze etwas komplizierter. Ein Unternehmen kann zwar seine Ausgaben einigermaßen exakt voraussagen, seine Einnahmen jedoch nicht. Daher tragen Sie als erstes Ihre voraussichtlichen Ausgaben ein - Löhne und Gehälter, Sozialabgaben, Miete, Leasingkosten usw. Damit die Tabelle nicht zu umfangreich wird, fassen Sie auch hier die kleineren Posten zu einem größeren Posten zusammen.

Sobald alle Ausgaben eingetragen sind, buchen Sie Ihre voraussichtlichen wöchentlichen Einnahmen. Da es hier nicht um die Verbuchung bestimmter Rechnungen oder Überweisungen geht, sollten Sie in Spalte 4 einen Vermerk wie etwa *regelmäßige Einnahmen pro Woche* und die entsprechende Summe in Spalte 5 eingeben. Anschließend buchen Sie dann die unregelmäßigen Einnahmen und Ausgaben - wie Anschaffungen oder Vermögensveräußerungen, Steuern usw.

Saldoabstimmung

Die Tabelle Einnahmen/Ausgaben-Planung erstellt einen Einnahmen-/Ausgaben-Saldo auf wöchentlicher Basis. Die Daten in Spalte 1 zeigen jeweils den ersten Tag jeder Woche des Planungsjahres. Die meisten Einnahmen und Ausgaben erfolgen allerdings nicht genau an dem in Spalte 1 angegebenen Daten, sondern irgendwann innerhalb der Woche, die mit dem angegebenen Datum beginnt. Stellen Sie sich daher das angegebene Datum als Wochenbezeichnung für eine Woche vor, die am angegebenen Datum beginnt und am Tag vor dem nächsten Datum der Spalte endet. Sie verbuchen also Ihre voraussichtlichen Einnahmen und Ausgaben einer ganzen Woche jeweils unter dem angegebenen Datum (erster Tag der entsprechenden Woche).

Eintrag der Einnahmen

Wenn Sie einen Zahlungseingang eintragen wollen, setzen Sie den Cursor in Spalte 2 in die Zeile, die das Datum für den entsprechenden Zahlungseingang enthält, und schreiben einen Vermerk für den Zahlungseingang. Anschließend gehen Sie in Spalte 3 und tragen den zugehörigen Betrag ein. Angenommen, Sie erwarten am 3. Januar 1987 eine Gehaltszahlung über DM 1.145,62. Dieser Zahlungseingang wird in der Woche verbucht, die am 1.1.89 beginnt, in unserer Mustertabelle also in Zeile 8. Bewegen Sie den Cursor in diese Zeile, und tragen Sie den Betrag *1145,62* ein. In Abbildung 2-5 sehen Sie das Ergebnis.

Abbildung 2-5.

Da Sie die manuelle Berechnung eingeschaltet haben, wird der Saldo Ihrer Tabelle aufgrund der Neueinträge nicht automatisch neu berechnet. Drücken

Sie also die Funktionstaste [F9], um den Saldo zu berechnen. In Abbildung 2-6
ist die neu berechnete Tabelle zu sehen.

```
 Datei Bearbeiten Drucken Auswahl Format Optionen Ansicht Fenster Hilfe
1145,62
                              ══════ EAPLAN.WKS ══════
           1          2          3          4          5          6
 1 ══════════════════════════════════════════════════════════════════
 2  EINNAHMEN/AUSGABEN-PLANUNG
 3 ══════════════════════════════════════════════════════════════════
 4    Woche         Einnahmen              Ausgaben
 5    von      Vermerk      Betrag     Vermerk      Betrag        Saldo
 6    ───────  ──────────  ──────────  ──────────  ──────────  ──────────
 7             Anfangssaldo                                      4.572,98 DM
 8   1.1.89    Gehalt      1.145,62 DM                           5.718,60 DM
 9   8.1.89                                                      5.718,60 DM
10  15.1.89                                                      5.718,60 DM
11  22.1.89                                                      5.718,60 DM
12  29.1.89                                                      5.718,60 DM
13   5.2.89                                                      5.718,60 DM
14  12.2.89                                                      5.718,60 DM
15  19.2.89                                                      5.718,60 DM
16  26.2.89                                                      5.718,60 DM
17   5.3.89                                                      5.718,60 DM
18  12.3.89                                                      5.718,60 DM
Z8S3                                                    NF    <F1=HILFE>
Drücken Sie die ALT-TASTE, um Befehle auszuwählen oder F2 zum Bearbeiten.
```

Abbildung 2-6

Eintrag der Ausgaben

Setzen Sie den Cursor in Spalte 4 in die Zeile mit dem Datum, an welchem Ihre
erste Ausgabe fällig ist, und schreiben Sie hier einen Ausgabenvermerk. Gehen
Sie anschließend mit dem Cursor in Spalte 5, und tragen Sie den zugehörigen
Betrag ein. Angenommen, Ihre monatliche Miete über DM 745,94 wird am 3.
Januar 1989 fällig. Das für diese Zahlung zuständige Datum ist die Woche, die
am 1.1.89 beginnt. Tragen Sie Ihre Ausgabe also in Zeile 8 ein. Plazieren Sie
den Cursor in Feld Z8S4, und schreiben Sie z.B. als Vermerk *Miete*.
Anschließend setzen Sie den Cursor in Feld Z8S5 und tragen den Betrag *745,94*
ein. In Abbildung 2-7 sehen Sie die beiden neuen Einträge.

Da Sie die manuelle Berechnung eingeschaltet haben, wird die Tabelle nicht
automatisch neu berechnet. Drücken Sie also die Funktionstaste [F9], um den
neuen Saldo zu berechnen. Abbildung 2-8 zeigt das Ergebnis.

Zeilen einfügen

Es wird bei Ihrer Planung wahrscheinlich immer wieder Wochen geben, in
denen Sie nur einen einzigen Eintrag haben - oder gar keinen -, und andere
Wochen mit zwei oder mehreren Einträgen, so daß Sie weitere Zeilen einfügen
müssen. Angenommen, Ihre Krankenversicherung wird am 3. Januar 1989
fällig. Sie tragen also als Ausgabe den Betrag von DM 155,00 ein. Da die
Woche mit dem 3. Januar 1989 am 1.1.1989 beginnt, müßten Sie also den

Betrag in Zeile 8 schreiben. Diese Zeile enthält aber bereits einen Eintrag. Sie müssen also für diese Woche eine weitere Zeile unter Zeile 8 einfügen. Setzen Sie den Cursor dazu in ein beliebiges Feld in Zeile 9, und drücken Sie Ctrl-[F8], um diese Zeile zu markieren. Fügen Sie anschließend mit Zeile/Spalte einfügen aus dem Menü Bearbeiten eine neue (neunte) Zeile ein. Markieren Sie den Bereich Z8S6:Z10S6, und kopieren Sie die Formel aus Feld Z8S6 mit Unten ausfüllen im Menü Bearbeiten in die Felder Z9S6 und Z10S6.

Abbildung 2-7.

Abbildung 2-8.

Die Ausgabe tragen Sie folgendermaßen ein: Sie schreiben den Ausgabenvermerk *Krankenvers.* in Feld Z9S4 und den Betrag 155 in Feld Z9S5. Mit [F9]
wird der Saldo neu berechnet. In Abbildung 2-9 sehen Sie die Tabelle mit der
neu eingefügten Zeile und dem Ausgabeneintrag.

```
 Datei Bearbeiten Drucken Auswahl Format Optionen Ansicht Fenster Hilfe
155
                              EAPLAN.WKS
         1          2          3          4          5          6
 1 ==================================================================
 2  EINNAHMEN/AUSGABEN-PLANUNG
 3 ------------------------------------------------------------------
 4    Woche          Einnahmen              Ausgaben
 5     vom       Vermerk     Betrag      Vermerk      Betrag      Saldo
 6              --------   --------     --------     --------   --------
 7              Anfangssaldo                                   4.572,98 DM
 8   1.1.89     Gehalt      1.145,62 DM Miete       745,94 DM  4.972,66 DM
 9                                      Krankenvers.  155,00 DM 4.817,66 DM
10   8.1.89                                                    4.817,66 DM
11  15.1.89                                                    4.817,66 DM
12  22.1.89                                                    4.817,66 DM
13  29.1.89                                                    4.817,66 DM
14   5.2.89                                                    4.817,66 DM
15  12.2.89                                                    4.817,66 DM
16  19.2.89                                                    4.817,66 DM
17  26.2.89                                                    4.817,66 DM
18   5.3.89                                                    4.817,66 DM
Z9S5                                                        NF   <F1=HILFE>
 Drücken Sie die ALT-TASTE, um Befehle auszuwählen oder F2 zum Bearbeiten.
```

Abbildung 2-9.

Es wird Sie vielleicht wundern, warum die Formel in Spalte 6 nicht nur in die
neue Zeile, sondern auch in die darunterliegende Zeile kopiert wurde. Wie Sie
erinnern werden, hat jede Formel in Spalte 6 einen Bezug zum vorhergenden
Feld derselben Spalte. Die Formel in Feld Z10S6 beispielsweise

```
=Z(-1)S+ZS(-3)-ZS(-1)
```

adressiert Feld Z9S6, das darüberliegende Feld in Spalte 6. Wenn Sie nun eine
neue Zeile zwischen den Zeilen 9 und 10 einfügen, muß die Formel in das neue
Feld kopiert werden, damit der Bezug zum darüberliegenden Feld erhalten
bleibt.

Regelmäßige Einnahmen und Ausgaben

Einige Einnahmen und Ausgaben erfolgen in regelmäßigen Abständen. Miet-
zahlungen werden im allgemeinen am Anfang eines Monats fällig, Lohn- und
Gehaltszahlungen erfolgen gewöhnlich wöchentlich, vierzehntägig, Mitte des
Monats oder monatlich. Gleichgültig in welchem Intervall Zahlungen vorgenommen werden, der Betrag ist in den meisten Fällen im voraus bekannt.

Ständig wiederkehrende Einnahmen oder Ausgaben können Sie mit dem Befehl
Kopieren eingeben. Schreiben Sie einfach beim ersten Eintrag den Vermerk für

den Zahlungsposten und den zugehörigen Betrag in die entsprechenden Felder, und kopieren Sie dann diese Einträge in die entsprechenden Felder der jeweiligen Zeilen.

Wenn Sie eine wiederholte Einnahme oder Ausgabe kopieren wollen, markieren Sie zuerst die Felder mit dem Vermerk und dem Betrag, wählen dann im Bearbeiten-Menü den Befehl Kopieren, markieren anschließend die Felder, in die kopiert werden soll, und bestätigen mit Enter oder OK. Der Inhalt der Ausgangsfelder wird so in die Zielfelder kopiert. Diese Zielfelder bleiben weiterhin markiert, so daß Sie einfach erneut den Befehl Kopieren erteilen können, die nächsten Zielfelder markieren und mit Enter den Kopiervorgang ausführen. Auf diese Weise können alle wiederholten Zahlungsvorgänge problemlos und schnell in die entsprechenden Zielfelder kopiert werden.

Nehmen wir einmal an, Ihre Mietzahlung über DM 745,94 wird jeweils am Ersten eines Monats fällig. Dann geben Sie nicht jede Zahlung einzeln ein, sondern nur einmal, und kopieren diesen Eintrag anschließend in die Felder der Wochen, die den Ersten eines Monats abdecken. Tragen Sie also in die Felder Z8S4 und Z8S5 Ihre erste Zahlung ein. Setzen Sie dann den Cursor auf Feld Z8S4, und markieren Sie den Bereich Z8S4:Z8S5 (siehe Abbildung 2-10). Anschließend wählen Sie im Menü Bearbeiten den Befehl Kopieren und markieren Feld Z13S4. (Zeile 13 enthält das Datum der Woche, in die der Erste des nächsten Monats fällt.) Kopieren Sie mit Enter die Einträge im Bereich Z8S4:Z8S5 in den entsprechenden Bereich in Zeile 13. Drücken Sie die Funktionstaste [F9], um den Saldo neu zu berechnen (siehe Abbildung 2-11).

Abbildung 2-10.

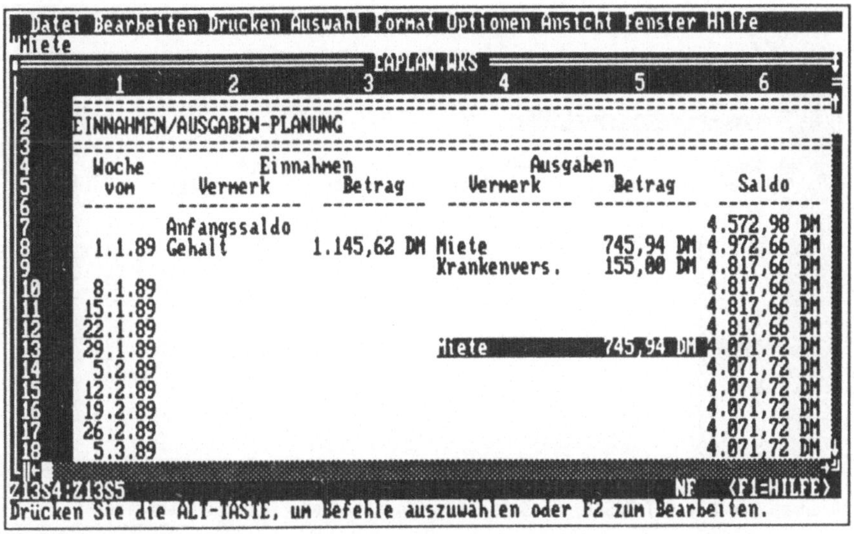

Abbildung 2-11.

Beachten Sie, daß die Felder Z13S4 und Z13S5 in Abbildung 2-11 weiterhin markiert sind. Wenn Sie jetzt erneut Kopieren wählen, Feld Z17S4 markieren und Enter drücken, können Sie die Mietzahlung gleich weiterkopieren. Diesen Schritt können Sie beliebig oft wiederholen. Fallen allerdings für ein und dieselbe Zeile mehrere Einträge in einer Spalte an, müssen Sie für jeden weiteren Eintrag eine neue Zeile einfügen.

Hervorhebung außerordentlicher Posten

Nachdem alle fixen Einnahmen und Ausgaben eingetragen sind, geben Sie die außerordentlichen Posten ein - Vermögensveräußerungen, Zuwendungen, Reisekosten, Steuern, usw. Drücken Sie nach der Eingabe dieser Posten die Funktionstaste [F9], um die Tabelle neu zu berechnen. Es empfiehlt sich, diese unkalkulierbaren Posten durch Fettdruck hervorzuheben, um sie schnell mit einem Blick in der Tabelle zu erkennen. Makieren Sie die Felder mit den Einträgen, die hervorgehoben werden sollen, wählen Sie im Format-Menü Schriftstil und im zugehörigen Dialogfeld Fett. Bestätigen Sie mit Enter oder OK. Works zeigt den Inhalt der markierten Felder sowohl auf dem Bildschirm als auch beim Ausdruck in Fettdruck an.

Angenommen, Sie veranschlagen für eine Reise im April 1989 - in der Woche vom 16.4. - eine Ausgabe von DM 2.000. Abbildung 2-12 zeigt die Einträge für diese Ausgabe in den Feldern Z24S4 und Z24S5 Ihrer Einnahmen/Ausgaben-Planung. Um diese Einträge fett hervorzuheben, markieren Sie den Bereich Z24S4:Z24S5, wählen in Format - Schriftstil die Ausrichtung Standard und den Stil Fett und bestätigen mit Enter oder OK.

Abbildung 2-12.

Grafische Darstellung Ihres Kontostandes

Mit der Grafikeinrichtung von Works können Sie ein Diagramm aus den Salden in Spalte 6 Ihrer Einnahmen/Ausgaben-Planung erstellen und mit einem Blick die Tendenz Ihrer Geldmittel für das gesamte Jahr abzulesen. Eindeutige Kassenüberschüsse oder -defizite werden Ihnen also sofort ins Auge stechen.

Um aus Ihren Salden in Spalte 6 ein Diagramm zu erstellen, markieren Sie den Bereich Z7S6:Z60S6. (Wenn Sie noch Zeilen hinzugefügt haben, müssen Sie natürlich einen entsprechend größeren Bereich markieren.) Setzen Sie den Cursor auf Feld Z7S6, und drücken Sie die Funktionstaste [F8] (Erweiterungsmodus) und anschließend Ctrl-Abwärtspfeil. Wenn Sie mit einer Maus arbeiten, klicken Sie auf Feld Z7S6 und benutzen die Schieberleisten, um das letzte Feld in Spalte 6, das einen Eintrag enthält, auf den Bildschirm zu holen. Drücken Sie die Taste Shift, und klicken Sie gleichzeitig auf das Feld (siehe Abbildung 2-14).

Nun können Sie das Diagramm erstellen. Legen Sie mit Neues Diagramm im Menü Ansicht ein neues Dokument an. Das Diagramm wird angezeigt. (Abbildung 2-15 zeigt das Diagramm.)

Works hat aus Ihren markierten Daten ein Balkendiagramm angefertigt. Wenn Sie jedoch lieber mit einem Liniendiagramm oder einem Flächenlinien-diagramm arbeiten, ändern Sie die Diagrammform. Drücken Sie dazu Esc - oder klicken Sie mit der Maus -, um wieder ins Diagramm-Dokument zu gelangen und den gewünschten Diagrammtyp im Format-Menü zu wählen. Um mit einem Liniendiagramm zu arbeiten, wählen Sie im Format-Menü Liniendia-gramm. Mit dem Befehl Ansicht im Menü Diagramm können Sie Ihr neues Liniendiagramm auf dem Bildschirm ansehen. (Abbildung 2-16 zeigt das Liniendiagramm.)

```
 Datei Bearbeiten Drucken Auswahl Format Optionen Ansicht Fenster Hilfe
4572,98
                              EAPLAN2.WKS
          1          2          3          4          5          6
  1  =============================================================
  2  EINNAHMEN/AUSGABEN-PLANUNG
  3  =============================================================
  4     Woche          Einnahmen              Ausgaben
  5      von     Vermerk     Betrag     Vermerk     Betrag     Saldo
  6     -------   --------   --------   --------   --------   --------
117                                     Sonstiges   375,00 DM 2.730,96 DM
118                                     Bar         175,00 DM 2.555,96 DM
119    3.12.89                          Geschenke   400,00 DM 2.155,96 DM
120                                     Bar         175,00 DM 1.980,96 DM
121   10.12.89 Gehalt   1.145,62 DM Bar 175,00 DM 2.951,58 DM
122   17.12.89                          Bar         175,00 DM 2.776,58 DM
123   24.12.89 Gehalt   1.145,62 DM Miete 745,94 DM 3.176,26 DM
124                                     Krankenvers.  155,00 DM 3.021,26 DM
125                                     Bausparvertr. 115,00 DM 2.906,26 DM
126                                     Lebensvers.   100,00 DM 2.806,26 DM
127                                     Sonstiges     375,00 DM 2.431,26 DM
128                                     Bar           175,00 DM 2.256,26 DM
Z7S6:Z128S6                 BERE                          NF    <F1=HILFE>
Drücken Sie die ALT-TASTE, um Befehle auszuwählen oder F2 zum Bearbeiten.
```

Abbildung 2-14.

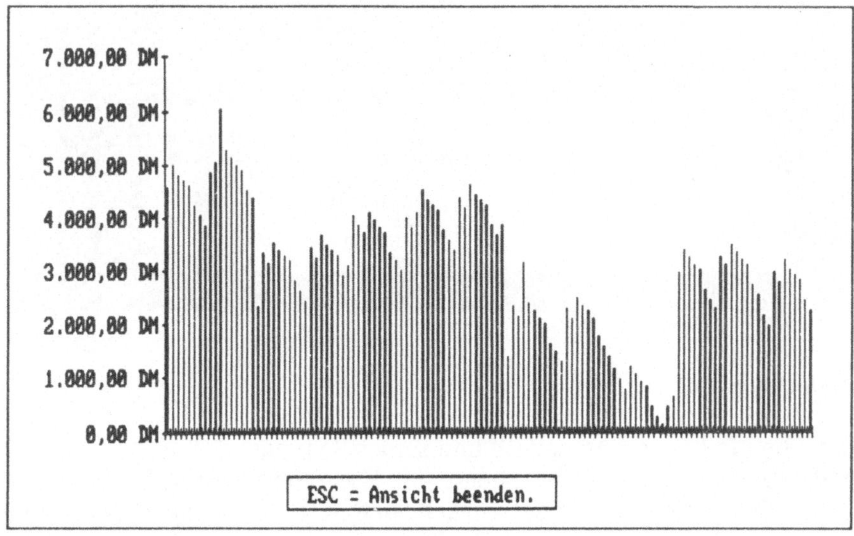

Abbildung 2-15.

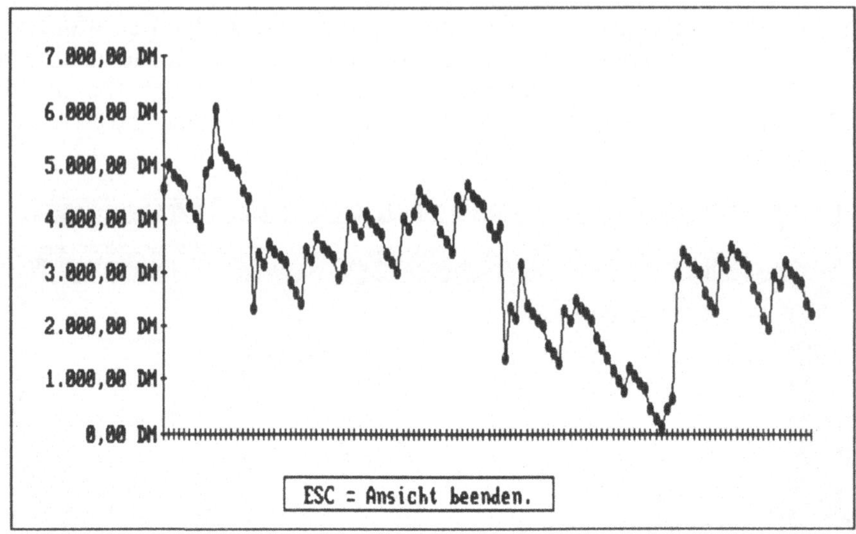

Abbildung 2-16.

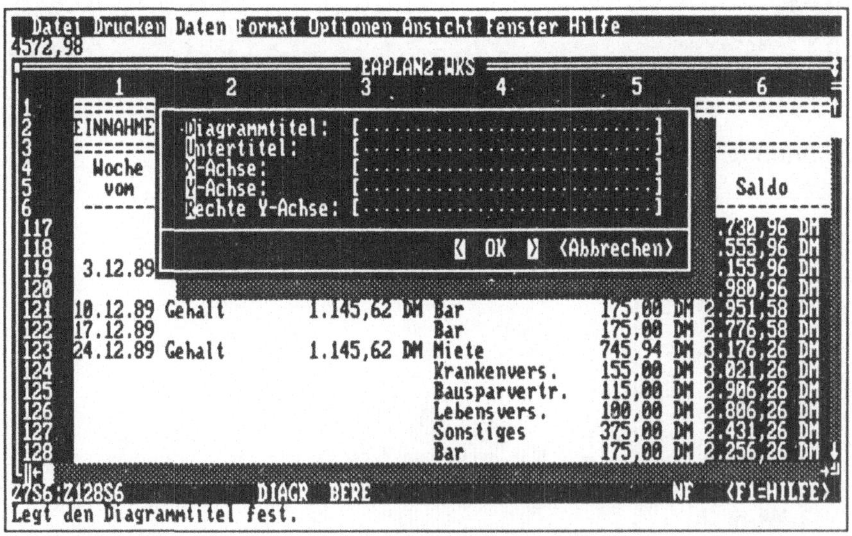

Abbildung 2-17.

Nachdem Sie ein Diagramm erstellt und seinen Typ geändert haben, können Sie die Titel ergänzen. Kehren Sie zuerst mit Esc - oder durch Klicken mit der Maus - ins Diagramm-Dokument zurück, und wählen Sie im Daten-Menü die Option Titel. Das in Abbildung 2-17 gezeigte Dialogfeld öffnet sich. Sie können nun Titel und Untertitel für Ihr Diagramm, sowie die Titel für die X- und Y-Achsen und die rechte Y-Achse bestimmen. Schreiben Sie einfach den gewünschten Titel in das Feld rechts neben der entsprechenden Option. Sie können alle Titel nacheinander eingeben. Bestätigen Sie die einzelnen Einträge aber nicht mit Enter, sonst gelangen Sie zurück ins Diagramm-Dokument. Falls Sie versehentlich Enter gedrückt haben, müssen Sie für die Titeleingabe noch einmal Titel wählen.

Geben Sie als Titel für Ihr Musterdiagramm bei Diagrammtitel *Otto Normalverbraucher* ein. Gehen Sie anschließend mit der Tabulatortaste zu Untertitel, und schreiben Sie hier *E/A-Planung 1989*.
Zur Titeldefinition der X-Achse drücken Sie wieder die Tabulatortaste, um den Cursor zum Textfeld X-Achse zu bewegen, und schreiben hier *Wochen (1 bis 52)*. Zur Definition der Y-Achse bewegen Sie den Cursor auf das Feld Y-Achse und schreiben Kassensaldo. Nachdem alle Einträge vorgenommen sind, kehren Sie mit Enter ins Diagramm-Dokument zurück. Mit Ansicht im Menü Diagramm können Sie sich anschließend Ihr Diagramm ansehen (siehe Abbildung 2-18).

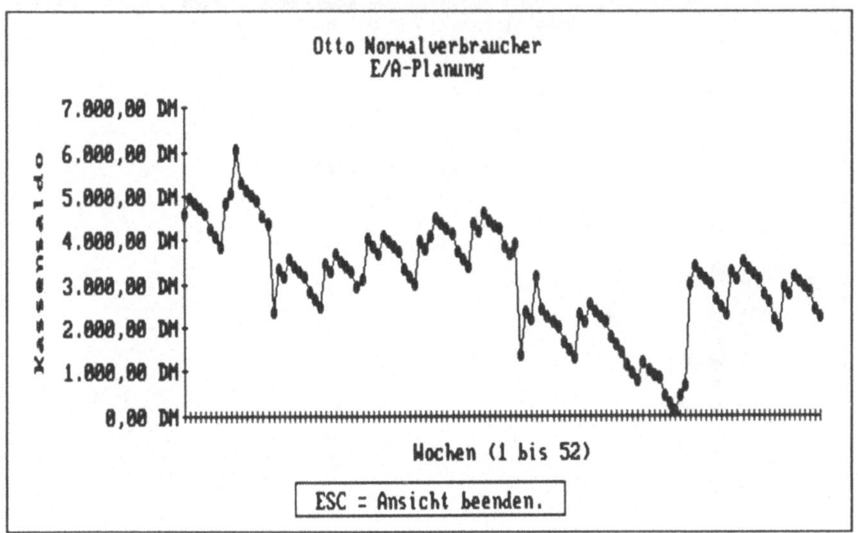

Abbildung 2-18.

Wenn Sie die Punktmarkierung im Liniendiagramm stört, entfernen Sie sie einfach. Gehen Sie mit Esc - oder durch Klicken mit der Maus - ins Diagramm-Dokument, und wählen Sie im Format-Menü Datenformat. Das in Abbildung 2-19 gezeigte Dialogfeld wird geöffnet. Markieren Sie in der Liste Punktmarkierung die Option Keine, und beenden Sie den Befehl entweder mit Enter oder mit Formatieren bzw. Alles formatieren. Mit Ansicht im Menü Diagramm können Sie sich anschließend das Diagramm auf dem Bildschirm ansehen (siehe Abbildung 2-20).

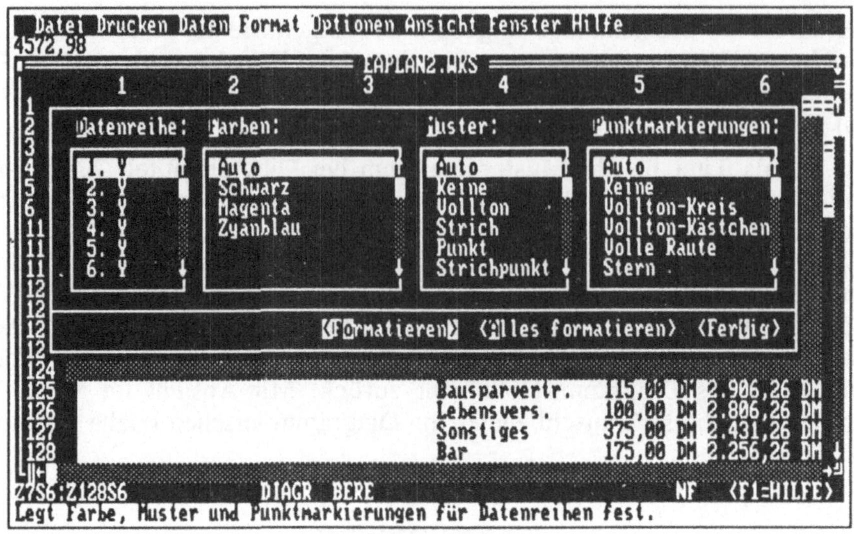

Abbildung 2-19.

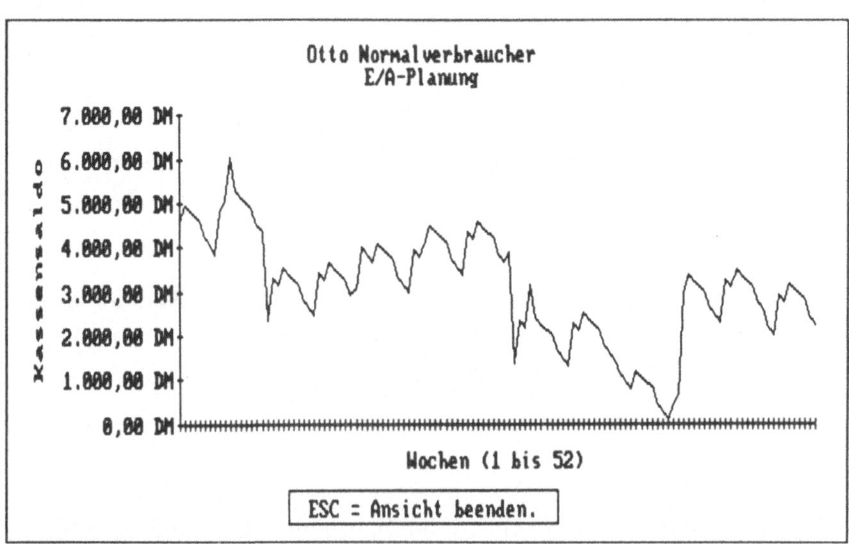

Abbildung 2-20.

Works hat Ihrem Diagramm (Abbildung 2-20) den Namen Diagramm1 zugewiesen. Dieser Name ist völlig ausreichend. Wenn Sie aber trotzdem einen
eigenen Namen für Ihr Diagramm festlegen wollen, z.B. KASSALDO, drücken
Sie Esc - oder klicken Sie mit der Maus -, um ins Diagramm-Dokument
zurückzukehren. Öffnen Sie das Diagramm-Menü, und wählen Sie Diagramme.
Markieren Sie hier den Namen Diagramm1 - momentan der einzige Name in

der Liste. Schreiben Sie ins Textfeld Name *Kassaldo*, und erteilen Sie den Befehl Umbenennen.

Mit Tabellenkalkulation im Menü Ansicht gelangen Sie wieder in Ihre Tabelle zurück. Drücken Sie eine beliebige Taste, um die Cursormarkierung aufzuheben.

Drucken und Speichern der Tabelle

Speichern Sie Ihre ausgefüllte Tabelle als erstes in eine neue Datei. Wählen Sie dazu im Datei-Menü Speichern oder Speichern unter. Soll die Datei nicht im aktuellen Verzeichnis abgelegt werden, wählen Sie aus der Liste der Verzeichnisse das gewünschte Verzeichnis aus. Tragen Sie anschließend einen Namen für Ihre Tabelle ein, und beenden Sie die Eingabe mit Enter oder OK.

Achten Sie unbedingt darauf, daß Sie Ihrer Tabelle einen Namen geben, der sich eindeutig vom Namen der leeren Originaltabelle unterscheidet. Wenn Sie eine ausgefüllte Tabelle unter dem Namen der Originaltabelle speichern, wird die leere Originaltabelle überschrieben. Wählen Sie für Ihre Tabelle einen eindeutigen, aussagekräftigen Namen.

Um Ihre Tabelle zu drucken, wählen Sie Papierformat im Drucken-Menü und ändern die Druckeinstellungen nach Ihren Wünschen. Wenn Sie beispielsweise mit einem breitwagigen Drucker und entsprechend breitem Papier arbeiten, ändern Sie die Druckeinstellung Seitenbreite. Randeinstellungen können geändert und Kopf- und Fußzeilen ergänzt werden.

Nachdem Sie alle Druckeinstellungen angepaßt haben, wählen Sie wieder Drucken im Menü Drucken. Ändern Sie eventuell auch hier im Dialogfeld noch einige Einstellungen, bevor Sie Ihre Tabelle dann mit Drucken ausdrucken.

Es ist übrigens nicht notwendig, die gesamte Einnahmen/Ausgaben-Planung zu drucken. Mit dem Befehl Markiertes drucken können Sie auch Teilbereiche ausdrucken. Wenn Sie beispielsweise nur der erste Monat interessiert, markieren Sie den Bereich Z8S1:Z14S6 und wählen anschließend im Drucken-Menü Markiertes drucken. Da die Einstellung Titel fixieren eingeschaltet ist, druckt Works zuerst die fixierten Zeilen und anschließend den markierten Bereich.

Drucken des Diagramms

Nur ein aktiviertes Dokument kann gedruckt werden. Um Ihr Diagramm zu aktivieren, rufen Sie seinen Namen im Menü Diagramm auf. Mit Papierformat im Menü Drucken ändern Sie anschließend die gwünschten Druckeinstellungen. Mit dem Befehl Drucken lassen Sie das Diagramm dann ausdrucken.

Ergebnisanalyse

Nachdem Sie Ihre Einnahmen und Ausgaben in Ihre Tabelle Einnahmen/Ausgaben-Planung eingegeben haben und aus den Daten in Spalte 6 ein Diagramm angefertigt und die Tabelle gespeichert und gedruckt haben, lassen Sie uns nun das Ergebnis etwas genauer untersuchen. Was zeigt Ihr Diagramm? Gibt es Situationen, in denen Ihr Saldo nahe oder bereits unter DM 0,00 liegt? Falls dies der Fall ist, sollten Sie für dieses Problem Vorkehrungen treffen. Versuchen Sie Zahlungen terminlich zu verschieben, um Ihre Geldmittel flüssig zu halten. Eine größere Ausgabe könnte beispielsweise auf einen etwas späteren Zeitpunkt verschoben werden, oder versuchen Sie einen Weg zu finden, um einen größeren Zahlungseingang früher als ursprünglich geplant verbuchen zu können. Geben Sie Vermerk und Betrag des Postens, den Sie zu einem neuen Zeitpunkt planen wollen, in die neue Position ein, und entfernen Sie mit dem Befehl Inhalte löschen die Einträge in der alten Position.

In Abbildung 2-21 sehen Sie beispielsweise einen Ausschnitt aus der Mustertabelle Einnahmen/Ausgaben-Planung. In dieser Tabelle beträgt der Saldo am Ende der Woche, die mit dem 24.9.89 beginnt, DM 105,36. Wenn diese Mustertabelle Ihre Einnahmen/Ausgaben-Planung wäre, würden Sie den ausgewiesenen Saldo von DM 105,36 als zu niedrig betrachten. Um Ihren Saldo anzuheben, könnten Sie entweder eine geplante Ausgabe auf einen späteren Zeitpunkt verschieben oder einen Zahlungseingang beschleunigen. Nehmen wir an, Sie entscheiden sich für einen vorgezogenen Zahlungseingang und nehmen einen Aktienverkauf über DM 2.500, der ursprünglich für die Woche vom 22.10.89 geplant war, bereits in der Woche vom 26.9.89 vor. Gehen Sie also mit dem Cursor zu Feld Z95S2, und schreiben Sie den Vermerk *Aktienverkauf* und anschließend in Feld Z95S3 den veranschlagten Verkaufserlös *2500*.

```
 Datei Bearbeiten Drucken Auswahl Format Optionen Ansicht Fenster Hilfe
=Z(-1)S+ZS(-3)-ZS(-1)
                             ═══════EAPLAN2.WKS═══════
           1          2              3           4             5            6
  1 ═════════════════════════════════════════════════════════════════════════
  2  EINNAHMEN/AUSGABEN-PLANUNG
  3 ═════════════════════════════════════════════════════════════════════════
  4   Woche           Einnahmen                      Ausgaben
  5    vom     Vermerk        Betrag        Vermerk        Betrag       Saldo
  6   -------  --------    ------------    --------     ------------  ----------
 91  17.9.89  Gehalt      1.145,62 DM  Jubiläum       1.400,00 DM  1.150,68 DM
 92                                    Bar              175,00 DM    975,68 DM
 93  17.9.89                           Bar              175,00 DM    800,68 DM
 94  24.9.89  Gehalt      1.145,62 DM  Miete            745,94 DM  1.200,36 DM
 95                                    Krankenvers.     155,00 DM  1.045,36 DM
 96                                    Bausparvertr.    115,00 DM    930,36 DM
 97                                    Lebensvers.      100,00 DM    830,36 DM
 98                                    Sonstiges        375,00 DM    455,36 DM
 99                                    Bar              175,00 DM    280,36 DM
100  1.10.89                           Bar              175,00 DM    105,36 DM
101  8.10.89  Gehalt      1.145,62 DM  Fernseher        800,00 DM    450,98 DM
102 15.10.89  Kindergeld    375,00 DM  Bar              175,00 DM    650,98 DM
Z100S6                                                        NF   <F1=HILFE>
 Drücken Sie die ALT-TASTE, um Befehle auszuwählen oder F2 zum Bearbeiten.
```

Abbildung 2-21.

Nachdem diese neuen Einträge eingegeben sind, gehen Sie mit dem Cursor auf Feld Z103S2, markieren den Bereich Z103S2:Z103S3 und wählen Inhalte löschen im Menü Bearbeiten. Mit [F9] (Berechnen) nehmen Sie die Neuberechnung Ihrer Tabelle vor. In Abbildung 2-22 sehen Sie das Ergebnis. Beachten Sie, daß der niedrige Saldo verschwunden ist.

```
 Datei Bearbeiten Drucken Auswahl Format Optionen Ansicht Fenster Hilfe
=Z(-1)S+ZS(-3)-ZS(-1)
================================ EAPLAN2.WKS ================================
        1           2           3           4           5           6
 1 ============================================================================
 2 EINNAHMEN/AUSGABEN-PLANUNG
 3 ============================================================================
 4 Woche           Einnahmen                  Ausgaben
 5  von      Vermerk      Betrag      Vermerk      Betrag      Saldo
 6 -------  ---------  ----------  ---------  ----------  ----------
94 24.9.89  Gehalt     1.145,62 DM Miete        745,94 DM 1.200,36 DM
95          Aktienverkauf 2.500,00 DM Krankenvers. 155,00 DM 3.545,36 DM
96                                 Bausparvertr. 115,00 DM 3.430,36 DM
97                                 Lebensvers.   100,00 DM 3.330,36 DM
98                                 Sonstiges     375,00 DM 2.955,36 DM
99                                 Bar           175,00 DM 2.780,36 DM
100 1.10.89                        Bar           175,00 DM 2.605,36 DM
101 8.10.89  Gehalt    1.145,62 DM Fernseher     800,00 DM 2.950,98 DM
102 15.10.89 Kindergeld  375,00 DM Bar           175,00 DM 3.150,98 DM
103 22.10.89                       Bar           175,00 DM 2.975,98 DM
104 29.10.89 Gehalt    1.145,62 DM Miete         745,94 DM 3.375,66 DM
105                                Krankenvers.  155,00 DM 3.220,66 DM
Z100S6                                                 NF    <F1=HILFE>
Drücken Sie die ALT-TASTE, um Befehle auszuwählen oder F2 zum Bearbeiten.
```

Abbildung 2-22.

Versuchen Sie auf keinen Fall, einen Zahlungsvorgang mit dem Befehl Bewegen in eine neue Position zu verschieben. Dadurch würden sich alle Formeln, die einen Bezug zum Ausgangsfeld haben, plötzlich auf das neue Feld beziehen. Solche Formeländerungen würden zwangsläufig zu unkorrekten Ergebnissen führen.

Wenn Sie keine Möglichkeit sehen, einen Zahlungseingang vorzuziehen oder eine Ausgabe aufzuschieben, dann sollten Sie überlegen, ob Sie eine (oder mehrere) größere Ausgabe in der Tabelle streichen. Um den Engpaß in unserem Beispiel in Abbildung 2-21 zu umgehen, stornieren Sie einfach die Ausgabe für einen neuen Fernseher (DM 800,00) in Zeile 101. Markieren Sie dazu die beiden Felder mit den entsprechenden Einträgen, und "radieren" Sie die Einträge mit Inhalte löschen im Menü Bearbeiten aus. Mit [F9] berechnen Sie anschließend Ihre Tabelle neu. Wenn der Engpaß dadurch noch nicht behoben ist, werden weitere Streichungen oder neue Überlegungen notwendig.

Ein finanzieller Engpaß kann auch durch neue Einnahmen überbrückt werden, beispielsweise durch zusätzliche Aktien- oder Wertpapierverkäufe, oder durch Kreditaufnahme. Buchen Sie solche Geldzugänge genau so wie die anderen

Posten in Ihrer Tabelle: Geben Sie in Spalte 2 der entsprechenden Zeile den Vermerk ein, in Spalte 3 derselben Zeile den Betrag.

Falls Ihre Tabelle zu hohe Salden ausweist, können Sie Kapital durch Neuinvestitionen binden, oder eine Anschaffung machen, die Sie sich, entgegen Ihrer Prognose, leisten können. Wenn Sie sich zu dem einen oder anderen entschließen, geben Sie die neue Ausgabe wie gewohnt ein.

Aktualisierung der Tabelle

Nachdem Sie Ihre Tabelle ausgefüllt und die Salden geprüft haben, speichern und vergessen Sie sie für eine Weile. Von Zeit zu Zeit holen Sie sich Ihre Tabelle auf den Bildschirm zurück und aktualisieren sie oder prüfen ganz einfach, ob sich Ihre Planung bisher realisiert hat. Sind die geplanten Zahlungen (regelmäßige wie außerordentliche) bisher eingegangen? Haben Sie die geplanten Ausgaben erledigt? Sind Zahlungen hereingekommen oder hinausgegangen, die nicht geplant waren? Um die Tabelle zu aktualisieren, können Sie entweder einzelne Einträge entsprechend der tatsächlich eingetretenen Situation ändern, oder Zahlungseingänge und -ausgänge löschen bzw. hinzufügen (bevorzugte Methode), oder einfach durch einen Ergänzungseintrag den Saldo auf den neuesten Stand bringen.

Wenn Sie Ihre Einnahmen/Ausgaben-Planung mit Ihren tatsächlichen Einnahmen und Ausgaben abgeglichen haben, prüfen Sie die Genauigkeit Ihrer Planung. Liegen die wöchentlichen Einnahmen und Ausgaben spürbar über oder unter Ihren Möglichkeiten, dann ändern Sie Ihre Planung. Wenn Sie ungeplante Zahlungseingänge bzw. -ausgänge feststellen, ergänzen Sie Ihre Tabelle um diese Zahlungen.

Kennzeichnen Sie die letzte Aktualisierung Ihrer Tabelle. Geben Sie dem Feld mit dem aktuellen Wochendatum (Datum der neuesten Aktualisierung) den Bereichsnamen *Hier* oder irgendeinen anderen Namen. Dazu bewegen Sie den Cursor zu dem Feld in Spalte 1 mit dem aktuellen Wochendatum, wählen im Bearbeiten-Menü den Befehl Bereich benennen und schreiben *Hier*. Geben Sie den Namen mit Enter oder OK ein. Anschließend speichern Sie die aktualisierte Tabelle.

Durch die Kennzeichnung wissen Sie jederzeit, wann Sie die letzte Angleichung vorgenommen haben. Wenn Sie das nächste Mal Ihre Tabelle öffnen, drücken Sie einfach die Funktionstaste [F5] (Gehe zu) oder wählen im Menü Auswahl den Befehl Gehe zu, schreiben *Hier* oder markieren den Namen in der Namensliste und bestätigen mit Enter oder OK. Das Programm setzt den Cursor dann auf das Feld mit dem Namen Hier, und Sie können sofort an der richtigen Stelle mit der Überarbeitung Ihrer Tabelle fortfahren.

Anpassungen

Durch einige kleine Änderungen können Sie die Tabelle Ihren individuellen Bedürfnissen noch weiter anpassen. Der Zahlungsvermerk kann ausführlicher oder weniger ausführlich gestaltet werden, und statt wöchentlicher Einträge können monatliche oder tägliche Reports vorgenommen werden. Um z.B. das Reportintervall zu ändern, müssen die Formeln in Spalte 1 entsprechend geändert werden. Für tägliche Einträge wird das Intervall auf 1 geändert. Bei monatlichen Einträgen ändert sich das Intervall von Monat zu Monat (31 Tage im Januar, 28 Tage im Februar, usw.). Wenn Sie mit täglichem Report arbeiten wollen, empfiehlt es sich, für jeden Monat eine eigene Tabelle anzulegen, da Ihre Einnahmen/Ausgaben-Planung sonst viel zu umfangreich und lang werden würde.

Wenn Sie das Gefühl haben, daß Ihre Tabelle unübersichtlich ist, liegt es wahrscheinlich daran, daß Sie Ihre Einnahmen und Ausgaben zu detailliert aufführen. Gehen Sie die Tabelle noch einmal kritisch durch, und fassen Sie die unbedeutenderen Zahlungsposten zu einem Posten zusammen. Wenn Sie schon im voraus wissen, daß Sie viele kleine Posten berücksichtigen müssen, überlegen Sie sich im voraus, welche kleinen Posten Sie zu einem größeren Posten zusammenfassen können.

ZUSAMMENFASSUNG

Das Arbeitsblatt Einnahmen/Ausgaben-Planung ist eine recht einfache und nützliche Tabelle, die sowohl im privaten wie auch untermehmerischen Bereich eingesetzt werden kann, um Einnahmen und Ausgaben sinnvoll im voraus zu planen. Selbst wenn Sie die Tabelle in dieser Form nicht einsetzen wollen, haben Sie einige interessante und wichtige Handgriffe kennengelernt, die Sie später in Ihren eigenen Arbeitsblättern beliebig einsetzen können.

Kapitel 3

SCHECKJOURNAL MIT ABSTIMMUNG

Diese Tabelle kann Ihnen eine wertvolle Unterstützung bei der Verfolgung Ihres Scheckbuchs sein. Statt jeden Scheckein- und -ausgang ins Scheckbuch einzutragen, geben Sie alle Scheckbewegungen in diese Kalkulationstabelle ein. Der aktuelle Kontostand wird dann nach jeder Verbuchung automatisch neu errechnet. Bei der Saldierung am Monatsende müssen Sie nur noch die Ein- und Auszahlungen kennzeichnen, die zu diesem Zeitpunkt noch nicht von der Bank verbucht worden sind. Die Bearbeitung dieser Posten nimmt die Tabelle dann selbständig vor.

Das Arbeitsblatt für diese Tabelle ist sehr einfach in Aufbau und Handhabung und zeigt einige recht interessante WORKS-Techniken. Sie erfahren z.B., wie man mit der MAX-Funktion eine unterbrechbare Reihe von Werten erstellen oder sehr einfach aktuelle Salden berechnen kann. Darüber hinaus lernen Sie, mit der WENN-Funktion Selektionen aus einer Spalte mit kodierten Werten vorzunehmen.

DAS ARBEITSBLATT

In Abbildung 3-1 sehen Sie die neu erstellte Tabelle Scheckjournal mit Abstimmung. Abbildung 3-2 zeigt dieselbe Tabelle mit Einträgen. Wie Sie sehen, ist die Tabelle in drei Bereiche aufgeteilt: Scheckjournal, Kontoabstimmung und Offene Posten.

Das Scheckjournal belegt die Spalten 1 bis 7. Beim Laden der Kalkulationstabelle erscheint der obere linke Teil des Scheckjournals auf dem Bildschirm, wie in Abbildung 3-3 gezeigt. In diesen Bereich werden die wichtigsten Zahlungsinformationen eingegeben: Schecknummer, Ausstellungsdatum, Empfänger, Vermerk und Betrag, sowie Datum und Betrag aller Zahlungseingänge. Die Formeln in Spalte 6 berechnen jeweils den aktuellen Saldo Ihres Kontos.

In Spalte 7 werden einmal im Monat alle noch offenen Abbuchungen und Einzahlungen kodiert - also alle von der Bank noch nicht verbuchten Posten. Um einen Posten als "offen" zu kodieren, geben Sie in der entsprechenden Zeile in Spalte 7 die Zahl *1* ein. Die Tabelle berechnet dann die Summe der offenen Posten und nimmt anschließend die Abstimmung von Scheckjournal und Banksaldo vor.

```
       1       2       3       4       5       6       7     8       9      10      11
1  ====================================================================================
2  SCHECKJOURNAL MIT ABSTIMMUNG                          SCHECKJOURNAL MIT ABSTIMMUNG
3  ====================================================================================
4  Scheckjournal                                         Kontoabstimmung
5  ====================================================================================
6
7  Scheck-                                      Aktueller
8  Nummer  Datum  Empf./Einz.  Vermerk  Betrag  Saldo       Offen?
9  Anfangssaldo                                 0,00 DM                  Banksaldo
10 1000                                         0,00 DM                  Off. Posten
11 1001                                         0,00 DM
12 1002                                         0,00 DM                  Abgestimmter Banksaldo
13 1003                                         0,00 DM                  Schecksaldo
14 1004                                         0,00 DM
15 1005                                         0,00 DM                  Differenz
16 1006                                         0,00 DM
17 1007                                         0,00 DM

 .   .                                           .
 .   .                                           .
 .   .                                           .

397 1387                                        0,00 DM
398 1388                                        0,00 DM
399 1389                                        0,00 DM
400 1390                                        0,00 DM
```

Abbildung 3-1.

```
       1       2       3          4          5          6        7     8       9      10     11
1  ==========================================================================================
2  SCHECKJOURNAL MIT ABSTIMMUNG                                  SCHECKJOURNAL MIT ABSTIMMUNG
3  ==========================================================================================
4  Scheckjournal                                                 Kontoabstimmung
5  ==========================================================================================
6
7  Scheck-                                           Aktueller
8  Nummer  Datum   Empf./Einz.  Vermerk     Betrag   Saldo       Offen?
9  Anfangssaldo                                      6.479,25 DM              Banksaldo
10 1000    1.4.89  Reinigung    Rock          (7,50 DM)  6.471,75 DM          Off. Posten
11 1001    1.4.89  Schrott      Autowäsche   (12,35 DM)  6.459,40 DM
12    E     2.4.89  KK          Rückzahlung   25,00 DM   6.484,40 DM          Abgestimmter Banksaldo
13 1002    2.4.89  Bücherwurm   Zeitschrift   (8,95 DM)  6.475,45 DM          Schecksaldo
14 1003    3.4.89  Grün-Weiß    Clubbeitrag (600,00 DM)  5.875,45 DM
15    B     3.4.89  Bar         Kasse       (200,00 DM)  5.675,45 DM          Differenz
16 1004    4.4.89  Allianz      Autovers.   (205,00 DM)  5.470,45 DM
17 1005    4.4.89  Bank         Kreditkarte (127,35 DM)  5.343,10 DM
18 1006    4.4.89  TINA         Tanzstunde  (115,00 DM)  5.228,10 DM
19 1007    4.4.89  DAS          Rechtsschutz(135,00 DM)  5.093,10 DM
20 1008    4.4.89  Südd.Verl.   Zeitung      (35,00 DM)  5.058,10 DM

 .   .       .         .          .            .          .
 .   .       .         .          .            .          .
 .   .       .         .          .            .          .

61 1044    21.5.89 VITA         Haftpfl.     (76,00 DM)  5.571,57 DM    1
62 1045    22.5.89 Rasmus       Musikstd.   (245,00 DM)  5.326,57 DM    1
63 1046    29.5.89 Kröger       Nahrungsm.    (8,00 DM)  5.318,57 DM    1
64 1047    29.5.89 MINO         Abo.         (62,50 DM)  5.256,07 DM    1
65 1048    30.5.89 Kino         Karte         (9,00 DM)  5.247,07 DM
66 1049    30.5.89 Hammer       Reparatur    (36,75 DM)  5.210,32 DM
67    E     30.5.69 ABC         Gehalt     1.500,00 DM   6.710,32 DM
68 1051     1.6.89 Post         Kabel TV      35,15 DM   6.745,47 DM
69 1052                                                  6.745,47 DM
```

Abbildung 3-2.

Der Bereich Kontoabstimmung belegt die Felder Z19S8:Z19S14. Banksaldo
und Scheckjournal sollten wenigstens einmal im Monat abgestimmt werden.
Kodieren Sie dazu als erstes alle offenen Schecks, indem Sie in Spalte 7 in das
entsprechende Feld die Zahl 1 eingeben. Danach tragen Sie in Feld Z4S14 das
Datum ein, an dem Sie das Scheckjournal ausgleichen, und in Feld Z7S12 das
Datum, an dem Sie Ihr Bankkonto saldieren. Anschließend nehmen Sie eine
Neuberechnung Ihrer Tabelle vor.

```
         12        13        14        15        16      17     18        19        20      21
==============================================================================================
                                  SCHECKJOURNAL MIT ABSTIMMUNG
==============================================================================================
Zum Periodenende                        Offene Posten
==============================================================================================
                                     Offen
                                   kodierte        Alte Offene Posten
                                    Posten         Nummer  Datum      Betrag
       0,00 DM                     0,00 DM
       0,00 DM                     0,00 DM
     -----------                   0,00 DM
       0,00 DM                     0,00 DM
       0,00 DM                     0,00 DM
     -----------                   0,00 DM
       0,00 DM                     0,00 DM
     -----------                   0,00 DM
                                   0,00 DM

                                      .
                                      .
                                      .

                                   0,00 DM
                                   0,00 DM
                                   0,00 DM
                                   0,00 DM
```

```
         12        13        14        15        16      17     18        19        20      21
==============================================================================================
                                  SCHECKJOURNAL MIT ABSTIMMUNG
==============================================================================================
Zum Periodenende        3.5.89          Offene Posten
==============================================================================================
                                     Offen
                                   kodierte        Alte Offene Posten
                                    Posten         Nummer  Datum      Betrag
    6.924,20 DM                    0,00 DM
       54,50 DM                    0,00 DM
     -----------                   0,00 DM
    6.978,70 DM                    0,00 DM         998  30.3.89   (17,50 DM)
    6.745,47 DM                    0,00 DM
     -----------                   0,00 DM
      233,23 DM                    0,00 DM
    ===========                    0,00 DM
                                   0,00 DM
                                   0,00 DM
                                   0,00 DM

                                      .
                                      .
                                      .

                                 (12,50 DM)
                                 (76,00 DM)
                                (245,00 DM)
                                  (8,00 DM)
                                 (62,50 DM)
                                   0,00 DM
                                   0,00 DM
                                   0,00 DM
                                   0,00 DM
```

Die Formeln in den Feldern Z10S12, Z12S12 und Z13S12 berechnen die Summe der offenen Posten, den berichtigten Banksaldo und den Saldo des Scheckjournals. Die Formel in Z15S12 subtrahiert den Schecksaldo vom berichtigten Banksaldo, und das Ergebnis ist die unberichtigte Differenz von Banksaldo und Schecksaldo. Wenn Sie richtig saldiert haben, müßte der Saldo des Scheckjournals DM 00,00 ergeben.

Abbildung 3-3.

Abbildung 3-4.

Der Bereich Offene Posten belegt die Spalten 15 bis 21. Die Formeln in Spalte 15 suchen aufgrund der WENN-Funktion nach Werten, die in Spalte 7 als offene Posten kodiert sind, um diese Werte in Spalte 15 zu verbuchen. Die Spalten 17, 18 und 19 sind für Übertragungen aus dem vorausgegangenen Scheckjournal bestimmt, d.h. für offene Posten, die bei der letzten Saldoabstimmung noch offen waren.

DAS ARBEITSBLATT ERSTELLEN

Um das Arbeitsblatt Scheckjournal mit Abstimmung anzulegen, wählen Sie als erstes im Dialogfeld Neue Datei erstellen die Option Neue Tabellenkalkulation und bestätigen Ihre Wahl mit Enter oder Ok. WORKS erstellt dann eine neue leere Kalkulationstabelle. Damit Ihre Tabelle nicht nach jedem Eintrag neu berechnet wird, schalten Sie im Optionen-Menü den Befehl Manuell berechnen ein.

Als nächstes ändern Sie einige Spaltenbreiten. Gehen Sie dazu mit dem Cursor auf ein Feld der entsprechenden Spalte, wählen Sie Spaltenbreite im Menü Format, und schreiben Sie die neue Spaltenbreite. Bestätigen Sie Ihre Eingabe mit Enter oder Ok. Abbildung 3-5 zeigt die Spaltenbreiten, die in diesem Arbeitsblatt geändert werden müssen.

Spalte	Breite
1	6
2	9
3	12
4	13
6	14
7	7
8	8
12	14
15	12
17	6
18	9
19	12

Abbildung 3-5. Spaltenbreiten für die Tabelle Scheckjournal mit Abstimmung

Das Scheckjournal

Beginnen Sie nun mit den Einträgen. Als erstes geben Sie in die Zeilen 1, 2, 3, 4 und 5 die Titel ein. Anschließend werden die Zeilen 1, 3 und 5 mit Doppellinien ausgefüllt, die von Spalte 1 bis 7 reichen. Diese Linien bestehen aus einer Reihe von Gleichheitszeichen (=), die als Label in jedes Feld der ersten Zeile eingegeben werden, um dann anschließend in die Zeilen 3 und 5 kopiert zu werden. Geben Sie diese Labels folgendermaßen ein: Tippen Sie ein Anführungszeichen gefolgt von der jeweiligen Anzahl von Gleichheitszeichen (Anzahl gleich Spaltenbreite). Für das erste Feld in Zeile 1 geben Sie z.B. hinter dem Anführungszeichen acht Gleicheitszeichen ein ("======). Das Anführungszeichen ist unbedingt erforderlich, da WORKS sonst annimmt, Sie hätten eine Formel eingegeben und die Fehlermeldung *FEHLER: Operand fehlt* anzeigt.

Um die Labels zu kopieren, markieren Sie den Bereich Z1S1:Z1S7 und wählen die Option Kopieren im Menü Bearbeiten. Anschließend markieren Sie das Feld Z3S1 und bestätigen mit Enter. Dann wählen Sie nochmals Kopieren, markieren das Feld Z5S1 und bestätigen wieder mit Enter.

Die Einträge in den Feldern Z2S1 und Z4S1 sind einfache Labels. Um diese einzugeben, markieren Sie Feld Z2S1 und schreiben *Scheckjournal mit Abstimmung*. Anschließend gehen Sie zu Feld Z4S1 und schreiben hier *Scheckjournal*.

Als nächstes geben Sie in die Felder Z7S1 und Z7S6 die Labels *Scheck* und *aktueller*, in die Felder Z8S1 bis Z8S7 *Nummer, Datum, Empfänger/Einzahler, Vermerk, Betrag, Saldo* und *Offen?*. Diese Einträge bilden die Labels für den Bereich Scheckjournal.

Die Labels müssen nun zentriert werden. Dazu markieren Sie den Bereich Z7S1:Z8S6, öffnen das Format-Menü und wählen im Dialogfeld Schriftstil die Option Zentriert. Anschließend bestätigen Sie Ihre Wahl mit Enter oder Ok.

Nachdem die Titel eingegeben sind, gehen Sie mit dem Cursor auf das Feld Z9S1, drücken einmal die Leertaste und schreiben dann das Label *Anfangssaldo*. Anschließend bewegen Sie den Cursor auf Feld Z9S6 und geben hier den Wert 0 ein. Wenn Sie später mit der Tabelle arbeiten, geben Sie in dieses Feld den tatsächlichen Anfangssaldo ein.

Bestimmen Sie nun für Feld Z9S6 Währungsformat mit zwei Nachkommastellen. Öffnen Sie dazu das Format-Menü, und bestätigen Sie im Dialogfeld Währung die Standardeinstellung von Nachkommastellen: 2.

Spalte Schecknummer

Als nächstes tragen Sie in Feld Z10S1 die Nummer des ersten Schecks ein, den Sie in Ihr Journal aufnehmen möchten. Wenn Sie die Nummer nicht wissen, lassen Sie dieses Feld einfach leer oder tragen eine fiktive Nummer ein. (In unserem Beispiel haben wir die Nummer 1000 eingegeben.) Vergessen Sie nicht, hier die richtige Nummer einzutragen, wenn Sie später mit dieser Tabelle arbeiten.

Geben Sie also in Feld Z11S1 folgende Formel ein:

```
=MAX(Z(-1)S:Z10S1)+1
```

Die Formel errechnet mit Hilfe der MAX-Funktion die nächste Schecknummer, indem sie den Wert in Feld Z11S1 mit dem höchsten Wert des Bereichs Z(-1)S:Z10S1 gleichsetzt und zu diesem Wert 1 addiert. So wird in unserem Beispiel aus dem Wert 1000 von Feld Z10S1 in Feld Z11S1 der Wert 1001.

Kopieren Sie als nächstes diese Formel in die übrigen Felder der ersten Spalte. Markieren Sie dazu den Bereich Z11S1:Z400S1, und wählen Sie Unten ausfüllen im Menü Bearbeiten. Zum schnellen Markieren gehen Sie mit dem Cursor auf Feld Z11S1, drücken die Funktionstaste [F8] (Erweitern) und anschließend die Funktionstaste [F5] (Gehe zu). Geben Sie im Textfeld Bezug Z400S1 ein, und bestätigen Sie mit Enter oder Ok. Wenn Sie nun die Funktionstaste [F9] (Berechnen) drücken, werden die Zahlen in Spalte 1 durchgehend weitergezählt.

Die Formel in Feld Z11S1 arbeitet mit einer absoluten (Z10S1) und einer relativen Adresse (Z(-1)S). Die absolute Adresse tippen Sie direkt ein, die relative Adresse geben Sie durch Zeigen auf das entsprechende Feld ein. Durch diese gemischte Bezugsadresse "wächst" der Bereich beim Kopieren in die übrigen Felder der Spalte 1. WORKS hat die absolute Adresse des Bereichs (Z10S1) beibehalten, während die relative Adresse der jeweiligen Position angepaßt ist. Als Ergebnis liefert jede Formel einen Wert, der um Eins größer ist als der größte Wert der vorhergehenden Felder in dieser Spalte.

Die Technik, einen relativen und einen absoluten Bezug in einer Formel zu verwenden, ist immer dann sinnvoll, wenn man einen Bereich erweitern möchte. Sicher werden Sie immer wieder Gelegenheiten finden, diese Technik in einer Ihrer Tabelle anzuwenden.

Vielleicht wundern Sie sich, warum wir hier mit einer gemischten Adresse arbeiten. Zur Fortzählung der Schecknummern hätte man ja einfach die Formel =Z10S1+1 eingeben können. Da jedoch in einem Scheckjournal nicht nur die ausgestellten Schecks registriert werden, sondern auch Zahlungseingänge, werden diese Eingänge in der ersten Spalte durch ein E gekennzeichnet. Wenn wir hier also mit der Formel =Z(-1)S+1 arbeiten, würde die Kodierung (E) bewirken, daß die darunter liegenden Felder FEHLER anzeigen. Die MAX-Funktion verhindert, daß durch die Kodierung Probleme entstehen. Sie überträgt einfach auf den Code (E) den Wert 0 und berechnet automatisch die richtige Schecknummer des nächsten Schecks.

Als nächstes wählen Sie für den markierten Bereich Z11S1:Z400S1 im Format-Menü die Option Rechtsbündig im Dialogfeld Schriftstil, um die Einträge in der ersten Spalte rechtsbündig auszurichten.

Anschließend bestimmen Sie für die Spalte 5 (Betrag) Währungsformat mit zwei Nachkommastellen. Dazu markieren Sie den Bereich Z11S5:Z400S5, öffnen das Format-Menü, wählen Währung und bestätigen die vorgebene Einstellung (zwei Nachkommastellen) mit Enter oder Ok.

Spalte Aktueller Saldo

Um den aktuellen Saldo zu berechnen, geben Sie zunächst in Feld Z10S6 folgende Formel ein

```
=Z(-1)S+ZS(-1)
```

Diese Formel berechnet den laufenden Kontostand nach der ersten Kontobewegung. Sie addiert zum Anfangssaldo (Z(-1)S) den Betrag der ersten Kontobewegung (ZS(-1)).

Legen Sie für Feld Z10S6 Währungsformat mit zwei Nachkommastellen fest (siehe oben).

Als nächstes kopieren Sie die Formel in die übrigen Felder dieser Spalte. Markieren Sie dazu den Bereich Z10S6:Z400S6, und wählen Sie Unten ausfüllen im Menü Bearbeiten. WORKS füllt daraufhin alle Felder der Spalte 6 mit Formeln aus, die sich jeweils auf die vorhergehende Formel der Spalte 6 und auf den Wert der entsprechenden Zeile in Spalte 5 beziehen. Drücken Sie anschließend die Funktionstaste [F9], um die Tabelle neu zu berechnen. Da im Journal bisher noch keine Schecks eingetragen sind, enthalten alle Felder in Spalte 6 dasselbe Formelergebnis.

Der Bereich Kontoabstimmung

Es gibt zwei Möglichkeiten, den Bereich Kontoabstimmung (Spalten 8 bis 14) auf den Bildschirm zu holen: entweder mit Ctrl-PgDn oder durch Klicken mit der Maus.

Als erstes geben Sie Labels in die Zeilen 1, 2, 3, 4 und 5 ein. Füllen Sie die Zeilen 1, 3 und 5 der Spalten 8 bis 14 mit Gleichheitszeichen ("=) aus. In die Felder Z2S8 und Z4S8 schreiben Sie *SCHECKJOURNAL MIT ABSTIMMUNG* und *Kontoabstimmung*.

Gehen Sie zu Feld Z4S12, und schreiben Sie hier *Zum Periodenende*. In die Felder Z9S9, Z10S9, Z12S9, Z13S9 und Z15S9 tragen Sie die Labels *Banksaldo, Offene Posten, Abgestimmter Banksaldo, Schecksaldo* und *Differenz* ein. Damit haben Sie alle Labels der Kontoabstimmung eingegeben.

Bestimmen Sie nun für den Bereich Z10S12:Z15S12 Währungsformat mit zwei Nachkommastellen. Markieren Sie den Bereich, öffnen Sie das Format-Menü, und bestätigen Sie im Dialogfeld Währung die vorgegebene Einstellung Nachkommastellen: 2.

Als nächstes gehen Sie zu Feld Z10S12 und tragen dort folgende Formel ein

```
=SUMME(Z9S15:Z400S15)+SUMME(Z9S19:Z400S19)
```

Diese Formel berechnet den Gesamtbetrag der Offenen Posten, indem sie die Werte aus Spalte 15 und 19 addiert. Da bisher noch keine Schecks eingetragen wurden, erhalten Sie als Ergebnis den Wert 0. Die Formel in Spalte 15 selektiert mit Hilfe der WENN-Funktion offene Posten, die sie dann in Spalte 15 verbucht. In Spalte 19 werden die Kontobewegungen eingetragen, die bei der letzten Abstimmung (auf dem Papier) noch offen waren. Die Summe dieser Posten bildet den Gesamtbetrag aller offenen Schecks und Einzahlungen.

In Feld Z11S12 geben Sie als nächstes zwei Leerzeichen und zwölf Bindestriche (---------) ein. Bestätigen Sie die Eingabe mit Enter oder Ok. Das gleiche Label geben Sie dann in Feld Z14S12 ein. Dazu rufen Sie die Option Kopieren im Menü Bearbeiten auf, bewegen den Cursor von Feld Z11S12 auf Feld Z14S12 und drücken Enter.

Positionieren Sie nun den Cursor auf Feld Z12S12, um folgende Formel einzugeben

```
=Z(-3)S+Z(-2)S
```

Diese Formel errechnet den abgestimmten Banksaldo, indem sie Banksaldo (Z9S12) und Offene Posten (Z10S12) addiert. Das Ergebnis ist 0, da bisher noch keine Schecks eingetragen wurden. Der abgestimmte Banksaldo errechnet sich aus dem Banksaldo abzüglich aller offenen Schecks und zuzüglich aller noch ausstehenden Einzahlungen. Wenn alle Berichtungen vorgenommen sind, und Ihre Bankauszüge keine Fehler aufweisen, müßte der abgestimmte Banksaldo mit dem Saldo in Ihrem Scheckjournal übereinstimmen.

Als nächstes gehen Sie auf Feld Z13S12 und geben folgende Formel ein

```
=Z400S6
```

Diese Formel bezieht sich auf den letzten Eintrag der Spalte 6 (Aktueller Saldo) und errechnet den aktuellen Saldo des Scheckjournals. Geben Sie nun in Feld Z15S12 folgende Formel ein

```
=Z(-3)S-Z(-2)S
```

Diese Formel errechnet die Differenz aus Banksaldo und Schecksaldo, indem sie den Saldo des Scheckjournals vom abgestimmten Banksaldo subtrahiert (Feld Z12S12). Wenn Schecksaldo und abgestimmter Banksaldo übereinstimmen, erhält man als Ergebnis den Wert 0. Da bisher noch keine Schecks eingetragen wurden, liefern vorerst beide Formeln als Ergebnis den Wert 0.

Als letztes geben Sie in Feld Z16S12 ein Label aus zwei Leerzeichen und zehn Bindestrichen (----------) ein.

Der Bereich Offene Posten

Um die Formeln für den Bereich Offene Posten einzugeben, begeben Sie sich als erstes mit Ctrl-PgDn oder durch Klicken mit der Maus in den entsprechenden Bereich der Tabelle (Spalten 15 bis 21).

In die Zeilen 1, 2, 3, 4 und 5 müssen als erstes die Labels für diesen Bereich eingegeben werden. Die Zeilen 1, 3 und 5 füllen Sie von Spalte 15 bis 21 mit Gleichheitszeichen (=) aus. In Feld Z2S15 schreiben Sie den Titel *SCHECKSALDO MIT ABSTIMMUNG* und in Feld Z4S15 *Offene Posten*. Anschließend tragen Sie in die Felder Z6S15, Z7S15 und Z8S15 die Labels *Offen*, *kodierte* und *Posten*. Markieren Sie den Bereich Z6S15:Z8S15, und wählen Sie dann im Menü Format die Option Schriftstil und im entsprechenden Dialogfeld Rechtsbündig, um alle Einträge rechtsbündig auszurichten.

Geben Sie nun in Spalte 15 eine Formel ein, die aufgrund der Kodierung in Spalte 7 prüft, welche Zahlungen noch offen sind und diese offenen Beträge dann in Spalte 15 (Offene Posten) "verbucht" oder einträgt. Bewegen Sie also

den Cursor auf Feld Z9S15, und geben Sie den Wert 0 ein. Anschließend
schreiben Sie in Feld Z10S15 die Formel

```
=WENN(ZS7=1;ZS5;0)
```

Diese Formel besagt: Wenn der Code in Feld Z10S7 gleich 1 ist, gib den Wert
von Feld Z10S5 (Betrag der laufenden Kontobewegung) zurück; wenn nicht,
gib den Wert 0 zurück. Wenn Sie in Feld Z10S7 den Code 1 eingetragen haben,
wird der Wert in Zeile 10 Spalte 5 in Feld Z10S15 verbucht. Wenn das Feld
Z10S7 leer ist oder einen anderen Wert als 1 enthält, wird in Feld Z10S15 der
Wert 0 verbucht.

Nachdem die Formel eingegeben ist, weisen Sie den Feldern Z10S15 und
Z9S15 Währungsformat mit zwei Nachkommastellen zu. Dazu markieren Sie
diese beiden Felder, wählen Währung im Menü Format und bestätigen mit
Enter oder Ok.

Als nächstes kopieren Sie den Inhalt von Feld Z10S15 in den Bereich
Z11S15:Z400S15. Markieren Sie dazu den Bereich Z10S15:Z400S15, und
wählen Sie Unten ausfüllen im Menü Bearbeiten. Sie erhalten so in Spalte 15
eine Reihe von Formeln, die den Wert des entsprechenden Feldes in Spalte 7
prüfen und den passenden Wert in Spalte 15 verbuchen. Mit [F9] nehmen Sie
die Neuberechnung Ihrer Tabelle vor. Da bisher noch keine Schecks eingetragen wurden, liefern alle Formeln der Spalte 15 als Ergebnis den Wert 0.

Als nächstes wollen wir eine Tabelle für alte offene Posten anlegen. Obgleich
Sie diese Tabelle nur einmal - beim Einrichten des Scheckjournals - benutzen
werden, bildet sie doch einen wichtigen Bestandteil dieses Arbeitsblattes. In
diese Tabelle werden Nummer, Datum und Betrag aller Schecks und Einzahlungen eingetragen, die bei der letzten Journalabstimmung (bevor Sie mit
der Tabellenkalkulation gearbeitet haben) noch ausstanden.

Schreiben Sie also in Feld Z7S17 *Alte Offene Posten* und in die Felder Z8S17,
Z8S18 und Z8S19 die Labels *Nummer*, *Datum* und *Betrag*. Dann zentrieren Sie
die Labels in Zeile 8. Markieren Sie dazu einfach den Bereich Z8S17:Z8S19,
und wählen Sie aus dem Dialogfeld Schriftstil im Menü Format die Option
Zentrieren. Bestätigen Sie Ihre Wahl mit Enter oder Ok.

Anschließend werden die Felder unter den Labels in den Spalten 17, 18 und 19
formatiert. Markieren Sie den Bereich Z9S17:Z400S17. Öffnen Sie das
Format-Menü, und wählen Sie im Dialogfeld Schriftstil die Option Rechts-
bündig. Wenn Sie mit Enter oder Ok bestätigen, werden alle Einträge in Spalte
17 rechtsbündig ausgerichtet. Als nächstes markieren Sie den Bereich
Z9S18:Z400S18, öffnen das Format-Menü und wählen Uhrzeit/Datum in Tag,
Monat, Jahr (In Kurzform). Bestätigen Sie wie immer mit Enter oder Ok.
Damit haben Sie den Feldern in Spalte 18 das Format TT/MM/JJ zugewiesen.
Als letztes markieren Sie noch den Bereich Z9S19:Z400S19 und wählen im
Format-Menü die Option Währung mit zwei Nachkommastellen. Mit Enter
oder Ok bestätigen. Damit haben Sie für die Spalte 19 DM-Format festgelegt.

Fixieren der Zeilen 1 bis 8

Damit Sie alle Labels jederzeit sehen können - auch dann, wenn Sie sich weiter unten in der Tabelle befinden - fixieren Sie die ersten acht Zeilen. Nehmen Sie dazu folgende Schritte vor: Gehen Sie mit dem Cursor auf Feld Z9S1, wählen Sie Zeile im Menü Auswahl (oder klicken Sie mit der Maus am linken Zeilenrand auf die Zeilennummer) und anschließend Titel fixieren im Menü Optionen.

Speichern des Arbeitsblattes

Ihre Arbeitstabelle ist damit fertiggestellt. Bevor Sie irgendwelche Daten eintragen, speichern Sie erst einmal die Tabelle. Wählen Sie Speichern unter im Menü Datei. Soll die Tabelle nicht im Standardverzeichnis gespeichert werden, wählen Sie das gewünschte Verzeichnis aus der Liste der Verzeichnisse aus. Anschließend bestimmen Sie einen Namen für Ihre Arbeitstabelle (z.B. *JOURN.WKS*), und bestätigen den Namen mit Enter oder OK.

MIT DEM ARBEITSBLATT ARBEITEN

Nun können Sie Ihr Arbeitsblatt einsetzen. Als erstes laden Sie die Tabellenkalkulation. (Falls Sie das Arbeitsblatt gerade erst erstellt haben, entfällt dieser Schritt.) Öffnen Sie das Menü Datei, und wählen Sie Vorhandene Datei öffnen. Befindet sich Ihre Datei nicht im aktuellen Verzeichnis, wählen Sie das richtige Verzeichnis aus der Liste der Verzeichnisse. Anschließend schreiben Sie den Dateinamen in das Textfeld Dateiname, oder markieren die gewünschte Datei im entsprechenden Listenfeld. Sobald Sie Ihre Wahl mit Enter oder Ok bestätigen, wird die Datei geladen. Ist die gewünschte Datei jedoch im aktuellen Verzeichnis gespeichert, schreiben Sie einfach nur den Dateinamen (oder markieren ihn im Listenfeld) und bestätigen mit Enter oder Ok.

Cursorbewegung

Abbildung 3-3 zeigt den Bildschirmausschnitt, der sichtbar wird, wenn Sie Ctrl-Home gedrückt haben. Sie sehen die ersten elf Zeilen des Scheckjournals. Um in einen anderen Teil des Journals zu gelangen, bewegen Sie sich mit den Pfeiltasten oder der Maus in den gewünschten Bereich. Den nächsten Bildschirmausschnitt können Sie mit PgDn sichtbar machen. Um direkt ans Tabellenende zu gelangen, bewegen Sie einfach den Cursor auf Spalte 1 oder 6 (Spalten mit einer ununterbrochenen Reihe von Einträgen) und drücken Ctrl-Abwärtspfeil. Um aus jeder beliebigen Position wieder an den Tabellenanfang zu gelangen, gehen Sie mit dem Cursor auf Spalte 1 oder 6 und drücken hier Ctrl-Aufwärtspfeil.

Mit der Funktionstaste [F5] (Gehe zu) können Sie eine bestimmte Zeile ansteuern, indem Sie die Adresse des gewünschten Feldes angeben. Wenn Sie z.B. in Zeile 50 wollen, drücken Sie einfach [F5], schreiben Z50S1 und bestätigen mit Enter oder Ok.

Wenn Sie die ersten acht Zeilen fixiert haben, können Sie diesen Bereich nicht mit den Pfeiltasten ansteuern. Dasselbe gilt für Ctrl-Home. Wenn Sie Ctrl-Home drücken, gelangen Sie auf Feld Z9S1 und nicht auf Z1S1.

Um den Bereich Kontoabstimmung auf den Bildschirm zu holen, drücken Sie erst Ctrl-Home, um an den Tabellenanfang zu gelangen, und anschließend einmal Ctrl-Pgdn. (Beim Arbeiten mit der Maus drücken Sie ebenfalls Ctrl-Home und klicken dann einmal auf die horizontale Schieberleiste.)

In den Bereich Offene Posten gelangen Sie, indem Sie mit Crtl-Home auf das Feld Z9S1 gehen und hier zweimal Ctrl-PgDn drücken. Mit der Maus klicken Sie einfach zweimal auf die Schieberleiste.

Das Arbeitsblatt einrichten.

Bevor Sie mit Ihrer Tabelle arbeiten können, müssen ein paar Zahlen eingetragen werden. Als erstes geben Sie in Feld Z9S6 den Anfangssaldo Ihres Scheckbuchs ein. Anschließend tragen Sie in den Bereich Offene Posten Nummer, Datum und Betrag aller ausstehenden Ein- und Auszahlungen ein. Die Tabelle bietet Platz für 400 Einträge. So viele Einträge werden Sie sicher nicht zu verbuchen haben.

Verbuchung des Anfangssaldos

Ihr erster Eintrag wird der Anfangssaldo in Z9S6 sein. Hier geben Sie den Saldo Ihres Scheckbuchs zum Zeitpunkt der letzten Abstimmung ein. Dieser Betrag weicht wahrscheinlich vom Saldo des Kontoauszugs ab, da er Ein- und Auszahlungen berücksichtigt, die beim Druck des Kontoauszugs von der Bank noch nicht verbucht worden waren. Lassen Sie die offenen Zahlungen unberücksichtigt, und geben Sie nur den Saldo der letzten Abstimmung ein. Wenn Ihr Anfangssaldo DM 6.479,25 lautet, gehen Sie einfach mit dem Cursor auf Feld Z9S6 und schreiben hier *6479,25*.

Eintrag der alten offenen Posten

Als nächstes tragen Sie in Ihre Tabelle alle Posten ein, die bei der letzten Kontoabstimmung noch offen waren. Schreiben Sie also in die Felder Z9S17, Z9S18 und Z9S19 Nummer, Datum und Betrag des ersten offenen Postens ein; anschließend dann Nummer, Datum und Betrag des zweiten offenen Postens in die Felder Z10S17, Z10S18 und Z10S19, und so weiter. Beträge für offene Auszahlungen werden als negative Zahlen eingegeben. Alle Beträge für offene Einzahlungen werden als positive Zahl eingegeben und in Spalte 17 durch ein E gekennzeichnet.

Angenommen, die Einzahlung und die vier Schecks in unserem Beispiel in Abbildung 3-6 waren bei der letzten Kontoabstimmung von der Bank noch nicht verbucht. Um diese Posten in die Tabelle einzutragen, bewegen Sie den Cursor auf Feld Z9S17 und schreiben 972 (Nummer des ersten offenen Schecks), gehen dann aus Feld Z9S18 und schreiben hier 28.2.89 (Datum dieses Schecks) und anschließend auf Feld Z9S19 und tragen den Betrag -67,55 (Betrag dieses offenen Schecks) ein. Vergessen Sie nicht, den Betrag als negative Zahl (-) auszuweisen.

Nummer	Datum	Betrag
972	28.2.89	(DM 67,55)
984	18.3.89	(DM 45,25)
E	28.3.89	DM 115,00
998	30.3.89	(DM 17,50)
999	31.3.89	(DM 50,00)

Abbildung 3-6. Musterdaten für alte noch offene Posten

Nachtrag noch nicht verbuchter Ein- und Auszahlungen

Wenn Sie zum ersten Mal mit Ihrer Tabelle arbeiten, geben Sie sämtliche Kontobewegungen seit der letzten Kontoabstimmung ein. Später tragen Sie dann jede Ein- und Auszahlung sofort ein.

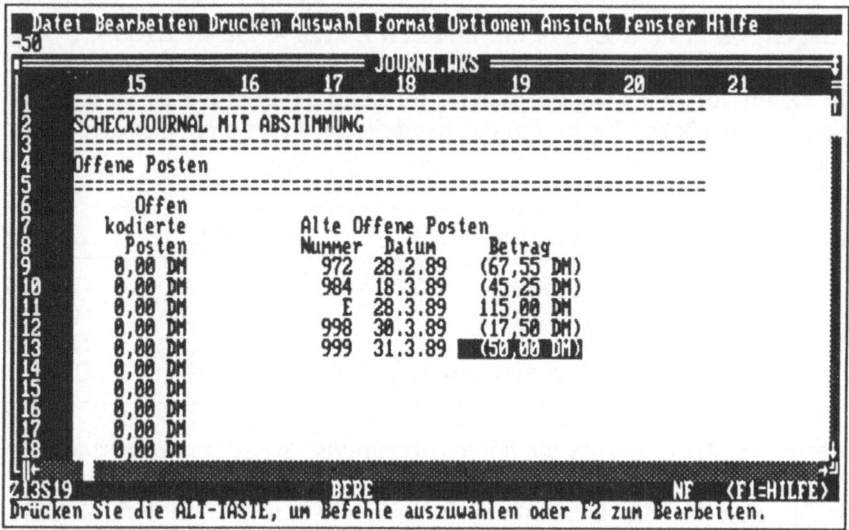

Abbildung 3-7.

Buchung der Ein- und Auszahlungen

Bewegen Sie den Cursor auf Spalte 2 der ersten leeren Zeile Ihres Scheckjournals, und tragen Sie folgende Scheckdaten ein: das Datum in Spalte 2, Empfänger in Spalte 3 und den Verwendungszweck (falls vermerkt) in Spalte 4. Der Betrag einer Auszahlung wird in Spalte 5 als negative Zahl eingetragen. Die Schecknummer muß nicht eingegeben werden (Spalte 1), wenn es sich um die fortlaufende Schecknummern handelt (d.h. jeweils die Nummer, die um Eins größer ist als die Nummer des zuletzt eingetragenen Schecks). Beispiel: Der letzte Scheck hatte die Nummer 1000, Ihr nächster Scheckeintrag hat die Nummer 1001. In diesem Fall muß die Schecknummer nicht extra eingetragen werden. Wenn es sich allerdings nicht um eine fortlaufende Schecknummern handelt, müssen Sie die Nummern in die entsprechenden Zeilen in Spalte 1 eintragen.

Bei der Buchung von Einzahlungen gehen Sie ähnlich vor. Sie setzen den Cursor auf die erste leere Zeile in Spalte 1 und geben hier ein E für Einzahlung ein. Anschließend tragen Sie die übrigen Daten in dieselbe Zeile ein: das Datum in Spalte 2, den Einzahler in Spalte 3 und den Verwendungszweck in Spalte 4. Der Betrag wird als positive Zahl in die Spalte 5 eingegeben.

Beispiel: Angenommen, Sie legen ein neues Scheckjournal an. Seit der letzten Abstimmung haben Sie drei Schecks ausgestellt und eine Einzahlung empfangen (siehe Abbildung 3-8). Diese vier Zahlungen können Sie sofort in Ihr Journal eintragen. Dazu bewegen Sie den Cursor auf Feld Z10S1 und schreiben 1000 (Nummer des ersten Schecks). In Feld Z10S2 schreiben Sie das Datum 1.4.89 und in Feld Z10S3 den Zahlungsempfänger Reinigung. Den Zahlungsvermerk *Hose* tragen Sie in Feld Z10S4 ein und den Betrag *-7,50* in Z10S5. (Vergessen Sie das Minuszeichen nicht, da es sich um eine Ausgabe handelt!) Analog geben Sie die Daten für den zweiten Scheck in Zeile 11 ein. Da es sich bei diesem Scheck um den nächst fortlaufenden handelt, erübrigt sich hier der Eintrag in Feld Z11S1.

Nummer	Datum	Einzahler/Empf.	Vermerk	Betrag
1000	1.4.89	Reinigung	Hose	(DM 7,50)
1001	1.4.89	Schrott	Autowäsche	(DM 12,35)
E	2.4.89	KK	Rückzahlung	DM 25,00
1002	2.4.89	Bücherwurm	Zeitschrift	(DM 8,95)

Abbildung 3-8. Musterdaten für noch unverbuchte Schecks und Einzahlungen

Geben Sie nun für die Einzahlung folgende Daten ein: in Feld Z12S1 statt Schecknummer *E*, in Feld Z12S2 das Datum *2.4.89*, in Feld Z12S3 als Einzahler *KK* (für Krankenkasse), in Feld Z12S4 als Vermerk *Rückzahlung* und in Feld Z12S5 schließlich den Betrag als positive Zahl *25*.

Scheckjournal mit Abstimmung

In Zeile 13 tragen Sie dann noch die Daten des dritten Schecks ein. Auch diesmal muß die Schecknummer (1002) nicht eingetragen werden, obgleich zwischen den beiden seriell aufeinanderfolgenden Schecks eine Einzahlung verbucht wurde. Bei der Neuberechnung der Tabelle wird von den Formeln in Spalte 1 automatisch die richtige Schecknummer errechnet.

Da Sie manuelle Berechnung eingeschaltet haben, nimmt die Tabelle die Neuberechnung nicht automatisch nach jedem Eintrag vor. Zur Neuberechnung drücken Sie die Funktionstaste [F9]. In Abbildung 3-9 sehen Sie das Ergebnis.

```
 Datei Bearbeiten Drucken Auswahl Format Optionen Ansicht Fenster Hilfe
-8,95
========================= JOURN1.WKS =========================
        1        2        3         4         5          6        7
 1 ==========================================================================
 2 SCHECKJOURNAL MIT ABSTIMMUNG
 3 ==========================================================================
 4 Scheckjournal
 5 ==========================================================================
 6
 7 Scheck-                                            Aktueller
 8 Nummer  Datum   Empf./Einz.   Vermerk    Betrag      Saldo       Offen?
 9 Anfangssaldo                                      6.479,25 DM
10  1000   1.4.89  Reinigung     Hose       (7,50 DM)  6.471,75 DM
11  1001   1.4.89  Schrott       Autowäsche (12,35 DM) 6.459,40 DM
12     E   2.4.89  KK            Rückzahlung 25,00 DM  6.484,40 DM
13  1002   2.4.89  Bücherwurm    Zeitschrift (8,95 DM) 6.475,45 DM
14  1003                                              6.475,45 DM
15  1004                                              6.475,45 DM
16  1005                                              6.475,45 DM
17  1006                                              6.475,45 DM
18  1007                                              6.475,45 DM
Z13S5                                                  NF   <F1=HILFE>
Drücken Sie die ALT-TASTE, um Befehle auszuwählen oder F2 zum Bearbeiten.
```

Abbildung 3-9.

Speichern des Scheckjournals

Nachdem das Scheckjournal soweit fertig ist und auch die alten Offenen Posten verbucht sind, können Sie die Tabelle bereits als neue Datei abspeichern. Wählen Sie hierzu Speichern unter im Menü Datei. Wollen Sie die Datei in einem anderen als dem aktuellen Verzeichnis ablegen, wählen Sie das gewünschte Verzeichnis aus der Liste der Verzeichnisse aus, geben einen neuen Namen für die Tabelle ein und speichern dann mit Enter oder Ok. Soll die Datei im aktuellen Verzeichnis gespeichert werden, schreiben Sie einfach den Namen und bestätigen mit Enter oder Ok. Es empfiehlt sich, einen eindeutigen Namen zu wählen, der den Inhalt der Datei transparent macht. Für unser Journal, das mit der Schecknummer 1000 beginnt, wäre beispielsweise der Name *JOURN* (Journal) geeignet.

Achten Sie darauf, daß Sie eine ausgefüllte Tabelle niemals unter dem Namen der leeren Originaltabelle speichern, da die Originaltabelle sonst von der ausgefüllten Version überschrieben wird und damit verloren geht.

Neue Schecks und Einzahlungen ergänzen

Unsere Kalkulationstabelle ist jetzt auf dem neuesten Stand. Sämtliche Transaktionen nach der letzten Abstimmung sowie alle alten Offenen Posten sind nachgetragen. Von nun ab wird einfach jede Ein- und Auszahlung sofort in der Tabelle verbucht.

Angenommen, Sie stellen am 3. April 1989 den Scheck mit der Nummer 1003 für Ihren Clubbeitrag über DM 600,00 aus. Der Empfänger ist der Tennisclub Grün-Weiß. Sie geben also in Feld Z14S2 das Datum 3.4.89 ein, in Feld Z14S3 den Empfänger *Grün-Weiß*, in Feld Z14S4 den Verwendungszweck *Clubbeitrag* und in Feld Z14S5 den Betrag *-600*. Da die Reihenfolge der Schecknummern eingehalten wurde, entfällt der Eintrag in Spalte 1. Lassen Sie nun mit [F9] den Saldo neu berechnen. In Abbildung 3-10 sehen Sie das Ergebnis.

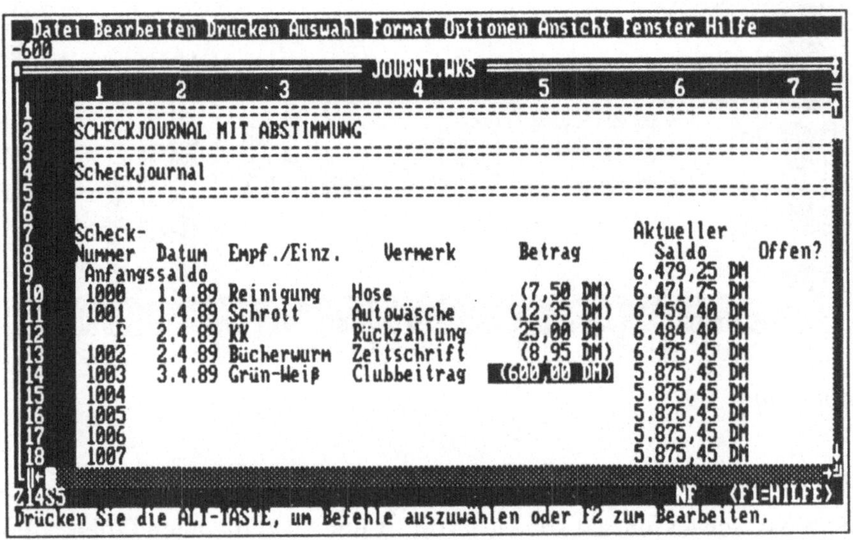

Abbildung 3-10.

Sonderposten eintragen

Bei einem Großteil der Eintragungen in Ihr Scheckjournal wird es sich wahrscheinlich um Scheckein- und -ausgänge handeln. Doch es können auch andere Kontobewegungen wie Abbuchungen oder Barabhebungen erfolgen. Diese "Sonderposten" werden anders verbucht als die Schecks. Tragen Sie einfach in Spalte 1 statt der Schecknummer oder des *E* für Einzahlungen einen passenden Code ein. Für Barabhebungen können Sie beispielsweise ein *B* als Code verwenden, für Abbuchungen ein *A*. Für Berichtigungsposten (z.B. Kontogebühren) könnten Sie ein *K* eingeben.

Angenommen, Sie heben am 3. April DM 200,00 bar ab. Um diese Auszahlung zu verbuchen, bewegen Sie den Cursor auf Feld Z15S1 und schreiben *B* (für Barabhebung). Anschließend schreiben Sie in Feld Z15S2 das Datum *3.4.89*, in Feld Z15S3 *Bar*, in Feld Z15S4 einen Vermerk und in Feld Z15S5 den Betrag *-200*. Mit [F9] lassen Sie dann Ihre Tabelle neu berechnen.

```
 Datei Bearbeiten Drucken Auswahl Format Optionen Ansicht Fenster Hilfe
-200
                              JOURN1.WKS
         1       2        3        4        5          6         7
  1 ==================================================================
  2 SCHECKJOURNAL MIT ABSTIMMUNG
  3 ==================================================================
  4 Scheckjournal
  5 ==================================================================
  6
  7 Scheck-                                          Aktueller
  8 Nummer   Datum   Empf./Einz.   Vermerk    Betrag       Saldo    Offen?
  9 Anfangssaldo                                        6.479,25 DM
 10  1000   1.4.89  Reinigung    Hose        (7,50 DM)  6.471,75 DM
 11  1001   1.4.89  Schrott      Autowäsche (12,35 DM)  6.459,40 DM
 12     E   2.4.89  KK           Rückzahlung 25,00 DM   6.484,40 DM
 13  1002   2.4.89  Bücherwurm   Zeitschrift (8,95 DM)  6.475,45 DM
 14  1003   3.4.89  Grün-Weiß    Clubbeitrag(600,00 DM) 5.875,45 DM
 15     B   3.4.89  Bar                    (200,00 DM)  5.675,45 DM
 16  1004                                               5.675,45 DM
 17  1005                                               5.675,45 DM
 18  1006                                               5.675,45 DM
Z15S5                                                NF  <F1=HILFE>
Drücken Sie die ALT-TASTE, um Befehle auszuwählen oder F2 zum Bearbeiten.
```

Abbildung 3-11.

Ausdruck des Scheckjournals

Bevor das Scheckjournal gedruckt wird, teilen Sie WORKS mit, was genau gedruckt werden soll. Dazu markieren Sie den gewünschten Bereich und wählen Markiertes drucken. Soll das gesamte Scheckjournal gedruckt werden, wählen Sie die Option Drucken.

Falls Sie noch einige Druckeinstellungen ändern möchten, öffnen Sie noch das Dialogfeld Papierformat im selben Menü. Wenn Sie beispielsweise einen Drucker mit breitem Wagen haben und die Tabelle in Querformat drucken wollen, ändern Sie die Seitenbreite von 21 cm auf 29,7 cm. Sie haben auch die Möglichkeit, Randeinstellungen sowie Kopf- und Fußzeilen zu definieren, oder eine bestimmte Schriftart auszuwählen.

Nachdem die Druckeinstellungen Ihren Wünschen angepaßt sind, gehen Sie ins Dialogfeld Drucken im Menü Drucken und überprüfen hier die Einstellungen. Anschließend drucken Sie dann die gesamte Tabelle mit Enter aus.

Scheckjournal ausgleichen

Bisher haben wir uns nur um den Eintrag der Zahlungsbewegungen gekümmert. Jetzt wollen wir uns mit der Abstimmung des Journals befassen. Dazu sind vier Schritte notwendig. Erstens: In Feld Z9S12 den Saldo des Bankauszugs eintragen und in Feld Z4S14 das Tagesdatum der Abstimmung. Zweitens: Feststellen, welche Einträge im Scheckjournal von der Bank bereits verbucht und welche noch offen sind. Drittens: Dekodieren aller Posten, die als "offen" kodiert waren und inzwischen von der Bank verbucht wurden, und Kodieren aller derzeit noch offenen Posten. Viertens: Verbuchen aller Kontobewegungen, die im Kontoauszug ausgewiesen, im Scheckjournal aber noch nicht eingetragen sind.

Anschließend lassen Sie die Tabelle neu berechnen, damit die Formeln im Bereich Kontoabstimmung aktualisiert werden. Normalerweise erscheint dann in Feld Z15S12 der Wert 0,00 DM, was bedeutet, daß Banksaldo und Schecksaldo übereinstimmen. Erscheint in diesem Feld ein anderer Wert, müssen Sie notgedrungen auf Fehlersuche gehen.

Beispiel: Die erste Abstimmung

Am einfachsten ist es, den Vorgang anhand eines Beispiels nachzuvollziehen. Angenommen, Sie haben Ihre Ein- und Auszahlungen so wie in Abbildung 3-12 eingetragen und die Tabelle neu berechnen lassen, dann weist der Bankauszug einen Saldo von DM 6.482,46 aus. Lassen Sie uns außerdem davon ausgehen, daß die Schecks mit den Nummern 998, 1000, 1010, 1015, 1025, 1026, 1027, 1028, 1029, 1030, 1031 und 1032 sowie eine Einzahlung über DM 1.500 vom 2. Mai 1989 noch nicht verbucht sind. Nehmen wir weiter an, daß im Kontoauszug zwei im Scheckjournal nicht eingetragene Posten enthalten sind: Bankgebühren in Höhe von DM 8,00 und eine Abbuchung über DM 55,00 vom 4.4.1989.

Banksaldo mit Datum eintragen: Als erstes tragen Sie den Banksaldo Ihres Kontoauszugs im Bereich Kontoabstimmung ein. Bewegen Sie dazu den Cursor auf Feld Z9S12, und tragen Sie hier den Betrag 6482,46 ein. Anschließend geben Sie das Datum ein, an welchem die Abstimmung vorgenommen wird. In unserem Besipiel ist es der 3. Mai 1989. Benutzen Sie hierzu die Funktionstaste [F5] (Gehe zu), und schreiben Sie ins Textfeld Bezug die Adresse Z4S14. Gehen Sie mit Enter auf dieses Feld, und schreiben Sie *3.5.89*.

Alte Offene Posten löschen: Gehen Sie nun in den Bereich Offene Posten, und entfernen Sie aus der Tabelle mit den alten offenen Posten alle inzwischen von der Bank verbuchten Posten. Hierzu markieren Sie einfach Nummer, Datum und Betrag des entsprechenden Postens und wählen Inhalte löschen im Menü Bearbeiten. Die Tabellenkalkulation streicht alle von Ihnen gelöschten Einträge aus der Summe der Offenen Posten.

In unserem Beispiel sind alle alten Offenen Posten - außer Scheck Nummer 998 - von der Bank verbucht. Sie können also alle Posten außer Scheck Nummer 998 aus der Liste der Offenen Posten löschen. Markieren Sie daher den Bereich Z9S17:Z11S19, und wählen Sie Inhalte löschen aus dem Menü Bearbeiten. Die Einzahlung sowie die Schecks Nummer 972 und 984 sind nun gelöscht. Markieren Sie nun noch den Bereich Z13S17:Z13S19, und entfernen Sie mit Inhalte löschen aus dem Menü Bearbeiten auch den Scheck Nummer 999. Das Ergebnis sehen Sie in Abbildung 3-13.

```
                1        2         3             4            5              6           7
1    ===============================================================================================
2    SCHECKJOURNAL MIT ABSTIMMUNG
3    ===============================================================================================
4    Scheckjournal
5    ===============================================================================================
6
7    Scheck-                                                       Aktueller
8    Nummer   Datum    Empf./Einz.   Vermerk        Betrag          Saldo      Offen?
9    Anfangssaldo                                                 6.479,25 DM
10    1000   1.4.89   Reinigung   Rock             (7,50 DM)     6.471,75 DM
11    1001   1.4.89   Schrott     Autowäsche      (12,35 DM)     6.459,40 DM
12       E   2.4.89   KK          Rückzahlung      25,00 DM      6.484,40 DM
13    1002   2.4.89   Bücherwurm  Zeitschrift      (8,95 DM)     6.475,45 DM
14    1003   3.4.89   Grün-Weiß   Clubbeitrag    (600,00 DM)     5.875,45 DM
15       B   3.4.89   Bar         Kasse          (200,00 DM)     5.675,45 DM
16    1004   4.4.89   Allianz     Autovers.      (205,00 DM)     5.470,45 DM
17    1005   4.4.89   Bank        Kreditkarte    (127,35 DM)     5.343,10 DM
18    1006   4.4.89   TINA        Tanzstunde     (115,00 DM)     5.228,10 DM
19    1007   4.4.89   DAS         Rechtsschutz   (135,00 DM)     5.093,10 DM
20    1008   4.4.89   Südd.Verl.  Zeitung         (35,00 DM)     5.058,10 DM
21    1009   4.4.89   Post        Telefon         (56,00 DM)     5.002,10 DM
22       E   4.4.89   ABC         Gehalt        1.500,00 DM      6.502,10 DM
23    1010   4.4.89   Teppichland Reinigung       (36,00 DM)     6.466,10 DM
24    1011   7.4.89   TV          Kabel           (35,15 DM)     6.430,95 DM
25    1012   8.4.89   Post        Porto           (25,73 DM)     6.405,22 DM
26    1013   8.4.89   Haus & Hof  Miete          (551,45 DM)     5.853,77 DM
27    1014   9.4.89   Kröger      Nahrungsm.      (75,56 DM)     5.778,21 DM
28    1015  10.4.89   Finanzamt   USt            (879,00 DM)     4.899,21 DM
29    1016  11.4.89   Jane        Babysitter      (30,00 DM)     4.869,21 DM
30    1017  15.4.89   Schmaus     Geschenk        (12,50 DM)     4.856,71 DM
31       E  18.4.89   ABC         Gehalt        1.500,00 DM      6.356,71 DM
32    1018  19.4.89   Rasmus      Musikstd.      (245,00 DM)     6.111,71 DM
33    1019  21.4.89   Kröger      Nahrungsm.       (8,00 DM)     6.103,71 DM
34    1020  23.4.89   MINO        Abo.            (62,50 DM)     6.041,21 DM
35    1021  24.4.89   Kino        Karte            (9,00 DM)     6.032,21 DM
36    1022  25.4.89   Hammer      Reparatur       (36,75 DM)     5.995,46 DM
37    1023  26.4.89   Huss        Bluse           (75,00 DM)     5.920,46 DM
38    1024  27.4.89   Auto        Haftpfl.Ver.   (315,00 DM)     5.605,46 DM
39    1025  27.4.89   VITA        Lebensver.89   (600,00 DM)     5.005,46 DM
40    1026  28.4.89   Post        Rundf./Ferns.   (55,00 DM)     4.950,46 DM
41    1027  28.4.89   Hugen       Beitrag        (205,00 DM)     4.745,46 DM
42    1028  29.4.89   Seimens     Rep.            (27,50 DM)     4.717,96 DM
43    1029   1.5.89   GESUND      KK-Vers.       (115,00 DM)     4.602,96 DM
44    1030   2.5.89   HEW         Strom           (95,00 DM)     4.507,96 DM
45    1031   2.5.89   TV          Kabel           (35,00 DM)     4.472,96 DM
46    1032   2.5.89   Sparkasse   Bankgeb.        (26,00 DM)     4.446,96 DM
47       E   2.5.89   ABC         Gehalt        1.500,00 DM      5.946,96 DM
```

Abbildung 3-12.

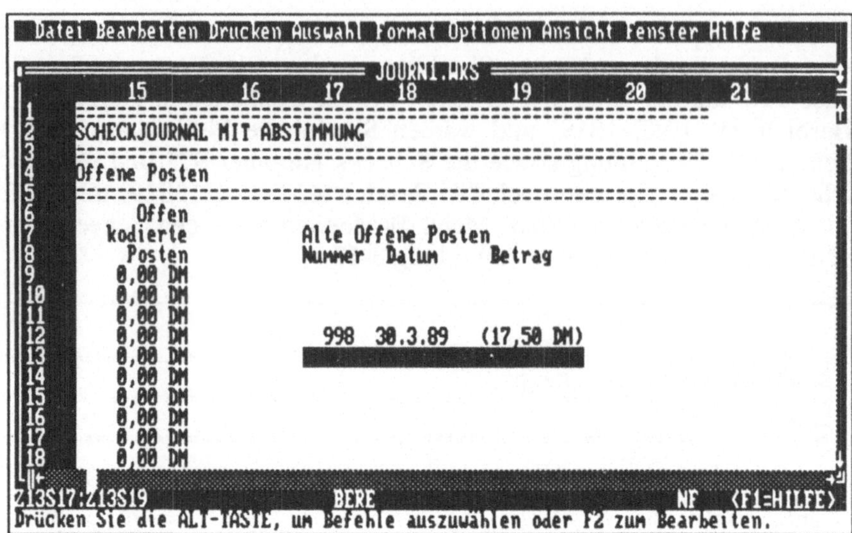

Abbildung 3-13.

Alte Offene Posten dekodieren: Alle bei der letzten Abstimmung als offen
kodierten Posten, müssen nun dekodiert werden. Dazu entfernen Sie den Code -
die Zahl 1 -, der neben dem Posten in Spalte 7 vermerkt ist. Entweder
markieren Sie das entsprechende Feld und wählen Löschen im Menü Bearbeiten, oder Sie ersetzen den Code durch eine andere Zahl als 1. Im allgemeinen wird die erste Methode bevorzugt.

Da in unserem Beispiel zum ersten Mal der Saldo erstellt wird, entfällt dieser
Schritt, da es noch keine Posten gibt, die dekodiert werden müssen. Ab der
nächsten Saldierung wird dieser Schritt jedoch jedesmal erforderlich. Mehr
darüber erfahren Sie später in diesem Kapitel.

Offene Posten kodieren: Als nächstes kodieren Sie alle neuen Offenen Posten.
Geben Sie dazu einfach in der entsprechenden Zeile in Spalte 7 den Code 1 ein.
Mit Hilfe dieser Kodierung selektieren die Formeln in Spalte 15 die noch
offenen Posten, und die Formel in Feld Z9S12 berechnet die Summe dieser
Posten, indem sie die Werte aus Spalte 15 addiert.

Um die offenen Posten in unserem Beispiel zu kodieren, gehen Sie mit dem
Cursor an den Anfang von Spalte 7 und tasten sich dann von hier aus Zeile für
Zeile die Spalte hinunter, während Sie in jeder Zeile, die einen offenen Posten
enthält, die Zahl *1* eingeben.

Beispiel: Um in unserer Mustertabelle den ersten offenen Posten, den Scheck
mit der Nummer 1000, zu kodieren, gehen Sie auf Feld Z10S7 und schreiben
die Zahl *1*. Um den nächsten offenen Posten, Scheck 1010, zu kodieren, bewegen Sie den Cursor auf Feld Z23S7 und geben wieder die Zahl *1* ein. Fahren
Sie auf diese Weise fort, bis alle noch ausstehenden Posten kodiert sind. In
Abbildung 3-14 sehen Sie in Spalte 7 einige kodierte Schecks.

```
 Datei Bearbeiten Drucken Auswahl Format Optionen Ansicht Fenster Hilfe
                            === JOURNL.WKS ===
       1        2        3        4        5        6        7
  ====================================================================
2 SCHECKJOURNAL MIT ABSTIMMUNG
  ====================================================================
4 Scheckjournal
  ====================================================================

7 Scheck-                                             Aktueller
8 Nummer   Datum  Empf./Einz.  Vermerk      Betrag       Saldo    Offen?
38   1024 22.4.89 Auto       Haftpfl.Ver. (315,00 DM) 5.605,46 DM
39   1025 23.4.89 VITA       Lebensver.89 (600,00 DM) 5.005,46 DM      1
40   1026 25.4.89 Post       Rundf./Ferns  (55,00 DM) 4.950,46 DM      1
41   1027 26.4.89 Hugen      Beitrag      (205,00 DM) 4.745,46 DM      1
42   1028 27.4.89 Seimens    Rep.          (27,50 DM) 4.717,96 DM      1
43   1029  1.5.89 GESUND     KK-Vers.     (115,00 DM) 4.602,96 DM      1
44   1030  2.5.89 HEW        Strom         (95,00 DM) 4.507,96 DM      1
45   1031  2.5.89 TV         Kabel         (35,00 DM) 4.472,96 DM      1
46   1032  2.5.89 Sparkasse  Bankgeb.      (26,00 DM) 4.446,96 DM      1
47      E  2.5.89 ABC        Gehalt      1.500,00 DM  5.946,96 DM      1
Z47S7                        BERE                          NF  <F1=HILFE>
Drücken Sie die ALT-TASTE, um Befehle auszuwählen oder F2 zum Bearbeiten.
```

Abbildung 3-14.

Berichtigungsposten buchen: Als letzten Schritt tragen Sie die fehlenden Gutschriften und Lastschriften ein, die bisher noch nicht ins Journal eingetragen wurden. Verbuchen Sie diese Posten genau wie alle anderen Sonderposten: Sie setzen den Cursor auf die erste leere Zeile im Scheckjournal, geben den entsprechenden Code in Spalte 1 ein und tragen Datum, Empf./Einzahler, Verwendungszweck und Betrag in die Spalten 2 bis 5 ein.

In unserem Beispiel haben wir zwei Lastschriften nachzutragen: DM 8,00 für Bankgebühren und DM 55,00 für eine Abbuchung. Um diese Posten in das Journal einzutragen, bewegen Sie sich auf Feld Z48S1 (erste leere Zeile im Journal) und schreiben *B* (für Berichtigungsposten). Anschließend gehen Sie auf Feld Z48S3, um das Datum *2.5.89* einzutragen. In Feld Z48S3 schreiben Sie dann *Sparkasse*, in Feld Z48S4 *Bankgebühren* und in Feld Z48S5 den Betrag *-8*. Bewegen Sie nun den Cursor auf Feld Z49S1, und geben Sie *A* (für Abbuchung) ein. Schreiben Sie in Feld Z49S2 das Datum *2.5.89*, in Feld Z49S3 *Fitness*, in Feld Z49S4 *Monatsbeitrag* und in Feld Z49S5 den Betrag *-55*. In Abbildung 3-15 sehen Sie die beiden nachgetragenen Posten im Scheckjournal.

Saldoprüfung: Nachdem in Feld Z9S12 der Kontostand eingetragen ist und alle alten Offenen Posten dekodiert, neue offene Posten kodiert und alle Gutschriften und Lastschriften nachgetragen sind, können Sie Ihre Tabelle neu berechnen lassen. Drücken Sie dazu die Funktionstaste [F9], oder wählen Sie die Option Neu berechnen im Menü Optionen. Bei der Neuberechnung werden gleichzeitig auch alle Formeln im Bereich Kontoabstimmung aktualisiert. Siehe Abbildung 3-16.

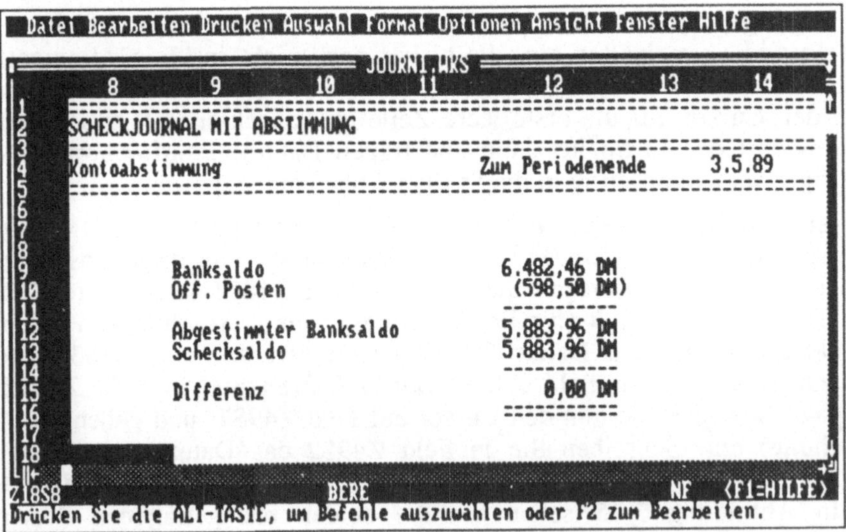

Abbildung 3-15.

Abbildung 3-16.

Wenn alle Einträge stimmen, ergibt die Formel in Feld Z15S12 den Wert 0 (siehe auch Abbildung). Der Wert 0,00 DM in Feld Z15S12 bedeutet, daß Ihr Kontoauszug mit Ihrem Konto übereinstimmt: Sie haben Ihre Tabelle erfolgreich abgestimmt.

Wenn die Formel in Feld Z15S12 jedoch einen anderen Wert als 0,00 liefert, müssen Sie herauszufinden versuchen, wo der Fehler liegt. Meist ist der Fehler bei einem vergessenen oder falsch kodierten Berichtigungsposten zu finden. Sobald Sie den Fehler entdeckt und korrigiert haben, lassen Sie Ihre Tabelle noch einmal neu berechnen.

Stimmt der Saldo noch immer nicht, suchen Sie nochmals nach eigenen Fehlern und dann nach Fehlern im Kontoauszug. Letztere kommen zwar selten vor, sind aber nicht auszuschließen. Wenn Sie einen Fehler gefunden haben, vergleichen Sie den Fehlbetrag mit dem Wert in Feld Z15S12. Stimmen die beiden Beträge überein, haben Sie den Fehler gefunden. Bei einem Fehler seitens der Bank, sollten Sie natürlich sofort dafür sorgen, daß Ihr Kontostand korrigiert wird.

Kontoabstimmung speichern und ausdrucken

Nachdem Ihr Scheckjournal ausgeglichen ist, sichern Sie es mit Speichern im Menü Datei. Mit dieser Option wird die aktuelle Version Ihrer Tabelle unter demselben Namen wie beim letzten Sichern gespeichert, die alte Version also von der neuen Version überschrieben.

Sie können nun die gesamte Tabelle Scheckjournal mit Abstimmung oder auch nur den Bereich Scheckjournal oder Kontoabstimmung ausdrucken lassen. Bestimmen Sie also den gewünschten Druckbereich, indem Sie ihn markieren. Um beispielsweise nur den Teil Kontoabstimmung auszudrucken, markieren Sie den Bereich Z9S8:Z16S14, um das gesamte Scheckjournal auszudrucken den Bereich Z9S1:Z400S7 (bzw. die entsprechenden Zeilen, die Einträge enthalten). Starten Sie den Befehl Markiertes drucken im Menü Drucken.

Zweite Saldierung

Die einzelnen Schritte des Saldierungsvorgangs wiederholen sich im wesentlichen. Eine Ausnahme bildet die erste Saldierung des neu angelegten Journals. Wie Sie im ersten Saldierungsbeispiel gesehen haben, waren im Scheckjournal noch keine offenen Posten enthalten. Bei jedem späteren Saldierungsvorgang müssen aber offene Posten mit berücksichtigt werden, d.h., Sie müssen jedesmal prüfen, ob die offenen Posten des Vormonats inzwischen verbucht sind und wenn ja, diese entsprechend dekodieren.

Lassen Sie uns das erste Beispiel weiterführen. Nehmen wir an, in der Zwischenzeit ist ein Monat verstrichen. Einige offene Posten (siehe Abbildung 3-17) sind inzwischen verbucht. Ihr neuer Saldo beläuft sich nun auf DM 6.924,20. Angenommen die Schecks Nummer 1015, 1029, 1035, 1042, 1043, 1044, 1046 und 1047 sowie die Einzahlung über DM 1.500 vom 3.6.89 sind noch nicht verbucht. Darüber hinaus fehlen im Kontoauszug noch zwei Posten: eine Gebühr über DM 7,00 sowie ein Lastschrifteinzug über DM 55,00.

Setzen Sie also als erstes den Cursor auf Feld Z4S14 - drücken Sie dazu [F5] und geben Sie Z4S14 ein -, und bestätigen Sie mit Enter. Anschließend tragen

Sie das Datum *31.5.89* ein. Als nächstes gehen Sie dann mit dem Cursor auf Feld Z9S12 im Bereich Kontoabstimmung und tragen hier den Saldo von DM *6.924,20* ein.

```
              1         2        3            4          5             6          7
 1    ======================================================================================
 2    SCHECKJOURNAL MIT ABSTIMMUNG
 3    ======================================================================================
 4    Scheckjournal
 5    ======================================================================================
 6
 7    Scheck-                                                        Aktueller
 8     Nummer    Datum   Empf./Einz.     Vermerk       Betrag         Saldo      Offen?
 9    Anfangssaldo                                                  6.479,25 DM
10     1000     1.4.89  Reinigung     Rock          (7,50 DM)      6.471,75 DM
11     1001     1.4.89  Schrott       Autowäsche   (12,35 DM)      6.459,40 DM
12        E     2.4.89  KK            Rückzahlung   25,00 DM       6.484,40 DM
13     1002     2.4.89  Bücherwurm    Zeitschrift    (8,95 DM)     6.475,45 DM
14     1003     3.4.89  Grün-Weiß     Clubbeitrag  (600,00 DM)     5.875,45 DM
15        B     3.4.89  Bar           Kasse        (200,00 DM)     5.675,45 DM
16     1004     4.4.89  Allianz       Autovers.    (205,00 DM)     5.470,45 DM
17     1005     4.4.89  Bank          Kreditkarte  (127,35 DM)     5.343,10 DM
18     1006     4.4.89  TINA          Tanzstunde   (115,00 DM)     5.228,10 DM
19     1007     4.4.89  DAS           Rechtsschutz (135,00 DM)     5.093,10 DM
20     1008     4.4.89  Südd.Verl.    Zeitung       (35,00 DM)     5.058,10 DM
21     1009     4.4.89  Post          Telefon       (56,00 DM)     5.002,10 DM
22        D     4.4.89  ABC           Gehalt      1.500,00 DM      6.502,10 DM
23     1010     5.4.89  Teppichland   Reinigung     (36,00 DM)     6.466,10 DM
24     1011     7.4.89  TV            Kabel         (35,15 DM)     6.430,95 DM
25     1012     8.4.89  Post          Porto         (25,73 DM)     6.405,22 DM
26     1013     8.4.89  Haus & Hof    Miete        (551,45 DM)     5.853,77 DM
27     1014     9.4.89  Kröger        Nahrungsm.    (75,56 DM)     5.778,21 DM
28     1015    10.4.89  Finanzamt     USt          (879,00 DM)     4.899,21 DM    1
29     1016    11.4.89  Jane          Babysitter    (30,00 DM)     4.869,21 DM
30     1017    11.4.89  Schmaus       Geschenk      (12,50 DM)     4.856,71 DM
31        D    12.4.89  ABC           Gehalt      1.500,00 DM      6.356,71 DM
32     1018    14.4.89  Rasmus        Musikstd.    (245,00 DM)     6.111,71 DM
33     1019    14.4.89  Kröger        Nahrungsm.     (8,00 DM)     6.103,71 DM
34     1020    15.4.89  MINO          Abo.          (62,50 DM)     6.041,21 DM
35     1021    16.4.89  Kino          Karte          (9,00 DM)     6.032,21 DM
36     1022    19.4.89  Hammer        Reparatur     (36,75 DM)     5.995,46 DM
37     1023    21.4.89  Huss          Bluse         (75,00 DM)     5.920,46 DM

        .        .        .            .             .              .
        .        .        .            .             .              .
        .        .        .            .             .              .

57     1040    17.5.89  Kröger        Nahrungsm.    (75,56 DM)     6.569,07 DM
58     1041    19.5.89  Finanzamt     USt          (879,00 DM)     5.690,07 DM
59     1042    20.5.89  Jane          Babysitter    (30,00 DM)     5.660,07 DM    1
60     1043    21.5.89  Schmaus       Geschenk      (12,50 DM)     5.647,57 DM    1
61     1044    21.5.89  VITA          Haftpfl.      (76,00 DM)     5.571,57 DM    1
62     1045    22.5.89  Rasmus        Musikstd.    (245,00 DM)     5.326,57 DM    1
63     1046    29.5.89  Kröger        Nahrungsm.     (8,00 DM)     5.318,57 DM    1
64     1047    29.5.89  MINO          Abo.          (62,50 DM)     5.256,07 DM    1
65     1048    30.5.89  Kino          Karte          (9,00 DM)     5.247,07 DM
66     1049    30.5.89  Hammer        Reparatur     (36,75 DM)     5.210,32 DM
67        E    30.5.69  ABC           Gehalt      1.500,00 DM      6.710,32 DM
68     1051     1.6.89  Post          Kabel TV      35,15 DM       6.745,47 DM
69     1052                                                        6.745,47 DM
70     1053                                                        6.745,47 DM
71     1054                                                        6.745,47 DM
72     1055                                                        6.745,47 DM
```

Abbildung 3-17.

Bewegen Sie den Cursor nun in den Bereich Offene Posten, und entfernen Sie alle inzwischen verbuchten Posten aus der Liste. In unserem Beispiel war nur noch der Scheck Nr. 998 offen, der inzwischen von der Bank verbucht wurde. Um diesen Posten zu löschen, markieren Sie den Bereich Z12S17:Z12S19 und wählen Inhalte löschen aus dem Menü Bearbeiten.

Als nächstes dekodieren Sie alle Schecks und Einzahlungen, die bei der letzten Saldierung als "offen" kodiert wurden. Dazu löschen Sie einfach jeweils die Zahlen 1 in Spalte 7 mit Bearbeiten-Inhalte löschen.

In unserem ersten Beispiel waren die Schecks 1000, 1010, 1015, 1025, 1026, 1027, 1028, 1029, 1030, 1031 und 1032 sowie die Einzahlung über DM 1.500 noch unverbucht. Alle diese Posten bis auf die Schecks 1015 und 1029 sind inzwischen erledigt und können dekodiert werden.

Jetzt müssen die neuen offenen Posten kodiert werden. Bewegen Sie also den Cursor auf Feld Z51S7, und tragen Sie hier eine 1 ein (Zeile 51 enthält den Scheck Nr. 1035). Wiederholen Sie diesen Vorgang für alle offenen Schecks und Einzahlungen aus unserem zweiten Beispiel oben.

Als letztes müssen alle bisher noch nicht berücksichtigten Ein- und Auszahlungen nachgetragen werden. In unserem Beispiel handelt es sich um die beiden Posten über DM 7,00 und DM 55,00. Um diese Posten nachzutragen, setzen Sie den Cursor auf Feld Z69S1 (Zeile 69 ist die erste leere Zeile im Scheckjournal) und geben hier ein *B* (Berichtigungsposten) ein. Anschließend bewegen Sie den Cursor auf Feld Z69S2 und tragen das Datum *31.5.89* ein. In den folgenden Feldern dieser Zeile nehmen Sie dann die entsprechenden Einträge vor (Empf./Einz., Vermerk, Betrag). Das gleiche gilt für Zeile 70. Hier geben Sie allerdings in Feld Z70S1 ein *L* für Lastschrift ein.

Abbildung 3-18.

Nachdem Sie diese Nachträge vorgenommen haben, lassen Sie Ihre Tabelle neu berechnen ([F9]). Works aktualisiert daraufhin alle Formeln im Abstimmungsbereich, wie in Abbildung 3-18 zu sehen ist. Der Wert DM 0,00 in Feld Z15S12 zeigt an, daß Ihr Scheckjournal ausgeglichen ist.

Nachdem der Saldo ausgeglichen ist, sollten Sie Ihr Scheckjournal erst einmal speichern und dann anschließend ausdrucken lassen.

Schecks ergänzen

Die Tabelle Scheckjournal mit Abstimmung kann etwa 400 Transaktionen verarbeiten. Wenn Sie mehr Bewegungen haben, müßten Sie der Tabelle weitere Zeilen anfügen. Da einige Formeln sich auf Felder in Zeile 400 beziehen, ist es unbedingt wichtig, daß alle neu hinzugefügten Zeilen über Zeile 400 eingefügt werden.

Als erstes überlegen Sie genau, wie viele neue Zeilen Sie benötigen. Dann markieren Sie Zeile 400 und soviele Zeilen unter Zeile 400, wie Sie an neuen Zeilen einfügen wollen. Wählen Sie nun Einfügen im Menü Bearbeiten, um die markierte Anzahl an Zeilen über Zeile 400 einzufügen. Die Einträge in Zeile 400 werden automatisch entsprechend nach unten verschoben, und alle Formeln, die sich ursprünglich auf Felder in Zeile 400 bezogen haben, beziehen sich nun auf deren neue Adressen.

Kopieren Sie als nächstes die Formeln in den Feldern Z399S1, Z399S6 und Z399Z7 in die neu eingefügten Zeilen. Markieren Sie dazu den neuen Bereich. Wenn Sie beispielsweise fünf Zeilen ergänzt haben, markieren Sie den Bereich Z399S1:Z404S7 und wählen Unten ausfüllen im Menü Bearbeiten. Die Formeln (und Formate) werden dann aus Zeile 399 in die darunterliegenden Zeilen kopiert. Anschließend können Sie dann in diesen Zeilen weiteren Einträge vornehmen.

Daten ins Amerikanische Journal übernehmen

Die Daten Ihres Scheckjournals geben Auskunft über Ihre Ein- und Ausgaben. Um diese Informationen sinnvoll auswerten zu können, werden wir im nächsten Kapitel ein einfaches Amerikanisches Journal anlegen. Dann können Sie die Daten Ihres Scheckjournals in diese neue Tabelle übertragen und in entsprechenden Konten verbuchen.

ZUSAMMENFASSUNG

Auch wenn wir wenig Lust dazu haben, von Zeit zu Zeit sollten wir eine Saldierung unseres Scheckjournals vornehmen. Eine lästige und mühsame Aufgabe. Doch wie wir Ihnen in diesem Kapitel gezeigt haben, muß das gar nicht so schrecklich sein. Mit der Works-Tabelle Scheckjournal mit Abstimmung haben Sie nun eine ausgezeichnete Hilfe zur Hand.

Kapitel 4

AMERIKANISCHES JOURNAL

Im letzten Kapitel haben Sie ein Arbeitsblatt kennengelernt, mit dem Sie Ihre Kontoführung und Kontoabstimmung vornehmen können. Das Arbeitsblatt ist recht nützlich und hilfreich, aber leider nicht ganz vollständig, da es keine Möglichkeit vorsieht, Zahlungseingänge und -ausgänge (Schecks, Überweisungen, Abbuchungen, Barabhebungen usw.) kontenmäßig zu verbuchen. Daher lassen Sie uns in diesem Kapitel ein anderes Arbeitsblatt anlegen - ein Amerikanisches Journal - mit dem Sie derartige Verbuchungen bequem vornehmen können.

Unter einem Amerikanischen Journal verstehen wir ein unkompliziertes Buchungssystem, das alle Einnahmen und Ausgaben nach bestimmten Schlüsseln verarbeitet. Die Tabellenkalkulation verwendet diese Schlüssel - die vorher definierten Kontenzahlen - um jeden Zahlungsvorgang auf dem richtigen Konto zu verbuchen.

Das Arbeitsblatt Amerikanisches Journal macht Sie mit einigen äußerst praktischen Einrichtungen bekannt. Im vorliegenden Kapitel werden Sie erfahren, wie Sie beispielsweise mit der WENN-Funktion auf recht interessante Weise Werte in Spalten eingeben oder mit Hilfe von gemischten Adressen Formeln erstellen können, die dann in jedes Feld eines rechteckigen Bereichs kopiert werden. Außerdem werden Sie lernen, Daten aus einer Tabelle in eine andere zu kopieren und einiges mehr.

DAS ARBEITSBLATT

In Abbildung 4-1 finden Sie das neu erstellte leere Arbeitsblatt für Ihr Amerikanisches Journal, in Abbildung 4-2 dasselbe Arbeitsblatt mit Musterdaten. Wie Sie sehen, arbeitet ein Amerikanisches Journal mit zwei Bereichen: *Zahlungen* und *Buchungen*. Der Zahlungsbereich belegt die Spalten 1 bis 6. Beim ersten Laden der Tabelle erscheint die Kopfleiste (Abbildung 4-3), in die Sie die Grunddaten für *Zahlungen* eintragen: *Schecknummer*, *Datum*, *Einzahler/Empf.*, *Vermerk* und *Betrag*. In diesen Bereich buchen Sie auch Datum und Betrag Ihrer Zahlungseingänge. Sie können die Informationen entweder direkt eingeben, oder mit dem Befehl Kopieren aus dem Scheckjournal

```
      1    2    3         4        5      6     7         8         9       10        11         12
 1  =====================================================================================================
 2  AMERIKANISCHES JOURNAL                             AMERIKANISCHES JOURNAL
 3  =====================================================================================================
 4  Zahlungen                                 Buchungen            Zum Periodenende
 5  =====================================================================================================
 6                                            EINKOMMEN          AUSGABEN
 7  Scheck                                     versteuern steuerfrei  Haus  Nebenkosten Anschaffung   Bank
 8  Nummer Datum Einzahler/Empf. Vermerk Betrag Konto  1         2        10        11         12        13
 9                                               0,00 DM  0,00 DM  0,00 DM  0,00 DM  0,00 DM  0,00 DM
10                                               0,00 DM  0,00 DM  0,00 DM  0,00 DM  0,00 DM  0,00 DM
11                                               0,00 DM  0,00 DM  0,00 DM  0,00 DM  0,00 DM  0,00 DM
12                                               0,00 DM  0,00 DM  0,00 DM  0,00 DM  0,00 DM  0,00 DM
13                                               0,00 DM  0,00 DM  0,00 DM  0,00 DM  0,00 DM  0,00 DM
14                                               0,00 DM  0,00 DM  0,00 DM  0,00 DM  0,00 DM  0,00 DM
15                                               0,00 DM  0,00 DM  0,00 DM  0,00 DM  0,00 DM  0,00 DM
16                                               0,00 DM  0,00 DM  0,00 DM  0,00 DM  0,00 DM  0,00 DM
17                                               0,00 DM  0,00 DM  0,00 DM  0,00 DM  0,00 DM  0,00 DM
         .                                          .        .        .        .        .        .
         .                                          .        .        .        .        .        .
         .                                          .        .        .        .        .        .
104                                              0,00 DM  0,00 DM  0,00 DM  0,00 DM  0,00 DM  0,00 DM
105                                              0,00 DM  0,00 DM  0,00 DM  0,00 DM  0,00 DM  0,00 DM
106                                              0,00 DM  0,00 DM  0,00 DM  0,00 DM  0,00 DM  0,00 DM
107                                              0,00 DM  0,00 DM  0,00 DM  0,00 DM  0,00 DM  0,00 DM
108                                              0,00 DM  0,00 DM  0,00 DM  0,00 DM  0,00 DM  0,00 DM
109                                  ---------  --------- --------- --------- --------- --------- ---------
110                                   0,00 DM    0,00 DM  0,00 DM  0,00 DM  0,00 DM  0,00 DM  0,00 DM
111                                  =========  ========= ========= ========= ========= ========= =========
```

Abbildung 4-1.

```
      1    2    3         4        5      6     7         8         9       10        11         12
 1  =====================================================================================================
 2  AMERIKANISCHES JOURNAL                             AMERIKANISCHES JOURNAL
 3  =====================================================================================================
 4  Zahlungen                                 Buchungen            Zum Periodenende
 5  =====================================================================================================
 6                                            EINKOMMEN          AUSGABEN
 7  Scheck                                     versteuern steuerfrei  Haus  Nebenkosten Anschaffung   Bar
 8  Nummer Datum Empfänger/Einz. Vermerk Betrag Konto  1         2        10        11         12        13
 9  1000  1.4.89  Reinigung  Rock         (7,50 DM)   16   0,00 DM  0,00 DM  0,00 DM  0,00 DM  0,00 DM  0,00 D
10  1001  1.4.89  Schrott    Autowäsche  (12,35 DM)   18   0,00 DM  0,00 DM  0,00 DM  0,00 DM  0,00 DM  0,00 D
11     E  2.4.89  KK         Rückzahlung  25,00 DM     2   0,00 DM 25,00 DM  0,00 DM  0,00 DM  0,00 DM  0,00 D
12  1002  2.4.89  Bücherwurm Zeitschrift  (8,95 DM)   24   0,00 DM  0,00 DM  0,00 DM  0,00 DM  0,00 DM  0,00 D
13  1003  3.4.89  Grün-Weiß  Clubbeitrag (600,00 DM)  21   0,00 DM  0,00 DM  0,00 DM  0,00 DM  0,00 DM  0,00 D
14     B  3.4.89  Bar        Kasse       (200,00 DM)  25   0,00 DM  0,00 DM  0,00 DM  0,00 DM  0,00 DM  0,00 D
15  1004  4.4.89  Allianz    Autovers.   (205,00 DM)  14   0,00 DM  0,00 DM  0,00 DM  0,00 DM  0,00 DM  0,00 D
16  1005  4.4.89  Bank       Kreditkarte (127,35 DM)  13   0,00 DM  0,00 DM  0,00 DM  0,00 DM  0,00 DM (127,35 D
17  1006  4.4.89  TINA       Tanzstunde  (115,00 DM)  22   0,00 DM  0,00 DM  0,00 DM  0,00 DM  0,00 DM  0,00 D
18  1007  4.4.89  DAS        Rechtsschutz(135,00 DM)  14   0,00 DM  0,00 DM  0,00 DM  0,00 DM  0,00 DM  0,00 D
19  1008  4.4.89  Südd.Verl. Zeitung      (35,00 DM)  24   0,00 DM  0,00 DM  0,00 DM  0,00 DM  0,00 DM  0,00 D
20  1009  4.4.89  Post       Telefon      (56,00 DM)  19   0,00 DM  0,00 DM  0,00 DM  0,00 DM  0,00 DM  0,00 D
21     D  4.4.89  ABC        Gehalt      1.500,00 DM   1 1.500,00 DM 0,00 DM  0,00 DM  0,00 DM  0,00 DM  0,00 D
22  1010  5.4.89  Teppichland Reinigung   (36,00 DM)  16   0,00 DM  0,00 DM  0,00 DM  0,00 DM  0,00 DM  0,00 D
23  1011  7.4.89  TV         Kabel        (35,15 DM)  20   0,00 DM  0,00 DM  0,00 DM  0,00 DM  0,00 DM  0,00 D
24  1012  8.4.89  Post       Porto        (25,73 DM)  20   0,00 DM  0,00 DM  0,00 DM  0,00 DM  0,00 DM  0,00 D
25  1013  8.4.89  Haus & Hof Miete       (551,45 DM)  10   0,00 DM  0,00 DM (551,45 DM) 0,00 DM  0,00 DM  0,00 D
26  1014  9.4.89  Kröger     Nahrungsm.   (75,56 DM)  23   0,00 DM  0,00 DM  0,00 DM  0,00 DM  0,00 DM  0,00 D
27  1015 10.4.89  Finanzamt  USt         (879,00 DM)  17   0,00 DM  0,00 DM  0,00 DM  0,00 DM  0,00 DM  0,00 D
28  1016 11.4.89  Jane       Babysitter   (30,00 DM)  25   0,00 DM  0,00 DM  0,00 DM  0,00 DM  0,00 DM  0,00 D
29  1017 11.4.89  Schmaus    Geschenk     (12,50 DM)  25   0,00 DM  0,00 DM  0,00 DM  0,00 DM  0,00 DM  0,00 D
30     D 12.4.89  ABC        Gehalt      1.500,00 DM   1 1.500,00 DM 0,00 DM  0,00 DM  0,00 DM  0,00 DM  0,00 D
31  1018 14.4.89  Rasmus     Musikstd.   (245,00 DM)  21   0,00 DM  0,00 DM  0,00 DM  0,00 DM  0,00 DM  0,00 D
32  1019 14.4.89  Kröger     Nahrungsm.    (8,00 DM)  23   0,00 DM  0,00 DM  0,00 DM  0,00 DM  0,00 DM  0,00 D
33  1020 15.4.89  MINO       Abo.         (62,50 DM)  21   0,00 DM  0,00 DM  0,00 DM  0,00 DM  0,00 DM  0,00 D
34  1021 16.4.89  Kino       Karte         (9,00 DM)  25   0,00 DM  0,00 DM  0,00 DM  0,00 DM  0,00 DM  0,00 D
35  1022 19.4.89  Hammer     Reparatur    (36,75 DM)  11   0,00 DM  0,00 DM  0,00 DM (36,75 DM) 0,00 DM  0,00 D
36  1023 21.4.89  Huss       Bluse        (75,00 DM)  15   0,00 DM  0,00 DM  0,00 DM  0,00 DM  0,00 DM  0,00 D
37  1024 22.4.89  Auto       Haftpfl.Ver.(315,00 DM)  14   0,00 DM  0,00 DM  0,00 DM  0,00 DM  0,00 DM  0,00 D
38                                               0,00 DM  0,00 DM  0,00 DM  0,00 DM  0,00 DM  0,00 D
39                                               0,00 DM  0,00 DM  0,00 DM  0,00 DM  0,00 DM  0,00 D
         .                                          .        .        .        .        .        .
         .                                          .        .        .        .        .        .
         .                                          .        .        .        .        .        .
104                                              0,00 DM  0,00 DM  0,00 DM  0,00 DM  0,00 DM  0,00 D
105                                              0,00 DM  0,00 DM  0,00 DM  0,00 DM  0,00 DM  0,00 D
106                                              0,00 DM  0,00 DM  0,00 DM  0,00 DM  0,00 DM  0,00 D
107                                              0,00 DM  0,00 DM  0,00 DM  0,00 DM  0,00 DM  0,00 D
108                                              0,00 DM  0,00 DM  0,00 DM  0,00 DM  0,00 DM  0,00 D
109                                 ----------  --------- --------- --------- --------- --------- ---------
110                                 (3.495,16 DM) 3.000,00 DM 25,00 DM (551,45 DM) (36,75 DM) 0,00 DM (127,35 DM)
111                                 =========   ========= ========= ========= ========= ========= =========
```

Abbildung 4-2.

Ihres Arbeitsblattes Scheckjournal mit Abstimmung in die neue Tabelle kopieren. In Spalte 6 geben Sie den jeweiligen Buchungsschlüssel ein.

Der Buchungsbereich erstreckt sich von Spalte 7 bis Spalte 24. Jede Spalte repräsentiert ein Buchungskonto - *Einkommen versteuern, Einkommen steuer –*

13	14	15	16	17	18	19	20	21	22	23	24
Vers.	Kleidung	Reinigung	Steuer	Auto	Telefon	Porto/Geb.	Hobby	Ausbildg.	Haushalt	Zeitung	Sonstiges
14	15	16	17	18	19	20	21	22	23	24	24
0,00 DM	0,00 DM	0,00 DM	0,00 DM	0,00 DM	0,00 DM	0,00 DM	0,00 DM	0,00 DM	0,00 DM	0,00 DM	0,00 DM
0,00 DM	0,00 DM	0,00 DM	0,00 DM	0,00 DM	0,00 DM	0,00 DM	0,00 DM	0,00 DM	0,00 DM	0,00 DM	0,00 DM
0,00 DM	0,00 DM	0,00 DM	0,00 DM	0,00 DM	0,00 DM	0,00 DM	0,00 DM	0,00 DM	0,00 DM	0,00 DM	0,00 DM
0,00 DM	0,00 DM	0,00 DM	0,00 DM	0,00 DM	0,00 DM	0,00 DM	0,00 DM	0,00 DM	0,00 DM	0,00 DM	0,00 DM
0,00 DM	0,00 DM	0,00 DM	0,00 DM	0,00 DM	0,00 DM	0,00 DM	0,00 DM	0,00 DM	0,00 DM	0,00 DM	0,00 DM
0,00 DM	0,00 DM	0,00 DM	0,00 DM	0,00 DM	0,00 DM	0,00 DM	0,00 DM	0,00 DM	0,00 DM	0,00 DM	0,00 DM
0,00 DM	0,00 DM	0,00 DM	0,00 DM	0,00 DM	0,00 DM	0,00 DM	0,00 DM	0,00 DM	0,00 DM	0,00 DM	0,00 DM
0,00 DM	0,00 DM	0,00 DM	0,00 DM	0,00 DM	0,00 DM	0,00 DM	0,00 DM	0,00 DM	0,00 DM	0,00 DM	0,00 DM
0,00 DM	0,00 DM	0,00 DM	0,00 DM	0,00 DM	0,00 DM	0,00 DM	0,00 DM	0,00 DM	0,00 DM	0,00 DM	0,00 DM
⋮	⋮	⋮	⋮	⋮	⋮	⋮	⋮	⋮	⋮	⋮	⋮
0,00 DM	0,00 DM	0,00 DM	0,00 DM	0,00 DM	0,00 DM	0,00 DM	0,00 DM	0,00 DM	0,00 DM	0,00 DM	0,00 DM
0,00 DM	0,00 DM	0,00 DM	0,00 DM	0,00 DM	0,00 DM	0,00 DM	0,00 DM	0,00 DM	0,00 DM	0,00 DM	0,00 DM
0,00 DM	0,00 DM	0,00 DM	0,00 DM	0,00 DM	0,00 DM	0,00 DM	0,00 DM	0,00 DM	0,00 DM	0,00 DM	0,00 DM
0,00 DM	0,00 DM	0,00 DM	0,00 DM	0,00 DM	0,00 DM	0,00 DM	0,00 DM	0,00 DM	0,00 DM	0,00 DM	0,00 DM
0,00 DM	0,00 DM	0,00 DM	0,00 DM	0,00 DM	0,00 DM	0,00 DM	0,00 DM	0,00 DM	0,00 DM	0,00 DM	0,00 DM
--------	--------	--------	--------	--------	--------	--------	--------	--------	--------	--------	--------
0,00 DM	0,00 DM	0,00 DM	0,00 DM	0,00 DM	0,00 DM	0,00 DM	0,00 DM	0,00 DM	0,00 DM	0,00 DM	0,00 DM

13	14	15	16	17	18	19	20	21	22	23	24
Vers.	Kleidung	Reinigung	Steuer	Auto	Telefon	Geb./Porto	Hobby	Ausbildg.	Haushalt	Zeitung	Sonstiges
14	15	16	17	18	19	20	21	22	23	24	25
0,00 DM	0,00 DM	(7,50 DM)	0,00 DM	0,00 DM	0,00 DM	0,00 DM	0,00 DM	0,00 DM	0,00 DM	0,00 DM	0,00 DM
0,00 DM	0,00 DM	0,00 DM	0,00 DM	(12,35 DM)	0,00 DM	0,00 DM	0,00 DM	0,00 DM	0,00 DM	0,00 DM	0,00 DM
0,00 DM	0,00 DM	0,00 DM	0,00 DM	0,00 DM	0,00 DM	0,00 DM	0,00 DM	0,00 DM	0,00 DM	0,00 DM	0,00 DM
0,00 DM	0,00 DM	0,00 DM	0,00 DM	0,00 DM	0,00 DM	0,00 DM	0,00 DM	0,00 DM	0,00 DM	(8,95 DM)	0,00 DM
0,00 DM	0,00 DM	0,00 DM	0,00 DM	0,00 DM	0,00 DM	0,00 DM	(600,00 DM)	0,00 DM	0,00 DM	0,00 DM	0,00 DM
(205,00 DM)	0,00 DM	0,00 DM	0,00 DM	0,00 DM	0,00 DM	0,00 DM	0,00 DM	0,00 DM	0,00 DM	0,00 DM	(200,00 DM)
0,00 DM	0,00 DM	0,00 DM	0,00 DM	0,00 DM	0,00 DM	0,00 DM	0,00 DM	0,00 DM	0,00 DM	0,00 DM	0,00 DM
(135,00 DM)	0,00 DM	0,00 DM	0,00 DM	0,00 DM	0,00 DM	0,00 DM	0,00 DM	(115,00 DM)	0,00 DM	0,00 DM	0,00 DM
0,00 DM	0,00 DM	0,00 DM	0,00 DM	0,00 DM	0,00 DM	0,00 DM	0,00 DM	0,00 DM	0,00 DM	(35,00 DM)	0,00 DM
0,00 DM	0,00 DM	0,00 DM	0,00 DM	0,00 DM	(56,00 DM)	0,00 DM	0,00 DM	0,00 DM	0,00 DM	0,00 DM	0,00 DM
0,00 DM	0,00 DM	0,00 DM	0,00 DM	0,00 DM	0,00 DM	0,00 DM	0,00 DM	0,00 DM	0,00 DM	0,00 DM	0,00 DM
0,00 DM	0,00 DM	(36,00 DM)	0,00 DM	0,00 DM	0,00 DM	0,00 DM	0,00 DM	0,00 DM	0,00 DM	0,00 DM	0,00 DM
0,00 DM	0,00 DM	0,00 DM	0,00 DM	0,00 DM	0,00 DM	(35,15 DM)	0,00 DM	0,00 DM	0,00 DM	0,00 DM	0,00 DM
0,00 DM	0,00 DM	0,00 DM	0,00 DM	0,00 DM	0,00 DM	(25,73 DM)	0,00 DM	0,00 DM	0,00 DM	0,00 DM	0,00 DM
0,00 DM	0,00 DM	0,00 DM	0,00 DM	0,00 DM	0,00 DM	0,00 DM	0,00 DM	0,00 DM	0,00 DM	0,00 DM	0,00 DM
0,00 DM	0,00 DM	0,00 DM	0,00 DM	0,00 DM	0,00 DM	0,00 DM	0,00 DM	0,00 DM	(75,56 DM)	0,00 DM	0,00 DM
0,00 DM	0,00 DM	0,00 DM	(879,00 DM)	0,00 DM	0,00 DM	0,00 DM	0,00 DM	0,00 DM	0,00 DM	0,00 DM	0,00 DM
0,00 DM	0,00 DM	0,00 DM	0,00 DM	0,00 DM	0,00 DM	0,00 DM	0,00 DM	0,00 DM	0,00 DM	0,00 DM	(30,00 DM)
0,00 DM	0,00 DM	0,00 DM	0,00 DM	0,00 DM	0,00 DM	0,00 DM	0,00 DM	0,00 DM	0,00 DM	0,00 DM	(12,50 DM)
0,00 DM	0,00 DM	0,00 DM	0,00 DM	0,00 DM	0,00 DM	0,00 DM	(245,00 DM)	0,00 DM	0,00 DM	0,00 DM	0,00 DM
0,00 DM	0,00 DM	0,00 DM	0,00 DM	0,00 DM	0,00 DM	0,00 DM	0,00 DM	0,00 DM	(8,00 DM)	0,00 DM	0,00 DM
0,00 DM	0,00 DM	0,00 DM	0,00 DM	0,00 DM	0,00 DM	0,00 DM	(62,50 DM)	0,00 DM	0,00 DM	0,00 DM	0,00 DM
0,00 DM	0,00 DM	0,00 DM	0,00 DM	0,00 DM	0,00 DM	0,00 DM	0,00 DM	0,00 DM	0,00 DM	0,00 DM	(9,00 DM)
0,00 DM	0,00 DM	0,00 DM	0,00 DM	0,00 DM	0,00 DM	0,00 DM	0,00 DM	0,00 DM	0,00 DM	0,00 DM	0,00 DM
0,00 DM	0,00 DM	0,00 DM	0,00 DM	0,00 DM	0,00 DM	0,00 DM	0,00 DM	0,00 DM	0,00 DM	0,00 DM	0,00 DM
0,00 DM	(75,00 DM)	0,00 DM	0,00 DM	0,00 DM	0,00 DM	0,00 DM	0,00 DM	0,00 DM	0,00 DM	0,00 DM	0,00 DM
(315,00 DM)	0,00 DM	0,00 DM	0,00 DM	0,00 DM	0,00 DM	0,00 DM	0,00 DM	0,00 DM	0,00 DM	0,00 DM	0,00 DM
0,00 DM	0,00 DM	0,00 DM	0,00 DM	0,00 DM	0,00 DM	0,00 DM	0,00 DM	0,00 DM	0,00 DM	0,00 DM	0,00 DM
0,00 DM	0,00 DM	0,00 DM	0,00 DM	0,00 DM	0,00 DM	0,00 DM	0,00 DM	0,00 DM	0,00 DM	0,00 DM	0,00 DM
⋮	⋮	⋮	⋮	⋮	⋮	⋮	⋮	⋮	⋮	⋮	⋮
0,00 DM	0,00 DM	0,00 DM	0,00 DM	0,00 DM	0,00 DM	0,00 DM	0,00 DM	0,00 DM	0,00 DM	0,00 DM	0,00 DM
0,00 DM	0,00 DM	0,00 DM	0,00 DM	0,00 DM	0,00 DM	0,00 DM	0,00 DM	0,00 DM	0,00 DM	0,00 DM	0,00 DM
0,00 DM	0,00 DM	0,00 DM	0,00 DM	0,00 DM	0,00 DM	0,00 DM	0,00 DM	0,00 DM	0,00 DM	0,00 DM	0,00 DM
0,00 DM	0,00 DM	0,00 DM	0,00 DM	0,00 DM	0,00 DM	0,00 DM	0,00 DM	0,00 DM	0,00 DM	0,00 DM	0,00 DM
0,00 DM	0,00 DM	0,00 DM	0,00 DM	0,00 DM	0,00 DM	0,00 DM	0,00 DM	0,00 DM	0,00 DM	0,00 DM	0,00 DM
--------	--------	--------	--------	--------	--------	--------	--------	--------	--------	--------	--------
(655,00 DM)	(75,00 DM)	(43,50 DM)	(879,00 DM)	(12,35 DM)	(56,00 DM)	(60,88 DM)	(907,50 DM)	(115,00 DM)	(83,56 DM)	(43,95 DM)	(251,50 DM)

frei, Haus, Nebenkosten, Anschaffung, Haushalt usw. Jedes Konto hat eine eigene Nummer. Die Felder in diesem Bereich enthalten Formeln, die mit Hilfe der Buchungsschlüssel in Spalte 6 und der Kontonummern in Zeile 8 die Beträge aus Spalte 5 im richtigen Konto verbuchen.

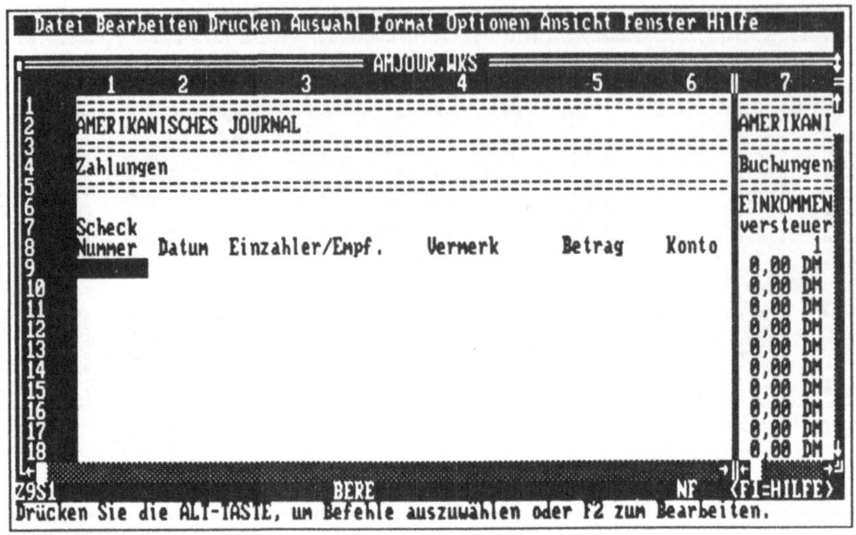

Abbildung 4-3.

DAS ARBEITSBLATT ERSTELLEN

Als erstes legen Sie mit dem Befehl Neue Datei erstellen im Menü Datei eine
leere Tabelle an. Wählen Sie anschließend Manuell berechnen im Menü
Optionen. Damit verhindern Sie, daß nach jedem Eintrag die gesamte Tabelle
neu berechnet wird, was den Aufbau Ihrer Tabelle unnötig aufhalten würde.

Spalte	Breite
1	6
2	8
3	15
4	15
5	12
6	7
7	11
7 bis 9	12
10	13
14 bis 24	12

Abbildung 4-4. Spaltenbreiten für Amerikanisches Journal

Ändern Sie nun die Breite einiger Tabellenspalten. Dazu setzen Sie den Cursor
in die entsprechende Spalte und markieren Spaltenbreite im Format-Menü.
Anschließend geben Sie die neue Spaltenbreite ein und bestätigen mit Enter
oder OK. Abbildung 4-4 zeigt die neue Spaltenbreite für einige Spalten Ihres

Journals. Denken Sie daran, daß die Breite aller Spalten von 14 bis 24 in einem einzigen Schritt geändert werden kann. Markieren Sie dazu den Bereich Z1S14:Z1S24, und wählen Sie in Format die Option Spaltenbreite. Geben Sie 11 ein, und bestätigen Sie mit Enter oder OK.

Der Bereich Zahlungen

Geben Sie nun die Labels in die Zeilen 1, 2, 3, 4 und 5 ein. Die doppelt gestrichelten Linien in den Zeilen 1, 3 und 5 bestehen aus Gleichheitszeichen und reichen von Spalte 1 bis 6. Geben Sie also in alle Felder in Zeile 1 die entsprechende Anzahl an Gleichheitszeichen (Anzahl der Gleichheitszeichen entspricht der Spaltenbreite) ein, und kopieren Sie diesen Eintrag dann von Zeile 1 in Zeile 3 und Zeile 5. Beginnen Sie jeden Feldeintrag in Zeile 1 mit einem Anführungszeichen (") gefolgt von der jeweiligen Anzahl an Gleichheitszeichen. Um einen Eintrag in Feld Z1S1 zu machen, bewegen Sie den Cursor in die Position Z1S1, geben ein Anführungszeichen ein und anschließend acht Gleichheitszeichen ("========). Wenn Sie das Anführungszeichen am Anfang vergessen, versucht das Programm den Eintrag als Formel zu interpretieren und zeigt folgende Fehlermeldung an: *Operand fehlt*. Nachdem Sie in jedes Feld in Zeile 1 ein Label gesetzt haben, markieren Sie den Bereich Z1S1:Z1S6 und wählen im Menü Bearbeiten die Option Kopieren. Markieren Sie das Feld Z5S1, und bestätigen Sie mit Enter oder OK. Anschließend wählen Sie wieder Kopieren, markieren Feld Z5S1 und bestätigen mit Enter oder OK.

Bei den Einträgen in Feld Z2S1 und Z4S1 handelt es sich um einfache Labels, die Sie folgendermaßen eingeben: Sie gehen mit dem Cursor auf Feld Z2S1 und schreiben *AMERIKANISCHES JOURNAL*. Anschließend gehen Sie zu Feld Z4S1 und schreiben *Zahlungen*.

Als nächstes müssen die Spalten im Zahlungsbereich gekennzeichnet werden. Geben Sie in Feld Z7S1 als Label *Zahlungen* ein, in die Felder Z8S1 bis Z8S6 *Schecknummer*, *Datum*, *Einzahler/Empf.*, *Vermerk*, *Betrag* und *Konto*. Zentrieren Sie anschließend alle Labels. Dazu markieren Sie den Bereich Z7S1:Z8S6, wählen Schriftstil im Format-Menü und anschließend Zentriert im Dialogfeld. Bestätigen Sie mit Enter oder OK.

Das Format der Spalten 2 und 4 im Bereich Zahlungen muß nun geändert werden. Markieren Sie zunächst den Bereich Z9S2:Z108S2. Gehen Sie dazu mit dem Cursor auf Feld Z9S2, und drücken Sie die Funktionstaste [F8] (Erweitern). Anschließend drücken Sie die Funktionstaste [F5] (Gehe zu) und geben Z108S2 ein. Bestätigen Sie mit Enter. Wählen Sie nun Uhrzeit/Datum im Format-Menü und im zugehörigen Dialogfeld Tag,Monat,Jahr (in Kurzform). Bestätigen Sie wieder mit Enter oder OK.

Um in Spalte 5 als Währung DM-Format mit zwei Nachkommastellen festzulegen, markieren Sie den Bereich Z9S5:Z108S5 (Schritte wie oben), wählen Währung im Format-Menü und bestätigen die Standardeinstellung mit Enter oder OK.

Geben Sie nun in Feld Z110S5 eine Formel ein, die die Summen der Werte in der Spalte *Betrag* (Spalte 5) berechnet. Beginnen Sie in Feld Z109S5 mit einem Label aus zwei Leerräumen, gefolgt von neun Bindestrichen (---------). Anschließend gehen Sie zu Feld Z110S5 und geben dort folgende Formel ein:

```
=SUMME(Z9S5:Z109S5).
```

Diese Formel addiert die Werte im Bereich Z9S5:Z109S5. Wählen Sie nun in Format die Option Währung, und bestätigen Sie die Standardeinstellung mit Enter oder OK. Damit haben Sie dem Feld Z110S5 DM-Format mit zwei Nachkommastellen zugewiesen. Als letztes bewegen Sie den Cursor zu Z111S5 und geben ein Label aus zwei Leerräumen und neun Gleichheitszeichen (========) ein.

Der Bereich Buchungen

Nehmen Sie sich nun den Buchungsbereich vor. Drücken Sie erst einmal Ctrl-Home und anschließend Ctrl-PgDn, um den Buchungsbereich sichtbar zu machen. Wenn Sie mit der Maus arbeiten, drücken Sie Ctrl-Home und klicken einmal auf die horizontale Schieberleiste.

Geben Sie die Labels für die Zeilen 1, 2, 3, 4 und 5 in diesen Bereich ein. Die doppelt gestrichelten Linien in den Zeilen 1, 3 und 5 bestehen aus Gleichheitszeichen (=) und erstrecken sich von Spalte 7 bis 24. Für diese Doppellinien geben Sie in jedem Feld in Zeile 1 ein Label aus einem Anführungszeichen (") gefolgt von Gleichheitszeichen (Anzahl gleich Spaltenbreite) ein. Anschließend kopieren Sie den Inhalt von Zeile 1 in die Zeilen 3 und 5 (Bearbeiten-Kopieren). Schreiben Sie nun *AMERIKANISCHES JOURNAL* in Feld Z2S7 und in Feld Z4S7 *Buchungen*. Anschließend gehen Sie auf Feld Z4S9 und schreiben *Zum Periodenende*. Setzen Sie nun den Corsor auf Z6S7, und schreiben Sie *Einkommen*. Anschließend setzen Sie den Cursor auf Z6S9 und schreiben *Ausgaben*.

Kontenbezeichnungen und Kontennummern

Die Konten in den Spalten 7 bis 24 müssen nun mit Bezeichnungen und Nummern versehen werden. Tragen Sie in die Zeile 8 die Kontennummern und in die Zeilen 6 und 7 die Kontenbezeichnungen ein. Die Kontennummern werden in der Tabellenkalkulation als Buchungsadresse für die einzelnen Zahlungsvorgänge verwendet. Die Kontobezeichnung soll einen Hinweis auf den Inhalt einer Spalte geben.

Bevor Sie diese Einträge machen, sollten Sie sich aber kurz überlegen, wie Sie Ihre Buchhaltung aufbauen wollen und mit welchen Konten Sie arbeiten müssen? Wenn Sie z.B. eine Buchhaltung für private Zwecke vorbereiten wollen, werden Sie sicher ähnliche Konten wie in Abbildung 4-2 verwenden: *Einkommen versteuern*, *Einkommen steuerfrei*, *Miete*, *Nebenkosten*, *Anschaffung*, *Haushalt* und so weiter. Für kommerzielle Buchhaltung werden

wahrscheinlich noch einige andere Konten erforderlich sein, wie z.B.
Lohn/Gehalt, Sozialversicherung, Lieferungen, Spesen und Reisekosten. Sie
sollten aber nur Konten für solche Posten vorsehen, die häufiger benutzt
werden und auch von Gewicht sind. Richten Sie auf alle Fälle ein Konto
Sonstiges für alle Zahlungen ohne eigenes Konto ein.

Nachdem Sie geklärt haben, welche Konten für Sie wichtig sind, versehen Sie
jedes Konto mit einer aussagekräftige Bezeichnung (in den Zeilen 6 und 7).
Anschließend weisen Sie jedem Konto eine eigene Nummer zu. Sie könnten
dazu unser Numerierungssystem aus der Mustertabelle übernehmen: Wir haben
den beiden Zahlungseingangskonten in den Spalten 7 und 8 die Nummern 1 und
2 gegeben, den Zahlungsausgangskonten in den Spalten 9 bis 24 die Nummern
10 bis 25. Als nächstes richten Sie die Labels in den Bereichen Z6S11:Z6S24
und Z7S7:Z7S24 nach rechts aus. Dazu markieren Sie den Bereich
Z6S11:Z6S24, wählen Schriftstil im Menü Format, im geöffneten Dialogfeld
die Option Rechtsbündig und bestätigen mit Enter oder OK. Nun markieren Sie
Z7S7:Z7S24 und wiederholen den Befehl Rechtsbündig für die zweite Zeile.

Die Buchungsformeln

Schreiben Sie nun die Formeln für den eigentlichen Buchungsvorgang.
Plazieren Sie dazu den Cursor auf Feld Z9S7, und machen Sie folgenden
Formeleintrag:

```
=WENN(ZS6=Z8S;ZS5;0)
```

Diese Formel vergleicht den Wert einer Zeile in Spalte 6 (Z9S6) mit dem Wert
in Zeile 8 einer Spalte (Z8S7). Sind beide Werte gleich, gibt die WENN-Funktion den Wert der entsprechenden Zeile in Spalte 5 (Z9S5) zurück. Wenn nicht,
wird der Wert 0 zurückgegeben. Mit anderen Worten, diese Formel vergleicht
den Kontoschlüssel für den Vorgang in Zeile 9 (den Sie in Z9S6 eingeben) mit
der Kontonummer in Spalte 7 (die Sie gerade in Z8S7 eingegeben haben).
Stimmen beide Zahlen überein, gibt die Funktion den Wert des Vorgangs in
Feld Z9S5 zurück. Aufgabe dieser Formel ist es, den Wert von Z9S5 in Spalte
7 richtig zu verbuchen. Stimmen Kontoschlüssel (Z9S6) und Kontonummer
(Z8S7) nicht überein, gibt die Funktion den Wert 0 zurück.

Nachdem Sie die Formel in Feld Z9S7 eingegeben haben, weisen Sie dem Feld
DM-Format mit zwei Nachkommastellen zu. Wählen Sie zu diesem Zweck
Währung im Menü Format, und bestätigen Sie die Standardeinstellung (2
Nachkommastellen) mit Enter oder OK.

Nun kopieren Sie diese Formel in die anderen Felder im Bereich Buchungen.
Dazu markieren Sie zuerst den Bereich Z9S7:Z9S24 und wählen Rechts ausfüllen im Menü Bearbeiten. Die Formel von Z9S7 wird damit in den Bereich
Z9S8:Z9S24 kopiert. Als nächstes markieren Sie den Bereich Z9S7:Z108S24
und wählen Unten ausfüllen im Bearbeiten-Menü. Die Formeln aus Zeile 9

werden in die Zeilen 10 bis 108 in den Spalten 7 bis 24 kopiert. Alle Felder im Bereich Z9S7:Z108S24 enthalten nun einen Formeleintrag.

Vielleicht wundern Sie sich, warum wir in der Ausgangsformel in Feld Z9S7 mit den Adressen ZS6, Z8S und ZS5 (=WENN(ZS6=Z8S;ZS5;0) arbeiten. Diese sogenannten gemischten Adressen enthalten zum Teil relative und zum Teil absolute Bezüge. Die Formel erfüllt in jedem Feld denselben Zweck: Sie vergleicht den Kontoschlüssel für den Vorgang in Spalte 6 (Feld ZS6) der aktuellen Zeile mit der Kontonummer des Kontos in Zeile 8 (Feld Z8S) der aktuellen Spalte. Wenn beide übereinstimmen, gibt die Funktion den Wert des Vorgangs in Feld ZS5 zurück, wenn nicht, den Wert 0. Wird in einer Formel ein Wert für Zeile oder Spalte weggelassen, so wird automatisch die aktuelle Zeile oder Spalte dort eingesetzt.

Jede Formel im Bereich Z9S7:Z108S24 bezieht sich, wie die Formel in Z9S7, auf ein Feld in Spalte 6, ein Feld in der Zeile 8 und ein Feld in Spalte 5. Jede dieser Formeln vergleicht einen Kontoschlüssel in Spalte 6 mit einer Kontonummer in Zeile 8, und falls diese Zahlen übereinstimmen, bucht sie einen Wert aus Spalte 5 auf dieses Konto. Später in diesem Kapitel werden Sie hierzu noch ein Beispiel kennenlernen.

Die Summen

Geben Sie nun in Zeile 110 eine Formel ein, die die Summe der Werte in den einzelnen Spalten berechnet. Setzen Sie den Cursor auf Z109S7, und geben Sie ein Label aus zwei Leerräumen gefolgt von neun Bindestrichen ein (--------). Anschließend geben Sie die Formel

```
=SUMME(Z(-101)S:Z(-1)S)
```

in Feld Z110S7 ein. Diese Formel berechnet die Summe der Werte im Bereich Z9S7:Z109S7. Gehen Sie nun mit dem Cursor auf Feld Z111S7 und geben dort ein Label aus zwei Leerräumen gefolgt von neun Gleichheitszeichen ein (========).

Weisen Sie dem Feld Z110S7 DM-Format zu. Wählen Sie dazu im Menü Format die Option Währung, und bestätigen Sie die Standardeinstellung mit Enter oder OK.

Da alle Formeln in Zeile 110 identisch mit der Formel in Z110S7 sein sollen, kopieren Sie einfach die Formel von Z110S7 in die anderen Felder in Zeile 110. Markieren Sie den Bereich Z109S7:Z111S24, und wählen Sie im Menü Bearbeiten die Option Rechts ausfüllen. Der Inhalt der Felder Z109S7, Z110S7 und Z111S7 wird nun in die Felder der Spalten 8 bis 24 kopiert. Da hier mit relativen Adressen gearbeitet wird, berechnet die Formel für jedes Feld den entsprechenden Wert.

Zeilen 1 bis 8 fixieren

Die Zeilen 1 bis 8 werden nun "eingefroren", damit die Spaltenbezeichnungen jederzeit sichtbar bleiben, auch dann, wenn sich der Cursor weit unten in der Tabelle befindet. Zum Fixieren bewegen Sie den Cursor auf Feld Z9S1 und wählen im Menü Auswahl die Option Zeile. (Mit der Maus gehen Sie an den Anfang von Zeile 9, und drücken hier die linke Maustaste.) Nachdem Zeile 9 markiert ist, fixieren Sie diese Zeile mit dem Befehl Titel fixieren im Optionen-Menü.

Bildschirm teilen

Nun soll der Bildschirm rechts von Spalte 6 vertikal in zwei Fenster geteilt werden. Dadurch erhalten Sie die Möglichkeit, den gesamten Zahlungsbereich sowie eine Spalte des Buchungsbereichs gleichzeitig auf dem Bildschirm sehen zu können.

Wenn Sie mit der Maus arbeiten, bewegen Sie den Cursor mit Ctrl-Home auf Feld Z9S1 zeigen unten links auf die doppellinige Teilungsmarkierung auf dem Bildschirm. Drücken Sie die linke Taste Ihrer Maus, während Sie gleichzeitig den Mauszeiger nach rechts schieben. Auf dem Bildschirm erscheint ein doppelliniger Teiler. Gehen Sie exakt bis ans rechte Ende von Spalte 6, und lassen Sie die Maustaste los. Works teilt den Bildschirm an dieser Stelle, so daß Spalte 6 im einen Fenster, Spalte 7 im anderen zu sehen ist. Falls Spalte 6 im linken Fenster nicht vollständig sichtbar ist, bewegen Sie den Teiler ganz leicht nach rechts. Das gleiche gilt, wenn Spalte 7 im rechten Fenster nicht vollständig sichtbar ist. Dann bewegen Sie den Teiler leicht nach links.

Ohne Maus nehmen Sie die Teilung folgendermaßen vor: Drücken Sie als erstes Ctrl-Home, um den Cursor auf Z9S1 zu plazieren. Dann wählen Sie Teilen im Menü Fenster. Auf dem Bildschirm erscheint eine vertikale und eine horizontale Doppellinie. Drücken Sie nun die rechte Pfeiltaste, um den vertikalen Teiler unmittelbar rechts neben Spalte 6 zu setzen. Bestätigen Sie mit Enter. Der Bildschirm wird an dieser Stelle geteilt, so daß Spalte 6 im linken Fenster sichtbar ist, Spalte 7 im rechten. Sind leichte Änderungen erforderlich, wählen Sie noch einmal den Befehl Teilen und nehmen die erforderliche Angleichung nach rechts oder links vor.

Das Arbeitsblatt speichern

Bevor Sie weiterarbeiten, speichern Sie erst einmal das Arbeitsblatt. Wählen Sie dazu im Datei-Menü Speichern unter. Soll diese Datei nicht im aktuellen Verzeichnis gespeichert werden, wählen Sie das gewünschte Verzeichnis aus der Verzeichnisliste. Anschließend versehen Sie Ihr Arbeitsblatt mit einem Namen, z.B. *AMJOUR.WKS* und speichern es mit Enter oder OK. Soll Ihr Dokument im aktuellen Verzeichnis gespeichert werden, geben Sie ihm einfach einen Namen und speichern mit Enter oder OK.

MIT DEM ARBEITSBLATT ARBEITEN

Sie können nun mit den Einträgen in Ihr Amerikanisches Journal beginnen. Wahrscheinlich werden Sie nur einmal im Monat Ihre sämtlichen Zahlungen verbuchen, bei geringem Zahlungsverkehr vielleicht sogar nur einmal im Jahr. Am Anfang werden Sie sich allerdings intensiver mit diesem Arbeitsblatt befassen müssen, bis alle Zahlungsvorgänge des laufenden Jahres nachgetragen sind.

Öffnen Sie also die Tabelle Amerikanisches Journal. (Wenn Sie das Arbeitsblatt gerade neu angelegt haben, können Sie diesen Schritt übergehen.) Wählen Sie Vorhandene Datei öffnen im Datei-Menü. Wenn Sie Ihre Datei im aktuellen Verzeichnis abgelegt haben, schreiben Sie einfach den Dateinamen einschließlich Dateierweiterung (z.B. AMJOUR.WKS) oder markieren Sie den Namen in der Liste, und laden Sie die Datei mit Enter oder OK. Wenn Sie Ihre Datei nicht im aktuellen Verzeichnis finden, suchen Sie das entsprechende Verzeichnis aus der Verzeichnisliste, und schreiben oder markieren Sie den gesuchten Dateinamen. Öffnen Sie Ihre Datei mit OK.

Cursorbewegung

Wie Sie in Abbildung 4-3 sehen, sind die ersten elf Zeilen des Zahlungsbereichs auf dem Bildschirm sichtbar. Wollen Sie in einem anderen Teil dieses Bereichs arbeiten, bewegen Sie sich mit Hilfe der Maus oder mit den Cusorbewegungstasten zur gewünschten Adresse. Drücken Sie z.B. PgDn, um den nächsten Tabellenabschnitt unten auf den Bildschirm zu holen. Mit PgUp machen Sie den vorhergegangenen Tabellenbildschirm sichtbar. Wenn Sie mit der Maus arbeiten, benutzen Sie einfach die vertikale Schieberleiste, um sich in der Tabelle aufwärts oder abwärts zu bewegen.

Wenn Sie eine bestimmte Zeile direkt ansteuern wollen, drücken Sie die Funktionstaste [F5] (Gehe zu), schreiben die entsprechende Adresse und bestätigen mit Enter oder OK. Um z.B. in Zeile 50 zu gehen, drücken Sie [F5], schreiben Z50S1 und bestätigen mit Enter oder OK. Sie gelangen dann direkt an den Anfang von Zeile 50.

Während Sie sich mit dem Cursor durch die Tabelle bewegen, bleiben die fixierten Titel der Zeilen 1 bis 8 sichtbar. Es ist nicht möglich, mit einer der Pfeiltasten in diesen Bereich zu gelangen. Wenn Sie z.B. Ctrl-Home drücken, wird der Cursor in Feld Z9S1 plaziert - nicht in Z1S1.

Holen Sie nun den Bereich Buchungen auf den Bildschirm. Drücken Sie Ctrl-Home, um den Cursor auf Feld Z9S1 zu setzen, und drücken Sie dort Ctrl-PgDn. Wenn Sie mit der Maus arbeiten, drücken Sie erst Ctrl-Home und klicken anschließend einmal auf die horizontale Schieberleiste. In beiden Fällen werden die Spalten 7 bis 11 im linken Fenster sichtbar. Um den nächsten Bereich (rechts) anzusehen, drücken Sie Ctrl-Pgdn oder klicken einmal auf die horizontale Schieberleiste. Mit Ctrl-PgUp - oder einmal Klicken auf die linke Schieberleiste - bewegen Sie sich wieder nach links zurück.

Mit der Funktionstaste [F6] (Fenster) können Sie den Cursor auf dem geteilten Bildschirm von einem Fenster zum anderen bewegen. Wenn Sie mit der Maus arbeiten, drücken Sie einfach in irgendeinem Feld des entsprechenden Fensters die linke Maustaste, und der Cursor wird in dem Fenster, in dem sich das Feld befindet, positioniert. Im rechten Fenster bewegen Sie sich mit der rechten und linken Pfeiltaste im Buchungsbereich hin und her. Mit jeder Cursorbewegung wird ein neues Konto sichtbar. (Wenn Sie mit der Maus arbeiten, bewegen Sie sich auf der horizontalen Schieberleiste im rechten Fenster hin und her.)

Zahlungsposten

Geben Sie alle Zahlungen des letzten Monats oder Jahres im Zahlungsbereich ein. Vergessen Sie nicht, den jeweiligen Buchungsschlüssel in Spalte 6 zu vermerken. Jeder Vorgang kann entweder manuell eingegeben werden, oder - wenn Sie mit Scheckjournal mit Abstimmung arbeiten - vom Scheckjournal ins Arbeitsblatt Amerikanisches Journal importiert werden.

Manuelle Eingabe

Wenn Sie nicht mit der Tabelle Scheckjournal mit Abstimmung arbeiten, bleibt Ihnen nichts anderes übrig, als Ihre Zahlungsvorgänge manuell einzugeben, was ganz einfach ist: Sie schreiben lediglich *Schecknummer*, *Datum*, *Einzahler/Empf.*, *Vermerk* und *Betrag* für jeden Zahlungsvorgang in die Spalten 1, 2, 3, 4, und 5. Die Beträge von Zahlungseingängen verbuchen Sie mit positivem Vorzeichen, von Zahlungsausgängen mit negativem Vorzeichen.

Angenommen, der erste Zahlungsvorgang ist Scheck Nr.1000, ausgestellt am 1. April 1989, über DM 7,50 für die Reinigung eines Rockes. Geben Sie also die Nummer *1000* in Feld Z9S1 ein, in Feld Z9S2 das Datum *1.4.89*, in Feld Z9S3 als Zahlungsempfänger *Reinigung*, in Feld Z9S4 den Buchungsvermerk *Rock* und in Feld Z9S5 den Betrag *-7,50*.

Wenn Sie Einzahlungen oder Barabhebungen verbuchen wollen, geben Sie in Spalte 1 statt der Schecknummer einen Schlüsselbuchstaben als Identifikation ein. Bei einer Einzahlung könnten Sie beispielsweise *E* notieren, bei einer Barabhebung z.B. *B*.

Daten importieren

Wenn Sie mit mit der Tabelle Scheckjournal mit Abstimmung Ihr laufendes Konto verwalten, können Sie die Daten der einzelnen Scheckbewegungen und Überweisungen aus dem Scheckjournal in Ihr Amerikanisches Journal kopieren. Mit dem Befehl Inhalte kopieren kopieren Sie nur die Werte in einem Feld oder Feldbereich, nicht die entsprechenden Berechnungsformeln. Sehen wir uns ein Beispiel hierzu an. Angenommen, Sie arbeiten mit einem Scheckjournal und haben die in Abbildung 4-5 gezeigten Schecks eingetragen. Diese Tabelle haben Sie JOURN.WKS genannt. Sie möchten nun alle Kontenbewegungen von April 1989 in Ihr Amerikanisches Journal übernehmen. Die leere Tabelle Amerikanisches Journal haben Sie in einer Datei gespeichert, die sie AMJOUR.WKS genannt haben. Öffnen Sie beide Dateien, JOURN und AMJOUR. Öffnen Sie über das Fenster-Menü JOURN, und markieren Sie hier den Bereich Z10S1:Z38S5. Wählen Sie Inhalte kopieren im Menü Bearbeiten. Anschließend öffnen Sie über das Fenster-Menü die Tabelle AMJOUR.WKS, setzen den Cursor auf Feld Z9S1 und drücken Enter. Das Dialogfeld Inhalte kopieren öffnet sich. Wählen Sie nun nur Werte, und bestätigen Sie Ihre Wahl mit Enter oder OK. In Abbildung 4-6 sehen Sie die Tabelle AMJOUR mit den importierten Daten.

```
        1          2           3            4           5           6          7
1  ===============================================================================
2  SCHECKJOURNAL MIT ABSTIMMUNG
3  ===============================================================================
4  Scheckjournal
5  ===============================================================================
6
7  Scheck-                                               Aktueller
8  Nummer  Datum    Empf./Einz.   Vermerk      Betrag       Saldo       Offen?
9    Anfangssaldo                                         6.479,25 DM
10   1000   1.4.89 Reinigung    Rock           (7,50 DM)  6.471,75 DM
11   1001   1.4.89 Schrott      Autowäsche    (12,35 DM)  6.459,40 DM
12      E   2.4.89 KK           Rückzahlung    25,00 DM   6.484,40 DM
13   1002   2.4.89 Bücherwurm   Zeitschrift    (8,95 DM)  6.475,45 DM
14   1003   3.4.89 Grün-Weiß    Clubbeitrag  (600,00 DM)  5.875,45 DM
15      B   3.4.89 Bar          Kasse        (200,00 DM)  5.675,45 DM
16   1004   4.4.89 Allianz      Autovers.    (205,00 DM)  5.470,45 DM
17   1005   4.4.89 Bank         Kreditkarte  (127,35 DM)  5.343,10 DM
18   1006   4.4.89 TINA         Tanzstunde   (115,00 DM)  5.228,10 DM
19   1007   4.4.89 DAS          Rechtsschutz (135,00 DM)  5.093,10 DM
20   1008   4.4.89 Südd.Verl.   Zeitung       (35,00 DM)  5.058,10 DM
21   1009   4.4.89 Post         Telefon       (56,00 DM)  5.002,10 DM
22      E   4.4.89 ABC          Gehalt      1.500,00 DM   6.502,10 DM
23   1010   4.4.89 Teppichland Reinigung     (36,00 DM)  6.466,10 DM
24   1011   7.4.89 TV           Kabel         (35,15 DM)  6.430,95 DM
25   1012   8.4.89 Post         Porto         (25,73 DM)  6.405,22 DM
26   1013   8.4.89 Haus & Hof   Miete        (551,45 DM)  5.853,77 DM
27   1014   9.4.89 Kröger       Nahrungsm.    (75,56 DM)  5.778,21 DM
28   1015  10.4.89 Finanzamt    USt          (879,00 DM)  4.899,21 DM      1
29   1016  11.4.89 Jane         Babysitter    (30,00 DM)  4.869,21 DM
30   1017  15.4.89 Schmaus      Geschenk      (12,50 DM)  4.856,71 DM
31      E  18.4.89 ABC          Gehalt      1.500,00 DM   6.356,71 DM
32   1018  19.4.89 Rasmus       Musikstd.    (245,00 DM)  6.111,71 DM
33   1019  21.4.89 Kröger       Nahrungsm.     (8,00 DM)  6.103,71 DM
34   1020  23.4.89 MINO         Abo.          (62,50 DM)  6.041,21 DM
35   1021  24.4.89 Kino         Karte          (9,00 DM)  6.032,21 DM
36   1022  25.4.89 Hammer       Reparatur     (36,75 DM)  5.995,46 DM
37   1023  26.4.89 Huss         Bluse         (75,00 DM)  5.920,46 DM
38   1024  27.4.89 Auto         Haftpfl.Ver. (315,00 DM)  5.605,46 DM
```

Abbildung 4-5.

Mit der Arbeitstabelle Amerikanisches Journal können Sie bis zu 100 Vorgänge bearbeiten. Das wird wahrscheinlich für Ihren monatlichen Zahlungsverkehr ausreichen. Haben Sie mehr als 100 Vorgänge zu verbuchen, bleiben Ihnen zwei Möglichkeiten: Entweder fügen Sie Ihrer Tabelle noch einige Zeilen hinzu (wie, erfahren Sie etwas später in diesem Kapitel), oder Sie verbuchen Ihre ersten 100 Vorgänge in einer Tabelle, die nächsten 100 in einer neuen Tabelle und so weiter. Wenn Sie eindeutig mehr als 100 Zahlungsvorgänge pro Monat haben, wäre ein umfangreicheres Programm für Sie sinnvoller.

Abbildung 4-6.

Kontenbezeichnungen eingeben

Nachdem Sie Ihre Zahlungsvorgänge eingegeben haben, ordnen Sie jedem Vorgang einen eigenen Schlüsselcode zu. Dazu bewegen Sie einfach den Cursor in die Zeile mit dem entsprechenden Vorgang in Spalte 6 und geben dort den Schlüssel des Kontos ein, auf dem dieser Vorgang verbucht werden soll. Angenommen, Sie wollen den ersten Vorgang in Abbildung 4-6, Scheck Nr. 1000 auf Konto Nr. 16 *Reinigung* verbuchen. Dann setzen Sie den Cursor einfach auf Feld Z9S6 und geben den Wert *16* ein. In Abbildung 4-7 sehen Sie das Ergebnis dieser Buchung.

Geben Sie für jeden Vorgang einen Buchungsschlüssel in Form einer Kontozahl ein. Die meisten Buchungen können wahrscheinlich auf einem Ihrer Konten untergebracht werden. Für Buchungen, die keinem Konto eindeutig zuzuordnen sind, legen Sie ein Konto *Sonstiges* an. Vorgänge, die auf zwei oder mehr Konten verbucht werden müssen, erhalten keinen Buchungsschlüssel. Mehr darüber erfahren Sie später in diesem Kapitel.

Sicher werden Sie Schwierigkeiten haben, alle Kontenschlüssel im Kopf zu behalten. Sie können daher jederzeit mit [F6] (Fenster) den Cursor im rechten Fenster plazieren und mit der rechten Pfeiltaste im Kontenbereich ein Konto suchen. Bei jedem Tastendruck wird ein neues Konto auf dem Bildschirm sichtbar. Wenn Sie das gesuchte Konto gefunden haben, drücken Sie noch einmal [F6], um den Cursor wieder im linken Fenster zu plazieren und die gefundene Kontonummer im entsprechenden Feld einzugeben. Wenn Sie zu weit nach rechts gegangen sind, bewegen Sie sich einfach mit der linken Pfeiltaste wieder ein Stück nach links zurück. (Mit der **Maus** können Sie sich mit Hilfe der horizontalen Schieberleiste im rechten Fenster hin und her bewegen.)

```
 Datei Bearbeiten Drucken Auswahl Format Optionen Ansicht Fenster Hilfe
 16
                            AMJOUR.WKS
        1        2        3          4              5          6    ||  7
 1  ===================================================================  =========
 2  AMERIKANISCHES JOURNAL                                              AMERIKANI
 3  -----------------------------------------------------------------  ---------
 4  Zahlungen                                                          Buchungen
 5  =================================================================  =========
 6                                                                     EINKOMMEN
 7  Scheck                                                             versteuer
 8  Nummer Datum   Einzahler/Empf.     Vermerk       Betrag   Konto           1
 9   1000  1.4.89  Reinigung       Rock           (7,50 DM)      16   0,00 DM
 10  1001  1.4.89  Schrott         Autowäsche     (12,35 DM)          0,00 DM
 11     E  2.4.89  XX              Rückzahlung     25,00 DM          0,00 DM
 12  1002  2.4.89  Bücherwurm      Zeitschrift     (8,95 DM)         0,00 DM
 13  1003  3.4.89  Grün-Weiß       Clubbeitrag   (600,00 DM)         0,00 DM
 14     B  3.4.89  Bar             Kasse         (200,00 DM)         0,00 DM
 15  1004  4.4.89  Allianz         Autovers.     (205,00 DM)         0,00 DM
 16  1005  4.4.89  Bank            Kreditkarte   (127,35 DM)         0,00 DM
 17  1006  4.4.89  TINA            Tanzstunde    (115,00 DM)         0,00 DM
 18  1007  4.4.89  DAS             Rechtsschutz  (135,00 DM)         0,00 DM
 Z9S6                          BERE                          NF   <F1=HILFE>
 Drücken Sie die ALT-TASTE, um Befehle auszuwählen oder F2 zum Bearbeiten.
```

Abbildung 4-7.

Für die Buchung der meisten Zahlungsvorgänge genügt wahrscheinlich jeweils ein bestimmtes Konto. Einige Vorgänge jedoch müssen auf zwei oder mehr Konten verbucht werden. Wenn Sie z.B. im Großmarkt einkaufen, stellen Sie für alle Einkäufe einen gemeinsamen Scheck aus, also für Lebensmittel, Anschaffungen usw. Diese Artikel sollen aber auf verschiedenen Konten verbucht werden.

Das Arbeitsblatt Amerikanisches Journal kann zwar einen Vorgang nicht automatisch auf mehreren Konten verbuchen, aber manuell ist dies möglich. Geben Sie z.B. erst den Betrag für Lebensmittel im Konto Haushalt ein, dann den Betrag für Elektrozubehör im Konto Wohnung und anschließend den restlichen Betrag im Konto Verschiedenes. Dazu bewegen sie den Cursor in die jeweilige Zeile und gehen dann mit [F6] ins rechte Fenster und dort mit der rechten Pfeiltaste zu den jeweiligen Buchungsspalten. Vergessen Sie nicht, vor die Beträge ein Minuszeichen (-) zu setzen, da es sich um Ausgaben handelt.

Wenn Sie einen Zahlungsvorgang, z.B. einen Scheck manuell verbuchen, achten Sie darauf, daß sich der verbuchte Betrag mit dem Betrag auf dem Scheck deckt, da Sie sonst in der Summenzeile (Z110) einen falschen Wert erhalten. Etwas später in diesem Kapitel werden wir Ihnen zeigen, welche Möglichkeit Sie haben, die Buchungen in Ihrer Tabelle zu überprüfen.

Neuberechnung

Nachdem alle Zahlungsvorgänge kontenmäßig verbucht sind, kann Ihre Tabelle berechnet werden. Drücken Sie [F9] (Berechnen), oder wählen Sie im Menü Optionen den Befehl Neu berechnen. Works berechnet daraufhin jede Formel im Bereich Z9S7:Z109S24. Die Formeln vergleichen jeweils den Kontoschlüssel in Spalte 6 mit der Kontonummer in Zeile 8. Wenn beide übereinstimmen, wird der Wert aus Spalte 5 auf dem entsprechenden Konto verbucht. Stimmen die beiden Werte nicht überein, wird der Wert 0 zurückgegeben.

Nehmen wir einmal an, Sie haben jeden Vorgang mit einem Buchungsschlüssel versehen (siehe Tabelle 4-8). Wenn Sie die Funktionstaste [F9] drücken oder im Optionen-Menü Neu berechnen wählen, bucht WORKS jeden Vorgang auf einem der Konten im Buchungsbereich. Abbildung 4-9 zeigt das Ergebnis. Beachten Sie, daß der erste Scheck, dem Sie den Kontoschlüssel 16 zugeordnet haben, auf Konto Nr. 16 verbucht wurde, der zweite Scheck, mit dem Kontoschlüssel 17, auf dem Konto Nr. 17.

Wenn Sie die Funktionstaste [F9] (Berechnen) drücken, berechnen die Formeln in Zeile 110 die Summen der einzelnen Konten und die Summe aller eingegebenen Zahlungen. In Abbildung 4-8 hat die Formel in Feld Z110S5 z.B. die Summe DM -873,79 errechnet, das bedeutet, die Summe aller Vorgänge beträgt DM -873,79. Die Formel in Feld Z110S7 in Abbildung 4-9 gibt den Wert DM 486,00 zurück. Sie haben folglich auf dem Konto *Einnahmen versteuern* einen Betrag von insgesamt DM 486,00 verbucht. Ebenso zeigt der Wert in Feld Z110S9, daß Sie auf dem Konto *Nebenkosten* insgesamt DM 447,35 verbucht haben.

Die Beträge in den Feldern Z110S7 bis Z110S24 können Ihnen auf unterschiedliche Weise von Nutzen sein, z.B. bei Ihrer Steuererklärung oder wenn Sie sich einen Überblick über Ihre Unkosten verschaffen wollen.

Drucken und Speichern

Nachdem Sie alle Zahlungsvorgänge in Ihre Tabelle eingegeben haben und diese verbucht und berechnet sind, sollten Sie Ihre Tabelle erst einmal in einer neuen Datei speichern. Wählen Sie also Speichern unter im Datei-Menü, und ändern Sie, falls erforderlich, das Standardverzeichnis. Geben Sie einen neuen Namen für Ihre Tabelle ein, und speichern Sie die Datei mit Enter oder OK. Achten Sie darauf, daß Ihr Dateiname eindeutig ist. Speichern Sie beispielsweise Ihre Mustertabelle unter dem Namen AJAPR89.WKS (für Amerikanisches Journal April 1989). Diese Datei können Sie nun jederzeit unter diesem Namen wieder laden.

AMERIKANISCHES JOURNAL — Zahlungen | **AMERIKANISCHES JOURNAL** — Buchungen — Zum Periodenende

Zeile	Nummer	Datum	Einzahler/Empf.	Vermerk	Betrag	Konto	EINKOMMEN versteuern (1)	steuerfrei (2)	AUSGABEN Haus (10)	Nebenkosten (11)	Anschaffung (12)	Bank (13)
9	1000	1.4.89	Reinigung	Rock	(7,50 DM)	16	0,00 DM	0,00 DM	0,00 DM	0,00 DM	0,00 DM	0,00 DM
10	1001	1.4.89	Schrott	Autowäsche	(12,35 DM)	17	0,00 DM	0,00 DM	0,00 DM	0,00 DM	0,00 DM	0,00 DM
11	E	2.4.89	KK	Rückzahlung	25,00 DM	25	0,00 DM	0,00 DM	0,00 DM	0,00 DM	0,00 DM	0,00 DM
12	1002	2.4.89	Bücherwurm	Zeitschrift	(8,95 DM)	20	0,00 DM	0,00 DM	0,00 DM	0,00 DM	0,00 DM	0,00 DM
13	1003	3.4.89	Grün-Weiß	Clubbeitrag	(600,00 DM)	22	0,00 DM	0,00 DM	0,00 DM	0,00 DM	0,00 DM	0,00 DM
14	B	3.4.89	Bar	Kasse	(200,00 DM)	23	0,00 DM	0,00 DM	0,00 DM	0,00 DM	0,00 DM	0,00 DM
15	1004	4.4.89	Allianz	Autovers.	(205,00 DM)	11	0,00 DM	0,00 DM	0,00 DM	0,00 DM	0,00 DM	0,00 DM
16	1005	4.4.89	Bank	Kreditkarte	(127,35 DM)	11	0,00 DM	0,00 DM	0,00 DM	0,00 DM	0,00 DM	0,00 DM
17	1006	4.4.89	TINA	Tanzstunde	(115,00 DM)	11	0,00 DM	0,00 DM	0,00 DM	0,00 DM	0,00 DM	0,00 DM
18	1007	4.4.89	DAS	Rechtsschutz	(135,00 DM)	1	0,00 DM	0,00 DM	0,00 DM	0,00 DM	0,00 DM	0,00 DM
19	1008	4.4.89	Südd.Verl.	Zeitung	(35,00 DM)	10	0,00 DM	0,00 DM	0,00 DM	0,00 DM	0,00 DM	0,00 DM
20	1009	4.4.89	Post	Telefon	(56,00 DM)	25	0,00 DM	0,00 DM	0,00 DM	0,00 DM	0,00 DM	0,00 DM
21	E	4.4.89	ABC	Gehalt	1.500,00 DM	17	0,00 DM	0,00 DM	0,00 DM	0,00 DM	0,00 DM	0,00 DM
22	1010	4.4.89	Teppichland	Reinigung	(36,00 DM)	12	0,00 DM	0,00 DM	0,00 DM	0,00 DM	0,00 DM	0,00 DM
23	1011	7.4.89	TV	Kabel	(35,15 DM)		0,00 DM	0,00 DM	0,00 DM	0,00 DM	0,00 DM	0,00 DM
24	1012	8.4.89	Post	Porto	(25,73 DM)	24	0,00 DM	0,00 DM	0,00 DM	0,00 DM	0,00 DM	0,00 DM
25	1013	8.4.89	Haus & Hof	Miete	(551,45 DM)	19	0,00 DM	0,00 DM	0,00 DM	0,00 DM	0,00 DM	0,00 DM
26	1014	9.4.89	Kröger	Nahrungsm.	(75,56 DM)	19	0,00 DM	0,00 DM	0,00 DM	0,00 DM	0,00 DM	0,00 DM
27	1015	10.4.89	Finanzamt	USt	(879,00 DM)	1	0,00 DM	0,00 DM	0,00 DM	0,00 DM	0,00 DM	0,00 DM
28	1016	11.4.89	Jane	Babysitter	(30,00 DM)	14	0,00 DM	0,00 DM	0,00 DM	0,00 DM	0,00 DM	0,00 DM
29	1017	15.4.89	Schmaus	Geschenk	(12,50 DM)		0,00 DM	0,00 DM	0,00 DM	0,00 DM	0,00 DM	0,00 DM
30	E	18.4.89	ABC	Gehalt	1.500,00 DM	1	0,00 DM	0,00 DM	0,00 DM	0,00 DM	0,00 DM	0,00 DM
31	1018	19.4.89	Rasmus	Musikstd.	(245,00 DM)	10	0,00 DM	0,00 DM	0,00 DM	0,00 DM	0,00 DM	0,00 DM
32	1019	21.4.89	Kröger	Nahrungsm.	(8,00 DM)	16	0,00 DM	0,00 DM	0,00 DM	0,00 DM	0,00 DM	0,00 DM
33	1020	23.4.89	MINO	Abo.	(62,50 DM)		0,00 DM	0,00 DM	0,00 DM	0,00 DM	0,00 DM	0,00 DM
34	1021	24.4.89	Kino	Karte	(9,00 DM)	22	0,00 DM	0,00 DM	0,00 DM	0,00 DM	0,00 DM	0,00 DM
35	1022	25.4.89	Hammer	Reparatur	(36,75 DM)	10	0,00 DM	0,00 DM	0,00 DM	0,00 DM	0,00 DM	0,00 DM
36	1023	26.4.89	Huss	Bluse	(75,00 DM)	14	0,00 DM	0,00 DM	0,00 DM	0,00 DM	0,00 DM	0,00 DM
37	1024	27.4.89	Auto	Haftpfl.Ver.	(315,00 DM)	20	0,00 DM	0,00 DM	0,00 DM	0,00 DM	0,00 DM	0,00 DM
38							0,00 DM	0,00 DM	0,00 DM	0,00 DM	0,00 DM	0,00 DM
39							0,00 DM	0,00 DM	0,00 DM	0,00 DM	0,00 DM	0,00 DM
⋮												
104							0,00 DM	0,00 DM	0,00 DM	0,00 DM	0,00 DM	0,00 DM
105							0,00 DM	0,00 DM	0,00 DM	0,00 DM	0,00 DM	0,00 DM
106							0,00 DM	0,00 DM	0,00 DM	0,00 DM	0,00 DM	0,00 DM
107							0,00 DM	0,00 DM	0,00 DM	0,00 DM	0,00 DM	0,00 DM
108							0,00 DM	0,00 DM	0,00 DM	0,00 DM	0,00 DM	0,00 DM
110					(873,79 DM)		0,00 DM	0,00 DM	0,00 DM	0,00 DM	0,00 DM	0,00 DM

Abbildung 4-8.

AMERIKANISCHES JOURNAL — Zahlungen | **AMERIKANISCHES JOURNAL** — Buchungen — Zum Periodenende

Zeile	Nummer	Datum	Einzahler/Empf.	Vermerk	Betrag	Konto	EINKOMMEN versteuern (1)	steuerfrei (2)	AUSGABEN Haus (10)	Nebenkosten (11)	Anschaffung (12)	Bank (13)
9	1000	1.4.89	Reinigung	Rock	(7,50 DM)	16	0,00 DM	0,00 DM	0,00 DM	0,00 DM	0,00 DM	0,00 DM
10	1001	1.4.89	Schrott	Autowäsche	(12,35 DM)	17	0,00 DM	0,00 DM	0,00 DM	0,00 DM	0,00 DM	0,00 DM
11	E	2.4.89	KK	Rückzahlung	25,00 DM	25	0,00 DM	0,00 DM	0,00 DM	0,00 DM	0,00 DM	0,00 DM
12	1002	2.4.89	Bücherwurm	Zeitschrift	(8,95 DM)	20	0,00 DM	0,00 DM	0,00 DM	0,00 DM	0,00 DM	0,00 DM
13	1003	3.4.89	Grün-Weiß	Clubbeitrag	(600,00 DM)	22	0,00 DM	0,00 DM	0,00 DM	0,00 DM	0,00 DM	0,00 DM
14	B	3.4.89	Bar	Kasse	(200,00 DM)	23	0,00 DM	0,00 DM	0,00 DM	0,00 DM	0,00 DM	0,00 DM
15	1004	4.4.89	Allianz	Autovers.	(205,00 DM)	11	0,00 DM	0,00 DM	0,00 DM	(205,00 DM)	0,00 DM	0,00 DM
16	1005	4.4.89	Bank	Kreditkarte	(127,35 DM)	11	0,00 DM	0,00 DM	0,00 DM	(127,35 DM)	0,00 DM	0,00 DM
17	1006	4.4.89	TINA	Tanzstunde	(115,00 DM)	11	0,00 DM	0,00 DM	0,00 DM	(115,00 DM)	0,00 DM	0,00 DM
18	1007	4.4.89	DAS	Rechtsschutz	(135,00 DM)	1	(135,00 DM)	0,00 DM	0,00 DM	0,00 DM	0,00 DM	0,00 DM
19	1008	4.4.89	Südd.Verl.	Zeitung	(35,00 DM)	10	0,00 DM	0,00 DM	(35,00 DM)	0,00 DM	0,00 DM	0,00 DM
20	1009	4.4.89	Post	Telefon	(56,00 DM)	25	0,00 DM	0,00 DM	0,00 DM	0,00 DM	0,00 DM	0,00 DM
21	E	4.4.89	ABC	Gehalt	1.500,00 DM	17	0,00 DM	0,00 DM	0,00 DM	0,00 DM	0,00 DM	0,00 DM
22	1010	4.4.89	Teppichland	Reinigung	(36,00 DM)	12	0,00 DM	0,00 DM	0,00 DM	0,00 DM	(36,00 DM)	0,00 DM
23	1011	7.4.89	TV	Kabel	(35,15 DM)		0,00 DM	0,00 DM	0,00 DM	0,00 DM	0,00 DM	0,00 DM
24	1012	8.4.89	Post	Porto	(25,73 DM)	24	0,00 DM	0,00 DM	0,00 DM	0,00 DM	0,00 DM	0,00 DM
25	1013	8.4.89	Haus & Hof	Miete	(551,45 DM)	19	0,00 DM	0,00 DM	0,00 DM	0,00 DM	0,00 DM	0,00 DM
26	1014	9.4.89	Kröger	Nahrungsm.	(75,56 DM)	19	0,00 DM	0,00 DM	0,00 DM	0,00 DM	0,00 DM	0,00 DM
27	1015	10.4.89	Finanzamt	USt	(879,00 DM)	1	(879,00 DM)	0,00 DM	0,00 DM	0,00 DM	0,00 DM	0,00 DM
28	1016	11.4.89	Jane	Babysitter	(30,00 DM)	14	0,00 DM	0,00 DM	0,00 DM	0,00 DM	0,00 DM	0,00 DM
29	1017	15.4.89	Schmaus	Geschenk	(12,50 DM)		0,00 DM	0,00 DM	0,00 DM	0,00 DM	0,00 DM	0,00 DM
30	E	18.4.89	ABC	Gehalt	1.500,00 DM	1	1.500,00 DM	0,00 DM	0,00 DM	0,00 DM	0,00 DM	0,00 DM
31	1018	19.4.89	Rasmus	Musikstd.	(245,00 DM)	10	0,00 DM	0,00 DM	(245,00 DM)	0,00 DM	0,00 DM	0,00 DM
32	1019	21.4.89	Kröger	Nahrungsm.	(8,00 DM)	16	0,00 DM	0,00 DM	0,00 DM	0,00 DM	0,00 DM	0,00 DM
33	1020	23.4.89	MINO	Abo.	(62,50 DM)		0,00 DM	0,00 DM	0,00 DM	0,00 DM	0,00 DM	0,00 DM
34	1021	24.4.89	Kino	Karte	(9,00 DM)	22	0,00 DM	0,00 DM	0,00 DM	0,00 DM	0,00 DM	0,00 DM
35	1022	25.4.89	Hammer	Reparatur	(36,75 DM)	10	0,00 DM	0,00 DM	(36,75 DM)	0,00 DM	0,00 DM	0,00 DM
36	1023	26.4.89	Huss	Bluse	(75,00 DM)	14	0,00 DM	0,00 DM	0,00 DM	0,00 DM	0,00 DM	0,00 DM
37	1024	27.4.89	Auto	Haftpfl.Ver.	(315,00 DM)	20	0,00 DM	0,00 DM	0,00 DM	0,00 DM	0,00 DM	0,00 DM
38							0,00 DM	0,00 DM	0,00 DM	0,00 DM	0,00 DM	0,00 DM
⋮												
107							0,00 DM	0,00 DM	0,00 DM	0,00 DM	0,00 DM	0,00 DM
108							0,00 DM	0,00 DM	0,00 DM	0,00 DM	0,00 DM	0,00 DM
110					(873,79 DM)		486,00 DM	0,00 DM	(316,75 DM)	(447,35 DM)	(36,00 DM)	0,00 DM

Abbildung 4-9.

Tabelle 1

13	14	15	16	17	18	19	20	21	22	23	24
Vers. 14	Kleidung 15	Reinigung 16	Steuer 17	Auto 18	Telefon 19	Porto/Geb. 20	Hobby 21	Ausbildg. 22	Haushalt 23	Zeitung 24	Sonstiges 24
0,00 DM	0,00 DM	0,00 DM	0,00 DM	0,00 DM	0,00 DM	0,00 DM	0,00 DM	0,00 DM	0,00 DM	0,00 DM	0,00 DM
0,00 DM	0,00 DM	0,00 DM	0,00 DM	0,00 DM	0,00 DM	0,00 DM	0,00 DM	0,00 DM	0,00 DM	0,00 DM	0,00 DM
0,00 DM	0,00 DM	0,00 DM	0,00 DM	0,00 DM	0,00 DM	0,00 DM	0,00 DM	0,00 DM	0,00 DM	0,00 DM	0,00 DM
0,00 DM	0,00 DM	0,00 DM	0,00 DM	0,00 DM	0,00 DM	0,00 DM	0,00 DM	0,00 DM	0,00 DM	0,00 DM	0,00 DM
0,00 DM	0,00 DM	0,00 DM	0,00 DM	0,00 DM	0,00 DM	0,00 DM	0,00 DM	0,00 DM	0,00 DM	0,00 DM	0,00 DM
0,00 DM	0,00 DM	0,00 DM	0,00 DM	0,00 DM	0,00 DM	0,00 DM	0,00 DM	0,00 DM	0,00 DM	0,00 DM	0,00 DM
0,00 DM	0,00 DM	0,00 DM	0,00 DM	0,00 DM	0,00 DM	0,00 DM	0,00 DM	0,00 DM	0,00 DM	0,00 DM	0,00 DM
0,00 DM	0,00 DM	0,00 DM	0,00 DM	0,00 DM	0,00 DM	0,00 DM	0,00 DM	0,00 DM	0,00 DM	0,00 DM	0,00 DM
0,00 DM	0,00 DM	0,00 DM	0,00 DM	0,00 DM	0,00 DM	0,00 DM	0,00 DM	0,00 DM	0,00 DM	0,00 DM	0,00 DM
0,00 DM	0,00 DM	0,00 DM	0,00 DM	0,00 DM	0,00 DM	0,00 DM	0,00 DM	0,00 DM	0,00 DM	0,00 DM	0,00 DM
0,00 DM	0,00 DM	0,00 DM	0,00 DM	0,00 DM	0,00 DM	0,00 DM	0,00 DM	0,00 DM	0,00 DM	0,00 DM	0,00 DM
0,00 DM	0,00 DM	0,00 DM	0,00 DM	0,00 DM	0,00 DM	0,00 DM	0,00 DM	0,00 DM	0,00 DM	0,00 DM	0,00 DM
0,00 DM	0,00 DM	0,00 DM	0,00 DM	0,00 DM	0,00 DM	0,00 DM	0,00 DM	0,00 DM	0,00 DM	0,00 DM	0,00 DM
0,00 DM	0,00 DM	0,00 DM	0,00 DM	0,00 DM	0,00 DM	0,00 DM	0,00 DM	0,00 DM	0,00 DM	0,00 DM	0,00 DM
0,00 DM	0,00 DM	0,00 DM	0,00 DM	0,00 DM	0,00 DM	0,00 DM	0,00 DM	0,00 DM	0,00 DM	0,00 DM	0,00 DM
0,00 DM	0,00 DM	0,00 DM	0,00 DM	0,00 DM	0,00 DM	0,00 DM	0,00 DM	0,00 DM	0,00 DM	0,00 DM	0,00 DM
0,00 DM	0,00 DM	0,00 DM	0,00 DM	0,00 DM	0,00 DM	0,00 DM	0,00 DM	0,00 DM	0,00 DM	0,00 DM	0,00 DM
0,00 DM	0,00 DM	0,00 DM	0,00 DM	0,00 DM	0,00 DM	0,00 DM	0,00 DM	0,00 DM	0,00 DM	0,00 DM	0,00 DM
0,00 DM	0,00 DM	0,00 DM	0,00 DM	0,00 DM	0,00 DM	0,00 DM	0,00 DM	0,00 DM	0,00 DM	0,00 DM	0,00 DM
0,00 DM	0,00 DM	0,00 DM	0,00 DM	0,00 DM	0,00 DM	0,00 DM	0,00 DM	0,00 DM	0,00 DM	0,00 DM	0,00 DM
0,00 DM	0,00 DM	0,00 DM	0,00 DM	0,00 DM	0,00 DM	0,00 DM	0,00 DM	0,00 DM	0,00 DM	0,00 DM	0,00 DM
0,00 DM	0,00 DM	0,00 DM	0,00 DM	0,00 DM	0,00 DM	0,00 DM	0,00 DM	0,00 DM	0,00 DM	0,00 DM	0,00 DM
0,00 DM	0,00 DM	0,00 DM	0,00 DM	0,00 DM	0,00 DM	0,00 DM	0,00 DM	0,00 DM	0,00 DM	0,00 DM	0,00 DM
0,00 DM	0,00 DM	0,00 DM	0,00 DM	0,00 DM	0,00 DM	0,00 DM	0,00 DM	0,00 DM	0,00 DM	0,00 DM	0,00 DM
0,00 DM	0,00 DM	0,00 DM	0,00 DM	0,00 DM	0,00 DM	0,00 DM	0,00 DM	0,00 DM	0,00 DM	0,00 DM	0,00 DM
0,00 DM	0,00 DM	0,00 DM	0,00 DM	0,00 DM	0,00 DM	0,00 DM	0,00 DM	0,00 DM	0,00 DM	0,00 DM	0,00 DM
0,00 DM	0,00 DM	0,00 DM	0,00 DM	0,00 DM	0,00 DM	0,00 DM	0,00 DM	0,00 DM	0,00 DM	0,00 DM	0,00 DM
0,00 DM	0,00 DM	0,00 DM	0,00 DM	0,00 DM	0,00 DM	0,00 DM	0,00 DM	0,00 DM	0,00 DM	0,00 DM	0,00 DM
0,00 DM	0,00 DM	0,00 DM	0,00 DM	0,00 DM	0,00 DM	0,00 DM	0,00 DM	0,00 DM	0,00 DM	0,00 DM	0,00 DM
0,00 DM	0,00 DM	0,00 DM	0,00 DM	0,00 DM	0,00 DM	0,00 DM	0,00 DM	0,00 DM	0,00 DM	0,00 DM	0,00 DM
0,00 DM	0,00 DM	0,00 DM	0,00 DM	0,00 DM	0,00 DM	0,00 DM	0,00 DM	0,00 DM	0,00 DM	0,00 DM	0,00 DM
0,00 DM	0,00 DM	0,00 DM	0,00 DM	0,00 DM	0,00 DM	0,00 DM	0,00 DM	0,00 DM	0,00 DM	0,00 DM	0,00 DM
0,00 DM	0,00 DM	0,00 DM	0,00 DM	0,00 DM	0,00 DM	0,00 DM	0,00 DM	0,00 DM	0,00 DM	0,00 DM	0,00 DM
0,00 DM	0,00 DM	0,00 DM	0,00 DM	0,00 DM	0,00 DM	0,00 DM	0,00 DM	0,00 DM	0,00 DM	0,00 DM	0,00 DM
.	.	.	.	.	.	.	.	.	.	.	.
0,00 DM	0,00 DM	0,00 DM	0,00 DM	0,00 DM	0,00 DM	0,00 DM	0,00 DM	0,00 DM	0,00 DM	0,00 DM	0,00 DM
0,00 DM	0,00 DM	0,00 DM	0,00 DM	0,00 DM	0,00 DM	0,00 DM	0,00 DM	0,00 DM	0,00 DM	0,00 DM	0,00 DM
0,00 DM	0,00 DM	0,00 DM	0,00 DM	0,00 DM	0,00 DM	0,00 DM	0,00 DM	0,00 DM	0,00 DM	0,00 DM	0,00 DM
0,00 DM	0,00 DM	0,00 DM	0,00 DM	0,00 DM	0,00 DM	0,00 DM	0,00 DM	0,00 DM	0,00 DM	0,00 DM	0,00 DM
0,00 DM	0,00 DM	0,00 DM	0,00 DM	0,00 DM	0,00 DM	0,00 DM	0,00 DM	0,00 DM	0,00 DM	0,00 DM	0,00 DM
0,00 DM	**0,00 DM**	**0,00 DM**	**0,00 DM**	**0,00 DM**	**0,00 DM**	**0,00 DM**	**0,00 DM**	**0,00 DM**	**0,00 DM**	**0,00 DM**	**0,00 DM**

Tabelle 2

13	14	15	16	17	18	19	20	21	22	23	24
Vers. 14	Kleidung 15	Reinigung 16	Steuer 17	Auto 18	Telefon 19	Porto/Geb. 20	Hobby 21	Ausbildg. 22	Haushalt 23	Zeitung 24	Sonstiges 24
0,00 DM	0,00 DM	(7,50 DM)	0,00 DM	0,00 DM	0,00 DM	0,00 DM	0,00 DM	0,00 DM	0,00 DM	0,00 DM	0,00 DM
0,00 DM	0,00 DM	0,00 DM	(12,35 DM)	0,00 DM	0,00 DM	0,00 DM	0,00 DM	0,00 DM	0,00 DM	0,00 DM	0,00 DM
0,00 DM	0,00 DM	0,00 DM	0,00 DM	0,00 DM	0,00 DM	0,00 DM	0,00 DM	0,00 DM	0,00 DM	0,00 DM	0,00 DM
0,00 DM	0,00 DM	0,00 DM	0,00 DM	0,00 DM	0,00 DM	(8,95 DM)	0,00 DM	0,00 DM	0,00 DM	0,00 DM	0,00 DM
0,00 DM	0,00 DM	0,00 DM	0,00 DM	0,00 DM	0,00 DM	0,00 DM	0,00 DM	(600,00 DM)	0,00 DM	0,00 DM	0,00 DM
0,00 DM	0,00 DM	0,00 DM	0,00 DM	0,00 DM	0,00 DM	0,00 DM	0,00 DM	0,00 DM	(200,00 DM)	0,00 DM	0,00 DM
0,00 DM	0,00 DM	0,00 DM	0,00 DM	0,00 DM	0,00 DM	0,00 DM	0,00 DM	0,00 DM	0,00 DM	0,00 DM	0,00 DM
0,00 DM	0,00 DM	0,00 DM	0,00 DM	0,00 DM	0,00 DM	0,00 DM	0,00 DM	0,00 DM	0,00 DM	0,00 DM	0,00 DM
0,00 DM	0,00 DM	0,00 DM	0,00 DM	0,00 DM	0,00 DM	0,00 DM	0,00 DM	0,00 DM	0,00 DM	0,00 DM	0,00 DM
0,00 DM	0,00 DM	0,00 DM	0,00 DM	0,00 DM	0,00 DM	0,00 DM	0,00 DM	0,00 DM	0,00 DM	0,00 DM	0,00 DM
0,00 DM	0,00 DM	0,00 DM	0,00 DM	0,00 DM	0,00 DM	0,00 DM	0,00 DM	0,00 DM	0,00 DM	0,00 DM	0,00 DM
0,00 DM	0,00 DM	0,00 DM	1.500,00 DM	0,00 DM	0,00 DM	0,00 DM	0,00 DM	0,00 DM	0,00 DM	0,00 DM	0,00 DM
0,00 DM	0,00 DM	0,00 DM	0,00 DM	0,00 DM	0,00 DM	0,00 DM	0,00 DM	0,00 DM	0,00 DM	0,00 DM	0,00 DM
0,00 DM	0,00 DM	0,00 DM	0,00 DM	0,00 DM	0,00 DM	0,00 DM	0,00 DM	0,00 DM	0,00 DM	0,00 DM	0,00 DM
0,00 DM	0,00 DM	0,00 DM	0,00 DM	0,00 DM	0,00 DM	0,00 DM	0,00 DM	0,00 DM	0,00 DM	(25,73 DM)	(25,73 DM)
0,00 DM	0,00 DM	0,00 DM	0,00 DM	0,00 DM	(551,45 DM)	0,00 DM	0,00 DM	0,00 DM	0,00 DM	0,00 DM	0,00 DM
0,00 DM	0,00 DM	0,00 DM	0,00 DM	0,00 DM	(75,56 DM)	0,00 DM	0,00 DM	0,00 DM	0,00 DM	0,00 DM	0,00 DM
0,00 DM	0,00 DM	0,00 DM	0,00 DM	0,00 DM	0,00 DM	0,00 DM	0,00 DM	0,00 DM	0,00 DM	0,00 DM	0,00 DM
0,00 DM	0,00 DM	0,00 DM	0,00 DM	0,00 DM	0,00 DM	0,00 DM	0,00 DM	0,00 DM	0,00 DM	0,00 DM	0,00 DM
(130,00 DM)	0,00 DM	0,00 DM	0,00 DM	0,00 DM	0,00 DM	0,00 DM	0,00 DM	0,00 DM	0,00 DM	0,00 DM	0,00 DM
0,00 DM	0,00 DM	(8,00 DM)	0,00 DM	0,00 DM	0,00 DM	0,00 DM	0,00 DM	0,00 DM	0,00 DM	0,00 DM	0,00 DM
0,00 DM	0,00 DM	0,00 DM	0,00 DM	0,00 DM	0,00 DM	0,00 DM	0,00 DM	0,00 DM	0,00 DM	0,00 DM	0,00 DM
0,00 DM	0,00 DM	0,00 DM	0,00 DM	0,00 DM	0,00 DM	0,00 DM	0,00 DM	0,00 DM	0,00 DM	0,00 DM	0,00 DM
0,00 DM	0,00 DM	0,00 DM	0,00 DM	0,00 DM	0,00 DM	0,00 DM	0,00 DM	(9,00 DM)	0,00 DM	0,00 DM	0,00 DM
0,00 DM	0,00 DM	0,00 DM	0,00 DM	0,00 DM	0,00 DM	0,00 DM	0,00 DM	0,00 DM	0,00 DM	0,00 DM	0,00 DM
0,00 DM	0,00 DM	0,00 DM	0,00 DM	0,00 DM	0,00 DM	0,00 DM	0,00 DM	0,00 DM	0,00 DM	0,00 DM	0,00 DM
0,00 DM	0,00 DM	0,00 DM	0,00 DM	0,00 DM	0,00 DM	(315,00 DM)	0,00 DM	0,00 DM	0,00 DM	0,00 DM	0,00 DM
0,00 DM	0,00 DM	0,00 DM	0,00 DM	0,00 DM	0,00 DM	0,00 DM	0,00 DM	0,00 DM	0,00 DM	0,00 DM	0,00 DM
0,00 DM	0,00 DM	0,00 DM	0,00 DM	0,00 DM	0,00 DM	0,00 DM	0,00 DM	0,00 DM	0,00 DM	0,00 DM	0,00 DM
0,00 DM	0,00 DM	0,00 DM	0,00 DM	0,00 DM	0,00 DM	0,00 DM	0,00 DM	0,00 DM	0,00 DM	0,00 DM	0,00 DM
(75,00 DM)	0,00 DM	0,00 DM	0,00 DM	0,00 DM	0,00 DM	0,00 DM	0,00 DM	0,00 DM	0,00 DM	0,00 DM	0,00 DM
0,00 DM	0,00 DM	0,00 DM	0,00 DM	0,00 DM	0,00 DM	0,00 DM	0,00 DM	0,00 DM	0,00 DM	0,00 DM	0,00 DM
0,00 DM	0,00 DM	0,00 DM	0,00 DM	0,00 DM	0,00 DM	0,00 DM	0,00 DM	0,00 DM	0,00 DM	0,00 DM	0,00 DM
.	.	.	.	.	.	.	.	.	.	.	.
0,00 DM	0,00 DM	0,00 DM	0,00 DM	0,00 DM	0,00 DM	0,00 DM	0,00 DM	0,00 DM	0,00 DM	0,00 DM	0,00 DM
0,00 DM	0,00 DM	0,00 DM	0,00 DM	0,00 DM	0,00 DM	0,00 DM	0,00 DM	0,00 DM	0,00 DM	0,00 DM	0,00 DM
(205,00 DM)	**0,00 DM**	**(15,50 DM)**	**1.487,65 DM**	**0,00 DM**	**(627,01 DM)**	**(323,95 DM)**	**0,00 DM**	**(609,00 DM)**	**(200,00 DM)**	**(25,73 DM)**	**(25,73 DM)**

Vergessen Sie nicht, jeder ausgefüllten Tabelle immer einen eigenen Dateinamen zuzuweisen. Speichern Sie nie eine bearbeitete Tabelle unter dem Namen der leeren Originaltabelle, die ausgefüllte Tabelle würde die leere Originaltabelle überschreiben.

Natürlich können Sie Ihre Tabelle auch ausdrucken - vollständig oder auch nur teilweise. Wenn Sie die gesamte Tabelle drucken wollen, wählen Sie zuerst im Drucken-Menü Papierformat und ändern einige Druckeinstellungen. Wenn Sie z.B. einen Drucker mit breitem Wagen haben, könnten Sie die Seitenbreite entsprechend verändern. Oder, ändern Sie die Standardeinstellungen für Rand oben, Rand unten, Linker Rand oder Rechter Rand, und geben Sie eventuell eine Kopf- und/oder Fußzeile ein.

Nachdem alle Druckeinstellungen festgelegt sind, erteilen Sie den Befehl Drucken. Daraufhin öffnet sich das Dialogfeld Drucken, in dem Sie einige weitere Einstellungen ändern können. Wenn Sie anschließend wieder Drucken wählen, wird Ihr Dokument ausgedruckt. Falls Ihre Tabelle nicht auf eine Seite paßt, teilt WORKS sie automatisch in sinnvolle Teiltabellen auf und druckt die einzelnen Teiltabellen separat aus.

Wollen Sie nur einen Teil Ihrer Tabelle drucken, markieren Sie den Bereich und wählen Sie den Befehl Markiertes drucken im Menü Drucken. Angenommen, Sie wollen nur das Scheckjournal drucken, dann markieren Sie den Bereich Z9S1:Z38S6 und drucken ihn mit Markiertes drucken aus. Änderungen der Druckeinstellungen müssen vorher vorgenommen werden. Falls die Option Titel fixieren eingeschaltet ist, werden erst die Einträge in den Spalten 1 bis 6 der fixierten Zeilen gedruckt und anschließend der angegebene Bereich.

ÄNDERUNGEN

Ihre Tabelle muß (soll) sicher häufiger geändert werden. Vielleicht müssen Sie die Formel in Feld Z110S5 so ändern, daß sie die Summe der Werte in Spalte 5 mit der Gesamtsumme aller Summen in den Feldern Z110S7 bis Z110S24 vergleicht; oder Sie benötigen ein paar Zeilen mehr in Ihrer Tabelle, um alle Zahlungsvorgänge unterbringen zu können.

Eine Formel zur Überprüfung von Summen

Unsere Tabelle hat einen Schwachpunkt: Sie bietet keine befriedigende Möglichkeit, die tatsächliche Verbuchung einer Zahlung zu überprüfen. Die einzige Überprüfungsmöglichkeit besteht darin, die Gesamtsumme der Summen in den Feldern Z110S7 bis Z110S24 mit der Summe in Feld Z110S5 zu vergleichen. Wenn beide Werte übereinstimmen, ist jeder Vorgang verbucht. Wenn nicht, haben Sie ein Problem.

WORKS übernimmt die Summenberechnung, wenn Sie in Feld Z110S5 folgende Formel eingeben

```
WENN(RUNDEN(SUMME(Z9S:Z109S),2)=RUNDEN(SUMME(ZS7:ZS24),2),SUMME(Z9S:Z109S),0)
```

Diese kompliziert wirkende Formel vergleicht lediglich die Summen der Werte von Spalte 5 mit der Gesamtsumme der Summen von Feld Z110S7 bis Z110S24. Stimmen die beiden Summen überein, gibt die Formel den Wert des Ausdrucks SUMME(Z9S:Z109S) zurück. Falls die Summen nicht übereinstimmen, erhalten Sie den Wert 0 zurück.

So können Sie mit einem Blick sehen, ob alle Vorgänge kontenmäßig verbucht sind. Wird der Wert 0 zurückgegeben, wissen Sie, daß mindestens ein Zahlungsvorgang nicht verbucht wurde. Wenn ein anderer Wert als 0 erscheint, sind zumindest alle Zahlungsvorgänge auf einem der Konten verbucht.

Sie werden bemerkt haben, daß wir in unserer Formel eine RUNDEN-Funktion verwendet haben. Diese Formel bewirkt, daß das Ergebnis der Formeln SUMME(Z9S:Z109S) und SUMME(ZS7:ZS24) auf zwei Stellen nach dem Komma gerundet wird. Die RUNDEN-Funktion ist eigentlich nur wegen einer "Laune" des Gleitkomma-Berechners in Ihrem Personal Computer erforderlich. Von Zeit zu Zeit bringt er winzig kleine Fehler in die Berechnungen. Unter "winzig klein" verstehen wir Fehler in der fünfzehnten Nachkommastelle. Diese Fehler sind im Grunde völlig bedeutungslos. Nur beim Vergleich von SUMME mit SUMME oder mit einem festen Wert könnten sie von Bedeutung sein, da WORKS bei kleinsten Unstimmigkeiten davon ausgeht, daß zwei eigentlich gleiche Summen nicht gleich sind. Durch die RUNDEN-Funktion fallen diese Minimalwerte beim Runden unter den Tisch. Beim Arbeiten mit WENN- und SUMME-Funktionen sollten Sie also auch immer die RUNDEN-Funktion berücksichtigen.

Zeilen hinzufügen

Das Arbeitsblatt Amerikanisches Journal hat Platz für 100 Zahlungsvorgänge. Wenn Sie mit geringfügig mehr Vorgängen arbeiten, können Sie mit dem Befehl Zeile/Spalte einfügen im Menü Bearbeiten einige zusätzliche Zeilen in Ihre Tabelle einfügen und dann die Formeln für die Spalten 7 bis 24 in die neuen Zeilen kopieren.

Nehmen wir ein Beispiel. Angenommen, Sie benötigen fünf Zeilen mehr in Ihrer Tabelle. Dann markieren Sie zuerst die Zeilen 109, 110, 111, 112 und 113 und wählen anschließend im Menü Bearbeiten den Befehl Einfügen. Das Programm ergänzt die Tabelle um fünf leere Zeilen und bewegt automatisch die Labels in den Zeilen 109 und 111 in die Zeilen 114 und 116 und die Formeln in Zeile 110 in Zeile 115. Die Formeln in Zeile 116 werden dabei so angepaßt, daß sie einen Bezug auf die fünf neuen Zeilen enthalten.

Nachdem die neuen Zeilen eingefügt sind, lautet die Formel in Feld Z115S7 =SUMME(Z(-106)S:Z(-1)S).

Anschließend kopieren Sie die Formeln der Spalten 7 bis 24 in die neuen Zeilen. Dazu markieren Sie den Bereich Z108S7:Z113S24, der sowohl die letzte Zeile mit Formeln (Z108) als auch die neuen Zeilen mit den Feldern der Spalten 7 bis 24 enthält. Anschließend wählen Sie im Menü Bearbeiten den Befehl Unten ausfüllen. Die Formeln in Zeile 108 werden in die Zeilen 109, 110, 111, 112 und 113 kopiert. Nun haben Sie die Möglichkeit, fünf weitere Zahlungsvorgänge einzugeben und zu verbuchen.

Beim Einfügen von weiteren Leerzeilen müssen Sie darauf achten, daß Sie den verfügbaren Speicherplatz nicht überschreiten. Die Formeln mit der WENN-Funktion in jeder Zeile benötigen eine ganze Menge Speicherplatz, so daß eine Tabellenerweiterung die Speicherkapazität schnell überstrapazieren kann.

ZUSAMMENFASSUNG

Das Arbeitsblatt Amerikanisches Journal, das Sie in diesem Kapitel angelegt haben, ist eine einfache Buchungstabelle, mit der alle privaten oder betrieblichen Zahlungseingänge und -ausgänge kontenmäßig verbucht werden können.

Selbst wenn Sie nicht mit dieser Tabelle arbeiten wollen, haben Sie jetzt einige wichtige, grundsätzliche Dinge gelernt: daß man mit Hilfe von gemischten Adressen eine Formel erstellt, die in einen rechteckigen Bereich kopiert werden kann, oder daß man mit WENN-Funktionen Buchungen vornehmen kann. Mit diesen Dingen müssen Sie auf jeden Fall umgehen können, wenn Sie eigene Arbeitsblätter aufbauen wollen.

Kapitel 5

KREDITTILGUNG

Fast jeder Mensch kommt irgendwann einmal in die Situation, sich Geld borgen zu müssen, sei es für die Anschaffung eines Autos, eines Hauses oder auch nur, um sich eine Reise leisten zu können. In vielen Fällen müssen zur Finanzierung solcher Vorhaben Kredite oder Darlehen aufgenommen werden. Die Rückzahlungsmodalitäten für geborgtes Geld richten sich nach der Art des Kredits. Ein Baukredit oder eine Hypothek haben meist lange Laufzeiten, Studiendarlehen wiederum verhältnismäßig niedrige Zinsen. Alle Darlehen und Kredite haben allerdings ein Merkmal gemeinsam: sie müssen zurückgezahlt werden.

Diese Rückzahlung wird Tilgung genannt. Wenn man bei einer Bank (oder anderswo) Geld leiht, wird für die Kreditrückzahlung ein sogenannter Tilgungsplan aufgestellt. In diesem Plan sind Datum und Betrag jeder Rückzahlungsrate sowie die noch jeweils offene Kreditsumme genau aufgezeichnet. Die einzelnen Rückzahlungsraten können zusätzlich noch nach tatsächlichem Tilgungsbetrag und anfallendem Zinsbetrag aufgeschlüsselt sein.

Einen solchen Kredittilgungsplan Ihrer Bank können Sie mit einer WORKS-Tabelle ganz genau unter die Lupe nehmen und dabei eventuell recht interessante Möglichkeiten herausfinden, wie Sie Ihre Konditionen noch verbessern können. Der Kredittilgung einer Bank berücksichtigt wahrscheinlich nicht die Auswirkung einer, wenn auch nur geringen, Zusatzzahlung auf Ihre monatliche Belastung, oder, wie sich eine nur geringfügige Zinsänderung auf Ihre Zahlungen auswirken würde. Und - um Sie nicht abzuschrecken - beziffert der Plan auch nicht den Gesamtbetrag, den Sie am Ende tatsächlich zurückzahlen. Legen Sie sich daher Ihre eigene Tabelle an, mit der Sie alle Kreditbedingungen überprüfen können.

Mit der Tabelle Kredittilgung können Sie Ihre monatlichen Rückzahlungsbelastungen genau verfolgen oder unterschiedliche Zinsbedingungen bzw. die Auswirkung, die unterschiedliche Laufzeiten (wie 360 Monate oder 30 Jahre) auf Ihre Zahlungen haben, untersuchen. Und natürlich können Sie die einzelnen Konditionen Ihres Kredits exakt überprüfen. Stellen Sie fest, wie hoch der Gesamtrückzahlungsbetrag und wie hoch allein der Anteil der Zinskosten ist und wie der aktuelle Stand Ihrer Kredittilgung aussieht.

WORKS setzt in diesem Arbeitsblatt einige interessante Techniken ein. So werden Berechnungen beispielsweise mit den Funktionen PTM, WAHL,

JAHR, MONAT, SUMME, LAUFZ und VSUCHEN vorgenommen und Änderungen an mehreren Werten gleichzeitig automatisch durchgeführt. Es gibt zusätzlich noch einige spezielle Formeln, mit denen potentielle Probleme vorzeitig ausgeschlossen werden können.

DAS ARBEITSBLATT

In Abbildung 5-1 sehen Sie die Ausgangstabelle Kredittilgung, so wie wir sie erstellen wollen. Abbildung 5-2 zeigt dieselbe Tabelle mit Einträgen. Wir unterscheiden drei wichtige Tabellenbereiche: *Konditionen*, *Tilgung* und *Analyse*.

Der Bereich *Konditionen* nimmt die ganze obere Hälfte des ersten Bildschirms ein (Bereich Z4S1:Z9S4, wie in Abbildung 5-3 gezeigt). In diesen Bereich schreiben Sie alle für die Kredittilgung wichtigen Informationen - Tag der ersten Rückzahlung, Betrag der ersten Rückzahlung, Jahreszins, Laufzeit (in Monaten) und Zusatzzahlungen, die Sie eventuell zusätzlich zur monatlichen Zahlung leisten wollen (Felder Z4S4:Z8S8). In Feld Z9S4 ist eine RMZ-Funktion untergebracht, die die jeweilige monatliche Rückzahlungsrate berechnet.

```
        1       2       3       4       5       6       7       8
 1  =======================================================================
 2  KREDITPLANUNG
 3  =======================================================================
 4  Datum der 1. Zahlung
 5  Kreditbetrag
 6  Jahreszins
 7  Laufzeit (in Monaten)                Monate
 8  Zusatzzahlung
 9  Monatl.Gesamtbelastung       0,00 DM
10
11  Zahlung insgesamt            0,00 DM Zinsen insgesamt         0,00 DM
12
13  Aktuelle Rate                      0
14  Kredittilgung                0,00 DM Zinsanteil               0,00 DM
15
16  Kredittilgung bis dato       0,00 DM Getilgter Zins bis dato  0,00 DM
17  Offener Tilgungsbetrag       0,00 DM Offener Zinsbetrag       0,00 DM
18  Offene Kreditsumme           0,00 DM
19
20                           Monatl.
21                           Gesamt-     Zins-      Tilgungs-  Kredit-      Bezahlte
22       Rate   Datum   Zins belastung   betrag     rate       saldo        Zinsen
23       ----   -----   ---- ---------   ------     ---------  ------       --------
24          1 1.1.89   0,00%   0,00 DM    0,00 DM    0,00 DM    0,00 DM      0,00 DM
25          2 1.2.89   0,00%   0,00 DM    0,00 DM    0,00 DM    0,00 DM      0,00 DM
26          3 1.3.89   0,00%   0,00 DM    0,00 DM    0,00 DM    0,00 DM      0,00 DM
27          4 1.4.89   0,00%   0,00 DM    0,00 DM    0,00 DM    0,00 DM      0,00 DM
28          5 1.5.89   0,00%   0,00 DM    0,00 DM    0,00 DM    0,00 DM      0,00 DM
         .      .       .       .          .          .          .            .
         .      .       .       .          .          .          .            .
         .      .       .       .          .          .          .            .
378        355 1.7.18   0,00%   0,00 DM    0,00 DM    0,00 DM    0,00 DM      0,00 DM
379        356 1.8.18   0,00%   0,00 DM    0,00 DM    0,00 DM    0,00 DM      0,00 DM
380        357 1.9.18   0,00%   0,00 DM    0,00 DM    0,00 DM    0,00 DM      0,00 DM
381        358 1.10.18  0,00%   0,00 DM    0,00 DM    0,00 DM    0,00 DM      0,00 DM
382        359 1.11.18  0,00%   0,00 DM    0,00 DM    0,00 DM    0,00 DM      0,00 DM
383        360 1.12.18  0,00%   0,00 DM    0,00 DM    0,00 DM    0,00 DM      0,00 DM
```

Abbildung 5-1.

```
         1      2      3        4          5          6          7          8
 1   =======================================================================================
 2   KREDITPLANUNG
 3   =======================================================================================
 4   Datum der 1. Zahlung          1.1.89
 5   Kreditbetrag              95.000,00 DM
 6   Jahreszins                     9,25%
 7   Laufzeit (in Monaten)           360 Monate
 8   Zusatzzahlung                 25,00 DM
 9   Monatl.Gesamtbelastung       806,54 DM
10
11   Zahlung insgesamt        261.535,88 DM Zinsen insgesamt        166.535,88 DM
12
13   Aktuelle Rate                    12
14   Kredittilgung                197,38 DM Zinsanteil                  709,17 DM
15
16   Kredittilgung bis dato     3.197,44 DM Getilgter Zins bis dato   8.681,06 DM
17   Offener Tilgungsbetrag    91.802,56 DM Offener Zinsbetrag      157.854,82 DM
18   Offene Kreditsumme       249.657,38 DM
19
20                               Monatl.
21                               Gesamt-        Zins-      Tilgungs-   Kredit-      Bezahlte
22        Rate   Datum    Zins   belastung      betrag     rate        saldo        Zinsen
23        ------ ------  ------  ----------    ----------  ----------  ----------   ----------
24           1  1.1.89   9,25%    906,54 DM    732,29 DM   174,25 DM  94.825,75 DM    732,29 DM
25           2  1.2.89   9,25%    906,54 DM    730,95 DM   175,59 DM  94.650,16 DM  1.463,24 DM
26           3  1.3.89   9,25%    906,54 DM    729,59 DM   176,95 DM  94.473,21 DM  2.192,84 DM
27           4  1.4.89   9,25%    906,54 DM    728,23 DM   178,31 DM  94.294,90 DM  2.921,07 DM
28           5  1.5.89   9,25%    906,54 DM    726,86 DM   179,69 DM  94.115,21 DM  3.647,92 DM
29           6  1.6.89   9,25%    906,54 DM    725,47 DM   181,07 DM  93.934,14 DM  4.373,39 DM
30           7  1.7.89   9,25%    906,54 DM    724,08 DM   182,47 DM  93.751,68 DM  5.097,47 DM
31           8  1.8.89   9,25%    906,54 DM    722,67 DM   183,87 DM  93.567,81 DM  5.820,14 DM
32           9  1.9.89   9,25%    906,54 DM    721,25 DM   185,29 DM  93.382,52 DM  6.541,39 DM
33          10  1.10.89  9,25%  1.906,54 DM    719,82 DM 1.186,72 DM  92.195,80 DM  7.261,21 DM
34          11  1.11.89  9,25%    906,54 DM    710,68 DM   195,87 DM  91.999,93 DM  7.971,89 DM
35          12  1.12.89  9,25%    906,54 DM    709,17 DM   197,38 DM  91.802,56 DM  8.681,06 DM
36          13  1.1.90   9,25%    806,54 DM    707,64 DM    98,90 DM  91.703,66 DM  9.388,70 DM
37          14  1.2.90   9,25%    806,54 DM    706,88 DM    99,66 DM  91.604,00 DM 10.095,58 DM
38          15  1.3.90   9,25%    806,54 DM    706,11 DM   100,43 DM  91.503,57 DM 10.801,70 DM

         .      .      .        .          .          .          .          .
         .      .      .        .          .          .          .          .
         .      .      .        .          .          .          .          .

331        308  1.8.14   10,00%   830,06 DM     41,05 DM   789,01 DM   4.136,39 DM 166.429,62 DM
332        309  1.9.14   10,00%   830,06 DM     34,47 DM   795,59 DM   3.340,81 DM 166.464,09 DM
333        310  1.10.14  10,00%   830,06 DM     27,84 DM   802,22 DM   2.538,59 DM 166.491,93 DM
334        311  1.11.14  10,00%   830,06 DM     21,15 DM   808,90 DM   1.729,69 DM 166.513,08 DM
335        312  1.12.14  10,00%   830,06 DM     14,41 DM   815,64 DM     914,05 DM 166.527,50 DM
336        313  1.1.15   10,00%   830,06 DM      7,62 DM   822,44 DM      91,61 DM 166.535,12 DM
337        314  1.2.15   10,00%    92,37 DM      0,76 DM    91,61 DM       0,00 DM 166.535,88 DM
338        315  1.3.15   10,00%     0,00 DM      0,00 DM     0,00 DM       0,00 DM 166.535,88 DM
339        316  1.4.15   10,00%     0,00 DM      0,00 DM     0,00 DM       0,00 DM 166.535,88 DM
340        317  1.5.15   10,00%     0,00 DM      0,00 DM     0,00 DM       0,00 DM 166.535,88 DM
```

Abbildung 5-2.

Die Tilgungstabelle belegt den Bereich Z20S1:Z383S8. In Abbildung 5-4 sehen Sie den ersten Bildschirm dieses Bereichs. In der Tilgungstabelle werden die Informationen aus dem Bereich *Konditionen* in einem komplett ausgearbeiteten Rückzahlungsplan verarbeitet. Über die Dauer der gesamten Laufzeit wird für jeden Monat die Anzahl der Raten, Datum, Zinssatz, Kreditbetrag, Zinsbetrag, Tilgungsbetrag sowie der noch ausstehende Tilgungsbetrag eingetragen. Die Formeln, die diese Berechnungen vornehmen, sind so ausgelegt, daß sie besondere Situationen wie monatliche Zusatzzahlungen und unterschiedliche Zinssätze berücksichtigen können.

Der Bereich *Analyse* belegt den unteren Teil des ersten Bildschirms in Abbildung 5-3 (Z11S1:Z19S7). Die Formeln in diesem Bereich errechnen den tatsächlich zu zahlenden Gesamttilgungsbetrag sowie den darin enthaltenen

Zinsbetrag. Hier können Sie außerdem jederzeit den aktuellen Status Ihres Kredits ablesen: welcher Kreditbetrag und welcher Zinsbetrag bereits zurückbezahlt wurden, wie viele Tilgungsraten noch zu zahlen sind, wie hoch der noch offene Zinsanteil ist und auf welche Summe sich der noch zu zahlende Gesamtbetrag beläuft.

```
 Datei Bearbeiten Drucken Auswahl Format Optionen Ansicht Fenster Hilfe
                              KREDIT.WKS
        1        2        3        4        5        6
 1  ==============================================================
 2  KREDITPLANUNG
 3  ==============================================================
 4  Datum der 1. Zahlung            1.1.89
 5  Kreditbetrag              95.000,00 DM
 6  Jahreszins                     9,25%
 7  Laufzeit (in Monaten)            360 Monate
 8  Zusatzzahlung                 25,00 DM
 9  Monatl.Gesamtbelastung       806,54 DM
10
11  Zahlung insgesamt        261.535,88 DM Zinsen insgesamt
12
13  Aktuelle Rate                     12
14  Kredittilgung                197,38 DM Zinsanteil
15
16  Kredittilgung bis dato     3.197,44 DM Getilgter Zins bis dato
17  Offener Tilgungsbetrag    91.802,56 DM Offener Zinsbetrag
18  Offene Kreditsumme       249.657,38 DM
 Z1S1                                              NF   <F1=HILFE>
 Drücken Sie die ALT-TASTE, um Befehle auszuwählen oder F2 zum Bearbeiten.
```

Abbildung 5-3.

```
 Datei Bearbeiten Drucken Auswahl Format Optionen Ansicht Fenster Hilfe
                              KREDIT.WKS
        1        2        3        4        5        6
20                                Monatl.
21                                Gesamt-      Zins-      Tilgungs-
22  Rate   Datum    Zins       belastung      betrag        rate
23  ----   -----    ----      ----------    ----------   ----------
24     1  1.1.89   9,25%       906,54 DM     732,29 DM    174,25 DM
25     2  1.2.89   9,25%       906,54 DM     730,95 DM    175,59 DM
26     3  1.3.89   9,25%       906,54 DM     729,59 DM    176,95 DM
27     4  1.4.89   9,25%       906,54 DM     728,23 DM    178,31 DM
28     5  1.5.89   9,25%       906,54 DM     726,86 DM    179,69 DM
29     6  1.6.89   9,25%       906,54 DM     725,47 DM    181,07 DM
30     7  1.7.89   9,25%       906,54 DM     724,08 DM    182,47 DM
31     8  1.8.89   9,25%       906,54 DM     722,67 DM    183,87 DM
32     9  1.9.89   9,25%       906,54 DM     721,25 DM    185,29 DM
33    10  1.10.89  9,25%     1.906,54 DM     719,82 DM  1.186,72 DM
34    11  1.11.89  9,25%       906,54 DM     710,68 DM    195,87 DM
35    12  1.12.89  9,25%       906,54 DM     709,17 DM    197,38 DM
36    13  1.1.90   9,25%       806,54 DM     707,64 DM     98,90 DM
37    14  1.2.90   9,25%       806,54 DM     706,88 DM     99,66 DM
 Z20S1                                             NF   <F1=HILFE>
 Drücken Sie die ALT-TASTE, um Befehle auszuwählen oder F2 zum Bearbeiten.
```

Abbildung 5-4.

DAS ARBEITSBLATT ERSTELLEN

Gehen Sie als erstes ins Menü Datei, wählen Sie Neue Tabellenkalkulation
unter Neue Datei erstellen. Anschließend gehen Sie ins Optionen-Menü und
markieren den Befehl Manuell berechnen. Diese Option sollte in einer
umfangreichen Tabelle unbedingt eingeschaltet sein.

Als nächstes ändern Sie die Breite einiger Tabellenspalten. Setzen Sie dazu den
Cursor in die zu ändernde Spalte, und wählen Sie im Menü Format die Option
Spaltenbreite. Geben Sie die neue Spaltenbreite ein, und bestätigen Sie mit
Enter oder OK. Die Tabelle in Abbildung 5-5 zeigt die neuen Spaltenbreiten.

Spalte	Breite
1	8
2	8
3	8
4	14
5	12
6	12
7	14
8	14

Abbildung 5-5. Spaltenbreite für die Tabelle Kredittilgung

Der Bereich Konditionen

Sie können nun mit Ihren Eintragungen beginnen. Geben Sie zuerst in die
Zeilen 1, 2 und 3 Doppellinien als Labels ein. Die Doppellinien in den Zeilen 1
und 3 reichen von Spalte 1 bis Spalte 8. Um diese Linien darzustellen, geben
Sie in jedem Feld in Zeile 1 eine bestimmte Anzahl von Gleichheitszeichen ein.
Tippen Sie erst ein Anführungszeichen (") und anschließend die Gleichheits-
zeichen (Anzahl entspricht der jeweiligen Spaltenbreite). Um dieses Label in
Feld Z1S1 einzugeben, setzen Sie den Cursor auf Feld Z1S1, tippen ein An-
führunszeichen und anschließend acht Gleichheitszeichen ("========). Das Anführungszeichen am Anfang nicht vergesssen, da WORKS das Label sonst als
Formeleintrag interpretiert.

Nachdem jedes Feld in Zeile 1 auf diese Weise mit einem Label versehen ist,
kopieren Sie diese Labels von Zeile 1 in Zeile 3. Dazu markieren Sie den
Bereich Z1S1:Z1S7, wählen Kopieren im Menü Bearbeiten, setzen den Cursor
auf Feld Z3S1 und drücken Enter. Anschließend bewegen Sie den Cursor auf
Feld Z2S1 und geben als Bezeichnung *KREDITTILGUNG* ein.

Anschließend schreiben Sie in die Felder Z4S1 bis Z9S1 die Bezeichnungen
Datum der ersten Zahlung, Kreditbetrag, Jahreszins, Laufzeit (in Monaten),

Zusatzzahlung und *monatliche Gesamtbelastung*. In Feld Z7S5 schreiben Sie *Monate*.

Nun fügen Sie die entsprechenden Daten in die Felder Z4S4, Z5S4, Z6S4 und Z7S4 ein. Geben Sie erst einmal fiktive Daten ein (oder die aus dem Beispiel in Abbildung 5-3). Es ist wichtig, daß Sie Daten eingeben, damit Sie verstehen, wie die Tabelle arbeitet. In Feld Z4S4 schreiben Sie ein Datum im Format TAG MONAT JAHR. In die Felder Z5S4, Z6S4 und Z7S4 geben Sie Zahlen ein. Dabei legen Sie für den Jahreszins in Feld Z6S4 im Format-Menü zwei Nachkommastellen für Prozent fest (z.B.,08 oder ,12).

Während Sie Ihre fiktiven Zahlen eingeben, weisen Sie jedem Feld das entsprechende Format zu. Den Feldern Z5S4 und Z8S4 wird im Format-Menü Währung mit zwei Nachkommastellen zugewiesen, Feld Z6S4 Prozent mit zwei Nachkommastellen, und für Z7S4 übernehmen Sie die Standardeinstellung. Da zwei Nachkommastellen jeweils Standardeinstellung ist, können Sie im Grunde alle Standardeinstellungen mit Enter oder OK übernehmen.

Gehen Sie nun auf Feld Z9S4, und geben Sie hier folgende Formel

```
=WENN(Z(-4)S=0;0;RMZ(Z(-4)S;Z(-3)S/12;Z(-2)S)+Z(-1)S)
```

ein. (Gehen Sie dazu auf Feld Z9S4, und schreiben Sie =WENN(, zeigen oder klicken auf Feld Z5S4, schreiben =0;=RMZ(, zeigen oder klicken auf Feld Z5S4, schreiben ; , zeigen oder klicken auf Feld Z6S4, schreiben /12; , zeigen oder klicken auf Feld Z7S4, schreiben)+ , zeigen oder klicken auf Feld Z8S4 und schreiben)).

Diese Formel prüft als erstes den Wert in Feld Z5S4. Beträgt der Wert in diesem Feld 0, gibt die Formel den Wert 0 zurück; wenn nicht, berechnet sie die erforderliche Monatszahlung zur Tilgung des in den Feldern Z5S4, Z6S4 und Z7S4 beschriebenen Kredits. Der Betrag für die monatliche Rückzahlung versteht sich einschließlich dem in Feld Z8S4 angegebenen monatlichen Zusatzbetrag. Nachdem Sie die Formel eingegeben haben, wählen Sie im Format-Menü die Option Währung und bestätigen zwei Nachkommastellen durch Enter oder OK.

Die Tilgungstabelle

Als nächstes wird die Tilgungstabelle angelegt. Setzen Sie dazu den Cursor auf Feld Z20S1. Drücken Sie dafür Ctrl-Home und anschließend PgDn. Nun geben Sie die in Abbildung 5-1 (Z20S1:Z23S8) dargestellten Bezeichnungen in die entsprechenden Felder Ihrer Tabelle ein. Anschließend markieren Sie den Bereich Z20S1:Z22S8, rufen im Menü Format den Befehl Schriftstil auf und wählen die Option Zentriert und anschließend Enter oder OK.

Spalte für Raten

Nachdem Sie die Tabellenbezeichnungen eingetragen haben, geben Sie in Spalte 1 die Ratenzahlen ein. Fangen Sie in Feld Z24S1 an, und tippen Sie hier 1. Bewegen Sie anschließend den Cursor auf Feld Z25S1, und geben Sie hier folgende Formel ein

```
=Z(-1)S+1
```

Mit dieser Formel wird der Wert in Feld Z25S1 um einen Wert höher gesetzt als der Wert in Feld Z24S1. Markieren Sie nun den Bereich Z25S1:Z383S1, und wählen Sie im Bearbeiten-Menü Unten ausfüllen. Die Formel in Feld Z25S1 wird nun in den Bereich Z25S1:Z383S1 kopiert. Überprüfen Sie den Vorgang, indem Sie die Funktionstaste [F9] (Berechnen) drücken, um Ihre Tabelle neu zu berechnen. Anschließend setzen Sie den Cursor auf Feld Z383S1. Die Formel in diesem Feld müßte den Wert 360 zurückgeben.

Spalte für Datum

Füllen Sie nun die 2. Spalte Ihrer Tabelle aus. In dieser Spalte sind die Formeln enthalten, die das Datum für die einzelnen Zahlungen berechnen. Zuerst weisen Sie dem Bereich Z24S2:Z383S2 Datum-Format zu. Dazu markieren Sie diesen Bereich, wählen im Format-Menü Uhrzeit/Datum und im zugehörigen Dialogfeld Tag, Monat, Jahr (in Kurzform). Beenden Sie die Eingabe mit Enter oder OK.

Anschließend gehen Sie mit dem Cursor auf Feld Z24S2 und geben die Formel

```
=Z4S4
```

ein, um Feld Z24S2 mit Feld Z4S4 (1. Zahlungstag) im Bereich Konditionen zu verknüpfen. Dann bewegen Sie den Cursor auf Feld Z25S2 und geben folgende Formel ein:

```
=Z(-1)S+WAHL(MONAT(Z(-1)S)-1;31;WENN(REST(JAHR(Z(-1)S);4)=0;29;28);
              31;30;31;30;31;31;30;31;30;31)
```

Mit dieser komplexen Formel berechnet die Tabelle den Termin für die nächste Tilgungsrate. Der Tag errechnet sich aus dem letzten Zahlungstermin und der jeweiligen Anzahl zusätzlicher Monatstage (entsprechend der Monatslänge). Da die Monate unterschiedlich lang sind, errechnet die Formel den letzten Zahlungsmonat und holt sich aus einer Liste die richtige Anzahl von Tagen für den aktuellen Monat. Mit der Funktion WAHL wählt WORKS einen Wert aufgrund seiner relativen Position innerhalb der Liste. Die WAHL-Funktion setzt sich folgendermaßen zusammen

$$\text{WAHL(offset,teil1,teil2,teil3,…teiln)}$$

Teil1, teil2, teil3 bezeichnen die einzelnen Komponenten der Liste und offset markiert die Position des Wertes, den die Funktion zurückgeben soll. Wenn beispielsweise Offset den Wert 0 hat, gibt die Funktion teil1 als Wert zurück.

Wenn Offset den Wert 1 hat, wird teil2 zurückgegeben. Wenn der Wert n-1 ist, gibt die Funktion den Wert teiln zurück.

Der erste Ausdruck der Funktion WAHL in Feld Z25S2, MONAT(Z(-1)S)-1, berechnet, im wievielten Monat des Jahres die letzte Ratenzahlung erfolgt ist und zieht von der errechneten Zahl den Wert 1 ab. Angenommen, die letzte Zahlung wurde im Monat Mai geleistet (Monat 5), dann gibt der Ausdruck den Wert 4 zurück.

Vom Ergebnis der Funktion MONAT wird jeweils der Wert 1 abgezogen, da die WAHL-Funktion das so verlangt. WAHL wählt ja das erste Element einer Liste, wenn Offset den Wert 0 hat, das zweite Element, wenn der Wert 1 ist und so weiter. Wir werden unsere WAHL-Funktion so anlegen, daß sie das erste Element zurückgibt, wenn die Funktion MONAT den Wert 1 zurückgibt, das zweite Element, wenn MONAT den Wert 2 zurückgibt und so weiter. Vom Ergebnis, das die MONAT-Funktion zurückgibt, wird also jeweils der Wert 1 subtrahiert.

Die WAHL-Funktion wählt mit diesem ersten Ausdruck einen der übrigen zwölf Ausdrücke. In unserer Formel bestehen diese Ausdrücke ganz einfach aus der Anzahl der Tage in den einzelnen Monaten des Jahres: 31 (Januar), 28 oder 29 (Februar), 31 (März) und so weiter. Da der Monat Februar entweder 28 oder 29 Tage (in Schaltjahren) haben kann, ist der dritte Ausdruck in unserer Funktion etwas umfangreicher als die anderen Ausdrücke. Das Argument WENN(REST(JAHR(Z(-1)S);4)=029;28) kann man folgendermaßen interpretieren: Wenn der Restwert, der aus der Division vom Jahreswert des Datums im Feld Z24S2 durch Vier gleich Null ist, gib als Wert 29 zurück, sonst 28. Mit anderen Worten, wenn die Anzahl der Tage im Jahr durch vier teilbar ist, (d.h. im Schaltjahr) gib 29 zurück - die Anzahl der Februartage in einem Schaltjahr - wenn nicht, gib 28 zurück.

Die WAHL-Funktion gibt also als Wert die Anzahl der Tage im Monat der letzten Zahlung zurück. Wenn man nun diesen Wert mit dem Datum der letzten Zahlung (Z24S2) addiert, erhält man das Datum für die nächste Zahlung. Angenommen, das Datum in Z24S2 lautet 1.4.89, dann gibt die Formel in Z25S2 das Datum 1.5.89 als Wert zurück. Dieses Datum errechnet sich aus der Summe 30 (Anzahl der Tage im April) und dem Wert für das vorangegangene Fälligkeitsdatum, 1. April 1989.

Nachdem Sie diese Formel in Feld Z25S2 eingegeben haben, kopieren Sie sie in den Bereich Z26S2:Z383S2. Dazu markieren Sie den Bereich Z25S2:Z383S2 und wählen Unten ausfüllen im Menü Bearbeiten. Drücken Sie anschließend die Funktionstaste [F9] (BERECHNEN), um die Tabelle neu zu berechnen. In Spalte 2 finden Sie jetzt eine Reihe von Datumsangaben, jeweils genau um einen Monat verschoben gegenüber dem vorangegangenen Monat.

Spalte für Zins

Als nächstes wird Spalte 3 ausgefüllt. Hier sollen die monatlichen Zinssätze für die einzelnen Zahlungen untergebracht werden. Durch Eingabe des Zinssatzes kann die Tabelle unterschiedliche Zinssätze für ein und denselben Kredit verarbeiten.

Als erstes weisen Sie allen Feldern in Spalte 3 Prozent-Format zu. Dazu markieren Sie den Bereich Z24S3:Z383S3, wählen Prozent im Format-Menü und bestätigen zwei Nachkommastellen mit Enter oder OK. Anschließend setzen Sie den Cursor auf Feld Z24S3 und geben die Formel

```
=Z6S4
```

ein. Diese Formel verknüpft Feld Z24S3 mit Feld Z6S4, das den von Ihnen angegebenen Zinssatz enthält. Bewegen Sie nun den Cursor um ein Feld nach unten auf Feld Z25S3, und geben Sie in dieses Feld die Formel

```
=Z(-1)S
```

ein. Damit setzen Sie die Werte in den Feldern Z25S3 und Z24S3 gleich.

Als letztes kopieren Sie die Formel von Feld Z25S3 in den Bereich Z26S3:Z383S3. Dazu markieren Sie den Bereich Z25S3:Z383S3 und rufen den Befehl Unten ausfüllen im Menü Bearbeiten auf. Anschließend drücken Sie die Funktionstaste [F9], um Ihre Tabelle neu zu berechnen. Spalte 3 enthält nun Prozentangaben, die mit dem Wert in Feld Z6S4 identisch sind.

Spalte für Monatliche Gesamtbelastung

Mit den Angaben in Spalte 4 wird ihre monatliche Gesamtbelastung berechnet. Als erstes weisen Sie allen Feldern in dieser Spalte Währungsformat mit zwei Nachkommastellen zu, indem Sie den Bereich Z24S4:Z383S4 markieren, Währung im Menü Format wählen und zwei Nachkommastellen mit Enter oder OK wählen. Anschließend setzen Sie den Cursor auf Feld Z24S4, und geben Sie die Formel

```
=Z9S4
```

ein. Diese Formel verknüpft Feld Z24S4 mit Feld Z9S4, dem Feld mit der Berechnungsformel für die monatliche Rate.

Setzen Sie also den Cursor auf Feld Z25S4, und geben Sie folgende Formel ein:

```
=WENN(ZS(-1)=Z(-1)S(-1);
    WENN(Z(-1)S(+3)<Z(-1)S-(Z(-1)S(+3)*(ZS(-1)/12));
        Z(-1)S(+3)*(1+ZS(-1)/12);
        Z(-1)S);
    RMZ(Z(-1)S(+3);ZS(-1)/12;Z7S4-ZS(-3)-1)+Z8S4)
```

Diese umfangreiche Formel berechnet den Ratenbetrag für den zweiten Abzahlungsmonat. Die Formel ist deshalb so lang, weil sie zwei besondere Situationen handhaben muß. Erstens: Sie können mit der Formel den Zinssatz

Ihres Kredits jeden Monat ändern. Sobald das geschieht, ändert die Formel den Betrag für die monatliche Rückzahlung entsprechend. Zweitens: Auch wenn die letzte Rate niedriger ausfällt als die übrigen monatlichen Raten, die Formel kann dies berechnen. Diese Situation kann entstehen, wenn Sie monatlich, oder auch nur gelegentlich, eine Zusatzzahlung zur Monatsrate leisten.

Die Formel funktioniert folgendermaßen: Die WENN-Funktion vergleicht den Zinssatz des laufenden Monats (Feld ZS(-1)) mit dem Zinssatz des vorausgegangenen Monats (Feld Z(-1)S(-1)). Wenn beide Werte übereinstimmen - der Zinssatz sich also nicht geändert hat - vergleicht die zweite WENN-Funktion den Wert in Feld Z(-1)S(+3) (noch zu zahlender Tilgungsbetrag nach der letzten Rückzahlung) mit dem Wert in Feld Z(-1)S (letzter Ratenbetrag) abzüglich dem Multiplikationsergebnis aus dem Wert in Feld Z(-1)S(+3) (noch zu zahlender Tilgungsbetrag) mal 1 plus dem Wert in Feld ZS(-1) (aktueller Zinssatz) dividiert durch zwölf.

Ist der Wert in Feld Z(-1)S(+3) kleiner als der Wert des zweiten Ausdrucks - der noch zu zahlende Kreditbetrag kleiner als die monatliche Rate - errechnet die Formel eine neue Abschlußzahlung. Dabei wird der Betrag der letzten Rate (Feld Z(-1)S(+3)) multipliziert mit Eins plus dem Ergebnis aktueller Zinssatz dividiert durch 12.

Andererseits, wenn der Betrag der letzten Rate (Z(-1)S(+3)) nicht kleiner als das Ergebnis des Ausdrucks Z(-1)S-(Z(-1)S(+3)*(ZS(-1)/12)) ist, gibt die Formel den Wert von Z(-1)S (Ratenbetrag des vorausgegangenen Monats) wieder. Mit anderen Worten, die aktuelle Tilgungsrate ist genauso hoch wie die vorausgegangene.

Wenn die Werte in ZS(-1) und Z(-1)S(-1) nicht übereinstimmen - die Zinsrate sich also seit der letzten Monatsrate geändert hat - berechnet die Funktion RMZ(Z(-1)S(+3);ZS(-1)/12;Z7S4-ZS(-3)-1)+Z8S4 die neue Monatsrate. Der erste Ausdruck in dieser Funktion, Z(-1)S(+3), berechnet die Höhe der Abschlußrate; der zweite Ausdruck, ZS(-1)/12, den monatlichen Zins; und der dritte Ausdruck, Z7S4-ZS(-3)-1, die noch zu zahlenden Monatsraten. Der Ausdruck subtrahiert den Wert der aktuellen Zahlung in Feld ZS(-3) von der Gesamtkreditsumme in Z7S4 und zieht dann von diesem Ergebnis den Wert 1 ab. Der letzte Ausdruck in diesem Argument, +Z8S4, addiert die monatliche Mehrzahlung in Z8S4 mit der errechneten Monatsrate.

Nachdem Sie die Formel in Feld Z25S4 eingegeben haben, kopieren Sie sie in den Bereich Z26S4:Z383S4. Markieren Sie dazu den Bereich Z25S4:Z383S4, und wählen Sie im Menü Bearbeiten den Befehl Unten ausfüllen. Sie sollten die Tabelle zu diesem Zeitpunkt nicht neu berechnen, da die Werte in Spalte 4 erst gültig sind, nachdem die Werte in Spalte 7 eingegeben sind.

Spalte für Zinsbetrag

Setzen Sie den Cursor in Spalte 5, die Spalte für den Zinsbetrag. Die Formeln, die Sie in dieser Spalte eingeben, sollen die monatliche Zinsbelastung berechnen. Weisen Sie also als erstes allen Feldern in dieser Spalte Währungsformat mit zwei Nachkommastellen zu: Markieren Sie den Bereich Z24S5:Z383S5 mit Hilfe von [F8] (Erweitern) und [F5] (Gehe zu), wählen Sie Währung im Menü Format, und bestätigen Sie die Standardeinstellung mit Enter oder OK.

Der Zinsanteil an einer Monatsrate entspricht dem monatlichen Zinssatz multipliziert mit dem Betrag der nach der letzten Zahlung errechneten Monatsrate. Um den Zinsbetrag der ersten Rate zu berechnen, setzen Sie den Cursor auf Z24S5 und geben folgende Formel ein

```
=(Z24S3/12)*Z5S4
```

Diese Formel multipliziert den Betrag der ersten Rate in Feld Z5S4 mit dem monatlichen Zinssatz - aktueller Zinssatz (in Z24S3) dividiert durch 12.

Gehen Sie mit dem Cursor auf Feld Z25S5, und geben Sie die Formel

```
=(ZS(-2)/12)*Z(-1)S(+2)
```

ein. Diese Formel ähnelt der Formel in Z24S5, mit dem Unterschied, daß sie einen Bezug zum Wert in Z24S7 hat - der nach der ersten Zahlung noch zu zahlenden Kreditsumme.

Markieren Sie nun den Bereich Z25S5:Z383S5, und kopieren Sie die Formel aus Feld Z25S7 in den Bereich Z26S5:Z383S5. Wählen Sie anschließend Unten ausfüllen im Menü Bearbeiten. (Die Tabelle noch nicht neu berechnen, da die Wert in Spalte 7 noch fehlen.)

Spalte für Tilgungsrate

Jetzt müssen noch drei weitere Spalten in der Tilgungstabelle ausgefüllt werden. Zuerst Spalte 6. Hier geben Sie Formeln zur Berechnung der jeweiligen Tilgungsrate ein. Die Rate errechnet sich jeweils durch Subtraktion des Zinsanteils aus Spalte 5 von der monatlichen Gesamtbelastung in Spalte 4.

Als erstes markieren Sie Spalte 6 - Bereich Z24S6:Z383S6 - und weisen allen Feldern in diesem Bereich Währungsformat mit zwei Nachkommastellen zu. Gehen Sie ins Menü Format, wählen Sie Währung, und bestätigen Sie die Standardeinstellung Nachkommastellen:2 mit Enter oder OK. Anschließend setzen Sie den Cursor auf Feld Z24S6 und geben die Formel

```
=Z24S4-Z24S5
```

ein. Diese Formel berechnet, wie hoch der Zinsanteil der ersten monatlichen Gesamtbelastung ist.

Setzen Sie anschließend den Cursor auf Feld Z25S6, und geben Sie folgende Formel ein

```
=WENN(ZS(-2)=0;0;ZS(-2)-ZS(-1))
```

Diese Formel vergleicht jeweils die monatliche Gesamtbelastung (Feld ZS(-2)) mit dem Wert 0. Wenn der Wert in ZS(-2) gleich 0 ist, gibt die Funktion als Wert 0 zurück. Wenn nicht, errechnet sich der zurückgegebene Wert aus der Differenz zwischen dem Wert in ZS(-2) und dem Wert in ZS(-1). Mit anderen Worten, wenn die monatliche Zahlung Null beträgt, ist auch die Tilgungsrate gleich Null. Ist der Wert der monatlichen Gesamtbelastung nicht gleich Null, dann errechnet sich die monatliche Tilgungsrate aus der Differenz zwischen monatlicher Gesamtbelastung und Zinsanteil. Durch eine bedingte Prüfung (WENN-Funktion) wird verhindert, daß die Tabelle den Kredit auch nach seiner vollständigen Abzahlung weiter tilgt.

Als nächstes kopieren Sie die Formel in Z25S6 in den Bereich Z26S6:Z383S6. Dazu markieren Sie den Bereich Z25S6:Z383S6 und wählen Unten ausfüllen im Menü Bearbeiten.

Spalte für Kreditsaldo

In dieser Spalte wird der Kreditsaldo nach jeder monatlichen Ratenzahlung neu berechnet. Die Formel in dieser Spalte subtrahiert einfach die Tilgungsrate einer monatlichen Zahlung vom Kreditsaldo des vorausgegangenen Monats.

Markieren Sie als erstes Spalte 7 (Bereich Z24S7:Z383S7), und weisen Sie diesem Bereich im Format-Menü Währungsformat zu. Anschließend setzen Sie den Cursor auf Feld Z24S7 und tragen die Formel

```
=Z5S4-Z24S6
```

ein. Um den Kreditsaldo nach der ersten Zahlung zu berechnen, subtrahiert die Formel die Tilgungsrate der ersten Zahlung vom Anfangssaldo des Kreditbetrags.

Setzen Sie als nächstes den Cursor auf Feld Z25S7, und geben Sie folgende Formel ein:

```
=Z(-1)S-ZS(-1)
```

Markieren Sie anschließend den Bereich Z25S7:Z383S7, und kopieren Sie mit Unten Ausfüllen im Menü Bearbeiten die Formel aus Z25S7 in den Bereich Z26S7:Z383S7, und berechnen Sie Ihre Tabelle neu. Drücken Sie dazu die Funktionstaste [F9]. In Spalte 7 sind nun abnehmende DM-Beträge zu sehen.

Spalte für bezahlte Zinsen

Die letzte Spalte in der Tilgungstabelle (Spalte 8) ist optional. Diese Spalte ist nur interessant, wenn Sie wissen wollen, wie hoch der Zinsbetrag Ihrer Kredittilgung bis zu einem bestimmten Zeitpunkt, bzw. insgesamt, ist. Die Formeln in dieser Spalte berechnen lediglich den laufenden Saldo der bezahlten Zinsen.

Wählen Sie als erstes wieder Währungsformat mit zwei Nachkommastellen (Format-Währung-Nachkommastellen:2) für diesen Bereich (Z24S8:Z383S8). Anschließend setzen Sie den Cursor auf Feld Z24S8 und schreiben die Formel

```
=Z24S5
```

Mit dieser Formel wird die Summe der bezahlten Zinsen nach der ersten Rückzahlung berechnet.

Bewegen Sie nun den Cursor auf Feld Z25S8, und geben Sie folgende Formel ein

```
=Z(-1)S+ZS(-3)
```

Diese Formel berechnet die bezahlten Zinsen nach der zweiten Ratenzahlung, indem sie den Zinsanteil der zweiten Zahlung (Feld ZS(-3)) mit dem Zinsanteil der ersten Zahlung (Feld Z(-1)S) addiert. Markieren Sie also den Bereich Z25S8:Z383S8, und kopieren Sie die Formel in Feld Z25S8 mit Unten Ausfüllen (Menü Bearbeiten) in den Bereich Z26S8:Z383S8. Drücken Sie anschließend die Funktionstaste [F9], um Ihre Tabelle neu zu berechnen. In Spalte 8 sind nun mehrere ansteigende DM-Beträge zu sehen. Ihre Tilgungstabelle ist damit fertig!

Der Analysebereich

Jetzt können Sie Labels und Formeln in den Analysebereich eingeben. Bewegen Sie dazu den Cursor als erstes zu Z11S1 (mit Pfeiltasten, Gehe Zu oder Ctrl-Home bzw. Pgup und Pfeiltasten), und geben Sie dort die Labels der Felder Z11S1, Z13S1, Z14S1, Z16S1, Z17S1,Z18S1, Z11S5, Z14S5, Z16S5 und Z17S5 aus Abbildung 5-1 in die entsprechenden Felder Ihrer Tabelle ein.

Gesamtsumme und Zinssumme

Nachdem Sie alle Labels richtig eingegeben haben, plazieren Sie den Cursor auf Z11S4 und geben die Formel

```
=SUMME(Z24S4:Z383S4)
```

ein. Diese Formel berechnet die Gesamtsumme, die zur Tilgung Ihres Kredits erforderlich ist. Weisen Sie als erstes dem Feld Z11S4 DM-Format mit zwei Nachkommastellen zu. (Format-Menü, Währung und Enter bzw. OK.)

Der errechnete Wert der Formel in Feld Z11S4 ist sichtbar größer als der Anfangssaldo in Feld Z5S4. Der Differenzbetrag weist den Zinsanteil Ihrer Kreditsumme aus. Um diesen Betrag exakt zu berechnen, setzen Sie den Cursor auf Z11S7 und schreiben die Formel

```
=Z11S4-Z5S4
```

Mit dieser Formel wird der Gesamtzinsbetrag durch Subtraktion des aufgenommenen Kreditbetrags (Feld Z5S4) von dermzu zahlenden Gesamtbetrag

(Z11S4) berechnet. Gehen Sie ins Format-Menü, und weisen Sie dem Feld
Z11S4 Währungsformat mit zwei Nachkommastellen zu.

Aktueller Statusbereich

Mit den übrigen Formeln können Sie jederzeit den aktuellen Stand Ihres Dar-
lehens feststellen. Alle diese Formeln arbeiten direkt oder indirekt mit dem
Wert in Feld Z13S4. Geben Sie der Einfachheit halber in Feld Z13S4 beliebige
Zahlen von 0 bis Ende der Laufzeit (Wert in Z7S4) ein. (Sie könnten die
Zahlen aus Abbildung 5-3 übernehmen. Damit vermeiden Sie, daß die Formeln
Ihre Eingaben möglicherweise mit einer Fehlermeldung beantworten.)

Gehen Sie mit dem Cursor zu Feld Z14S4, und geben Sie die Formel

```
=WENN(Z13S4=0;0;VSUCHEN(Z13S4;Z24S1:Z383S7;5))
```

ein. Diese Formel weist die Funktion VSUCHEN an, den tatsächlichen Kreditbetrag der angegebenen Zahlung in Spalte 6 der Tilgungstabelle "nachzusehen".
Die Funktion VSUCHEN ist folgendermaßen aufgebaut

```
=VSUCHEN(schlüssel,tabelle-bereich,relativ)
```

Mit *tabelle-bereich* ist hier der Tabellenbereich gemeint, der nach dem Wert
abgesucht werden soll; *schlüssel* ist der Wert in der ersten Spalte dieses Tabellenbereichs; und *relativ* bedeutet, die Spalte der Tabelle, aus der das Ergebnis
der Funktion geholt werden soll. Die Funktion VSUCHEN sucht in der ersten
Spalte der angegebenen Tabelle den größten Wert, der nicht größer als der
Schlüsselwert ist. Anschließend sucht es in dieser Zeile den Wert der Spalte,
auf die in der Funktion Bezug genommen wird. VSUCHEN betrachtet die erste
Spalte der Tabelle als Offset 0, die zweite Spalte als Offset 1 und so weiter.

Die Formel in Feld Z14S4 besagt: Wenn der Wert in Z13S4 gleich 0 ist, gib 0
zurück, andernfalls suche den Wert in Feld Z13S4 im Tabellenbereich
Z24S1:Z383S7 (Tilgungstabelle) und gib als Ergebnis den Wert aus der
sechsten Spalte dieser Tabellenzeile (fünf Spalten rechts von der aktuellen
Spalte) zurück. Folgendes Beispiel: Wenn Z13S4 den Wert 4 beinhaltet, gibt
die Formel den Wert aus Feld Z27S6 zurück. VSUCHEN findet diesen Wert
durch Absuchen der Spalte 1 (erste Spalte im Tabellenbereich), angefangen bei
Feld Z24S1. Dabei sucht die Formel nach dem größten Wert, der nicht größer
als der Schlüsselwert 4 ist. Da 4 (Z27S1) der größte Wert in Spalte 1 ist, der
nicht größer als der Schlüsselwert ist, holt sich VSUCHEN sein Ergebnis aus
Zeile 27. Die Funktion zählt bis zur Spalte mit Offset 5, angefangen bei Spalte
1, mit Offset 0. Als Ergebnis gibt die Funktion dann den Wert aus Feld Z27S6
zurück.

Nachdem Sie die Formel in Z14S4 eingetragen haben, weisen Sie diesem Feld
Währungsformat mit zwei Nachkommastellen zu. Anschließend bewegen Sie
den Cursor auf Feld Z14S7 und geben die Formel

```
=WENN(Z13S4=0;0;VSUCHEN(Z13S4;Z24S1:Z383S7;4))
```

ein. Diese Formel, die Ähnlichkeit mit der Formel in Feld Z14S4 hat, berechnet den Zinsbetrag der angegebenen Rate, indem sie den entsprechenden Wert in Spalte 6 der Tilgungstabelle nachschaut. Der einzige Unterschied zwischen dieser Formel und der Formel in Feld Z14S4 ist der, daß diese Formel ihr Ergebnis mit Offset 4 statt Offset 5 findet.

Weisen Sie dem Feld Z14S7 Währungsformat mit zwei Nachkommastellen (Menü Format) zu.

Anschließend bewegen Sie den Cursor auf Feld Z16S4 und geben folgende Formel ein

```
=Z5S4-Z17S4
```

Diese Formel berechnet die bis zum aktuellen Zeitpunkt getilgte Kreditsumme, einschließlich der in Feld Z13S4 eingetragenen Rate. Die Formel enthält die Adressen Z5S4, mit dem Anfangssaldo, und Z17S4, mit einer Formel zur Berechnung der noch offenen Kreditsumme. Da Feld Z17S4 zur Zeit keinen Eintrag enthält, gibt die Formel in Feld Z16S4 nur den Wert aus Z5S4 zurück.

Schreiben Sie nun folgende Formel in Feld Z17S4

```
=WENN(Z13S4=0;Z5S4;VSUCHEN(Z13S4;Z24S1:Z383S7;6))
```

Mit dieser Formel wird die noch offene Kreditsumme nach Zahlung des Betrags in Feld Z13S4 berechnet. Sie besagt: Wenn der Eintrag in Feld Z13S4 gleich 0 ist, stimmt der offene Saldo mit dem Angangssaldo in Z5S4 überein. Wenn nicht, suche den offenen Saldo nach der angegebenen Zahlung in Spalte 7 der Tilgungstabelle und benutze dabei den Wert in Z13S4 als Schlüsselwert.

Gehen Sie mit dem Cursor zu Z18S4, und geben Sie

```
=Z17S4+Z17S7
```

ein. Diese Formel berechnet den noch offenen Kreditbetrag, indem sie den Kreditbetrag in Feld Z17S4 mit dem Wert in Z17S7 addiert. (Die Formel in Z17S7 berechnet den noch offenen Zinsbetrag.) Da das Feld Z17S7 zur Zeit noch keinen Eintrag enthält, gibt die Formel in Z18S4 nur den Wert von Z17S4 zurück.

Nachdem Sie in die Felder Z16S4, Z17S4 und Z18S4 Formeln eingegeben haben, weisen Sie diesen Feldern noch Währungsformat mit zwei Nachkommastellen zu. Dazu markieren Sie den Bereich Z16S4:Z18S4, wählen Währung im Menü format und bestätigen mit Enter oder OK.

Zwei Formeln müssen noch geschrieben werden! Die erste soll den bezahlten Zinsbetrag bis zum aktuellen Zeitpunkt berechnen, einschließlich dem Zinsanteil der Zahlung in Z13S4. Setzen Sie den Cursor auf Z16S7, und geben Sie die Formel

```
=WENN(Z13S4=0;0;VSUCHEN(Z13S4;Z24S1:Z383S8;7))
```

ein. Diese Formel besagt: Wenn der aktuelle Wert in Z13S4 gleich 0 ist, wurden bisher keine Zinsen bezahlt, andernfalls sieh in der Spalte 8 der

Tilgungstabelle die bisher bezahlten Zinsen nach und verwende dabei den Wert in Feld Z13S4 als Schlüsselwert. Wie Sie sicher erinnern, sind in Spalte 8 bereits einige Formeln eingetragen, die während der gesamten Laufzeit des Kredits die jeweils bezahlte Zinssumme errechnen.

Setzen Sie nun den Cursor auf Feld Z17S7, und geben Sie die zweite Formel

`=Z11S7-Z16S7`

ein. Diese Formel berechnet die bereits bezahlte Zinssumme, indem sie die bis zum aktuellen Zeitpunkt gezahlte Zinssumme (Feld Z16S7) vom Gesamtzinsbetrag der gesamten Laufzeit (Z11S7) subtrahiert.

Nachdem die Felder Z16S7 und Z17S7 mit Formeln versehen sind, weisen Sie diesen Währungsformat mit zwei Nachkommastellen zu (Bereich markieren, Format-Menü).

Das Arbeitsblatt speichern

Sie haben es geschafft! Drücken Sie die Funktionstaste [F9] (Berechnen), und lassen Sie Ihre gesamte Tabelle neu berechnen und dabei alle Formeln aktualisieren. Da die Tabelle sehr umfangreich ist und viele Formeln enthält, kann die Berechnung einige Minuten in Anspruch nehmen. Prüfen Sie anschließend, ob alle Zahlen einen Sinn ergeben und die Ergebnisse im Analysebereich mit den Ergebnissen im entsprechenden Bereich in Abbildung 5-1 übereinstimmen. Falls Sie Unstimmigkeiten feststellen, müßten Sie wahrscheinlich an einer oder mehreren Formeln Korrekturen vornehmen.

Wenn Sie der Ansicht sind, daß Ihre Tabelle korrekt arbeitet, überschreiben Sie die eingetragenen Zahlen durch Nullen, um Platz für Ihre eigenen Daten zu schaffen. In Feld Z4S4 tragen Sie nun ein Ausgangsdatum ein (etwa *1.1.80*) und ersetzen die willkürlichen Daten in Z5S4, Z6S4, Z7S4, Z8S4 und Z13S4 durch Nullen. Um diese Änderungen vorzunehmen, setzen Sie den Cursor zuerst auf Feld Z4S4 und schreiben 1.1.89. Anschließend gehen Sie ein Feld nach unten und tippen *0* ein. Gehen Sie in Spalte 4 jeweils ein Feld nach unten, und geben Sie in den entsprechenden Feldern in Zeile 6, 7, 8 und 13 nacheinander Nullen ein. Nachdem Sie so alle Einträge durch Nullen ersetzt haben, drücken Sie wieder [F9] und lassen Ihre Arbeitstabelle neu berechnen. Die Werte in den Formeln werden auf diese Weise alle auf 0 gesetzt.

Speichern Sie nun Ihre Arbeitstabelle. Wählen Sie dazu Speichern unter im Menü Datei. Falls Sie Ihre Tabelle nicht im Standardverzeichnis ablegen möchten, wählen Sie aus der Liste der Verzeichnisse ein anderes Verzeichnis für Ihr Dokument. Geben Sie anschließend Ihrer Tabelle einen Namen (etwa *KREDIT.WKS*), und speichern Sie sie mit Enter. Wollen Sie die Tabelle im aktuellen Verzeichnis ablegen, schreiben Sie einfach den Namen der Tabelle und bestätigen mit Enter oder OK.

MIT DEM ARBEITSBLATT ARBEITEN

Sie können nun mit Ihrer Tabelle arbeiten. Als erstes müssen Sie Ihre Tabelle laden. (Wenn Sie die Tabelle gerade erst erstellt haben, können Sie diesen Schritt übergehen.) Wählen Sie also Vorhandene Datei öffnen im Menü Datei. Ist ihre Tabelle im aktiven Verzeichnis untergebracht, schreiben Sie einfach den Namen, unter dem Sie Ihre Tabelle gespeichert haben (Dateierweiterung nicht vergessen!), oder markieren Sie den entsprechenden Namen im Listenfeld. Mit Enter oder OK holen Sie die Tabelle auf den Bildschirm. Ist Ihre Tabelle nicht im aktuellen Verzeichnis gespeichert, wählen Sie das entsprechende Verzeichnis im Listenfeld Verzeichnisse, und bestätigen Sie Ihre Wahl mit Enter oder OK.

Nachdem Sie Ihre Tabelle Kredittilgung auf den Bildschirm geladen haben, geben Sie Ihre Kreditkonditionen in den Feldern Z4S4, Z5S4, Z6S4 und Z7S4 ein. Angenommen, Sie wollen einen Kredit über DM 100.000,00 bei einem monatlichen Zins von 9,25% und einer Laufzeit von 360 Monaten genauer untersuchen. Die erste Rückzahlungsrate soll am 1. Januar fällig sein.

Bewegen Sie also den Cursor auf Feld Z4S4, und geben Sie das Datum der ersten Rückzahlung ein, *1.1.89*. Anschließend gehen Sie auf Feld Z5S4 und tragen den Anfangssaldo *100000* ein, in Feld Z6S4 den Jahreszinssatz *,0925* und als letztes in Feld Z7S4 die Laufzeit 360 (Monate). In Abbildung 5-6 sehen Sie, wie Ihr Bildschirm nun aussehen sollte.

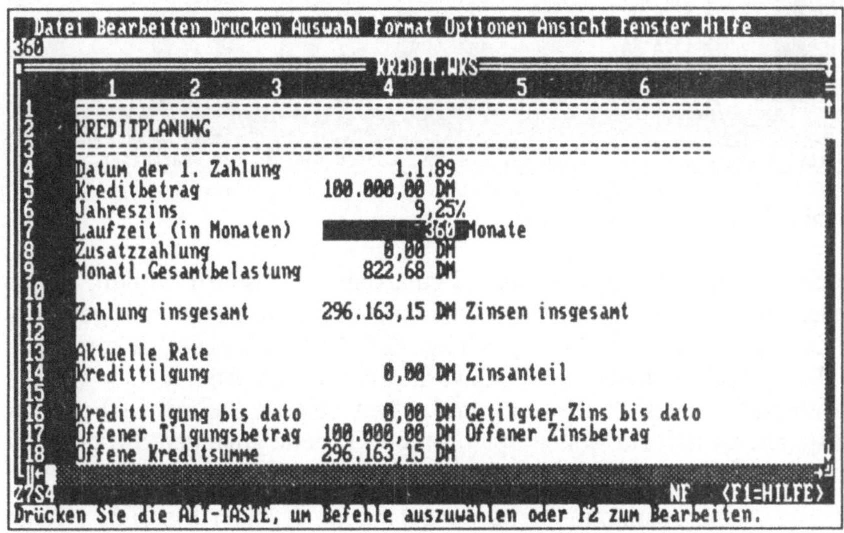

Abbildung 5-6.

Drücken Sie die Funktionstaste [F9], um Ihre Tabelle neu zu berechnen und die Tilgungstabelle zu erstellen. Die Formel in Feld Z9S4 berechnet den monatlichen Abzahlungbetrag für Ihren Kredit. Nach kurzer Berechnungszeit erhalten Sie die Ergebnisse der Formeln aus den Feldern Z11S4, Z11S7, Z17S4, Z17S7 und Z18S4.

Ein Blick auf die Tilgungstabelle

Nachdem die monatliche Belastung, gemeinsam mit anderen Werten, berechnet ist, gehen Sie mit PgDn zur Tilgungstabelle (Abbildung 5-7 zeigt den oberen Teil der Tilgungstabelle). Wie Sie sehen, zeigt die Tabelle für jede Zahlung Datum, Zinssatz, Gesamtbetrag, Anteil des Zinsbetrags, Anteil des Kreditbetrags und den Saldo jeder Zahlung. In Spalte 8 - momentan auf dem Bildschirm nicht zu sehen - finden Sie die Summe des bisher bezahlten Zinsbetrags.

```
 Datei Bearbeiten Drucken Auswahl Format Optionen Ansicht Fenster Hilfe
==============================KREDIT.WKS=============================
        1        2        3        4            5            6
20
21                                   Monatl.
                                     Gesamt-      Zins-        Tilgungs-
22   Rate     Datum    Zins     belastung    betrag       rate
23   ------   ------   ------   ----------   ----------   ----------
24       1    1.1.89   9,25%    822,68 DM    770,83 DM     51,84 DM
25       2    1.2.89   9,25%    822,68 DM    770,43 DM     52,24 DM
26       3    1.3.89   9,25%    822,68 DM    770,03 DM     52,64 DM
27       4    1.4.89   9,25%    822,68 DM    769,63 DM     53,05 DM
28       5    1.5.89   9,25%    822,68 DM    769,22 DM     53,46 DM
29       6    1.6.89   9,25%    822,68 DM    768,80 DM     53,87 DM
30       7    1.7.89   9,25%    822,68 DM    768,39 DM     54,29 DM
31       8    1.8.89   9,25%    822,68 DM    767,97 DM     54,70 DM
32       9    1.9.89   9,25%    822,68 DM    767,55 DM     55,13 DM
33      10    1.10.89  9,25%    822,68 DM    767,12 DM     55,55 DM
34      11    1.11.89  9,25%    822,68 DM    766,70 DM     55,98 DM
35      12    1.12.89  9,25%    822,68 DM    766,26 DM     56,41 DM
36      13    1.1.90   9,25%    822,68 DM    765,83 DM     56,85 DM
37      14    1.2.90   9,25%    822,68 DM    765,39 DM     57,28 DM
Z20S1                                                   NF   <F1=HILFE>
 Drücken Sie die ALT-TASTE, um Befehle auszuwählen oder F2 zum Bearbeiten.
```

Abbildung 5-7.

Wenn Sie einen anderen Teil der Tilgungstabelle ansehen wollen, gehen Sie entweder mit der Maus oder mit den Cursorbewegungstasten zum gewünschten Feld. Zum nächsten Bildschirm der Tilgungstabelle gelangen Sie mit Pgdn, ans Ende der Tabelle mit Ctrl-Pfeil Abwärts und an den Anfang der Tabelle mit Ctrl-Pfeil Aufwärts. Einen Eintrag in Spalte 8 steuern Sie mit Ctrl und rechter Pfeiltaste an, zurück zur ersten Spalte in der Tabelle gelangen Sie mit Ctrl und linker Pfeiltaste.

Um in eine ganz bestimmte Zeile zu gelangen, drücken Sie [F5] (Gehe zu), schreiben Z sowie die entsprechende Zeilenzahl, geben eine Spalte an und bestätigen mit Enter oder OK. Angenommen, Sie wollen an den Anfang von Zeile 200 gehen, dann drücken Sie [F5], schreiben *Z200S1* und bestätigen mit Enter oder OK.

Gehen Sie mit Ctrl-Home zu Feld Z1S1, um die Bereiche *Konditionen und Analyse* auf dem Bildschirm sichtbar zu machen.

Kreditanalyse

Der Analysebereich nimmt die untere Hälfte des ersten Bildschirms der Tabelle ein. Die Formeln in diesem Bereich stellen einige wichtige statistische Berechnungen für Ihren Kredit an. Beispielsweise errechnet die Formel in Feld Z11S4 den Gesamtbetrag, den Sie am Ende tatsächlich für die aufgenommene Kreditsumme zurückzahlen müssen, in unserem Beispiel DM 296.163,15. Die Formel in Z11S7 berechnet den zu zahlenden Gesamtzinsbetrag, DM 196.163,15.

Mit den Formeln in den Zeilen 13, 14, 15, 16, 17 und 18 können Sie jederzeit den aktuellen Status Ihres Kredits untersuchen. Sämtliche Formeln in diesen Zeilen haben einen Bezug zu Feld Z13S4 (Ratenzahl). Wenn Sie also im Analysebereich arbeiten, geben Sie in Feld Z13S4 eine Zahl ein und lassen anschließend Ihre Tabelle neu berechnen. Nach der 12. Rückzahlung würden Sie z.B. in Z13S4 die Zahl 12 eingeben und anschließend mit [F9] Ihre Tabelle neu berechnen lassen. Geben Sie in Feld Z13S4 nie einen Wert kleiner als 0 oder größer als die Monatsanzahl der vereinbarten Laufzeit ein.

Da in unserem Beispiel Feld Z13S4 den Wert 0 enthält, zeigen die Werte im Analysebereich zur Zeit den Kreditstatus vor der ersten Rückzahlung. Das Feld Z17S4 enthält die noch zu zahlende Kreditsumme, in diesem Fall DM 100.000,00 - der aufgenommene Kreditbetrag. Die Formel in Z17S7 berechnet die noch zu zahlende Zinssumme, hier DM 196.163,15 - der Gesamtzinsbetrag für die aufgenommene Kreditsumme für die Gesamtlaufzeit. In Feld Z18S3 wird der insgesamt noch zu zahlende Kreditbetrag berechnet, der hier mit dem insgesamt zu zahlenden Kreditbetrag übereinstimmt (berechnet in Feld Z11S4). Die übrigen Formeln berechnen den Kapitalanteil für Tilgung und Zins der aktuellen Rückzahlungsrate sowie die jeweils insgesamt bezahlten Anteile und geben in unserem Beispiel den Wert 0 zurück.

Wenn Sie in Feld Z13S4 einen anderen Wert als 0 eintragen, liefern die Formeln als Wert den jeweiligen Kreditstatus zu dem entsprechenden Zeitpunkt. Beispiel: Wenn Sie nach der zwölften Rückzahlung den Wert *12* in Feld Z13S4 eingeben und die Funktionstaste [F9] (Berechnen) drücken, sieht Ihr Bildschirm nach kurzer Zeit wie in Abbildung 5-8 aus.

Die Zahlen in den Zeilen 14, 15, 16, 17 und 18 geben nun den Status Ihres Kredits nach der zwölften Rückzahlungsrate wieder. Der Wert in Feld Z14S4 zeigt den Betrag des tatsächlichen Tilgungsanteils - DM 56,41 der zwölften Zahlung, der Wert in Z14S7 den Zinsanteil, DM 766,26. In Z16S4 erscheint die insgesamt bis dato zurückgezahlte Kreditsumme, DM 649,17 und in Z16S7 die insgesamt bis dato zurückgezahlte Zinssumme, DM 9.222,94. Feld Z17S4 zeigt den nach der zwölften Rückzahlung noch offenen Kreditbetrag, DM 99.350,83 und Z17S7 die noch zu zahlende Zinssumme von DM 186.940,22 -

vorausgesetzt, der Kredit wird nicht vorzeitig getilgt. In Feld Z18S4 ist die noch offene Tilgungssumme von DM 286.291,05 zu sehen.

```
 Datei Bearbeiten Drucken Auswahl Format Optionen Ansicht Fenster Hilfe
12
========================= KREDIT.WKS =========================
        2        3         4         5         6         7
1  ===========================================================================
2  ANUNG
3  ===========================================================================
4  r 1. Zahlung            1.1.89
5  trag           100.000,00 DM
6  ns                   9,25%
7   (in Monaten)          360 Monate
8  hlung              0,00 DM
9  esamtbelastung    822,68 DM
10
11 insgesamt      296.163,15 DM Zinsen insgesamt      196.163,15 DM
12
13  Rate                        12
14 lgung              56,41 DM Zinsanteil             766,26 DM
15
16 lgung bis dato    649,17 DM Getilgter Zins bis dato   9.222,94 DM
17 Tilgungsbetrag  99.350,83 DM Offener Zinsbetrag      186.940,22 DM
18 reditsumme     286.291,05 DM
Z18S4                                              NF   <F1=HILFE>
 Drücken Sie die ALT-TASTE, um Befehle auszuwählen oder F2 zum Bearbeiten.
```

Abbildung 5-8.

Änderung der Konditionen

Sie können Ihre Konditionen beliebig verändern - Datum der ersten Rückzahlung, Kreditbetrag, Zinssatz oder Laufzeit - um z.B. einen Fehler zu korrigieren, oder um ganz einfach die Auswirkung anderer Konditionen auf Ihre Rückzahlungen durchzuspielen. Wenn Sie also eine Kondition ändern wollen, setzen Sie einfach den Cursor auf das entsprechende Feld, geben den neuen Wert ein und lassen anschließend Ihre Tabelle neu berechnen.

Angenommen, Sie möchten sehen, wie sich Ihre Konditionen ändern, wenn Sie Ihren Kreditbetrag etwas niedriger halten, sagen wir, statt DM 100.000,00 nur DM 95.000,00. Plazieren Sie den Cursor auf Feld Z5S4, und ersetzen Sie den Betrag in diesem Feld durch *DM 95.000,00*. Anschließend drücken Sie die Funktionstaste [F9], um die Tabelle neu zu berechnen. Alle anderen Werte in Ihrer Tabelle werden den neuen Konditionen angepaßt.

Hier ein Hinweis, wie Sie die Auswirkung einer Konditionsänderung auf die monatliche Rückzahlungsrate feststellen können, ohne Ihre gesamte Tabelle neu berechnen zu müssen. WORKS bietet die Möglichkeit, nur jeweils ein Feld neu zu berechnen. Setzen Sie dazu einfach den Cursor auf das entsprechende Feld, und drücken Sie die Editiertaste [F2] und anschließend Enter. Wenn Sie z.B. untersuchen wollen, wie sich eine Zinssatzänderung von 9,25% auf beispielsweise 9% auf Ihre monatlichen Zahlungen auswirkt, bewegen Sie den Cursor auf Feld Z6S4 und geben als neuen Zinssatz .09 ein. Anschließend setzen Sie

den Cursor auf Feld Z9S4, drücken [F2] und dann Enter. WORKS nimmt
sofort die Berechnung der neuen Monatsrate vor, ohne den Rest der Tabelle neu
zu berechnen (Abbildung 5-9).

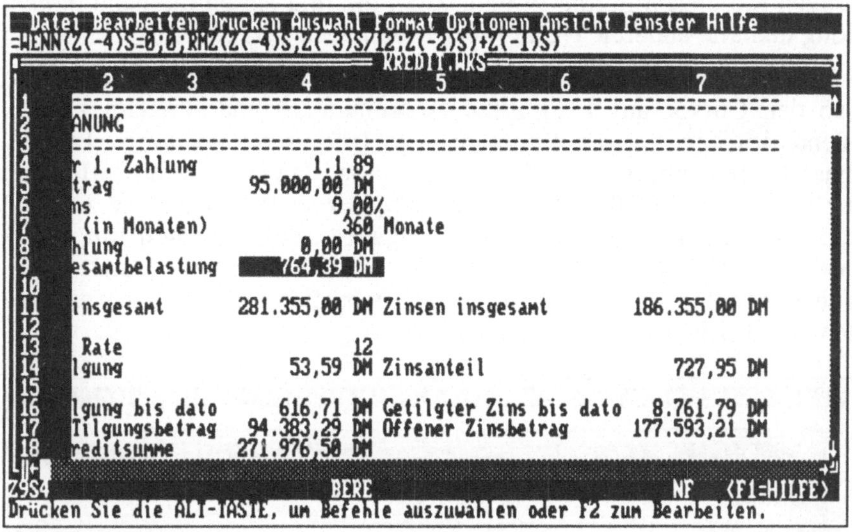

Abbildung 5-9

Vergessen Sie nicht, anschließend Ihre Tabelle wieder auszugleichen, d.h. entweder die alten Konditionen wieder einzusetzen, oder die gesamte Tabelle mit
der neuen Kondition neu zu berechnen. Im vorliegenden Beispiel können Sie
den alten Zustand mühelos wieder herstellen, indem Sie in Feld Z6S4 einfach
den alten Wert einsetzen. (Anschließend Feld Z9S4 neu berechnen, um auch
hier wieder den richtigen Wert zu erhalten.)

Spezialfunktionen

Bisher haben wir uns mit den Basisfunktionen der Tilgungstabelle beschäftigt.
Doch es gibt noch einige Spezialfunktionen für besondere Situationen. Ihre
Tabelle kann nämlich auch monatliche Zusatzzahlungen oder Extrazahlungen,
die nur in bestimmten Monaten geleistet werden,berücksichtigen sowie mit
beliebig geänderten Zinssätzen während einer Laufzeit arbeiten.

Zusätzliche Zahlungen

Der beste Weg, einen Kredit möglichst schnell zu tilgen, ist der, monatlich
etwas mehr als vereinbart zurückzuzahlen. Schon ein geringer Mehrbetrag kann
enorme Wirkung zeigen. Die Tilgungstabelle sieht für diesen Fall zwei Möglichkeiten vor: Entweder zahlen Sie jeden Monat einen bestimmten Mehrbetrag,

oder Sie zahlen nur in solchen Monaten mehr, in denen Sie es sich leisten
können.

Wenn Sie sich entschließen, jeden Monat einen Extrabetrag zurückzuzahlen,
dann tragen Sie diesen Betrag in Feld Z8S4 ein und lassen die neue monatliche
Belastung und alle anderen Werte Ihrer Tabelle neu berechnen.

Angenommen, Sie wollen monatlich DM 25,00 mehr zurückzahlen. Bewegen
Sie also den Cursor auf Feld Z8S4, schreiben *25* und drücken Enter. Anschließend drücken Sie die Funktionstaste [F9] und lassen die Tabelle neu
berechnen (siehe Abbildung 5-10). Beachten Sie, daß sich die monatliche Rückzahlungsrate von DM 906,54 auf DM 806,54 reduziert hat. Der zu zahlende
Gesamtzinsbetrag hat sich ebenfalls verringert. Gehen Sie nun mit der Funktionstaste [F5] (GEHE ZU) zu Feld Z334S1. Sie sehen, daß sich durch die
zusätzliche Zahlung von DM 25,00 pro Monat die effektive Laufzeit von 360
Monaten auf 311 Monate reduziert hat.

```
 Datei Bearbeiten Drucken Auswahl Format Optionen Ansicht Fenster Hilfe
25
                               KREDIT.HKS
         2        3          4          5          6            7
 1 ============================================================================
 2 ANUNG
 3 ============================================================================
 4 r 1. Zahlung              1.1.89
 5 trag                95.000,00 DM
 6 ns                       9,25%
 7  (in Monaten)          360 Monate
 8 hlung                   25,00 DM
 9 esamtbelastung         806,54 DM
10
11 insgesamt          250.543,03 DM Zinsen insgesamt      155.543,03 DM
12
13  Rate                      12
14 lgung                  80,79 DM Zinsanteil               725,75 DM
15
16 lgung bis dato        929,76 DM Getilgter Zins bis dato 8.748,74 DM
17 Tilgungsbetrag     94.070,24 DM Offener Zinsbetrag    146.794,29 DM
18 reditsumme        240.864,53 DM
Z8S4                                                    NF   <F1=HILFE>
Drücken Sie die ALT-TASTE, um Befehle auszuwählen oder F2 zum Bearbeiten.
```

Abbildung 5-10.

Wollen Sie nicht das Risiko einer verbindlichen monatlichen Mehrzahlung eingehen, sondern lieber von Fall zu Fall einen zusätzlichen Betrag bezahlen, dann
ändern Sie einfach in Spalte 4 der Tilgungstabelle den Betrag in *Monatliche Gesamtbelastung*. Addieren Sie einfach in der Formel den Zusatzbetrag zum
Monatsbetrag. Die Tabelle arbeitet solange mit diesem neuen monatlichen
Gesamtbetrag, bis Sie den Formeleintrag wieder ausdrücklich ändern. Um
solche Änderungen vorzunehmen, gehen Sie mit dem Cursor in der Tabelle bis
hinunter zur Zeile mit dem zu ändernden Zahlungsbetrag und editieren die
Formel in Spalte 4 mit Hilfe der Editiertaste [F2]. Addieren bzw. subtrahieren
Sie den zusätzlichen Betrag zum/vom Betrag in der Formel.

Gehen wir einmal davon aus, Sie wollen in den ersten zwölf Monaten monatlich zusätzlich DM 100 zurückzahlen. Editieren Sie also als erstes die Formel in Feld Z24S4 (monatliche Gesamtbelastung der ersten Abzahlungsrate), und tragen Sie anschließend in die Formel den Zusatzbetrag ein. Dazu setzen Sie den Cursor auf Z24S4, drücken die Editiertaste [F2] und schreiben *+100*. Bestätigen Sie mit Enter. Anschließend gehen Sie nach unten zu Feld Z36S4 (Monatliche Gesamtbelastung für den Monat, in dem Sie keine Zusatzzahlung mehr leisten wollen), drücken wieder [F2], schreiben -100 und bestätigen mit Enter.

Mit Hilfe der Funktionstaste [F9] lassen Sie Ihre gesamte Tabelle anschließend neu berechnen. Abbildung 5-11 zeigt den ersten Bildschirm der Tilgungstabelle nach Addition der Zusatzzahlung. Beachten Sie, daß die monatlichen Zahlungen 1 bis 12 nun jeweils DM 906,54 ausmachen, die 13. Monatszahlung aber nur DM 806,54 beträgt. Die Tabellenkalkulation hat Ihre Änderung in der Tabelle von Zeile 24 bis Zeile 35 weitergegeben. In Abbildung 5-12 sehen Sie den ersten Tabellenbildschirm (der sichtbare Bildschirm, nachdem Sie Ctrl-Home gedrückt haben). Wie Sie sehen können, haben sich alle Werte im Analysebereich durch die Zusatzzahlung leicht geändert.

```
 Datei Bearbeiten Drucken Auswahl Format Optionen Ansicht Fenster Hilfe
=WENN(ZS(-1)=Z(-1)S(-1);WENN(Z(-1)S(+3)<Z(-1)S-(Z(-1)S(+3)*(ZS(-1)/12));Z(-1)S(+
                              KREDIT.WKS
         1        2        3        4          5           6
19
20                                 Monatl.
21                                 Gesamt-      Zins-       Tilgungs-
22      Rate     Datum    Zins     belastung    betrag      rate
23      ------   ------   ------   ----------   ---------   ---------
24         1     1.1.89    9,25%    906,54 DM   732,29 DM   174,25 DM
25         2     1.2.89    9,25%    906,54 DM   730,95 DM   175,59 DM
26         3     1.3.89    9,25%    906,54 DM   729,59 DM   176,95 DM
27         4     1.4.89    9,25%    906,54 DM   728,23 DM   178,31 DM
28         5     1.5.89    9,25%    906,54 DM   726,86 DM   179,69 DM
29         6     1.6.89    9,25%    906,54 DM   725,47 DM   181,07 DM
30         7     1.7.89    9,25%    906,54 DM   724,08 DM   182,47 DM
31         8     1.8.89    9,25%    906,54 DM   722,67 DM   183,87 DM
32         9     1.9.89    9,25%    906,54 DM   721,25 DM   185,29 DM
33        10     1.10.89   9,25%    906,54 DM   719,82 DM   186,72 DM
34        11     1.11.89   9,25%    906,54 DM   718,38 DM   188,16 DM
35        12     1.12.89   9,25%    906,54 DM   716,93 DM   189,61 DM
36        13     1.1.90    9,25%    806,54 DM   715,47 DM    91,07 DM
Z36S4                                                       NF   <F1=HILFE>
Drücken Sie die ALT-TASTE, um Befehle auszuwählen oder F2 zum Bearbeiten.
```

Abbildung 5-11.

Lassen Sie uns nun ein anderes Beispiel nehmen. Angenommen, Sie haben kurz vor Fälligkeit der zehnten Abzahlung DM 1000 geschenkt bekommen. Sie beschließen diesen Betrag als zusätzlichen Tilgungsbetrag zu verwenden. Sie ändern also die Formel in Feld Z33S4 (Monatlicher Gesamtbetrag für die zehnte Rate), um die DM 1000 als Zusatzzahlung einzugeben. Dazu bewegen Sie den Cursor auf Feld Z33S4, drücken die Editiertaste [F2] und schreiben *+1000*. Bestätigen Sie den Eintrag mit Enter. Dann gehen Sie auf Feld Z34S4, drücken wieder die Funktionstaste [F2] und tippen *-1000* ein. Anschließend drücken Sie die Funktionstaste [F9] (BERECHNEN) und lassen Ihre gesamte Tabelle neu berechnen. Abbildung 5-13 zeigt die Tilgungstabelle nach der Neuberechnung. Beachten Sie, daß die Zahlung Nr. 10 nun DM 1.906,54 beträgt, während die anderen monatlichen Zahlungen weiterhin DM 906,54 oder DM 806,54 ausmachen.

```
 Datei Bearbeiten Drucken Auswahl Format Optionen Ansicht Fenster Hilfe
==========================================KREDIT.WKS===========================
        2         3          4          5          6          7
  ============================================================================
  ANUNG
  r 1. Zahlung          1.1.89
  trag              95.000,00 DM
  ns                    9,25%
   (in Monaten)           360 Monate
  hlung                25,00 DM
  esamtbelastung      806,54 DM

  insgesamt       239.974,51 DM  Zinsen insgesamt       144.974,51 DM

   Rate                    12
  lgung               189,61 DM  Zinsanteil                716,93 DM

  lgung bis dato    2.181,97 DM  Getilgter Zins bis dato   8.696,53 DM
  Tilgungsbetrag   92.818,03 DM  Offener Zinsbetrag      136.277,98 DM
  reditsumme      229.096,01 DM

ZIS2                                                      NF    <F1=HILFE>
Drücken Sie die ALT-TASTE, um Befehle auszuwählen oder F2 zum Bearbeiten.
```

Abbildung 5-12.

```
 Datei Bearbeiten Drucken Auswahl Format Optionen Ansicht Fenster Hilfe
==========================================KREDIT.WKS===========================
       1        2       3          4          5          6
                               Monatl.
                               Gesamt-      Zins-      Tilgungs-
      Rate    Datum    Zins    belastung    betrag       rate

        1   1.1.89    9,25%      906,54 DM  732,29 DM    174,25 DM
        2   1.2.89    9,25%      906,54 DM  730,95 DM    175,59 DM
        3   1.3.89    9,25%      906,54 DM  729,59 DM    176,95 DM
        4   1.4.89    9,25%      906,54 DM  728,23 DM    178,31 DM
        5   1.5.89    9,25%      906,54 DM  726,86 DM    179,69 DM
        6   1.6.89    9,25%      906,54 DM  725,47 DM    181,07 DM
        7   1.7.89    9,25%      906,54 DM  724,08 DM    182,47 DM
        8   1.8.89    9,25%      906,54 DM  722,67 DM    183,87 DM
        9   1.9.89    9,25%      906,54 DM  721,25 DM    185,29 DM
       10   1.10.89   9,25%    1.906,54 DM  719,82 DM  1.186,72 DM
       11   1.11.89   9,25%      906,54 DM  710,68 DM    195,87 DM
       12   1.12.89   9,25%      906,54 DM  709,17 DM    197,38 DM
       13   1.1.90    9,25%      806,54 DM  707,64 DM     98,90 DM
       14   1.2.90    9,25%      806,54 DM  706,88 DM     99,66 DM

Z20S1                                                     NF    <F1=HILFE>
Drücken Sie die ALT-TASTE, um Befehle auszuwählen oder F2 zum Bearbeiten.
```

Abbildung 5-13.

Unterschiedliche Zinssätze

Der Finanzmarkt bietet Kredite und Hypotheken mit variablem Zins an. Während sich die Konditionen mit dem Zinssatz ändern, bleibt die Struktur in allen Fällen mehr oder weniger dieselbe: Die Bank kann nach einer bestimmten Zeit den Jahreszins eines Kredits anheben oder senken. Dabei bedeutet ein höherer Jahreszins eine Erhöhung der monatlichen Belastung, und umgekehrt.

Ihre Tabelle ist in der Lage, mit solchen variablen Zinssätzen umzugehen. Um den neuen Zinssatz einzugeben, ändern Sie die Zins-Spalte (Spalte 3) in Ihrer Tabelle ab der Zahlung, für die der neue Zinssatz gelten soll. Das Programm "reicht" die Änderung in der Tabelle weiter.

Gehen wir einmal davon aus, daß der Jahreszins am Ende des zweiten Hypothekenjahres von 9,25% auf 10% angehoben wird. Sie müssen also Ihre Tilgungstabelle aktualisieren. Dazu bewegen Sie den Cursor auf Feld Z48S3 (Feld in der Zins-Spalte für die 25. Zahlung - der ersten Zahlung mit dem neuen Zinssatz), tippen *,10* und bestätigen mit Enter. Anschließend drücken Sie [F9], um Ihre Tabelle neu zu berechnen. Wie Sie in Abbildung 5-14 sehen, hat sich der Zinssatz für alle Zahlungen ab der 25. Zahlung auf 10% erhöht, und die monatliche Gesamtbelastung hat sich ebenfalls entsprechend erhöht.

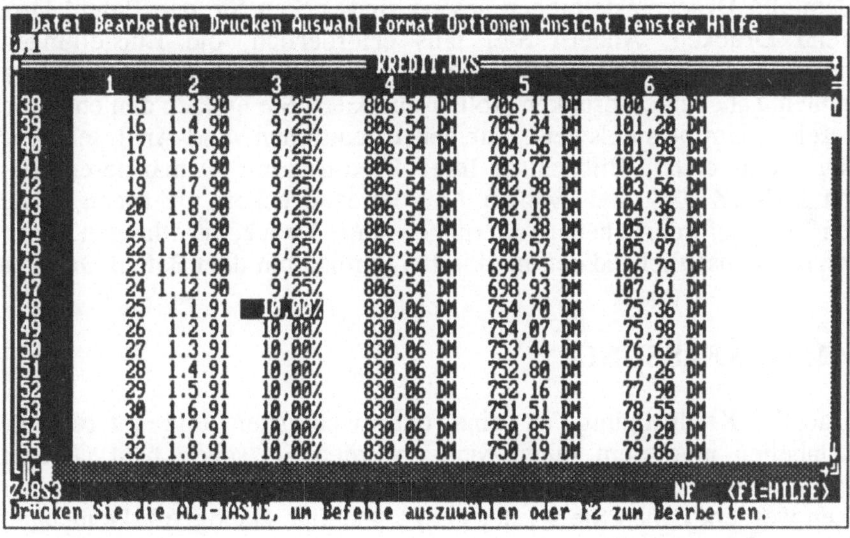

Abbildung 5-14.

Sie können den Zinssatz beliebig häufig ändern. Sie können sogar für jede Monatsrate einen anderen Zinssatz berücksichtigen. Bei jeder Zinsänderung tragen Sie im entsprechenden Feld in Spalte 3 den neuen Zinssatz ein. Jeder neu eingegebene Zinssatz hat solange Gültigkeit, bis er durch einen anderen ersetzt wird - oder bis der Kredit vollständig getilgt ist.

Drucken und Speichern

Sie sollten die einzelnen Tilgungstabellen für Kreditbeispiele oder tatsächliche Kredite jeweils in einer neuen Datei speichern. Dazu wählen Sie Speichern unter im Menü Bearbeiten. Wollen Sie die Datei nicht im Standardverzeichnis ablegen, wählen Sie im Dialogfeld ein anderes Verzeichnis aus der Liste der Verzeichnisse, geben Sie Ihrer Tabelle einen neuen Namen und speichern sie mit Enter. Soll die Tabelle jedoch im aktuellen Verzeichnis gespeichert werden, weisen Sie ihr einfach einen Namen zu und speichern mit Enter oder OK. Verwenden Sie immer eindeutige, aussagekräftige Namen für Ihre Dateien.

Achten Sie unbedingt darauf, daß Sie Ihre ausgefüllte Tabelle nicht versehentlich unter dem Namen der leeren Originaltabelle speichern, da diese sonst von der ausgefüllten Tabelle überschrieben wird.

Wenn Sie Ihre Kredittilgung ausdrucken wollen, wählen Sie als erstes Papierformat im Menü Drucken, und passen Sie die Druckeinstellungen ihren Anforderungen an. Unter dem Menüpunkt Drucken-Kopf-/Fußzeilen können Sie Kopf- und/oder Fußzeilen eingeben. Wenn Sie Ihren gesamten Bericht auf einer Seite unterbringen wollen, sollten Sie eine komprimierte Schriftart (wie z.B. Elite) und eine kleine Punktgröße (z.B. 6 oder 8) wählen (Format-Schriftart).

Nachdem alle Druckeinstellungen gesetzt sind, geben Sie den Befehl Drucken im Menü Drucken. Ändern Sie, falls erforderlich, die Einstellungen im geöffneten Dialogfeld, und wählen Sie wieder Drucken. Wenn Sie nur einen bestimmten Tabellenteil drucken wollen, markiern Sie einfach den entsprechenden Bereich. Um beispielsweise nur den Konditionen- und Analysebereich zu drucken - den ersten Bildschirm Ihrer Kredittilgung -, markieren Sie den Bereich Z1S1:Z19S7 und wählen Markiertes drucken im Menü Drucken, nehmen die erforderlichen Änderungen der Druckeinstellungen vor und drucken dann anschließend den markierten Bereich mit dem Befehl Drucken.

ZUSAMMENFASSUNG

Die Tabelle Kredittilgung ist eine der wichtigsten und interessantesten Arbeitstabellen in diesem Buch. Sicher werden Sie schon bald Gelegenheit haben, mit dieser Tabelle zu arbeiten. Doch selbst, wenn Sie diese Tabelle nicht einsetzen werden, haben Sie wieder einige wichtige Handgriffe kennengelernt, die Ihnen auf jeden Fall bei Ihrer Arbeit mit WORKS nützlich sein werden. Experimentieren Sie völlig ungezwungen mit allen Handgriffen und Tricks, die Sie bisher kennengelernt haben.

Kapitel 6

BREAKEVEN-ANALYSE

Jeder Unternehmer oder Vertriebsleiter hat ganz sicher schon das eine oder andere Mal mit einer Breakeven-Analyse gearbeitet. In dieser Analyse geht es um die Berechnung des kritischen Punktes - den Kostendeckungs- bzw. Breakeven-Punkt. Der Breakeven-Punkt ist der Punkt, an dem sich die Anzahl der verkauften Produkte (oder Dienstleistungen) mit den Gestehungskosten deckt, d.h. ab diesem Punkt wirft jedes verkaufte Stück (oder jede weitere Dienstleistung) Gewinn ab. Wenn es nicht gelingt, für ein neues Produkt den Breakeven-Punkt zu erreichen, bedeutet das entsprechende Produkt ein Verlustgeschäft.

Die vorliegende Arbeitstabelle berechnet den Breakeven-Punkt auf der Basis Preis pro Stück (oder Leistung), variable Kosten pro Stück und Fixkosten insgesamt. Die Tabelle verfügt über eine Diagramm-Einrichtung und kann in einem Breakeven-Diagramm das Verhältnis zwischen Gestehungskosten und Verkaufserlös sowie den exakten Breakeven-Punkt darstellen. Das Diagramm wird - das ist eine besondere Leistung - dynamisch aus dem Ergebnis einer Formel erstellt.

DAS ARBEITSBLATT

Abbildung 6-1 zeigt die neu erstellte Tabelle für eine Breakeven-Analyse. Abbildung 6-2 stellt dieselbe Tabelle mit einigen Musterdaten dar. Wie Sie sehen, arbeitet die Tabelle mit nur einem Bereich. Die Einträge für *Verkaufspreis/Stück*, *Variable Kosten/Stück* sowie *Fixkosten* nehmen Sie in den Feldern Z5S3 bis Z7S3 vor. Die Formel in Feld Z9S3 errechnet aus diesen Angaben dann den exakten Breakeven-Punkt.

Die Formeln in den Feldern Z14S2 bis Z14S6 berechnen *Verkaufserlös, variable Kosten, Fixkosten, Gesamtkosten* und *Reingewinn* für jede der fünf Verkaufsstufen. Für die Berechnung dieser fünf Stufen sind die Formeln in den Feldern Z14S1 bis Z18S1 zuständig, die alle einen Bezug zum Kostendeckungswert in Feld Z9S3 haben. Der Wert in Feld Z14S1 ist immer Null, der Wert in Z18S1 immer fast doppelt so hoch wie der Deckungsumsatz.

Die Ergebnisse aus den Feldern Z14S1 bis Z18S6 liefern die Daten für ein
Diagramm - wie das in Abbildung 6-7 gezeigte - aus dem das Verhältnis von
Stückzahl zu Umsatz/DM, variablen Kosten, Fixkosten, Gesamtkosten und
Nettogewinn ersichtlich ist.

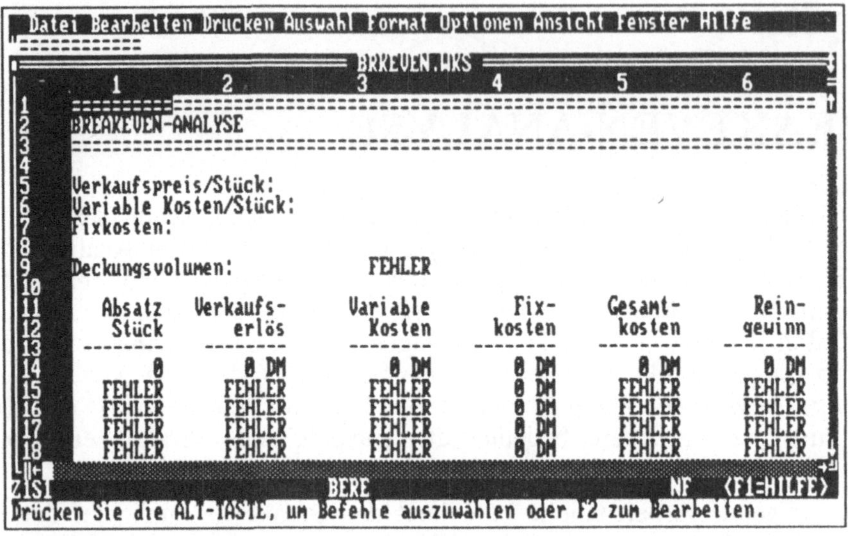

Abbildung 6-1.

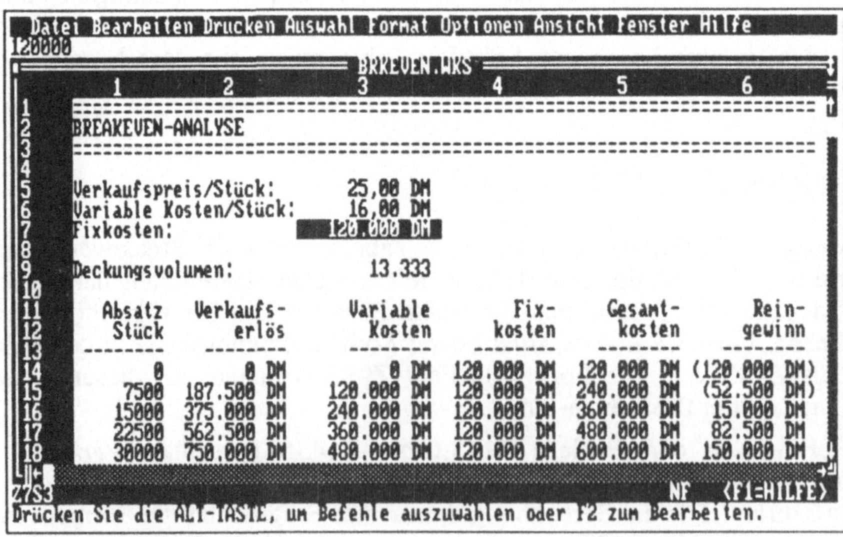

Abbildung 6-2.

DAS ARBEITSBLATT ERSTELLEN

Die Breakeven-Analyse ist eine der einfachsten Tabellen in diesem Buch. Wählen Sie als erstes Neu im Menü Datei, falls das Dialogfeld Neu nicht bereits auf Ihrem Bildschirm geöffnet ist, und legen Sie mit Tabellenkalkulation und neu eine neue Arbeitstabelle an. Damit Ihre Tabelle nicht nach jedem Eintrag neu berechnet wird, schalten Sie im Optionen-Menü Manuell berechnen ein.

Die Breite der Spalten 1 bis 6 muß nun geändert werden. Markieren Sie mindestens ein Feld in jeder dieser Spalten, und wählen Sie im Format-Menü Spaltenbreite. Schreiben Sie die neue Breite, und geben Sie diese mit Enter oder OK ein.

Spalte	Breite
1	12
2	12
3	14
4	12
5	12
6	12

Abbildung 6-3. Neue Spaltenbreiten für die Breakeven-Tabelle

Weisen Sie nun Ihrer Tabelle Währungsformat ohne Nachkommastellen zu. Markieren Sie dazu Ihre gesamte Tabelle und wählen Sie im Format-Menü die entsprechende Option. Um die gesamte Tabelle zu markieren, drücken Sie die Tasten Shift-Ctrl und gleichzeitig [F8]. Rufen Sie im Format-Menü Währung-Format ohne Nachkommastellen auf. Schreiben Sie dazu einfach im Dialogfeld Nachkommastellen 0, und bestätigen Sie mit Enter oder OK.

Eingabe von Einträgen

Sie können nun mit den Einträgen beginnen. Geben Sie als erstes die Labels in den Zeilen 1, 2 und 3 ein. In die Felder Z1S1, Z1S2, Z1S5 und Z1S6 geben Sie ein Anführungszeichen gefolgt von zwölf Gleichheitszeichen ("============") ein, in die Felder Z1S3 und Z1S4 ein Anführungszeichen gefolgt von zehn Gleichheitszeichen. Anschließend markieren Sie den Bereich Z1S1:Z1S6, wählen Kopieren im Menü Bearbeiten, gehen zu Feld Z3S1 und drücken Enter. Mit diesem Befehl werden die Labels aus Z1S1:Z1S6 in den Bereich Z3S1:Z3S6 kopiert.

Bewegen Sie nun die Feldmarkierung auf Feld Z2S1, und schreiben Sie *BREAKEVEN-ANALYSE*. In die Felder Z5S1, Z6S1 und Z7S1 schreiben Sie *Verkaufspreis/Stück, Variable Kosten/Stück* und *Fixkosten*. Den Feldern Z5S3 und Z6S3 weisen Sie anschließend Währungsformat mit zwei Nachkomma-stellen zu. Dazu markieren Sie den Bereich Z5S3:Z6S3, wählen Währung im Format-Menü und bestätigen die Standardeinstellung mit Enter oder OK.

Geben Sie anschließend in Feld Z9S1 die Bezeichnung Deckungsvolumen ein und in Feld Z9S3 die Formel

```
=Z7S3/(Z5S3-Z6S3)
```

Diese Formel benutzt die Werte in den Zellen Z5S3, Z6S3 und Z7S3, um das Kostendeckungsvolumen zu berechnen. Dabei dividiert sie einfach die Fix-kosten durch die Differenz zwischen Stückpreis und variablen Kosten pro Stück. (Diese Differenz wird auch Deckungsbeitrag genannt.) Da die Felder Z5S3, Z6S3 und Z7S3 zur Zeit noch leer sind (folglich den Wert 0 haben), ist das Ergebnis der Formel die Meldung *FEHLER*. (Beim Versuch durch 0 zu dividieren, gibt WORKS immer eine Fehlermeldung zurück.) Sobald Sie in die Felder Z5S3 bis Z5S7 Ihre tatsächlichen Werte eingeben, wird die Fehler-meldung verschwinden. Nachdem Sie die Kostendeckungsformel eingegeben haben, weisen Sie dem Feld Z9S3 Punktformat (0) zu. Markieren Sie dazu Tausender-Punkt im Menü Format, und bestätigen Sie Ihre Wahl mit Enter oder OK.

Der restliche Teil des Arbeitsblattes berechnet die Werte für das Breakeven-Diagramm. Um diesen Teil zu erstellen, geben Sie als erstes in die Felder Z11S1, Z11S2, Z11S3, Z11S4, Z11S5 und Z11S6 die Labels *Absatz, Verkaufs-, Variable,Fix-, Gesamt-* und *Rein-* ein, in die Felder Z12S1, Z12S2, Z12S3, Z12S4, Z12S5 und Z12S6 die Labels *in Stück., erlös, Kosten, kosten, kosten* und *gewinn*.

In die Felder Z13S1, Z13S2, Z13S5 und Z13S6 geben Sie ein Label aus einem Anführungszeichen gefolgt von zehn Bindestrichen ("----------)ein, in die Felder Z13S3 und Z13S4 ein Anführungszeichen gefolgt von zwölf Bindestrichen.

Um die Labels der Felder Z11S1 mit Z13S6 rechtsbündig darzustellen, markieren Sie diesen Bereich und wählen Schriftstil-Rechtsbündig im Menü Format. Mit Enter oder OK bestätigen.

Als nächstes tragen Sie in die Felder Z14S1 mit Z18S6 die Formeln ein, die die Werte für das Breakeven-Diagramm berechnen. Geben Sie als erstes in Feld Z14S1 den Wert *0* ein. Bewegen Sie anschließend den Cursor auf Feld Z18S1, und geben Sie hier folgende Formel ein

```
=RUNDEN(Z9S3*2;
WENN(Z9S3>10000000;-7;
WENN(Z9S3>1000000;-6;
WENN(Z9S3>100000;-5;
WENN(Z9S3>10000;-4;
WENN(Z9S3>1000;-3;
WENN(Z9S3>100;-2
WENN(Z9S3>10;-1;
Z9S3)))))))))
```

(Geben Sie diese Formel bitte in einer Zeile ein; wir zeigen sie hier nur deshalb in mehreren Zeilen, weil sie so für Sie besser verständlich ist.) WORKS benutzt den von dieser Formel zurückgegebenen Wert im Diagramm als obere Grenze der X-Achse. Die Formel verdoppelt dabei lediglich den Breakeven-Punkt in Feld Z9S3 und rundet anschließend das Ergebnis auf eine signifikante Ziffer. Wenn der Breakeven-Punkt beispielsweise bei 11 liegt, gibt die Formel den Wert 20 zurück; liegt der Breakeven-Punkt bei 3289, gibt die Formel den Wert 7000 zurück, usw.

Unsere Formel benutzt die RUNDEN-Funktion, um das Ergebnis der Formel Z9S3*2 zu runden. Die RUNDEN-Funktion hat folgende Struktur

=RUNDEN(wert,stellen)

wobei wert die Zahl und stellen die Anzahl der Nachkommastellen bezeichnen, auf die gerundet werden soll. Die Funktion =RUNDEN(123,45678;2) beispielsweise gibt den Wert 123,46 zurück. Wenn Sie die Anzahl der Stellen hinter dem Komma auf 0 reduzieren, gibt die Funktion =RUNDEN(123,45678;0) den Wert 123 zurück.

Die Anzahl der Nachkommastellen wird gewöhnlich durch eine positive Zahl oder 0 angegeben, kann aber durchaus auch aus einer negativen Zahl bestehen. Ein negativer Ausdruck in einer RUNDEN-Funktion weist die Funktion an, links vom Dezimalkomma zu runden. Die Formel =RUNDEN(123,45678;-1) z.B. gibt als Ergebnis den Wert 120 zurück, die Funktion =RUNDEN(123,45678;-2) den Wert 100.

Die Reihe von WENN-Funktionen in unserer Formel prüft den Wert in Feld Z9S3 und liefert als Ergebnis den für diesen Wert passenden Ausdruck für *Nachkommastellen* in der RUNDEN-Funktion. Wenn beispielsweise das Feld Z9S3 einen Wert größer als 100 enthält, lautet der Ausdruck für *Nachkomma-stellen* -2. Ist der Wert in Feld Z9S3 größer als 100.000, lautet der Ausdruck für *Nachkommastellen* -5.

Nachdem Sie die Formel in Feld Z18S1 eingegeben haben, bewegen Sie den Cursor auf Feld Z15S1 und geben folgende Formel ein

```
=Z(-1)S+(Z18S/4)
```

Diese Formel dividiert den Wert in Feld Z18S1 durch 4 und addiert das Ergeb-nis zum Wert in Feld Z14S1. Da Z14S1 den Wert 0 enthält, gibt die Formel als Ergebnis immer einen Wert zurück, der ein Viertel des Wertes in Feld Z18S1 beträgt. Markieren Sie nun den Bereich Z15S1:Z17S1, und kopieren Sie die Formel von Z15S1 mit Unten ausfüllen aus dem Menü Bearbeiten in die Felder Z16S1 und Z17S1. Die Formel liefert für Feld Z16S1 einen Wert, der exakt halb so groß ist wie der Wert in Z18S1, für Feld Z17S1 einen Wert, der drei Viertel so groß ist wie der Wert in Feld Z18S1. Die Ergebnisse dieser Formel teilen den Bereich zwischen 0 und dem Wert in Feld Z18S1 in vier gleich große Teile auf.

Da die Formeln in den Feldern Z15S1, Z16S1, Z17S1 und Z18S1 einen Bezug auf Feld Z9S3 enthalten - der momentan eine Fehlermeldung hervorruft-, liefern diese Formeln als Ergebnis eine Fehlermeldung. Sobald Sie Zahlen eingeben, wird sich dies ändern.

Ändern Sie nun erst einmal das Format der Felder Z14S1 mit Z18S1 von Währungsformat mit zwei Nachkommastellen in Nachkommastellen 0. Dazu markieren Sie den Bereich Z14S1:Z18S1, wählen Nachkommastellen aus dem Menü Format und tippen *0*. Bestätigen Sie Ihre Wahl mit Enter oder OK.

Geben Sie nun in Feld Z14S2 folgende Formel ein

```
=Z5S3*ZS(-1)
```

Diese Formel berechnet den Verkaufserlös für die erste Stufe der verkauften Stücke (0). Anschließend bewegen Sie den Cursor auf Feld Z14S3 und geben folgende Formel ein

```
=Z6S3*ZS(-2)
```

Diese Formel berechnet die variablen Gesamtkosten für die erste Stufe.

Gehen Sie nun mit dem Cursor auf Feld Z14S4, und geben Sie hier die Formel

```
=Z7S3
```

ein, um einen Bezug zu den angenommenen Gesamtfixkosten in Feld Z7S3 herzustellen. Als nächstes geben Sie in Feld Z14S5 folgende Formel ein

```
=ZS(-2)+ZS(-1)
```

Mit dieser Formel werden die Gesamtkosten der ersten Verkaufsstufe durch Addition der variablen Gesamtkosten (Feld Z14S3) zu den Gesamtfixkosten (Z14S4) der ersten Stufe errechnet. Als letztes geben Sie in Feld Z14S6 folgende Formel ein

```
=ZS(-4)-ZS(-1)
```

Diese Formel berechnet den Reingewinn der ersten Stufe durch Subtraktion der Gesamtkosten der ersten Stufe (Feld Z14S5) von dem Verkaufserlös der ersten Stufe (Feld Z14S2).

Nachdem Sie diese Formeln eingegeben haben, kopieren Sie sie in den Bereich Z15S2:Z18S6. Dazu markieren Sie den Bereich Z14S2:Z18S6 und wählen Unten ausfüllen im Menü Bearbeiten. Diese Formeln berechnen den Verkaufserlös, die variablen Kosten, Fixkosten, Gesamtkosten und den Reingewinn für die in den Formeln der Felder Z14S1 mit Z18S1 jeweils spezifizierten Absatzmengen.

In Abbildung 6-3 sehen Sie, wie Ihre Tabellenkalkulation nun aussehen soll. Viele Formeln der Tabelle geben eine Fehlermeldung als Ergebnis zurück. Das kommt daher, weil die Felder Z5S3, Z6S3 und Z7S3 momentan keinen Eintrag enthalten und somit den Wert 0 liefern. Diese Fehlermeldungen verschwinden, sobald Sie Ihre Eingaben in die Felder Z5S3, Z6S3 und Z7S3 vornehmen.

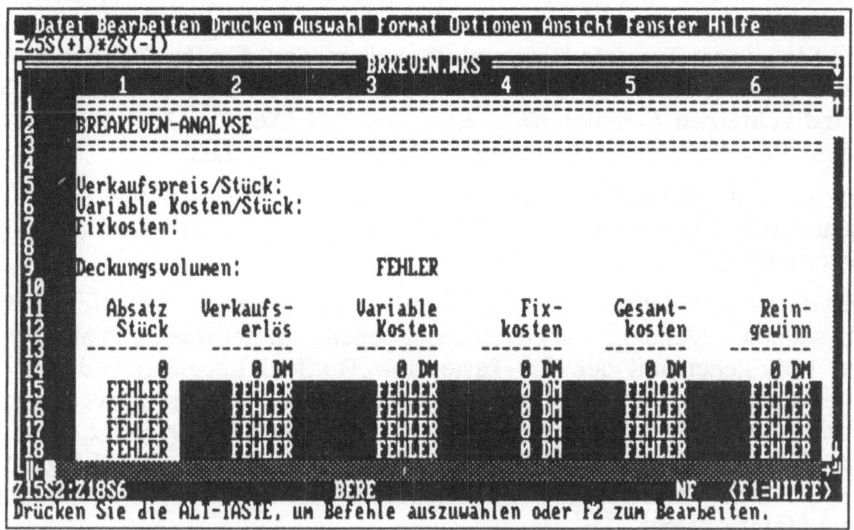

Abbildung 6-3.

Das Diagramm erstellen

Sie können jetzt ein Diagramm erstellen, welches das Verhältnis der Absatzmenge (verkaufte Stückzahl) zu den anderen Werten in der Tabelle darstellt. Wählen Sie als erstes Neues Diagramm aus dem Menü Ansicht. WORKS legt so ein neues Diagramm an und bringt Sie gleichzeitig in die Diagrammebene. Hier können Sie mit der Definition Ihres Diagrammtyps beginnen. Öffnen Sie dazu als erstes das Format-Menü, und wählen Sie Liniendiagramm.

Als nächstes müssen Sie einige y-Werte festlegen. Für das Liniendiagramm können fünf Y-Datenreihen definiert werden. Die erste Datenreihen umfaßt den Bereich Z14S2:Z18S2 (Verkaufserlös), die zweite Datenreihe den Bereich Z14S3:Z18S3 (Variable Kosten), die dritte Datenreihe den Bereich Z14S4:Z18S4 (Fixkosten), die vierte Datenreihe den Bereich Z14S5:Z18S5 (Gesamtkosten) und die fünfte Datenreihe den Bereich Z14S6:Z18S6 (Reingewinn).

Markieren Sie also den Bereich Z14S2:Z18S2, und spezifizieren Sie ihn als erste Datenreihe, indem Sie im Daten-Menü 1.Y-Datenreihe wählen. Anschließend markieren Sie den Bereich Z14S3:Z18S3 und wählen im Daten-Menü 2.Y-Datenreihe. Für den Bereich Z14S4:Z18S4 wählen Sie 3.Y-Datenreihe, für den Bereich Z14S5:Z18S5 4.Y-Datenreihe und für den Bereich Z14S6:Z18S6 5.Y-Datenreihe.

Nachdem Sie diese fünf Datenreihen definiert haben, bestimmen Sie den Bereich Z14S1:Z18S1 als X-Bereich. Dazu markieren Sie Z14S1:Z18S1 und wählen X-Datenreihe aus dem Menü Daten.

Als nächstes müssen einige Titel für das Diagramm festgelegt werden. Öffnen Sie dazu das Menü Daten, und rufen Sie Titel auf. Im geöffneten Dialogfeld können Sie nun im Textfeld Diagrammtitel einen Titel für Ihr Diagramm eingeben (z.B. *JEDERMANN GMBH*). Gehen Sie anschließend zum Textfeld Untertitel, und schreiben Sie hier *BREAKEVEN-ANALYSE*. Im Textfeld X-Achse: schreiben Sie *Absatz in Stück* und im Textfeld Y-Achse: *DM*.

Tragen Sie nun noch einige Legenden ein - für jede Y-Datenreihe eine. Rufen Sie dazu den Befehl Legenden im Menü Daten auf. Bestätigen Sie Ihre Eingabe mit Enter oder OK.

Um für die erste Y-Datenreihe eine Legende einzugeben, öffnen Sie das Menü Daten, wählen Legenden, markieren anschließend im geöffneten Dialogfeld die Option 1.Y, gehen mit der Tab-Taste zum Textfeld Legende: und schreiben hier Verkaufserlös. Diesen Vorgang wiederholen Sie für die anderen vier Y-Datenreihen und geben jeweils im Textfeld die Legenden *Variable Kosten, Fixkosten, Gesamtkosten* und *Reingewinn* ein. Bestätigen Sie Ihre Eingabe mit Enter oder OK. Verlassen Sie den Diagramm-Modus mit Tabellenkalkulation aus dem Menü Ansicht.

Das Breakeven-Diagramm ist nun soweit fertig. Wenn Sie jetzt den Befehl Diagramm1 im Menü Ansicht aufrufen, sieht Ihr Bildschirm wie in Abbildung 6-4 aus. Da Sie bisher für die Felder Z5S3, Z6S3 und Z7S3 noch keine Werte eingegeben haben, ist Ihr Diagramm noch ziemlich dürftig. Sobald Sie jedoch in diese Felder Werte eingeben, wird sich dieses schnell ändern. Verlassen Sie den Ansicht-Modus mit ESC oder durch Klicken mit der Maus.

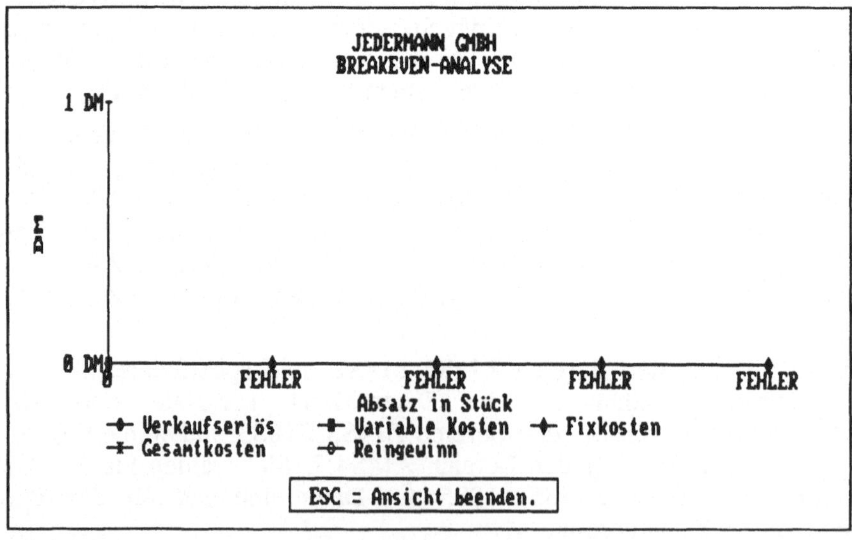

Abbildung 6-4.

Dem Diagramm einen Namen zuweisen

WORKS ordnet jedem neu erstellten Diagramm einen Standardnamen zu. Dem in Abbildung 6-5 gezeigten Diagramm wurde beispielsweise der Name Diagramm1 zugewiesen. Dieser Name ist zwar durchaus passend und ausreichend, doch werden Sie vielleicht den Wunsch haben, Ihr Diagramm mit einem eigenen Namen zu versehen. Dem Diagramm in Abbildung 6-4 könnten Sie z.B. die Bezeichnung Breakeven (Kostendeckung) geben. In diesem Fall gehen Sie einfach mit Enter - oder durch Drücken der Maustaste - ins Menü Ansicht, wählen Diagramme und markieren den Namen Diagramm1 (der aktive Name des Diagramms) im Listenfeld. Anschließend gehen Sie mit der Tab-Taste zum Textfeld Name:, schreiben hier *Breakeven* und wählen Umbenennen. Verlassen Sie nun den Diagramm-Modus mit der Option Tabellenkalkulation aus dem Ansicht-Menü.

Das Arbeitsblatt speichern

Speichern Sie nun das neu erstellte, unausgefüllte Arbeitsblatt. Beim ersten Speichern rufen Sie hierzu Speichern unter im Menü Datei auf. Soll das Arbeitsblatt nicht im aktuellen Verzeichnis abgelegt werden, wählen Sie ein anderes Verzeichnis im Listenfeld Verzeichnisse und bestätigen Ihre Wahl mit OK. Anschließend schreiben Sie einen Namen für das Arbeitsblatt (z.B. *BREAKEVEN.WKS*) und wählen Enter oder OK. Soll das Arbeitsblatt im aktuellen Verzeichnis gespeichert werden, geben Sie einfach einen Dateinamen ein und bestätigen mit Enter oder OK. Da das Diagramm Bestandteil der Tabellenkalkulation ist, speichert WORKS es automatisch gemeinsam mit dem Arbeitsblatt. Nachdem Sie das Arbeitsblatt gespeichert haben, können Sie es jederzeit mit Speichern im Menü Datei neu speichern.

MIT DEM ARBEITSBLATT ARBEITEN

Wenn Sie nun mit Ihrer Breakeven-Analyse arbeiten wollen, müssen Sie als erstes das Arbeitsblatt auf den Bildschirm holen. (Haben Sie das Arbeitsblatt gerade erst angelegt, können Sie diesen Schritt überspringen.) Wählen Sie also im Datei-Menü die Option Vorhandene Datei öffnen. Ist das gewünschte Arbeitsblatt im aktuellen Verzeichnis abgelegt, schreiben Sie einfach den entsprechenden Namen einschließlich Dateierweiterung (z.B. *BREAKEVEN.WKS*), oder markieren Sie den Namen im Listenfeld. Laden Sie anschließend das Arbeitsblatt mit Enter oder OK. Haben Sie das Arbeitsblatt in einem anderen als dem aktiven Verzeichnis gespeichert, markieren Sie das entsprechende Verzeichnis im Listenfeld Verzeichnisse und bestätigen Ihre Wahl mit Enter oder OK. Anschließend schreiben oder markieren Sie den gewünschten Dateinamen und bestätigen wieder mit Enter oder OK.

Um den Breakeven-Punkt für ein Produkt zu analysieren, geben Sie drei Werte in Ihre Tabellenkalkulation ein, lassen die Tabelle neu berechnen und rufen anschließend Breakeven im Menü Ansicht auf. Als erstes tragen Sie in Feld Z5S3 den geplanten Stückpreis für das Produkt ein. Dann geben Sie in Feld Z6S3 die variablen Kosten pro verkauftes Stück ein. Die variablen Kosten setzen sich aus den Grenzkosten für die einzelnen Komponenten des Produkts zusammen. In diesem Betrag sind gewöhnlich Kosten für Material und Herstellung enthalten, die von der gefertigten und verkauften Produktmenge unmittelbar abhängig sind. Als letztes tragen Sie in Feld Z7S3 die Gesamtfixkosten ein. Fixkosten sind Ausgaben, die unabhängig vom Produktumfang in jedem Fall gleichbleibend anfallen - Miete, Management, Zinsen für Bankverbindlichkeiten und ähnliches.

Nachdem Sie diese Daten eingegeben haben, drücken Sie [F9] (Berechnen) oder wählen Neu berechnen im Menü Optionen, um Ihre Tabelle neu berechnen zu lassen. Die Formel in Feld Z9S3, die das Deckungsvolumen für die Tabelle errechnet, wird damit neu berechnet. Anschließend berechnet WORKS die Formeln im Kostendeckungsbereich (Z14S1:Z18S6) neu und liefert eine Reihe von Stückzahlen, die sich von 0 bis etwa dem Doppelten des Deckungsvolumens erstrecken. Die Tabelle zeigt außerdem für die jeweiligen Absatzmengen die entsprechenden Beträge für den Verkauferlös, die variablen Kosten, Fixkosten, Gesamtkosten und den Reingewinn.

Diese Ergebnisse können Sie anschließend in einem Diagramm darstellen lassen. Sie öffnen dazu einfach das Ansicht-Menü und rufen die Option Breakeven auf.

Ein Beispiel

Angenommen, Sie wollen irgendein Gerät herstellen. Sie veranschlagen für Material- und Herstellungskosten DM 16,00 pro Stück und rechnen mit einem Verkaufspreis von DM 25,00 pro Stück. Die Gemeinkosten (Produktionsmittel, Verwaltungskosten usw.) schätzen Sie auf DM 120.000,00. Anhand dieser Daten wollen Sie den Breakeven-Punkt für dieses Produkt feststellen, d.h., Sie wollen wissen, wieviele Geräte Sie verkaufen müssen, bis das Produkt Gewinn abwirft.

Geben Sie also in Feld Z5S3 den Wert 25 ein, in Feld Z6S3 den Wert 16 und in Feld Z7S3 den Wert *120000*. Drücken Sie anschließend [F9], oder wählen Sie Neu berechnen im Menü Optionen, damit Ihre Tabelle neu berechnet wird.

Abbildung 6-5 zeigt, wie Ihre Breakeven-Analyse aussieht, nachdem Sie die Zahlen eingegeben und die Tabelle neu berechnet haben. Die Formel in Feld Z9S3 gibt den Wert 13.333 - als Deckungsvolumen - zurück. Wenn Sie also weniger als 13.333 Geräte verkaufen, machen Sie Verlust (d.h. die Kosten sind höher als der Ertrag).

Wie Sie sehen können, gibt die Formel in Feld Z18S1 den Wert 30000 zurück. Dieser Wert ist etwa doppelt so groß wie der Wert für das Deckungsvolumen. Die Formeln in den Feldern Z15S1, Z16S1 und Z17S1 benutzen diesen Wert, um die anderen Absatzmengen zu errechnen: 7500, 15000 und 22500. Beachten Sie, daß diese Werte genau ein Viertel, die Hälfte und drei Viertel des Wertes in Feld Z18S1 ausmachen. Die Formeln in den Feldern Z14S2:Z18S6 berechnen für die unterschiedlichen Deckungsvolumen die Beträge für Verkaufserlös, variable Kosten, Fixkosten, Gesamtkosten und Reingewinn.

Abbildung 6-5.

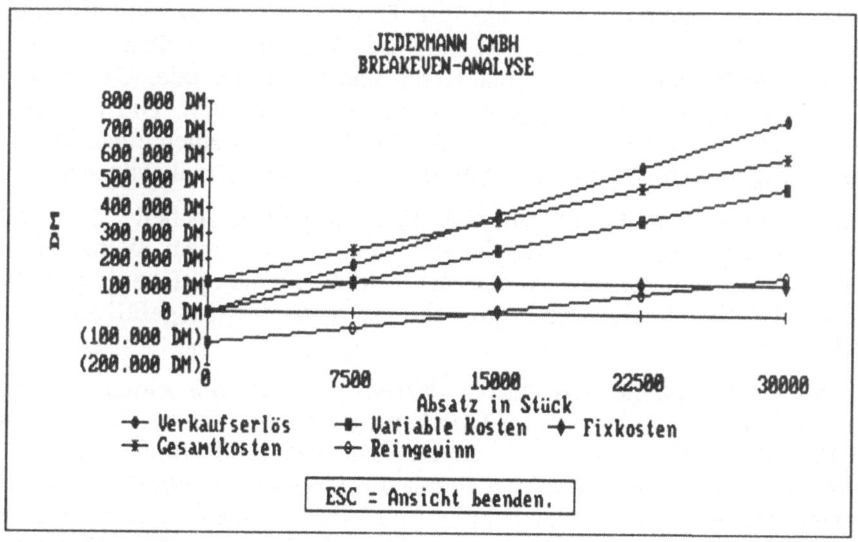

Abbildung 6-6.

Nachdem Sie diese Daten gespeichert haben, öffnen Sie das Ansicht-Menü und wählen dann die Option Breakeven. WORKS erstellt daraufhin das in Abbildung 6-6 gezeigte Diagramm. Dieses Diagramm zeigt fünf Linien - für jeden der fünf Deckungsbereiche eine. Die oberste Linie an der Y-Achse stellt die Gesamtkosten für die fünf verschiedenen Deckungsvolumen (X-Achse) dar. Die horizontale Linie (bei DM 120.000 von der Y-Achse startend) gibt die Fixkosten wieder. Die dritte Linie (die rechts oben im Diagramm endet) stellt den Verkaufserlös dar. Die vierte Linie, sie beginnt bei DM 0,00 auf der Y-Achse und steigt bis DM 480.000 an, zeigt die variablen Kosten. Die fünfte Linie, die unterste Linie an der Y-Achse, stellt den Reingewinn dar.

Sie sehen, die Linien für Verkauferlös und Gesamtkosten kreuzen sich etwa in der Mitte zwischen den Markierungspunkten für die Werte 7500 und 15000 auf der X-Achse. Der Schnittpunkt dieser beiden Linien bezeichnet den Breakeven-Punkt. Bei Absatzmengen unterhalb dieses Punktes liegt die Linie für Gesamtkosten über der für Gewinn (das bedeutet, die Kosten sind höher als der Ertrag). Bei Absatzmengen über dem Breakeven-Punkt liegt die Gewinn-Linie über der Linie für Gesamtkosten (das bedeutet, der Ertrag ist höher als die Gesamtkosten). Da die Linie für den Reingewinn die Differenz zwischen Gewinn und Gesamtkosten darstellt, kreuzt sie die X-Achse am Breakeven-Punkt. Das Verhältnis vom Gewinn zu den einzelnen Kosten ist in unserer Darstellung klar erkennbar.

Drucken und Speichern

Nachdem Sie Ihre Analyse fertiggestellt haben, speichern Sie die Tabelle in einer neuen Datei. Wählen Sie entweder in Datei unter Verzeichnisse das gewünschte Verzeichnis - wenn Sie Ihre Datei nicht im aktiven Verzeichnis speichern möchten - oder speichern Sie Ihre Datei im aktuellen Verzeichnis, indem Sie den Namen der Datei markieren und mit Enter oder OK speichern, bzw. den Dateinamen ins entsprechende Textfeld schreiben. Die Eingabe mit Enter oder OK bestätigen. Verwenden Sie für Ihre Datei einen eindeutigen und aussagekräftigen Namen - z.B. *PROD1BE* für Produkt 1 Breakeven-Analyse.

Achten Sie unbedingt darauf, daß Sie Ihre ausgefüllte Tabelle unter einem anderen Namen als die leere Originaltabelle speichern. Wenn Sie die ausgefüllte Tabelle unter dem Namen der leeren Tabelle speichern, geht Ihnen die leere Tabellenversion verloren, da sie von der ausgefüllten Version überschrieben wird.

Bevor Sie Ihre Tabelle ausdrucken lassen, können Sie einige Druckeinstellungen ändern. Wählen Sie im Drucken-Menü Papierformat, um beispielsweise Randabstände zu ändern. Es könnte sich eventuell empfehlen, die Einstellung für Seitenbreite zu ändern, damit die gesamte Tabellenbreite auf eine Seite paßt. Mit Kopf-/Fußzeilen im gleichen Menü können sie Kopf- und Fußzeilen definieren. Anschließend wählen Sie Schriftart im Menü Format und geben an, in welcher Schriftart WORKS Ihre Tabelle ausdrucken soll. Für eine breite Tabelle, wählen Sie am besten eine komprimierte Schrift (z.B Elite) und kleine Punktgröße (etwa 6 oder 8).

Nachdem alle Einstellungen gesetzt sind, wählen Sie Drucken im Menü Drucken. Im geöffneten Dialogfeld können Sie weitere Einstellungen festlegen.

Sie können selbstverständlich auch das Diagramm ausdrucken. Wählen Sie zunächst das gewünschte Diagramm aus dem Menü Ansicht. Wählen Sie danach den Befehl Drucken aus dem Menü Drucken und bestätigen Sie mit Enter oder OK.

ZUSAMMENFASSUNG

Diese Tabelle ist für alle diejenigen sinnvoll, die den möglichen Erfolg eines neuen Produktes oder einer neuen Firma im voraus planen möchten. Mit dieser Tabelle kann exakt die Absatzmenge bestimmt werden, die notwendig ist, damit ein Produkt Gewinn abwirft. Jedes über das errechnete Deckungsvolumen (Absatzmenge) hinaus verkaufte Stück bedeutet Profit. Kann das Deckungsvolumen nicht erreicht werden, ist das Produkt ein Verlustgeschäft. Mit dieser Tabelle ist die Breakeven-Analyse ein Kinderspiel: Man gibt einfach den angenommenen Stückpreis, die variablen Kosten pro Stück sowie die Gesamtfixkosten ein, und die Tabelle erledigt den Rest. Das zugehörige Diagramm, aus dem das Verhältnis zwischen Gewinn und den verschiedenen Unkosten ersichtlich ist, kann mit dieser Tabelle ebenfalls mühelos erstellt werden.

Kapitel 7

FINANZANALYSE

Die Finanzanalyse gibt über die finanzielle Situation eines Unternehmens Aufschluß. Für den Finanzanalyst ist die Finanzanalyse, was für den Arzt Blutdruck und Temperatur sind: wichtige Daten, um problematische Gesundheits- (Unternehmens-) -faktoren zu erkennen. Die Finanzanalyse gibt Aufschluß über so wichtige Faktoren, wie die Fähigkeit eines Unternehmens, Verbindlichkeiten zurückzahlen bzw. Außenstände eintreiben zu können. Anhand der Kennzahlen kann leicht festgestellt werden, wie solide und wettbewerbsfähig ein Unternehmen ist.

Dieses Arbeitsblatt erlaubt, die Vermögensdaten eines Unternehmens in eine generische Gewinn- und Verlustrechnung sowie eine generische Bilanz einzugeben. Mit diesen Daten werden dann einige der wichtigsten finanzwirtschaftlichen Kennzahlen und Statistiken für das entsprechende Unternehmen errechnet. Die Ergebnisse erlauben wichtige Rückschlüsse auf die Finanzsituation der Firma. Das Arbeitsblatt kann einfach und problemlos angelegt und gehandhabt werden. Wenn Sie jemals Finanzanalysen dieser Art vornehmen wollen, sollten Sie diese Tabelle dazu heranziehen.

DAS ARBEITSBLATT

In Abbildung 7-1 sehen Sie die Tabelle für eine neu erstellte Finanzanalyse. Sie können sehen, daß diese Tabelle drei Bereiche umfaßt: *Gewinn- und Verlustrechnung, Bilanz und Kennzahlen* und *Analyse*. Die Gewinn- und Verlustrechnung belegt die Spalten 1 bis 7 und die Zeilen 4 bis 21. In Abbildung 7-2 sehen Sie den oberen Teil der *Gewinn- und Verlustrechnung* mit einigen Musterdaten. In diesen Bereich werden die Umsatzdaten des untersuchten Unternehmens eingegeben: Verkäufe, Umsatzkosten, Betriebskosten und so weiter. Einige Felder in Spalte 6 enthalten Formeln zur Berechnung der Summen für die von Ihnen eingegebenen Beträge, während die Formeln in Spalte 7 den Gewinnanteil der einzelnen Summen in Spalte 6 errechnen.

```
             1         2        3        4        5         6          7
 1 ===============================================================================
 2 FINANZANALYSE
 3 ===============================================================================
 4 Gewinn- und Verlustrechnung                              D-Mark    Prozent
 5 ================================================     =========  ========
 6
 7 Umsatzerlös                                          975.000 DM   100,00%
 8 Wareneinsatz                                         417.000 DM    42,77%
 9                                                      ---------    ---------
10 Bruttoergebnis                                       558.000 DM    57,23%
11 Vetriebs- und Verwaltungskosten                      350.000 DM    35,90%
12 Abschreibung                                          56.000 DM     5,74%
13                                                      ---------    ---------
14 Gewinn vor Zinsen und Steuern                        152.000 DM    15,59%
15 Zinsen                                                35.000 DM     3,59%
16                                                      ---------    ---------
17 Gewinn vor Steuern                                   117.000 DM    12,00%
18 Ertragssteuern                                        27.000 DM     2,77%
19                                                      ---------    ---------
20 Nettoergebnis                                         90.000 DM     9,23%
21                                                      =========  =======
22 ===============================================================================
23 Bilanz                                                   D-Mark    Prozent
24 ================================================     =========  =======
25
26 Aktiva
27   Kasse, Bank, Wertpapiere                            92.000 DM    17,08%
28   Forderungen (abz. zweifelhafter Verbindlichk.)     103.250 DM    19,16%
29   Warenbestände                                      100.500 DM    18,65%
30   Sonstiges Umlaufvermögen                               500 DM     0,09%
31                                                      ---------    ---------
32     Summe Umlaufvermögen                             296.250 DM    54,99%
33
34   Werksanlagen, Grundbesitz und Ausstattung          275.000 DM    51,04%
35   Minus aufgel. Abschreibung)                       (35.000 DM)    -6,50%
36   Andere Sachanlagen                                   2.500 DM     0,46%
37                                                      ---------    ---------
38     Summe Anlagevermögen                             242.500 DM    45,01%
39                                                      ---------    ---------
40 Summe der Aktiva                                     538.750 DM   100,00%
41                                                      =========  =========
42 Passiva
43   Warenverbindlichkeiten                              30.750 DM     5,71%
44   Kurzfristige Verbindlichkeiten                       55.000 DM    10,21%
45   Sonstige kurzfr. Verbindlichkeiten                   1.000 DM     0,19%
46                                                      ---------    ---------
47     Summe kurzfristige Verbindlichkeiten              86.750 DM    16,10%
48                                                                     0,00%
49   Langfr. Verbindlichkeiten                          155.000 DM    28,77%
50   Sonstige langfr. Verbindlichkeiten                      3500     0,65%
51                                                      ---------    ---------
52     Summe langfristige Verbindlichkeiten             158.500 DM    29,42%
53                                                      ---------    ---------
54 Summe Verbindlichkeiten                              245.250 DM    45,52%
55
56   Eingezahltes Kapital                               150.000 DM    27,84%
57   Kapitalrücklagen                                   143.500 DM    26,64%
58                                                      ---------    ---------
59     Summe Eigenkapital                               293.500 DM    54,48%
60                                                      ---------    ---------
61 Summe der Passiva                                    538.750 DM   100,00%
62                                                      =========  =======
63 ===============================================================================
64 Kennzahlen und Analyse                                   D-Mark    Prozent
65 ================================================     =========  =======
66 Verhältnis Verbindlichkeiten/Eigenkapital                  0,84
67 Verhältnis Ertrag/Zins                                     3,57 Mal
```

Abbildung 7-1.

(7-1 Fortsetzung)

```
68
69   Nettoumlaufvermögen (Working Capital)          209.500 DM
70   Liquidität 3. Grades (Current Ratio)                3,41
71   Liquidität 2. Grades (Quick Ratio)                  2,25
72   Liquidität 1. Grades (Cash Ratio)                   1,06
73
74   Durchschnittliche Laufzeit Forderung               38,12 Tage
75   Durchschnittliche Laufzeit Verbindlichkeiten       26,55 Tage
76   Durchschnittliche Verweildauer Lager               86,76 Tage
77   Lagerumschlag                                       4,15 Mal/Jahr
78
79   Gesamtumsatzrendite                                 9,23%
80   Gesamtkapitalrendite                               16,71%
81   Eigenkapitalrendite                                30,66%
```

```
 Datei Bearbeiten Drucken Auswahl Format Optionen Ansicht Fenster Hilfe
╔══════════════════════ FINANZ.WKS ══════════════════════╗
       1       2       3       4       5       6       7
 4  Gewinn- und Verlustrechnung                    D-Mark  Prozent
 5  ═══════════════════════════════════════════   ═══════ ═══════
 6
 7  Umsatzerlös                                    975.000 DM  100,00%
 8  Wareneinsatz                                   417.000 DM   42,77%
 9
10  Bruttoergebnis                                 558.000 DM   57,23%
11  Vetriebs- und Verwaltungskosten                350.000 DM   35,90%
12  Abschreibung                                    56.000 DM    5,74%
13
14  Gewinn vor Zinsen und Steuern                  152.000 DM   15,59%
15  Zinsen                                          35.000 DM    3,59%
16
17  Gewinn vor Steuern                             117.000 DM   12,00%
18  Ertragssteuern                                  27.000 DM    2,77%
19
20  Nettoergebnis                                   90.000 DM    9,23%
21
Z22S1                                                   NF  <F1=HILFE>
Drücken Sie die ALT-TASTE, um Befehle auszuwählen oder F2 zum Bearbeiten.
```

Abbildung 7-2.

Der *Bilanz*-Bereich umfaßt die Felder Z22S1:Z62S7. In Abbildung 7-3 sehen Sie den oberen Teil einer neu erstellten Bilanz. In diesen Bereich geben Sie die Bilanzdaten des zu untersuchenden Unternehmens ein: liquide Mittel, Forderungen, Warenbestände, Sachanlagevermögen und so weiter. Wie in der Gewinn- und Verlustrechnung sind auch hier in Spalte 6 einige Formeln untergebracht, die die Summen der von Ihnen eingegebenen Beträge berechnen. Die Formeln in Spalte 7 errechnen den Anteil der Aktiva (oder Passiva) für die in Spalte 6 angegebenen Summen.

Der dritte Bereich Kennzahlen und Analyse beginnt in Zeile 63. Dieser Bereich enthält Formeln zur Berechnung allgemein gebräuchlicher Finanzdaten, wie z.B. Liquidität dritten Grades, Verschuldungskoeffizient und Umschlagdauer von Forderungen. In Abbildung 7-4 sehen Sie den oberen Teil der neu erstellten Tabelle, in Abbildung 7-5 die vollständige Mustertabelle *Kennzahlen und Analyse*.

Abbildung 7-3.

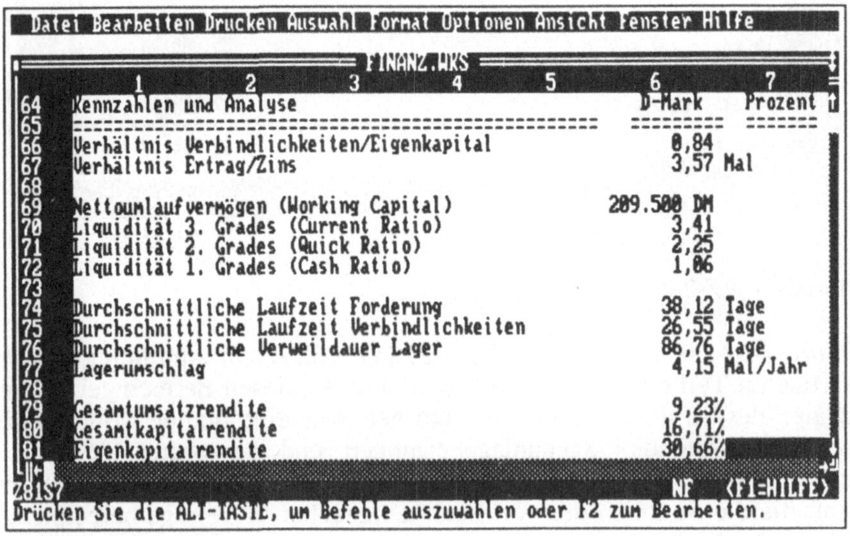

Abbildung 7-4.

DAS ARBEITSBLATT ERSTELLEN

Das Arbeitsblatt ist einfach anzulegen. Wählen Sie als erstes Neue Datei erstellen im Menü Datei, um eine neue Tabellenkalkulation zu erstellen. Ändern Sie anschließend die Breite der Spalte 1 von 10 (Standardeinstellung) auf 13, der Spalte 5 auf 8 und der Spalte 6 auf 12. Dazu bewegen Sie den Cursor einfach in irgendein Feld in Spalte 1 bzw.6, rufen Breite aus dem Menü Format auf, schreiben 13 (12 für Spalte 6) und bestätigen die Eingabe mit Enter oder OK.

Weisen Sie nun den Feldern in Spalte 6 Währungsformat ohne Nachkommastellen und den Feldern in Spalte 7 Prozentformat zu. Markieren Sie dazu den Bereich Z7S6:Z61S6. Wählen Sie Währung im Format-Menü, und geben Sie im geöffneten Dialogfeld für Nachkommastellen: 0 ein. Bestätigen Sie mit Enter oder OK. Anschließend markieren Sie den Bereich Z7S7:Z61S7, wählen Prozent im Format-Menü und bestätigen die Standardeinstellung (2) mit Enter oder OK.

Spaltenbezeichnungen eingeben

Sie können nun mit Ihren Eingaben beginnen. Geben Sie als erstes in den Zeilen 1, 2 und 3 Labels für Ihre Tabelle ein. Die Gleichheitszeichen in den Zeilen 1 und 3 erstrecken sich von Spalte 1 bis Spalte 6 einschließlich. Schreiben Sie dazu in jedes Feld in Zeile 1 ein Anführungszeichen (") gefolgt von Gleichheitszeichen (Anzahl enspricht der jeweiligen Spaltenbreite). Um beispielsweise das Label in Feld Z1S1 einzugeben, tippen Sie ein Anführungszeichen gefolgt von 13 Gleichheitszeichen ("============="). Vergessen Sie nicht das Anführungszeichen, da WORKS Ihre Eingabe sonst als Formel interpretiert und die Fehlermeldung Fehler: *Operand fehlt* anzeigt. Nachdem Sie alle Labels in Zeile 1 eingegeben haben, markieren Sie die Zeile Z1S1:Z1S7, wählen Kopieren im Menü Bearbeiten, zeigen auf Feld Z3S1 und bestätigen den Kopiervorgang mit Enter.

In Feld Z2S1 schreiben Sie einfach das Label *FINANZANALYSE*.

Nun können Sie die Labels für den Bereich Bilanz eingeben. Die Doppellinie in Zeile 5 kopieren Sie einfach von Zeile 3 in Zeile 5. Dazu markieren Sie den Bereich Z3S1:Z3S5, wählen Kopieren im Menü Bearbeiten, zeigen auf Feld Z5S1 und drücken Enter. Anschließend gehen Sie auf Feld Z5S6, geben zwei Leerräume ein gefolgt von sieben Gleichheitszeichen und bestätigen mit Enter. Dann markieren Sie den Bereich Z5S6:Z5S7 und rufen Rechts ausfüllen im Menü Bearbeiten auf.

Bei den Einträgen in die Felder Z4S1, Z4S6 und Z4S7 handelt es sich um Spaltenbezeichnungen. Setzen Sie den Cursor auf Feld Z4S1, und schreiben Sie *Gewinn- und Verlustrechnung*. In Feld Z4S6 tippen Sie anschließend zwei Leerräume und schreiben *DM*, und in Feld Z4S7 tippen Sie wieder zwei Leerräume und schreiben *Prozent*. Damit haben Sie die Labels für die Spalten der Gewinn- und Verlustrechnung eingegeben.

```
          1         2         3         4         5         6         7
 1  ================================================================================
 2  FINANZANALYSE
 3  ================================================================================
 4  Gewinn- und Verlustrechnung                                  D-Mark    Prozent
 5  =====================================================        ========  ========
 6
 7  Umsatzerlös                                                            FEHLER
 8  Wareneinsatz                                                           FEHLER
 9                                                               --------  --------
10  Bruttoergebnis                                               0 DM      FEHLER
11  Vetriebs- und Verwaltungskosten                                       FEHLER
12  Abschreibung                                                           FEHLER
13                                                               --------  --------
14  Gewinn vor Zinsen und Steuern                                0 DM      FEHLER
15  Zinsen                                                                 FEHLER
16                                                               --------  --------
17  Gewinn vor Steuern                                           0 DM      FEHLER
18  Ertragssteuern                                                         FEHLER
19                                                               --------  --------
20  Nettoergebnis                                                0 DM      FEHLER
21                                                               ========  =======
22  ================================================================================
23  Bilanz                                                       D-Mark    Prozent
24  =====================================================        ========  =======
25
26  Aktiva
27    Kasse, Bank, Wertpapiere                                             FEHLER
28    Forderungen (abz. zweifelhafter Verbindlichk.)                       FEHLER
29    Warenbestände                                                        FEHLER
30    Sonstiges Umlaufvermögen                                             FEHLER
31                                                               --------  --------
32      Summe Umlaufvermögen                                     0 DM      FEHLER
33
34    Werksanlagen, Grundbesitz und Ausstattung                            FEHLER
35    Minus aufgel. Abschreibung)                                          FEHLER
36    Andere Sachanlagen                                                   FEHLER
37                                                               --------  --------
38      Summe Anlagevermögen                                     0 DM      FEHLER
39                                                               --------  --------
40  Summe der Aktiva                                             0 DM      FEHLER
41                                                               ========  ========
42  Passiva
43    Warenverbindlichkeiten                                               FEHLER
44    Kurzfristige Verbindlichkeiten                                       FEHLER
45    Sonstige kurzfr. Verbindlichkeiten                                   FEHLER
46                                                               --------  --------
47      Summe kurzfristige Verbindlichkeiten                     0 DM      FEHLER
48                                                                         FEHLER
49    Langfr. Verbindlichkeiten                                            FEHLER
50    Sonstige langfr. Verbindlichkeiten                                   FEHLER
51                                                               --------  --------
52      Summe langfristige Verbindlichkeiten                     0 DM      FEHLER
53                                                               --------  --------
54  Summe Verbindlichkeiten                                      0 DM      FEHLER
55
56    Eingezahltes Kapital                                                 FEHLER
57    Kapitalrücklagen                                                     FEHLER
58                                                               --------  --------
59    Summe Eigenkapital                                         0 DM      FEHLER
60                                                               --------  --------
61  Summe der Passiva                                            0 DM      FEHLER
62                                                               ========  =======
63  ================================================================================
64  Kennzahlen und Analyse                                       D-Mark    Prozent
65  =====================================================        ========  =======
66  Verhältnis Verbindlichkeiten/Eigenkapital                    FEHLER
67  Verhältnis Ertrag/Zins                                       FEHLER Mal
```

Abbildung 7-5.

(7-5 Fortsetzung)

```
68
69   Nettoumlaufvermögen (Working Capital)              0 DM
70   Liquidität 3. Grades (Current Ratio)              FEHLER
71   Liquidität 2. Grades (Quick Ratio)               FEHLER
72   Liquidität 1. Grades (Cash Ratio)                FEHLER
73
74   Durchschnittliche Laufzeit Forderung             FEHLER Tage
75   Durchschnittliche Laufzeit Verbindlichkeiten     FEHLER Tage
76   Durchschnittliche Verweildauer Lager             FEHLER Tage
77   Lagerumschlag                                    FEHLER Mal/Jahr
78
79   Gesamtumsatzrendite                              FEHLER
80   Gesamtkapitalrendite                             FEHLER
81   Eigenkapitalrendite                              FEHLER
```

Sie können nun die Labels aus den Zeilen 3, 4 und 5 der Gewinn- und Verlustrechnung in die entsprechenden Zeilen der Bereiche Bilanz und Kennzahlen und Analyse kopieren und das Label Gewinn- und Verlustrechnung einfach in Bilanz bzw.Kennzahlen und Analyse umschreiben. (Sie können diese Labels natürlich auch neu erstellen, aber warum Zeit vergeuden.)

Markieren Sie also den Bereich Z3S1:Z5S7, und wählen Sie im Bearbeiten-Menü die Option Kopieren. Dabei erscheint unten rechts auf dem Bildschirm die Mitteilung Kopieren. Bewegen Sie den Cursor auf Feld Z22S1 (das erste Feld oben links in der Bilanz-Tabelle), und drücken Sie Enter. Benutzen Sie anschließend die gerade kopierten Header in den Feldern Z22S1:Z24S7 als Ausgang für die Header der Tabelle Kennzahlen und Analyse. Wählen Sie einfach wieder Kopieren im Menü Bearbeiten, zeigen Sie auf das Feld Z63S1, und drücken Sie Enter. (Da der kopierte Header in Z22S1:Z24S7 noch markiert war, konnten Sie ohne erneuten Markiervorgang den Kopierbefehl aufrufen.)

Ersetzen Sie nun das Label Gewinn- und Verlustrechnung durch die entsprechenden Bezeichnungen. Schreiben Sie in Feld Z23S1 *Bilanz* und in Feld Z64S1 *Kennzahlen und Analyse*. (Drücken Sie einfach [F5], und geben Sie die entsprechenden Feldkoordinaten an. Wenn Sie mit der Maus arbeiten, können Sie auch mit Hilfe der Schieberleiste den Cursor bewegen.)

Zeilenbezeichnungen eingeben

Geben Sie nun in Spalte 1 Zeilenbezeichnungen ein. Beginnen Sie in Feld Z7S1, und schreiben Sie hier *Umsatz*. Gehen Sie anschließend auf Feld Z8S1, und schreiben Sie *Umsatzkosten*. Setzen Sie den Cursor dann auf Feld Z9S1, und schreiben Sie *Bruttoverdienstspanne*. Gehen Sie in die übrigen Felder in Spalte 1, und geben Sie die in Abbildung 7-1 gezeigten Labels nacheinander ein.

Achten Sie darauf, daß einige Einträge in Spalte 1 mit einem oder zwei Leerzeichen beginnen. Durch diese Einrückungen soll die Tabelle übersichtlicher gestaltet werden. Um ein Label etwas einzurücken, tippen Sie erst die entsprechende Anzahl an Leerzeichen und schreiben dann anschließend das eigentliche Label.

Der Bereich Gewinn- und Verlustrechnung

Sie können nun die Gewinn- und Verlustrechnung erstellen. Die meisten Felder der Spalte 6 sind sogenannte Eingabefelder: Wenn Sie mit der Tabelle arbeiten, geben Sie in diese Felder die Daten über Gewinn und Verlust des zu untersuchenden Unternehmens ein. Einige Felder in dieser Spalte enthalten aber auch Formeln zur einfachen Summenberechnung. Tragen Sie diese Formeln aus der Liste in Abbildung 7-6 in die entsprechenden Felder ein. Setzen Sie dazu den Cursor jeweils auf das entsprechende Feld, schreiben Sie die Formel, und geben Sie sie mit Enter ein. Um beispielsweise die Formel in Feld Z10S6 einzugeben, setzen Sie den Cursor auf dieses Feld, schreiben *=Z(-3)S-Z(-2)S* und bestätigen mit Enter.

Die Felder in Spalte 7 der Bilanz-Tabelle enthalten Formeln, die jeweils den Prozentanteil der in Spalte 6 enthaltenen Summen errechnen. Um diese Formel einzugeben, setzen Sie den Cursor auf Feld Z7S7 und schreiben *=ZS(-1)/Z7S*(-1). Da Feld Z7S6 momentan noch leer ist, gibt die Formel eine Fehlermeldung zurück. Aber keine Sorge - sobald Sie einen Wert in dieses Feld eingeben und die Tabelle neu berechnen lassen, verschwindet die Fehlermeldung. (Geben Sie einfach in Feld Z7S6 den Wert 1 ein, dann vermeiden Sie die Meldung FEHLER.)

Nachdem Sie die Formel in Feld Z7S7 eingegeben haben, kopieren Sie sie in den Bereich Z8S7:Z20S7. Markieren Sie dazu Z7S7:Z20S7, und wählen Sie Unten ausfüllen aus dem Menü Bearbeiten. Auf diese Weise wird die Formeln in Z7S7 in alle Felder des markierten Bereichs kopiert. Da der erste Bezug auf Feld Z7S6 in der Ausgangsformel aus einer relativen Adresse besteht, bezieht sich die Formel automatisch auf das links benachbarte Feld. Da der zweite Bezug aus einer gemischten Adresse besteht (Z7S(-1)), wird immer Feld Z7S6 angesprochen. Da Feld Z7S6 bisher noch keinen Eintrag enthält, geben alle Formeln die Meldung FEHLER zurück.

Als nächstes müssen einige gestrichelte Linien als Labels in den Spalten 6 und 7 eingegeben werden. Setzen Sie dazu den Cursor auf Feld Z9S6, drücken Sie zweimal die Leertaste, und geben Sie anschließend sieben Bindestriche ein (--- ----). Markieren Sie dann den Bereich Z9S6:Z9S7, und kopieren Sie dieses Label mit Rechts ausfüllen aus dem Menü Bearbeiten in Feld Z9S7. Anschließend kopieren Sie die beiden Labels in die Felder Z13S6 und Z13S7, Z16S6 und Z16S7 sowie Z19S6 und Z19S7. Dazu markieren Sie den Ausgangsbereich Z9S6:Z9S7, wählen Kopieren im Menü Bearbeiten, zeigen auf den Bereich, in den kopiert werden soll und bestätigen mit Enter. Anschließend wählen Sie einfach nur den Befehl Kopieren, zeigen auf Feld Z13S6 und drücken Enter. Dasselbe wiederholen Sie mit Feld Z19S6.

Feld	Formel
Z10S6	=Z(-3)S-Z(-2)S
Z14S6	=Z(-4)S-Z(-3)S-Z(-2)S
Z17S6	=Z(-3)S-Z(-2)S
Z20S6	=Z(-3)S-Z(-2)S

Abbildung 7-6. Formeln für Spalte 6 der GuV-Tabelle

In Feld Z21S6 geben Sie dann ein Label ein, das aus zwei Leerzeichen und sieben Gleichheitszeichen besteht (=======). Markieren Sie anschließend den Bereich Z21S6:Z21S7, und wählen Sie Rechts ausfüllen im Menü Bearbeiten, um die Doppellinie aus Feld Z21S6 in Feld Z21S7 zu kopieren. Bestätigen Sie den Vorgang mit Enter.

Der Bereich Bilanz

Sie können nun die Bilanz erstellen. Wie bei der Gewinn- und Verlustrechnung sind auch hier die meisten Felder der Spalte 6 Eingabefelder. In diese Felder geben Sie die zu analysierenden Bilanz-Daten der Firma ein, die Sie näher unter die Lupe nehmen wollen. Andere Zeilen in dieser Spalte enthalten die in der Liste unten (Abbildung 7-7) aufgeführten Formeln. Um diese Formeln einzugeben, setzen Sie den Cursor auf das entsprechende Feld und schreiben die Formel. Mit Enter wird die Eingabe ausgeführt. Um beispielsweise die Formel in Feld Z32S6 einzugeben, bewegen Sie den Cursor auf dieses Feld, schreiben hier *=SUMME(Z(-5)S:Z(-1)S)* und bestätigen mit Enter.

Spalte 7 der Bilanz enthält Formeln, die den Anteil der jeweiligen Bilanzsumme in Spalte 6 in Prozent errechnen. Setzen Sie also den Cursor auf Feld Z27S7, und schreiben Sie hier *=ZS(-1)/Z40S(-1)*. Da die Formel in Feld Z40S6 momentan den Wert 0 zurückgibt, zeigt die Formel die Meldung FEHLER. Sobald Sie in Feld Z40S6 einen Wert eingeben, verschwindet die Fehlermeldung.

Feld	Formel
Z32S6	=SUMME(Z(-5)S:Z(-1)S)
Z38S6	=SUMME(Z(-4)S:Z(-1)S)
Z40S6	=Z(-8)S+Z(-2)S
Z47S6	=SUMME(Z(-4)S:Z(-1)S)
Z52S6	=SUMME(Z(-3)S:Z(-1)S)
Z54S6	=Z(-7)S+Z(-2)S
Z59S6	=SUMME(Z(-3)S:Z(-1)S)
Z61S6	=Z(-7)S+Z(-2)S

Abbildung 7-7. Formeln für Spalte 7 der Bilanz-Tabelle

Nachdem Sie die Formel für Feld Z27S6 eingegeben haben, kopieren Sie sie in den Bereich Z28S7:Z61S7. Markieren Sie dazu den Bereich Z27S7:Z61S7, und wählen Sie Unten ausfüllen aus dem Menü Bearbeiten.

Als nächstes geben Sie in einige Felder der Spalten 6 und 7 gestrichelte Linien ein. Markieren Sie dazu den Bereich Z19S6:Z19S7, und wählen Sie Kopieren aus dem Menü Bearbeiten. Anschließend setzen Sie den Cursor auf Feld Z31S6 und kopieren mit Enter die Labels der Felder Z19S6 und Z19S7 in die Zielfelder Z31S6 und Z31S7. Belassen Sie den Cursor auf den Zielfeldern, und rufen Sie nun erneut den Kopieren-Befehl auf. Markieren Sie Feld Z37S6, und kopieren Sie die Labels in die Zeile 37. Wiederholen Sie diese Schritte für die Zeilen 39, 46, 51, 53, 58 und 60 der Spalten 6 und 7.

In die Felder Z41S6 und Z41S7 sowie Z62S6 und Z62S7 geben Sie nun Doppellinien ein. Kopieren Sie dazu einfach die Labels aus den Feldern Z21S6 und Z21S7. Setzen Sie also den Cursor auf Feld Z21S6, markieren Sie den Bereich Z21S6:Z21S7, und wählen Sie Bearbeiten-Kopieren. Anschließend rufen Sie erneut Bearbeiten-Kopieren auf und zeigen auf Feld Z62S6. Wenn Sie nun Enter drücken, werden die Labels in die Felder Z62S6:Z62S7 kopiert.

Als letztes müssen Sie einige Zeilen aus Spalte 7 löschen. Setzen Sie den Cursor auf Feld Z33S7, und wählen Sie Inhalte löschen im Menü Bearbeiten. Anschließend bewegen Sie den Cursor auf Feld Z42S7 und löschen dieses Feld. Wiederholen Sie diesen Schritt für die Felder Z48S7 und Z55S7.

Der Bereich Kennzahlen und Analyse

Sie können nun den Bereich für Kennzahlen und Analyse erstellen. Die Formeln in diesem Bereich berechnen allgemeine finanzwirtschaftliche Bemessungsgrundlagen - wie z.B. das Verhältnis von Verbindlichkeiten zu Eigenkapital oder Lagerumschlag - aus den Daten von Bilanz und Gewinn- und Verlustrechnung. Weisen Sie als erstes dem Bereich Z66S6:Z77S6 Nachkommastellen:2 zu. Markieren Sie dazu die Felder Z66S6:Z77S6, und wählen Sie im Format-Menü Nachkommastellen. Drücken Sie Enter, um die Standardeinstellung von zwei Dezimalstellen zu wählen.

Geben Sie anschließend die Formeln für diesen Bereich ein. Bewegen Sie den Cursor auf Feld Z66S6, und schreiben Sie die Formel

```
=Z(-12)S/Z(-7)S
```

Diese Formel berechnet für das untersuchte Unternehmen das Verhältnis von Verbindlichkeiten zu Eigenkapital. Dabei werden die Gesamtverbindlichkeiten des Unternehmens (in Feld Z54S6 errechnet) durch sein Gesamteigenkapital dividiert.

Bewegen Sie nun den Cursor auf Feld Z67S6, und geben Sie hier die Formel

```
=(Z(-47)+Z(-52)S)/Z(-52)S
```

ein. Die Formel berechnet das Verhältnis von unversteuertem Ertrag zum Ertragszins. Man spricht hier auch vom Verhältnis Gewinn/Dividende. Die Formel dividiert die Summe aus Ertrag (Feld Z20S6) und Zins (Feld Z15S6) durch den Zins (Feld Z15S6). Nachdem Sie die Formel in Feld Z67S6 eingegeben haben, bewegen Sie den Cursor auf Feld Z67S7 und schreiben hier *Mal.*

Setzen Sie den Cursor nun auf Feld Z69S6, und geben Sie folgende Formel ein

```
=Z(-37)S-Z(-22)S
```

Diese Formel errechnet das Nettoumlaufvermögen des Unternehmens durch Subtraktion der kurzfristigen Verbindlichkeiten (Feld Z47S6) vom Umlaufvermögen Feld Z32S6). Nachdem Sie diese Formel eingegeben haben, weisen Sie diesem Feld (Z69S6) DM-Format zu. Wählen Sie im Format-Menü Währungsformat, und geben Sie für Nachkommastellen 0 ein. Bestätigen Sie Ihre Wahl mit Enter.

Anschließend setzen Sie den Cursor auf Feld Z70S6 und geben hier die Formel

```
=Z(-38)S/Z(-23)S
```

ein. Mit dieser Formel wird die Liquidität 3.Grades (Current Ratio) errechnet, indem das Umlaufvermögen (Feld Z32S6) des Unternehmens durch seine kurzfristigen Verbindlichkeiten (Feld Z47S6) dividiert wird.

Als nächstes setzen Sie den Cursor auf Feld Z71S6 und geben die Formel

```
=(Z(-39)S-Z(-42)S-Z(-41)S)/Z(-24)S
```

ein. Diese Formel berechnet das Verhältnis von Umlaufvermögen (ohne Lagerbestand und Rechnungsabgrenzungsposten) zu kurzfristigen Verbindlichkeiten. Dieses Verhältnis wird auch als Liqudität zweiten Grades (Quick Ratio) bezeichnet. Die Formel subtrahiert zuerst den Lagerbestand des Unternehmens (Feld Z29S6) und sein sonstiges Umlaufvermögen (Feld Z30S6) vom Gesamtumlaufvermögen (Feld Z32S6) und dividiert anschließend die Differenz durch die kurzfristigen Verbindlichkeiten insgesamt (Feld Z47S6).

Gehen Sie nun mit dem Cursor auf Feld Z72S6, und geben Sie hier folgende Formel ein

```
=Z(-45)S/Z(-25)S
```

um das Verhältnis von liquiden Mitteln zu kurzfristigen Verbindlichkeiten festzustellen. Dieses Verhältnis wird auch las Liquidität ersten Grades (Cash Ratio) bezeichnet.

Bewegen Sie den Cursor auf Feld Z74S6, und geben Sie folgende Formel ein

```
=Z(-46)S/(Z(-67)S/360)
```

Diese Formel berechnet das Verhältnis von Debitoren zu Tagesumsatz, auch als Tagesumsätze in Debitoren bekannt. Die Formel dividiert dabei zuerst den Gesamtumsatz des Unternehmens (Feld Z7S6) durch seine Tagesumsätze. Anschließend dividiert sie dann die Debitoren (Feld Z28S6) durch die Tagesumsätze. Nachdem Sie die Formel in Feld Z74S6 eingegeben haben, bewegen Sie den Cursor auf Feld Z74S7 und schreiben *Tage*.

Gehen Sie nun mit dem Cursor auf Feld Z75S6, und geben Sie folgende Formel ein

```
=Z(-32)S/(Z(-67)S/360)
```

Mit dieser Formel wird das Verhältnis von Kreditoren zu den Tagesumsatzaufwendungen, auch als Tagesumsatzaufwendungen in Kreditoren bezeichnet, berechnet. Dabei dividiert die Formel zuerst die Gesamtumsatzaufwendungen (Feld Z8S6) durch 360 (Tage), um den Aufwand für den einzelnen Tagesumsatz zu errechnen. Anschließend dividiert sie dann die Kreditoren (Feld Z43S6) des Unternehmens durch diese Tagesumsatzaufwendung. Gehen Sie nun mit dem Cursor auf Feld Z75S6, und schreiben Sie *Tage*.

Setzen Sie den Cursor auf Feld Z76S6, und geben Sie die Formel

```
=Z(-47)S/(Z(-68)S/360).
```

ein. Diese Formel dividiert den Lagerbestand (Feld Z29S6) des Unternehmens durch die Gesamtumsatzaufwendung (berechnet durch Division der Gesamtumsatzaufwendung in Feld Z8S6 durch 360). Das Ergebnis ist als Tagesumsatzaufwendung im Lagerbestand bekannt. Positionieren Sie nun den Cursor auf Feld Z76S7, und schreiben Sie *Tage*.

Gehen Sie auf Feld Z77S6, und geben Sie folgende Formel ein

```
=Z(-69)S/Z(-48)S
```

Mit dieser Formel wird das Verhältnis von Umsatzaufwendung (Feld Z8S6) zu Lagerbestand (Feld Z29S6) berechnet. Dieses Verhältnis wird auch Lagerumschlag genannt. Nachdem Sie diese Formel in Feld Z77S6 eingegeben haben, bewegen Sie den Cursor auf Feld Z77S7 und schreiben *Mal/Jahr*.

Die letzten drei Formeln berechnen Prozentangaben. Formatieren Sie also die entsprechenden Felder, indem Sie den Bereich Z79S6:Z81S6 markieren, im Format-Menü Prozent wählen und Ihre Wahl mit Enter bestätigen. Anschließend setzen Sie den Cursor auf Feld Z79S6 und geben die Formel

```
=Z(-59)S/Z(-72)S
```

ein. Diese Formel berechnet das Verhältnis von Ertrag (Feld Z20S6) und Gesamtumsatz (Feld Z7S6). Das Ergebnis wird Umsatzrendite genannt. Gehen Sie nun auf Feld Z80S6, und geben Sie folgende Formel ein

```
=Z(-60)S/Z(-40)S
```

Diese Formel errechnet die Gesamtkapitalrendite des Unternehmens, indem sie den Nettoertrag (Feld Z20S6) durch das Gesamtkapital (Z40S6) dividiert. Als letztes bewegen Sie den Cursor auf Feld Z81S6 und geben die Formel

```
=Z(-61)S/Z(-22)S
```

ein. Mit dieser Formel wird das Verhältnis von Nettoertrag (Feld Z20S6) zu Gesamteigenkapital (Z59S6) - bekannt als Eigenkapitalrendite - berechnet.

Das Arbeitsblatt speichern

Damit ist das Arbeitsblatt fertiggestellt. Bevor Sie weiterarbeiten, sollten Sie das Arbeitsblatt erst einmal speichern. Wählen Sie im Datei-Menü Speichern unter. Wenn Sie das Arbeitsblatt nicht im aktive Verzeichnis speichern wollen, müssen Sie ein anderes Verzeichnis in der Liste der Verzeichnisse wählen und mit Enter aktivern. Anschließend geben Sie einen Namen für Ihre Datei ein (z.B. *FINANZ.WKS*) und speichern diese mit Enter oder OK. Wollen Sie das Arbeitsblatt im aktuellen Verzeichnis ablegen, schreiben Sie einfach einen Dateinamen und speichern die Datei dann mit Enter oder OK.

MIT DEM ARBEITSBLATT ARBEITEN

Nachdem Sie die Tabelle für Finanzanalysen erstellt haben, können Sie nun damit arbeiten. Öffnen Sie dazu als erstes die Tabellenkalkulation. (Wenn Sie die Tabelle gerade erst angelegt haben, können Sie diesen Schritt überspringen.) Wählen Sie also Vorhandene Datei öffnen aus dem Datei-Menü. Falls sich die gewünschte Datei im aktuellen Verzeichnis befindet, schreiben Sie einfach den Dateinamen einschließlich Erweiterung, unter dem Sie das Arbeitsblatt gespeichert hatten (z.B. *FINANZ.WKS*), oder markieren Sie den entsprechenden Namen im Verzeichnis und bestätigen Ihre Wahl mit Enter oder OK. Wenn die gesuchte Datei nicht im aktuellen Verzeichnis gespeichert ist, müssen Sie das Verzeichnis mit der entsprechenden Datei aus der Liste der Verzeichnisse aufrufen. Anschließend schreiben Sie dann entweder den Namen der gewünschten Datei oder markieren die Datei im Verzeichnis. Mit Enter oder OK laden Sie dann die Datei auf den Bildschirm.

Cursorbewegung

Wie Sie in Abbildung 7-3 sehen können, wird nach dem Laden Ihres Arbeitsblattes der Bereich Gewinn- und Verlustrechnung auf dem Bildschirm sichtbar. Wenn Sie einen anderen Teil der Tabelle ansehen wollen, bewegen Sie einfach den Cursor mit Hilfe der Maus oder den entsprechenden Pfeiltasten zum entsprechenden Feld. Um beispielsweise in den Bereich Bilanz zu gelangen, drücken Sie einfach einmal die Taste PgDn. Um den Bereich Gewinn- und Verlustrechung auf den Bildschirm zu holen, drücken Sie zweimal PgDn. Mit PgUp gelangen Sie seitenweise wieder an den Tabellenanfang. Wenn Sie mit der Maus arbeiten, benutzen Sie die vertikale Schieberleiste, um sich in den verschiedenen Tabellenbereichen hin und her zu bewegen.

Wenn Sie eine bestimmte Zeile ansteuern wollen, drücken Sie am besten die Funktionstaste [F5] (Gehe zu) und geben die gewünschte Zeilennummer gefolgt

von einer Spaltenbezeichnung ein. Um in Zeile 63 zu gelangen (die erste Zeile
des Bereichs Kennzahlen und Analyse), drücken Sie [F5], schreiben Z63S1 und
bestätigen mit Enter oder OK.

Unternehmensdaten eingeben

Sobald das Arbeitsblatt geladen ist, können Sie die erforderlichen Daten für das
Unternehmen, das Sie analysieren wollen, eingeben. Die Tabelle in Abbildung
7-8 zeigt, in welche Felder Sie die Unternehmensdaten eingegeben sollen. Da
die Tabelle auf automatische Neuberechnung gesetzt ist, wird WORKS die
Formeln in den Spalten 6 und 7 nach jedem Eintrag aktualisieren.

Feld	Inhalt
Z7S6	Umsatzerlös (inkl. neutr. Erlöse, ohne Kapitalrückflüsse)
Z8S6	Wareneinsatz
Z11S6	Vertriebs- und Verwaltungskosten
Z12S6	Abschreibung
Z15S6	Zinsen
Z18S6	Ertragssteuern
Z27S6	Kasse, Bank und Wertpapiere
Z28S6	Forderungen (abz. zweifelhafter Verbindlichkeiten)
Z29S6	Warenbstände
Z30S6	Sonstiges Umlaufvermögen (falls vorhanden)
Z34S6	Werksanlage, Grundbesitz und Ausstattung
Z35S6	Aufgelaufene Abschreibungen (als Minusbetrag eingeben)
Z36S6	Sonstige Sachanlagen (falls vorhanden)
Z43S6	Warenverbindlichkeiten (einschl. Bezugsnebenkosten)
Z44S6	Kurzfristige Verbindlichkeiten (inkl. laufende Raten aus langfristigen Verbindlichkeiten)
Z45S6	Sonstige kurzfristigen. Verbindlichkeiten
Z49S6	Langfristige Verbindlichkeiten
Z50S6	Sonstige langfristige Verbindlichkeiten (falls vorhanden)
Z56S6	Eingezahltes Kapital
Z57S6	Kapitalrücklagen

Abbildung 7-8. Feldeingaben für die Finanzanalyse-Tabelle

Ertragsrechnung und Bilanz sind generische Tabellenbereiche und könnten bei
Ihnen durchaus anders aussehen als in unserem Beispiel. Einige der hier aufge-
führten Konten werden Sie wahrscheinlich nicht benötigen, dafür aber andere.
Wie Sie die Tabelle jeweils auf Ihre Bedüfnisse zuschneiden können, erfahren
Sie etwas später in diesem Kapitel.

Ein kleiner Hinweis: Fehler sind bei der Eingabe von Daten schnell gemacht
und führen automatisch zu einer unausgelichenen Bilanz. Daher achten Sie
gewissenhaft darauf, daß die Bilanz immer ausgeglichen ist; d.h., die Summe
der Aktiva in Feld Z40S6 muß mit der Summe der Passiva in Feld Z61S6 über-

einstimmen. Sie können Ihre Bilanz anhand des Ergebnisses, das die Formel in Feld Z61S7 errechnet, überprüfen. Bei einer ausgeglichenen Bilanz beträgt der Wert in diesem Feld 100 Prozent. Jeder andere Wert in diesem Feld zeigt an, daß die Bilanz unausgelichen ist. Dieses Problem muß behoben werden, bevor Sie mit Ihrer Analyse beginnen.

Drucken und Speichern

Nachdem Sie die erforderlichen Daten für das zu untersuchende Unternehmen eingegeben haben, speichern Sie erst einmal Ihre Tabelle in eine neue Datei. Rufen Sie dazu Speichern unter aus dem Datei-Menü auf. Soll die neue Datei nicht im aktuellen Verzeichnis abgelegt werden, dann müssen Sie in der Liste der Verzeichnisse das gewünschte Verzeichnis wählen. Als nächstes geben Sie einen neuen Namen für die Tabelle ein und speichern dann die neue Datei mit Enter oder OK. Wenn Sie die Tabelle im aktuellen Verezichnis ablegen wollen, geben Sie einfach einen neuen Namen ein und speichern dann mit Enter oder OK. Geben Sie Ihren Datei immer eindeutige, aussagekräftige Namen.

Achten Sie unbedingt darauf, daß die ausgefüllte Tabelle unter einem anderen Namen gespeichert wird, als die leere Originaltabelle. Falls Sie die ausgefüllte Tabelle versehentlich unter demselben Namen speichern, wie die Original-tabelle, dann wird die leere Originaltabelle von der ausgefüllten Tabelle über-schrieben. Die leere Version geht also verloren.

Um die gesamte Tabelle zu drucken, wählen Sie als erstes Papierformat aus dem Drucken-Menü, und ändern Sie die Einstellungen nach Ihren Wünschen. Da die vorliegende Tabelle nicht sehr breit ist, werden Sie die Seitenbreite in diesem Fall wahrscheinlich nicht ändern müssen. Als nächstes können Sie dann eine Schriftart für Ihre Tabelle wählen (Format-Schriftart). Um den gesamten Bericht auf einer Seite unterbringen zu können, empfehlen sich eine kompri-mierte Schrift (wie z.B. Elite) und kleine Punktgröße (etwa 6 oder 8).

Nachdem Sie alle Einstellungen wunschgemäß gesetzt haben, rufen Sie Drucken aus dem Drucken-Menü auf. Das Dialogfeld Drucken öffnet sich. Sie erhalten die Möglichkeit, weitere Einstellungen zu ändern. Anschließend wählen Sie dann Drucken, damit Ihr Bericht ausgedruckt wird.

Wenn nur ein Teil der Tabelle gedruckt werden soll, müssen Sie den ent-sprechenden Bereich markieren, bevor Sie anschließend den Druckbefehl Markiertes drucken erteilen. Um beispielsweise nur den Bereich Kennzahlen und Analyse ausdrucken wollen, markieren Sie den Feldbereich Z63S1:Z81S7. Anschließend rufen Sie dann Markiertes drucken aus dem Drucken-Menü auf.

Auswertung der Ergebnisse

Das A und O einer Finanzanalyse ist, daß die Zahlen, die diese Tabelle errechnet, auch vom Anwender interpretiert werden können. Die errechneten Prozente und Kennzahlen geben Aufschluß über die Effizienz eines Unternehmens. Diese Zahlen sind schon per se aussagekräftig (ein negativer Wert für die Eigenkapitalrendite bedeutet immer einen Unternehmensverlust und kann ernsthafte Schwierigkeiten andeuten), und auch im Vergleich mit ursprünglichen Prognosen oder gleichwertigen Unternehmen können sie äußerst aufschlußreich sein. Wenn man die tatsächlichen Ergebnisse mit den angestellten Prognosen vergleicht, kann man beispielsweise schnell und einfach herausfinden, ob sich ein Unternehmen wirklich so positiv entwickelt hat, wie erwartet wurde. Die Kennzahlen eines Unternehmens zeigen, wie effizient das Unternehmen im Vergleich zu ähnlichen Unternehmen derselben Branche oder zum Industriedurchschnitt ist.

Feld	Konto	Eingabe
Z7S6	Umsatz	975000
Z8S6	Wareneinsatz	417000
Z11S6	Vertriebs- und Verwaltungskosten	350000
Z12S6	Abschreibung	56000
Z15S6	Zinsen	35000
Z18S6	Ertragssteuern	27000
Z27S6	Aktiva	92000
Z28S6	Forderungen	103250
Z29S6	Warenbestände	100500
Z30S6	Sonstiges Umlaufvermögen	500
Z34S6	Werksanlagen und Grundbesitz	275000
Z35S6	Aufgelaufene Abschreibungen	-35000
Z36S6	Andere Sachanlagen	2500
Z43S6	Verbindlichkeiten	30750
Z44S6	Kurzfristige Verbindlichkeiten	55000
Z45S6	Andere kurzfristige Verbindlichkeiten	1000
Z49S6	Langfristige Verbindlichkeiten	155000
Z50S6	Andere langfristige Verbindlichkeiten	3500
Z56S6	Eingezahltes Kapital	150000
Z57S6	Kapitalrückstellungen	143500

Abbildung 7-9.

Lassen Sie uns folgende Feststellung noch einmal wiederholen: Kennzahlen sind für Analysen sehr viel aussagekräftiger als reine Leistungszahlen. Für viele Kennzahlen in unserer Tabelle gibt es einfache Faustregeln, die jedoch für das von Ihnen zu untersuchende Unternehmen nicht immer gelten müssen. Daher sollten Sie sich erst einmal einen Überblick über die allgemeinen Verhältnisse eines Unternehmens verschaffen, bevor Sie anschließend die Unternehmensdaten anhand dieser Tabelle analysieren.

Unter diesem Aspekt wollen wir die Mustertabelle Finanzanalyse einmal genauer untersuchen. Die Tabelle in Abbildung 7-9 zeigt eine Liste mit Daten aus dem Jahresabschluß eines Musterunternehmens, die in die Gewinn- und Verlustrechnung und in die Bilanz eingegeben werden sollen. In Abbildung 7-5 sehen wir diese Daten in der ausgefüllten Tabelle. Abbildung 7-4 zeigt den Bereich Kennzahlen und Analyse der ausgefüllten Mustertabelle.

Prozentangaben in der Gewinn- und Verlustrechnung

Anhand der Prozentangaben in Spalte 7 können Sie feststellen, in welchem Verhältnis die einzelnen Zahlen der Gewinn- und Verlustrechnung zueinander stehen. Die Prozentangaben in Feld Z8S7 beispielsweise (42,77 Prozent) sagt Ihnen auf einen Blick, daß unser Musterunternehmen etwa 42 Pfenning jeder ausgegebenen Mark in den Wareneinsatz steckt. Analog sagt die Prozentangabe in Feld Z20S7 (9,23 Prozent), daß das Musterunternehmen an jeder umgesetzten Mark etwa 9 Pfennig Gewinn macht. Die Prozente in Feld Z34S7 bedeuten, daß mehr als die Hälfte der Unternehmens-Aktiva aus Sachvermögen wie z.B. Werksanlagen und Grundbesitz besteht.

Sie können die Prozentzahlen auch zum Vergleich mit anderen Unternehmen derselben Branche heranziehen. Wenn beispielsweise unser Musterunternehmen eine Rendite von 9,23 Prozent vom Umsatzerlös erzielt, vergleichbare Unternehmen aber 10,25 Prozent, dann kann dies bedeuten, daß bei unserem Musterunternehmen irgendetwas falsch gemacht wird.

Die Prozentangaben aus Spalte 7 können übrigens in jede WORKS-Tabelle, die mit GuV oder Bilanz arbeitet, übertragen werden.

Verhältnis von Verbindlichkeiten zu Eigenkapital

Diese Kennzahl drückt aus, wie das Verhältnis von Verbindlichkeiten zu Eigenkapital ist, d.h., wie hoch der Verschuldungsgrad eines Unternehmens ist. Bei unserem Musterunternehmen betrbeträgt dieses Verhältnis beispielweise 0,84 Prozent, d.h., auf jede D-Mark Eigenkapital kommen 84 Pfennig Fremdkapital. Wenn wir hier von "Fremdkapital" sprechen, schließen wir in diesen Begriff Verbindlichkeiten aus Lieferungen und Leistungen sowie Wechselverbindlichkeiten, Bankverbindlichkeiten usw. ein. Das Eigenkapital setzt sich aus eingezahltem Kapital und Kapitalrückstellungen zusammen.

Wann kann man nun das Verhältnis von Verbindlichkeiten zu Eigenkapital als akzeptabel bezeichnen? Die Antwort hierauf hängt zum einen vom untersuchten Unternehmen selbst ab, zum anderen von der Branche. Als Faustregel gilt, daß ein Verhältnis von 1 zu 1 im allgemeinen als riskant eingestuft werden muß. Doch in vielen Branchen gilt selbst ein Verhältnis von 2 zu 1 oder gar 3 zu 1 als durchaus akzeptabel. Hohe Verhältniszahlen neuerdings immer häufiger akzeptiert.

Verhältnis von Ertrag zu Zins

Mit dieser Kennzahl kann festgestellt werden, inwieweit ein Unternehmen in der Lage ist, den Jahreszins für Verbindlichkeiten durch seine Erträge abzudecken. In diesem Fall wird das Nettoergebnis (vor Steuern, einschließlich Zinsen) des Unternehmens mit seinen Zinsaufwendungen verglichen. Wenn das Ergebnis größer als Eins (1) ist, bedeutet dies, daß das Unternehmen nach Zahlung der Zinsen durchaus noch Gewinn abwerfen kann. Bei unserem Musterunternehmen finden wir die Zahl 3,57. Das bedeutet, daß das Unternehmen 3,57 mal mehr Gewinn macht, als seine Zinsen für Verbindlichkeiten ausmachen.

Nettoumlaufvermögen (Net Working Capital)

Das Nettoumlaufvermögen eines Unternehmens errechnet sich aus der Differenz zwischen Umlaufvermögen (Wertpapiere und andere hochliquide Anlagen, wie z.B. kurzfristige Forderungen und Warenbestände) und kurzfristigen Verbindlichkeiten (z.B. Verbindlichkeiten aus Lieferungen und Leistungen sowie Wechselberbindlichkeiten, die im laufenden Jahr fällig werden). Das Nettoumlaufvermögen bildet das "Polster" zwischen den liquiden Mitteln und den unauaufschiebbaren Verbindlichkeiten eines Unternehmens. Da das Umlaufvermögen das Betriebskapital eines Unternehmens darstellt, aus dem die laufenden Verbindlichkeiten bestritten werden, kann man nur dann von einem gesunden Unternehmen sprechen, wenn das Nettoumlaufvermögen einen positiven Wert aufweist, d.h, wenn das Umlaufermögen eines Unternehmens größer ist als seine kurzfristigen Verbindlichkeiten. Weist das Umlaufvermögen über einen längeren Zeitraum negative Werte auf, kann man davon ausgehen, daß das Unternehmen ernsthafte Schwierigkeiten hat, seine Rechnungen zu begleichen.

In unserem Beispiel beträgt das Nettoumlaufvermögen DM 209.500. Das sieht auf den ersten Blick nach einem hohen Positivbetrag aus, sagt aber effektiv wenig über die tatsächliche Situation des Unternehmena aus. Wenn sich seine kurzfristigen Verbindlichkeiten beispielsweise nur auf DM 86.000 belaufen, ist ein Nettoumlaufvermögen von DM 209.500 hoch. Für ein Unternehmen mit kurzfristigen Verbindlichkeiten von DM 10 Mill. wäre dieser Betrag jedoch beängstigend gering. Anhand der entsprechenden Kennzahlen können Sie jedoch ganz klar erkennen, auf wieviel Prozent der Verbindlichkeiten sich das Nettoumlaufvermögen beläuft.

Liquidität dritten Grades (Current Ratio)

Bei dieser Kennzahl wird das Umlaufvermögen eines Unternehmens durch seine kurzfristigen Verbindlichkeiten dividiert, um seine allgemeine Liquidität festzustellen. Bei einem gesunden Unternehmen sollte das Verhältnis mindestens 1 zu 1 betragen, d.h., das Umlaufvermögen übersteigt bzw. deckt sich dann mit den kurzfristigen Verbindlichkeiten. Das Verhältnis kann aber auch sehr viel größer ausfallen. In unserem Beispiel beläuft sich der Wert auf 3,41 Porzent, daß bedeutet, daß das Polster unseres Musterunternehmens einigermaßen dick ist.

Liquidität zweiten Grades (Quick Ratio)

Wie bei der Liquidität dritten Grades wird auch hier durch den Vergleich des Umlaufvermögens mit den kurzfristigen Verbindlichkeiten untersucht, wie gesund das Unternehmen ist. Bei der Liquidität zweiten Grades werden jedoch in der Summe des Umlaufvermögens keine Warenbestände berücksichtigt - die am geringstliquiden Mittel (unwandelbar in liquide Mittel). Daher fällt der Wert für die Liquidität zweiten Grades bei den meisten Unternehmens niedriger aus als der für die Liquidität dritten Grades. In unserem Beispiel bedeutet der Wert 2,25, daß das Musterunternehmen über ein gesundes Polster verfügt. Ob ein Verhältnis größer als 1 zu 1 überhaupt wünschenswert ist, hängt jeweils von der persönlichen Einschätzung ab.

Liquidität ersten Grades (Cash Ratio)

Auch hier wird wieder das Umlaufvermögen mit den kurzfristigen Verbindlichkeiten verglichen, doch wird dabei das gesamte Umlaufvermögen bis auf die liquiden Mittel - einschließlich Forderungen - unberücksichtigt gelassen. Ein Verhältnis von 1 zu 1 bedeutet daher, daß das Unternehmen über mehr liquide Mittel verfügt, als es tatsächlich zur Deckung seiner kurzfristigen Verbindlichkeiten benötigt. In unserem Beispiel bedeutet der Wert 1, daß das Musterunternehmen alle Rechnungen sofort begleichen kann, ohne Warenbestände in liquide Mittel umsetzen oder Forderungen eintreiben zu müssen. Auch hier hängt es wieder von der persönlichen Einschätzung ab, ob ein Verhältnis größer als 1 wünschenswert ist.

Laufzeit der durchschnittlichen Forderungen

Mit dieser Kennzahl wird die Fähigkeit eines Unternehmens, seine Forderungen in angemessener Zeit einbringen zu können, gemessen. Die meisten Unternehmen setzen ihre Zahlungsfristen in Tagen fest: 10 Tage netto, 30 Tage netto, 90 Tage netto, usw.. Die Frist bis zum tatsächlichen Eingang der Gutschrift überschreitet jedoch häufig die festgelegte Zahlungsfrist. Ein Unternehmen, das beispielsweise eine Zahlungsfrist von 30 Tagen netto setzt, erhält die im Durchschnitt erst nach 35 bis 45 Tagen eine Zahlungsgutschrift.

Die Kennzahl für Laufzeit der durchschnittlichen Forderungen gibt die tatsächliche Forderungsperiode an. Dabei wird die Summe der Forderungen durch den durchschnittlichen Tagesumsatz (Gesamtsumme geteilt durch 360 Tage) dividiert. In unserem Beispiel bedeutet der Wert von 38,12 Tagen, daß in der Summe für Forderungen Außenstände aus einem Zeitraum von 38 Tagen enthalten sind, bzw., daß die durchschnittliche Laufzeit einer Forderung 38 Tage beträgt. Wenn das Unternehmen mit Zahlungsfristen von 30 Tagen netto arbeitet, ist dies wahrscheinlich ein gutes Ergebnis. Ist die Zahlungsfrist jedoch auf 10 Tage netto festgelegt, zeigt dieses Ergebnis, daß das Unternehmen Schwierigkeiten hat, seine Forderungen einzutreiben.

Druchschnittliche Laufzeit der Verbindlichkeiten

Mit dieser Kennzahl wird der Umfang der Verbindlichkeiten mit dem Wareneinsatz verglichen. Dabei wird die Summe der Verbindlichkeiten durch den Tagesdurchschnitt des Wareneinsatzes (Gesamtwareneinsatz geteilt durch 360 Tage) dividiert. Eine hohe Laufzeit läßt im allgemeinen darauf schließen, daß das Unternehmen die gewährten Zahlungsfristen voll ausnutzt. In unserem Beispiel bedeutet die Laufzeit von 26,55 Tagen, daß in der Summe der kurzfristigen Verbindlichkeiten offene Rechnungen enthalten sind, die im Durchschnitt 26 Tage alt sind.

Durchschnittliche Verweildauer Lager

Diese Kennzahl zeigt das Verhältnis der Lagerinvestitionen zum Wareneinsatz. Die Summe der Warenbestände wird hier durch den täglichen Wareneinsatz (Gesamtwareneinsatz geteilt durch 360 Tage) dividiert. Besteht das Divisionsergebnis aus eine hohen Wert, so bedeutet dies, daß ein Unternehmen im Verhältnis zu seinem Warenumsatz einen hohen Warenbestand aufweist. Ein niedriger Wert kennzeichnet einen relativ niederigen Warenbestand im Vergleich zum vorhandenen Absatz. Der Wert 86,76 (Tage) in unserem Beispiel zeigt, daß die Warenbestände unseres Musterunternehmens durchschnittlich etwa 90 Tage, oder 3 Monate, Lagerinvestitionen verursachen.

Lagerumschlag

Mit dieser Kennzahl kann die Effizienz der Lagerverwaltung gemessen werden. Allgemein kann gesagt werden, daß ein Unternehmen mit einer hohen Kennzahl für den Lagerumschlag seinen Warenbestand im Verhältnis zum Absatz relativ gering hält und damit liquide Mittel für ander Zwecke frei macht. Analog bedeutet eine hohe Kennzahl, daß der Warenbestand im Vergleich zum Absatz relativ hoch ist. Dies kann ein Hinweis auf mangelhafte Lagerverwaltung sein. Man muß dabei allerdings beachten, daß kurzfristiges Ordern oder Herstellen von Waren ebenso wie Lagerengpässe zusätzliche Kosten verursachen und ein hoher Lagerumschlag nicht unbedingt vorbildliche Lagerverwaltung bedeuten muß.

Geamtumsatzrendite

Diese Kennzahl drückt den Prozentsatz des Nettogewinns vom Umsatz aus. Aanders ausgedrückt, die Kennzahl sagt aus, wieviele Pfennige von jeder umgesetzten Mark als Gewinn verbucht werden können. Die Zahl in unserem Beispiel (9,23 Prozent) bedeutet, daß unser Musterunternehmen an jeder umgesetzten Mark etwa 10 Pfennig Gewinn macht. Das sieht auf den ersten Blick recht positiv aus. Doch nur der Vergleich mit den Zahlen ähnlicher Unternehmen ermöglicht eine realistische Einschätzung dieses Ergebnisses.

Gesamtkapitalrendite

Die Gesamtkapitalrendite eines Unternehmens errechnet sich aus seinem Nettogewinn dividiert durch die Summe seiner Aktiva. Das Ergebnis gibt Auskunft darüber, wie effizient ein Unternehmen seine Aktiva einsetzt. Wenn die Kennzahl - gewöhnlich in Prozent ausgedrückt - niedriger ausfällt als bei vergleichbaren Unternehmen oder niedriger als durch anderweitige Investitionen möglich wäre, dann kann dies ein Hinweis auf Schwierigkeiten im Unternehmen sein. Die Zahl 16,71 in unserem Beispiel sagt aus, daß unser Musterunternehmen aus seinen Kapitalanlagen etwa 17 Prozent Gewinn herausholt. Das dürfte kein allzu schlechtes Ergebnis sein.

Eigenkapitalrendite

Bei der Berechnung der Eigenkapitalrendite wird der Nettogewinn eines Unternehmens durch sein Eigenkapital dividiert. Das Eigenkapital setzt sich dabei aus eingezahltem Kapital und den Kapitalrückstellungen zusammen. Die Eigenkapitalrendite kann man sich als "Zins" vorstellen, den die Kapitaleigner eines Unternehmens für ihre Einlage erhalten. In unserem Beispiel handelt es sich um 30,66 Prozent, das bedeutet, die Unternehmenseigner ziehen aus ihrem investierten Kapital mehr als 30 Prozent Gewinn. Ein derartiges Ergebnis gilt für einige Branchen sicher als hervorragend, für andere dagegen ist es nur durchschnittlich oder viel zu gering.

ANPASSUNGEN

Wie wir bereites erwähnt haben, wird die GuV, die Sie für ein zu untersuchendes Unternehmen benötigen, nicht unbedingt genau mit den Konten unserer Mustertabelle übereinstimmen. Um Probleme zu vermeiden, könnten Sie einfach weniger wichtige oder ungewöhnliche Posten aus dem Jahresabschluß Ihres Unternehmens in einem der vorgegebenen Konten unserer Mustertabelle zusammenfassen.

Falls erforderlich, können Sie natürlich auch das Konzept unserer Tabelle für Ihre speziellen Zwecke ändern. Dazu müssen Sie nur an den entsprechenden

Stellen Zeilen einfügen und in Spalte 1 dieser Zeile ein Label eintragen, in Spalte 6 den Betrag und in Spalte 7 eine Formel für die Prozentberechnung. Anschließend müssen alle Formeln in Spalte 6, die einen Bezug zum neuen Konto haben sollen, entsprechend angeglichen werden. Doch Vorsicht! Wenn Sie ein neues Konto einfügen und vergessen, die mitbetroffenen Formeln zu ändern, erhalten Sie falsche Ergebnisse, die dann zu gravierenden Fehlentscheidungen führen können.

Auch im Bereich Kennzahlen und Analayse können ohne weiteres zusätzliche Zeilen eingefügt werden. In Spalte 1 muß dann ein Label für die Kennzahl eingegeben werden und in Spalte 6 eine Berechnungsformel.

ZUSAMMENFASSUNG

Mit der hier erstellten Tabelle können Finanzanalysen vorgenommen werden, die Auskunft über die Effiziens eiens Unternehmens geben. Wenn Sie also irgendein Unternehmen näher unter die Lupe nehmen wollen - Ihr eigenes, das eines Klienten oder ein Unternehmen, in das Sie eventuell investieren wollen - dann empfehlen wir Ihnen, diese Tabelle zur Hand zu nehmen.

Kapitel 8

ADRESSVERWALTUNG

Eine der häufigsten Anwendungen integrierter Programmpakete wie Microsoft WORKS ist sicherlich die Adressverwaltung. Mit dem Programmteil Datenbank können Sie z.B. eine Liste mit Adressen von Freunden und Geschäftspartnern anlegen. Mit der Textverarbeitung können Sie Seriendokumente erstellen (z.B. Adreßetiketten, Formbriefe, Rechnungen usw.), die beim Ausdrucken mit Informationen aus einer Datenbank gemischt werden. Dabei können Sie entweder für jeden Datensatz ein Dokument drucken oder für eine Teilmenge Ihrer Datensätze, die Sie aufgrund bestimmter Abfragekriterien auswählen. Vor dem Ausdruck kann die Datenbank auch sortiert werden.

Die Adressverwaltung stellt Ihnen die wichtigsten Arbeitshilfen zur Verfügung, die Sie zur Verwaltung einer Verteilerliste benötigen. Das Arbeitsblatt ist ganz einfach zu erstellen. Sie können die Adressverwaltung nicht nur im Büro einsetzen, um die Namen von Angestellten, Kunden, Interessenten etc. zu erfassen, sondern auch zu Hause für eine Liste der Namen und Adressen Ihrer Freunde und Bekannten. Wenn Sie nun das Arbeitsblatt entwickeln, lernen Sie, mit WORKS Datenbanken einzurichten, abzufragen und zu sortieren und erfahren, wie Seriendokumente angelegt werden.

DAS ARBEITSBLATT

Die Adressverwaltung besteht aus drei Teilen: der Datenbank, dem Adreßetiketten-Dokument und dem Formbrief-Dokument. Die Datenbank enthält Namen, Adressen und andere Informationen von Personen, mit denen Sie Kontakte pflegen: Freunde, Interessenten, Geschäftsfreunde usw. Das Adreßetiketten-Dokument ist ein Mischdokument, das sich Informationen aus den Datenbank-Feldern holt, um diese in Form von Adreßetiketten auszudrucken. Das Formbrief-Dokument ist ebenfalls ein Mischdokument. Es kombiniert beim Ausdrucken Informationen aus der Datenbank mit Brieftext, um einen Formbrief zu erstellen.
Abbildung 8-1 zeigt das Formular, das wir für die Arbeit mit der Datenbank verwenden werden. Es enthält alle Felder, die Sie für Adreßaufkleber und Briefe brauchen: Vorname, Nachname, Postleitzahl, Ort usw. Darüber hinaus enthält die Datenbank noch fünf weitere Felder: Feld 11, Feld 12, Feld 13,

Feld 14 und Feld 15. Diese Felder sind dafür gedacht, zusätzliche Informationen über die Adressaten zu erfassen, die je nach Verwendungszweck Ihrer Liste von Bedeutung sein könnten. Wenn Sie z.B. in Ihrer Datenbank die Namen von Interessenten speichern, könnten Sie in diesen Feldern vermerken, wie der Kontakt zustande kam, welcher Verkaufssachbearbeiter für den potentiellen Kunden zuständig ist usw. Sie können natürlich nach Belieben Felder umbenennen, hinzufügen oder weglassen.

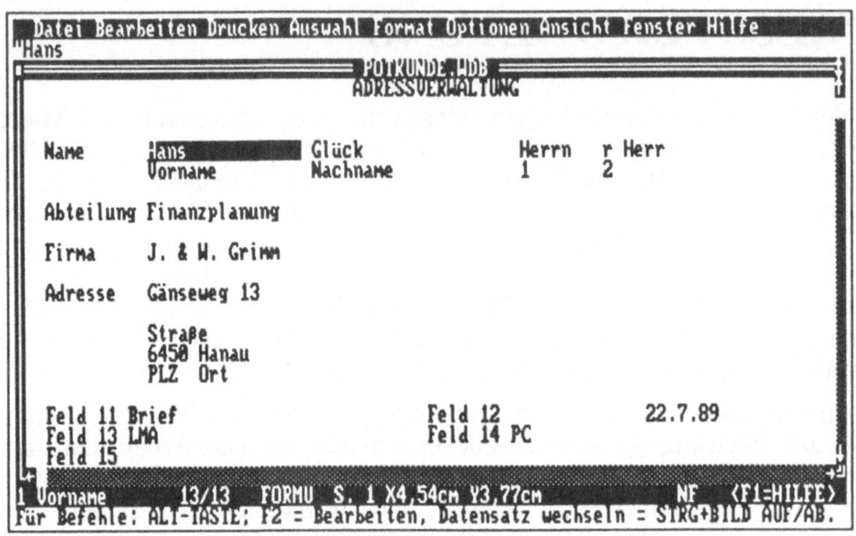

Abbildung 8-1.

Abbildung 8-2 zeigt den linken oberen Teil des Listenbildschirms mit einem Musterdatensatz. Die Datensätze erscheinen hier in der Reihenfolge, in der sie eingegeben wurden. Vor dem Drucken können Sie die Datenbank sortieren oder eine Untermenge auswählen. Wenn Sie die Datensätze sortieren, können Sie festlegen, in welcher Reihenfolge die Etiketten oder Formbriefe gedruckt werden. Wenn Sie nach bestimmten Kriterien Datensätze selektieren, können Sie Aufkleber oder Formbriefe ausgewählter Datensätze drucken.

Abbildung 8-3 stellt das Adreßetiketten-Dokument dar. Die Mischfelder beziehen Informationen aus den Datenbank-Feldern. Wie Sie sehen, sind diese Felder angeordnet wie in einem normalen Adreßaufkleber.

Abbildung 8-4 zeigt das Formbrief-Dokument. In die Abschnitte für die Adresse und die Anrede holt sich das Dokument Informationen aus den Datenbank-Feldern. (Der Adreßteil des Dokuments sieht ähnlich aus wie das Adreßetiketten-Dokument.) Der Brieftext lautet hier *Ersetzen Sie diesen Satz durch Ihren eigenen Brieftext.* Später, wenn Sie dieses Dokument verwenden, überschreiben Sie diese Zeile mit Ihrem Brieftext. Für die Adresse und die Anredeformel müssen Sie keine Änderungen mehr vornehmen.

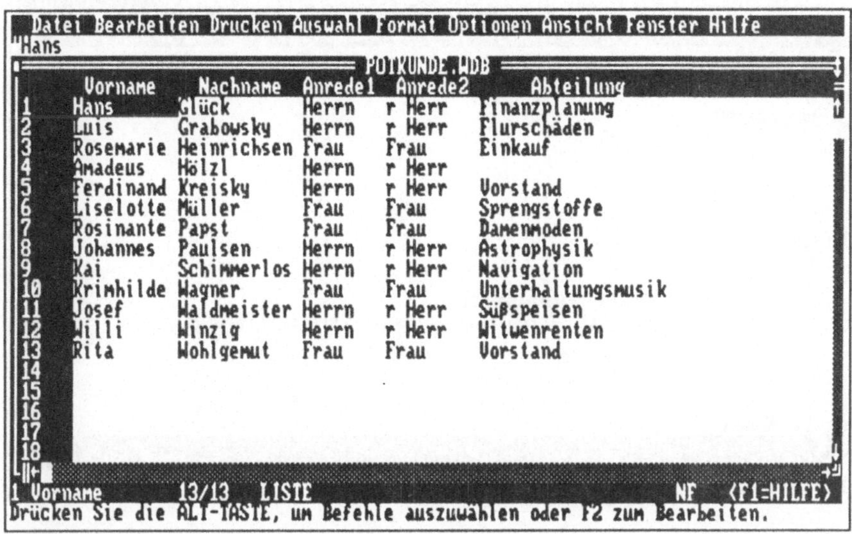

Abbildung 8-2.

Abbildung 8-3.

Abbildung 8-4.

DAS ARBEITSBLATT ERSTELLEN

Die Grundlage für jedes Mischdokument bildet eine Datenbank, die die Informationen speichert, mit denen WORKS Ihre Adreßetiketten und Formbriefe druckt. Richten Sie deshalb als erstes eine Datenbank mit den Namen und Anschriften ein.

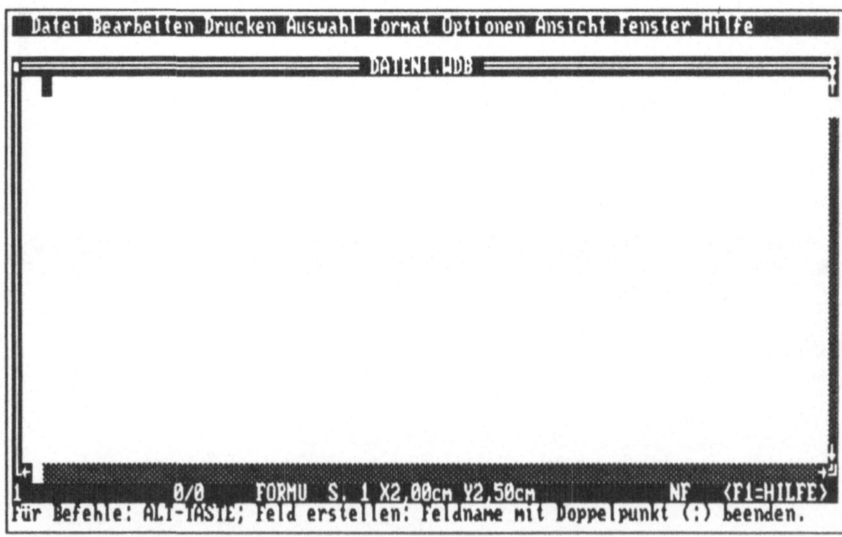

Abbildung 8-5.

Die Datenbank erstellen

Wenn Sie ein Arbeitsblatt zum Mischen von Adressen anlegen, müssen Sie als erstes eine Datenbank erstellen, in der die Daten für die Adreßaufkleber und Formbriefe gespeichert werden. Um die in Abbildung 8-1 gezeigte Datenbank anzulegen, wählen Sie als erstes Neue Datei erstellen aus dem Datei-Menü. Wählen Sie dann Neue Datenbank. WORKS zeigt nun einen leeren Formularentwurf-Bildschirm an, wie Sie ihn in Abbildung 8-5 sehen.

Um eine Datenbank einzurichten, entwirft man mit WORKS einfach ein Eingabeformular für die Datenbank. In Abbildung 8-6 sehen Sie, wie das Formular für Ihre Datenbank aussehen soll. Im nächsten Bild, Abbildung 8-7, finden Sie die im Formular und in der Datenbank vorgesehenen Feldbreiten.

Beginnen Sie oben im Formular. Drücken Sie in der ersten Zeile 30 mal den Rechtspfeil, bevor Sie den Titel *ADRESSVERWALTUNG* eingeben. Betätigen Sie dann die Enter-Taste.

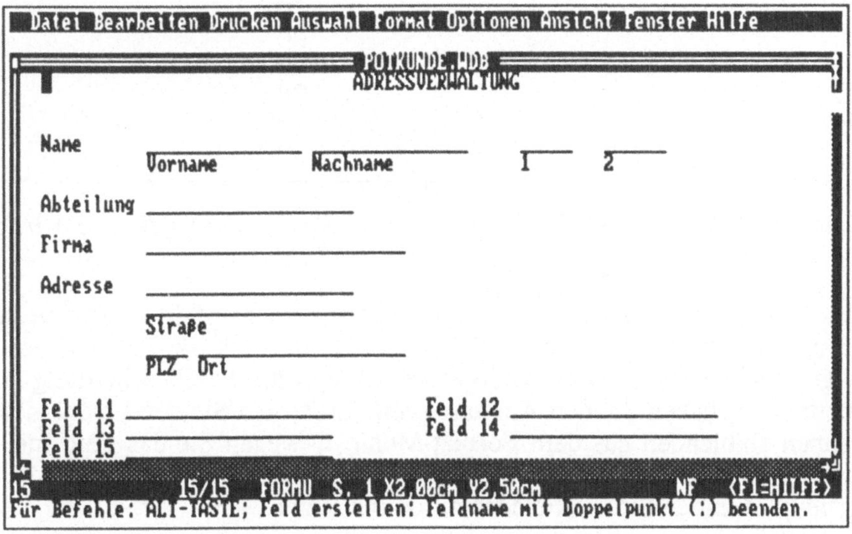

Abbildung 8-6.

Als nächstes geben Sie in der vierten Zeile des Formulars vier Felder ein: *Vorname, Nachname, Anrede1* und *Anrede2.* Bewegen Sie den Cursor an den Anfang der vierten Zeile, indem Sie dreimal den Abwärtspfeil und Home drücken. Schreiben Sie *Name,* und drücken Sie die Enter-Taste. Um das Feld für den Vornamen einzurichten, schreiben Sie an die entsprechende Stelle den Namen, gefolgt von einem Doppelpunkt. Drücken Sie in diesem Fall siebenmal den Rechtspfeil, und schreiben Sie *Vorname:.* Bestätigen Sie mit Enter. Stellen Sie die Feldbreite auf 15 Zeichen (die Höhe bleibt immer 1) und drücken Sie Enter. Schreiben Sie nun *Vorname* und drücken Sie Enter. Damit haben Sie die Feldbeschriftung eingegeben. Um den Feldnamen von der Anzeige zu entfernen, drücken Sie den Aufwärtspfeil und wählen Sie Feldname einblenden aus dem Format-Menü. Wählen Sie nun die Option Verschieben (Feld) aus dem Menü Bearbeiten. Bewegen Sie das Feld an seine entgültige Position, indem Sie 9 mal den Linkspfeil betätigen. Das Feld steht nun linksbündig über der Beschriftung. Beenden Sie das Verschieben des Feldes mit Enter.

Feld	Breite
Vorname	15
Nachname	15
Anrede1	5
Anrede2	6
Abteilung	20
Firma	25
Straße1	20
Straße2	20
PLZ	4
Ort	20
Feld11	20
Feld12	20
Feld13	20
Feld14	20
Feld15	20

Abbildung 8-7. Namen und Feldbreiten der Datenbank-Felder für die Adressen-liste.

Für das Feld Nachname drücken Sie zweimal den Rechtspfeil, schreiben *Nachname:* und drücken Enter. Legen Sie die Feldbreite mit 15 Zeichen fest und bestätigen Sie mit Enter oder OK. Geben Sie nun die Feldbeschriftung *Nachname* ein und drücken Sie den Aufwärtspfeil. Entfernen Sie den Feldnamen mit Feldnamen einblenden aus dem Format-Menü. Bewegen Sie das Feld mit dem Befehl Verschieben (Feld), so daß es über der Beschriftung steht (10 mal Linkspfeil). Beenden Sie die Felddefinition mit Enter.

Als nächstes drücken Sie sechsmal den Rechtspfeil, schreiben *Anrede1:* und geben als Feldbreite 5 ein. Geben Sie als Feldbeschriftung *Anrede1* ein und blenden Sie den Feldnamen aus. Nachdem Sie das Feld an seine Position über der Beschriftung verschoben haben, bestätigen Sie mit Enter. Danach drücken Sie viermal den Rechtspfeil und legen das Feld Anrede2 mit Beschriftung an, legen die Breite 6 fest, blenden wieder den Feldnamen aus und verschieben das Feld nach links.

Wie Sie in Abbildung 8-8 sehen, enthält das Formular jetzt vier Felder: *Vorname, Nachname, Anrede1* und *Anrede2.* Die Feldnamen sind verdeckt - der Text in Zeile 4 und 5 beschreibt die Felder.

Beachten Sie, daß in unserem Formular anstatt der eigentlichen Feldnamen Text verwendet wird, um die Eingabefelder zu kennzeichnen. Dazu wird für jedes Feld die Option Feldname einblenden ausgeschaltet.

Als nächstes drücken Sie Home und zweimal den Abwärtspfeil, um mit dem Cursor in Zeile 7 zu gelangen. Um das Feld für Abteilung zu benennen, schreiben Sie hier *Abteilung* und drücken dann zweimal den Rechtspfeil, um den Cursor in die zehnte Spalte zu setzen, wo das Feld für Abteilung stehen soll. Schreiben Sie *Abteilung:*, und drücken Sie Enter. Bestätigen Sie die Feldbreite 20 mit Enter oder OK. Drücken Sie den Aufwärtspfeil und wählen Sie Feldnamen einblenden aus dem Format-Menü, um den Feldnamen zu verdecken. Verschieben Sie mit Bearbeiten-Verschieben das Feld um 11 Stellen nach links (11 mal Linkspfeil) und bestätigen Sie mit Enter.

Gehen Sie nun für die restlichen Felder aus Abbildung 8-7 genauso vor. Die meisten Felder stehen unter dem Feld *Abteilung* neben ihren Bezeichnungen. Das Feld *Straße1* befindet sich in Zeile 11 neben der Bezeichnung Adresse, das Feld *Straße2* gleich darunter. In der nächsten Zeile sind nebeneinander die Felder für *Postleitzahl (PLZ)* und *Ort* angeordnet. In der darunter liegenden Zeile stehen ihre Beschriftungen.

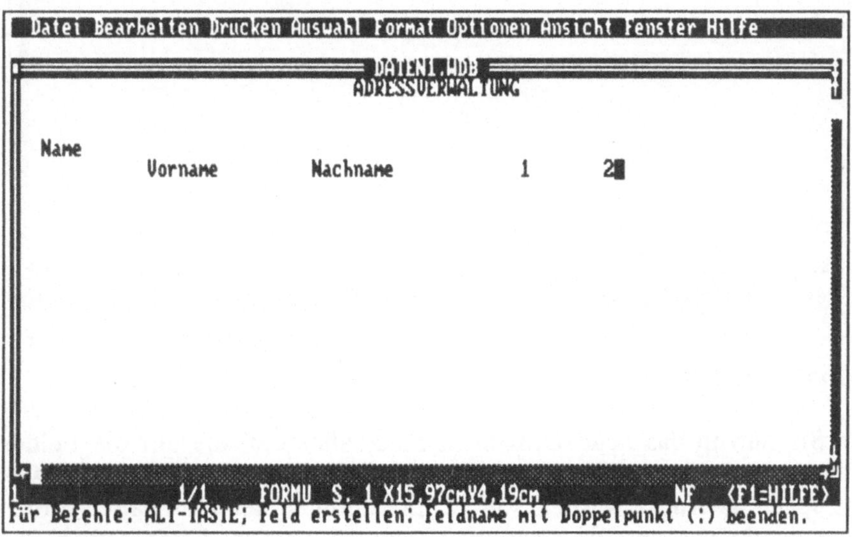

Abbildung 8-8.

Wenn Ihr Formular aussieht wie in Abbildung 8-6, können Sie den Formularentwurf-Bildschirm verlassen. Wählen Sie Formular schützen aus dem Menü Optionen. Daraufhin beendet WORKS den Formularentwurf und erstellt aufgrund der im Formular angegebenen Einstellungen eine Datenbank.

Wenn die Datenbank fertiggestellt ist, muß sie gespeichert werden. Wenn Sie sie zum ersten Mal speichern, wählen Sie Speichern unter aus dem Datei-Menü

und schreiben einen Dateinamen (z.B. *ADRLISTE.WDB*). Bestätigen Sie mit
Enter.

Das Etiketten-Dokument erstellen

Um Informationen aus der Datenbank in Form von Adreßetiketten zu drucken,
wird ein Mischdokument wie in Abbildung 8-3 erstellt. Es enthält Platzhalter
für die meisten Felder der Datenbank. Druckt man aus diesem Dokument einen
Bericht, bezieht WORKS aus den durch die Platzhalter angegebenen Feldern
Informationen und integriert sie in den Bericht.

Öffnen Sie als erstes das Datei-Menü. Wählen Sie die Option Neue Datei
erstellen und Neue Textverarbeitung als Dokumententyp (siehe Abbildung 8-9).

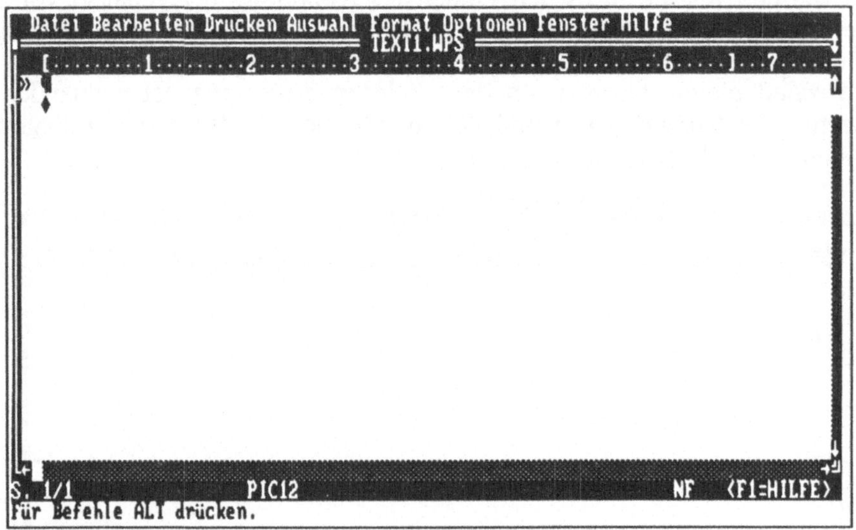

Abbildung 8-9.

Setzen Sie nun in das neue Dokument Platzhalter ein, die auf die Felder der
Datenbank verweisen. Die Platzhalter müssen so angeordnet sein, wie das
Etikett später gedruckt werden soll. Zum Einfügen der Platzhalter öffnen Sie
die Datenbank, aus der Informationen bezogen werden. Dann setzen Sie den
Cursor an die Stelle im Dokument, an der das Feld erscheinen soll und wählen
den Befehl Feld einfügen aus dem Menü Bearbeiten, um die Datenbank und das
Feld anzugeben, auf die Bezug genommen werden soll.

Um ein Mischdokument wie in Abbildung 8-3 aufzubauen, müssen Sie Informationen aus neun Feldern der Datenbank ADRLISTE (Abbildung 8-1)
beziehen: *Anrede1, Vorname, Nachname, Abteilung, Firma, Straße1, Straße2,
Postleitzahl* und *Ort*. Beginnen Sie, die Felder zu plazieren, indem Sie mit
Laden aus dem Datei-Menü die Datenbank ADRLISTE laden. (Ist die Daten-

bank bereits geöffnet, können Sie diesen Schritt überspringen.) Wählen Sie dann TEXT1 aus dem Menü Fenster, um das Dokument wieder zu aktivieren. Bewegen Sie jetzt den Cursor in die linke obere Bildschirmecke (falls er sich noch nicht dort befindet), und öffnen Sie Feld einfügen aus dem Menü Bearbeiten. Wählen Sie ADRLISTE.WDB aus dem Verzeichnisfeld Datenbank (mit Leertaste markieren) und Anrede1 aus Felder. Mit Enter oder OK führen Sie den Befehl aus. Wie Sie in Abbildung 8-10 sehen, fügt WORKS jetzt links oben im Dokument den Platzhalter *<<Anrede1>>* ein. Drücken Sie nochmals Enter, um in die nächste Zeile zu gelangen.

Hier fügen Sie ein Feld für den Vornamen ein. Öffnen Sie wieder Feld einfügen aus dem Menü Bearbeiten, und wählen Sie Vorname aus dem Verzeichnisfeld für Felder (ADRLISTE.WDB ist noch immer die aktive Datenbank). Bestätigen Sie mit Enter oder OK.

Fügen Sie nun auf dieselbe Weise ein Feld für den Nachnamen ein. Drücken Sie vorher einmal die Leertaste, damit zwischen den beiden Platzhaltern ein Leerraum entsteht.

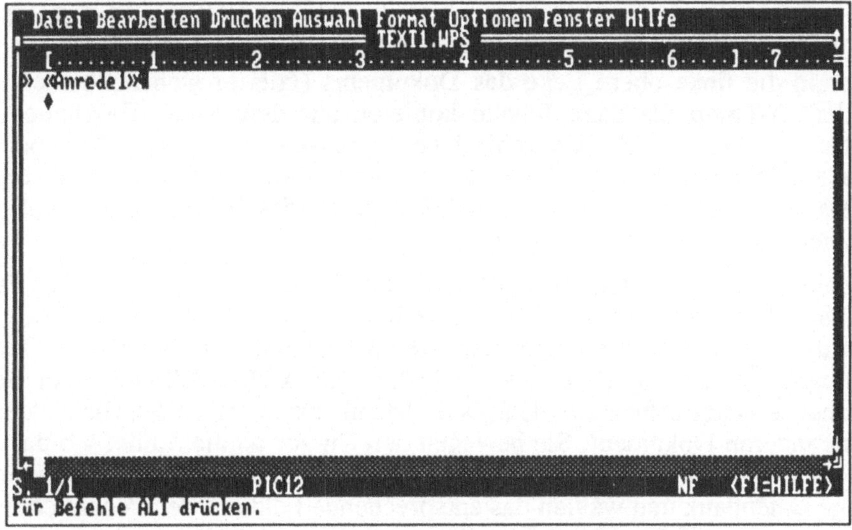

Abbildung 8-10.

Gehen Sie für die restlichen Felder (*Abteilung, Firma, Straße1, Straße2, Postleitzahl* und *Ort*) genauso vor. Plazieren Sie - jeweils am linken Rand - das Feld *Abteilung* in Zeile 3, das Feld *Firma* in Zeile 4, das Feld *Straße1* in Zeile 5, das Feld *PLZ* in Zeile 7 (Zeile 6 bleibt leer). Gehen Sie dann zurück in die fünfte Zeile, um den Platzhalter für *Straße2* rechts neben dem Feld *Straße1* einzurichten. Der Platzhalter für *Ort* kommt in die siebte Zeile, durch ein Leerzeichen von *PLZ* getrennt. In Abbildung 8-3 sehen Sie das fertige Mischdokument.

Speichern Sie nun das Dokument: Wählen Sie die Option Speichern unter aus dem Datei-Menü, geben Sie einen Dateinamen an (wie z.B. *ETIKETT.WPS*), und bestätigen Sie mit Enter oder OK.

Erstellen des generischen Formbrief-Dokuments

Um Informationen aus der Datenbank ADRLISTE in Formbriefen zu drucken, wird in der Textverarbeitung ein Mischdokument wie in Abbildung 8-4 angelegt. Wie das Mischdokument für Adreßetiketten enthält auch dieses Dokument Platzhalter, über die Informationen aus Feldern der Datenbank ADRLISTE eingeholt werden. Darüber hinaus beinhaltet es noch den eigentlichen Brieftext. Wenn Sie mit diesem Dokument einen Bericht anfertigen, druckt WORKS für jeden ausgewählten Datensatz einen kundenspezifischen Brief.

Öffnen Sie als erstes das Datei-Menü, wählen Sie die Option Neue Datei erstellen und Neue Textverarbeitung als Dokumententyp. Nun können Sie beginnen, die Felder einzusetzen.

Die erste Zeile des Musterbriefs in Abbildung 8-4 enthält ein spezielles Datumsfeld, das WORKS anweist, beim Drucken in jeden Briefkopf das aktuelle Datum einzufügen. Um das Feld einzusetzen, gehen Sie mit dem Cursor in die linke obere Ecke des Dokuments (falls er sich noch nicht dort befindet). Wählen Sie dann Inhalte kopieren aus dem Menü Bearbeiten. Sie erhalten ein Dialogfeld, das zahlreiche Platzhalter anbietet, mit denen Sie besondere Inhalte in Ihre Dokumente einfügen können. Wählen Sie in diesem Fall Datum drucken und OK. WORKS setzt an der linken oberen Ecke des Dokuments den Merker *Datum* ein.

Die Zeilen 3 bis 10 enthalten Platzhalter für die Datenbankfelder. Die Felder sind ähnlich angeordnet wie für die Adreßetiketten in Abbildung 8-3. Die Platzhalter werden nach der gleichen Methode erstellt wie im Adreßetiketten-Dokument. Öffnen Sie als erstes die Datenbank ADRLISTE mit dem Befehl Vorhandene Datei öffnen aus dem Datei-Menü. Dann setzen Sie die Felder ein wie im anderen Dokument: Sie bewegen den Cursor an die Stelle, wo das Feld erscheinen soll, öffnen Feld einfügen aus dem Menü Bearbeiten, aktivieren die richtige Datenbank und wählen das entsprechende Feld aus dem Verzeichnisfeld für Felder. Abschließend bestätigen Sie mit Enter oder OK.

Zeile 13 des Dokuments enthält die Anredeformel - eine Kombination aus Text und den Platzhaltern der Felder *Anrede2* und *Nachname*. Setzen Sie, um diese Zeile zu entwerfen, den Cursor an den Anfang von Zeile 13, und schreiben Sie *Sehr geehrte*. Als nächstes fügen Sie den Platzhalter für das Feld Anrede2 ein, indem Sie Feld einfügen aus dem Menü Bearbeiten und Anrede aus dem Verzeichnisfeld wählen und mit Enter oder OK bestätigen. Drücken Sie einmal die Leertaste, und wenden Sie den Befehl Feld einfügen an, um einen Platzhalter für das Feld *Nachname* einzusetzen. Dann geben Sie noch ein Komma (,) ein.

Während das Layout für Datum, Adresse und Anredeformel fast in jedem Formbrief gleich ist, ändert sich der Brieftext je nachdem, worum es im jeweiligen Brief geht (z.B. eine Versammlung einzuberufen, Geburtstagsgrüße zu übermitteln, eine Anfrage zu beantworten usw.). Gehen Sie mit dem Cursor in die 14. Zeile des Dokuments, und schreiben Sie das Füllsel *Ersetzen Sie diesen Satz durch Ihren eigenen Brieftext*. Später, wenn Sie Ihre Formbriefe ausdrucken, überschreiben Sie diese Zeile mit Ihrem aktuellen Brieftext.

Auch der Schluß eines Briefes hängt vom jeweiligen Inhalt ab. Der Standardbrief enthält einen einheitlichen Schluß. Um diesen Einheitsschluß festzuhalten, bewegen Sie den Cursor an den Anfang von Zeile 16. Schreiben Sie *Mit freundlichen Grüßen*, und drücken Sie dreimal Enter. In Zeile 20 schreiben Sie *Ihr Name*.

Jetzt sichern Sie das fertige Formbrief-Dokument. Hierzu öffnen Sie das Datei-Menü und wählen Speichern unter. Falls Sie die Datei in einem anderen Verzeichnis speichern möchten, wählen Sie dieses Verzeichnis aus der Liste der Verzeichnisse aus. Dann klicken Sie OK an. Als nächstes geben Sie einen Dateinamen an (z.B. *FORMBR.WPS*) und veranlassen mit Enter oder OK das Speichern der Datei. Soll die Datei im aktuellen Verzeichnis gespeichert werden, brauchen Sie nur den Dateinamen einzugeben und mit Enter oder OK zu bestätigen. Dann schließen Sie das Dokument mit Schliessen aus dem Datei-Menü.

Mit dem Arbeitsblatt arbeiten

Wenn Sie die Datenbank ADRLISTE, das Adreßetiketten-Dokument und das Formbrief-Dokument erstellt haben, können Sie Adreßetiketten und Formbriefe drucken. Vorher müssen Sie allerdings erst die Namen, Adressen und alle weiteren Daten eingeben. Sie können Ihre Daten auch noch sortieren oder nach bestimmten Kriterien selektieren, bevor Sie die Informationen mit den Mischdokumenten ausdrucken.

Die Datenbank ausfüllen

In der Datenbank ADRLISTE erklärt meist der Feldname, welche Informationen in das Feld einzugeben sind: *Vorname, Nachname* usw. Die beiden Anrede-Felder dienen zum Erstellen der Adressen und der Anredeformel. Das Feld *Anrede1* enthält also entweder "Herrn" oder "Frau", und in das Feld *Anrede2* wird als Vervollständigung der Formel Sehr geehrte entweder ein Leerzeichen und das Wort "Frau" oder die Ergänzung "r Herr" eingegeben.

Welche Art von Informationen Sie in die letzten fünf Felder eingeben, hängt davon ab, zu welchem Zweck Sie die Datenbank verwalten. In eine private Datenbank werden Sie vielleicht Geburtstage, Telefonnummern oder Namen der Ehegatten oder -gattinnen eintragen. Wenn Sie die Datenbank geschäftlich nutzen, benötigen Sie die Felder vielleicht für Sozialversicherungsnummern, Gehälter, Eintrittsdatum usw. Für solche Zusatzinformationen können Sie beliebig viele Felder einrichten. Mit Hilfe dieser Zusatzangaben lassen sich auch Datensätze nach bestimmten Kriterien auswählen.

Um mit den Eintragungen zu beginnen, laden und aktivieren Sie die Datenbank ADRLISTE. (Ist die Datei bereits geladen, wird sie aktiviert, indem Sie das Fenster-Menü öffnen und den Namen auswählen.) Um die Datenbank zu laden, wählen Sie Vorhandene Datei öffnen aus dem Datei-Menü. Dann können Sie entweder den Dateinamen mit der Erweiterung (z.B. *ADRLISTE.WDB*) eintippen oder den Namen der Datenbank im Verzeichnisfeld markieren und durch OK oder Enter bestätigen. Daraufhin zeigt WORKS den Formularbildschirm für die leere Datenbank an und setzt den Cursor in das erste Feld (*Anrede*) - siehe Abbildung 8-6.

Um die Daten einzutragen, gehen Sie einfach mit dem Cursor auf das entsprechende Feld, schreiben den Eintrag und drücken Enter oder eine der Pfeiltasten. Wenn Sie Enter drücken, speichert WORKS den Eintrag und läßt den Feldzeiger auf diesem Eintrag. Wenn Sie eine der Pfeiltasten drücken, speichert WORKS den Eintrag und bewegt den Cursor entsprechend auf ein anderes Feld.

Bei der Dateneingabe wird Ihren vermutlich ab und zu ein Fehler unterlaufen. Um einen Eintrag zu korrigieren, bewegen Sie den Cursor auf den Eintrag, drücken die Taste Bearbeiten ([F2]), nehmen die Änderung vor und drücken Enter. Um einen Eintrag zu überschreiben, gehen Sie einfach mit dem Cursor auf das entsprechende Feld, schreiben den Eintrag neu und drücken Enter. Wenn Sie einen gesamten Datensatz entfernen möchten, lassen Sie ihn mit Hilfe der Tastenkombinationen Ctrl-PgUp oder Ctrl-PgDn anzeigen, öffnen das Menü Bearbeiten und wählen Datensatz löschen. Um vor dem aktuellen Datensatz einen leeren Datensatz einzufügen, öffnen Sie das Menü Bearbeiten und wählen Datensatz einfügen.

Vorname	Nachname	Anrede1	Anrede2	Abteilung	Firma
Rosinante	Papst	Frau	Frau	Damenmoden	Boutique Good Heavens
Rosemarie	Heinrichsen	Frau	Frau	Einkauf	Import/Export Huber
Krimhilde	Wagner	Frau	Frau	Unterhaltungsmusik	Germania Musikverlag
Luis	Grabowsky	Herrn	r Herr	Flurschäden	Wühler Bergwerke AG
Liselotte	Müller	Frau	Frau	Sprengstoffe	Knallkopf & Söhne
Rita	Wohlgemut	Frau	Frau	Vorstand	Wasserwerk Bonn AG
Josef	Waldmeister	Herrn	r Herr	Süßspeisen	P&A Artificial Foods Inc.
Hans	Glück	Herrn	r Herr	Finanzplanung	J.& W. Grimm
Johannes	Paulsen	Herrn	r Herr	Astrophysik	Geophysisches Zentralamt
Willi	Winzig	Herrn	r Herr	Witwenrenten	Fürsorgeamt
Kai	Schimmerlos	Herrn	r Herr	Navigation	Deutsche Binnenschiffahrt
Ferdinand	Kreisky	Herrn	r Herr	Vorstand	Austria Marine GmbH
Amadeus	Hölzl	Herrn	r Herr		R.A.P Cosmetic AG

Abbildung 8-11.

Ein Beispiel

Geben Sie die Informationen über Interessenten, die in Abbildung 8-11 aufgeführt sind, in die Datenbank ADRLISTE ein, um zu sehen, wie dieses Arbeitsblatt funktioniert. Verzeichnen Sie in Feld 11 die Art der Kontaktaufnahme, in Feld 12 das Datum der Anfrage, in Feld 13 das Kurzzeichen des zuständigen Verkäufers und in Feld 14 den Produkttyp, für den sich der potentielle Kunde interessiert.

Um diese Datensätze einzugeben, aktivieren Sie als erstes ADRLISTE. Dann schreiben Sie *Hans*, drücken den Rechtspfeil, schreiben *Glück*, drücken den Rechtspfeil, schreiben *Herrn*, drücken wieder den Rechtspfeil usw. Nachdem Sie in Feld 14 *PC* eingegeben haben, drücken Sie zweimal den Rechtspfeil, um mit dem Cursor in das erste Feld des nächsten Datensatzes (*Anrede*) zu gelangen. Nun geben Sie die Daten der restlichen Sätze nach derselben Methode ein.

Speichern der Datenbank

Nachdem alle Datensätze eingegeben sind, muß die Datenbank wieder gespeichert werden. Hierzu wählen Sie Speichern unter aus dem Datei-Menü, geben einen neuen Dateinamen an und bestätigen mit Enter oder OK. Wählen Sie für die Datei einen eindeutigen und aussagekräftigen Namen - z.B. *POTKUNDE.WDB* für die Adressenliste Ihrer potentiellen Kunden. Achten Sie darauf, daß Sie die ausgefüllte Datenbank auch tatsächlich unter einem anderen Namen abspeichern als das leere Originalarbeitsblatt. Wenn Sie ein ausgefülltes Arbeitsblatt unter demselben Namen abspeichern wie das Original, wird das Original von der ausgefüllten Version überschrieben.

Wenn Sie mit der Datenbank arbeiten, werden Sie vorhandene Datensätze löschen oder überarbeiten oder neue Datensätze hinzufügen. Selbstverständlich müssen Sie dann jedesmal die Datenbank neu abspeichern.

Straße1	PLZ	Ort	Feld11	Feld12	Feld13	Feld14
von-Bülow-Chaussee 1	5600	Wuppertal	per Boten	01.04.88	JH	PC
Hafenstr. 13	3400	Göttingen	Brief	04.09.89	KO	PC
Wotanstr. 99	8580	Bayreuth	Telefon	13.02.83	VE	Synthesizer
Am Hügel 5	4620	Castrop-Rauxel	Rohrpost	14.08.89	MS	Portables
Pulverturmstr. 13	8960	Kempten	Telefon	15.08.89	KO	Mainframe
Rheinufer 40	5300	Bonn	Brief	17.06.89	JH	PC
Wacklerstr. 7	8500	Nürnberg	Fax	19.08.89	MS	PC
Gänseweg 13	6450	Hanau	Brief	22.07.89	LMA	PC
Krakauerstr. 2	8390	Passau	Brief	24.12.89	KO	Mainframe
Ehrhartstr. 59	2940	Wilhelmshaven	Telefon	29.09.89	JH	Mainframe
Müggelseeufer 123	1000	Berlin 2	Flaschenpost	30.02.90	KO	PC
Wiener Platz 3	8000	München 80	Brief	31.07.89	MS	PC
Falkenstr. 5	2000	Hamburg 2	Telefon	31.12.89	JH	Mainframe

Mehrere Datenbanken

Erstellen Sie mehrere verschiedene Datenbanken mit Namen und Adressen, um
das Arbeitsblatt optimal zu nutzen. Im Büro könnten Sie z.B. eine Datenbank
für Ihre Kunden führen, eine für potentielle Kunden und eine für Ihre Mitarbeiter. Um eine Datenbank anzulegen, laden Sie die leere Datenbank
ADRLISTE und geben Ihre Daten ein. Anschließend speichern Sie die Datei
mit Speichern unter unter einem neuen Namen ab. Um zum Beispiel eine
Datenbank für die Namen Ihrer Kunden zu eröffnen, müßten Sie mit dem
Befehl Vorhandene Datei öffnen die Datenbank ADRLISTE laden, die Kundennamen eintragen und mit dem Befehl Speichern unter die Datei unter dem
Namen *KUNDEN.WDB* speichern. Da alle Versionen der Datenbank
ADRLISTE die gleiche Struktur aufweisen (d.h. dieselben Felder enthalten),
können sie alle mit den Adreßetiketten- und Formbrief-Dokumenten benutzt
werden, die Sie erstellen.

Datensätze selektieren

Zum Drucken eines Datenbank-Berichts bezieht WORKS Informationen aus
den Datensätzen, die für den Druckvorgang angegeben oder ausgewählt
wurden. Wenn alle Datensätze gewählt wurden, druckt WORKS für jeden
Datensatz einen Adreßaufkleber bzw. Formbrief. Wurden nur bestimmte
Datensätze selektiert oder angegeben, druckt WORKS nur für diese bestimmten
Datensätze ein Dokument.

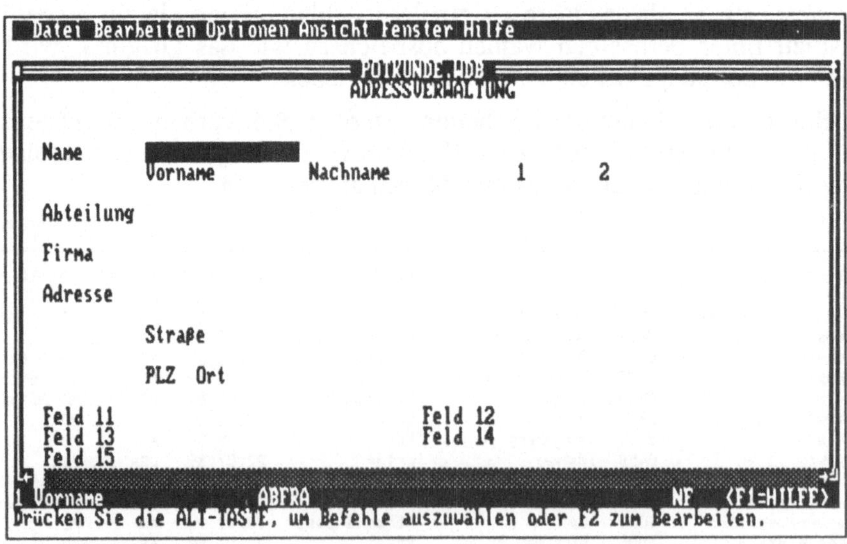

Abbildung 8-12.

Um in einer Datenbank eine Untermenge von Datensätzen zu selektieren, wird
mit dem Befehl Abfrage aus dem Menü Ansicht ein Abfrage-Formular erstellt.

In dieses Formular werden eine oder mehrere Selektionsbedingungen (Kriterien) eingegeben, die auf die Datenbank angewendet werden. Danach zeigt WORKS nur die dazu passenden Datensätze an. Wenn Sie dann die Datenbank drucken, werden auch nur die angezeigten Datensätze ausgedruckt.

Beispiel: Angenommen, Sie wollen nur die Interessenten selektieren, deren Eintrag in Feld 11 *Telefon* lautet: Wählen Sie Abfrage aus dem Ansicht-Menü, um das Abfrage-Formular für die Datenbank anzuzeigen. Das Formular (Abbildung 8-12) sieht genauso aus, wie das Eingabe-Formular.

Um die Datensätze mit dem Eintrag *Telefon* in Feld 11 zu selektieren, wird im Abfrage-Formular im entsprechenden Feld das Wort *Telefon* eingegeben. Gehen Sie mit dem Rechtspfeil auf Feld 11, und schreiben Sie *Telefon*. Bestätigen Sie mit Enter. Um die Selektion auszuführen, drücken Sie [F10] oder wählen Formular aus dem Menü Ansicht. WORKS verläßt den Modus *Abfrage definieren* und kehrt zur Datenbank zurück. Es werden jetzt nicht mehr alle Datensätze angezeigt, sondern nur noch solche, die die angegebene Bedingung erfüllen. Wenn Sie Formular aus dem Menü Ansicht wählen, sehen Sie den ersten ausgewählten Datensatz (siehe Abbildung 8-13). In der Statuszeile am unteren Bildschirmrand erscheint die Meldung *4/13*, die Ihnen mitteilt, daß nur 4 von 13 Datensätzen selektiert wurden. Wenn Sie aus dem Menü Ansicht den Befehl Liste wählen, zeigt der Bildschirm nur die selektierten Sätze an - siehe Abbildung 8-14.

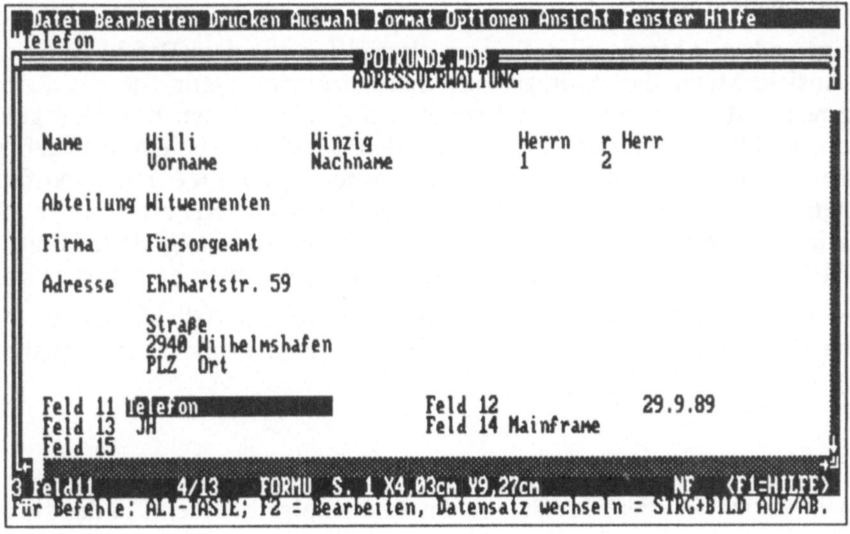

Abbildung 8-13.

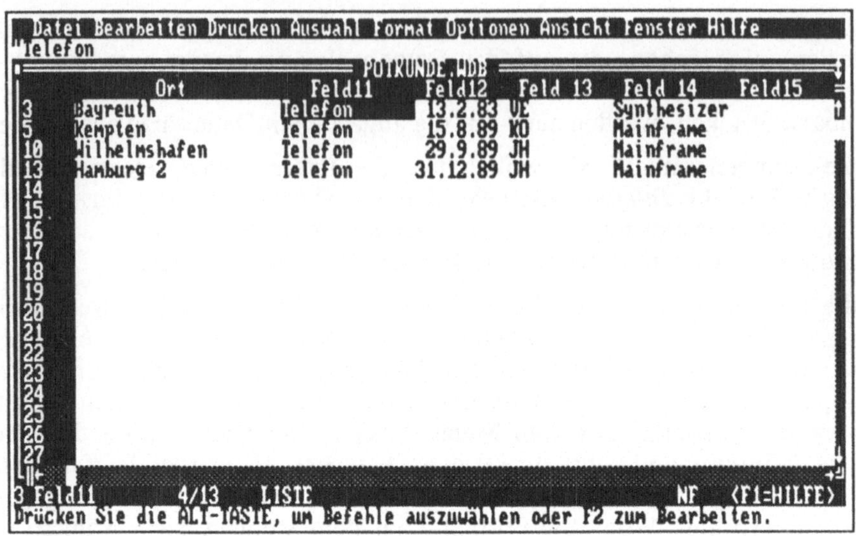

Abbildung 8-14.

Mit dem Befehl Alle Datensätze einblenden aus dem Auswahl-Menü können Sie wieder alle Datensätze der Datenbank ansehen. Die Statuszeile enthält dann die Meldung *13/13*. Um erneut die Kriterien anzuwenden, wählen Sie nochmals Abfrage aus dem Ansicht-Menü.

Um eine andere Abfrage zu definieren, lassen Sie mit dem Befehl Abfrage aus dem Ansicht-Menü das Abfrage-Formular anzeigen. Wenn Sie die Kriterien völlig neu bestimmen wollen, müssen erst die vorhandenen Kriterien gelöscht werden. Wählen Sie Abfrage löschen aus dem Menü Bearbeiten, und geben Sie die neuen Kriterien ein. Wenn Sie die aktuelle Abfrage nur modifizieren möchten, bearbeiten Sie einfach die bestehenden Kriterien oder fügen zusätzliche Kriterien in das Formular ein. Sobald Sie fertig sind, können Sie mit [F10] oder Ansicht Formular aus dem Menü Bearbeiten die Abfrage starten.

Dieses Beispiel zeigt nur in Ansätzen die Selektionsmöglichkeiten in Datenbanken auf. Mehr darüber erfahren Sie im Microsoft Works Benutzerhandbuch (10.18 - 10.21).

Datensätze sortieren

In einem Bericht werden die Sätze in der Reihenfolge gedruckt, in der sie in der Datenbank erscheinen. Das ist meist die Reihenfolge, in der sie eingegeben wurden. Durch Sortieren der Datenbank können Sie die Reihenfolge der Sätze für den gedruckten Bericht bestimmen.

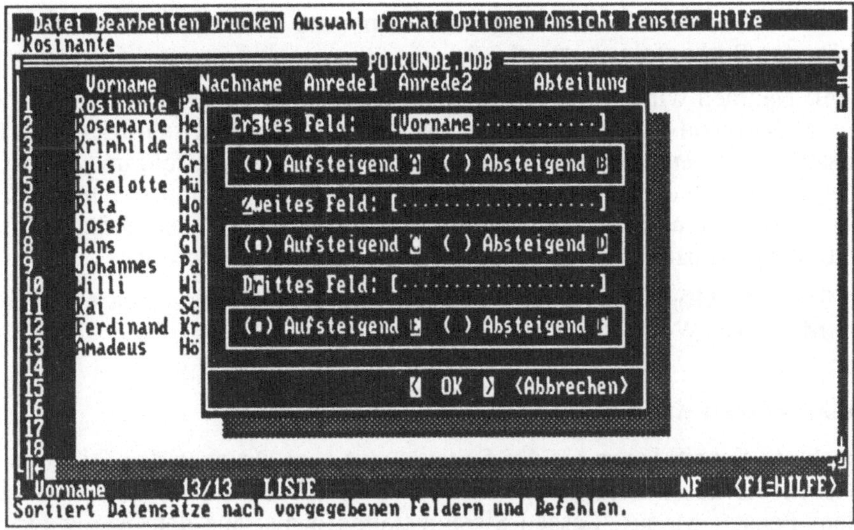

Abbildung 8-15.

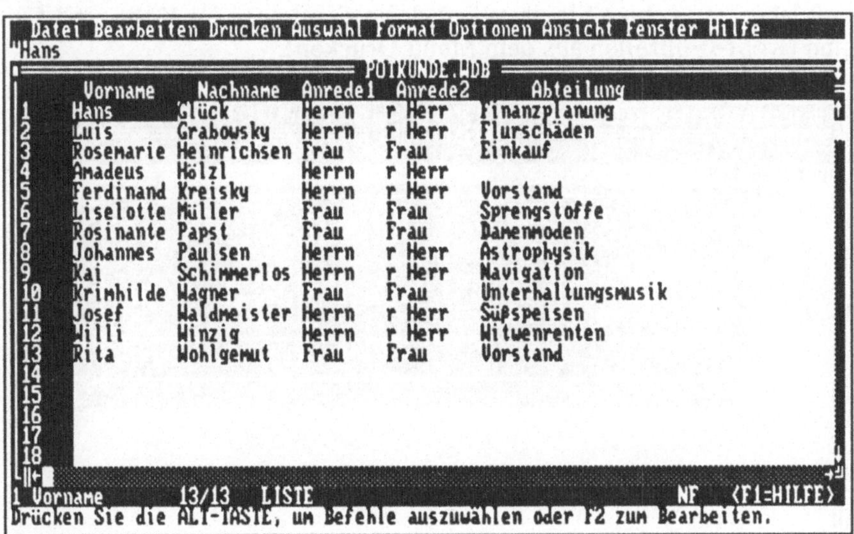

Abbildung 8-16.

Die Datensätze zu sortieren ist nicht schwierig. Als erstes öffnen Sie das Auswahl-Menü und wählen den Befehl Datensätze sortieren. Im Dialogfeld Sortieren (siehe Abbildung 8-15), können drei Sortierfelder definiert werden. Bewegen Sie den Cursor auf das erste Sortierfeld, und schreiben Sie den Namen des Feldes, nach dem die Datenbank sortiert werden soll. Dann bestimmen Sie die Sortierfolge (Aufsteigend oder Absteigend). Wenn Sie OK wählen, wird das Dialogfeld geschlossen und die Datenbank nach der angegebenen Reihenfolge sortiert.

Beispiel: Nehmen wir an, Sie möchten die Datenbank POTKUNDE nach Nachnamen aufsteigend sortieren. Dazu öffnen Sie das Auswahl-Menü, wählen Datensätze sortieren, schreiben *Nachname* in das erste Textfeld und bestimmen Aufsteigend (falls es noch nicht definiert ist). Dann starten Sie mit OK den Sortiervorgang. Abbildung 8-16 zeigt, wie WORKS die Datensätze alphabetisch aufsteigend nach den Einträgen im Feld Nachname anordnet.

Mehr über die Möglichkeit, mit WORKS Datenbanken zu sortieren, erfahren Sie im Microsoft Works Benutzerhandbuch.

Adreßetiketten drucken

Als nächsten Schritt legen Sie das Seitenlayout zum Drucken der Etiketten fest. Aktivieren Sie das Dokument ETIKETT.WPS (durch Laden oder Auswählen aus dem Fenster-Menü). Lassen Sie mit Seitenformat aus dem Menü Drucken das Dialogfeld von Abbildung 8-17 anzeigen. Setzen Sie jetzt sämtliche Ränder auf 0 (einschließlich Kopf- und Fußzeilenrand), und geben Sie die Seitengröße der Aufkleber an. Achten Sie darauf, daß die Textfelder für Kopf- und Fußzeile leer sind (Kopf-/Fußzeilen aus dem Menü Drucken).

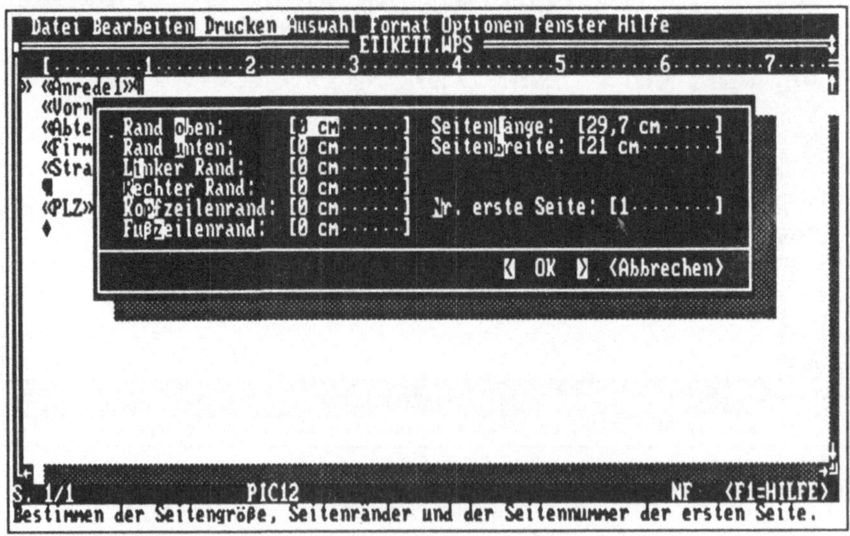

Abbildung 8-17.

Als nächstes öffnen Sie das Dialogfeld Etiketten drucken aus dem Menü Drucken (siehe Abbildung 8-18). Hier wird die Datenbank gewählt, aus der WORKS Informationen beziehen soll, und Anordnung und Größe der Etiketten werden festgelegt. Im Verzeichnisfeld Datenbank finden Sie eine Liste der momentan geöffneten Datenbanken. Wählen Sie daraus die benötigte Datenbank aus. Es können nur Informationen aus einer Datenbank gedruckt werden, die hier aufgelistet - und somit geöffnet - ist.

Was Sie für die anderen Optionen angeben, hängt davon ab, welche Etiketten Sie verwenden. Die Einstellungen für die Etikettenabstände richten sich nach den Abständen auf dem Etikettenbogen. Geben Sie für Vertikal und Horizontal Werte ein, die sich aus der Höhe und Breite Ihrer Aufkleber ergeben. Etikettenanzahl nebeneinander teilt WORKS mit, wie viele Bahnen von Etiketten nebeneinander liegen. Wenn z.B. nur eine Bahn Etiketten mit 9 mal 5 cm gedruckt werden soll, geben Sie einen Abstand von Vertikal 5 und Horizontal 9 und für Nebeneinander 1 an. (WORKS bietet als Standardmaßeinheit cm an.)

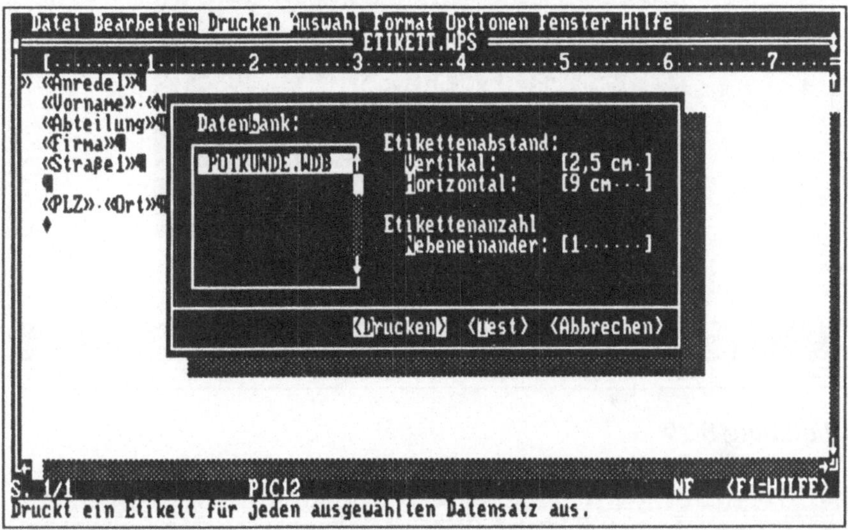

Abbildung 8-18.

Wählen Sie jetzt Drucken oder Test am unteren Rand des Dialogfeldes, um das Dialogfeld Drucken anzuzeigen (siehe Abbildung 8-19). Mit der ersten Einstellung kann angegeben werden, wie viele Kopien von den einzelnen Aufklebern gedruckt werden. Meist werden Sie nur eine Kopie benötigen (Standardeinstellung). Die zweite Option, Einzelne Seiten zum Drucken selektieren, ist beim Ausdrucken von Adreßetiketten ohne Bedeutung. Mit der dritten Option, Druckausgabe in Datei umleiten, können Sie die Etiketten in einer Textdatei anstatt auf dem Drucker ausgeben. Dazu wird einfach nur der Name der Textdatei angegeben.

Nachdem Sie alle Einstellungen Ihren Wünschen entsprechend geändert haben, können Sie die Etiketten drucken. Legen Sie vorher die Etiketten so in den Drucker ein, daß sich die erste Zeile des ersten Etiketts in Höhe des Druckkopfes befindet. Dann wählen Sie Drucken vom unteren Rand des Dialogfelds.

Wenn Sie im Dialogfeld Etiketten drucken die Schaltfläche Test gewählt hätten, würde WORKS nur die erste Reihe Aufkleber drucken und anschließend ein Dialogfeld wie in Abbildung 8-20 anzeigen. Falls dann die Probeetiketten richtig plaziert wären, könnten Sie mit Drucken den Rest der Etiketten ausdrucken. Wären die Etiketten nicht richtig positioniert, müßten sie neu ausgerichtet werden und ein neuer Test gestartet werden. Wenn die Anordnung stimmt, wählen Sie Drucken.

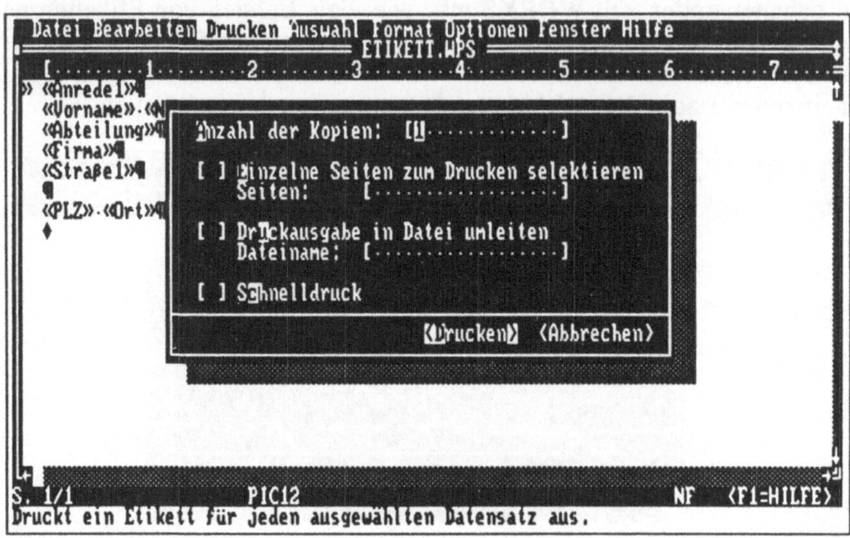

Abbildung 8-19.

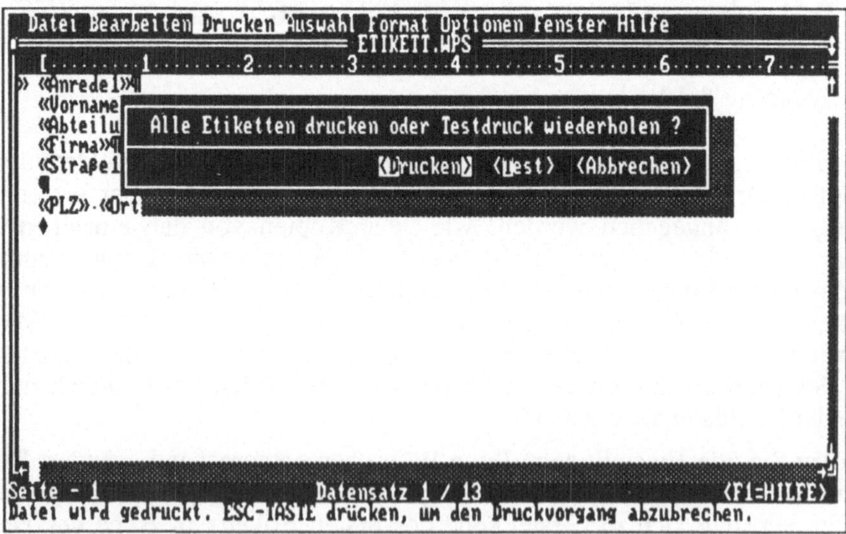

Abbildung 8-20.

Wenn Sie im Dialogfeld Etiketten drucken die Schaltfläche Drucken wählen, druckt WORKS keine Testreihe. Stattdessen wird gleich für jeden selektierten Datensatz ein Aufkleber gedruckt, und zwar in der Reihenfolge, in der die Datensätze in der Datenbank erscheinen. Gegebenenfalls können Sie den Druckvorgang mit ESC vorzeitig abbrechen. In diesem Fall bringt WORKS ein Dialogfeld mit den zwei Optionen OK und Abbrechen auf den Bildschirm. Wenn Sie OK wählen, beendet WORKS den Druckvorgang; wenn Sie Abbrechen wählen, hebt das Programm die Unterbrechung wieder auf und fährt mit dem Drucken fort.

Ein Beispiel

Spielen wir diesen Vorgang anhand eines Beispiels durch: Wir drucken ein Adreßetikett für jeden Satz der Datenbank POTKUNDE, der in Feld 14 den Eintrag PC enthält. Die Datensätze ordnen wir nach Postleitzahl aufsteigend und drucken die Adressen zweireihig auf Etiketten mit den Maßen 5 cm mal 9 cm.

Als erstes laden Sie POTKUNDE.WDB und ETIKETT.WPS, wobei POTKUNDE.WDB die aktive Datei im Vordergrund sein soll. Öffnen Sie dann Datensätze sortieren aus dem Auswahl-Menü, und geben Sie *PLZ* als erstes Sortierkriterium an; wählen Sie Aufsteigend und OK. So sortiert WORKS die Datenbank nach den Einträgen im Feld *PLZ* in aufsteigender Reihenfolge. Als nächstes wählen Sie Abfrage aus dem Ansicht-Menü, schreiben im Abfrage-Formular in das leere Feld 14 *PC* und drücken Enter. Anschließend lassen Sie mit [F10] nur noch die Datensätze mit dem Eintrag *PC* in Feld 14 anzeigen.

Nachdem die Datensätze sortiert und selektiert sind, können die Adressen ausgedruckt werden. Dazu müssen Sie als erstes das Mischdokument ETIKETT aktivieren, indem Sie den Dateinamen im Fenster-Menü auswählen. Wenn Sie sich im Etiketten-Dokument befinden, öffnen Sie Papierformat aus dem Menü Drucken. Stellen Sie nun Seitenlänge und Seitenbreite auf die Werte Ihres Aufkleberbogens ein, setzen Sie die Randeinstellungen auf *0*, und bestätigen Sie mit Enter oder OK. Als nächstes öffnen Sie das Dialogfeld Etiketten drucken aus dem Menü Drucken. Hier wählen Sie POTKUNDE.WDB als Quellendatenbank. Dann geben Sie *5* für den vertikalen Abstand und *9* für den horizontalen Abstand an und tragen unter Etikettenanzahl nebeneinander *2* ein. Um diese Einstellungen zu speichern und das Dialogfeld Drucken anzuzeigen, wählen Sie Drucken. Anzahl Kopien muß auf *1* stehen, die anderen drei Optionen müssen ausgeschaltet sein.

Abschließend veranlassen Sie mit Drucken vom unteren Dialogfeldrand das Ausdrucken der Adressen. Wie Sie in Abbildung 8-21 sehen, sind die gedruckten Adressen nach der Postleitzahl aufsteigend sortiert. Es wurden ausschließlich Datensätze verwendet, die in Feld 14 den Eintrag *PC* enthalten.

Formbriefe drucken

Mit Hilfe des in Abbildung 8-4 gezeigten Mischdokuments können Sie Informationen aus der Datenbank POTKUNDE in Formbriefe übertragen und drucken. Auch das Ausdrucken von Formbriefen erfolgt in mehreren Schritten: Zuerst aktivieren Sie das Mischdokument, dann passen Sie Ihren Formbrief so an, daß er die jeweilige Mitteilung für Ihren Kunden enthält. Ist der Brief fertig zum Drucken, führen Sie eine Reihe von Schritten aus, ähnlich wie beim Ausdrucken der Adreßetiketten.

```
Herrn                           Frau
Hans Glück                      Rosemarie Heinrichsen
Finanzplanung                   Einkauf
J.& W. Grimm                    Import/Export Huber
Gänseweg 13                     Hafenstr. 13

6450 Hanau                      3400 Göttingen



Herrn                           Frau
Ferdinand  Kreisky              Rosinante Papst
Vorstand                        Damenmoden
Austria Marine GmbH             Boutique Good Heavens
Wiener Platz 3                  von-Bülow-Chaussee 1

8000 München 80                 5600 Wuppertal



Herrn                           Herrn
Kai Schimmerlos                 Josef Waldmeister
Navigation                      Süßspeisen
Deutsche Binnenschiffahrt       P&A Artificial Foods Inc.
Müggelseeufer 123               Wacklerstr. 7

1000 Berlin 2                   8500 Nürnberg



Frau
Rita Wohlgemut
Vorstand
Wasserwerk Bonn AG
Rheinufer 40

5300 Bonn
```

Abbildung 8-21.

Individuelle Anpassung des Formbriefs

Da Brieftext und Unterschriftswiederholung im Formbrief generisch sind, müssen sie erst durch den aktuellen Text ersetzt werden, bevor Sie einen Stapel Briefe ausdrucken. Um die generische Textanweisung durch Ihre jeweilige Mitteilung zu ersetzen, markieren Sie einfach den entsprechenden Text und überschreiben ihn. Um die Unterschriftswiederholung am Briefende zu ersetzen, markieren Sie *Ihr Name* und schreiben Ihren Namen.

Sie können in Ihrem Brief auch Mischfelder integrieren. Die Platzhalter für Mischfelder werden im Brieftext genauso eingefügt, wie für die Felder der Adresse oder Grußformel des Briefs: Sie setzen den Cursor an die entsprechende Stelle, öffnen Feld einfügen aus dem Menü Bearbeiten, wählen eine Datenbank, ein Feld und OK.

Da in POTKUNDE Daten über Interessenten gespeichert sind, bietet es sich an, einen Kundenbrief zu "schneidern", der beim Verschicken von Produktinformationen als Deckblatt beigelegt wird. Schreiben Sie also anstelle der Anweisung *Ersetzen Sie diesen Satz durch Ihren eigenen Brieftext* folgenden Text mit Platzhaltern:

```
Wir bedanken uns für Ihr Interesse an den Produkten der XYZ AG im Bereich
<<Feld 14>>. In der Anlage finden Sie die von Ihnen gewünschten Informationen.


Mit unseren Produkten konnten wir bereits Tausende kommerzieller und privater
Computeranwender voll zufrieden stellen. Wir hoffen, Sie stimmen mit unseren
bisherigen Kunden darin überein, daß die XYZ AG weltweit die beste
Computerunterstützung zu bieten hat.
Nochmals herzlichen Dank für Ihre Anfrage.
Mit freundlichen Grüßen
```

Ersetzen Sie nun die generische Phrase *Ihr Name* mit

```
Willi Gatter
Vertrieb und Marketing
```

Abbildung 8-22 zeigt den Kundenbrief.

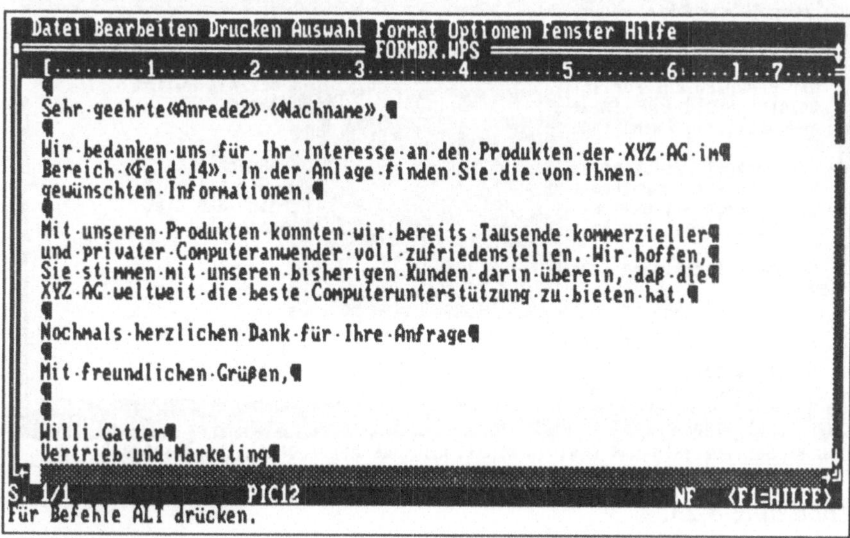

Abbildung 8-22.

Wenn Sie das Layout umgestalten möchten (Ränder, Seitenlänge und -breite, Kopf- und Fußzeilen usw.), öffnen Sie das Dialogfeld Papierformat bzw. Kopf-/Fußzeilen aus dem Menü Drucken. Für die meisten Berichte können die Standardwerte verwendet werden. Wenn Sie die Einstellungen ändern möchten, geben Sie die gewünschten Werte ein und bestätigen mit Enter oder OK.

Sie können in einem Mischdokument dem Text und den Mischfeldern auch besondere Druckattribute zuordnen. Dazu müssen Sie den entsprechenden Text oder den Platzhalter markieren, das Format-Menü öffnen und die jeweiligen Zeichenformate auswählen. Mit den Befehlen im mittleren Teil des Format-Menüs können Sie den Zeilenabstand verändern.

Den Formbrief drucken

Bereiten Sie nun den Ausdruck des Formbriefs vor. Wie Sie sich vielleicht schon denken können, wird dabei ähnlich vorgegangen wie bei den Adreß-etiketten. Sorgen Sie als erstes dafür, daß die Quellendatenbank (in diesem Fall POTKUNDE.WDB) und das Formbrief-Mischdokument (in diesem Fall FORMBR.WPS) geladen sind und das Mischdokument das aktive Dokument ist. Öffnen Sie dann Serienbriefe drucken aus dem Menü Drucken (Abbildung 8-23). Wählen Sie aus dem Dialogfeld den Namen der Datenbank aus (hier POTKUNDE), aus der Ihr Formbrief Informationen beziehen soll. Bestätigen Sie mit OK.

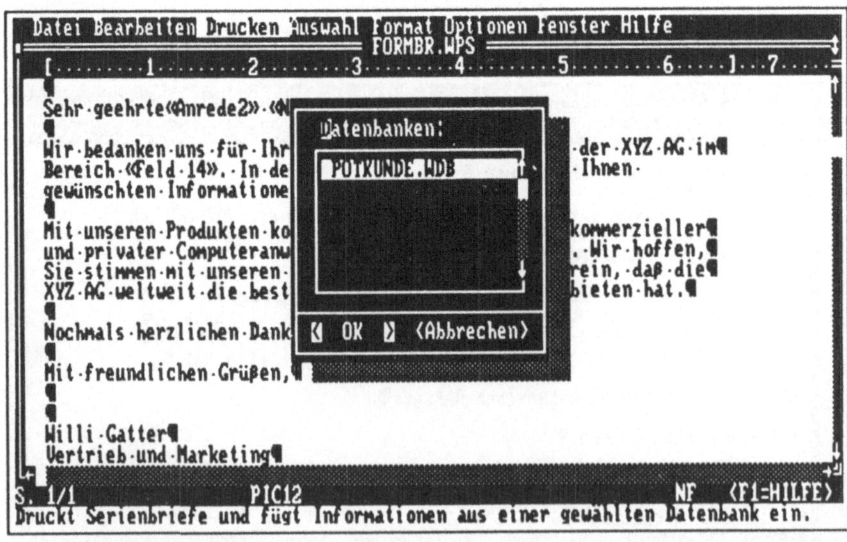

Abbildung 8-23.

Daraufhin zeigt WORKS das Dialogfeld Drucken aus Abbildung 8-24 an. Hier können Sie bestimmen, welche Seiten und wie viele Briefkopien für jeden Datensatz gedruckt werden. Außerdem können Sie als Ziel der Ausgabe Ihren

Drucker oder eine Datei bestimmen. Wenn Sie festlegen möchten, daß der Drucker bestimmte Druckattribute (Fettdruck, Unterstreichung, Schriftarten etc.) im Dokument ignorieren soll, schalten Sie auf Entwurfsqualität. Meistens werden Sie aber mit den Standardeinstellungen (Abbildung 8-24) zurechtkommen.

Veranlassen Sie nun mit Drucken den Ausdruck der Formbriefe - für jeden Datensatz eine Kopie, in der Reihenfolge, in der sie in der Datenbank stehen. Falls Sie den Druckvorgang vorzeitig beenden möchten, drücken Sie einfach Esc und wählen Abbrechen.

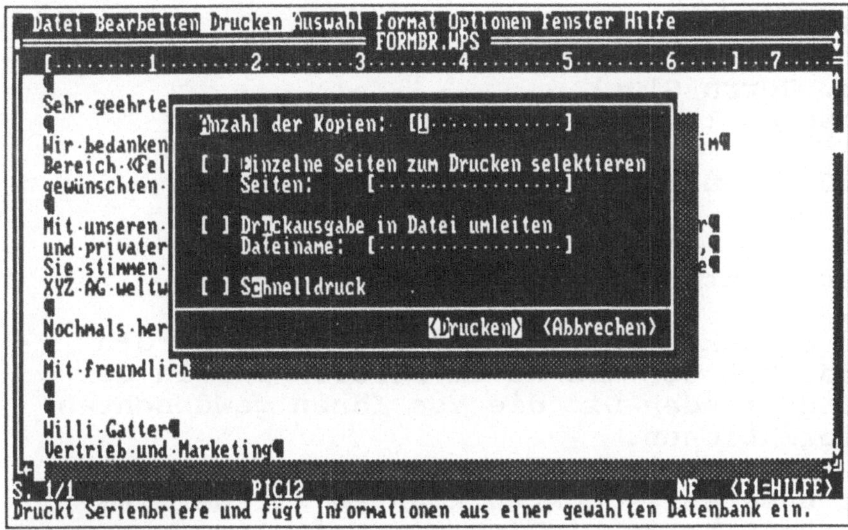

Abbildung 8-24.

Ein einfaches Beispiel

Als einfaches Beispiel für das Ausdrucken von Formbriefen drucken wir von dem in Abbildung 8-22 gezeigten Brief ein Exemplar für jeden der sieben Personen, die vorher aus der Datenbank POTKUNDE selektiert wurden. Dazu müssen die Adressenlisten (POTKUNDE.WDB) und das Formbrief-Mischdokument (FORMBR.WPS) geladen sein (gegebenenfalls den Befehl Vorhanden Datei öffnen aus dem Datei-Menü starten). Überprüfen Sie als nächstes, ob POTKUNDE das aktive Fenster ist und ob auch nur die nach den gewünschten Bedingungen selektierten Personen angezeigt werden. Ist das nicht der Fall, wählen Sie Abfrage aus dem Ansicht-Menü, schreiben *PC* und drücken Enter. Drücken Sie dann [F10], oder wählen Sie Formular im Menü Ansicht.

Um die Formbriefe auszudrucken, aktivieren Sie das Mischdokument FORMBR aus dem Menü Fenster. Öffnen Sie als nächstes das Dialogfeld

Serienbriefe drucken, und bestimmen Sie POTKUNDE.WDB als Quellendatenbank. Lassen Sie dann das Dialogfeld Drucken anzeigen. Überprüfen Sie,
ob die Option Anzahl Kopien auf *1* steht und die anderen Optionen ausgeschaltet sind. Schließlich legen Sie das Papier in den Drucker ein, schalten ihn
ein und starten Drucken. Damit veranlassen Sie WORKS, für jeden Datensatz
einen Formbrief auszudrucken. In Abbildung 8-25 sehen Sie einen dieser
Briefe.

```
31.7.89

J.& W. Grimm
Finanzplanung
z.H. Herrn Glück
Gänseweg 13

6450 Hanau


Sehr geehrter Herr Glück,

Wir bedanken uns für Ihr Interesse an den
Produkten der XYZ AG im Bereich PC. In der
Anlage finden Sie die von Ihnen gewünschten
Informationen.

Mit unseren Produkten konnten wir bereits
Tausende kommerzieller und privater
Computeranwender voll zufriedenstellen. Wir
hoffen, Sie stimmen mit unseren bisherigen
Kunden darin überein, daß die XYZ AG weltweit
die beste Computerunterstützung zu bieten hat.

Nochmals herzlichen Dank für Ihre Anfrage


Mit freundlichen Grüßen,



Willi Gatter
Vertrieb und Marketing
```

Abbildung 8-25.

Weitere Möglichkeiten

Wie Sie gesehen haben, können Sie mit Hilfe einer Abfrage Sätze nach bestimmten Kriterien selektieren; WORKS druckt dann nur für eine Untermenge der Datensätze Formbriefe. Das Sortieren der Datenbank vor dem Drucken läßt Sie die Formbriefe in einer neuen, geordneten Reihenfolge drucken.

ANPASSUNGEN

Vielleicht möchten Sie an den Adreßetiketten- und Formbrief-Dokumenten noch einige Änderungen vornehmen. Sie könnten zum Beispiel die Platzhalter für *Firma* und *Abteilung* entfernen oder einigen Platzhaltern besondere Formate zuordnen.

Die Felder Firma und Abteilung entfernen

In der Datei POTKUNDE gibt es Datensätze, die in den Feldern *Firma* und *Abteilung* keinen Eintrag enthalten. Da in dem Mischdokument ETIKETT in diesen Zeilen die Platzhalter die einzigen Einträge dieser Felder sind, läßt WORKS in der Adresse eine Zeile frei, wenn in einem der Felder kein Eintrag steht und zwei Zeilen, wenn in beiden Feldern kein Eintrag vorkommt. Solche Leerzeilen erscheinen auch, wenn Sie für diese Datensätze Formbriefe drucken.

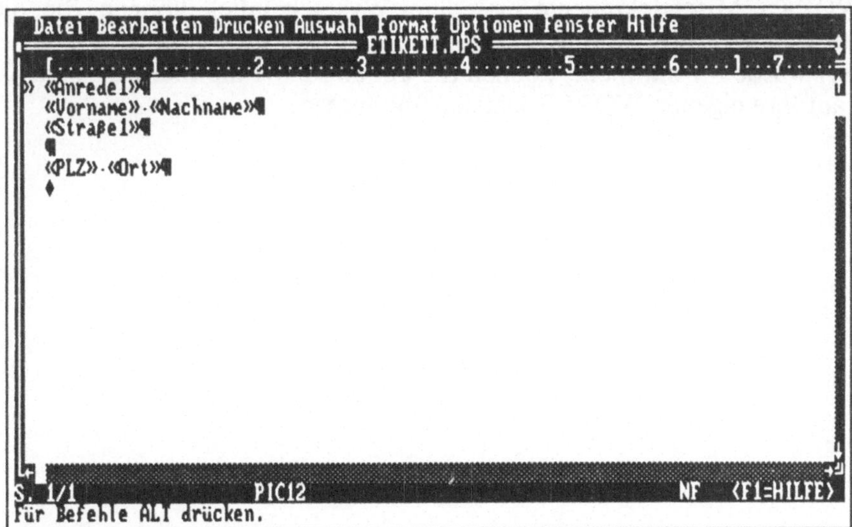

Abbildung 8-26.

Dies können Sie nur umgehen, indem Sie im Mischdokument die Felder für *Abteilung* und *Firma* entfernen. Das bewirkt aber leider, daß WORKS auch für

Datensätze mit Einträgen in diesen Feldern keine Informationen ausdruckt. Wenn Sie die Datenbank ADRLISTE hauptsächlich privat nutzen, empfiehlt es sich vielleicht, die Felder für *Abteilung* und *Firma* aus dem Etiketten-Mischdokument zu löschen. Abbildung 8-26 zeigt, wie Ihr Dokument dann aussieht. Wenn Sie diese Modifikation auch für Ihr Formbrief-Dokument vornehmen, können Sie ähnliche Komplikationen mit leeren Abteilungs- und Firmenfeldern umgehen.

Das Dokument formatieren

Sie können den Platzhaltern Ihrer Etiketten- oder Formbrief-Dokumente besondere Druckformate (Fettdruck, Unterstreichung, verschiedene Schriftarten und -größen usw.) zuordnen. Dazu markieren Sie einfach nur mindestens den ersten Buchstaben des entsprechenden Platzhalters, öffnen das Format-Menü und wählen die gewünschten Formate. Beim Drucken der Adressen oder Formbriefe erscheinen die Einträge in der Formatierung des Platzhalters.

ZUSAMMENFASSUNG

Die Adressverwaltung gehört zu den gebräuchlichsten Anwendungen von Microsoft WORKS. In diesem Kapitel wurde ein System entworfen, mit dem man nahezu alle Arten von Verteilerlisten verwalten kann. Sie haben dabei gelernt, wie Sie eine Datenbank einrichten, abfragen und sortieren und wie Sie mit WORKS Mischdokumente erstellen. Wahrscheinlich können Sie dieses Arbeitsblatt für Ihre Adreßverwaltung gleich so verwenden, wie es hier definiert wurde. Wenn nicht, können Sie auf alle Fälle die hier erlernten Techniken auf Ihre eigenen WORKS-Dateien übertragen.

Kapitel 9

ARBEITSZEITVERWALTUNG

In der Dienstleistungsgesellschaft, in der wir heute leben, wird immer mehr der Faktor Zeit zur Leistungsbewertung herangezogen. Programmierer, Unternehmensberater, Schreibbüros und viele andere Berufszweige berechnen Ihre Leistungen in Zeiteinheiten. Die Rechnung eines Programmierers weist zum Beispiel eine bestimmte Stundenzahl aus, die für ein bestimmtes Projekt zu einem bestimmten Stundensatz aufgewendet wurde. Zeit dient als gebräuchlicher Maßstab für die erbrachten Leistungen.

Wo nach Stundenzahl abgerechnet wird, ist eine zuverlässige Arbeitszeitverwaltung besonders wichtig. Mit Microsoft WORKS können Sie im Programmteil Datenbank die Zeit protokollieren, die Sie und Ihre Mitarbeiter für eine Aufgabe, ein Projekt und einen Kunden aufwenden. Darüber hinaus können mit Hilfe von Abfragen bestimmte Informationen (z.B. über einen bestimmten Kunden, ein bestimmtes Projekt oder einen bestimmten Mitarbeiter) aus der Datenbank selektiert werden und in verschiedenen Berichten aufbereitet werden.

Mit der Arbeitszeitverwaltung verfügen Sie über die wichtigsten Hilfsmittel, um mit WORKS Arbeitszeiten zu erfassen und zu verwalten. Sie lernen eine Datenbank zu erstellen, abzufragen und zu sortieren. Außerdem erfahren Sie, wie man in WORKS Datenbankberichte anfertigt und weiter verwendet.

DAS ARBEITSBLATT

Die ARBEITSZEITVERWALTUNG basiert auf einer einfachen Datenbank namens ZEITKARTE. Abbildung 9-1 zeigt das Formular, das wir zur Arbeit mit der Datenbank verwenden werden. In Abbildung 9-2 sehen Sie die Datenbank mit einigen Musterdatensätzen. Abbildung 9-3 stellt den linken oberen Teil des Listen-Bildschirms dar.

Abbildung 9-1.

Nachname	Vorname	Kunde	Projekt	Tätigkeit	Datum	Stunden	Satz	Betrag
Schmidt	Robert	ABC International	Jahresbericht	Verwaltung	1.9.89	4,0	80 DM	320,00 DM
Fischer	Wanda	XYZ AG	Broschüre	Konzeption	1.9.89	10,0	95 DM	950,00 DM
Müller	Lisa	JLM KG	Herbstkatalog	Fotos	1.9.89	6,0	90 DM	540,00 DM
Müller	Lisa	JLM KG	Katalog	Text	1.9.89	3,0	85 DM	255,00 DM
Schmidt	Robert	ABC International	Prospekt	Montage	1.9.89	4,0	70 DM	280,00 DM
Müller	Lisa	ABC International	Jahresbericht	Entwurf	2.9.89	3,0	75 DM	225,00 DM
Schmidt	Robert	XYZ AG	Broschüre	Montage	2.9.89	6,5	70 DM	455,00 DM
Fischer	Wanda	XYZ AG	Broschüre	Verwaltung	2.9.89	4,0	80 DM	320,00 DM
Müller	Lisa	ABC International	Prospekt	Konzeption	2.9.89	6,0	95 DM	570,00 DM
Schmidt	Robert	XYZ AG	Dia-Show	Fotos	2.9.89	1,5	90 DM	135,00 DM
Fischer	Wanda	XYZ AG	Dia-Show	Verwaltung	2.9.89	3,0	80 DM	240,00 DM
Fischer	Wanda	DEF GmbH	Werbefilm	Konzept	2.9.89	2,0	95 DM	190,00 DM
Müller	Lisa	DEF GmbH	Jahresbericht	Entwurf	3.9.89	4,0	75 DM	300,00 DM
Schmidt	Robert	DEF GmbH	Jahresbericht	Text	3.9.89	6,0	85 DM	510,00 DM
Fischer	Wanda	TCG & Co.	Jahresbericht	Konzeption	3.9.89	6,0	95 DM	570,00 DM
Fischer	Wanda	P & Q OHG	Broschüre	Fotos	3.9.89	4,0	90 DM	360,00 DM
Schmidt	Robert	AAA Gerätebau	Aquisition		3.9.89	2,0	0 DM	0,00 DM
Müller	Lisa	DEF GmbH	Werbefilm	Fotos	3.9.89	4,0	90 DM	360,00 DM
Schmidt	Robert	DEF GmbH	Werbefilm	Text	3.9.89	2,0	85 DM	170,00 DM

Abbildung 9-2.

Wie Sie in den Abbildungen sehen, enthält die Datenbank neun Felder:
Nachname, Vorname, Kunde, Projekt, Tätigkeit, Datum, Stunden, Satz und
Betrag. Die Datensätze erfassen die Zeit, die von einer Person für eine Tätigkeit innerhalb eines Projektes für einen Kunden aufgewendet wurde. Die Felder
Nachname und Vorname weisen den Namen des Mitarbeiters aus, der die
Arbeit geleistet hat, das Feld Kunde verzeichnet den Namen des Kunden, für
den sie geleistet wurde. Die Felder *Projekt* und Tätigkeit kennzeichnen die aus-
geführte Tätigkeit. Das Feld Datum verzeichnet den Tag, an dem die Arbeit
geleistet wurde, das Feld Stunden die dafür in Anspruch genommene Zeit, das

Feld Satz den Stundensatz. Im Feld Betrag wird mit einer Formel durch Multiplizieren des Wertes im Stundenfeld mit dem Wert im Feld Satz der Endbetrag berechnet.

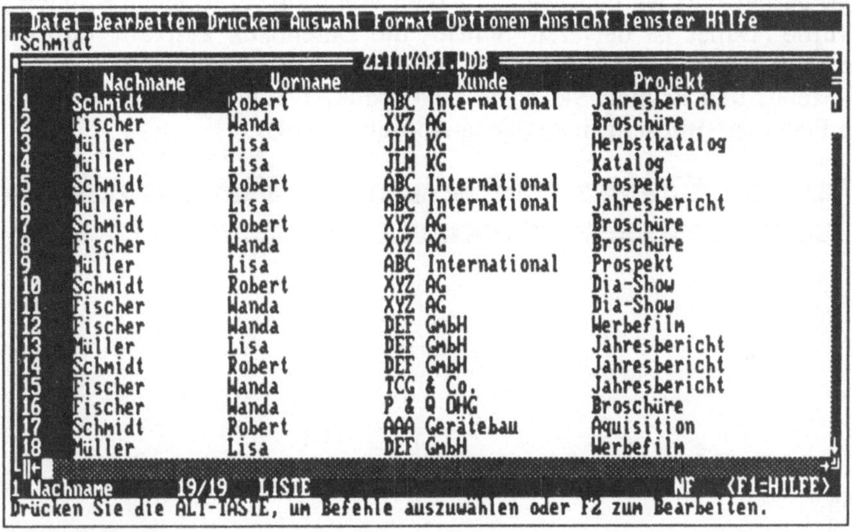

```
 Datei Bearbeiten Drucken Auswahl Format Optionen Ansicht Fenster Hilfe
"Schmidt
                            ZEITKART.WDB
        Nachname        Vorname         Kunde           Projekt
 1  Schmidt         Robert      ABC International    Jahresbericht
 2  Fischer         Wanda       XYZ AG              Broschüre
 3  Müller          Lisa        JLM KG             Herbstkatalog
 4  Müller          Lisa        JLM KG             Katalog
 5  Schmidt         Robert      ABC International    Prospekt
 6  Müller          Lisa        ABC International    Jahresbericht
 7  Schmidt         Robert      XYZ AG              Broschüre
 8  Fischer         Wanda       XYZ AG              Broschüre
 9  Müller          Lisa        ABC International    Prospekt
10  Schmidt         Robert      XYZ AG              Dia-Show
11  Fischer         Wanda       XYZ AG              Dia-Show
12  Fischer         Wanda       DEF GmbH           Werbefilm
13  Müller          Lisa        DEF GmbH           Jahresbericht
14  Schmidt         Robert      DEF GmbH           Jahresbericht
15  Fischer         Wanda       ICG & Co.           Jahresbericht
16  Fischer         Wanda       P & Q OHG           Broschüre
17  Schmidt         Robert      AAA Gerätebau       Aquisition
18  Müller          Lisa        DEF GmbH           Werbefilm

 1 Nachname      19/19   LISTE                      NF   <F1=HILFE>
Drücken Sie die ALT-TASTE, um Befehle auszuwählen oder F2 zum Bearbeiten.
```

Abbildung 9-3.

Als Ergänzung zur Datenbank erstellen wir vier Berichte. Die Gesamtübersicht, der erste Bericht, ist nur eine reine Auflistung der Datenbank Zeitkarte. Die Rechnungsübersicht, der zweite Bericht, faßt die Gesamtbeträge der Projekte und Kunden zusammen. Die Rechnungsübersicht enthält nur die Felder Kunde, Projekt und Betrag. Rechnungsdetail, der dritte Bericht, zeigt genau auf, wieviel Arbeit für jedes Projekt für jeden Kunden geleistet wurde und wieviel für die Arbeit berechnet wurde. Die Daten des zweiten und dritten Berichts sind nach Kunde und Projekt geordnet. Der dritte Bericht beinhaltet die Felder Kunde, Nachname, Projekt, Tätigkeit, Stunden, Satz und Betrag. Der Bericht Personal weist schließlich die Arbeit der einzelnen Mitarbeiter aus und ist nach Projekt, Kunde und Nachname des Mitarbeiters geordnet. Er enthält die Felder Nachname, Vorname, Kunde, Projekt, Tätigkeit, Datum, Stunden, Satz und Betrag.

Im vorliegenden Kapitel lernen Sie auch, mit Hilfe von Abfragen Informationen aus der Datenbank Zeitkarte zu selektieren. So können Sie z.B. die Datensätze selektieren, die einen bestimmten Mitarbeiter oder einen bestimmten Kunden oder ein bestimmtes Projekt für einen bestimmten Kunden betreffen. Mit dem Befehl Datensätze sortieren aus dem Menü Auswahl können Sie die Datensätze sortieren.

DAS ARBEITSBLATT ERSTELLEN

Den Kern der Arbeitszeitverwaltung bildet die Datenbank, in der Informationen
darüber gespeichert werden, welche Arbeit von wem für welchen Kunden geleistet wurde. Daher ist der erste Schritt, die Datenbank Zeitkarte einzurichten
(siehe Abbildung 9-1). Öffnen Sie als erstes Neue Datei erstellen aus dem
Datei-Menü, und wählen Sie Neue Datenbank. Daraufhin zeigt WORKS den
leeren Formular-Bildschirm an (siehe Abbildung 9-4).

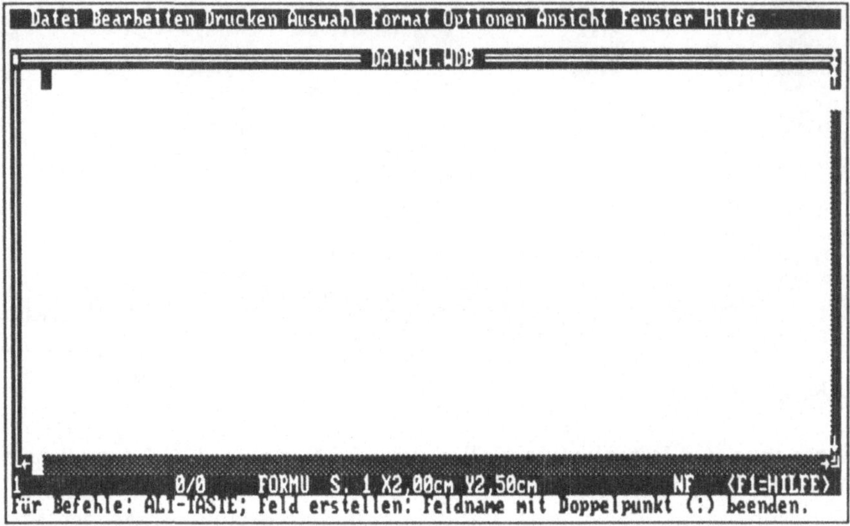

Abbildung 9-4.

Das Formular entwerfen

Um eine Datenbank zu erstellen, entwirft man in WORKS ein Eingabeformular
für die Datenbank. Das in Abbildung 9-5 gezeigte Formular für die Zeitkarte
wird in der Entwurfsebene erstellt. Die Feldnamen und -breiten finden Sie in
Abbildung 9-6.

Beginnen Sie oben im Formular mit dem Titel Arbeitszeitverwaltung. Drücken
Sie dafür zweimal den Abwärtspfeil, um den Cursor in die dritte Zeile zu
bewegen. Dann drücken Sie 30mal den Rechtspfeil, um in die Formularmitte zu
gelangen und schreiben *Arbeitszeitverwaltung*; drücken Sie Enter. Als nächstes
drücken Sie einmal den Abwärtspfeil, um den Cursor in die vierte Zeile zu
stellen. Hier schreiben Sie *Persönliche Zeitkarte* und drücken Enter.

Abbildung 9-5.

Feld	Breite
Vorname	15
Nachname	15
Kunde	20
Projekt	15
Tätigkeit	15
Datum	9
Stunden	6
Satz	6
Betrag	13

Abbildung 9-6. Namen und Feldbreiten der Datenbank-Felder für die Zeitkarte.

Die Feldbezeichnungen eingeben

Beachten Sie, daß in unserem Formular anstatt der eigentlichen Feldnamen Text verwendet wird, um die Eingabefelder zu kennzeichnen. Dazu wird für jedes Feld eine Beschriftung eingegeben und anschließend die Option Feldname einblenden ausgeschaltet . Auf diese Weise kann man die eigentlichen Feldnamen abkürzen (um im Listen-Bildschirm Platz zu sparen), ohne bei den Feldbezeichnungen im Formular auf die abgekürzten Feldnamen angewiesen zu sein.

Bevor Sie die Felder selbst eingeben, geben Sie die Bezeichnungen ein, die die Feldinhalte beschreiben. Als erstes gehen Sie mit Home an den linken Rand. Drücken Sie dann dreimal den Abwärtspfeil, um den Cursor drei Zeilen nach unten zu bewegen. Schreiben Sie *Nachname*, und drücken Sie Enter. Als nächstes drücken Sie nochmals den Abwärtspfeil, schreiben *Vorname* und drücken Enter. Drücken Sie jetzt zweimal den Abwärtspfeil, um in die zehnte Zeile zu gelangen, schreiben Sie Kunde, und drücken Sie Enter.

Fahren Sie so fort, bis alle Feldbezeichnungen am linken Formularrand eingetragen sind (Abbildung 9-1). In Abbildung 9-7 sehen Sie, wie Ihr Bildschirm dann aussieht.

Abbildung 9-7.

Die Felder einrichten

Jetzt können Sie die Felder selbst einrichten. Drücken Sie als erstes den Aufwärtspfeil, um den Cursor in die siebte Zeile zu bewegen, wo der Nachname stehen soll. Drücken Sie achtmal den Rechtspfeil, schreiben Sie *Nachname:*, und drücken Sie Enter. Geben Sie die Feldbreite von *15* ein und bestätigen Sie mit Enter. Der Cursor steht nun unter dem Feldnamen. Drücken Sie den Aufwärtspfeil und blenden Sie den Feldnamen mit Feldname einblenden aus dem Format-Menü aus. Wählen Sie nun die Option Verschieben (Feld) aus dem Menü Bearbeiten und drücken Sie zehnmal den Linkspfeil. Damit haben Sie das Eingabefeld über die Beschriftung geschoben. Beenden Sie die Verschiebeoperation mit Enter.

Um das Feld Vorname einzurichten, drücken Sie einmal den Abwärtspfeil, schreiben *Vorname:* und drücken Enter. Geben Sie als Feldbreite *15* ein. Drücken Sie einmal den Aufwärtspfeil und blenden Sie den Feldnamen mit Feldnamen einblenden aus dem Format-Menü aus. Als nächstes verschieben

Sie das Eingabefeld mit dem Befehl Verschieben (Feld) aus dem Menü Bearbeiten um neun Stellen nach links und beenden die Felddefinition mit Enter.

Für das Feld Kunde drücken Sie zweimal den Abwärtspfeil, schreiben *Kunde:* und drücken Enter. Geben Sie als Feldbreite *20* ein und bestätigen Sie mit Enter. Drücken Sie dann den Aufwärtspfeil. Führen Sie den Befehl Feldnamen einblenden aus, um den Feldnamen auszublenden. Verschieben Sie das Feld mit Verschieben (Feld) aus dem Menü Bearbeiten um sieben Stellen nach links. Für das Projekt-Feld drücken Sie nochmals den Abwärtspfeil, schreiben *Projekt:* und bestätigen mit Enter. Geben Sie als Feldbreite 15 an und blenden Sie mit Feldnamen einblenden den Feldnamen aus, nachdem Sie das Feld durch Drücken des Aufwärtspfeiles markiert haben. Verschieben Sie das Feld um neun Stellen nach links. Für das Feld Tätigkeit drücken Sie den Abwärtspfeil, schreiben *Tätigkeit:* und drücken Enter. Geben Sie als Breite 15 ein und blenden Sie den Feldnamen aus. Verschieben Sie das Feld um 11 Stellen nach links.

Um das Feld Datum einzurichten, drücken Sie zweimal den Abwärtspfeil, schreiben *Datum:* und drücken Enter. Bestimmen Sie als Breite 9. Blenden Sie den Feldnamen aus, und verschieben Sie das Feld um sieben Stellen nach links. Um dem Feld das Format TT,MM,JJ zuzuordnen, öffnen Sie Uhrzeit/Datum aus dem Format-Menü und wählen Tag,Monat,Jahr (im Format Kurzform). Bestätigen Sie mit Enter oder OK.

Für das Feld Stunden drücken Sie den Abwärtspfeil, um in die nächste Zeile zu gelangen, und viermal den Rechtspfeil. Dann schreiben Sie *Stunden:*, drücken Enter und schreiben 6. Bestätigen Sie mit Enter. Als nächstes blenden Sie den Feldnamen aus und verschieben Sie das Eingabefeld um neun Stellen nach links. Anschließend öffnen Sie Nachkommastellen aus dem Format-Menü, geben für die Anzahl der Nachkommastellen *1* ein und bestätigen mit Enter oder OK. Dieser Befehl ordnet dem Feld Stunden das Format mit einer Dezimalstelle zu. Als nächstes drücken Sie fünfmal den Rechtspfeil und schreiben (Stunden und Zehntel).

Für das Feld für den Stundensatz drücken Sie nochmals den Abwärtspfeil, um in die nächste Zeile zu gelangen, und zwölfmal den Linkspfeil. Dann schreiben Sie *Satz:* und drücken Enter. Als nächstes geben Sie die Feldbreite *6* ein und blenden Sie mit Feldnamen einblenden den Feldnamen aus. Verschieben Sie das Feld mit Verschieben (Feld) um sechs Stellen nach links. Dann öffnen Sie Währung aus dem Format-Menü, geben *0* ein und drücken Enter. Dem Feld Satz ist jetzt das Währungsformat mit null Kommastellen zugeordnet.

Um schließlich das Feld Betrag einzurichten, drücken Sie nochmals den Abwärtspfeil und zweimal den Linkspfeil. Schreiben Sie *Betrag:*, und drücken Sie Enter. Wählen Sie als Feldbreite 11 und drücken Sie Enter. Dann blenden Sie mit Feldnamen einblenden den Feldnamen aus. Verschieben Sie das Feld mit Verschieben (Feld) um acht Stellen nach links. Um das Währungsformat mit zwei Nachkommastellen festzulegen, wählen Sie Währung aus dem Format-Menü und bestätigen mit Enter oder OK, um das Standardformat beizubehalten.

Das war's. Ihr Formular sollte nun aussehen wie das in Abbildung 9-5. Sichern Sie jetzt den Entwurf mit Formular schützen aus dem Menü Optionen. So verläßt WORKS den Entwurf-Bildschirm und erstellt eine Datenbank mit den Spezifikationen, die Sie im Formular eingegeben haben. Bevor Sie nun fortfahren, drücken Sie Ctrl-Home, um den Cursor in das Feld Nachname zu stellen. Abbildung 9-8 zeigt Ihnen, wie der Bildschirm momentan aussieht.

Abbildung 9-8.

Abbildung 9-9.

Der Listen-Bildschirm

Nun sind noch ein paar Änderungen an der Struktur Ihrer Datenbank nötig, die im Listen-Bildschirm durchgeführt werden. Wählen Sie Ansicht Liste aus dem Menü Ansicht (siehe Abbildung 9-9).

Ändern Sie nun die Feldbreiten im Listen-Bildschirm so, daß sie mit den Formularfeldern übereinstimmen. Sie finden die entsprechenden Angaben in Abbildung 9-6. Gehen Sie mit dem Cursor auf das jeweilige Feld, wählen Sie Feldbreite aus dem Format-Menü, geben Sie den neuen Wert ein, und bestätigen Sie mit Enter oder OK. Um z.B. die Breite für das Feld Nachname von 10 auf 15 Zeichen zu ändern, gehen Sie mit dem Cursor auf das Feld (falls er sich noch nicht dort befindet), wählen Feldbreite aus dem Format-Menü, schreiben *15* und bestätigen mit Enter oder OK.

Nachdem die Feldbreiten angepaßt sind, wird in das Feld Betrag eine Formel eingegeben, die den Feldinhalt definiert. Gehen Sie dazu mit dem Cursor in die erste Zelle des Feldes Betrag, schreiben Sie *=Stunden*Satz*, und drücken Sie Enter. Da in diesen Feldern noch keine Daten eingetragen sind, geschieht erst einmal gar nichts. Sobald aber im ersten Datensatz Daten eingegeben werden, gibt die Formel einen Wert aus, der aus dem Inhalt der Felder Stunden und Satz berechnet wird. Mit dieser Formel berechnet WORKS auch die Endbeträge aller weiteren Sätze, in die Daten eingegeben werden.

Die Datenbank speichern

Wenn die Datenbank vollständig definiert ist, muß sie gespeichert werden. Beim ersten Mal wählen Sie Speichern unter aus dem Datei-Menü. Falls Sie die Datei in einem anderen Verzeichnis abspeichern möchten, wählen Sie das entsprechende Verzeichnis aus dem Listenfeld Verzeichnisse und bestätigen mit OK. Dann schreiben Sie den Dateinamen (wie z.B. *ZEITKART.WDB*) und drücken ENTER, um die Datei zu speichern. Wollen Sie die Datei im aktuellen Verzeichnis sichern, brauchen Sie nur den Dateinamen einzutippen und mit Enter oder OK zu bestätigen.

Berichte erstellen

Jetzt können aus der Datenbank Zeitkarte vier Berichte erstellt werden. Um ein neues Berichtsformular zu entwerfen, wählen Sie Neuer Bericht aus dem Menü Ansicht, um einen neuen Bericht zu erstellen, wie er in Abbildung 9-10 dargestellt ist. Nachdem Sie die Option gewählt haben, wird ihnen ein Listenbildschirm angezeigt, verlassen Sie ihn mit Esc.

Definieren Sie als nächstes im Dialogfeld Datensätze sortieren (Menü Auswahl) drei Felder, nach denen die Datensätze sortiert oder gruppiert werden sollen. Mit Hilfe dieser Felder bestimmt WORKS die Reihenfolge, in der die Datensätze gedruckt werden, und die Arten der Zusammenfassungszeilen, die man in den neuen Bericht einfügen kann. Wenn Sie nicht möchten, daß die Datensätz beim Drucken gruppiert oder sortiert werden, entfernen Sie im Dialogfeld alle Feldeinträge.

Für jedes in Sortieren spezifizierte Feld fügt WORKS auch eine Zeile Zus in die vorgegebene Berichtsdefinition ein.

Für alle Datenbankfelder mit Einträgen fügt WORKS innerhalb der vorgegebenen Berichtzeilen die passenden Feldbezeichnungen und Formeln ein. Wie Sie sehen, beinhaltet diese Definition verschiedene Zeilentypen: zwei Zeilen Einf Seite, eine Zeile Datensatz und eine Zeile Zus Bericht. Man benutzt diese Zeilen, um Feldbezeichnungen und -formeln einzugeben und um festzulegen, welche Daten an welcher Position und in welcher Aufbereitung erscheinen.

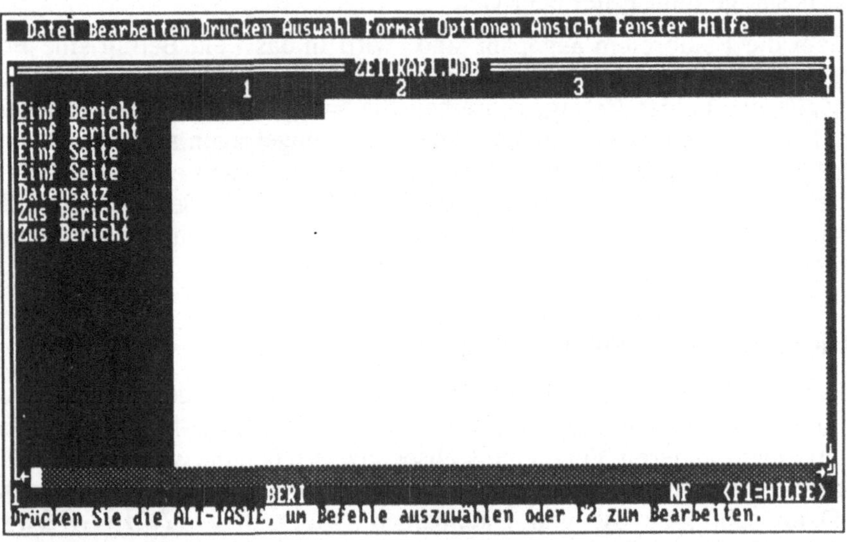

Abbildung 9-10.

Sie können Ihren Bericht entweder mit dieser von WORKS vorgegebenen Definition erstellen oder mit dem Befehl Zeile/Spalte löschen aus dem Menü Bearbeiten die Berichtsdefinitionen löschen und ganz von vorne anfangen. Normalerweise werden Sie erst die Standarddefinition löschen, um Ihren eigenen Bericht aufzubauen. Markieren Sie hierzu alle Zeilen in der Definition, und wählen Sie Zeile/Spalte löschen aus dem Menü Bearbeiten. Nachdem die Standardzeilen gelöscht sind, fügen Sie mit dem Befehl Zeile/Spalte einfügen aus dem Menü Bearbeiten verschiedene Zeilentypen in den Entwurfs-Bildschirm ein. Als nächstes geben Sie Feldbezeichnungen und Formeln ein, um zu definieren, was WORKS wo drucken soll. Anschließend formatieren Sie den Bericht mit den Befehlen im Format-Menü und ändern die Spaltenbreiten. Zum Schluß starten Sie den Befehl Papierformat, stellen die Ränder ein und definieren mit dem Befehl Kopf-/Fußzeilen eine Kopf- und/oder Fußzeile.

Der Bericht Gesamtübersicht

Beginnen wir mit dem Bericht Gesamtübersicht. Wie bereits erwähnt, listet dieser Bericht nur die Datensätze der Datenbank Zeitkarte auf und berechnet zwei Summen: die Summe der Einträge in Stunden und die Summe der Einträge in Betrag im gesamten Bericht.

Wählen Sie Neuer Bericht aus dem Ansicht Menü und beenden Sie die Berichtsanzeige mit Esc. Öffnen Sie das Dialogfeld Datensätze sortieren aus dem Auswahl-Menü. Da in diesem Bericht die gedruckten Datensätze weder gruppiert noch sortiert werden sollen, entfernen Sie die im Dialogfeld angegebenen Feldnamen. Dazu drücken Sie einfach die Del-Taste und bestätigen mit Enter oder OK. (siehe Abbildung 9-10).

Jetzt können Sie den Bericht definieren. Als erstes müssen Sie die Feldnamen und Formeln eingeben, die bestimmen, welche Informationen WORKS drucken soll und wo sie im Bericht erscheinen sollen. Zunächst werden in die erste Definitionszeile die Feldnamen eingegeben. Tragen Sie also *Nachname* in Spalte 1 der ersten Zeile *Einf Seite* ein. (Dazu können Sie auch Feldnamen einfügen aus dem Menü Bearbeiten öffnen und Nachname und OK auswählen.) Gehen Sie dann mit dem Rechtspfeil auf Spalte 2, und geben Sie *Vorname* ein. Damit zwischen dieser Feldbezeichnung und der in Spalte 3 ein Zwischenraum steht, vergrößern Sie die Breite von Spalte 2: Mit dem Cursor in Spalte 2 wählen Sie Spaltenbreite aus dem Format-Menü, schreiben *16* und bestätigen mit Enter oder OK. Geben Sie jetzt noch folgende Feldbezeichnungen ein: in Spalte 3 *Kunde*, in Spalte 4 *Projekt*, in Spalte 5 *Tätigkeit*, in Spalte 6 *Datum*, in Spalte 7 *Stunden* und in Spalte 8 Satz. Spalte 9 enthält bereits die Bezeichnung *Betrag*. Ändern Sie die Spaltenbreite auf 13. Diese Zeile bildet die Spaltenüberschriften. Die zweite Zeile Einf Seite lassen wir frei, um unter den Überschriften eine Leerzeile zu erhalten.

Als nächstes werden in die Datensatzzeile einige Feldformeln eingegeben. Betätigen Sie als erstes die Home-Taste und dann zweimal den Abwärtspfeil, um den Cursor in Spalte 1 der Datensatzzeile zu setzen. Schreiben Sie dann die Formel *=Nachname*. (Sie können die Formel auch eingeben, indem Sie Feldinhalt einfügen aus dem Menü Bearbeiten öffnen und Nachname und OK wählen.) Geben Sie nun folgende Formeln ein: in Spalte 3 *=Kunde*, in Spalte 4 *=Projekt*, in Spalte 5 *=Tätigkeit*, in Spalte 6 *=Datum*, in Datei 7 *=Stunden* und in Spalte 8 *=Satz*. Spalte 9 enthält bereits die Formel *=Betrag*. Aufgrund dieser Formeln druckt WORKS von allen Datensätzen im Bericht die Einträge der Felder Nachname, Kunde, Projekt, Tätigkeit, Datum, Stunden, Satz und Betrag.

Schließlich müssen noch Formeln zur Berechnung der Felder *Stunden* und *Betrag* erstellt werden. Gehen Sie dazu in die Zeile Zus Bericht, und geben Sie in Spalte 7 die Formel *=SUMME(Stunden)* und in Spalte 9 *=SUMME(Betrag)* ein. (Sie können die Formeln auch anders eingeben: Öffnen Sie Feldzusammenfassung einfügen aus dem Menü Bearbeiten, wählen Sie das entsprechende Feld

und SUMME als Berechnungsart; bestätigen Sie mit OK.) Die Summenfunktionen berechnen für den gesamten Bericht die Summe der Einträge in den
Feldern Stunden und Betrag. WORKS druckt diese Werte einmal am Ende des
Berichts. Abbildung 9-11 zeigt die Spalten 4 bis 9 der fertigen Berichtsdefinition.

Um die Ränder und Kopf- und Fußzeilen für den Bericht festzulegen, starten
Sie als nächstes den Befehl Papierformat aus dem Menü Drucken. Schreiben Sie
in das Textfeld für den linken Rand 1,25, um den ursprünglichen Rand von 2
cm auf 1,25 cm zu verkleinern. Für den rechten Rand geben Sie das gleiche
Maß ein. Wenn Sie einen breiten Drucker haben, ändern Sie auch die vorgegebene Seitenbreite entsprechend.

Abbildung 9-11.

Wählen Sie Kopf-/Fußzeilen aus dem Menü Drucken. Für die Kopfzeile geben
Sie folgende Definition ein:

```
&lDatum: &c &zGESAMTÜBERSICHT &rSeite: &s
```

Dies gilt als Anweisung für WORKS, auf jede Berichtsseite eine dreiteilige
Kopfzeile zu drucken: Am linken Seitenrand steht Datum:, gefolgt vom
aktuellen Datum. In der Mitte steht GESAMTÜBERSICHT und rechts die
laufende Seitenzahl.

Wenn die Kopfzeile eingegeben ist, entfernen Sie den Text für die Fußzeile.
Dazu gehen Sie mit der TAB-Taste in das Fußzeilen-Textfeld und markieren die
vorhandene Definition. Dann drücken Sie einfach die Del-Taste, um den Text
zu löschen. In Abbildung 9-12 sehen Sie das ausgefüllte Dialogfeld. Wenn Sie
fertig sind, bestätigen Sie mit Enter oder OK, um die Änderungen zu speichern.

Das ist alles, der Bericht ist definiert. Bevor Sie fortfahren, wählen Sie den Befehl Berichte aus dem Ansicht-Menü. Gehen Sie auf das Textfeld für Name, und schreiben Sie Gesamtübersicht (siehe Abbildung 9-13). Dann drücken Sie Enter oder wählen Umbenennen, um den Namen des Berichts, den Sie gerade definiert haben, von BERICH1 auf Gesamtübersicht zu ändern. Mit Fertig verlassen Sie das Dialogfeld. Als nächstes wählen Sie Formular aus dem Ansicht-Menü, um zur Datenbank Zeitkarte zurückzukehren, und Speichern aus dem Datei-Menü, um die Datenbank und den fertigen Bericht zu sichern.

Abbildung 9-12.

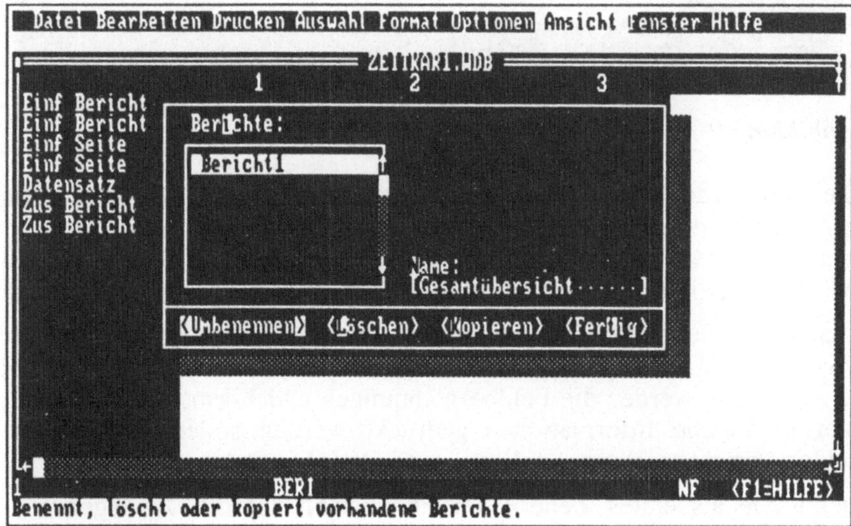

Abbildung 9-13.

Der Bericht Rechnungsübersicht

Wie bereits erwähnt, faßt die Rechnungsübersicht nur den Gesamtbetrag für jedes Projekt und jeden Kunden zusammen. Sie enthält die Felder Kunde, Projekt und Betrag und gruppiert Datensätze nach den Einträgen der Felder Kunde und Projekt.

Wählen Sie Neuer Bericht aus dem Menü Ansicht und beenden Sie die Anzeige mit Esc. Öffnen Sie als nächstes das Dialogfeld Datensätze sortieren aus dem Auswahl-Menü (siehe Abbildung 9-14). Hier können Sie angeben, nach welchen Feldern Sie den Bericht gruppieren möchten. Tragen Sie dazu in Feld 1 *Kunde* und in Feld 2 *Projekt* ein. Drücken Sie dann Enter, oder wählen Sie OK, um das Dialogfeld zu verlassen. WORKS wird vor der Zeile Zus Bericht eine Zeile Zus Kunde und eine Zeile Zus Projekt einfügen.

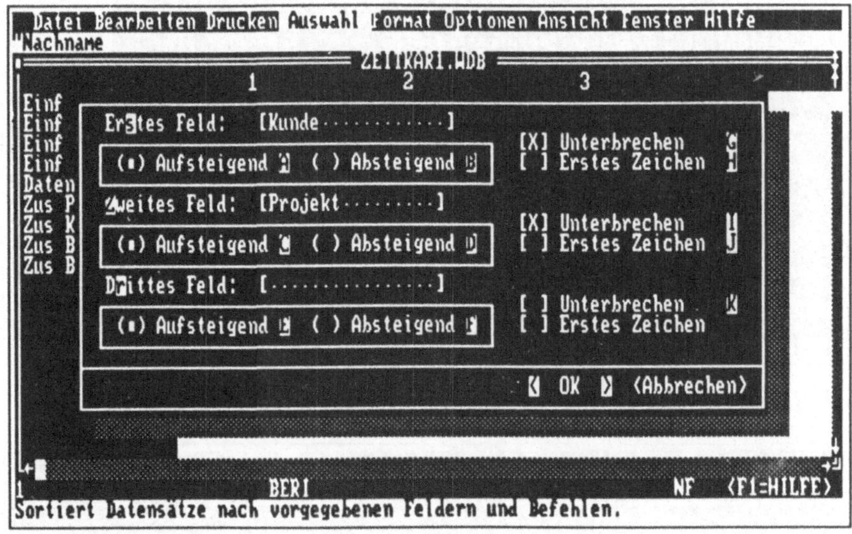

Abbildung 9-14.

Da die Standarddefinition stark von der gewünschten Berichtsdefinition abweicht, wird sie am Besten gleich ganz gelöscht. Markieren Sie dazu einfach alle sechs Zeilen der neuen Definition, und wählen Sie Zeile/Spalte löschen aus dem Menü Bearbeiten.

Jetzt kann der Bericht definiert werden. Zuerst fügen Sie mit dem Befehl Zeile/Spalte einfügen aus dem Menü Bearbeiten eine Zeile in den Entwurfsbildschirm ein. Darin werden die Feldbezeichnungen und Formeln eingegeben, um festzulegen, welche Informationen gedruckt werden sollen und wo sie im gedruckten Bericht erscheinen sollen.

Markieren Sie als erstes Zeile 1 im Entwurfsbildschirm: Bewegen Sie den Cursor in die Zeile, und wählen Sie Zeile aus dem Auswahl-Menü, oder klicken Sie mit der Maus links neben Zeile 1. Als nächstes öffnen Sie das Dialogfeld Zeile/Spalte einfügen aus dem Menü Bearbeiten (siehe Abbildung 9-15). Es zeigt Ihnen eine Auswahl der verschiedenen Zeilen, die Sie im Bericht verwenden können: Einf Bericht, Einf Seite, Einf Kunde usw. Um eine Zeile vom Typ Einf Seite einzufügen, wählen Sie Einf Seite und drücken Enter oder wählen OK.

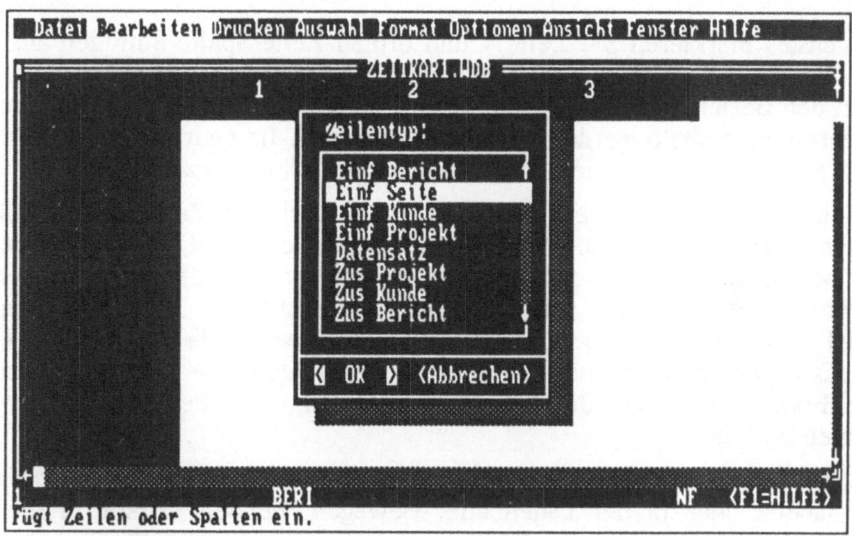

Abbildung 9-15.

Jetzt können Sie den Inhalt der neuen Zeile definieren. Als erstes schreiben Sie in Spalte 1 die Bezeichnung *Kunde*. Dann gehen Sie mit dem Rechtspfeil in Spalte 2 und geben die Bezeichnung *Projekt* ein. Schließlich schreiben Sie in Spalte 3 *Betrag* und drücken Enter. Danach wählen Sie Schriftstil aus dem Format-Menü und Rechtsbündig. Bestätigen Sie mit Enter oder OK. Die Bezeichnung in Spalte 3 erscheint jetzt rechtsbündig.

Markieren Sie als nächstes Zeile 2, und öffnen Sie Zeile/Spalte einfügen aus dem Menü Bearbeiten. Wählen Sie Zus Projekt, und drücken Sie Enter, oder wählen Sie OK. Schreiben Sie dann in Spalte 1 der neuen Zeile die Formel *=Kunde*, drücken Sie den Rechtspfeil, und schreiben Sie in Spalte 2 *=Projekt*. Schließlich setzen Sie den Cursor in Spalte 3 und schreiben *=SUMME(Betrag)*. Da diese Formeln in einer Zeile *Zus Projekt* stehen, berechnet und druckt WORKS im Bericht das Ergebnis jeweils nur einmal pro Projekt. Die Formeln in den Spalten 1 und 2 zeigen einfach nur den Namen des Projekts und des Kunden an. Die Formel =SUMME(Betrag) berechnet die Summe der Einträge im Betrag-Feld.

Markieren Sie als nächstes Zeile 3, und öffnen Sie nochmals Zeile/Spalte einfügen aus dem Menü Bearbeiten. Wählen Sie Zus Kunde, und drücken Sie Enter.

WORKS fügt nun eine Zeile Zus Kunde in den Berichtentwurfsbildschirm ein. Gehen Sie dann mit dem Rechtspfeil auf Spalte 2, und geben Sie *Kunde Gesamt:* ein. Dann gehen Sie auf Spalte 3 und schreiben die Formel *=SUMME(Betrag)*. Da sich diese Formel in einer Zeile *Zus Kunde* befindet, wird im Bericht das Ergebnis nur einmal pro Kunde berechnet und gedruckt. Die Formel berechnet für jeden Kunden die Summe der Einträge im Feld Betrag.

Als nächstes markieren Sie Zeile 4 und öffnen Zeile/Spalte einfügen aus dem Menü Bearbeiten. Wählen Sie Zus Kunde, und drücken Sie Enter. WORKS fügt in den Berichtentwurfsbildschirm eine Zeile Zus Kunde ein. Sie dient nur als Leerraum, deshalb werden wir nichts eintragen. Im gedruckten Bericht fügt WORKS zwischen den einzelnen Kundengruppen eine Leerzeile ein.

Abschließend markieren Sie Zeile 5 und öffnen nochmals Zeile/Spalte einfügen aus dem Menü Bearbeiten. Wählen Sie Zus Bericht, und bestätigen Sie mit Enter oder OK. Gehen Sie dann mit dem Rechtspfeil in Spalte 2, und geben Sie *Bericht Gesamt:* ein. Dann setzen Sie den Cursor in Spalte 3 und schreiben die Formel *=SUMME(Betrag)*. Da die Formel in einer Zeile Zus Bericht steht, wird das Ergebnis nur einmal - am Ende des Berichts - berechnet und gedruckt. Diese Formel berechnet die Summe der Einträge im Feld Betrag für den gesamten Bericht.

Ändern Sie nun die Breiten für die Spalten 1, 2 und 3 so wie in einer Kalkulationstabelle oder in der Datenbank: Bewegen Sie den Cursor in die entsprechende Spalte, wählen Sie Spaltenbreite aus dem Format-Menü, schreiben Sie die neue Breite, und drücken Sie Enter oder OK. In der Tabelle von Abbildung 9-16 finden Sie die Spaltenbreiten für die Rechnungsübersicht.

Spalte	Breite
1	20
2	15
3	13

Abbildung 9-16. Spaltenbreiten für die Rechnungsübersicht

Als nächstes ändern Sie das Format in Spalte 3 (Betrag) in Währung mit zwei Nachkommastellen. Markieren Sie die Spalte 3: Gehen Sie mit dem Cursor in irgendeine Zelle der Spalte, und wählen Sie Spalte im Menü Auswahl, oder, wenn Sie eine Maus benutzen, klicken Sie auf die 3 am oberen Spaltenrand. Als nächstes wählen Sie Währung aus dem Format-Menü und bestätigen mit Enter oder OK. Abbildung 9-17 zeigt, wie die Berichtsdefinition jetzt aussieht.

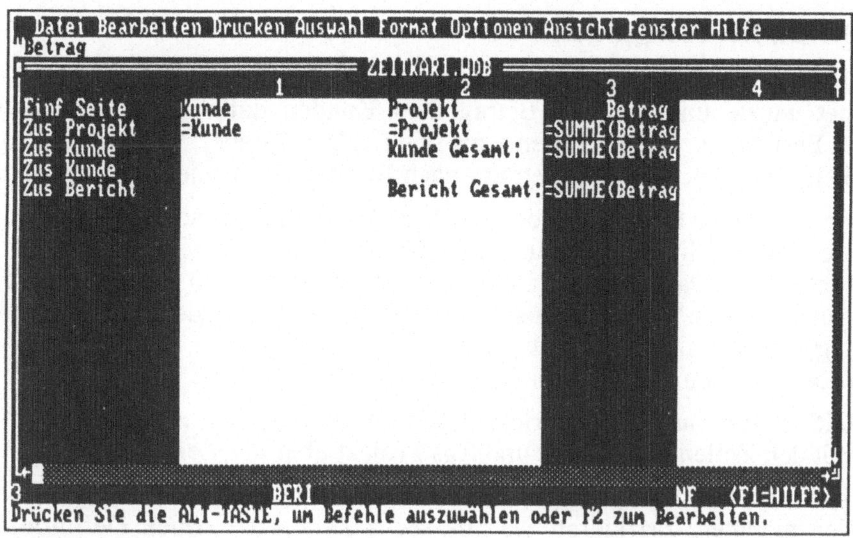

Abbildung 9-17.

Mit dem Befehl Papierformat werden schließlich die Ränder mit Kopf-/Fußzeilen die Kopf- und Fußzeilen eingerichtet. Öffnen Sie dazu Papierformat aus dem Menü Drucken. Gehen Sie in das Textfeld Linker Rand, und schreiben Sie 1,25. Der ursprüngliche Rand von 2 cm wird so auf 1,25 cm verkleinert. Geben Sie für den rechten Rand das gleiche Maß ein.

Jetzt wählen Sie Kopf-/Fußzeilen aus dem Menü Drucken, und geben Sie unter Kopfzeile folgende Definition ein:

```
&lDatum: &c &zRECHNUNGSÜBERSICHT &rSeite: &s
```

WORKS druckt dann auf jede Berichtsseite eine dreiteilige Kopfzeile: Am linken Seitenrand steht Datum:, gefolgt vom aktuellen Datum, in der Mitte RECHNUNGSÜBERSICHT und rechts die laufende Seitenzahl.

Wenn die Kopfzeile eingegeben ist, entfernen Sie den Text für die Fußzeile. Dazu gehen Sie mit der Tab-Taste in das Fußzeilen-Textfeld und markieren die vorhandene Definition. Nun drücken Sie einfach die Del-Taste, um den Text zu löschen. Anschließend bestätigen Sie mit Enter oder OK, um die Änderungen zu speichern.

Der Bericht ist jetzt fertig. Bevor Sie fortfahren, öffnen Sie Berichte aus dem Ansicht-Menü, gehen auf das Textfeld Name und schreiben *Rechnungsübersicht*. Wählen Sie Umbenennen und Fertig, um den Namen des Berichts von BERICH1 in Rechnungsübersicht zu ändern. Als nächstes wählen Sie Formular aus dem Ansicht-Menü, um zur Datenbank zurückzukehren, und Speichern aus dem Datei-Menü, um die Datenbank und den fertigen Bericht zu sichern.

Der Bericht Rechnungsdetail

Der Bericht Rechnungsdetail weist aus, wieviel Arbeit pro Projekt und Kunde geleistet wurde und welcher Betrag dem Kunden dafür berechnet wird. In diesem Bericht werden die Daten - aus den Feldern Kunde, Nachname, Projekt, Tätigkeit, Stunden, Satz und Betrag - nach Kunden und Projekten gruppiert.

Wählen Sie Neuer Bericht aus dem Ansicht-Menü und beenden Sie die Anzeige mit Esc. Öffnen Sie als nächstes das Dialogfeld Datensätze sortieren aus dem Auswahl-Menü. Da sich im Dialogfeld noch die vorherigen Feldeinträge befinden, stehen im ersten und zweiten Feld die Feldnamen Kunde und Projekt. Falls nicht, geben Sie sie in die entsprechenden Textfelder ein. Drücken Sie dann Enter, oder wählen Sie OK, um das Dialogfeld zu verlassen.

WORKS erstellt nun eine Berichtsdefinition ähnlich der in Abbildung 9-10, aber mit den Zeilen Zus Kunde und Zus Projekt über der Zeile Zus Bericht.

Da diese Standarddefinition ganz anders ist als die Berichtsdefinition, die Sie erstellen möchten, markieren Sie alle sechs Zeilen der neuen Definition und wählen Zeile/Spalte löschen aus dem Menü Bearbeiten.

Jetzt können Sie den Bericht definieren. Markieren Sie als erstes Zeile 1 des Entwurfsbildschirms, und öffnen Sie Zeile/Spalte einfügen aus dem Menü Bearbeiten. Wählen Sie Einf Kunde, und bestätigen Sie mit Enter oder OK, um eine Zeile Einf Kunde einzufügen. Schreiben Sie als nächstes in Spalte 1 der neuen Zeile Kunde:. Gehen Sie dann mit dem Rechtspfeil auf Spalte 2, und tragen Sie die Formel =*Kunde* ein. Da diese Einträge in einer Zeile Einf Kunde stehen, werden sie im Bericht nur einmal pro Kunde gedruckt. Die Formel in Spalte 2 setzt über den Informationen zu einem Kunden den Namen des Kunden ein.

Als nächstes markieren Sie Zeile 2 und öffnen Zeile/Spalte einfügen aus dem Menü Bearbeiten. Wählen Sie Einf Kunde aus dem Dialogfeld, und bestätigen Sie mit Enter oder OK. Da diese Zeile nur als Leerraum dient, wird nichts eingegeben.

Markieren Sie jetzt Zeile 3, und öffnen Sie Zeile/Spalte einfügen aus dem Menü Bearbeiten. Um eine weitere Zeile Einf Kunde einzusetzen, wählen Sie Einf Kunde aus dem Dialogfeld und bestätigen mit Enter oder OK. Als nächstes schreiben Sie in Spalte 1 der neuen Zeile *Name*. Gehen Sie mit dem Rechtspfeil in Spalte 2, und tragen Sie die Bezeichnung *Projekt* ein. Geben Sie anschließend folgende Feldbezeichnungen ein: in Spalte 3 *Tätigkeit*, in Spalte 4 *Datum*, in Spalte 5 *Stunden*, in Spalte 6 *Satz* und in Spalte 7 *Betrag*. Markieren Sie die Spalten 4 bis 7, und öffnen Sie Schriftstil aus dem Format-Menü. Wählen Sie Rechtsbündig, und bestätigen Sie mit Enter oder OK, um die Spalten rechtsbündig anzuordnen.

Markieren Sie als nächstes Zeile 4, und öffnen Sie Zeile/Spalte einfügen aus dem Menü Bearbeiten. Wählen Sie Datensatz, und bestätigen Sie mit Enter oder OK, um in die Berichtsdefinition eine Datensatz-Zeile einzufügen. Geben Sie dann die Formel =*Nachname* in Spalte 1 der neuen Zeile ein, in Spalte 2 die Formel =*Projekt*, in Spalte 3 =*Tätigkeit*, in Spalte 4 =*Datum*, in Spalte 5 =*Stunden*, in Spalte 6 =*Satz* und in Spalte 7 =*Betrag*. Da die Formeln in einer Berichtzeile stehen, werden sie einmal pro Datensatz ausgegeben. Sie zeigen aus jedem Satz in Zeitkarte die Inhalte der Felder Nachname, Projekt, Tätigkeit, Datum, Stunden, Satz und Betrag an.

Markieren Sie als nächstes Zeile 5, und öffnen Sie Zeile/Spalte einfügen aus dem Menü Bearbeiten. Wählen Sie Zus Projekt, und bestätigen Sie mit Enter oder OK. Geben Sie in der neuen Zeile in Spalte 4 *Projekt Gesamt:* und in Spalte 7 die Formel =*SUMME(Betrag)* ein. Da sich diese Formeln in einer Zeile mit dem Typ Zus Projekt befinden, druckt WORKS im Bericht die angegebene Information nur einmal für jedes Projekt. Die Formel in Spalte 7 berechnet für jedes Projekt die Summe der Betragfelder.

Markieren Sie jetzt Zeile 6, und öffnen Sie wieder Zeile/Spalte einfügen aus dem Menü Bearbeiten. Um eine weitere Zeile Zus Projekt in den Bericht einzufügen, wählen Sie nochmals Zus Projekt und bestätigen mit Enter oder OK. Diese Zeile dient als Leerraum, Sie brauchen nichts einzugeben. Wenn Sie den Bericht drucken, wird nach jeder Projektgruppe eine Leerzeile eingefügt.

Als nächstes markieren Sie Zeile 7. Öffnen Sie wieder Zeile/Spalte einfügen aus dem Menü Bearbeiten, und wählen Sie Zus Kunde. Bestätigen Sie mit Enter oder OK. Geben Sie dann in der neuen Zeile in Spalte 4 *Kunde Gesamt:* ein und in Spalte 7 die Formel =*SUMME(Betrag)*. Die Einträge werden nur einmal pro Kunde gedruckt. Die Formel in Spalte 7 berechnet für jeden Kunden die Summe der Einträge im Betragfeld.

Markieren Sie jetzt Zeile 8, und öffnen Sie Zeile/Spalte einfügen aus dem Menü Bearbeiten. Um eine weitere Zeile Zus Kunde einzufügen, wählen Sie nochmals Zus Kunde und bestätigen mit Enter oder OK. Auch diese Zeile ist für Leerraum gedacht, Sie brauchen nichts einzugeben. Im gedruckten Bericht folgt nach jeder Kundengruppe eine Leerzeile.

Markieren Sie schließlich Zeile 9, und öffnen Sie nochmals Zeile/Spalte einfügen. Wählen Sie Zus Bericht, und bestätigen Sie mit Enter oder OK. Als nächstes gehen Sie mit dem Cursor auf Spalte 4 und schreiben Bericht Gesamt:. Gehen Sie dann auf Spalte 7, und schreiben Sie =*SUMME(Betrag)*. WORKS druckt die angegebene Information nur einmal - am Ende des Berichts. Die Formel in Spalte 7 berechnet die Einträge des Betragsfelds für den gesamten Bericht.

Jetzt müssen Sie noch die Spaltenbreiten der Berichtsdefinition ändern. Abbildung 9-18 listet die Maße auf.

Als nächstes ändern Sie das Format der Spalten 4 bis 7. Markieren Sie zuerst Spalte 4: Setzen Sie den Cursor in eine der Zellen von Spalte 4, und wählen Sie Spalte aus dem Auswahl-Menü, oder klicken Sie mit der Maus auf die Ziffer 4 im Spaltenkopf. Wenn die Spalte markiert ist, öffnen Sie Uhrzeit/Datum aus

dem Format-Menü und wählen die Option Tag,Monat,Jahr. Bestätigen Sie mit
Enter oder OK. So erhält die Spalte das Format TT/MM/JJ.

Spalte	Breite
1	15
2	20
3	15
4	9
5	6
6	6
7	13

Abbildung 9-18. Spaltenbreiten für den Bericht Rechnungsdetail.

Markieren Sie als nächstes Spalte 5, und öffnen Sie Nachkommastellen aus dem
Format-Menü. Schreiben Sie 1, und bestätigen Sie mit Enter oder OK, um das
Format mit einer Nachkommastelle zuzuordnen. Markieren Sie dann Spalte 6,
wählen Sie Währung aus dem Format-Menü, schreiben Sie 0, und bestätigen
Sie mit Enter oder OK. Markieren Sie abschließend Spalte 7, wählen Sie
Währung aus dem Format-Menü, und bestätigen Sie mit Enter oder OK. Abbil-
dung 9-19 zeigt, wie die Spalten 3 bis 7 jetzt aussehen.

Zuletzt werden noch die Ränder und die Kopf- und Fußzeilen definiert. Dazu
öffnen Sie aus dem Menü Drucken das Dialogfeld Papierformat. Gehen Sie zum
Textfeld für den linken Rand, und schreiben Sie 1,25. In das Textfeld für den
rechten Rand geben Sie ebenfalls 1,25 ein.

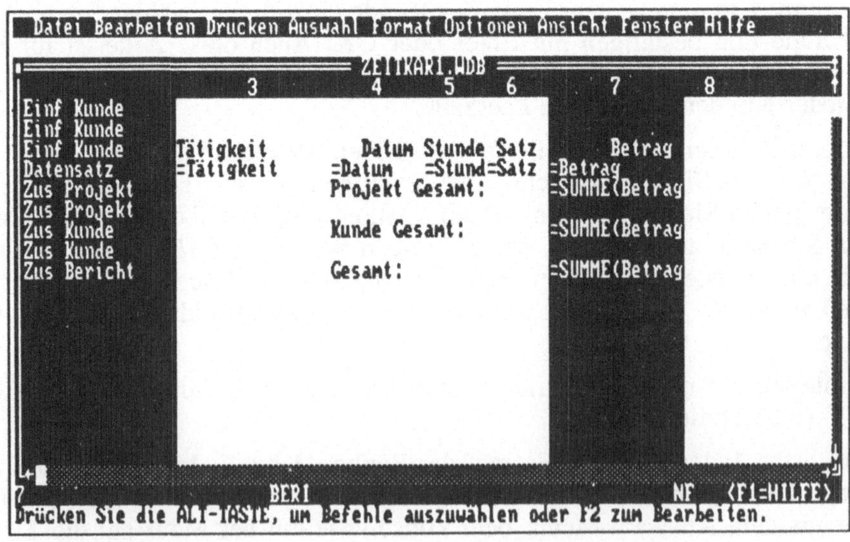

Abbildung 9-19.

Wählen Sie Kopf-/Fußzeilen und gehen Sie in das Eingabefeld für die Kopfzeile, und tragen Sie folgende Definition ein:

```
&lDatum: &c &zRECHNUNGSDETAIL &rSeite: &s
```

Daraus ergibt sich folgende Kopfzeile: Links steht Datum:, gefolgt vom
aktuellen Datum, in der Mitte steht RECHNUNGSDETAIL und rechts die
laufende Seitenzahl. Die Kopfzeile erscheint auf jeder Berichtseite.

Nun entfernen Sie den Text der Fußzeile. Gehen Sie dazu mit der Tab-Taste in
das Fußzeilen-Textfeld, markieren Sie die vorhandene Definition, und drücken
Sie Del. Mit Enter oder OK werden Ihre Änderungen gespeichert.

Jetzt muß die fertige Berichtsdefinition gespeichert werden. Wählen Sie
Berichte aus dem Ansicht-Menü. Gehen Sie auf das Textfeld Name, und schrei-
ben Sie Rechnungsdetail. Wählen Sie dann Umbenennen und Fertig, um den
Namen des definierten Berichts von BERICH1 in Rechnungsdetail zu ändern.
Als nächstes wählen Sie die Option Formular aus dem Ansicht-Menü, um zur
Datenbank zurückzukehren. Mit Speichern aus dem Datei-Menü sichern Sie
schließlich die Datenbank und den fertigen Bericht.

Der Personal-Bericht

Der vierte Bericht, Personal, listet die Arbeit der einzelnen Mitarbeiter auf. Er
ist nach Name, Kunde und Projekt gruppiert und enthält die Felder Nachname,
Vorname, Kunde, Projekt, Tätigkeit, Stunden, Satz und Betrag.

Um den Personal-Bericht anzufertigen, wählen Sie als erstes Neuer Bericht aus
dem Menü Ansicht, und beenden Sie die Anzeige mit Esc. Lass Sie das Dialogfeld Datensätze sortieren aus dem Ansicht-Menü anzeigen. Dann ersetzen Sie
den Eintrag im ersten Feld durch *Nachname* und durch *Kunde* im zweiten Feld.
Mit Enter oder OK verlassen Sie das Dialogfeld.

Löschen Sie die Inhalte der Standarddefinition: Markieren Sie alle sechs Zeilen,
und wählen Sie Zeile/Spalte löschen aus dem Menü Bearbeiten.

Jetzt kann der Bericht definiert werden. Als erstes markieren Sie die erste Zeile
des Entwurfsbildschirms und öffnen Zeile/Spalte einfügen aus dem Menü Bearbeiten. Wählen Sie daraus Einf Nachname, und bestätigen Sie mit Enter oder
OK, um in den Bildschirm eine Zeile Einf Nachname einzufügen. Als nächstes
schreiben Sie in Spalte 1 der neuen Zeile *Nachname:*. Dann gehen Sie mit dem
Rechtspfeil in Spalte 2 und tragen die Formel =*Nachname* ein. Da es sich um
Einträge einer Zeile des Typs Einf Nachname handelt, erscheinen sie im
gedruckten Bericht nur einmal pro Mitarbeiter. Die Formel in Spalte 2 zeigt vor
der Gruppe eines Mitarbeiters dessen Nachnamen an.

Als nächstes markieren Sie Zeile 2 und öffnen Zeile/Spalte einfügen aus dem
Menü Bearbeiten. Um eine weitere Zeile Einf Nachname einzusetzen, wählen

Sie Einf Nachname aus dem Dialogfeld und drücken Enter oder wählen OK. Diese Zeile dient als Leerzeile vor jeder Gruppe Nachname.

Markieren Sie jetzt Zeile 3, und öffnen Sie das Dialogfeld Zeile/Spalte einfügen aus dem Menü Bearbeiten. Wählen Sie Einf Kunde, und bestätigen Sie mit Enter oder OK. Dann schreiben Sie in Spalte 1 der neuen Zeile *Kunde*. Geben Sie außerdem folgende Feldbezeichnungen ein: in Spalte 2 *Projekt*, in Spalte 3 *Tätigkeit*, in Spalte 4 *Datum*, in Spalte 5 *Stunden*, in Spalte 6 *Satz* und in Spalte 7 *Betrag*. Anschließend markieren Sie in der neuen Zeile die Spalten 4 bis 7, wählen Rechtsbündig im Dialogfeld Schriftstil aus dem Format-Menü und bestätigen mit Enter oder OK, um die Feldbezeichnungen rechtsbündig anzuordnen.

Als nächstes markieren Sie Zeile 4 und fügen eine Datensatz-Zeile ein. Anschließend geben Sie in Spalte 1 der neuen Zeile die Formel =*Kunde* ein, in Spalte 2 =*Projekt*, in Spalte 3 =*Tätigkeit*, in Spalte 4 =*Datum*, in Spalte 5 =*Stunden*, in Spalte 6 =*Satz* und in Spalte 7 =*Betrag*. Da die Formeln in einer Datensatz-Zeile stehen, erscheinen ihre Ergebnisse im gedruckten Bericht einmal pro Datensatz. Sie zeigen jeweils die Inhalte der Felder Kunde, Projekt, Tätigkeit, Datum, Stunden, Satz und Betrag.

Markieren Sie Zeile 5, und wählen Sie Zus Projekt aus der Liste im Dialogfeld Zeile/Spalte einfügen (Menü Bearbeiten). Bestätigen Sie mit Enter oder OK. Geben Sie dann in Spalte 3 die Bezeichnung Projekt Gesamt: ein, in Spalte 5 die Formel =*SUMME(Stunden)* und in Spalte 7 =*SUMME(Betrag)*. Im gedruckten Bericht erscheinen die Einträge für jedes Projekt nur einmal. Die Formeln der Spalten 5 und 7 berechnen für jedes Projekt die Summe der Einträge in den Feldern Stunden und Betrag.

Jetzt markieren Sie Zeile 6 und fügen nochmals eine Zeile Zus Projekt ein. Diese Zeile dient wieder als Leerzeile nach jeder Projektgruppe, es werden also keine Informationen eingegeben.

Markieren Sie als nächstes Zeile 7, und fügen Sie eine Zeile des Typs Zus Kunde ein. Geben Sie anschließend in Spalte 3 der neuen Zeile die Bezeichnung *Kunde Gesamt:* ein, in Spalte 5 die Formel =*SUMME(Stunden)* und in Spalte 7 =*SUMME(Betrag)*. Im gedruckten Bericht erscheinen die Einträge für jeden Kunden nur einmal, da sie in einer Zeile des Typs Zus Kunde stehen. Die Formeln der Spalten 5 und 7 berechnen für jede Kundengruppe die Summe der Einträge in den Feldern Stunden und Betrag.

Fügen Sie jetzt in Zeile 8 eine weitere Zeile Zus Kunde ein, um nach jeder Datensatzgruppe eines bestimmten Kunden eine Leerzeile zu erhalten.

In Zeile 9 fügen Sie eine Zeile Zus Nachname ein. Dann geben Sie in Spalte 3 der neuen Zeile *Mitarbeiter Gesamt:* ein, in Spalte 5 =*SUMME(Stunden)* und in Spalte 7 =*SUMME(Betrag)*. Im gedruckten Bericht erscheinen die Einträge einmal pro Mitarbeiter. Die Formeln der Spalten 5 und 7 berechnen die Summe der Einträge in den Feldern Stunden und Betrag für jeden Mitarbeiter.

Jetzt markieren Sie Zeile 10 und fügen nochmals eine Zeile des Typs Zus Nachname ein, damit im gedruckten Bericht nach jeder Gruppe Nachname eine Leerzeile erscheint.

Schließlich markieren Sie Zeile 11 und fügen eine Zeile Zus Bericht ein. Tragen Sie in Spalte 3 der neuen Zeile die Bezeichnung *Bericht Gesamt:*, in Spalte 5 die Formel *=SUMME(Stunden)* und in Spalte 7 die Formel *=SUMME(Betrag)* ein. Da diese Einträge in einer Zeile des Typs Zus Bericht stehen, erscheinen sie nur am Ende des gedruckten Berichts. Die Formeln berechnen die Summe der Einträge der Stunden- und Betragsfelder des gesamten Berichts.

Jetzt müssen die Spaltenbreiten der Berichtsdefinition geändert werden. In Abbildung 9-20 finden Sie die jeweiligen Breiten.

Spalte	Breite
1	20
2	15
3	15
4	9
5	6
6	6
7	13

Abbildung 9-20. Spaltenbreiten für den Bericht Personal.

Als nächstes wird das Format der Spalten 4 bis 7 geändert. Markieren Sie dazu erst die Spalte 4, indem Sie den Cursor in die Spalte setzen und die Option Spalte aus dem Menü Auswahl ansteuern oder mit der Maus auf die Ziffer 4 am oberen Spaltenrand klicken.

Wählen Sie anschließend Uhrzeit/Datum aus dem Format-Menü und Tag,Monat,Jahr. Drücken Sie Enter, oder bestätigen Sie mit OK, um der Spalte das Format TT,MM,JJ zuzuordnen.

Markieren Sie als nächstes Spalte 5, öffnen Sie Nachkommastellen aus dem Format-Menü, schreiben Sie 1, und bestätigen Sie mit Enter oder OK, um eine Nachkommastelle zuzuordnen. Markieren Sie dann Spalte 6, wählen Sie Währung aus dem Format-Menü, schreiben Sie *0*, und bestätigen Sie mit Enter oder OK, um der Spalte null Nachkommastellen zuzuordnen. Markieren Sie schließlich Spalte 7, wählen Sie wieder Währung aus dem Format-Menü, und bestätigen Sie zwei Dezimalstellen. Abbildung 9-21 zeigt, wie die Spalten 2 bis 7 jetzt aussehen.

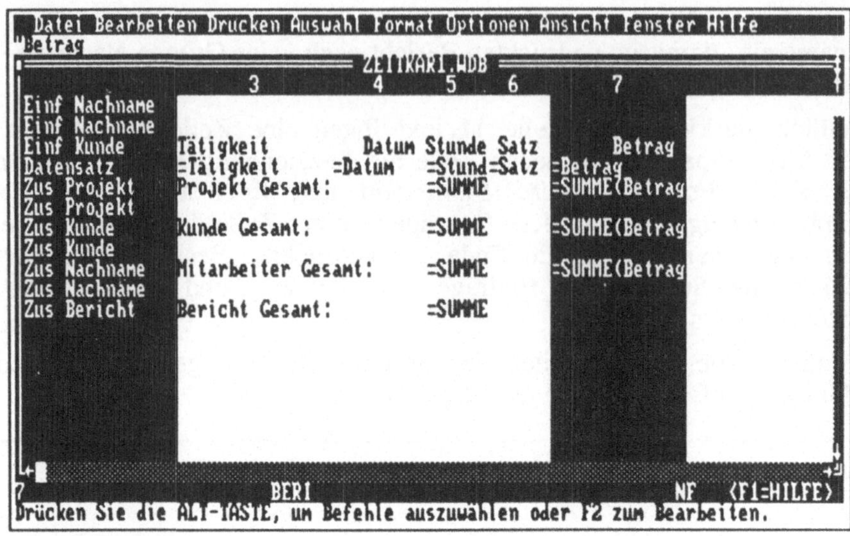

Abbildung 9-21.

Zuletzt werden mit dem Befehl Papierformat die Ränder definiert. Dazu öffnen
Sie aus dem Menü Drucken das Dialogfeld Papierformat. Geben Sie in den
Textfeldern für den linken und rechten Rand jeweils 1,25 ein.

Wählen Sie Kopf-/Fußzeile aus dem Menü Drucken. Gehen Sie jetzt in das Eingabefeld für die Kopfzeile, und tragen Sie folgende Definition ein:

```
&lDatum: &c &zPERSONAL &rSeite: &s
```

Diese Definition ergibt folgende Kopfzeile: Am linken Seitenrand steht
Datum:, gefolgt vom aktuellen Datum, in der Mitte steht PERSONAL und
rechts die laufende Seitenzahl. Die Kopfzeile erscheint auf jeder Berichtseite.

Entfernen Sie jetzt noch den Fußzeilentext. Gehen Sie dazu mit der Tab-Taste
in das Fußzeilen-Textfeld, markieren Sie die vorhandene Definition, und
drücken Sie Del. Mit Enter, oder OK werden Ihre Änderungen gespeichert.

Jetzt können Sie die fertige Berichtsdefinition speichern. Wählen Sie als erstes
Berichte aus dem Ansicht-Menü. Gehen Sie in das Textfeld Name, und schreiben Sie Personal. Mit Umbenennen und Fertig ändern Sie den Namen des
definierten Berichts von BERICH1 in Personal. Als nächstes wählen Sie die
Option Formular aus dem Bericht-Menü, um zur Datenbank Zeitkarte zurückzukehren. Mit Speichern aus dem Datei-Menü sichern Sie schließlich die
Datenbank und den fertigen Bericht.

Mit dem Arbeitsblatt arbeiten

Die Datenbank ZEITKARTE und die drei Berichte sind fertig, jetzt können wir das Arbeitsblatt verwenden: Tragen Sie einfach die Informationen Ihrer Mitarbeiter in die Datenbank ein. Von Zeit zu Zeit können Sie dann die Datenbank abfragen, sortieren und Berichte davon drucken.

Dateneingabe

Als erstes geben Sie die Arbeitseinheiten in die Datenbank Zeitkarte ein. Dies kann in beliebigen Zeitabständen erfolgen - täglich, wöchentlich oder monatlich. Entweder tragen Sie oder einer Ihrer Angestellen alle Daten ein, oder jeder Mitarbeiter gibt die Angaben zu seinen Projekten selbst ein.

Aus den Feldnamen erkennen Sie, welche Informationen eingegeben werden müssen. Jeder Datensatz erfaßt die Arbeitszeit, die ein Mitarbeiter für eine bestimmte Tätigkeit innerhalb eines Projektes verwendet hat. Die Felder Nachname und Vorname geben an, wer die Tätigkeit ausgeführt hat, das Feld Kunde verzeichnet den Namen des Kunden. Die Felder Projekt und Tätigkeit geben Auskunft über die Art der Aufgabe. Das Feld Projekt enthält die Bezeichnung des Gesamtauftrags - z.B. Jahresbericht 1989 - und das Feld Tätigkeit die Bezeichnung einer Tätigkeit im Rahmen dieses Auftrags - z.B. Schreiben oder Entwurf oder Modell in Originalgröße. Im Feld Datum steht, wann die Arbeit ausgeführt wurde, im Feld Stunden die dafür benötigte Zeit. In Satz wird der Stundensatz verzeichnet, den Sie für die Arbeit berechnen. Im Feld Betrag werden keine Eingaben gemacht, es enthält eine Formel, die den Gesamtbetrag für die Arbeit berechnet (indem die Werte in Stunden und Satz miteinander multipliziert werden).

Die drei Felder zur Auftragsbeschreibung heißen in unserem Beispiel Kunde, Projekt und Tätigkeit, Sie können diese Felder aber beliebig einsetzen, um die Aufgaben Ihrer Mitarbeiter zu beschreiben. Es könnte z.B. vorkommen, daß Ihre Firma Projekte nicht für bestimmte Kunden durchführt. In diesem Fall ließe sich das Feld Kunde dazu verwenden, die Abteilung Ihrer Firma zu verzeichnen, für die die Arbeit ausgeführt wurde. Im Feld Kunde könnten Sie einen Projektnamen - Microsoft WORKS Buch -, im Feld Projekt die Aufgabenbezeichnung - Kapitel 9 - und im Feld Tätigkeit die Teilaufgabe - Schreiben - festhalten. Natürlich können Sie auch die Feldnamen ändern, doch dazu später mehr.

Um Ihre Daten einzugeben, öffnen Sie die Datenbank Zeitkarte. (Wenn Sie das Arbeitsblatt soeben erstellt haben, entfällt dieser Schritt.) Wählen Sie als erstes Vorhandene Datei öffnen aus dem Datei-Menü. Schreiben Sie dann entweder den Dateinamen (einschließlich Erweiterung), unter dem das Arbeitsblatt gespeichert wurde (z.B. *ZEITKART.WDB*), oder markieren Sie den Datenbanknamen in der Liste. Bestätigen Sie mit Enter oder OK. Ist die Datenbank zwar geladen aber nicht das aktive Dokument, öffnen Sie das Menü Fenster und wählen *ZEITKART.WDB*. WORKS zeigt dann den Listenbildschirm für die leere Datenbank an.

Rufen Sie mit Formular aus dem Menü Ansicht den Formularbildschirm auf. (Dieser Schritt entfällt natürlich, wenn Sie sich bereits im Formularbildschirm befinden.) Abbildung 9-8 zeigt das Formular. Um Informationen in ein Formular einzutragen, setzen Sie den Cursor in das entsprechende Feld, schreiben den Eintrag und drücken Enter oder eine Pfeiltaste. Wenn Sie Enter drücken, verzeichnet WORKS den Eintrag und beläßt den Feldzeiger im Feld. Wenn Sie eine Pfeiltaste drücken, verzeichnet WORKS den Eintrag und springt mit dem Cursor in ein anderes Feld.

Sicher wird Ihnen bei der Dateneingabe manchmal ein Fehler unterlaufen. Um einen Fehler zu korrigieren, gehen Sie mit dem Cursor zum entsprechenden Eintrag, drücken die Bearbeitungstaste ([F2]), nehmen die Änderung vor und drücken Enter. Um einen Eintrag zu überschreiben, gehen Sie einfach mit dem Cursor auf das Feld, schreiben den neuen Eintrag und drücken dann Enter. Wenn Sie einen ganzen Datensatz löschen möchten, lassen Sie ihn mit Ansicht Ctrl-PgUp oder Ctrl-PgDn anzeigen, öffnen das Menü Bearbeiten und wählen Löschen Datensatz/-feld. Um über dem aktuellen Datensatz einen leeren Datensatz einzufügen, öffnen Sie das Menü Bearbeiten und wählen Einfügen Datensatz/-feld.

Ein Beispiel

Damit Sie die Arbeitsweise des Arbeitsblattes kennenlernen, geben Sie in die Zeitkarte die Daten aus Abbildung 9-2 ein. Aktivieren Sie zuerst ZEITKART.WDB. Der Cursor muß im Feld Nachname im ersten Datensatz stehen. Falls er sich nicht dort befindet, drücken Sie Ctrl-Home. Dann schreiben Sie Fischer und drücken den Rechtspfeil; schreiben Sie *Wanda*, und drücken Sie den Rechtspfeil; schreiben Sie *ABC International*, und drücken Sie den Rechtspfeil; schreiben Sie *Jahresbericht*, und drücken Sie den Rechtspfeil; schreiben Sie *Verwalten*, und drücken Sie den Rechtspfeil; schreiben Sie *01.09.89*, und drücken Sie den Rechtspfeil; schreiben Sie *4.0*, und drücken Sie den Rechtspfeil; schreiben Sie *80*, und drücken Sie dann Enter. Wenn Sie in das Feld Satz *80* eingeben, berechnet WORKS den Wert für das Betragfeld und zeigt diesen an (320 DM). Abbildung 9-22 zeigt, wie das Formular jetzt aussieht.

Nachdem Sie den Wert für das Feld Satz eingegeben haben, drücken Sie Enter und zweimal den Rechtspfeil, um in das Feld Nachname im zweiten Datensatz zu gelangen. Geben Sie alle Daten ein, und fahren Sie auf diese Weise fort, bis alle 19 Datensätze der Musterdatenbank in Abbildung 9-2 eingetragen sind.

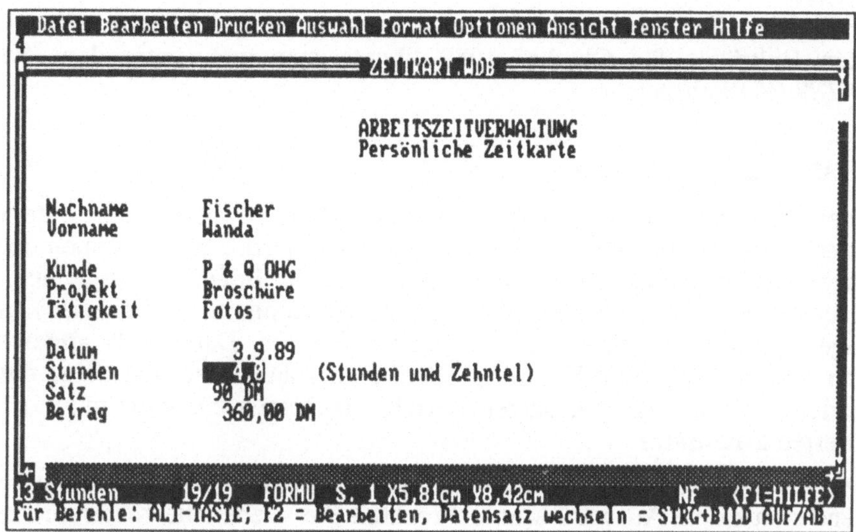

Abbildung 9-22.

Die Datenbank speichern

Sind alle Datensätze eingegeben, wird die Datenbank gespeichert. Wenn Sie die Arbeitszeitverwaltung zum ersten Mal mit eingetragenen Daten abspeichern, müssen Sie einen neuen Namen angeben. Wählen Sie also Speichern unter aus dem Datei-Menü, geben Sie den Dateinamen an, und bestätigen Sie mit Enter oder OK. Wählen Sie einen eindeutigen, aussagekräftigen Namen, wie z.B. *ZKSEPT89.WDB* für die Datensätze für September 1989. Achten Sie darauf, daß Sie die ausgefüllte Datenbank auf alle Fälle unter einem anderen Namen als ZEITKART.WDB abspeichern. Wenn Sie die ausgefüllte Datenbank unter dem gleichen Namen wie das Original speichern, geht das Original verloren, weil es von der ausgefüllen Datenbank überschrieben wird.

Sichern Sie die Datenbank nach jeder Änderung von neuem, ohne jedoch dabei jedesmal einen neuen Namen anzugeben. Dafür steht Ihnen der Befehl Speichern zur Verfügung.

Um Speicherplatzprobleme zu vermeiden, müssen Sie in gewissen Zeitabständen eine neue Datenbank eröffnen, zum Beispiel jeden Monatsanfang. So enthält jede Datenbank nur die Datensätze eines Monats. Fallen jedoch viele Transaktionen an, müssen Sie vielleicht sogar jede Woche mit einer neuen Datenbank beginnen. Werden andererseits im Monat nur wenige Daten eingetragen, dann genügt es, zum Quartalsanfang oder jährlich eine Datenbank anzulegen.

Um eine neue Datenbank einzurichten, laden Sie mit dem Befehl Vorhandene Datei öffnen die ursprüngliche, leere Datenbank ZEITKART.WDB und tragen Ihre Daten für den neuen Zeitabschnitt ein. Sichern Sie dann mit Speichern unter die Datenbank unter einem neuen, aussagekräfigen Namen. Eine Datei mit den Einträgen für Oktober 1989 könnte man z.B. unter dem Namen *ZKOKT89.WDB* abspeichern.

Die Datenbank abfragen

In einer Datenbank können mit Hilfe einer Abfrage bestimmte Datensätze selektiert werden. Um eine Untermenge von Datensätzen zu bestimmen und ein Abfrageformular zu erstellen, verwenden Sie den Befehl Abfrage aus dem Ansicht-Menü. Dann geben Sie Ihre Selektionsbedingungen (Kriterien) in das Abfrageformular ein. Wenn die Kriterien auf die Datenbank angewendet werden, unterdrückt WORKS nicht zutreffende Datensätze und zeigt nur die passenden Sätze an. Im gedruckten Bericht erscheinen ebenfalls nur noch die selektierten Datensätze.

Um wieder alle Datensätze anzuzeigen, wählen Sie die Option Alle Datensätze einblenden aus dem Auswahl-Menü. Möchten Sie wieder die Kriterien anwenden, wählen Sie Abfrage aus dem Ansicht-Menü.

Um eine zweite Abfrage zu definieren, rufen Sie mit dem Befehl Abfrage aus dem Ansicht-Menü wieder das Abfrageformular auf. Wenn Sie dann die Kriterien vollständig ändern möchten, wählen Sie Abfrage löschen aus dem Menü Bearbeiten, um alle Angaben zu entfernen. Geben Sie dann die neuen Kriterien ein. Wenn sich die Kriterien nur geringfügig ändern, können Sie die aktuellen Kriterien bearbeiten oder zusätzliche Kriterien hinzufügen. Wenn Sie damit fertig sind, drücken Sie [F10] oder öffnen das Menü Auswahl und starten mit Abfrage durchführen die Abfrage.

Ein Beispiel

Für die Datenbank Zeitkarte gibt es viele interessante Abfragemöglichkeiten. So können Sie z.B. alle Datensätze selektieren, die den Kunden ABC International betreffen. Dazu lassen Sie mit der Option Abfrage aus dem Ansicht-Menü das Abfrageformular anzeigen. Es sieht aus wie das Eingabeformular.

Um das Selektionskriterium festzulegen, geben Sie im Kundenfeld *ABC International* ein und drücken Enter. Abbildung 9-23 zeigt die fertige Abfrage.

Drücken Sie [F10], oder wählen Sie Abfrage durchführen aus dem Menü Auswahl, um die Abfrage zu aktivieren. WORKS führt nun anhand Ihrer Definition die Abfrage durch und kehrt zur Datenbank zurück. Jetzt sehen Sie nicht mehr alle Datensätze, sondern nur noch solche, die im Kundenfeld den Eintrag ABC International enthalten.

Der Formular-Bildschirm der Datenbank sieht aus wie in Abbildung 9-24. Er zeigt den ersten dem Kriterium entsprechenden Datensatz. Unten am Bildschirm wird mit der Nachricht 4/19 angezeigt, daß vier der insgesamt 19 Datensätze selektiert sind. Beim Durchblättern der Datenbank und im Listen-Bildschirm (Abbildung 9-25) werden nur noch die passenden Sätze angezeigt.

Falls Sie wieder die gesamte Datenbank ansehen möchten, wählen Sie Alle Datensätze einblenden aus dem Auswahl-Menü. Wenn Sie sich im Formular-Bildschirm befinden, wird die Nachricht 19/19 angezeigt. Wenn Sie sich im Listen-Bildschirm befinden, zeigt WORKS alle Datensätze der Datenbank an.

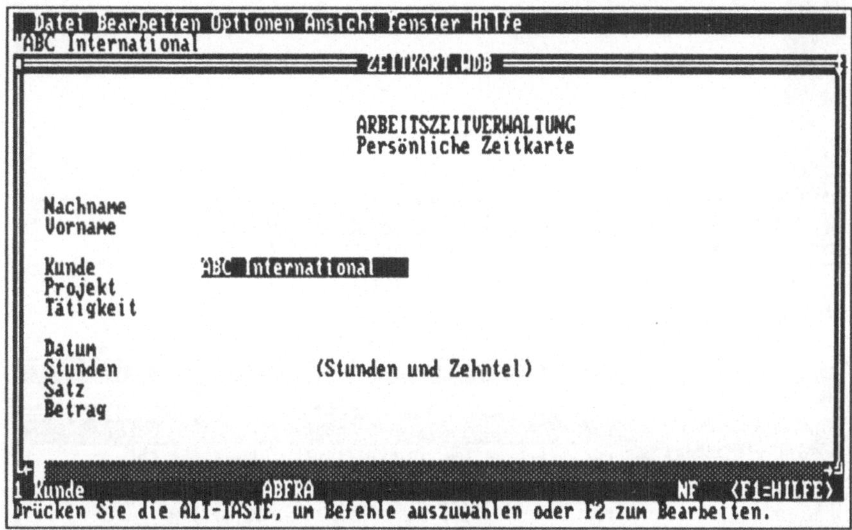

Abbildung 9-23.

Abbildung 9-24.

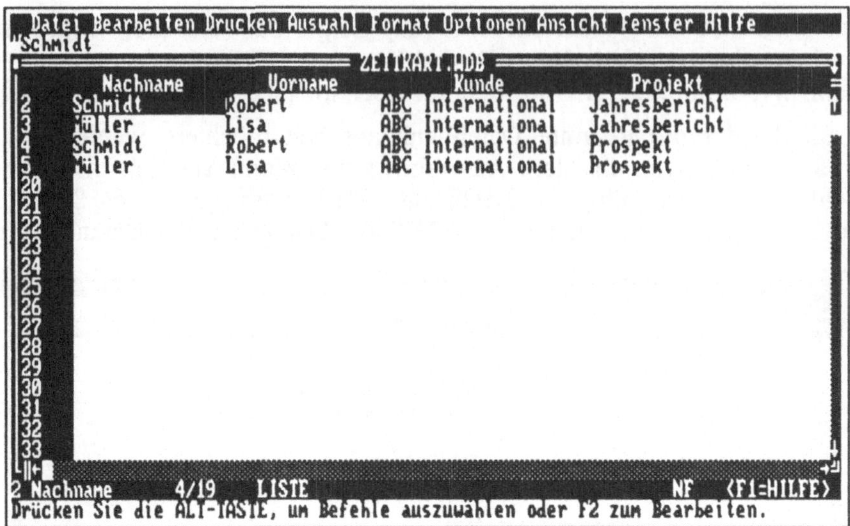

Abbildung 9-25.

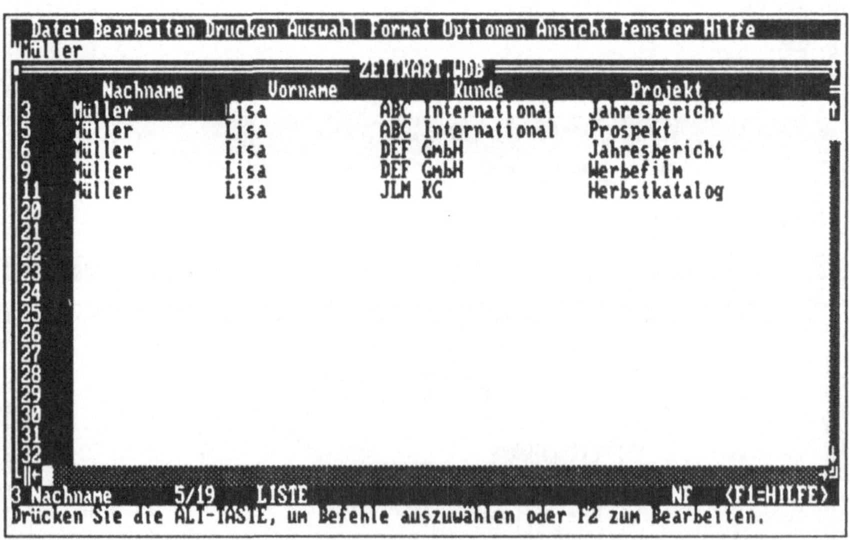

Abbildung 9-26.

Ein weiteres Beispiel

Nehmen wir uns ein zweites Beispiel vor. Angenommen, Sie möchten die
Datensätze aussortieren, in denen die Arbeit der Mitarbeiterin Lisa Müller eingetragen ist. Als erstes wählen Sie Abfrage aus dem Ansicht-Menü, um wieder
in den Formular-Bildschirm zu gelangen. Um alle vorhandenen Kriterien zu
löschen, wählen Sie dann Abfrage löschen aus dem Menü Bearbeiten. Geben

Sie jetzt in das Feld Nachname die Bezeichnung *Müller* ein, und drücken Sie Enter. Um die Abfrage zu aktivieren, drücken Sie [F10] oder wählen Abfrage durchführen aus dem Menü Auswahl. WORKS verläßt den Abfragemodus und kehrt zur Datenbank zurück, wobei nur noch die Datensätze mit dem Eintrag Müller angezeigt werden. Ihr Listen-Bildschirm sieht jetzt aus wie in Abbildung 9-26. Nur die selektierten Datensätze sind sichtbar.

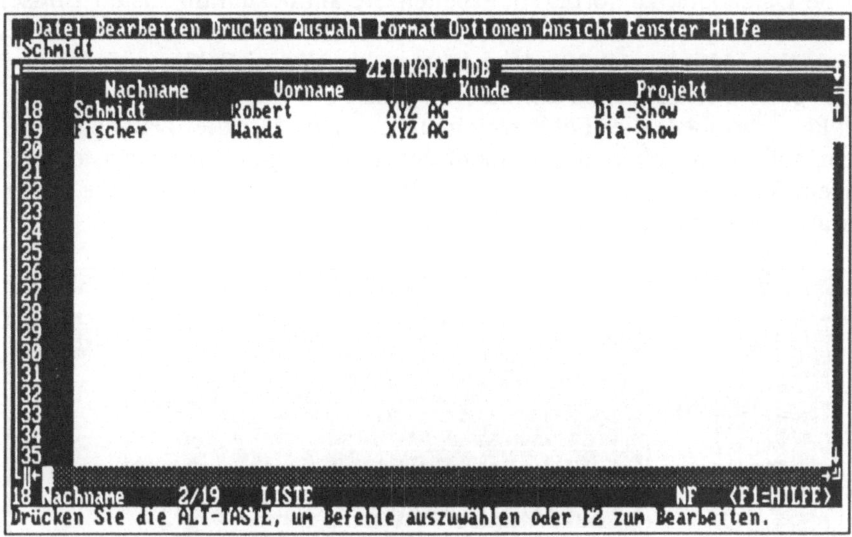

Abbildung 9-27.

Um wieder die gesamte Datenbank zu sehen, wählen Sie Alle Datensätze einblenden aus dem Auswahl-Menü.

Ein ausführlicheres Beispiel

Sehen wir uns noch ein Beispiel an. Angenommen, Sie möchten die Datensätze für den Kunden XYZ AG selektieren, die die Arbeit für das Projekt Dia-Show betreffen. Beginnen Sie, indem Sie Abfrage aus dem Ansicht-Menü wählen und dann mit Abfrage löschen aus dem Menü Bearbeiten alle vorhandenen Kriterien löschen. Gehen Sie jetzt mit dem Cursor auf das Feld Kunde, und geben Sie *XYZ AG* ein. Gehen Sie dann auf das Feld Projekt, und schreiben Sie *Dia-Show*. Um Ihre Kriterien anzuwenden, drücken Sie [F10] oder wählen Abfrage durchführen aus dem Menü Auswahl. WORKS kehrt zur Datenbank zurück und zeigt nur die Datensätze mit dem Eintrag XYZ AG im Kundenfeld und Dia-Show im Projektfeld an. Auch im Listen-Bildschirm sehen Sie nur die aussortierten Datensätze (Abbildung 9-27).

Mit dem Befehl Alle Datensätze einblenden aus dem Auswahl-Menü können Sie wieder die gesamte Datenbank sehen.

Datensätze sortieren

Um eine Datenbank zu sortieren und einen bestimmten Datensatz leichter zu finden, steht der Befehl Datensätze sortieren aus dem Auswahl-Menü zur Verfügung. Damit werden die Sätze so angeordnet, daß die Einträge von einem, zwei oder drei Feldern in auf- oder absteigender Reihenfolge erscheinen.

Um eine Datenbank zu sortieren, arbeiten Sie am besten im Listen-Bildschirm. Öffnen Sie als erstes das Dialogfeld Datensätze sortieren aus dem Auswahl-Menü (siehe Abbildung 9-28). Hier können bis zu drei Felder definiert werden. Um das erste Sortierfeld zu definieren, gehen Sie mit dem Cursor in das erste Textfeld, schreiben die Feldbezeichnung, nach der die Datenbank sortiert werden soll, und geben die Reihenfolge (Aufsteigend oder Absteigend) an. Nachdem Sie OK wählen, wird das Dialogfeld geschlossen und die Datenbank in der angegebenen Reihenfolge sortiert.

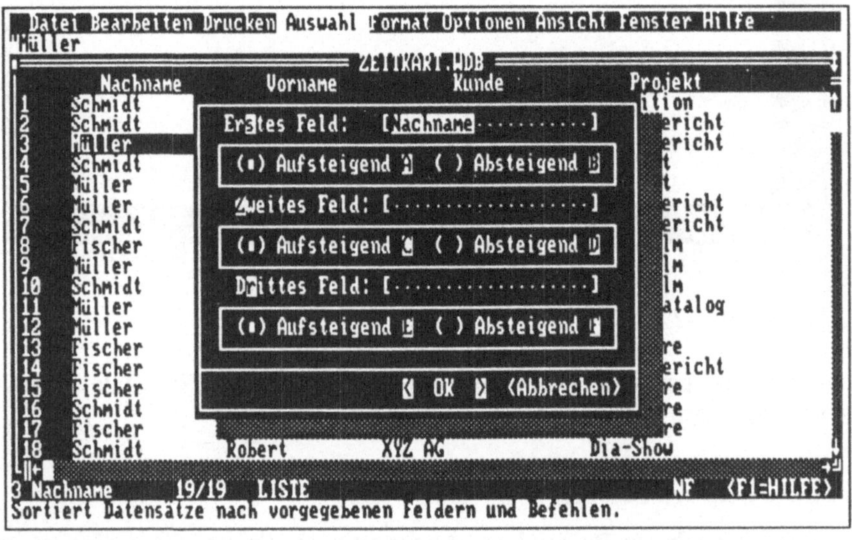

Abbildung 9-28.

Die Angaben im Dialogfeld Datensätze sortieren erscheinen wieder, wenn Sie das Dialogfeld das nächste Mal öffnen. Falls Sie nach denselben Kriterien sortieren möchten, drücken Sie einfach Enter oder wählen OK. Sollen andere Kriterien verwendet werden, ersetzen Sie sie durch neue und löschen alle überflüssigen Kriterien aus dem Dialogfeld: Gehen Sie in das entsprechende Feld, und drücken Sie die Rück-Taste.

Nehmen wir z.B. an, Sie möchten die Datenbank ZKSEPT89 in aufsteigender Reihenfolge nach den Einträgen im Feld Kunde sortieren: Öffnen Sie das Auswahl-Menü, wählen Sie Datensätze sortieren, schreiben Sie *Kunde* in das erste Sortierfeld, und wählen Sie Aufsteigend (falls nicht bereits aktiv). Sind die übrigen Sortierfelder nicht leer, dann müssen Sie noch deren Einträge löschen.

Schließlich bestätigen Sie mit Enter oder OK, um die Datenbank zu sortieren. Abbildung 9-29 zeigt das Ergebnis. Wie Sie sehen, ordnet WORKS die Datensätze nach den Einträgen im Kundenfeld in aufsteigender Reihenfolge. Die Datensätze sind also nach Kunden gruppiert.

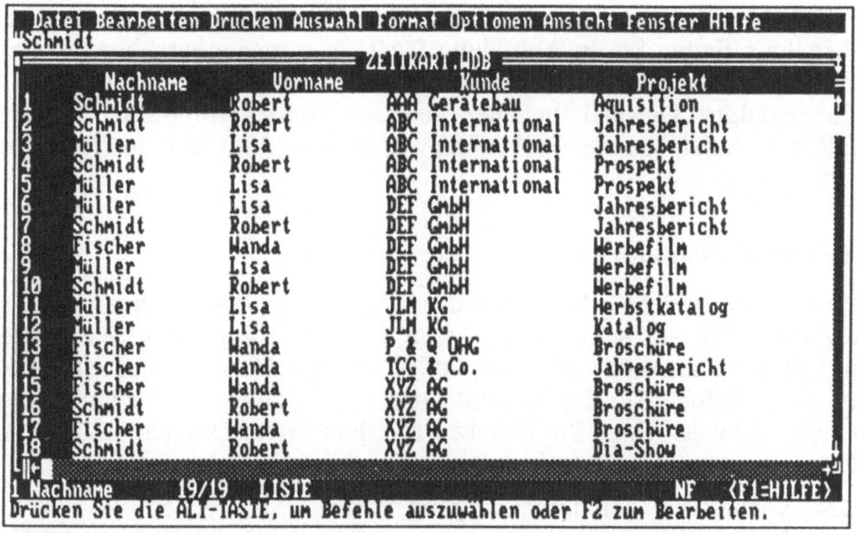

Abbildung 9-29.

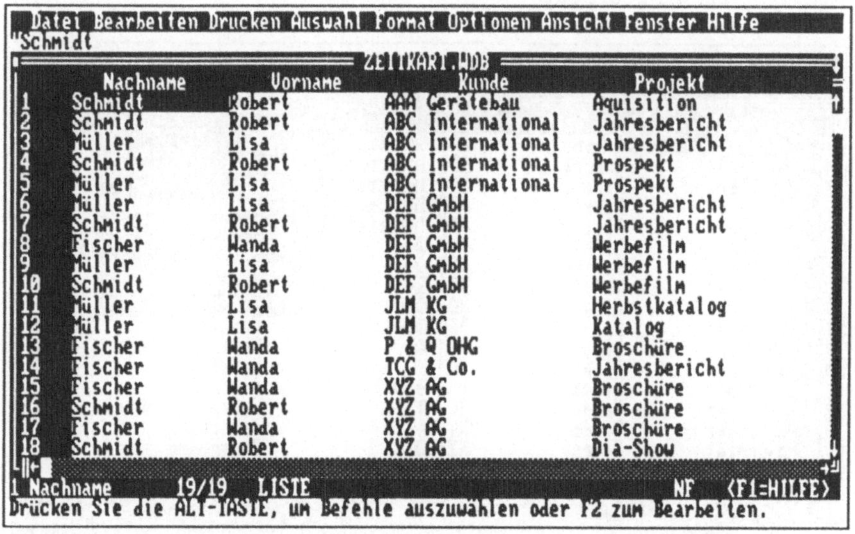

Abbildung 9-30.

Angenommen, Sie möchten die Datenbank ZEITKARTE nochmals sortieren, und zwar so, daß die Datensätze der einzelnen Kundengruppen in aufsteigender

Reihenfolge nach den Einträgen des Projektfeldes angeordnet sind: Öffnen Sie
das Auswahl-Menü, und wählen Sie Datensätze sortieren. Das Dialogfeld enthält im ersten Sortierfeld noch immer den Eintrag Kunde. Dieses Kriterium
wird weiter verwendet, gehen Sie deshalb gleich in das zweite Sortierfeld.
Schreiben Sie *Projekt*, und wählen Sie Aufsteigend (falls nicht bereits aktiv).
Abschließend veranlassen Sie mit Enter oder OK das Sortieren der Datenbank.
Das Ergebnis finden Sie in Abbildung 9-30. Wie im vorhergehenden Beispiel
ordnet WORKS die Datensätze in aufsteigender Reihenfolge nach den Einträgen
des Kundenfeldes. Diesmal sind aber die (nach Kunden gruppierten) Datensätze
zusätzlich in aufsteigender Reihenfolge nach den Einträgen im Feld Projekt
sortiert.

Die Berichte drucken

Mit diesen vier Berichten haben Sie die Möglichkeit, die Daten aus der Datenbank ZKSEPT89 auf ganz verschiedene Arten auszudrucken. Wenn Sie nur
einen Teil der Datensätze drucken wollen, führen Sie als erstes eine Abfrage
durch. Dann öffnen Sie das Ansicht-Menü und wählen den gewünschten Bericht. Als nächstes öffnen Sie Drucken aus dem Menü Drucken und bestätigen
mit Enter.

Mit Esc können Sie den Druckvorgang vorzeitig abbrechen. WORKS zeigt
dann ein Dialogfeld mit zwei Optionen an: OK und Abbrechen. Mit OK wird
der Druckvorgang gestoppt. Wenn Sie Abbrechen wählen, werden die
restlichen Datensätze gedruckt.

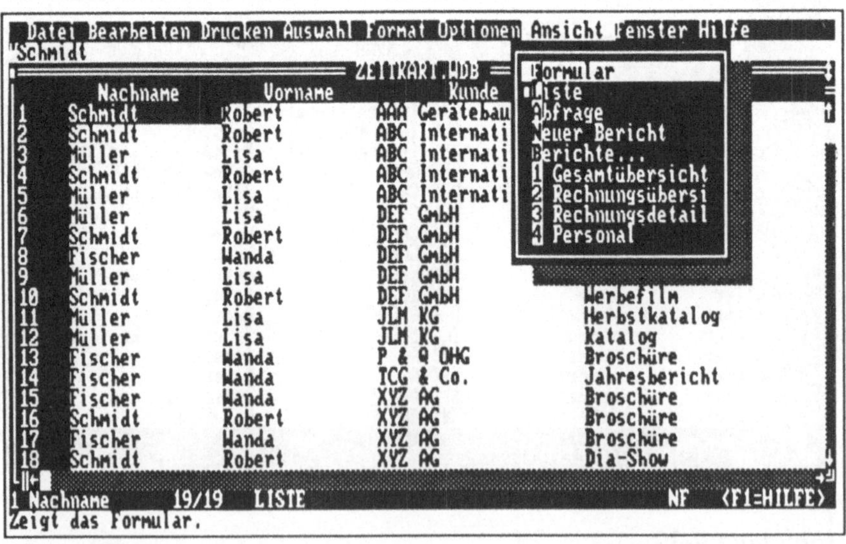

Abbildung 9-31.

Ein einfaches Beispiel

Angenommen, Sie benötigen einen Ausdruck der Gesamtübersicht für die Datenbank ZKSEPT89: Wählen Sie als erstes Alle Datensätze einblenden aus dem Auswahl-Menü, um sicherzugehen, daß alle Datensätze aktiv sind. Dann öffnen Sie das Menü Ansicht. Wie Sie in Abbildung 9-31 sehen, bietet das Menü die Namen aller vier Berichte an. Um Gesamtübersicht zu wählen, markieren Sie den Namen in der Liste und drücken Enter.

Bevor Sie fortfahren, müssen noch Textdrucker und Papiertyp angegeben werden. Öffnen Sie zuerst Drucker einrichten aus dem Drucken-Menü, und geben Sie im Dialogfeld den entsprechenden Drucker, die Papierzuführung und Druckerverbindung an.

Markieren Sie den gesamten Bericht. Dann öffnen Sie Schriftart aus dem Menü Format und wählen aus dem Dialogfeld die richtige Schriftart und -größe aus. Wenn der ganze Bericht auf eine Seite passen soll, müssen Sie gegebenenfalls auf eine kleine Schriftart und -größe zugreifen.

Abbildung 9-32.

Als nächstes rufen Sie mit Drucken aus dem Menü Drucken das in Abbildung 9-32 gezeigte Dialogfeld auf. Mit der ersten Option können Sie angeben, wie viele Kopien gedruckt werden sollen. Da meist nur eine Kopie benötigt wird, ist 1 die Standardeinstellung. Die nächste Option, Einzelne Seiten zum Drucken definieren, ermöglicht Ihnen, bestimmte Seiten auszuwählen. Z.B. können Sie WORKS anweisen, nur die erste Berichtseite oder die Seiten 1 bis 5 oder die Seiten 1, 3 und 5 zu drucken. Bei Datenbankberichten werden Sie von dieser Option kaum Gebrauch machen. Die dritte Einstellung, Druckausgabe in Datei umleiten, ermöglicht es, den Bericht in einer Textdatei anstatt auf dem Drucker auszugeben. Dazu geben Sie einfach den Namen der Datei an, in die WORKS den Bericht umleiten soll. Die letzte Option, Datensatz und Feldbezeichnungen drucken, ermöglicht es, nur die Einf- und Zus-Zeilen der Berichtsdefinition zu drucken. Auch diese Option werden Sie meist überspringen.

Wenn die Einstellungen Ihren Wünschen entsprechen, kann der Bericht gedruckt werden. Vorher legen Sie das Papier so in den Drucker ein, daß sich der Druckkopf auf der ersten Zeile befindet. Überprüfen Sie, ob der Drucker richtig mit dem Computer verbunden ist, ob er eingeschaltet ist und auf On-line steht. Erst dann starten Sie mit Drucken den Druckvorgang. Abbildung 9-33 zeigt den gedruckten Bericht.

```
Datum: 2.8.89                GESAMTÜBERSICHT                         Seite: 1


Nachname    Vorname   Kunde               Projekt        Tätigkeit    Datum   Stunden  Satz      Betrag

Schmidt     Robert    ABC International    Jahresbericht  Verwaltung   1.9.89    4,0    80 DM    320,00 DM
Fischer     Wanda     XYZ AG              Broschüre      Konzeption   1.9.89   10,0    95 DM    950,00 DM
Müller      Lisa      JLM KG              Herbstkatalog  Fotos        1.9.89    6,0    90 DM    540,00 DM
Müller      Lisa      JLM KG              Katalog        Text         1.9.89    3,0    85 DM    255,00 DM
Schmidt     Robert    ABC International    Prospekt       Montage      1.9.89    4,0    70 DM    280,00 DM
Müller      Lisa      ABC International    Jahresbericht  Entwurf      2.9.89    3,0    75 DM    225,00 DM
Schmidt     Robert    XYZ AG              Broschüre      Montage      2.9.89    6,5    70 DM    455,00 DM
Fischer     Wanda     XYZ AG              Broschüre      Verwaltung   2.9.89    4,0    80 DM    320,00 DM
Müller      Lisa      ABC International    Prospekt       Konzeption   2.9.89    6,0    95 DM    570,00 DM
Schmidt     Robert    XYZ AG              Dia-Show       Fotos        2.9.89    1,5    90 DM    135,00 DM
Fischer     Wanda     XYZ AG              Dia-Show       Verwaltung   2.9.89    3,0    80 DM    240,00 DM
Fischer     Wanda     DEF GmbH            Werbefilm      Konzept      2.9.89    2,0    95 DM    190,00 DM
Müller      Lisa      DEF GmbH            Jahresbericht  Entwurf      3.9.89    4,0    75 DM    300,00 DM
Schmidt     Robert    DEF GmbH            Jahresbericht  Text         3.9.89    6,0    85 DM    510,00 DM
Fischer     Wanda     TCG & Co.           Jahresbericht  Konzeption   3.9.89    6,0    95 DM    570,00 DM
Fischer     Wanda     P & Q OHG           Broschüre      Fotos        3.9.89    4,0    90 DM    360,00 DM
Schmidt     Robert    AAA Gerätebau       Aquisition                  3.9.89    2,0     0 DM      0,00 DM
Müller      Lisa      DEF GmbH            Werbefilm      Fotos        3.9.89    4,0    90 DM    360,00 DM
Schmidt     Robert    DEF GmbH            Werbefilm      Text         3.9.89    2,0    85 DM    170,00 DM
                                                                              81,0             6.750,00 DM
```

Abbildung 9-33.

Selektierte Datensätze drucken

Zum Drucken eines Datenbankberichts holt sich WORKS die Informationen aus den momentan selektierten Datensätzen, d.h. aus den Datensätzen, die den Kriterien der aktuellen Abfrage entsprechen. Sind alle Datensätze gewählt, dann enthält auch der Bericht alle Datensätze der Datenbank. Sind nur bestimmte Datensätze selektiert, druckt WORKS nur die selektierten Sätze.

Ein Beispiel zur Veranschaulichung: Nehmen wir an, Sie möchten mit der Datenbank ZKSEPT89 eine Gesamtübersicht drucken, die ausschließlich Datensätze mit dem Datumseintrag 03.09.89 enthält. Kehren Sie als erstes mit Liste aus dem Ansicht-Menü zur Datenbank zurück. Dann rufen Sie mit der Option Abfrage aus dem Ansicht-Menü das Abfrage-Formular auf. Entfernen Sie mit Abfrage löschen aus dem Menü Bearbeiten die vorhandenen Kriterien, geben Sie das Datum *03.09.89* ein, und drücken Sie Enter. Um die Selektion zu aktivieren, drücken Sie [F10] oder wählen Abfrage durchführen aus dem Menü Auswahl. WORKS verläßt dann den Abfragemodus und kehrt zur Datenbank zurück, um nur die Datensätze mit dem Eintrag 03.09.89 anzuzeigen.

Anschließend öffnen Sie das Ansicht-Menü und bestätigen die Aktivierung der Gesamtübersicht. Ein Drucker ist angegeben, das Seitenlayout ist richtig eingestellt, Sie können also mit dem Ausdrucken beginnen. Dazu öffnen Sie das Menü Drucken, wählen Drucken, überprüfen Papier und Drucker und wählen Drucken. Abbildung 9-34 zeigt den gedruckten Bericht. Wie Sie sehen, enthält der Bericht nur die aus der Datenbank selektierten Datensätze.

```
Datum: 2.8.89                 GESAMTÜBERSICHT                              Seite: 1


Nachname   Vorname   Kunde          Projekt         Tätigkeit   Datum   Stunde   Satz      Betrag

Müller     Lisa      DEF GmbH       Jahresbericht   Entwurf     3.9.89   4,0    75 DM     300,00 DM
Schmidt    Robert    DEF GmbH       Jahresbericht   Text        3.9.89   6,0    85 DM     510,00 DM
Fischer    Wanda     TCG & Co.      Jahresbericht   Konzeption  3.9.89   6,0    95 DM     570,00 DM
Fischer    Wanda     P & Q OHG      Broschüre       Fotos       3.9.89   4,0    90 DM     360,00 DM
Schmidt    Robert    AAA Gerätebau  Aquisition                  3.9.89   2,0     0 DM       0,00 DM
Müller     Lisa      DEF GmbH       Werbefilm       Fotos       3.9.89   4,0    90 DM     360,00 DM
Schmidt    Robert    DEF GmbH       Werbefilm       Text        3.9.89   2,0    85 DM     170,00 DM
                                                                        28,0            2.270,00 DM
```

Abbildung 9-34.

Einen gruppierten Bericht drucken

Nehmen wir an, Sie möchten einen detaillierten Abrechnungsbericht mit allen Datensätzen drucken: Wählen Sie als erstes Alle Datensätze einblenden aus dem Auswahl-Menü, um sicherzugehen, daß alle Datensätze selektiert sind. Öffnen Sie dann das Ansicht-Menü, und wählen Sie den Bericht Rechnungsdetail. Um das Dialogfeld Drucken anzuzeigen, wählen Sie Drucken aus dem Menü Drucken.

Bevor Sie mit dem Druck beginnen, legen Sie das richtige Papier in den Drucker ein, und zwar so, daß sich der Druckkopf auf der ersten Zeile befindet. Überprüfen Sie die Verbindung zwischen Drucker und Computer. Der Drucker muß eingeschaltet sein und auf On-line stehen. Erst dann starten Sie mit Drucken den Druckvorgang.

Abbildung 9-35 zeigt den gedruckten Bericht, der nach Kunden gruppiert ist. Vor jeder Datensatzgruppe für einen Kunden steht eine Zeile mit dem Namen des betreffenden Kunden. Die Datensätze der Kundengruppen sind außerdem nach Projekten zusammengefaßt. So sind z.B. die Sätze der Gruppe ABC International in zwei Gruppen untergliedert - eine für das Projekt Jahresbericht und eine für das Projekt Prospekt. Zusätzlich wurde im Feld Betrag für jede Projektgruppe, für jede Kundengruppe und für den gesamten Bericht eine Summe berechnet und gedruckt.

```
Datum: 2.8.89                    RECHNUNGSDETAIL                    Seite: 1


Kunde:      AAA Gerätebau

Name        Projekt         Tätigkeit       Datum  Stunden  Satz      Betrag
Schmidt     Aquisition                      3.9.89    2,0    0 DM     0,00 DM
                                            Projekt Gesamt:          0,00 DM

                                            Kunde Gesamt:            0,00 DM


Kunde:      ABC International

Name        Projekt         Tätigkeit       Datum  Stunden  Satz      Betrag
Schmidt     Jahresbericht   Verwaltung      1.9.89    4,0   80 DM   320,00 DM
Müller      Jahresbericht   Entwurf         2.9.89    3,0   75 DM   225,00 DM
                                            Projekt Gesamt:        545,00 DM

Schmidt     Prospekt        Montage         1.9.89    4,0   70 DM   280,00 DM
Müller      Prospekt        Konzeption      2.9.89    6,0   95 DM   570,00 DM
                                            Projekt Gesamt:        850,00 DM

                                            Kunde Gesamt:        1.395,00 DM


Kunde:      DEF GmbH

Name        Projekt         Tätigkeit       Datum  Stunden  Satz      Betrag
Müller      Jahresbericht   Entwurf         3.9.89    4,0   75 DM   300,00 DM
Schmidt     Jahresbericht   Text            3.9.89    6,0   85 DM   510,00 DM
                                            Projekt Gesamt:        810,00 DM

Fischer     Werbefilm       Konzept         2.9.89    2,0   95 DM   190,00 DM
Müller      Werbefilm       Fotos           3.9.89    4,0   90 DM   360,00 DM
Schmidt     Werbefilm       Text            3.9.89    2,0   85 DM   170,00 DM
                                            Projekt Gesamt:        720,00 DM

                                            Kunde Gesamt:        1.530,00 DM


Kunde:      JLM KG

Name        Projekt         Tätigkeit       Datum  Stunden  Satz      Betrag
Müller      Herbstkatalog   Fotos           1.9.89    6,0   90 DM   540,00 DM
                                            Projekt Gesamt:        540,00 DM

Müller      Katalog         Text            1.9.89    3,0   85 DM   255,00 DM
                                            Projekt Gesamt:        255,00 DM

                                            Kunde Gesamt:          795,00 DM


Kunde:      P & Q OHG

Name        Projekt         Tätigkeit       Datum  Stunden  Satz      Betrag
Fischer     Broschüre       Fotos           3.9.89    4,0   90 DM   360,00 DM
                                            Projekt Gesamt:        360,00 DM

                                            Kunde Gesamt:          360,00 DM
```

Abbildung 9-35.

(Abbildung 6-35 Fortsetzung)

```
Datum: 2.8.89                    RECHNUNGSDETAIL                      Seite: 2


Kunde:     TCG & Co.

Name       Projekt          Tätigkeit        Datum  Stunden  Satz        Betrag
Fischer    Jahresbericht    Konzeption       3.9.89     6,0  95 DM    570,00 DM
                                             Projekt Gesamt:          570,00 DM

                                             Kunde Gesamt:            570,00 DM

Kunde:     XYZ AG

Name       Projekt          Tätigkeit        Datum  Stunden  Satz        Betrag
Fischer    Broschüre        Konzeption       1.9.89    10,0  95 DM    950,00 DM
Schmidt    Broschüre        Montage          2.9.89     6,5  70 DM    455,00 DM
Fischer    Broschüre        Verwaltung       2.9.89     4,0  80 DM    320,00 DM
                                             Projekt Gesamt:        1.725,00 DM


Schmidt    Dia-Show         Fotos            2.9.89     1,5  90 DM    135,00 DM
Fischer    Dia-Show         Verwaltung       2.9.89     3,0  80 DM    240,00 DM
                                             Projekt Gesamt:          375,00 DM

                                             Kunde Gesamt:          2.100,00 DM

                                             Bericht Gesamt:        6.750,00 DM
```

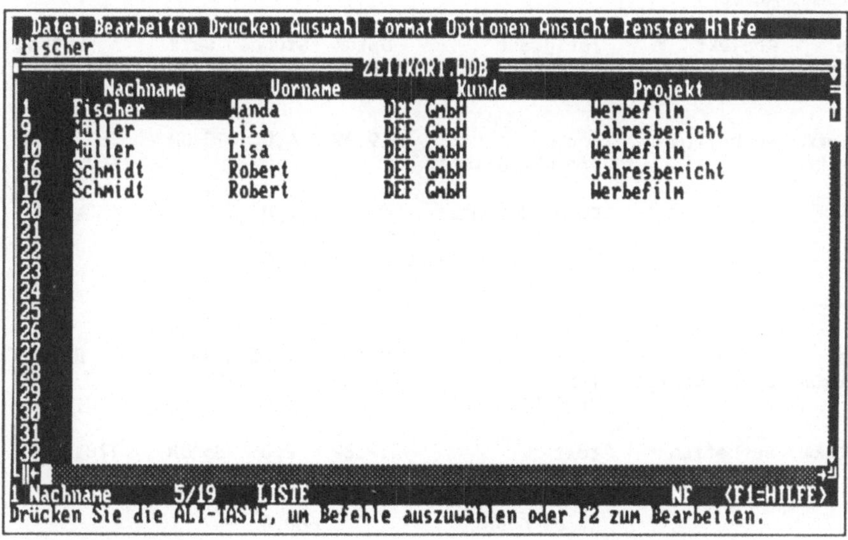

Abbildung 9-36.

Einen gruppierten Bericht für ausgewählte Datensätze drucken

Sehen wir uns noch ein weiteres Beispiel an. Angenommen, Sie benötigen einen Ausdruck des Personal-Berichts von den Datensätzen mit dem Eintrag DEF GmbH im Kundenfeld. Wählen Sie als erstes Abfrage aus dem Ansicht-Menü, um in das Abfrage-Formular zu gelangen. Dann entfernen Sie mit Abfrage löschen aus dem Menü Bearbeiten die vorhandenen Kriterien. Tragen Sie jetzt *DEF GmbH* in das Feld Kunde ein, und drücken Sie Enter. Um die Selektion zu aktivieren, drücken Sie [F10] oder wählen Abfrage durchführen aus dem Menü. WORKS verläßt dann den Abfragemodus und kehrt zur Datenbank zurück, wo es nur die Datensätze mit dem Eintrag DEF GmbH im Kundenfeld anzeigt. Abbildung 9-36 zeigt den Listen-Bildschirm mit den ausgewählten Datensätzen.

```
Datum: 2.8.89                 PERSONAL                    Seite: 1


Nachname: Fischer

Kunde        Projekt        Tätigkeit        Datum   Stunden Satz       Betrag
DEF GmbH     Werbefilm      Konzept          2.9.89   2,0    95 DM    190,00 DM
                            Projekt Gesamt:           2,0             190,00 DM

                            Kunde Gesamt:            190,0

                            Mitarbeiter Gesamt:      190,0

Nachname: Müller

Kunde        Projekt        Tätigkeit        Datum   Stunden Satz       Betrag
DEF GmbH     Jahresbericht  Entwurf          3.9.89   4,0    75 DM    300,00 DM
                            Projekt Gesamt:           4,0             300,00 DM

DEF GmbH     Werbefilm      Fotos            3.9.89   4,0    90 DM    360,00 DM
                            Projekt Gesamt:           4,0             360,00 DM

                            Kunde Gesamt:            660,0

                            Mitarbeiter Gesamt:      660,0

Nachname: Schmidt

Kunde        Projekt        Tätigkeit        Datum   Stunden Satz       Betrag
DEF GmbH     Jahresbericht  Text             3.9.89   6,0    85 DM    510,00 DM
                            Projekt Gesamt:           6,0             510,00 DM

DEF GmbH     Werbefilm      Text             3.9.89   2,0    85 DM    170,00 DM
                            Projekt Gesamt:           2,0             170,00 DM

                            Kunde Gesamt:            680,0

                            Mitarbeiter Gesamt:      680,0

                            Bericht Gesamt:           18,0          1.530,00 DM
```

Abbildung 9-37.

Als nächstes öffnen Sie das Ansicht-Menü und wählen den Personal-Bericht. Da es sich hier um einen umfangreicheren Bericht handelt, müssen im Drucken-Menü die Druckangaben geändert werden. Markieren Sie den gesamten Bericht mit Ctrl-Shift [F8]. Öffnen Sie Schriftart aus dem Menü Format, und wählen Sie eine kompakte Schriftart und -größe aus. Mit Enter oder OK führen Sie die Änderungen aus. Schließlich wählen Sie Drucken aus dem Menü Drucken, überprüfen Papier und Drucker und wählen Drucken. Abbildung 9-37 zeigt den Bericht. Er enthält nur die selektierten Datensätze und ist nach den Einträgen im Feld Nachname gruppiert. Vor jeder Datensatzgruppe für eine Person steht eine Zeile mit dem Namen der betreffenden Person, und innerhalb jeder Gruppe sind die Datensätze nach Kunde und Projekt zusammengefaßt. (Da dieser Bericht nur die Datensätze für einen einzelnen Kunden enthält, kommt die Kundengruppierung hier nicht zur Geltung). WORKS hat im Feld Betrag für jede Projektgruppe, für jede Kundengruppe und für den gesamten Bericht eine Summe berechnet und gedruckt.

ANPASSUNGEN

Für die Arbeitszeitverwaltung gibt es einige interessante Modifikationen. Sie können zum Beispiel noch mehr Berichte erstellen. Sie wählen Neuer Bericht aus dem Ansicht-Menü, löschen die vorgegebene Definition, fügen Zeilen ein und füllen sie aus. Da WORKS aber nur bis zu acht Berichte pro Datenbank erlaubt, sollten Sie genau überlegen, welche Berichte Sie wirklich benötigen.

Sie können auch Berichte, die Sie für das Arbeitsblatt angelegt haben, verändern, indem Sie Felder hinzufügen oder weglassen, zusätzliche Statistiken mit einbringen oder Leerzeilen hinzufügen bzw. löschen. Mit dem Befehl Schriftstil aus dem Format-Menü können Sie bestimmte Abschnitte unterstreichen oder in Schrägschrift oder fett drucken.

ZUSAMMENFASSUNG

Wenn Sie Ihre Arbeit nach Zeitaufwand berechnen, brauchen Sie ein System, mit dem Sie die Arbeitszeit verwalten können. Genau so ein System wurde in diesem Kapitel vorgestellt. Dabei haben Sie gelernt, Datenbanken aufzubauen, sie abzufragen und zu sortieren. Außerdem können Sie jetzt Berichte erstellen und verwenden.

	Rg-Nr	Rg-Datum	Netto	Fällig	Zhlg1-Dat	Zhlg1-Betr	Zhlg2-Dat	Zhlg2-Betr	Saldo	0-30Tage	31-60Tage	61-90Tage	Über90Tage
1	10001	2.1.89	1.234,56 DM	1.2.89					1.234,56 DM	0,00 DM	0,00 DM	0,00 DM	1.234,56
2	10002	5.1.89	416,00 DM	4.2.89	3.2.89	416,00 DM			0,00 DM	0,00 DM	0,00 DM	0,00 DM	0,00
3	10003	9.1.89	333,67 DM	8.2.89	5.2.89	333,00 DM	12.4.89	0,67 DM	0,00 DM	0,00 DM	0,00 DM	0,00 DM	0,00
4	10004	15.1.89	415,76 DM	14.2.89	15.2.89	215,00 DM	7.3.89	200,00 DM	0,76 DM	0,00 DM	0,00 DM	0,00 DM	0,76
5	10005	22.1.89	1.278,09 DM	21.2.89	14.2.89	1.278,09 DM			0,00 DM	0,00 DM	0,00 DM	0,00 DM	0,00
6	10006	26.1.89	367,32 DM	25.2.89	5.3.89	367,32 DM			0,00 DM	0,00 DM	0,00 DM	0,00 DM	0,00
7	10007	30.1.89	872,55 DM	1.3.89					872,55 DM	0,00 DM	0,00 DM	872,55 DM	0,00
8	10008	1.2.89	55,00 DM	3.3.89	2.3.89	55,00 DM			0,00 DM	0,00 DM	0,00 DM	0,00 DM	0,00
9	10009	4.2.89	81,90 DM	6.3.89	28.2.89	80,00 DM	1.5.89	1,90 DM	0,00 DM	0,00 DM	0,00 DM	0,00 DM	0,00
10	10010	8.2.89	109,52 DM	10.3.89					109,52 DM	0,00 DM	0,00 DM	109,52 DM	0,00
11	10011	11.2.89	261,00 DM	13.3.89	15.3.89	261,00 DM			0,00 DM	0,00 DM	0,00 DM	0,00 DM	0,00
12	10012	17.2.89	630,00 DM	19.3.89	19.3.89	630,00 DM			0,00 DM	0,00 DM	0,00 DM	0,00 DM	0,00
13	10013	24.2.89	1.234,56 DM	26.3.89					1.234,56 DM	0,00 DM	1.234,56 DM	0,00 DM	0,00
14	10014	2.3.89	721,33 DM	1.4.89	5.4.89	721,33 DM			0,00 DM	0,00 DM	0,00 DM	0,00 DM	0,00
15	10015	7.3.89	911,50 DM	6.4.89	6.4.89	911,50 DM			0,00 DM	0,00 DM	0,00 DM	0,00 DM	0,00
16	10016	8.3.89	700,43 DM	7.4.89					700,43 DM	0,00 DM	700,43 DM	0,00 DM	0,00
17	10017	15.3.89	848,00 DM	14.4.89	12.4.89	848,00 DM			0,00 DM	0,00 DM	0,00 DM	0,00 DM	0,00
18	10018	20.3.89	916,00 DM	19.4.89	17.4.89	900,00 DM			16,00 DM	16,00 DM	0,00 DM	0,00 DM	0,00
19	10019	22.3.89	494,34 DM	21.4.89					494,34 DM	494,34 DM	0,00 DM	0,00 DM	0,00
20	10020	2.4.89	900,00 DM	2.5.89	2.5.89	900,00 DM			0,00 DM	0,00 DM	0,00 DM	0,00 DM	0,00
21	10021	7.4.89	377,80 DM	7.5.89					377,80 DM	377,80 DM	0,00 DM	0,00 DM	0,00
22	10022	16.4.89	165,75 DM	16.5.89					165,75 DM	165,75 DM	0,00 DM	0,00 DM	0,00
23	10023	22.4.89	2.100,00 DM	22.5.89					2.100,00 DM	2.100,00 DM	0,00 DM	0,00 DM	0,00
24	10024	25.4.89	1.467,35 DM	25.5.89					1.467,35 DM	1.467,35 DM	0,00 DM	0,00 DM	0,00
25	10025	30.4.89	210,55 DM	30.5.89					210,55 DM	210,55 DM	0,00 DM	0,00 DM	0,00
26	10026	2.5.89	167,88 DM	1.6.89					167,88 DM	167,88 DM	0,00 DM	0,00 DM	0,00
27	10027	7.5.89	944,44 DM	6.6.89					944,44 DM	944,44 DM	0,00 DM	0,00 DM	0,00
28	10028	10.5.89	744,00 DM	9.6.89					744,00 DM	744,00 DM	0,00 DM	0,00 DM	0,00

Abbildung 10-1.

Kapitel 10

DEBITORENVERWALTUNG

Wenn Sie Waren oder Dienstleistungen auf Kredit verkaufen, müssen Sie gut darüber Buch führen, was Ihnen Ihre Kunden schulden. Die Verwaltung der Forderungen gehört zu den schwierigsten und wichtigsten Aufgaben im Management eines kleinen Betriebes. Werden Forderungen nicht richtig verwaltet, kann es zu Liquiditätsproblemen kommen, die ein kleines Geschäft ruinieren können. Sorgfältig verwaltete Außenstände können helfen, eine gute Liquidität zu halten und Kundenbeziehungen zu verbessern.

In diesem Kapitel erstellen wir eine Debitorenverwaltung - ein Kontrollsystem, mit dem Ihnen die wichtigsten Tools zur Verfügung stehen, um mit WORKS Ihre Außenstände zu verwalten. Das Arbeitsblatt ist äußerst praktisch und nicht schwer zu entwickeln und zu benutzen. Während Sie die Debitorenverwaltung aufbauen, erlernen Sie das Erstellen, Abfragen und Sortieren von Datenbanken sowie die Zusammenstellung und die Verwendung von Datenbank-Berichten.

DAS ARBEITSBLATT

Die Debitorenverwaltung basiert auf der Datenbank in Abbildung 10-1. Abbildung 10-2 zeigt das Formular, mit dem wir in der Datenbank arbeiten werden. In Abbildung 10-3 sehen Sie den linken oberen Teil des Listen-Bildschirms.

Überfällig	Kd-Auftr	Kd-Name	Kd-Straße	Kd-PLZ	Kd-Ort	Kd-Tel	Bemerkung
103	32005	XYZ AG	Marktstr. 55	6200	Wiesbaden	06121/8963-344	
0	123	ABC International	Kommerzchaussee 123	1000	Berlin	030/4521-188	
0		Konsolidierungs-GmbH	Wasserstr. 225	5300	Bonn	0228/2888-899	
90	5991	L&M Werke	Hauptstr. 60	7032	Sindelfingen	07031/4566-655	
0	6672	AAA & Co. KG	Dr.Jürgens-Allee 213	8500	Nürnberg	0911/5556-519	
0	1234	ZZZ-GmbH	Sackgasse 901	4620	Castrop-Rauxel	02305/3778-766	
75	283	R&R Spirituosen	Umlaufstr. 875	8000	München	089/8427-162	gerichtl. Mahnverfahren
0		Großdorf Kaufhäuser	Kaufhausplatz 1	5000	Köln	0221/5661-234	
0		Warenhaus Kohl & Schmidt	Adenauerstr. 123	5400	Koblenz	0261/7761-556	
66	445	McDaisy Schnellimbiß	Sauerbruchstr. 266	5100	Aachen	0241/6908-333	
0	712	Vereinigte Weinhändler	Torkelweg 73	6900	Heidelberg	06221/5210-087	
0	A3442	Kleinbrot Backwaren	Bröselstr. 77	7000	Stuttgart	0711/2886-611	
50	145	XYZ AG	Marktstr. 55	6200	Wiesbaden	06121/8963-344	
0	8011	Salmo & Nelle GmbH	Justus-Liebig-Str. 1	7800	Freiburg	0761/4521-848	
0	7012	Hinz, Kunz & Partner	Holzweg 33	3000	Hannover	0511/4316-992	
38		Konsolidierungs-GmbH	Wasserstr. 225	5300	Bonn	0228/2888-899	
0	1001	Strauß & Söhne OHG	Donauufer 73	8390	Passau	0851/7223-988	
26	234	QMF Marmorwerke	Am Steinbruch 1	8070	Ingolstadt	0841/8447-733	
24	7794	Großdorf Kaufhäuser	Kaufhausplatz 1	5000	Köln	0221/5661-234	
0	904	Joh. Macher KG	Seestraße 222	4600	Dortmund	0231/3828-722	
8	XY123	Oberhuber Maschinenbau	Blümweg 31	6090	Rüsselsheim	06142/5557-809	
0		JWD Immobilien	Karlsplatz 2	1000	Berlin	030/331256	
0	A3510	Kleinbrot Backwaren	Bröselstr. 77	7000	Stuttgart	0711/2886-611	
0	6044	L&M Werke	Hauptstraße 60	7032	Sindelfingen	07031/4566-655	
0	1677	ZZZ GmbH	Sackgasse 901	4620	Castrop-Rauxel	02305/3778-766	
0	3295	ABC International	Kommerzchaussee 123	1000	Berlin	030/4521-188	
0	179	XYZ AG	Marktstraße 55	6200	Wiesbaden	06121/8963-344	Kreditsperre!
0	3312	WMB Gentechnik	Mutaborplatz 69	2000	Hamburg	040/5906930	

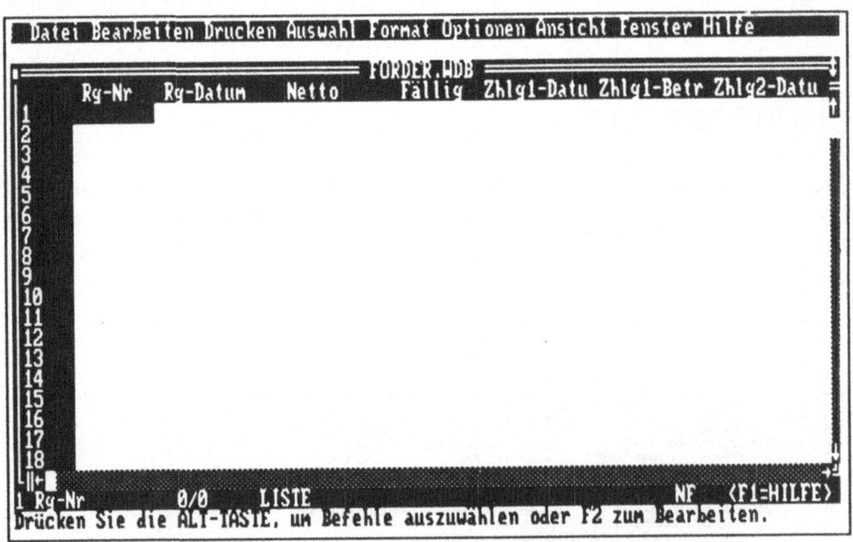

Abbildung 10-2.

Abbildung 10-3.

Wie Sie aus Abbildung 10-1 ersehen, enthält diese Datenbank 22 Felder, die oben am Listen-Bildschirm durch Feldbezeichnungen gekennzeichnet sind. Das Feld Rg-Nr enthält die Rechnungs-Nummer. Das Feld Rg-Datum gibt an, wann die Rechnung ausgestellt wurde, und das Feld Netto speichert den ursprünglichen Rechnungsbetrag. Das Feld Fällig berechnet mit einer Formel das Fälligkeitsdatum der Zahlung.

Die Felder Zhlg1-Datum, Zhlg1-Betr, Zhlg2-Datum, Zhlg2-Betr verzeichnen Datum und Betrag der für die Rechnung eingegangenen Zahlungen. Das Feld Saldo enthält eine Formel, die den laufenden Saldo berechnet, indem sie die Werte der Felder Zhlg1-Betr und Zhlg2-Betr von den Werten im Feld Netto subtrahiert.

Die Felder 0-30Tage, 31-60Tage, 61-90Tage und Über90Tage enthalten Formeln, die die Rechnung "altersmäßig" in vier Kategorien einteilen: 0 bis 30 Tage alt, 31 bis 60 Tage alt, 61 bis 90 Tage alt und über 90 Tage alt. Das Feld Überfällig enthält eine Formel, die die Anzahl der seit dem Fälligkeitsdatum überschrittenen Tage errechnet.

Im Feld Kd-Auftr wird die Auftragsnummer des Kunden festgehalten. Die Felder Kd-Name, Kd-Straße, Kd-PLZ, Kd-Ort und Kd-Tel enthalten Namen, Adresse und Telefonnummer des Kunden, von dem eine Zahlung fällig wurde. Das letzte Feld, Bemerkung, steht für Bemerkungen über den Kunden oder eine Rechnung zur Verfügung.

Begleitend zur Datenbank werden wir sechs Berichte erstellen. Der erste Bericht, Rechnungsliste, ist eine einfache Auflistung der Rechnungen in der Datenbank mit den Feldern Rg-Nr, Rg-Datum, Netto, Fällig, Kd-Name und Kd-Auftr. Der zweite Bericht, Alter, enthält die Felder Rg-Nr, Rg-Datum, Kd-Name, Saldo, 0-30Tage, 31-60Tage, 61-90Tage und Über90Tage. Er listet die Rechnungen chronologisch auf. Der Bericht Überfällig gibt nur die fälligen Rechnungen aus. Er enthält die Felder Kd-Name, Rg-Nr, Netto, Saldo und Überfällig und gruppiert die Datensätze nach den Feldern Überfällig und Saldo. Der vierte Bericht, Kundenliste, stellt die Liste der Kunden mit Rechnungen dar. Er gruppiert die Datensätze nach Kundennamen und enthält die Felder Kd-Name, Kd-Straße, Kd-PLZ, Kd-Ort, Kd-Tel und Saldo. Der Bericht Offennachkunde listet die offenen Rechnungen nach Kunden auf. In diesem Bericht sind die Datensätze nach Kd-Name und Rg-Nr gruppiert. Er enthält die Felder Kd-Name, Rg-Nr, Rg-Datum, Netto, Fällig, Saldo und Überfällig. Der letzte Bericht ist ein Kontoauszug. Er enthält die Felder Kd-Name, Kd-Straße, Kd-PLZ, Kd-Ort, Rg-Datum, Rg-Nr, Kd-Auftr, Zhlg1-Betr, Zhlg2-Betr und Saldo. Dieser etwas ungewöhnliche Bericht gruppiert die Datensätze nach dem Feld Kd-Name.

Wir werden auch verschiedene Abfragen durchführen, um Informationen aus der Datenbank Debitor zu filtern - z.B. den Datensatz für eine bestimmte Rechnung, die Datensätze für eine bestimmte Firma oder die Datensätze aller Rechnungen mit einem bestimmten Alter. Außerdem werden wir mit dem Befehl Datensätze sortieren aus dem Auswahl-Menü die Datenbank sortieren.

DAS ARBEITSBLATT ERSTELLEN

Den Kern der Debitorenverwaltung bildet die Datenbank, in der die Informationen zu den Rechnungen gespeichert werden. Deshalb muß als erster Schritt die Datenbank aufgebaut werden. Öffnen Sie Neue Datei erstellen aus dem Datei-Menü und wählen Sie Neue Datenbank. Es erscheint ein leeres Formular.

In WORKS kann man eine Datenbank erstellen, indem man einfach ein Formular dafür aufbaut. Genauso werden wir die Datenbank Debitor einrichten. Das fertige Formular sehen Sie in Abbildung 10-4, Abbildung 10-5 listet die Feldnamen und -breiten auf.

Als erstes geben wir den Formulartitel ein. Drücken Sie 27mal den Rechtspfeil, um mit dem Cursor in die Formularmitte zu gelangen, und schreiben Sie *DEBITORENVERWALTUNG*. Drücken Sie Enter.

Als nächstes geben Sie die Feldbezeichnungen am linken Formularrand ein. Drücken Sie Home und zweimal den Abwärtspfeil, um an den linken Rand der dritten Zeile zu gelangen. Dann drücken Sie einmal den Rechtspfeil, schreiben *Rechnungsdaten* und drücken Enter. Als nächstes drücken Sie fünfmal den Abwärtspfeil und schreiben *Zahlungen*. Dann drücken Sie viermal den Abwärtspfeil und schreiben *Fälligkeiten*. Schließlich drücken Sie noch zwimal den Abwärtspfeil, schreiben *Kundeninfo* und drücken Enter.

Die Feldbezeichnungen eingeben

Jetzt können die Felder eingerichtet werden. In Abbildung 10-4 sehen Sie, daß zur Kennzeichnung der Eingabefelder statt der eigentlichen Feldnamen Text verwendet wird. Dazu wird für jedes Feld Feldnamen einblenden ausgeschaltet und dann die Bezeichnung für das Feld in das Formular eingetragen. Auf diese Weise kann man die eigentlichen Feldnamen abkürzen (um im Listen-Bildschirm Platz zu sparen), ohne bei den Feldbezeichnungen im Formular auf die abgekürzten Feldnamen angewiesen zu sein.

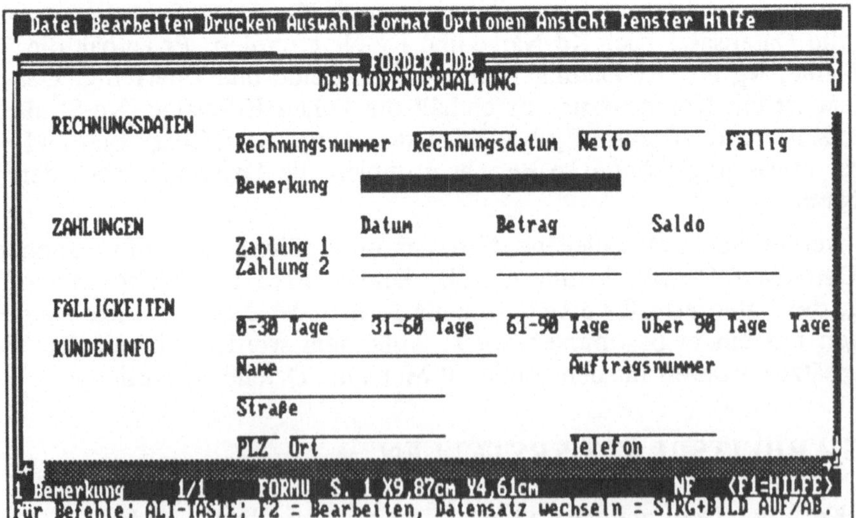

Abbildung 10-4.

Feld	Breite	Format, Nachkommastellen
Rg-Nr	8	
Rg-Datum	10	Kurzform Tag,Monat,Jahr (TT,MM,JJ)
Netto	12	Währung, 2
Fällig	10	Kurzform Tag,Monat,Jahr (TT,MM,JJ)
Zhlg1-Datum	10	Kurzform Tag,Monat,Jahr (TT,MM,JJ)
Zhlg1-Betr	12	Währung, 2
Zhlg2-Datum	10	Kurzform Tag,Monat,Jahr (TT,MM,JJ)
Zhlg2-Betr	12	Währung, 2
Saldo	12	Währung, 2
0-30Tage	12	Währung, 2
31-60-Tage	12	Währung, 2
61-90Tage	12	Währung, 2
Über90Tage	12	Währung, 2
Überfällig	4	Nachkommastellen, 0
Kd-Auftr	10	
Kd-Name	25	
Kd-Straße	20	
Kd-PLZ	4	
Kd-Ort	15	
Kd-Tel	14	
Bemerkung	25	

Abbildung 10-5. Felder und Feldbreiten in der Datenbank Debitor.

Abbildung 10-6.

Beginnen wir mit den Bezeichnungen, die den Inhalt der Felder kennzeichnen. Drücken Sie als erstes die Home-Taste und elfmal den Aufwärtspfeil, um den Cursor an den Anfang der vierten Zeile zu bewegen. Dann drücken Sie 19mal den Rechtspfeil, schreiben *Rechnungsnummer*, drücken dreimal den Rechtspfeil und schreiben *Rechnungsdatum*. Als nächstes drücken Sie dreimal den Rechtspfeil und schreiben *Netto*. Schließlich drücken Sie den Rechtspfeil zehnmal, schreiben Fällig und drücken Enter.

Betätigen Sie zweimal den Abwärtspfeil, und gehen Sie mit dem Cursor direkt unter das R von Rechnungsnummer. Geben Sie die Bezeichnung *Bemerkung* ein.

Als nächstes drücken Sie zweimal den Abwärtspfeil und zwölfmal den Rechtspfeil, um Datum einzugeben. Dann drücken Sie den Rechtspfeil neunmal, geben die Bezeichnung Betrag ein, drücken zehnmal den Rechtspfeil und schreiben *Saldo*.

Drücken Sie jetzt den Abwärtspfeil, Home und 19mal den Rechtspfeil, um *Zahlung 1* einzugeben. Anschließend drücken Sie nochmals den Abwärtspfeil und schreiben *Zahlung 2*. Als nächstes drücken Sie dreimal den Abwärtspfeil, schreiben *0-30 Tage* und drücken Enter. Dann drücken Sie den Rechtspfeil fünfmal, schreiben *31-60 Tage*, drücken viermal den Rechtspfeil, schreiben *61-90 Tage*, drücken wieder viermal den Rechtspfeil und schreiben Über *90 Tage*. Schließlich drücken Sie dreimal den Rechtspfeil, schreiben Tage und drücken Enter.

Drücken Sie zweimal den Abwärtspfeil und Home sowie 19mal den Rechtspfeil, und schreiben Sie *Name*. Dann drücken Sie 29mal den Rechtspfeil und schreiben *Auftragsnummer*. Als nächstes drücken Sie zweimal den Abwärtspfeil, 32mal den Linkspfeil und schreiben *Straße*. Dann drücken Sie zweimal den Abwärtspfeil, schreiben *PLZ*, drücken dreimal den Rechtspfeil und schreiben *Ort*. Dann drücken Sie 25mal den Rechtspfeil, schreiben *Telefon* und drücken Enter.

Abbildung 10-6 zeigt den Formularentwurfsbildschirm, wenn alle Feldbezeichnungen eingetragen sind.

Die Felder einrichten

Jetzt können Sie die Felder einrichten. Sie erscheinen im Listen-Bildschirm in der Reihenfolge, in der sie im Formular eingegeben werden. Achten Sie deshalb darauf, die Felder in der in Abbildung 10-6 dargestellten Reihenfolge einzugeben. Dabei werden Sie ein wenig im Formular "herumspringen" müssen.

Um die Felder einzurichten, gehen Sie als erstes mit Ctrl-Home an den linken oberen Bildschirmrand. Dann drücken Sie zweimal den Abwärtspfeil und sechsmal den Rechtspfeil, schreiben *Rg-Nr:* und drücken Enter. Geben Sie als Feldbreite *8* ein und bestätigen Sie mit Enter. Damit haben Sie in das Formular das Feld Rg-Nr eingesetzt. Um den Feldnamen vom Bildschirm zu entfernen, markieren Sie das Feld, indem Sie den Aufwärtspfeil drücken und wählen Sie Feldnamen einblenden aus dem Format-Menü. Verschieben Sie das Feld mit dem Befehl Verschieben (Feld) aus dem Menü Bearbeiten um sieben Stellen nach links.

Um das Feld Rg-Datum einzurichten, drücken Sie zehnmal den Rechtspfeil und schreiben *Rg-Datum:*. Nachdem Sie Enter gedrückt haben, geben Sie die Feldbreite *10* ein. Entfernen Sie wieder mit Feldnamen einblenden aus dem Format-Menü den Feldnamen vom Bildschirm. Verschieben Sie das Feld mit Bearbeiten-Verschieben (Feld) um 10 Stellen nach links. Dann öffnen Sie Uhrzeit/Datum aus dem Format-Menü, wählen Tag,Monat,Jahr (in Kurzform) und bestätigen mit Enter oder OK, um dem Feld Rg-Datum das Format TT,MM,JJ zuordnen.

Um das Feld Netto einzurichten, drücken Sie siebenmal den Rechtspfeil und geben *Netto:* ein. Wählen Sie als Feldbreite 12 und entfernen Sie den Feldnamen. Verschieben Sie das Feld nach links. Als nächstes öffnen Sie Währung aus dem Format-Menü und bestätigen mit Enter oder OK das Währungsformat mit zwei Nachkommastellen.

Richten Sie das Feld Fällig ein, indem Sie dreimal den Rechtspfeil drücken und *Fällig:* schreiben und als Breite 10 eingeben. Dann wählen Sie Feldnamen einblenden aus dem Format-Menü, um den Feldnamen auszublenden, und Verschieben (Feld), um das Feld nach links zu schieben. Anschließend öffnen Sie Uhrzeit/Datum aus dem Format-Menü und wählen Tag,Monat,Jahr (in Kurzform). Bestätigen Sie mit Enter oder OK.

Um die richtige Feldreihenfolge zu erzielen, richten Sie als nächstes das Feld Zhlg1-Datum ein. Dazu drücken Sie fünfmal den Abwärtspfeil, gehen unter das D von Datum und geben *Zhlg1-Datum:* ein. Legen Sie die Feldbreite auf 10 fest und blenden Sie den Feldnamen aus. Verschieben Sie das Feld nach links. Anschließend öffnen Sie Uhrzeit/Datum aus dem Format-Menü, wählen Tag,Monat,Jahr (in Kurzform) und bestätigen mit Enter oder OK.

Um das Feld Zhlg1-Betr einzurichten, drücken Sie viermal den Rechtspfeil, schreiben *Zhlg1-Betr:* und drücken Enter. Geben Sie dann die Feldbreite *12* ein und blenden Sie den Feldnamen aus. Verschieben Sie das Feld nach links. Als nächstes öffnen Sie Währung aus dem Format-Menü und bestätigen mit Enter oder OK das Währungsformat mit zwei Nachkommastellen.

Um das Feld Zhlg2-Datum einzurichten, drücken Sie einmal den Abwärtspfeil, 13mal den Linkspfeil, schreiben *Zhlg2-Datum:* und bestätigen mit Enter. Geben Sie als Feldbreite 10 ein. Dann blenden Sie den Feldnamen aus und verschieben das Feld nach links. Um das Format TT,MM,JJ zuzuordnen, öffnen Sie Uhrzeit/Datum aus dem Format-Menü, wählen Tag,Monat,Jahr (in Kurzform) und bestätigen mit Enter oder OK.

Richten Sie das Feld Zhlg2-Betr ein, indem Sie viermal den Rechtspfeil drücken, *Zhlg2-Betr:* schreiben und Enter drücken. Geben Sie als Breite *12* ein und blenden Sie wieder den Feldnamen aus. Verschieben Sie auch dieses Feld nach links. Als nächstes öffnen Sie Währung aus dem Format-Menü und

bestätigen mit Enter oder OK das Währungsformat mit zwei Nachkommastellen.

Um das Feld Saldo einzurichten, drücken Sie viermal den Rechtspfeil, schreiben *Saldo:* und drücken Enter. Geben Sie eine Breite von *12* an und entfernen
Sie den Feldnamen. Verschieben Sie das Feld nach links. Um dem Feld das
richtige Format zuzuordnen, öffnen Sie Währung aus dem Format-Menü und
bestätigen mit Enter oder OK das Währungsformat mit zwei Nachkommastellen.

Jetzt drücken Sie zweimal den Abwärtspfeil und einmal Home, damit der
Cursor am Anfang von Zeile 12 steht. Drücken Sie achtmal den Rechtspfeil,
schreiben Sie *0-30Tage:*, und drücken Sie Enter. Schreiben Sie als Breite 12,
wählen Sie Feldnamen einblenden, und verschieben Sie das Feld nach links.
Als nächstes öffnen Sie Währung aus dem Format-Menü und bestätigen mit
Enter oder OK.

Drücken Sie zweimal den Rechtspfeil, schreiben Sie 31-60Tage:, und drücken
Sie Enter. Blenden Sie dann den Feldnamen aus, und geben Sie eine Feldbreite
von 12 an. Wählen Sie Währung aus dem Format-Menü, und bestätigen Sie mit
Enter oder OK.

Drücken Sie wieder zweimal den Rechtspfeil, und schreiben Sie *61-90Tage:*.
Drücken Sie Enter und geben Sie eine Breite von 12 an. Dann blenden Sie den
Feldnamen aus und verschieben das Feld nach links. Wählen Sie Währung, und
bestätigen Sie mit Enter oder OK.

Um das Feld Über90Tage einzurichten, drücken Sie als nächstes zweimal den
Rechtspfeil, schreiben *Über90Tage:* und drücken Enter. geben Sie als Breite 12
ein. Wählen Sie Feldnamen einblenden, und verschieben Sie das Feld nach
links. Wählen Sie Währung, und bestätigen Sie mit Enter oder OK.

Drücken Sie jetzt dreimal den Rechtspfeil, schreiben Sie *Überfällig:*, und
drücken Sie Enter. Setzen Sie die Breite auf 4. Blenden Sie dann den Feldnamen aus, und verschieben Sie das Feld nach links. Wählen Sie Nachkommastellen aus dem Format-Menü, schreiben Sie *0*, und bestätigen Sie mit Enter
oder OK.

Für das Feld Kd-Auftr drücken Sie zweimal den Abwärtspfeil und 24mal den
Linkspfeil, damit der Cursor unter dem A von Auftragsnummer steht. Dann
schreiben Sie *Kd-Auftr:* und drücken Enter. Geben Sie als Breite 10 an. Als
nächstes wählen Sie Feldnamen einblenden und verschieben das Feld nach
links.

Um das Feld Kd-Name einzurichten, drücken Sie 32mal den Linkspfeil, schreiben *Kd-Name:* und drücken Enter. Geben Sie für die Breite 25 an. Als nächstes
blenden Sie den Feldnamen aus und verschieben das Feld nach links. Dann
drücken Sie zweimal den Abwärtspfeil, schreiben *Kd-Straße:*, drücken Enter
und legen die Breite auf 20 fest. Blenden Sie wieder den Feldnamen aus, und
verschieben Sie das Feld wie gewohnt.

Als nächstes richten Sie das Feld für die Postleitzahl ein. Dazu drücken Sie zweimal den Abwärtspfeil und schreiben *Kd-PLZ:*. Als Breite geben Sie 4 an.

Um das Feld für den Ort einzurichten, drücken Sie zweimal den Rechtspfeil, schreiben *Kd-Ort:* und legen eine Breite von 15 fest. Dann drücken Sie 13mal den Rechtspfeil und schreiben *Kd-Tel:*. Dieses Feld erhält eine Breite von 14.

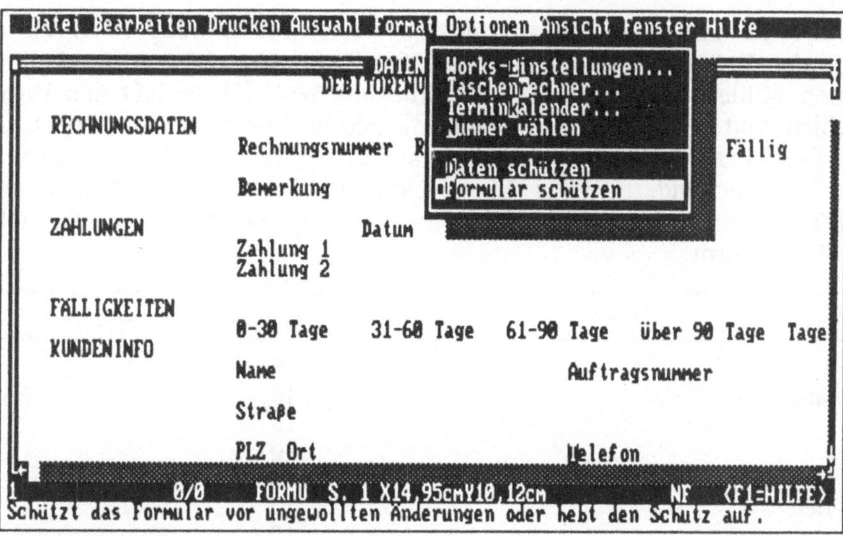

Abbildung 10-7.

Abbildung 10-8.

Schließlich müssen Sie wieder nach oben gehen, um das Feld Bemerkung einzurichten. Gehen Sie mit Ctrl-Home zum linken oberen Bildschirmrand. Dann
drücken Sie fünfmal den Abwärtspfeil und 23mal den Rechtspfeil. Schreiben
Sie *Bemerkung:*, und drücken Sie Enter. Geben Sie als Breite *25* ein. Als
nächstes wählen Sie Feldnamen einblenden und verschieben Sie das Feld nach
links.

Das war's. Ihr Formular muß jetzt aussehen wie in Abbildung 10-4. Verlassen
Sie nun den Entwurf-Bildschirm, indem Sie Formular schützen aus dem Menü
Optionen wählen oder einfach [F10] drücken. WORKS verläßt den Entwurf-
Bildschirm und erstellt die Datenbank, die Sie im Formular spezifiziert haben.
Wenn Sie Formular schützen wieder aufheben, können Sie den Formular-
entwurf wieder ändern. (Das Menü Optionen bietet den Befehl Formular
schützen nur im Formular-Bildschirm an (siehe Abbildung 10-7), und nicht im
Listen-Bildschirm.

Feld	Breite
Rg-Nr	8
Rg-Datum	10
Netto	12
Fällig	10
Zhlg1-Datum	10
Zhlg1-Betr	12
Zhlg2-Datum	10
Zhlg2-Betr	12
Saldo	12
0-30Tage	12
31-60-Tage	12
61-90Tage	12
Über90Tage	14
Überfällig	4
Kd-Auftr	10
Kd-Name	25
Kd-Straße	20
Kd-PLZ	4
Kd-Ort	15
Kd-Tel	15
Bemerkung	25

*Abbildung 10-9. Felder und Feldbreiten der Datenbank Debitor (Listen-Bild-
schirm).*

Der Listenbildschirm

Lassen Sie den Listen-Bildschirm anzeigen, um die Datenbankstruktur zu
verändern. Als erstes öffnen Sie Liste aus dem Menü Ansicht und drücken dann
Ctrl-Home. Sie befinden sich jetzt links oben im Listen-Bildschirm - siehe
Abbildung 10-8.

Nun können Änderungen eingegeben werden. Als erstes müssen die Feldbreiten im Listen-Bildschirm auf die in Abbildung 10-9 angegebenen Werte gesetzt werden. (Von ein paar Ausnahmen abgesehen entsprechen sie den Breiten im Formular-Bildschirm.) Im Listen-Bildschirm werden Feldbreiten folgendermaßen geändert: Sie gehen mit dem Cursor auf das entsprechende Feld, wählen Feldbreite aus dem Format-Menü, geben die neue Breite ein und bestätigen mit Enter oder OK. Um z.B. die Breite von Rg-Nr von 10 auf 8 Zeichen zu ändern, gehen Sie mit dem Cursor auf das Feld (vielleicht befindet er sich auch bereits dort), wählen Feldbreite aus dem Format-Menü, schreiben *8* und bestätigen mit Enter oder OK.

Als nächstes müssen Sie das Format für das Feld Kd-Auftr ändern. Um die Einträge rechtsbündig anzuordnen, gehen Sie auf das Feld, öffnen Schriftstil aus dem Format-Menü, wählen Rechtsbündig und bestätigen mit Enter oder OK.

Sobald die Feldbreiten geändert sind, geben Sie Formeln ein, die den Inhalt der Felder Fällig, Saldo, 0-30Tage, 31-60Tage, Über90Tage und Überfällig definieren. Als erstes setzen Sie den Cursor in die erste Zelle im Feld Fällig und schreiben *='Rg-Datum+30'*. Wenn Sie Enter drücken, trägt WORKS die Formel in den ersten Datensatz ein. Die Formel setzt den Wert der Einträge in Fällig mit dem Wert in Rg-Datum desselben Datensatzes gleich und addiert 30 Tage hinzu. Die Formel bleibt in jeder Zelle des Feldes verdeckt, bis Sie Datensätze in die Datenbank eingeben. Sobald Sie ein Rechnungsdatum eintragen, errechnet WORKS mit Hilfe der Formel das richtige Fälligkeitsdatum für die jeweilige Rechnung.

Als nächstes gehen Sie mit dem Cursor in die erste Zelle in Saldo und tragen die Formel

```
=Netto-'Zhlg1-Betr'-'Zhlg2-Betr'
```

ein. Diese Formel setzt den Wert der Einträge in Saldo mit dem Wert in Netto desselben Datensatzes gleich und subtrahiert die Werte der Felder Zhlg1-Betr und Zhlg2-Betr. Oder anders ausgedrückt: aktueller Saldo ist gleich ursprünglicher Saldo minus alle bisherigen Zahlungen.

Gehen Sie jetzt auf das Feld 0-30Tage, und tragen Sie die Formel

```
=WENN(JETZT()-30<=Fällig;Saldo;0)
```

ein. Die Formel besagt folgendes: Wenn vom aktuellen Datum (mit Hilfe der Funktion JETZT) 30 Tage subtrahiert werden und das Ergebnis kleiner oder gleich dem Datum in Fällig ist, muß der Wert aus Saldo ausgegeben werden. Andernfalls wird 0 ausgegeben. Anders ausgedrückt: Liegt das Datum in Fällig 30 Tage oder weniger zurück, dann muß der Wert aus dem Feld Saldo im Feld 0-30Tage eingetragen werden.

Als nächstes gehen Sie auf das Feld 31-60Tage und tragen die Formel

```
=WENN(JETZT()-30>Fällig;WENN(JETZT()-60<=Fällig;Saldo;0);0)
```

ein. Diese Formel besagt folgendes: Wenn vom aktuellen Datum 30 Tage abgezogen werden und das Ergebnis größer ist als das Datum in Fällig und wenn bei der Subtraktion von 60 vom aktuellen Datum das Ergebnis kleiner oder gleich dem Datum von Fällig ist, dann muß der Wert aus dem Feld Saldo ausgegeben werden. Andernfalls wird 0 ausgegeben. Wenn 30 Tage vom aktuellen Datum subtrahiert werden und das Ergebnis kleiner oder gleich dem Datum in Fällig ist, dann wird 0 ausgegeben. In anderen Worten: Diese Formel trägt den Wert aus Saldo in das Feld 31-60Tage ein, wenn das Datum in Fällig zwischen 60 und 31 Tagen vor dem aktuellen Datum liegt.

Gehen Sie jetzt auf das Feld 61-90Tage, und tragen Sie folgende Formel ein:

```
=WENN(JETZT()-60>Fällig;WENN(JETZT()-90<=Fällig;Saldo;0);0)
```

Die Formel besagt folgendes: Wenn vom aktuellen Datum 60 Tage abgezogen werden und das Ergebnis größer ist als das Datum in Fällig, dann muß der Wert aus dem Feld Saldo ausgegeben werden, wenn gleichzeitig bei der Subtraktion von 90 vom aktuellen Datum das Ergebnis kleiner oder gleich dem Datum in Fällig ist. Andernfalls wird 0 ausgegeben. Wenn 60 Tage vom aktuellen Datum subtrahiert werden und das Ergebnis kleiner oder gleich dem Datum in Fällig ist, dann wird 0 ausgegeben. Anders ausgedrückt: Diese Formel trägt den Wert aus Saldo in das Feld 61-90Tage ein, wenn das Datum in Fällig zwischen 90 und 61 Tagen vor dem aktuellen Datum liegt.

Gehen Sie nun mit dem Cursor auf das Feld Über90Tage, und tragen Sie die Formel

```
=WENN(JETZT()-90>Fällig;Saldo;0)
```

ein. Die Formel besagt: Ist das Ergebnis der Subtraktion von 90 Tagen vom aktuellen Datum größer als das Datum in Fällig, dann wird der Wert des Feldes Saldo ausgegeben. Andernfalls wird 0 ausgegeben. In anderen Worten: Die Formel trägt in das Feld Über90Tage den Wert des Feldes Saldo ein, wenn das Datum in Fällig mehr als 90 Tage zurückliegt.

Als nächstes gehen Sie auf das Feld Überfällig und tragen die Formel

```
=WENN(JETZT()>Fällig&Saldo>0,01;GANZZAHL(JETZT()-Fällig);0)
```

ein. Die Formel besagt folgendes: Ist das aktuelle Datum größer als das Fälligkeitsdatum der Rechnung und der aktuelle Saldo größer als 0,01 DM, dann wird die Differenz zwischen dem Fälligkeitsdatum und dem aktuellen Datum als Ganzzahl ausgegeben. In anderen Worten: Wenn die Rechnung überfällig ist und die Zahlung noch nicht erfolgt ist (der Saldo also größer als 1 Pf ist), wird ausgegeben, wie viele Tage die Rechnung überfällig ist.

Speichern der Datenbank

Wenn die Datenbank fertig ist, wird sie gesichert. Beim ersten Speichern wählen Sie Speichern unter aus dem Datei-Menü, geben einen Namen an (wie z.B. *FORDER.WDB*) und bestätigen mit Enter oder OK.

Berichte erstellen

Jetzt werden Sie aus der Datenbank Berichte erstellen. Dabei ist die Vorgehensweise immer die gleiche: Wählen Sie Neuer Bericht aus dem Menü Ansicht und verlassen Sie die Berichtsanzeige mit Esc. Es erscheint die Standard-Berichtsdefinition wie in Abbildung 10-10. Definieren Sie nun mit dem Befehl Datensätze sortieren aus dem Auswahl-Menü Felder, nach denen der Bericht gruppiert werden soll (falls Sie das wünschen). Soll der Bericht nicht nach bestimmten Feldern gruppiert werden, löschen Sie den vorgegebenen Eintrag im ersten Feld des Dialogfeldes. (Wenn Sie das Dialogfeld zu ersten Mal öffnen, erscheint im ersten Textfeld der Name des ersten Datenbankfeldes.) Soll der Bericht nach einem oder mehreren Feldern gruppiert werden, geben Sie die Namen der entsprechenden Felder in das erste, zweite und dritte Textfeld ein.

Wie Sie sehen, enthält die Berichtsdefinition fünf Zeilen: zwei Zeilen Einf Seite, eine Zeile Datensatz, eine Zeile Zus Rg-Nr und eine Zeile Zus Bericht. Da in der Datenbank noch keine Eintragungen vorhanden sind, zeigt der Einheitsbericht nur die Felder mit Formeln.

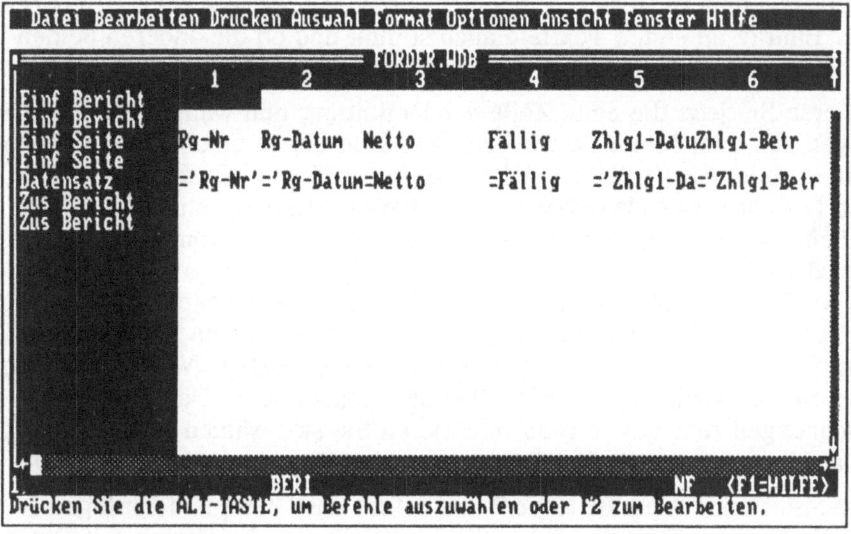

Abbildung 10-10.

Sie können nun Ihren Bericht von dieser Standarddefinition aus aufbauen oder mit dem Befehl Zeile/Spalte löschen aus dem Menü Bearbeiten die Definition löschen, um ganz von vorne anzufangen. Mit dem Befehl Zeile/Spalte einfügen aus dem Menü Bearbeiten können Sie der Definition neue Zeilen hinzufügen, mit Zeile/Spalte löschen vorhandene Zeilen entfernen. In die Zellen der Berichtsdefinition können Sie zur Spezifizierung und Anordnung der Berichtsinhalte Feldbezeichnungen und Formeln eingeben. Außerdem können Sie mit den Befehlen des Format-Menüs die Spaltenbreiten und Datenformate ändern.

Der Bericht Rechnungsliste

Beginnen wir mit dem Bericht Rechnungsliste. Wie bereits erwähnt, listet dieser Bericht einfach nur die Datensätze der Datenbank Debitor auf. Er enthält die Felder Rg-Nr, Rg-Datum, Netto, Fällig, Kd-Name und Kd-Auftr sowie eine Formel zur Berechnung der Gesamtsumme der Werte im Feld Netto im ganzen Bericht.

Wählen Sie Neuer Bericht aus dem Ansicht-Menü und drücken Esc, um die Standard-Berichtsdefinition von Abbildung 10-10 anzuzeigen. Da diese Definition weit über unsere Bedürfnisse hinaus geht, löschen Sie den Inhalt. Dazu markieren Sie einfach alle fünf Zeilen und starten Zeile/Spalte löschen aus dem Menü Bearbeiten.

Als nächstes öffnen Sie aus dem Auswahl-Menü das Dialogfeld Datensätze sortieren - siehe Abbildung 10-18. Im ersten Textfeld steht automatisch der Name des ersten Datenbankfeldes, also Rg-Nr. Da Sie den Bericht nach den Rechnungsnummern sortieren möchten, brauchen Sie nur noch zu überprüfen, ob der Eintrag im ersten Textfeld auch stimmt und ob die anderen beiden Textfelder leer sind. Dann bestätigen Sie mit Enter oder OK.

Markieren Sie jetzt die erste Zeile der Definition, und wählen Sie Zeile/Spalte einfügen aus dem Menü Bearbeiten. Am Bildschirm erscheint ein Dialogfeld wie in Abbildung 10-11. Es zeigt die Auswahl von Elementen, die Sie für diesen Bericht verwenden können: Einf Bericht, Einf Seite usw. Um eine Zeile Einf Seite einzufügen, wählen Sie die entsprechende Option und bestätigen mit Enter oder OK.

Jetzt wird der Inhalt der neuen Zeile definiert. Als erstes drücken Sie den Rechtspfeil, um in Spalte 2 zu gelangen, und schreiben *Rechnungs-*. Dann gehen Sie mit dem Cursor auf Spalte 3 und schreiben *Netto-*. Als nächstes tragen Sie in Spalte 6 die Bezeichnung *Kunden-* ein. Damit die drei Feldbezeichnungen zentriert werden, markieren Sie sie, wählen Schriftstil aus dem Format-Menü und die Option Zentriert und bestätigen mit Enter oder OK.

Als nächstes markieren Sie Zeile 2 und öffnen das Dialogfeld Einfügen aus dem Menü Bearbeiten. Daraus wählen Sie Einf Seite und bestätigen mit Enter oder OK. Dann tragen Sie in die neue Zeile folgende Feldbezeichnungen ein: in Spalte 1 *Nummer*, in Spalte 2 *Datum*, in Spalte 3 *Betrag*, in Spalte 4 *Fällig*, in Spalte 5 *Kunde* und in Spalte 6 *Auftrag*. Um die sechs Feldbezeichnungen zu zentrieren, markieren Sie sie, wählen Schriftstil aus dem Format-Menü und Zentriert und bestätigen mit Enter oder OK.

Jetzt markieren Sie Zeile 3 und öffnen wieder das Dialogfeld Zeile/Spalte einfügen. Um eine Datensatzzeile einzufügen, wählen Sie Datensatz und bestätigen mit Enter oder OK. Dann werden die Formeln von Abbildung 10-12 eingegeben: Tragen Sie als erstes in Spalte 1 der neuen Zeile die Formel = *'Rg-Nr'* ein. Dann gehen Sie mit dem Rechtspfeil auf Spalte 2 und schreiben ='*Rg-Datum*'. Fahren Sie so fort, bis die restlichen Formeln eingegeben sind. Nachdem Sie die Formel von Spalte 6 eingetragen haben, formatieren Sie die Zelle rechtsbündig. Dazu öffnen Sie Schriftstil aus dem Format-Menü, wählen Rechtsbündig und bestätigen mit Enter oder OK. Da diese Formeln in einer Datensatzzeile stehen, werden sie nur einmal pro Datensatz gedruckt. Sie zeigen nur für jeden Datensatz den Inhalt der Felder Rg-Nr, Rg-Datum, Netto, Fällig, Kd-Name und Kd-Auftr. an.

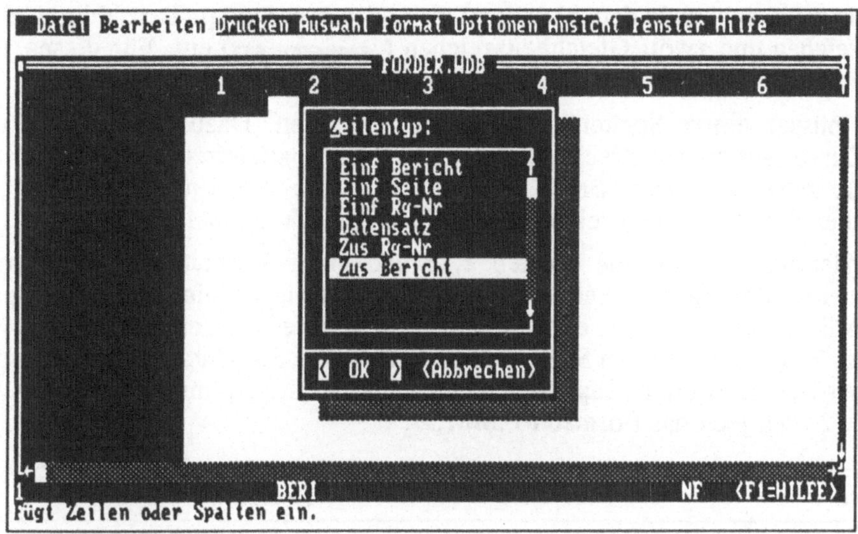

Abbildung 10-11.

Spalte	Formel
1	=Rg-Nr
2	=Rg-Datum
3	=Netto
4	=Fällig
5	=Kd-Name
6	=Kd-Auftr

Abbildung 10-12. Formeln der Datensatzzeile

Drücken Sie jetzt einmal den Abwärtspfeil, um in die nächste (momentan nicht definierte) Zeile der Definition zu gelangen. Gehen Sie dann mit dem Cursor in Spalte 3, und geben Sie ein Textfeld ein, bestehend aus einem Leerzeichen und zwölf Bindestrichen. Bei diesem Eintrag erstellt WORKS eine neue Zeile Zus Bericht und fügt darin das Textfeld ein. Diesen Trick können Sie auch in anderen Berichten anwenden. Immer, wenn Sie eine Formel oder ein Textfeld in eine Zeile eingeben, die noch nicht definiert ist, erstellt WORKS für den neuen Eintrag automatisch eine Zeile des Typs Zus Bericht.

Drücken Sie jetzt einmal den Abwärtspfeil, um in die nächste Zeile der Definition zu gelangen, und tragen Sie die Formel =*SUMME(Netto)* ein. WORKS erstellt eine neue Zeile Zus Bericht und fügt die neue Formel darin ein. Da es sich um eine Zeile Zus Bericht handelt, wird die Formel nur einmal - am Ende des Berichts - gedruckt. Die Formel berechnet die Summe aller Einträge im Feld Netto im gesamten Bericht.

Drücken Sie nochmals den Abwärtspfeil, und geben Sie ein Textfeld aus einem Leerzeichen und zwölf Gleichheitszeichen (============) ein. Für dieses Textfeld erstellt WORKS wiederum eine neue Zeile Zus Bericht.

Jetzt müssen einige Spaltenbreiten geändert werden. Dazu setzen Sie einfach den Cursor auf die entsprechende Spalte, wählen Spaltenbreite aus dem Format-Menü, geben die neue Breite an und bestätigen mit Enter oder OK. Die Angaben für die Spaltenbreiten finden Sie in Abbildung 10-13.

Als nächstes muß für die Spalten 2, 3 und 4 das Format geändert werden. Markieren Sie Spalte 2: Setzen Sie den Cursor in irgendeine Zelle der Spalte, und wählen Sie Spalte aus dem Menü Auswahl, oder klicken Sie mit der Maus auf die Ziffer 2 am oberen Spaltenrand. Jetzt öffnen Sie Uhrzeit/Datum aus dem Format-Menü, wählen Tag,Monat,Jahr und bestätigen mit Enter oder OK. Spalte 2 trägt jetzt das Format TT,MM,JJ.

Spalte	Breite
1	8
2	10
3	14
4	10
5	25
6	10

Abbildung 10-13. Spaltenbreiten im Bericht Rechnungsliste.

Markieren Sie als nächstes Spalte 3, wählen Sie Währung aus dem Format-Menü, und bestätigen Sie mit Enter oder OK. Damit trägt die Spalte das Währungsformat mit zwei Nachkommastellen. Dann markieren Sie Spalte 4, wählen Uhrzeit/Datum aus dem Format-Menü und Tag,Monat,Jahr. Mit Enter oder OK bestätigen Sie das Format TT,MM,JJ.

Als nächstes werden mit dem Befehl Papierformat die Ränder sowie mit Kopf-/Fußzeilen die Kopf- und Fußzeilen eingerichtet. Öffnen Sie dazu das Dialogfeld Papierformat aus dem Menü Drucken (siehe Abbildung 10-14), und gehen Sie in das Textfeld Linker Rand. Schreiben Sie 1,25, um den ursprünglichen Rand von 2 cm auf 1,25 cm zu verkleinern. Im Textfeld Rechter Rand geben Sie 0 ein.

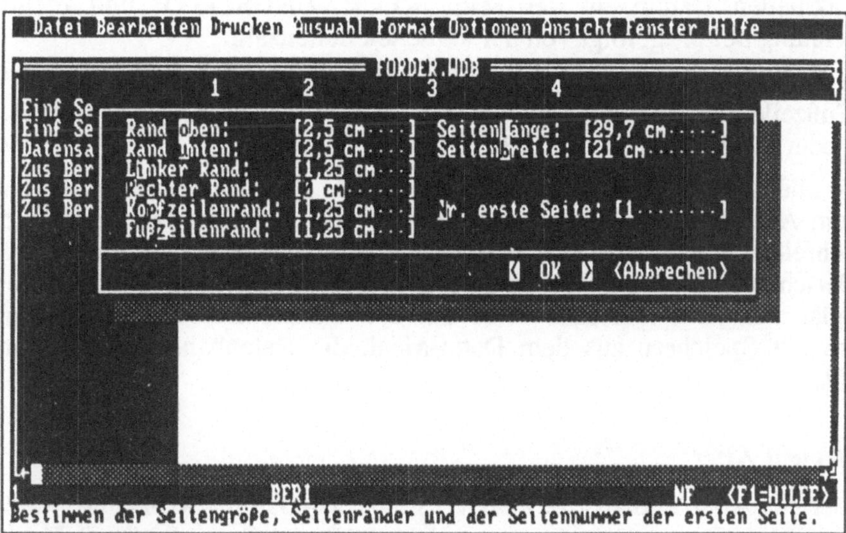

Abbildung 10-14.

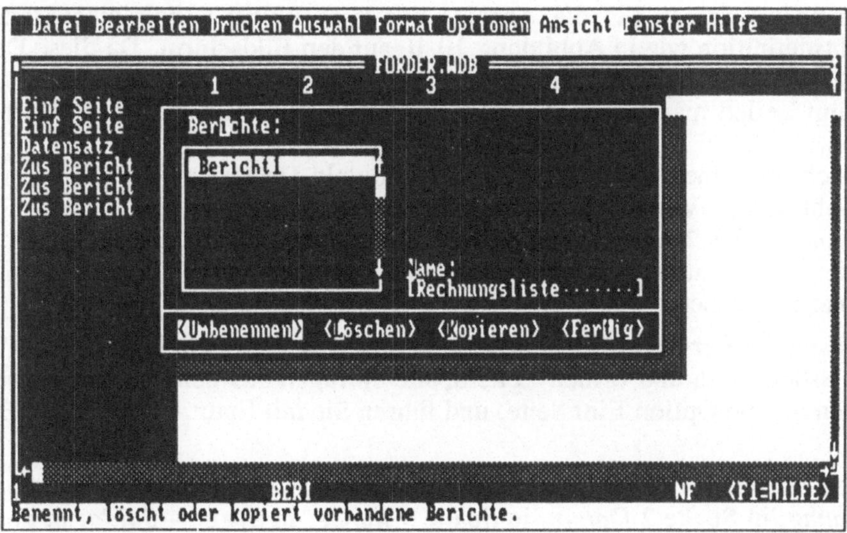

Abbildung 10-15.

Jetzt wählen Sie die Option Kopf-/Fußzeile im Menü Drucken und gehen Sie in das Textfeld Kopfzeile. Geben folgende Definition ein:

```
&lDatum: &c &zRECHNUNGSLISTE &rSeite: &s
```

Dies gilt als Anweisung für WORKS, auf jede Berichtseite eine dreiteilige Kopfzeile zu drucken: Am linken Seitenrand die Bezeichnung Datum:, gefolgt vom aktuellen Datum, in der Mitte RECHNUNGSLISTE und rechts die Bezeichnung Seite:, gefolgt von der aktuellen Seitenzahl.

Wenn die Kopfzeile eingegeben ist, gehen Sie mit der Tab-Taste auf das Textfeld Fußzeile und drücken Del, um die vorhandene Fußzeile zu löschen. Mit Enter oder OK sichern Sie schließlich Ihre Änderungen.

Das ist alles - der Bericht ist definiert. Bevor Sie fortfahren, öffnen Sie Berichte aus dem Ansicht-Menü (siehe Abbildung 10-15), gehen in das Textfeld Name und schreiben Rechnungsliste. Wählen Sie dann Umbenennen und Fertig, um den Bericht von Bericht1 auf Rechnungsliste umzubenennen. Nun wählen Sie Formular aus dem Ansicht-Menü, um zur Datenbank zurückzukehren und sichern mit Speichern aus dem Datei-Menü die Datenbank und den fertigen Bericht.

Der Bericht Alter

Der Bericht Alter enthält die Felder Rg-Nr, Rg-Datum, Kd-Name, Saldo, 0-30Tage, 31-60Tage, 61-90Tage und Über90Tage. Er stuft die Salden nach Alter ein und listet alle Rechnungen nach Rechnungsnummern geordnet auf. Wenn Sie den Bericht anfertigen, wählen Sie Neuer Bericht aus dem Ansicht-Menü und verlassen Sie die Anzeige mit Esc. WORKS holt eine Standardberichtsdefinition wie in Abbildung 10-10 auf den Bildschirm. Da diese Definition für unseren Bericht nicht geeignet ist, löschen Sie den Inhalt, indem Sie alle fünf Zeilen markieren und Zeile/Spalte löschen aus dem Menü Bearbeiten starten.

Als nächstes öffnen Sie als erstes das Dialogfeld Datensätze sortieren aus dem Auswahl-Menü. Vergewissern Sie sich, ob im 1. Textfeld der Eintrag Rg-Nr steht und ob das 2. und 3. Textfeld leer sind. Dann können Sie mit Enter oder OK den Befehl ausführen. Beim Drucken wird der Bericht nach Rechnungsnummern geordnet.

Jetzt kann der Bericht definiert werden. Zuerst markieren Sie die erste Zeile der Berichtsdefinition und öffnen Zeile/Spalte einfügen aus dem Menü Bearbeiten. Wählen Sie die Option Einf Seite, und führen Sie mit Enter oder OK den Befehl aus.

Tragen Sie jetzt in die neue Zeile folgende Feldbezeichnungen ein: in Spalte 1 *Rechnung*, in Spalte 2 *Datum*, in Spalte 3 *Kunde*, in Spalte 4 *Saldo*, in Spalte 6 *Aktuell*, in Spalte 7 *31-60Tage*, in Spalte 8 *61-90Tage* und in Spalte 9 *Über90Tage*. Markieren Sie dann die Spalten 1 bis 4, wählen Sie Schriftstil aus dem Format-Menü und Zentriert, um die ersten vier Bezeichnungen zu zentrieren. Mit Enter oder OK führen Sie den Befehl aus.

Jetzt markieren Sie Zeile 2 und wählen Zeile/Spalte einfügen aus dem Menü Bearbeiten. Um eine Datensatzzeile in die Berichtsdefinition einzufügen, wählen Sie Datensatz und Enter oder OK. Als nächstes geben Sie in Spalte 1 der neuen Zeile die Formel = *'Rg-Nr'* ein. Gehen Sie dann mit dem Rechtspfeil in Spalte 2, und geben Sie die Formel = *'Rg-Datum'* ein. Anschließend gehen Sie in Spalte 3 und geben die Formel = *'Kd-Name'* ein. Genauso tragen Sie in Spalte 4 = *Saldo ein*, in Spalte 6 = *'0-30Tage'*, in Spalte 7 = *'31-60Tage'*, in Spalte 8 = *'61-90Tage'* und in Spalte 9 = *'Über90Tage'*.

Einige Feldnamen müssen in einfachen Anführungsstrichen eingeschlossen werden, weil sie ein mathematisches Zeichen (hier z.B. das Minuszeichen) enthalten. Das gleiche gilt auch für andere Formeln, die in die Spalten 6, 7 und 8 eingegeben werden und grundsätzlich für Formeln, die Feldnamen mit mathematischen Symbolen (+, -, * oder /) enthalten.

Da sich die Formeln in einer Datensatzzeile befinden, werden sie für jeden Datensatz im Bericht einmal berechnet und gedruckt. Sie zeigen einfach nur den Inhalt der Felder aus jedem Datensatz in Debitor an.

Die restlichen Zeilen sind Zus Bericht-Zeilen. Wie bereits vorher, können Sie diese Zeilen einbauen, indem Sie einfach nur Formeln in nicht-definierte Zeilen unten in der Berichtsdefinition eingeben. Als erstes drücken Sie den Abwärtspfeil, um in die erste leere Zeile zu gelangen, tragen dann in die Spalten 4, 6, 7, 8 und 9 Textfelder ein, bestehend aus einem Leerzeichen, gefolgt von zwölf Bindestrichen.

Gehen Sie jetzt mit dem Cursor in die nächste Zeile, und geben Sie folgende Formeln ein: in Spalte 4 = *SUMME(Saldo)*, in Spalte 6 = *SUMME('0-30Tage')*, in Spalte 7 = *SUMME('31-60Tage')*, in Spalte 8 = *SUMME('61-90Tage')* und in Spalte 9 = *SUMME(Über90Tage)*. Vergessen Sie nicht, die Feldnamen mit einem Minuszeichen in einfachen Anführungsstrichen zu schreiben. Da die Formeln in einer Zeile Zus Bericht stehen, wird sie nur einmal gedruckt, und zwar am Berichtsende. Sie berechnen die Summe der Einträge der Felder Netto und Saldo im gesamten Bericht.

Drücken Sie jetzt den Abwärtspfeil, um in die nächste undefinierte Zeile zu gelangen, und tragen Sie in den Spalten 4, 6, 7, 8 und 9 jeweils ein Textfeld aus einem Leerzeichen und zwölf Gleichheitszeichen ein.

Spalte	Breite
1	8
2	10
3	15
4	14
5	4
6	14
7	14
8	14
9	14

Abbildung 10-16. Spaltenbreiten im Bericht ALTER.

Jetzt müssen Sie einige Spaltenbreiten ändern. Die nötigen Angaben finden Sie in der Tabelle in Abbildung 10-16.

Als nächstes ändern Sie das Format für die Spalten 2, 4, 6, 7, 8 und 9. Markieren Sie als erstes Spalte 2, wählen Sie Uhrzeit/Datum aus dem Format-Menü und Tag,Monat,Jahr, und führen Sie mit Enter oder OK den Befehl aus. Die Spalte 2 trägt jetzt das Format TT,MM,JJ. Als nächstes markieren Sie Spalte 4, wählen Währung aus dem Format-Menü und bestätigen mit Enter oder OK. Damit trägt die Spalte das Währungsformat mit zwei Nachkommastellen. Auf die gleiche Weise ordnen Sie dieses Format den Spalten 6 bis 9 zu. In Abbildung 10-17 sehen Sie, wie die Berichtsdefinition in diesem Stadium aussieht.

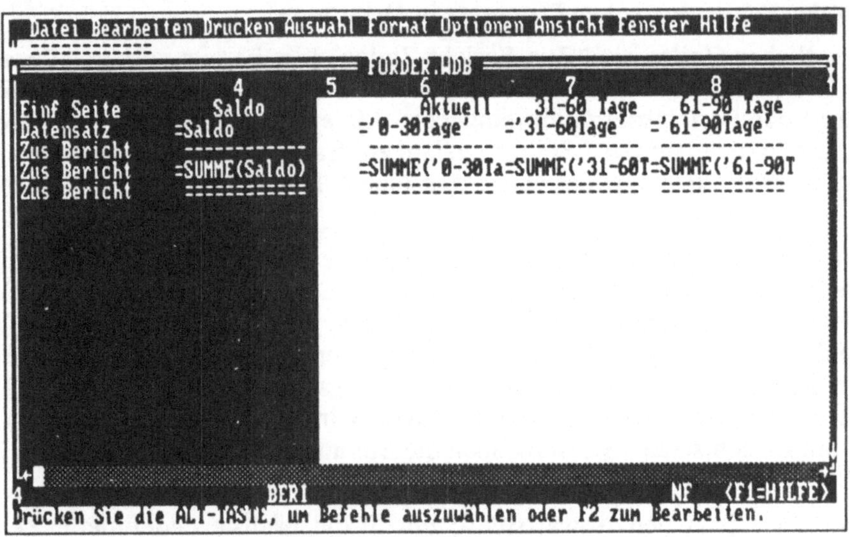

Abbildung 10-17.

Als nächstes werden mit dem Befehl Papierformat die Ränder und mit Kopf-/Fußzeilen die Kopf- und Fußzeilen eingerichtet. Öffnen Sie dazu das Dialogfeld Papierformat aus dem Menü Drucken. Gehen Sie in die Textfelder für die Ränder, und geben Sie 1,25 für den linken Rand und 0 für den rechten Rand ein. Wenn ein breiter Drucker angeschlossen ist, und Sie den Bericht auf breites Papier drucken wollen, ersetzen Sie im Textfeld Seitenbreite den Standardwert durch die entsprechende Papierbreite.

Wählen Sie im Menü Drucken Kopf-/Fußzeilen und gehen Sie auf das Textfeld Kopfzeile. Geben Sie folgende Definition ein:

```
&lDatum: &c &zDEBITOR NACH ALTER &rSeite: &s
```

Damit erhält der Bericht auf jeder Seite eine dreiteilige Kopfzeile mit dem Text Datum:, gefolgt vom aktuellen Datum, am linken Rand, dem Titel DEBITOR

NACH ALTER in der Mitte und dem Text Seite:, gefolgt von der laufenden Seitenzahl, am rechten Rand.

Nachdem die Kopfzeile eingegeben ist, gehen Sie mit der Tab-Taste auf das Textfeld für die Fußzeile und drücken Del, um den vorhandenen Fußzeilentext zu löschen. Mit Enter oder OK sichern Sie Ihre Änderungen.

Jetzt kann die fertige Berichtsdefinition gespeichert werden. Vorher öffnen Sie allerdings noch das Dialogfeld Berichte aus dem Ansicht-Menü, gehen auf Name und schreiben den Namen Alter. Mit Umbenennen und Fertig wird der Bericht von Bericht1 in Alter umbenannt. Als nächstes wählen Sie Formular aus dem Ansicht-Menü, um zur Datenbank zurückzukehren. Dann sichern Sie mit Speichern aus dem Datei-Menü sowohl die Datenbank als auch den fertigen Bericht.

Der Bericht Überfällig

Der nächste Bericht, Überfällig, zählt nur die überfälligen Rechnungen auf. Er enthält die Felder Kd-Name, Rg-Nr, Netto, Saldo und Überfällig und ordnet die Datensätze nach den Feldern Überfällig und Saldo.

Laden Sie als erstes mit Neuer Bericht aus dem Ansicht-Menü die Standardberichtsdefinition. Da sie für unseren Bericht nicht geeignet ist, löschen Sie den Inhalt, indem Sie alle fünf Zeilen markieren und Zeile/Spalte löschen aus dem Menü Bearbeiten starten.

Als nächstes wählen Sie Datensätze sortieren aus dem Auswahl-Menü, und tragen Sie im ersten Textfeld *Überfällig* und im zweiten Textfeld *Saldo* ein (siehe Abbildung 10-18). Mit Enter oder OK verlassen Sie das Textfeld.

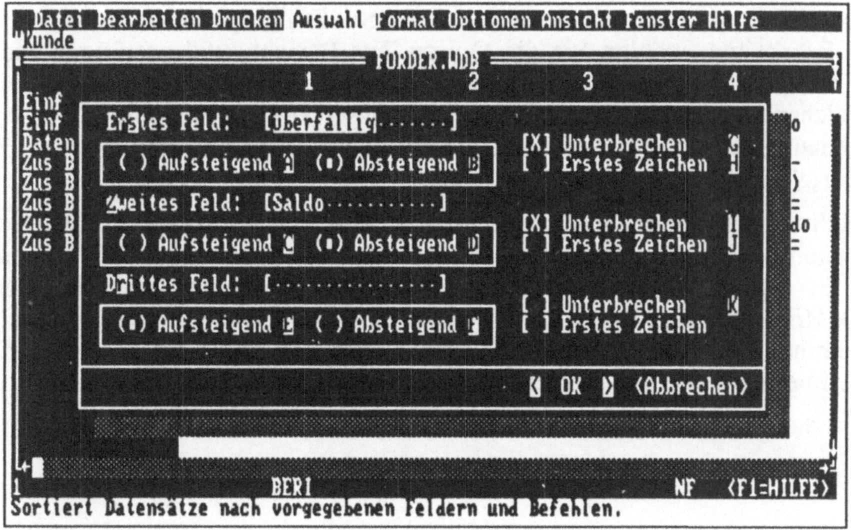

Abbildung 10-18.

Jetzt kann der Bericht definiert werden. Markieren Sie die erste Zeile der Berichtsdefinition, und öffnen Sie Zeile/Spalte einfügen aus dem Menü Bearbeiten. Wählen Sie die Option Einf Seite, und führen Sie mit Enter oder OK den Befehl aus.

Jetzt werden die Inhalte der neuen Zeile definiert. Gehen Sie als erstes mit dem Cursor auf Spalte 3, und tragen Sie die Bezeichnung *Ursprünglicher* ein. In Spalte 5 schreiben Sie *Tage*. Markieren Sie dann die beiden Spalten, wählen Sie Schriftstil aus dem Format-Menü und Zentriert, um die zwei Feldbezeichnungen zu zentrieren. Mit Enter oder OK führen Sie den Befehl aus.

Markieren Sie Zeile 2, und wählen Sie Zeile/Spalte einfügen aus dem Menü Bearbeiten. Um eine Zeile einzufügen, wählen Sie Einf Seite und bestätigen mit Enter oder OK. Dann geben Sie in die neue Zeile folgende Feldbezeichnungen ein: in Spalte 1 *Kunde*, in Spalte 2 *Rechnung*, in Spalte 3 *Betrag*, in Spalte 4 *Saldo* und in Spalte 5 *überfällig*. Als nächstes markieren Sie die Spalten 1 bis 5, wählen im Dialogfeld Schriftstil aus dem Format-Menü die Option Zentriert und bestätigen mit Enter oder OK.

Jetzt markieren Sie Zeile 3, öffnen Zeile/Spalte einfügen aus dem Menü Bearbeiten, wählen Sie Option Datensatz und bestätigen mit Enter oder OK. Als nächstes geben Sie in Spalte 1 der neuen Zeile die Formel = *'Kd-Name'* ein. Gehen Sie dann mit dem Rechtspfeil in Spalte 2, und geben Sie die Formel = *'Rg-Nr'* ein. Anschließend geben Sie in Spalte 3 = *Netto* ein, in Spalte 4 = *Saldo* und in Spalte 5 = *Überfällig*. Da sich die Formeln in einer Datensatzzeile befinden, werden sie von WORKS für jeden Datensatz im Bericht nur einmal gedruckt. Sie zeigen einfach nur den Inhalt der entsprechenden Felder für jeden Datensatz in Debitor an.

Markieren Sie als nächstes Zeile 4, öffnen Sie Zeile/Spalte einfügen aus dem Menü Bearbeiten, wählen Sie die Option Zus Bericht, und bestätigen Sie mit Enter oder OK. Geben Sie jetzt in den Spalten 3 und 4 ein Textfeld aus einem Leerzeichen und zwölf Bindestrichen ein. Diese Textfelder könnten Sie natürlich genauso gut in der ersten undefinierten Zeile eingeben, um eine neue Zeile Zus Bericht einzurichten.

Als nächstes markieren Sie Zeile 5, öffnen Zeile/Spalte einfügen aus dem Menü Bearbeiten, wählen Zus Bericht und bestätigen mit Enter oder OK. Geben Sie dann in Spalte 2 *Gesamt:* ein. In Spalte 3 tragen Sie die Formel = *SUMME(Netto)* ein, in Spalte 4 = *SUMME(Saldo)*. Diese Formeln berechnen die Summe aller Einträge in den Feldern Netto und Saldo im ganzen Bericht. Da sie in einer Zeile Zus Bericht stehen, werden sie nur am Ende des Berichts gedruckt.

Anschließend gehen Sie mit dem Cursor in die nächste Zeile und tragen in die Spalten 3 und 4 je ein Textfeld aus einem Leerzeichen und zwölf Gleichheitszeichen ein. WORKS fügt automatisch eine Zeile Zus Bericht dafür ein.

Erstellen Sie jetzt eine weitere Zeile Zus Bericht, indem Sie mit dem Cursor in Spalte 2 der nächsten Zeile gehen und die Feldbezeichnung Durchschnitt: eingeben. Tragen Sie dann in Spalte 3 die Formel *=MITTELW(Netto)* ein, in Spalte 4 *=MITTELW(Saldo)* und in Spalte 5 *=MITTELW(Überfällig)*. Die Formeln errechnen die Mittelwerte der Felder Netto, Saldo und Überfällig im gesamten Bericht. Da sie in einer Zus Bericht-Zeile stehen, werden die Ergebnisse nur am Ende des Berichts gedruckt.

Abschließend geben Sie die letzte Zeile Zus Bericht ein, indem Sie in der nächsten Zeile in die Spalten 3 und 4 wieder je ein Textfeld aus einem Leerzeichen und zwölf Bindestriche eingeben.

Nun müssen noch die Breiten der Spalten 1 bis 5 geändert werden. Die entsprechenden Werte finden Sie in Abbildung 10-19.

Spalte	Breite
1	25
2	8
3	14
4	14
5	7

Abbildung 10-19. Spaltenbreiten im Bericht Überfällig.

Abbildung 10-20.

Als nächstes ändern Sie die Formate der Spalten 3, 4 und 5: Markieren Sie die
Spalten 3 und 4, wählen Sie Währung aus dem Format-Menü, und bestätigen
Sie mit Enter oder OK das Währungsformat mit zwei Nachkommastellen.
Markieren Sie dann Spalte 5, und wählen Sie Nachkommastellen aus dem
Format-Menü. Schreiben Sie 0, und bestätigen Sie mit Enter oder OK.
Abbildung 10-20 zeigt, wie der Bericht jetzt aussieht.

Zuletzt werden mit dem Befehl Papierformat die Ränder und mit Kopf-/Fuß-
zeile die Kopf- und Fußzeilen eingerichtet. Öffnen Sie also das Dialogfeld
Papierformat aus dem Menü Drucken, und schreiben Sie in das Textfeld Linker
Rand 1,25, um den ursprünglichen Rand von 2 cm auf 1,25 cm zu verkleinern.
Den rechten Rand setzen Sie auf 0 cm.

Im Dialogfeld Kopf-/Fußzeile geben Sie für Kopfzeile folgende Definition ein:

`&lDatum: &c &zÜBERFÄLLIGE RECHNUNGEN N. ALTER U. BETRAG &rSeite: &s`

So erscheint auf jeder gedruckten Berichtseite eine dreiteilige Kopfzeile mit der
Bezeichnung Datum:, gefolgt vom aktuellen Datum, am linken Rand, dem Titel
ÜBERFÄLLIGE RECHNUNGEN N. ALTER U. BETRAG in der Mitte und
der Bezeichnung Seite:, gefolgt von der laufenden Seitenzahl.

Nachdem die Kopfzeile eingegeben ist, gehen Sie mit der Tab-Taste auf das
Textfeld für die Fußzeile und drücken Del, um den vorhandenen Fußzeilentext
zu löschen. Mit Enter oder OK sichern Sie Ihre Änderungen.

Jetzt kann die fertige Berichtsdefinition gespeichert werden. Vorher öffnen Sie
aber noch das Dialogfeld Berichte aus dem Ansicht-Menü, gehen auf Name und
schreiben Überfällig. Mit Umbenennen und Fertig wird der Bericht von
Bericht1 in Überfällig umbenannt. Als nächstes wählen Sie Formular aus dem
Ansicht-Menü, um zur Datenbank zurückzukehren. Dann sichern Sie mit
Speichern aus dem Datei-Menü die Datenbank und den fertigen Bericht.

Der Bericht Kundenliste

Der vierte Bericht, Kundenliste, listet die Kunden mit Rechnungen in der
Datenbank auf. Die Datensätze sind im Bericht nach Kundennamen geordnet
und enthalten die Felder Kd-Name, Kd-Straße, Kd-PLZ, Kd-Ort, Kd-Tel und
Saldo.

Als erstes laden Sie mit Neuer Bericht aus dem Ansicht-Menü die Standard-
berichtsdefinition. Löschen Sie den Inhalt, indem Sie alle fünf Zeilen markieren
und den Befehl Zeile/Spalte löschen aus dem Menü Bearbeiten starten.
Öffnen Sie als nächstes das Dialogfeld Datensätze sortieren aus dem Auswahl-
Menü, geben in das erste Textfeld *Kd-Name* ein. Mit Enter oder OK verlassen
Sie das Dialogfeld wieder.

Markieren Sie jetzt die erste Zeile der Berichtsdefinition, und öffnen Sie Zeile/Spalte einfügen aus dem Menü Bearbeiten. Wählen Sie die Option Einf Seite, und bestätigen Sie mit Enter oder OK.

Als nächstes tragen Sie in die neue Zeile folgende Feldbezeichnungen ein: in Spalte 1 *Kunde*, in Spalte 2 *Straße*, in Spalte 3 *PLZ*, in Spalte 4 *Ort*, in Spalte 5 *Telefon* und in Spalte 6 *Saldo*. Wenn Sie die letzte Bezeichnung eingegeben haben, öffnen Sie Schriftstil aus dem Format-Menü, wählen Rechtsbündig und bestätigen mit Enter oder OK. Dann gehen Sie mit dem Cursor zurück zur Spalte 3, wählen wieder Schriftstil und die Option Zentriert und führen den Befehl mit Enter oder OK aus.

Jetzt markieren Sie Zeile 2 und wählen erneut Zeile/Spalte einfügen aus dem Menü Bearbeiten. Um eine Zeile Zus Kd-Name in die Berichtsdefinition einzufügen, wählen Sie die Option Zus Kd-Name und bestätigen mit Enter oder OK. Als nächstes geben Sie in die neue Zeile folgende Formeln ein: in Spalte 1 *='Kd-Name'*, in Spalte 2 *='Kd-Straße'*, in Spalte 3 *='Kd-PLZ'*, in Spalte 4 *='Kd-Ort'*, in Spalte 5 *='Kd-Tel'* und in Spalte 6 *=SUMME(Saldo)*. Die Spalten 1 bis 5 geben nur Namen, Adresse und Telefonnummer des jeweiligen Kunden an. Die Formel in Spalte 6 berechtet das Saldo aller Rechnungen des Kunden. Da sich die Formeln in einer Zeile Zus Kd-Name befinden, werden sie pro Kundenname nur einmal im Bericht gedruckt.

Gehen Sie jetzt auf Spalte 6 der nächsten Zeile, und tragen Sie ein Textfeld aus einem Leerzeichen und zwölf Bindestrichen ein. WORKS fügt dabei automatisch eine Zeile Zus Bericht ein.

Anschließend geben Sie in Spalte 5 der nächsten Zeile *Gesamt:* ein und in Spalte 6 die Formel *=SUMME(Saldo)*. Diese Formel berechnet für den gesamten Bericht die Summe aller Einträge im Saldofeld. Da sie in einer Zus Bericht-Zeile steht, wird sie nur am Ende des Berichts gedruckt.

Als nächstes gehen Sie mit dem Cursor auf Spalte 6 der nächsten Zeile und geben ein Leerzeichen und zwölf Gleichheitszeichen ein. WORKS fügt für das neue Textfeld eine weitere Zeile des Typs Zus Bericht ein.

Ändern Sie jetzt die Spaltenbreiten der Berichtsdefinition entsprechend den Angaben der Tabelle in Abbildung 10-21.

Spalte	Breite
1	25
2	20
3	6
4	15
5	14
6	14

Abbildung 10-21. Spaltenbreiten im Bericht KUNDENLISTE.

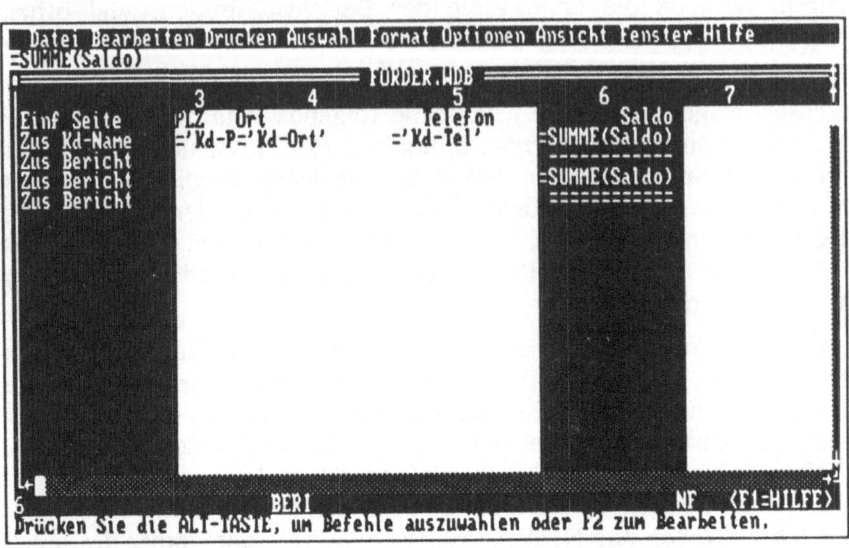

Abbildung 10-22.

Anschließend weisen Sie der Spalte 6 das Währungsformat mit zwei Nachkommastellen zu. Dazu markieren Sie die Spalte, wählen Währung aus dem
Format-Menü, schreiben 2 und führen den Befehl mit Enter oder OK aus.
Abbildung 10-22 zeigt die Definition zu diesem Zeitpunkt.

Abschließend legen Sie die Ränder und Kopf- und Fußzeilen fest. Dazu öffnen
Sie das Dialogfeld Papierformat aus dem Menü Drucken und schreiben in das
Textfeld Linker Rand 1,25, um den Rand von 2 cm auf 1,25 cm zu verkleinern.
Den rechten Rand setzen Sie auf 0 cm. Wenn ein breiter Drucker angeschlossen
ist, und Sie den Bericht auf breites Papier drucken wollen, ersetzen Sie im
Textfeld Seitenbreite den Standardwert durch die entsprechende Papierbreite.

Im Dialogfeld Kopf-/Fußzeile geben Sie im Textfeld Kopfzeile folgende
Definition ein:

`&lDatum: &c &zKUNDENLISTE &rSeite: &s`

So erscheint auf jeder gedruckten Berichtseite eine dreiteilige Kopfzeile mit der
Bezeichnung Datum:, gefolgt vom aktuellen Datum, am linken Rand, dem Titel
KUNDENLISTE in der Mitte und der Bezeichnung Seite:, gefolgt von der
laufenden Seitenzahl.

Nachdem die Kopfzeile eingegeben ist, gehen Sie mit der Tab-Taste auf das
Textfeld für die Fußzeile und drücken Del, um den vorhandenen Fußzeilentext
zu löschen. Mit Enter oder OK sichern Sie Ihre Änderungen.

Jetzt kann die fertige Berichtsdefinition gespeichert werden. Bevor Sie fortfahren, öffnen Sie das Dialogfeld Berichte aus dem Ansicht-Menü, gehen auf
Name und schreiben Kundenliste. Mit Umbenennen und Fertig wird der Bericht

von Bericht1 in Kundenliste umbenannt. Als nächstes wählen Sie Formular aus dem Ansicht-Menü, um zur Datenbank zurückzukehren. Dann sichern Sie mit Speichern aus dem Datei-Menü die Datenbank und den fertigen Bericht.

Der Bericht Offennachkunde

Der Bericht Offennachkunde listet die offenen Rechnungen in der Datenbank nach Kunden auf. Er ist nach Kundenname und Rechnungsnummer gruppiert und enthält die Felder Kd-Name, Rg-Nr, Rg-Datum, Netto, Fällig, Saldo und Überfällig.

Als erstes wählen Sie Neuer Bericht aus dem Ansicht-Menü, damit wieder die Standardberichtsdefinition angezeigt wird. Löschen Sie den Inhalt, indem Sie alle Zeilen markieren und den Befehl Zeile/Spalte löschen aus dem Menü Bearbeiten starten.

Öffnen Sie nun das Dialogfeld Datensätze sortieren aus dem Auswahl-Menü. Da der Bericht nach den Feldern Kd-Name und Rg-Nr gruppiert werden soll, geben Sie in das erste Textfeld Kd-Name und in das zweite Textfeld Rg-Nr ein. Mit Enter oder OK verlassen Sie das Dialogfeld.

Jetzt kann der Bericht definiert werden. Markieren Sie als erstes Zeile 1, und öffnen Sie Zeile/Spalte einfügen aus dem Menü Bearbeiten. Wählen Sie die Option Einf Kd-Name, und bestätigen Sie mit Enter oder OK. Als nächstes tragen Sie in die neue Zeile in Spalte 1 die Feldbezeichnung *Kd-Name:* und in Spalte 2 die Formel *='Kd-Name'* ein. Die Formel von Spalte 2 gibt vor jeder Datensatzgruppe eines Kunden dessen Namen an. Da die Einträge in einer Zeile Einf Kd-Name stehen, werden sie im Bericht für jeden Kundennamen nur einmal gedruckt.

Als nächstes markieren Sie Zeile 2 und wählen wieder Zeile/Spalte einfügen aus dem Menü Bearbeiten. Um eine weitere Zeile Einf Kd-Name in die Berichtsdefinition einzufügen, wählen Sie Einf Kd-Name und bestätigen mit Enter oder OK. Diese Zeile ist nur als Leerraum gedacht, deshalb brauchen Sie nichts einzugeben. Im gedruckten Bericht erscheint dann vor jeder Kundengruppe eine Leerzeile.

Markieren Sie jetzt Zeile 3, und fügen Sie eine Zeile Einf Kd-Name ein. Geben Sie als nächstes in die neue Zeile folgende Feldbezeichnungen ein: in Spalte 3 Ursprünglicher, in Spalte 5 Aktueller und in Spalte 6 Tage. Markieren Sie die Spalten 3,4 und 5 der neuen Zeile, wählen Sie Schriftstil aus dem Format-Menü und anschließend Rechtsbündig und OK, um die Spalten 3 und 5 rechtsbündig anzuordnen. Dann markieren Sie Spalte 6, wählen wieder Schriftstil aus dem Format-Menü, wählen Zentriert und führen den Befehl mit Enter oder OK aus.

Jetzt markieren Sie Zeile 4 und fügen nochmals eine Zeile Einf Kd-Name ein. Als nächstes tragen Sie in die neue Zeile folgende Bezeichnungen ein: in Spalte 1 *Rechnung*, in Spalte 2 *Datum*, in Spalte 3 *Betrag*, in Spalte 4 *Fällig*, in Spalte 5 *Saldo* und in Spalte 6 *überfällig*. Wenn Sie damit fertig sind,

markieren Sie die Spalten 1 bis 6 der neuen Zeile und öffnen das Dialogfeld
Schriftstil aus dem Format-Menü. Daraus wählen Sie die Option Rechtsbündig
und führen den Befehl mit Enter oder OK aus.

Als nächstes markieren Sie Zeile 5, öffnen Zeile/Spalte einfügen aus dem Menü
Bearbeiten, wählen Datensatz und bestätigen mit Enter oder OK. Dann geben
Sie in die neue Zeile folgende Formeln ein: in Spalte 1 = *'Rg-Nr'*, in Spalte 2
= *'Rg-Datum'*, in Spalte 3 = *Netto*, in Spalte 4 = *Fällig*, in Spalte 5 = *Saldo*
und in Spalte 6 = *Überfällig*. Da sich die Formeln in einer Datensatzzeile
befinden, werden sie für jeden Datensatz im Bericht einmal gedruckt.

Als nächstes markieren Sie Zeile 6, öffnen Zeile/Spalte einfügen aus dem Menü
Bearbeiten, wählen Zus Kd-Name und bestätigen mit Enter oder OK. Tragen
Sie jetzt in Spalte 6 ein Textfeld aus einem Leerzeichen und zwölf Binde-
strichen ein.

Jetzt markieren Sie Zeile 7 und fügen nochmals eine Zeile Zus Kd-Name ein.
Darin geben Sie in Spalte 3 die Bezeichnung *Kunde Gesamt:* und in Spalte 5 die
Formel = *SUMME(Saldo)* ein. Die Formel berechnet für jede Gruppe Kd-Name
die Summe der Einträge im Feld Saldo. Da sich die Einträge in einer Zeile Zus
Kd-Name befinden, werden sie für jedes Projekt im Bericht nur einmal
gedruckt.

Jetzt gehen Sie mit dem Cursor auf Spalte 5 der achten Zeile und tragen ein
Textfeld aus einem Leerzeichen und zwölf Bindestrichen ein. Dabei erstellt
WORKS ein Zeile Zus Bericht. Drücken Sie dann einmal den Abwärtspfeil,
gehen Sie auf Spalte 3, und tragen Sie die Feldbezeichnung *Bericht Gesamt:*
ein. WORKS erstellt wieder eine Zeile Zus Bericht für die neue Bezeichnung.
Als nächstes geben Sie in Spalte 5 die Formel = *SUMME(Saldo)* ein. Sie
berechnet die Summe der Einträge in Saldo für den gesamten Bericht. Da sich
die Einträge in einer Zus Bericht-Zeile befinden, werden sie nur am Ende des
Berichts gedruckt.

Schließlich gehen Sie auf Spalte 5 der nächsten Zeile und geben in die neue
Zeile ein Textfeld aus einem Leerzeichen und zwölf Gleichheitszeichen ein, für
das WORKS eine weitere Zus Bericht-Zeile einfügt.

Spalte	Breite
1	10
2	10
3	12
4	10
5	14
6	10

Abbildung 10-23. Spaltenbreiten im Bericht OFFENNACHKUNDE.

Ändern Sie jetzt entsprechend den Angaben der Tabelle in Abbildung 10-23 die Spaltenbreiten der Berichtsdefinition.

Abbildung 10-24.

Als nächstes wird noch das Format der Spalten 2 bis 6 geändert. Markieren Sie als erstes Spalte 2, wählen Sie Uhrzeit/Datum aus dem Format-Menü und Tag,Monat,Jahr, und bestätigen Sie mit Enter oder OK. Die Spalte 2 trägt jetzt das Format TT,MM,JJ. Als nächstes markieren Sie Spalte 3, wählen Währung aus dem Format-Menü und bestätigen mit Enter oder OK. Damit trägt die Spalte das Währungsformat mit zwei Nachkommastellen. Markieren Sie nun Spalte 4, wählen Sie Uhrzeit/Datum aus dem Format-Menü und Tag,Monat,Jahr, und bestätigen Sie mit Enter oder OK. Als nächstes markieren Sie Spalte 5, wählen Währung aus dem Format-Menü und bestätigen mit Enter oder OK. Schließlich markieren Sie Spalte 6, wählen Nachkommastellen aus dem Format-Menü, schreiben 0 und führen mit Enter oder OK den Befehl aus. In Abbildung 10-24 sehen Sie, wie Ihre Definition jetzt aussieht.

Als nächstes werden mit dem Befehl Papierformat die Ränder und mit Kopf-/Fußzeile die Kopf- und Fußzeilen eingestellt. Öffnen Sie dazu das Dialogfeld Papierformat aus dem Menü Drucken, und gehen Sie in das Textfeld für den linken Rand. Schreiben Sie 1,25, um den ursprünglichen Rand von 2 cm auf 1,25 cm zu verkleinern. Im Textfeld Rechter Rand geben Sie 0 an.

Gehen Sie jetzt auf das Textfeld Kopfzeile im Dialogfeld Kopf-/Fußzeile, und geben Sie folgende Definition ein:

```
&lDatum: &c &zOFFENE POSTEN NACH KUNDE &rSeite: &s
```

So druckt WORKS auf jede Berichtseite eine dreiteilige Kopfzeile mit der Bezeichnung Datum:, gefolgt vom aktuellen Datum, am linken Rand, dem Titel OFFENE POSTEN NACH KUNDE in der Mitte und der Bezeichnung Seite:, gefolgt von der laufenden Seitenzahl.

Nachdem die Kopfzeile eingegeben ist, gehen Sie mit der Tab-Taste auf das Textfeld für die Fußzeile und drücken Del, um den vorhandenen Fußzeilentext zu löschen. Mit Enter oder OK speichern Sie Ihre Änderungen.

Jetzt kann die fertige Berichtsdefinition gespeichert werden. Vorher öffnen Sie aber das Dialogfeld Berichte aus dem Ansicht-Menü, gehen auf Name und schreiben den Namen Offennachkunde. Mit Umbenennen und Fertig wird der Bericht von Bericht1 in Offennachkunde umbenannt. Als nächstes wählen Sie Formular aus dem Ansicht-Menü, um zur Datenbank zurückzukehren. Dann sichern Sie mit Speichern aus dem Datei-Menü die Datenbank und den fertigen Bericht.

Der Bericht Kontoauszug

Der letzte Bericht, Kontoauszug, ist eine Konten-Übersicht und enthält die Felder Kd-Name, Kd-Straße, Kd-PLZ, Kd-Ort, Rg-Datum, Rg-Nr, Kd-Auftr, Zhlg1-Betr, Zhlg2-Betr und Saldo. Der Bericht gruppiert die Datensätze nach dem Kundennamen.

Als erstes lassen Sie mit Neuer Bericht aus dem Ansicht-Menü die Standardberichtsdefinition anzeigen (siehe Abbildung 10-10). Löschen Sie den Inhalt, indem Sie alle Zeilen markieren und den Befehl Zeile/Spalte löschen aus dem Menü Bearbeiten starten.

Öffnen Sie als nächstes das Dialogfeld Datensätze sortieren aus dem Auswahl-Menü. Vergewissern Sie sich, ob im 1. Textfeld der Eintrag Kd-Name steht und das 2. und 3. Textfeld leer ist. Führen Sie dann mit Enter oder OK den Befehl aus.

Jetzt kann der Bericht definiert werden. Im Unterschied zu den bisherigen Berichten enthält dieser Bericht oben in der Definition 14 Zeilen Einf Kd-Name. Um Zeit zu sparen, werden wir diese Zeilen mit einem einzigen Befehl einrichten. Setzen Sie den Cursor auf ein Feld in der ersten Zeile, und drücken Sie die Erweiterungstaste [F8]. Dann drücken Sie 13mal den Abwärtspfeil und die Tastenkombination Ctrl-[F8], um die ersten 14 Zeilen zu markieren. Als nächstes öffnen Sie Zeile/Spalte einfügen aus dem Menü Bearbeiten und wählen die Option Einf Kd-Name. Bestätigen Sie mit Enter oder OK. WORKS fügt 14 leere Zeilen Einf Kd-Name in die Berichtsdefinition ein. Tragen Sie nun in der ersten neuen Zeile in Spalte 4 die Bezeichnung *KONTOAUSZUG* ein. Dann wählen Sie Schriftstil aus dem Format-Menü und Fett und bestätigen mit Enter oder OK. Daraufhin erscheint der Titel in Fettschrift (Bei S/W-Darstellung nicht unbedingt auf dem Bildschirm sichtbar). Er wird für jeden Kundennamen im Bericht einmal gedruckt, da er in einer Zeile des Typs Einf Kd-Name steht.

In die Zeilen 2 und 3 geben Sie nichts ein, sie dienen nur als Leerzeilen vor jedem Kundennamen.

In Spalte 1 der 4. Zeile schreiben Sie als nächstes *Datum*. Dann wählen Sie im Dialogfeld Uhrzeit/Datum aus dem Format-Menü die Option TT,MM,JJ und bestätigen mit Enter oder OK. Da es sich um den Eintrag einer Zeile des Typs Einf Kd-Name handelt, wird er für jeden Kundennamen im Bericht einmal gedruckt.

Später, wenn Sie den Bericht ausdrucken, müssen Sie vorher anstelle des Textfelds Datum das aktuelle Datum einsetzen. Das Datum muß von Hand eingetragen werden, weil WORKS in einer Berichtsdefinition keine JETZT- und DATUMs-Funktionen zuläßt.

Zeile 5 ist ebenfalls eine Leerzeile, es werden keine Informationen eingetragen. Im gedruckten Bericht bleibt dann zwischen dem Datum und der Adresse jedes Kontoauszugs eine Zeile frei. Geben Sie jetzt in Spalte 1 der 6. Zeile die Formel *=Kd-Name* ein. Die Formel gibt vor jeder Datensatzgruppe eines Kunden dessen Namen an. Da sich die Einträge in einer Zeile des Typs Einf Kd-Name befinden, werden sie im Bericht für jeden Kundennamen nur einmal gedruckt.

Als nächstes geben Sie in Spalte 1 der 7. Zeile die Formel *='Kd-Straße'* ein. Sie trägt am Anfang einer Kundengruppe die Straße ein. Da sich die Formel in einer Zeile Einf Kd-Name befindet, wird sie im Bericht für jeden Kundennamen einmal gedruckt.

Jetzt geben Sie in Zeile 8 folgende Formeln ein: in Spalte 1 *='Kd-PLZ'* und in Spalte 2 *='Kd-Ort'*. Die Formeln bilden vor jeder Gruppe mit den Datensätzen eines Kunden die Adresse des Kunden. Da die Formeln in Zeilen mit dem Typ Einf Kd-Name stehen, wird ihr Ergebnis für jeden Kundennamen nur einmal im Bericht gedruckt.

Eigentlich wäre es besser, die Postleitzahl und den Ort mit Hilfe einer Formel wie

```
=PLZ+"; "+Ort
```

zu einer Zelle zusammenzufassen, anstatt sie in zwei einzelne Zellen einzugeben. Solche Formeln werden aber von WORKS nicht unterstützt, so daß wir uns mit dieser Lösung zufrieden geben müssen.

In die nächsten drei Zeilen Kd-Name brauchen Sie keine Informationen einzugeben, sie bilden nur den Leerraum zwischen der Adresse und dem Hauptteil des Kontoauszugs.

Jetzt geben wir die Spaltentitel ein. Beginnen Sie mit Zeile 12. Geben Sie in Spalte 1 zwei Leerzeichen ein, und schreiben Sie dann *Rechnungs-*. Anschließend gehen Sie auf Spalte 2, geben ein Leerzeichen und *Rechnungs-* ein. In Spalte 3 geben Sie ebenfalls ein Leerzeichen ein, gefolgt von der Beschriftung *Kunden-*. In Spalte 4 geben Sie die Bezeichnung *Ursprünglicher* ein, in Spalte 5 *Verrechnete* und in Spalte 6 *Aktueller*. Wenn Sie damit fertig sind, markieren Sie die Spalten 4 bis 6 der neuen Zeile, wählen Schriftstil aus dem Format-Menü und Rechtsbündig und führen mit Enter oder OK den Befehl aus.

Als nächstes geben Sie die Bezeichnungen in Zeile 13 ein: in Spalte 1 drei Leerzeichen gefolgt von *Datum*, in Spalte 2 ein Leerzeichen und *Nummer*, in Spalte 3 *Auftr.Nr.*, in Spalte 4 *Saldo*, in Spalte 5 *Zahlungen* und in Spalte 6 *Saldo*. Dann markieren Sie die Spalten 4 bis 6 der neuen Zeile, wählen Schriftstil aus dem Format-Menü und die Option Rechtsbündig und führen mit Enter oder OK den Befehl aus.

In Zeile 14 geben Sie schließlich in die Spalten 1 und 3 ein Textfeld aus einem Leerzeichen und zwölf Bindesstrichen ein. In die Spalten 4, 5 und 6 geben Sie ein Textfeld aus einem Leerzeichen gefolgt von zwölf Bindestrichen ein und in Spalte 2 ein Textfeld aus zwei Leerzeichen und sechs Bindestrichen.

Da diese Spaltentitel in einer Zeile Einf Kd-Name stehen, werden Sie am Anfang jeder Kundengruppe gedruckt.

Als nächstes markieren Sie Zeile 15 und öffnen Zeile/Spalte einfügen aus dem Menü Bearbeiten. Markieren Sie diesmal Datensatz, und bestätigen Sie mit Enter oder OK. Dann geben Sie in die neue Zeile folgende Formeln ein: in Spalte 1 = 'Rg-Datum', in Spalte 2 = 'Rg-Nr', in Spalte 3 = 'Kd.Auftr.', in Spalte 4 =Netto, in Spalte 5 = 'Zhlg1-Betr' + 'Zhlg2-Betr' und in Spalte 6 =Saldo. Die Formeln der Spalten 1, 2, 3, 4 und 6 geben einfach für jeden Datensatz der Datenbank den Inhalt der gleichnamigen Felder an. Die Formel in Spalte 5, = 'Zhlg1-Betr' + 'Zhlg2-Betr', zählt die Werte der Felder Zhlg1-Betr und Zhlg2-Betr zusammen und zeigt die Summe an, also die Gesamtsumme an Beträgen, die für die Rechnung bezahlt wurden. Da sich die Formel in einer Datensatzzeile befinden, werden sie für jeden Datensatz im Bericht einmal gedruckt.

Die restlichen acht Zeilen des Berichts sind Zeilen vom Typ Zus Kd-Name. Um sie alle in einem Schritt einzurichten, gehen Sie mit dem Abwärtspfeil in Zeile 16 und drücken [F8]. Dann drücken Sie siebenmal den Abwärtspfeil und Ctrl-[F8], um die Zeilen 16 bis 23 zu markieren. Schließlich öffnen Sie Zeile/Spalte einfügen aus dem Menü Bearbeiten, wählen Zus Kd-Name und bestätigen mit Enter oder OK.

Die ersten drei Zeilen sollen die aufsummierten Salden für jeden Kunden enthalten. Um diese Zeilen einzurichten, gehen Sie als erstes mit dem Cursor auf Spalte 6 von Zeile 16 und tragen ein Textfeld aus einem Leerzeichen und zwölf Bindestrichen ein. Als nächstes gehen Sie auf Spalte 4 von Zeile 17 und tragen die Feldbezeichnung Insgesamt offen: ein. Dann geben Sie in der gleichen Zeile in Spalte 6 die Formel =SUMME(Saldo) ein. Sie berechnet für jeden Kunden die Summe der Einträge im Feld Saldo. Anschließend geben Sie in Zeile 18 in Spalte 6 ein Textfeld aus einem Leerzeichen und zwölf Gleichheitszeichen ein. Da sich die Einträge in einer Zeile Zus Kd-Name befinden, werden sie für jeden Kunden im Bericht nur einmal gedruckt, und zwar im Anschluß an die Ergebnisse der Datensatzzeile.

Die letzten vier Zeilen Zus Kd-Name benötigen Sie, um in jeder Rechnung unten eine Nachricht einzubauen und einen Seitenumbruch zwischen den einzelnen Rechnungen einzufügen. Dazu überspringen Sie Zeile 19 und gehen mit dem Cursor auf Spalte 1 in Zeile 20. Dort geben Sie folgenden Text ein: *Bitte reichen Sie mit Ihrer Zahlung eine Kopie dieses Auszugs ein.* Drücken Sie jetzt zweimal den Abwärtspfeil, um in Spalte 1, Zeile 22, zu gelangen und schreiben Sie *Wir bedanken uns für Ihr Vertrauen!.* In die Zeilen 19 und 21 wird nichts eingetragen, da sie nur als Leerraum dienen.

Gehen Sie schließlich an den unteren Rand der Berichtsdefinition, und markieren Sie Zeile 23. Wählen Sie dann aus dem Menü Drucken die Option Seitenwechsel einfügen. Dabei erscheint am linken Bildschirmrand neben dem Zeilennamen das Symbol », das anzeigt, daß hier ein manueller Seitenumbruch eingefügt wurde. WORKS beginnt dann für jeden Kontoauszug eine neue Seite.

Nehmen Sie noch einige Formatierungsänderungen vor. Als erstes legen Sie die Spaltenbreiten entsprechend den in Abbildung 10-25 angegebenen Werten fest. Dann gehen Sie auf Spalte 3 der Datensatzzeile mit der Formel =Kd-Auftr. Wählen Sie Schriftstil aus dem Format-Menü und   Rechtsbündig, und bestätigen Sie mit Enter oder OK.

Spalte	Breite
1	10
2	8
3	10
4	14
5	14
6	14

Abbildung 10-25. Die Spaltenbreiten im Bericht KONTOAUSZUG.

Als nächstes ändern Sie das Format der Spalten 1, 4, 5 und 6. Markieren Sie Spalte 1, öffnen Sie Uhrzeit/Datum aus dem Format-Menü, wählen Sie Tag,Monat,Jahr, und bestätigen Sie mit Enter oder OK. Dann markieren Sie die Spalten 4, 5 und 6, wählen aus dem Format-Menü Währung und weisen mit Enter oder OK das Währungsformat mit zwei Nachkommastellen zu. In Abbildung 10-26 sehen Sie, wie die Definition jetzt aussieht.

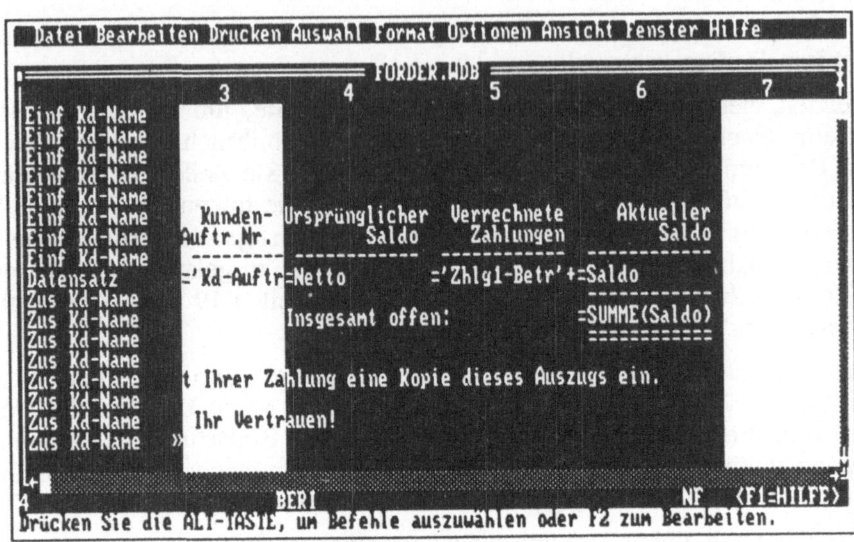

Abbildung 10-26.

Als nächstes werden mit dem Befehl Papierformat die Ränder und die Kopf-
und Fußzeilen eingerichtet. Öffnen Sie dazu aus dem Menü Drucken das
Dialogfeld Papierformat, und gehen Sie auf das Textfeld für den linken Rand.
Schreiben Sie 1,25, um den Rand von ursprünglich 2 cm auf 1,25 cm zu ver-
kleinern. Für den rechten Rand geben Sie 0 an.
Wählen Sie den Befehl Kopf-/Fußzeile im Menü Drucken. Gehen Sie auf das
Textfeld für die Fußzeile, und löschen Sie mit der Rück-Taste den vorhandenen
Fußzeilentext, da wir für den Bericht keine Kopf- oder Fußzeilen benötigen.
Sobald Sie mit diesen Änderungen fertig sind, bestätigen Sie mit Enter oder
OK.

Jetzt kann die Berichtsdefinition gespeichert werden. Vorher öffnen Sie aber
das Dialogfeld Berichte aus dem Ansicht-Menü, gehen auf Name und schreiben
Kontoauszug. Mit Umbenennen und Fertig wird der Bericht von Bericht1 in
Kontoauszug umbenannt. Als nächstes wählen Sie Formular aus dem Ansicht-
Menü, um zur Datenbank zurückzukehren. Dann sichern Sie mit Speichern aus
dem Datei-Menü die Datenbank und den fertigen Bericht.

Mit dem Arbeitsblatt arbeiten

Nachdem die Datenbank Debitor und die sechs begleitenden Berichte fertigge-
stellt sind, können Sie das Arbeitsblatt benutzen. Sie tragen einfach jede
Rechnung, die Sie ausstellen, in die Datenbank ein. Von Zeit zu Zeit können
Sie dann die Datenbank abfragen, sortieren und Berichte drucken.

Dateneingabe

Wenn Sie noch nie mit dem Arbeitsblatt gearbeitet haben, müssen Sie erst einmal alle offenen Rechnungen eintragen, die Sie bisher ausgestellt haben. Alle neuen Rechnungen geben Sie dann immer gleich ein, wenn sie Sie ausstellen. So können keine Rechnungen vergessen werden oder verloren gehen, und Ihre Datenbank befindet sich immer auf aktuellstem Stand.

Jeder Datensatz enthält die Daten zu einer Rechnung. Aus den meisten Feldnamen geht hervor, welche Informationen Sie eingeben müssen oder was die Formeln berechnen. In folgende Felder werden Sie Daten eingeben: Rg-Nr, Rg-Datum, Netto, Zhlg1.-Datum, Zhlg1-Betr, Zhlg2.-Datum, Zhlg2-Betr, Kd-Auftr, Kd-Name, Kd-Straße, Kd-PLZ, Kd-Ort, Kd-Tel und Bemerkung.

Das Feld Rg-Nr enthält die Rechnungsnummer. Das Feld Rg-Datum gibt an, wann die Rechnung ausgestellt wurde, das Feld Netto speichert den ursprünglichen Rechnungsbetrag. Die Felder Zhlg1-Datum, Zhlg1-Betr, Zhlg2-Datum und Zhlg2-Betr verzeichnen Datum und Betrag aller für die Rechnung geleisteten Zahlungen. Das Feld Kd-Auftr enthält die Auftragsnummer des Kunden. Die Felder Kd-Name, Kd-Straße, Kd-PLZ, Kd-Ort und Kd-Tel enthalten Namen, Adresse und Telefonnummer des Kunden, dessen Zahlung fällig ist. Im letzten Feld, Bemerkung, können Sie beliebige Hinweise über einen Kunden oder eine Rechnung eintragen.

In die übrigen Felder brauchen Sie nichts einzugeben, da ihre Einträge aus den Formeln berechnet werden. So enthält das Feld Fällig eine Formel, die errechnet, wann eine Zahlung fällig ist. Das Feld Saldo enthält eine Formel, die durch Subtrahieren der Werte in Zhlg1-Betr und Zhlg2-Betr von den Werten in Netto den aktuellen Saldo errechnet. Mit den Formeln der Felder 0-30Tage, 31-60Tage, 61-90Tage und Über90Tage werden die Rechnungen altersmäßig klassifiziert: weniger als 31 Tage, mehr als 30 Tage aber weniger als 61 Tage, mehr als 60 Tage aber weniger als 91 Tage und mehr als 90 Tage alt. In dem Feld Überfällig wird errechnet, wie viele Tage seit dem Fälligkeitsdatum verstrichen sind.

Um mit den Einträgen zu beginnen, öffnen Sie als erstes mit dem Befehl Vorhandene Datei öffnen aus dem Datei-Menü die Datenbank. (Haben Sie das Arbeitsblatt gerade erst angelegt, entfällt dieser Schritt.) Befindet sich die gewünschte Datei nicht im aktuellen Verzeichnis, wählen Sie das entsprechende Verzeichnis aus dem Listenfeld Verzeichnisse aus und klicken auf OK. Wählen Sie dann aus der Liste den Dateinamen aus, und bestätigen Sie mit Enter oder OK, um die Datei zu öffnen. Ist Debitor bereits geladen, können Sie die Datenbank aktivieren, indem Sie das Menü Fenster öffnen und den Namen auswählen. WORKS zeigt daraufhin den Listen-Bildschirm für die leere Datenbank an und positioniert den Cursor auf das erste Feld (Rg-Nr) - siehe Abbildung 10-2.

Wenn die Datenbank geöffnet ist, laden Sie den Formular-Bildschirm mit Formular aus dem Menü Ansicht. (Dieser Schritt entfällt, wenn Sie den Formular-

Bildschirm bereits vor sich haben.) Abbildung 10-2 zeigt den leeren Formular-Bildschirm. Um in das Formular Daten einzugeben, setzen Sie den Cursor in das entsprechende Feld, schreiben den Eintrag und drücken Enter oder eine der Pfeiltasten. Wenn Sie Enter drücken, trägt WORKS die Information ein und beläßt den Feldzeiger auf dem Eintrag. Wenn Sie eine Pfeiltaste drücken, verzeichnet WORKS den Eintrag, und der Cursor springt in ein neues Feld.

Bei der Dateneingabe werden Ihnen möglicherweise einige Fehler unterlaufen. Um einen Fehler zu korrigieren, gehen Sie mit dem Cursor auf den entsprechenden Eintrag, drücken die Bearbeitungstaste ([F2]), nehmen die Änderung vor und drücken Enter. Um einen Eintrag zu überschreiben, gehen Sie einfach mit dem Cursor auf das Feld, schreiben den neuen Eintrag und drücken Enter. Wenn Sie einen ganzen Datensatz löschen wollen, lassen Sie ihn mit Ctrl-PgUp oder Ctrl-PgDn anzeigen, öffnen das Menü Bearbeiten und wählen Datensatz löschen. Um über dem aktuellen Datensatz einen leeren Datensatz einzufügen, öffnen Sie das Menü Bearbeiten und wählen Datensatz einfügen.

Ein Beispiel

Damit Sie sehen, wie das Arbeitsblatt funktioniert, geben Sie in die Datenbank die Daten von Abbildung 10-1 ein. Bevor Sie damit beginnen, muß in der Systemuhr ein anderes Datum eingestellt werden. Da manche Felder auf die Systemuhr bezogen sind, würden Sie sonst für unser Beispiel falsche Ergebnisse erhalten. Wenn Sie Ihre eigenen Daten in die Datenbank eingeben, muß das Systemdatum natürlich nicht geändert werden.

Um das Datum zu ändern, wählen Sie Datei-Management aus dem Datei-Menü und im Dialogfeld Datum/Uhrzeit einstellen. Schreiben Sie jetzt 15.5.89, und drücken Sie Enter, um das Datum der Systemuhr auf 15. Mai 1989 zu ändern.

Wenn Sie mit den Beispielen in diesem Kapitel fertig sind, nehmen Sie sich nochmals kurz Zeit, um die Uhr wieder auf das aktuelle Datum umzustellen. Dazu wählen Sie aus dem Datei-Menü wieder Datei-Management und Datum/Uhrzeit einstellen und geben im gleichen Format wie oben das aktuelle Datum ein. Mit Enter wird die Systemuhr auf das heutige Datum umgestellt.

Die Musterdatensätze eingeben

Um Datensätze einzugeben, laden Sie als erstes die Datenbank Debitor. Wenn der Listen-Bildschirm erscheint, wählen Sie den Befehl Formular aus dem Menü Ansicht, um zum Formular-Bildschirm umzuschalten, in dem Sie immer nur einen Datensatz vor sich haben. (Enthält Ihre Datenbank bereits Daten, lassen Sie mit Datensatz einfügen aus dem Menü Bearbeiten ein leeres Formular anzeigen.) Schreiben Sie in das Feld Rg-Nr *10001*, und drücken Sie den Rechtspfeil, um den Eintrag festzuschreiben. Wie Sie sehen, berechnet WORKS für Felder mit Rechenformeln gleich die Werte. Schreiben Sie *2.1.89*, drücken Sie den Rechtspfeil, schreiben Sie *1234,56*, drücken Sie 13mal den Rechtspfeil, um auf das Feld Kd-Name zu gelangen, schreiben Sie *XYZ AG*, drücken Sie den Rechtspfeil, schreiben Sie *32005*, drücken Sie nochmals den Rechtspfeil, und schreiben Sie *Marktstr. 55*. Anschließend drücken Sie wieder den Rechtspfeil, schreiben *"6200*, drücken den Rechtspfeil, schreiben *Wiesbaden*, drücken den Rechtspfeil, schreiben *"06121/8963-344* und drücken Enter. Während Sie diese Werte in das Formular eingeben, berechnet WORKS immer gleich die Werte für die Rechenfelder. Wenn Sie z.B. in Rg-Datum das Datum *2.1.89* eingeben, errechnet WORKS für das Feld Fällig den Wert 1.2.89 und zeigt ihn im Formular an. Wenn Sie in Netto den Wert *1234,56* eintragen, errechnet WORKS die Werte für die Felder Saldo, 0-30Tage, 31-60Tage, 61-90Tage und Über90Tage. Das fertige Formular sehen Sie in Abbildung 10-27.

Nachdem Sie im ersten Datensatz in Feld Tel die Telefonnummer der XYZ AG eingegeben haben, gehen Sie mit dem Rechtspfeil zum nächsten Datensatz und geben im Feld Rg-Nr die Nummer *10002* ein. Dann drücken Sie den Rechtspfeil, schreiben *5.1.89*, drücken den Rechtspfeil, schreiben *416*, drücken dreimal den Rechtspfeil, schreiben im Feld Zhlg1-Datum das Datum *3.2.89*, drücken den Rechtspfeil, schreiben wieder *416*, drücken neunmal den Rechtspfeil, geben im Feld Kd-Name den Firmennamen *ABC International* ein, drücken den Rechtspfeil, schreiben *123*, drücken den Rechtspfeil, schreiben *Kommerzchaussee 123*, drücken den Rechtspfeil, schreiben *"1000*, drücken den Rechtspfeil, schreiben *Berlin*, drücken noch einmal den Rechtspfeil, schreiben *030/4521-188* und drücken Enter.

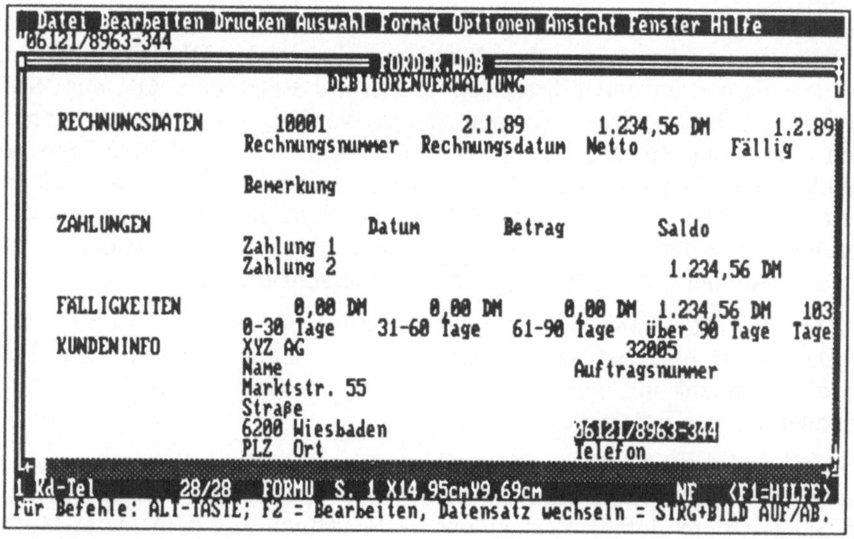

Abbildung 10-27.

```
 Datei Bearbeiten Drucken Auswahl Format Optionen Ansicht Fenster Hilfe
 030/4521-188
                            FORDER.WDB
                       DEBITORENVERWALTUNG

   RECHNUNGSDATEN        10002          5.1.89         416,00 DM    4.2.89
                      Rechnungsnummer Rechnungsdatum Netto         Fällig

                      Bemerkung

   ZAHLUNGEN                    Datum     Betrag        Saldo
                      Zahlung 1    3.2.89    416,00 DM
                      Zahlung 2                           0,00 DM

   FÄLLIGKEITEN         0,00 DM      0,00 DM     0,00 DM     0,00 DM    0
                      0-30 Tage   31-60 Tage  61-90 Tage  über 90 Tage Tage
   KUNDENINFO         ABC International                  123
                      Name                          Auftragsnummer
                      Kommerzchaussee 123
                      Straße
                      1000 Berlin                   030/4521-188
                      PLZ  Ort                      Telefon

 2 Kd-Tel     28/28   FORMU  S. 1 X14,95cmY9,69cm              NF   <F1=HILFE>
 Für Befehle: ALT-TASTE; F2 = Bearbeiten, Datensatz wechseln = STRG+BILD AUF/AB.
```

Abbildung 10-28.

Die Datenbank speichern

Sobald alle Musterdatensätze eingegeben sind, speichern Sie die Datenbank. Wenn die Datenbank zum ersten Mal mit eingetragenen Datensätzen gespeichert wird, erhält sie einen neuen Namen. Wählen Sie deshalb Speichern unter aus dem Datei-Menü. Soll die Datei nicht im aktuellen Verzeichnis gespeichert werden, wählen Sie ein anderes Verzeichnis im Listfeld Verzeichnisse und bestätigen Ihre Wahl mit Enter oder OK. Dann geben Sie den neuen Namen an und führen den Befehl mit Enter oder OK aus. Soll die Datei im aktuellen Verzeichnis gespeichert werden, geben Sie einfach einen Namen ein und bestätigen mit Enter oder OK. Wählen Sie einen aussagekräftigen Namen, damit Sie später wissen, um welche Datenbank es sich handelt - z.B. *FORDER89.WDB*. Wichtig ist auch, daß Sie die Datenbank auf keinen Fall unter dem gleichen Namen speichern wie die Originaldatenbank, da diese sonst von der ausgefüllten Datenbank überschrieben wird.

Wenn Sie die Datenbank wieder laden, können Sie wie in unserem Beispiel neue Datensätze eingeben oder Datensätze bearbeiten oder löschen. Danach wird die Datenbank mit dem Befehl Speichern aus dem Datei-Menü unter dem vergebenen Namen gesichert.

Um Speicherplatzprobleme zu vermeiden, müssen Sie in angemessenen Zeitabständen - z.B. immer zum Jahresanfang - eine neue Datenbank anlegen. Dazu laden Sie mit dem Befehl Vorhandene Datei öffnen aus dem Datei-Menü die ursprüngliche, leere Datenbank und nehmen die neuen Einträge vor. Dann sichern Sie mit Speichern unter aus dem Datei-Menü die Datenbank unter einem neuen Namen, der ihren Inhalt klar erkennen läßt. Eine Datei mit den Datensätzen für 1990 könnte man z.B. *FORDER90.WDB* nennen.

Die Datenbank abfragen

Aus einer Datenbank können mit Hilfe von Abfragen bestimmte Sätze selektiert werden. Um in einem Abfrageformular eine Untermenge von Datensätzen zu bestimmen, rufen Sie den Befehl Abfrage im Ansicht-Menü auf. Dann geben Sie in das Abfrageformular Ihre Selektionsbedingungen (Kriterien) ein. Wenn Sie diese Kriterien auf die Datenbank anwenden, übergeht WORKS alle nicht zutreffenden Datensätze und zeigt nur Sätze an, die die angegebenen Bedingungen erfüllen. Im gedruckten Bericht erscheinen ebenfalls nur noch die ausgewählten Datensätze.

Um wieder alle Datensätze zu erhalten, wählen Sie aus dem Auswahl-Menü die Option Alle Datensätze einblenden. Wollen Sie wieder die Kriterien anwenden, wählen Sie aus dem Auswahl-Menü die Option Abfrage durchführen.

Um eine zweite Abfrage zu definieren, laden Sie wieder mit Abfrage aus dem Ansicht-Menü das Abfrageformular. Wenn Sie die Kritierien vollständig ändern möchten, wählen Sie Abfrage löschen aus dem Menü Bearbeiten, um alle Angaben zu entfernen. Dann können Sie neue Kriterien angeben. Wenn sich die Kriterien nur geringfügig ändern, können Sie die vorhandenen Kriterien bearbeiten oder zusätzliche Kriterien hinzufügen. Sind Sie damit fertig, drücken Sie einfach [F10] oder öffnen das Menü Auswahl und führen den Befehl mit Abfrage durchführen aus.

Ein Beispiel

Die Datenbank bietet viele interessante Abfragemöglichkeiten an. Wenn Sie z.B. nur die den Kunden ABC International betreffenden Datensätze ansehen möchten, lassen Sie mit Abfrage aus dem Ansicht -Menü das Abfrageformular anzeigen. Es sieht genauso aus wie das von Ihnen erstellte Eingabeformular.

Um die Datensätze mit dem Eintrag ABC International zu selektieren, geben Sie im Kundenfeld des Abfrageformulars den Firmennamen als Kriterium an. Dazu setzen Sie den Cursor auf das Kundenfeld, schreiben *ABC International* und drücken Enter. In Abbildung 10-29 sehen Sie die fertige Abfrage.

Um die Abfrage zu aktivieren, drücken Sie [F10] oder wählen Abfrage durchführen aus dem Menü Auswahl. WORKS führt aufgrund Ihrer Definition die Abfrage durch und kehrt zur Datenbank zurück. Es werden nicht mehr alle Datensätze angezeigt, sondern nur noch die mit dem Eintrag ABC International im Kundenfeld. Wenn Sie die Datenbank im Formular-Bildschirm ansehen, wird der erste passende Datensatz angezeigt (siehe Abbildung 10-30). Am unteren Bildschirmrand finden Sie die Meldung 2/28, die Ihnen mitteilt, daß von den 28 Sätzen nur zwei Datensätze selektiert sind. Wenn Sie mit Ctrl-PgUp oder Ctrl-PgDn von einem Datensatz zum anderen blättern, gelangen Sie ebenfalls nur zu diesen beiden ausgewählten Datensätzen.

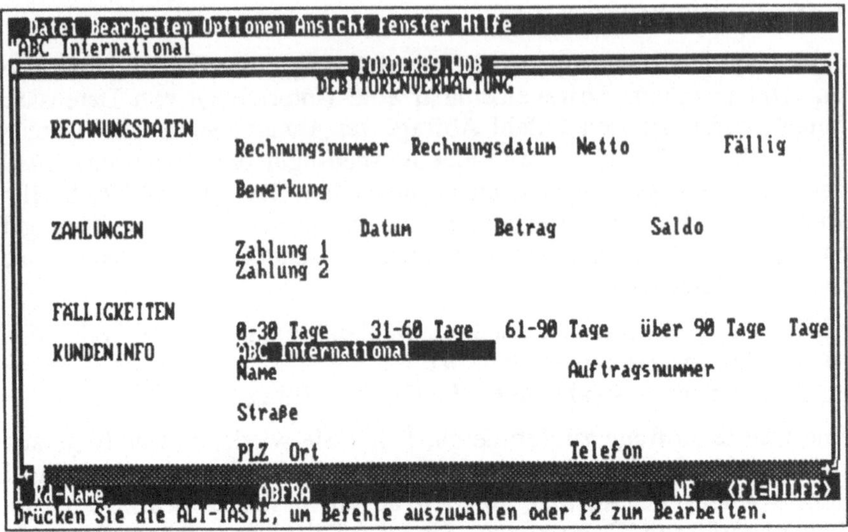

Abbildung 10-29.

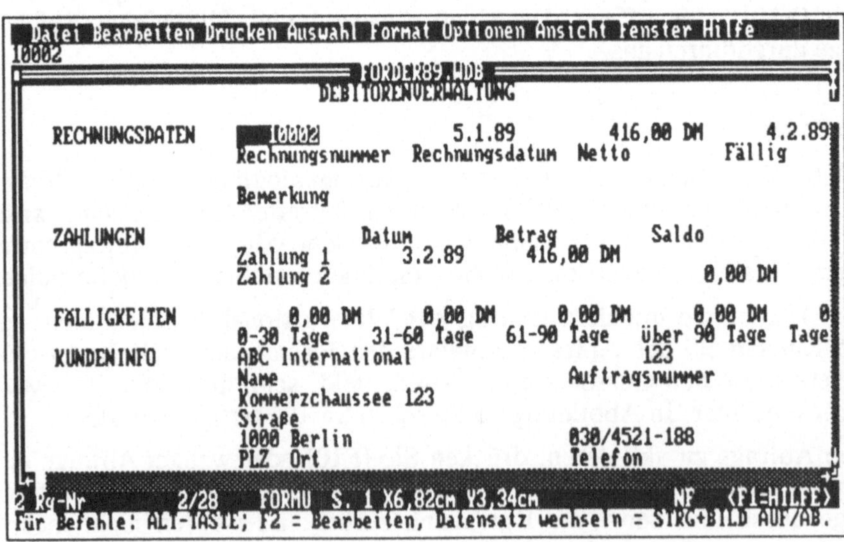

Abbildung 10-30.

Im Listen-Bildschirm sieht Ihre Datenbank jetzt aus wie in Abbildung 10-31. Sie sehen nur die ausgewählten Datensätze.

Möchten Sie wieder alle Datensätze sehen, wählen Sie aus dem Auswahl-Menü Alle Datensätze einblenden. Im Formular-Bildschirm erscheint am unteren Rand die Meldung 28/28, und im Listen-Bildschirm zeigt WORKS wieder alle Datensätze an.

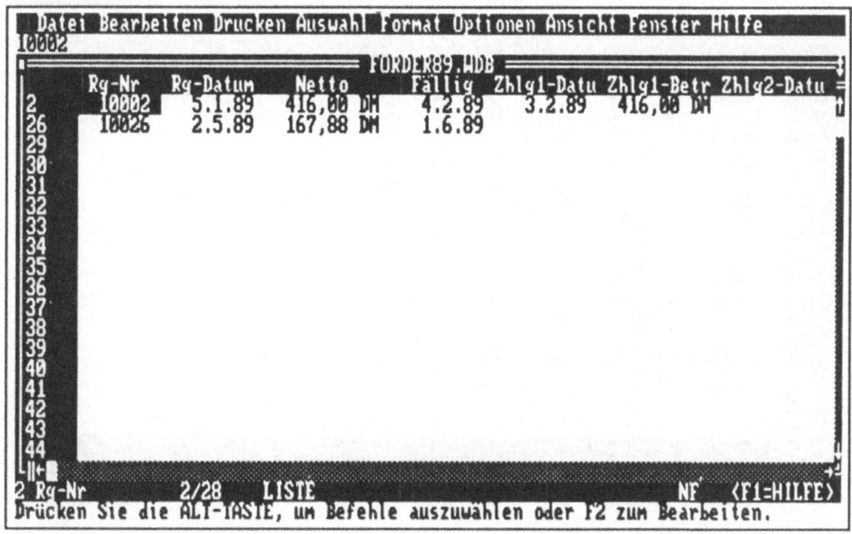

Abbildung 10-31.

Ein weiteres Beispiel

Nehmen wir an, Sie möchten alle Datensätze mit unbezahlten Rechnungen selektieren. Lassen Sie mit Abfrage aus dem Ansicht-Menü das Abfrage-Formular anzeigen. Löschen Sie dann mit dem Befehl Abfrage löschen aus dem Menü Bearbeiten die vorhandenen Kriterien. Geben Sie im Feld Saldo den Wert >0,01 an, und drücken Sie Enter. Starten Sie die Abfrage, indem Sie entweder [F10] drücken oder Abfrage durchführen im Menü Auswahl wählen. WORKS verläßt den Definitionsmodus und kehrt zur Datenbank zurück, wo nur noch Datensätze angezeigt werden, deren Eintrag im Feld Saldo größer als 0,01 ist. Den Grenzwert legen Sie deshalb bei 0,01 und nicht bei 0 fest, weil die Saldoberechnungen manchmal ein Ergebnis von unter einem Pfennig liefern. Dies können Sie ausgleichen, indem Sie in der Abfrage den Saldowert bei über einen Pfennig ansetzen. Der Formular-Bildschirm zeigt jetzt den ersten Datensatz, der die Auswahlbedingungen erfüllt: die Rechnung Nr. 10001. Im Listen-Bildschirm finden Sie die in Abbildung 10-32 dargestellte Aufstellung der ausgewählten Datensätze.

Um wieder die gesamte Datenbank anzuzeigen, wählen Sie aus dem Auswahl-Menü die Option Alle Datensätze einblenden.

Die hier vorgeführten Beispiele sind nur einfache Abfragen. Genauere Anleitungen für komplexe Abfragen entnehmen Sie bitte dem Microsoft Works Benutzerhandbuch.

```
 Datei Bearbeiten Drucken Auswahl Format Optionen Ansicht Fenster Hilfe
10001
================================ FORDER89.WDB ================================
    Rg-Nr    Rg-Datum      Netto       Fällig  Zhlg1-Datu Zhlg1-Betr Zhlg2-Datu
 1  10001     2.1.89   1.234,56 DM     1.2.89
 4  10004    15.1.89     415,76 DM    14.2.89   15.2.89    215,00 DM    7.3.89
 7  10007    30.1.89     872,55 DM     1.3.89
10  10010     8.2.89     109,52 DM    10.3.89
13  10013    24.2.89   1.234,56 DM    26.3.89
16  10016     8.3.89     700,43 DM     7.4.89
18  10018    20.3.89     916,00 DM    19.4.89   17.4.89    900,00 DM
19  10019    22.3.89     494,34 DM    21.4.89
21  10021     7.4.89     377,80 DM     7.5.89
22  10022    16.4.89     165,75 DM    16.5.89
23  10023    22.4.89   2.100,00 DM    22.5.89
24  10024    25.4.89   1.467,35 DM    25.5.89
25  10025    30.4.89     210,55 DM    30.5.89
26  10026     2.5.89     167,88 DM     1.6.89
27  10027     7.5.89     944,44 DM     6.6.89
28  10028    10.5.89     744,00 DM     9.6.89
29
30
 1 Rg-Nr            16/28   LISTE                               NF   <F1=HILFE>
Drücken Sie die ALT-TASTE, um Befehle auszuwählen oder F2 zum Bearbeiten.
```

Abbildung 10-32.

Datensätze sortieren

Mit dem Befehl Datensätze sortieren aus dem Auswahl-Menü können Sie Ihre Datensätze so anordnen, daß die Einträge aus einem, zwei oder drei Feldern in auf- oder absteigender Reihenfolge erscheinen. Dadurch wird es Ihnen leichter fallen, bestimmte Datensätze zu finden.

Eine Datenbank zu sortieren ist äußerst einfach. Zuerst öffnen Sie aus dem Auswahl-Menü das Dialogfeld Datensätze sortieren. Hier können bis zu drei Felder definiert werden. Gehen Sie mit dem Cursor in das erste Sortierfeld, und geben Sie den gewünschten Feldnamen ein. Dann bestimmen Sie die Reihenfolge (Aufsteigend oder Absteigend). Sobald Sie OK wählen, wird das Dialogfeld geschlossen und die Datenbank in der angegebenen Reihenfolge sortiert.

Wenn Sie das Dialogfeld Datensätze sortieren öffnen, enthält es immer die zuletzt eingegebenen Kriterien. Falls Sie wieder die gleiche Reihenfolge der Sätze wünschen, drücken Sie einfach Enter oder wählen OK. Möchten Sie andere Kriterien anwenden, ersetzen Sie die Kriterien durch neue. Um überflüssige Angaben aus dem Dialogfeld zu löschen, gehen Sie in das entsprechende Feld und drücken die Del-Taste.

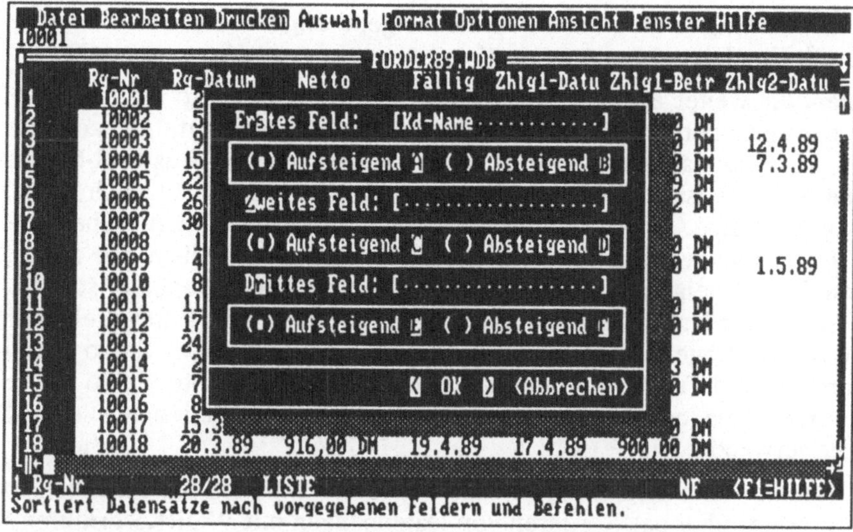

Abbildung 10-33.

Abbildung 10-34.

Nehmen wir z.B. an, Sie möchten die Datenbank nach den Einträgen im Kundenfeld aufsteigend sortieren: Öffnen Sie aus dem Auswahl-Menü das Dialogfeld Datensätze sortieren, schreiben Sie in das erste Textfeld *Kd-Name*, und wählen Sie Aufsteigend. Falls die restlichen Sortierfelder nicht leer sind, löschen Sie deren Einträge. Abbildung 10-33 zeigt das fertig ausgefüllte Dialogfeld. Abschließend wählen Sie OK oder drücken Enter, um die Datenbank zu sortieren. Wie Sie in Abbildung 10-34 sehen, sind nun die Datensätze nach den Einträgen im Kundenfeld aufsteigend angeordnet. Die Datenbank ist jetzt nach Kundennamen "gruppiert".

Nehmen wir weiter an, Sie möchten die Datenbank jetzt so sortieren, daß die Sätze der einzelnen Kundengruppen in absteigender Reihenfolge nach den Einträgen im Feld Saldo angeordnet sind: Öffnen Sie das Auswahl-Menü, und wählen Sie Datensätze sortieren. Das erste Sortierfeld enthält noch immer den Eintrag Kd-Name. Dieses Kriterium werden wir übernehmen, gehen Sie deshalb gleich mit der Tab-Taste in das 2. Textfeld. Schreiben Sie *Saldo*, und wählen Sie Absteigend. Mit Enter oder OK wird die Datenbank sortiert. Die Datensätze werden absteigend nach den Einträgen im Kundenfeld sortiert, wobei die Einträge der einzelnen Kundengruppen nach dem Saldo absteigend angeordnet sind (siehe Abbildung 10-35). (Um die Spalte Saldo neben der Spalte Kd-Name anzuzeigen, haben wir den Befehl Teilen aus dem Menü Fenster verwendet.)

Dies waren nur einfache Beispiele dafür, wie mit WORKS Datenbanken sortiert werden. Mehr über das Sortieren von Datenbanken mit WORKS erfahren Sie in Ihrem Microsoft Works Benutzerhandbuch

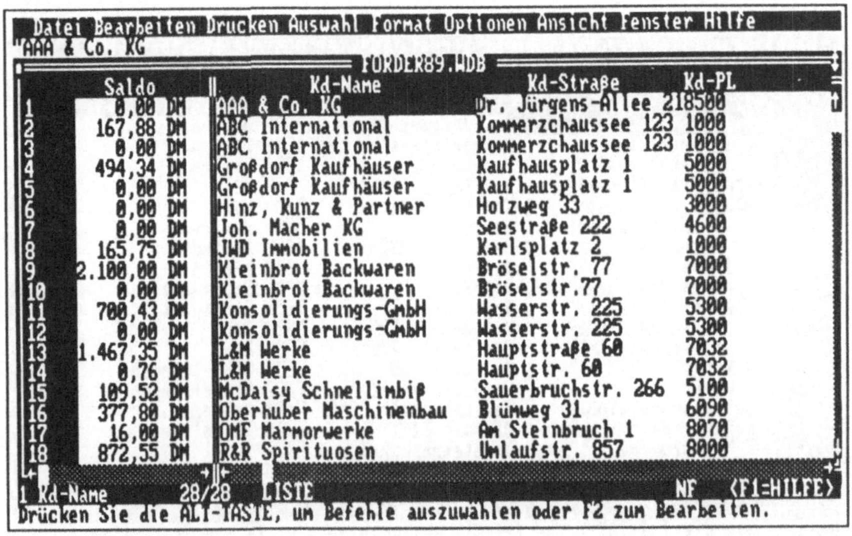

Datei Bearbeiten Drucken Auswahl Format Optionen Ansicht Fenster Hilfe
"AAA & Co. KG
FORDER89.WDB

	Saldo	Kd-Name	Kd-Straße	Kd-PL
1	0,00 DM	AAA & Co. KG	Dr. Jürgens-Allee 2	18500
2	167,88 DM	ABC International	Kommerzchaussee 123	1000
3	0,00 DM	ABC International	Kommerzchaussee 123	1000
4	494,34 DM	Großdorf Kaufhäuser	Kaufhausplatz 1	5000
5	0,00 DM	Großdorf Kaufhäuser	Kaufhausplatz 1	5000
6	0,00 DM	Hinz, Kunz & Partner	Holzweg 33	3000
7	0,00 DM	Joh. Macher KG	Seestraße 222	4600
8	165,75 DM	JWD Immobilien	Karlsplatz 2	1000
9	2.100,00 DM	Kleinbrot Backwaren	Bröselstr. 77	7000
10	0,00 DM	Kleinbrot Backwaren	Bröselstr.77	7000
11	700,43 DM	Konsolidierungs-GmbH	Wasserstr. 225	5300
12	0,00 DM	Konsolidierungs-GmbH	Wasserstr. 225	5300
13	1.467,35 DM	L&M Werke	Hauptstraße 60	7032
14	0,76 DM	L&M Werke	Hauptstr. 60	7032
15	109,52 DM	McDaisy Schnellimbiß	Sauerbruchstr. 266	5100
16	377,80 DM	Oberhuber Maschinenbau	Blümweg 31	6090
17	16,00 DM	OMF Marmorwerke	Am Steinbruch 1	8070
18	872,55 DM	R&R Spirituosen	Umlaufstr. 857	8000

1 Kd-Name 28/28 LISTE NF <F1=HILFE>
Drücken Sie die ALT-TASTE, um Befehle auszuwählen oder F2 zum Bearbeiten.

Abbildung 10-35.

Die Berichte drucken

Mit den sechs Berichten können Sie die Daten der Datenbank Debitor auf ganz verschiedene Arten ausdrucken. Wenn Sie nur einen Teil der Datensätze drucken möchten, führen Sie zuerst eine Abfrage durch. Dann öffnen Sie das Ansicht-Menü und wählen den gewünschten Bericht. Anschließend öffnen Sie Drucken aus dem Menü Drucken und bestätigen mit Drucken oder Enter.

Mit Esc können Sie den Druckvorgang vorzeitig abbrechen. WORKS zeigt ein Dialogfeld mit zwei Optionen an: OK und Abbrechen. Mit OK wird der Druckvorgang gestoppt. Wenn Sie Abbrechen wählen, werden die restlichen Datensätze gedruckt.

Ein einfaches Beispiel

Angenommen, Sie benötigen einen Ausdruck Ihrer Rechnungsliste aus der gesamten Datenbank DEB89: Wählen Sie zuerst Alle Datensätze einblenden aus dem Auswahl-Menü, um sicherzugehen, daß alle Datensätze aktiv sind. Öffnen Sie dann das Menü Ansicht. Wie Sie in Abbildung 10-36 sehen, bietet das Menü die Namen aller sechs Berichte an. Markieren Sie Rechnungsliste, und drücken Sie Enter.

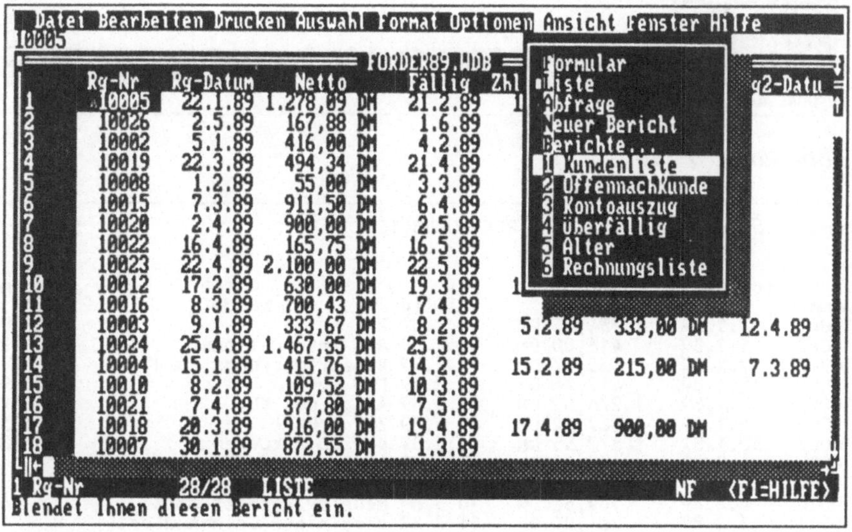

Abbildung 10-36.

Anschließend wählen Sie aus dem Menü Drucken die Option Drucken, um das in Abbildung 10-37 gezeigte Dialogfeld anzuzeigen. Mit der ersten Einstellung können Sie angeben, wie viele Kopien gedruckt werden sollen. Meist wird nur eine Kopie benötigt, deshalb ist 1 die Standardeinstellung. Die nächste Option, Einzelne Seiten zum Drucken definieren, ermöglicht Ihnen, bestimmte Seiten auszuwählen. Z.B. können Sie WORKS anweisen, nur die erste Berichtseite oder die Seiten 1 bis 5 zu drucken. Die dritte Einstellung, Druckausgabe in Datei umleiten, ermöglicht es, den Bericht in eine Textdatei auszugeben. Dazu brauchen Sie nur den Namen der Datei anzugeben, in die der Bericht umgeleitet werden soll. Die letzte Option, Alles außer Datensätze drucken, ermöglicht es, nur die Einf- und Zus-Zeilen der Berichtsdefinition zu drucken. Auch diese Option werden Sie meist überspringen.

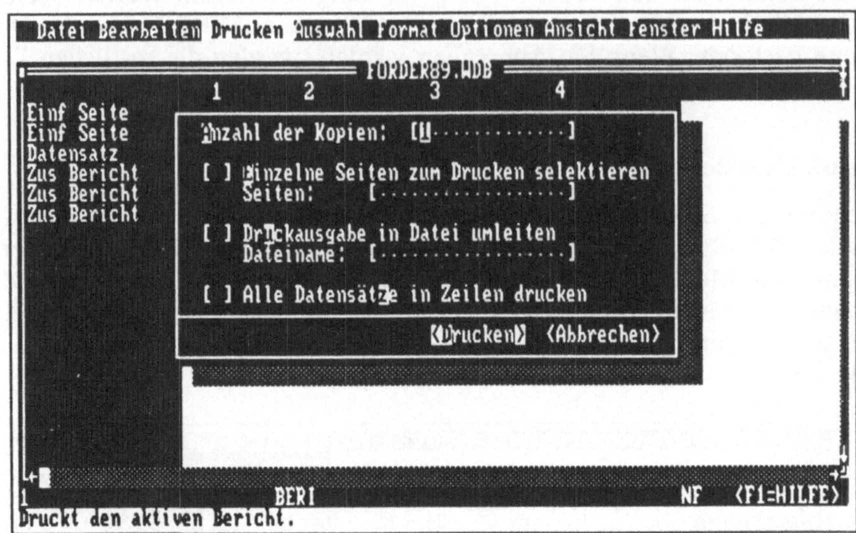

Abbildung 10-37.

```
Datum: 15.5.89                  RECHNUNGSLISTE                    Seite: 1


         Rechnungs-      Netto-                                     Kunden-
Nummer     Datum         Betrag         Fällig          Kunde       Auftrag
10001      2.1.89     1.234,56 DM      1.2.89 XYZ AG                  32005
10002      5.1.89       416,00 DM      4.2.89 ABC International         123
10003      9.1.89       333,67 DM      8.2.89 Konsolidierungs-GmbH
10004     15.1.89       415,76 DM     14.2.89 L&M Werke               5991
10005     22.1.89     1.278,09 DM     21.2.89 AAA & Co. KG            6672
10006     26.1.89       367,32 DM     25.2.89 ZZZ-GmbH                1234
10007     30.1.89       872,55 DM      1.3.89 R&R Spirituosen          283
10008      1.2.89        55,00 DM      3.3.89 Großdorf Kaufhäuser
10009      4.2.89        81,90 DM      6.3.89 Warenhaus Kohl & Schmidt
10010      8.2.89       109,52 DM     10.3.89 McDaisy Schnellimbiß      445
10011     11.2.89       261,00 DM     13.3.89 Vereinigte Weinhändler    712
10012     17.2.89       630,00 DM     19.3.89 Kleinbrot Backwaren     A3442
10013     24.2.89     1.234,56 DM     26.3.89 XYZ AG                   145
10014      2.3.89       721,33 DM      1.4.89 Salmo & Nelle GmbH      8011
10015      7.3.89       911,50 DM      6.4.89 Hinz, Kunz & Partner    7012
10016      8.3.89       700,43 DM      7.4.89 Konsolidierungs-GmbH
10017     15.3.89       848,00 DM     14.4.89 Strauß & Söhne OHG      1001
10018     20.3.89       916,00 DM     19.4.89 QMF Marmorwerke          234
10019     22.3.89       494,34 DM     21.4.89 Großdorf Kaufhäuser     7794
10020      2.4.89       900,00 DM      2.5.89 Joh. Macher KG           904
10021      7.4.89       377,80 DM      7.5.89 Oberhuber Maschinenbau  XY123
10022     16.4.89       165,75 DM     16.5.89 JWD Immobilien
10023     22.4.89     2.100,00 DM     22.5.89 Kleinbrot Backwaren     A3510
10024     25.4.89     1.467,35 DM     25.5.89 L&M Werke               6044
10025     30.4.89       210,55 DM     30.5.89 ZZZ GmbH                1677
10026      2.5.89       167,88 DM      1.6.89 ABC International       3295
10027      7.5.89       944,44 DM      6.6.89 XYZ AG                   179
10028     10.5.89       744,00 DM      9.6.89 WMB Gentechnik          3312
                     ------------
                    18.959,30 DM
                    ============
```

Abbildung 10-38.

Wenn die Einstellungen Ihren Wünschen entsprechen, kann der Bericht gedruckt werden. Überprüfen Sie jedoch vorher noch, ob der Drucker richtig mit dem Computer verbunden ist, ob er eingeschaltet ist und auf On-line steht. Dann veranlassen Sie mit Drucken den Druckvorgang. In Abbildung 10-38 sehen Sie den gedruckten Bericht.

Selektierte Datensätze drucken

Beim Drucken eines Datenbankberichts bezieht WORKS die Informationen aus den momentan selektierten Datensätzen. Sind alle Datensätze ausgewählt, dann enthält auch der Bericht alle Sätze der Datenbank. Sind nur bestimmte Datensätze selektiert, druckt WORKS nur diese Sätze.

Hier ein Beispiel zur Veranschaulichung: Sie möchten mit der Datenbank DEB89 einen Bericht Alter drucken, und zwar nur für Sätze, deren Saldo größer als DM 0,01 ist.

Rufen Sie als erstes mit der Option Abfrage aus dem Ansicht-Menü das Abfrage-Formular auf. Entfernen Sie dann mit Abfrage löschen aus dem Menü Bearbeiten die vorhandenen Kriterien, geben Sie unter Saldo den Wert *>0,01* ein, und drücken Sie Enter. Um die Selektion zu aktivieren, drücken Sie [F10] oder wählen Abfrage durchführen aus dem Menü Bearbeiten. WORKS verläßt den Abfragemodus und kehrt zur Datenbank zurück, um nur die Datensätze mit dem Eintrag >0,01 anzuzeigen. In Abbildung 10-39 sehen Sie die ausgewählten Datensätze im Listen-Bildschirm.

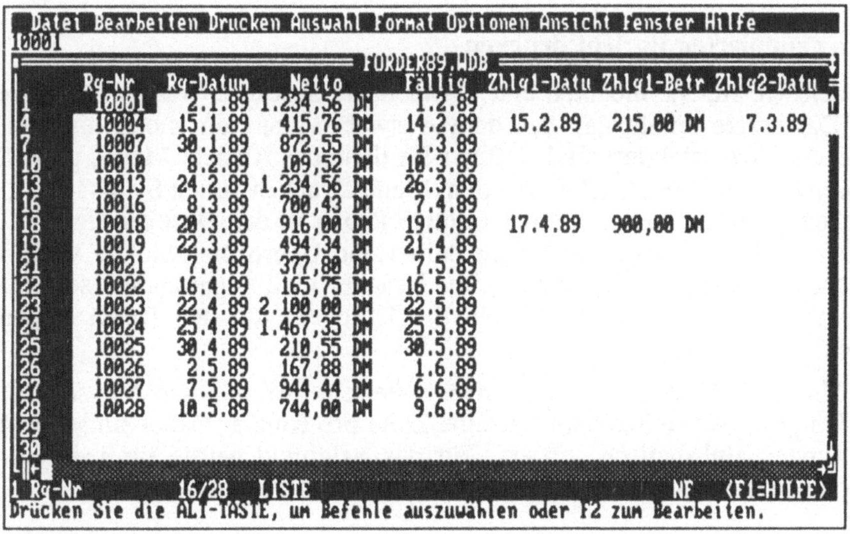
Datei Bearbeiten Drucken Auswahl Format Optionen Ansicht Fenster Hilfe
10001
FORDER89.WDB

	Rg-Nr	Rg-Datum	Netto	Fällig	Zhlg1-Datu	Zhlg1-Betr	Zhlg2-Datu
1	10001	2.1.89	1.234,56 DM	1.2.89			
4	10004	15.1.89	415,76 DM	14.2.89	15.2.89	215,00 DM	7.3.89
7	10007	30.1.89	872,55 DM	1.3.89			
10	10010	8.2.89	109,52 DM	10.3.89			
13	10013	24.2.89	1.234,56 DM	26.3.89			
16	10016	8.3.89	700,43 DM	7.4.89			
18	10018	20.3.89	916,00 DM	19.4.89	17.4.89	900,00 DM	
19	10019	22.3.89	494,34 DM	21.4.89			
21	10021	7.4.89	377,80 DM	7.5.89			
22	10022	16.4.89	165,75 DM	16.5.89			
23	10023	22.4.89	2.100,00 DM	22.5.89			
24	10024	25.4.89	1.467,35 DM	25.5.89			
25	10025	30.4.89	210,55 DM	30.5.89			
26	10026	2.5.89	167,88 DM	1.6.89			
27	10027	7.5.89	944,44 DM	6.6.89			
28	10028	10.5.89	744,00 DM	9.6.89			
29							
30							

1 Rg-Nr 16/28 LISTE NF <F1=HILFE>
Drücken Sie die ALT-TASTE, um Befehle auszuwählen oder F2 zum Bearbeiten.

Abbildung 10-39.

Als nächstes wählen Sie aus dem Ansicht-Menü den Bericht *Alter*. Öffnen Sie dann das Menü Drucken, und überprüfen Sie Papier und Drucker. Verwenden Sie nach Möglichkeit ein breites Papierformat, da der Bericht ziemlich umfangreich ist. Falls kein breiter Drucker angeschlossen ist, müssen Sie die Ränder verkleinern und im Menü Drucken eine kompakte Schriftart angeben. Jetzt wählen Sie Drucken und betätigen die Enter-Taste, um den Bericht auszudrucken. Abbildung 10-40 zeigt den gedruckten Bericht. Wie Sie sehen, enthält er nur die aus der Datenbank ausgewählten Sätze.

```
Datum: 15.5.89                    RECHNUNGEN NACH ALTER                              Seite: 1


Rechnung  Datum          Kunde        Saldo          Aktuell      31-60 Tage     61-90 Tage     über 90 Tage
   10001    2.1.89 XYZ AG          1.234,56 DM        0,00 DM        0,00 DM        0,00 DM     1.234,56 DM
   10004   15.1.89 L&M Werke           0,76 DM        0,00 DM        0,00 DM        0,00 DM         0,76 DM
   10007   30.1.89 R&R Spirituosen   872,55 DM        0,00 DM        0,00 DM      872,55 DM         0,00 DM
   10010    8.2.89 McDaisy Schnell   109,52 DM        0,00 DM        0,00 DM      109,52 DM         0,00 DM
   10013   24.2.89 XYZ AG          1.234,56 DM        0,00 DM    1.234,56 DM        0,00 DM         0,00 DM
   10016    8.3.89 Konsolidierungs   700,43 DM        0,00 DM      700,43 DM        0,00 DM         0,00 DM
   10018   20.3.89 QMF Marmorwerke    16,00 DM       16,00 DM        0,00 DM        0,00 DM         0,00 DM
   10019   22.3.89 Großdorf Kaufhä   494,34 DM      494,34 DM        0,00 DM        0,00 DM         0,00 DM
   10021    7.4.89 Oberhuber Masch   377,80 DM      377,80 DM        0,00 DM        0,00 DM         0,00 DM
   10022   16.4.89 JWD Immobilien    165,75 DM      165,75 DM        0,00 DM        0,00 DM         0,00 DM
   10023   22.4.89 Kleinbrot Backw 2.100,00 DM    2.100,00 DM        0,00 DM        0,00 DM         0,00 DM
   10024   25.4.89 L&M Werke       1.467,35 DM    1.467,35 DM        0,00 DM        0,00 DM         0,00 DM
   10025   30.4.89 ZZZ GmbH          210,55 DM      210,55 DM        0,00 DM        0,00 DM         0,00 DM
   10026    2.5.89 ABC Internation   167,88 DM      167,88 DM        0,00 DM        0,00 DM         0,00 DM
   10027    7.5.89 XYZ AG            944,44 DM      944,44 DM        0,00 DM        0,00 DM         0,00 DM
   10028   10.5.89 WMB Gentechnik     744,00 DM      744,00 DM        0,00 DM        0,00 DM         0,00 DM
                                 ------------   ------------   ------------   ------------   ------------
                                 10.840,49 DM    6.688,11 DM    1.934,99 DM      982,07 DM     1.235,32 DM
                                 ============   ============   ============   ============   ============
```

Abbildung 10-40.

Einen gruppierten Bericht drucken

Nehmen wir an, Sie möchten eine Kundenliste drucken: Wählen Sie als erstes Alle Datensätze einblenden aus dem Auswahl-Menü, um sicherzugehen, daß alle Datensätze selektiert sind. Öffnen Sie dann das Ansicht-Menü, und wählen Sie Kundenliste. Mit Drucken aus dem Menü Drucken lassen Sie das Dialogfeld Drucken anzeigen. Legen Sie das richtige Papier in den Drucker ein, und zwar so, daß der Druckkopf in der ersten Zeile steht. Überprüfen Sie die Verbindung zwischen Drucker und Computer. Der Drucker muß eingeschaltet sein und auf On-line stehen. Schließlich wählen Sie Drucken, um den Druckvorgang zu starten.

Abbildung 10-41 zeigt den gedruckten Bericht. Er ist, wie Sie sehen, nach Kunden gruppiert und enthält nur eine Zeile pro Kunde. Dabei sind die Namen der Kunden alphabetisch sortiert. Für das Saldofeld wurde für jede Kundengruppe und für den gesamten Bericht die Summe berechnet.

```
Datum: 15.5.89                        KUNDENLISTE                              Seite: 1


Kunde                     Straße                  PLZ  Ort              Telefon              Saldo
AAA & Co. KG              Dr.Jürgens-Allee 213    8500 Nürnberg         0911/5556-519        0,00 DM
ABC International         Kommerzchaussee 123     1000 Berlin           030/4521-188       167,88 DM
Großdorf Kaufhäuser       Kaufhausplatz 1         5000 Köln             0221/5661-234      494,34 DM
Hinz, Kunz & Partner      Holzweg 33              3000 Hannover         0511/4316-992        0,00 DM
Joh. Macher KG            Seestraße 222           4600 Dortmund         0231/3828-722        0,00 DM
JWD Immobilien            Karlsplatz 2            1000 Berlin           030/331256         165,75 DM
Kleinbrot Backwaren       Bröselstr. 77           7000 Stuttgart        0711/2886-611    2.100,00 DM
Konsolidierungs-GmbH      Wasserstr. 225          5300 Bonn             0228/2888-899      700,43 DM
L&M Werke                 Hauptstraße 60          7032 Sindelfingen     07031/4566-655   1.468,11 DM
McDaisy Schnellimbiß      Sauerbruchstr. 266      5100 Aachen           0241/6908-333      109,52 DM
Oberhuber Maschinenbau    Blümweg 31              6090 Rüsselsheim      06142/5557-809     377,80 DM
QMF Marmorwerke           Am Steinbruch 1         8070 Ingolstadt       0841/8447-733       16,00 DM
R&R Spirituosen           Umlaufstr. 875          8000 München          089/8427-162       872,55 DM
Salmo & Nelle GmbH        Justus-Liebig-Str. 1    7800 Freiburg         0761/4521-848        0,00 DM
Strauß & Söhne OHG        Donauufer 73            8390 Passau           0851/7223-988        0,00 DM
Vereinigte Weinhändler    Torkelweg 73            6900 Heidelberg       06221/5210-087       0,00 DM
Warenhaus Kohl & Schmidt  Adenauerstr. 123        5400 Koblenz          0261/7761-556        0,00 DM
WMB Gentechnik            Mutaborplatz 69         2000 Hamburg          040/5906930        744,00 DM
XYZ AG                    Marktstraße 55          6200 Wiesbaden        06121/8963-344   2.179,00 DM
XYZ AG                    Marktstr. 55            6200 Wiesbaden        06121/8963-344   1.234,56 DM
ZZZ GmbH                  Sackgasse 901           4620 Castrop-Rauxel   02305/3778-766     210,55 DM
ZZZ-GmbH                  Sackgasse 901           4620 Castrop-Rauxel   02305/3778-766       0,00 DM
                                                                                       -----------
                                                                       Gesamt:         10.840,49 DM
                                                                                       ===========
```

Abbildung 10-41.

Einen gruppierten Bericht für ausgewählte Datensätze drucken

Angenommen, Sie benötigen einen Ausdruck des Berichts Offennachkunde über die Datensätzen mit dem Eintrag größer als DM 0,00 im Saldenfeld: Wählen Sie als erstes Abfrage aus dem Ansicht-Menü, um in das Abfrage-Formular zu gelangen. Dann entfernen Sie mit Abfrage löschen aus dem Menü Bearbeiten die vorhandenen Kriterien. Tragen Sie jetzt unter Saldo *>0,01* ein, und drücken Sie Enter. Starten Sie die Abfrage, indem Sie [F10] drücken oder Abfrage durchführen aus dem Menü Auswahl wählen. WORKS verläßt dann den Abfragemodus und kehrt zur Datenbank zurück. Es zeigt nur die Datensätze, deren Eintrag im Feld Saldo mehr als 0,01 beträgt.

Als nächstes öffnen Sie das Ansicht-Menü und wählen Offennachkunde. Wählen Sie Drucken aus dem Menü Drucken, überprüfen Sie Papier und Drucker, und wählen Sie Drucken. Abbildung 10-42 zeigt den gedruckten Bericht. Er enthält nur die ausgewählten Datensätze. Er ist nach den Einträgen im Feld Kd-Name gruppiert, und über jeder Kundengruppe steht der Namen des jeweiligen Kunden. Innerhalb der einzelnen Kundengruppen sind die Datensätze außerdem nach Rechnungsnummer sortiert, im Feld Saldo wurde für jede Kundengruppe und für den gesamten Bericht eine Summe berechnet.

```
Datum: 15.5.89              OFFENE POSTEN NACH KUNDE                  Seite: 1


Kd.-Name: ABC International

                        Ursprünglicher            Aktueller    Tage
    Rechnung    Datum       Betrag      Fällig        Saldo überfällig
     10026     2.5.89     167,88 DM     1.6.89     167,88 DM      0
                                                  ------------
                        Kunde Gesamt:              167,88 DM
Kd.-Name: Großdorf Kaufhäuser

                        Ursprünglicher            Aktueller    Tage
    Rechnung    Datum       Betrag      Fällig        Saldo überfällig
     10019    22.3.89     494,34 DM    21.4.89     494,34 DM     24
                                                  ------------
                        Kunde Gesamt:              494,34 DM
Kd.-Name: JWD Immobilien

                        Ursprünglicher            Aktueller    Tage
    Rechnung    Datum       Betrag      Fällig        Saldo überfällig
     10022    16.4.89     165,75 DM    16.5.89     165,75 DM      0
                                                  ------------
                        Kunde Gesamt:              165,75 DM
Kd.-Name: Kleinbrot Backwaren

                        Ursprünglicher            Aktueller    Tage
    Rechnung    Datum       Betrag      Fällig        Saldo überfällig
     10023    22.4.89   2.100,00 DM    22.5.89   2.100,00 DM      0
                                                  ------------
                        Kunde Gesamt:            2.100,00 DM
Kd.-Name: Konsolidierungs-GmbH

                        Ursprünglicher            Aktueller    Tage
    Rechnung    Datum       Betrag      Fällig        Saldo überfällig
     10016     8.3.89     700,43 DM     7.4.89     700,43 DM     38
                                                  ------------
                        Kunde Gesamt:              700,43 DM
Kd.-Name: L&M Werke

                        Ursprünglicher            Aktueller    Tage
    Rechnung    Datum       Betrag      Fällig        Saldo überfällig
     10004    15.1.89     415,76 DM    14.2.89       0,76 DM     90
     10024    25.4.89   1.467,35 DM    25.5.89   1.467,35 DM      0
                                                  ------------
                        Kunde Gesamt:            1.468,11 DM
Kd.-Name: McDaisy Schnellimbiß

                        Ursprünglicher            Aktueller    Tage
    Rechnung    Datum       Betrag      Fällig        Saldo überfällig
     10010     8.2.89     109,52 DM    10.3.89     109,52 DM     66
                                                  ------------
                        Kunde Gesamt:              109,52 DM
Kd.-Name: Oberhuber Maschinenbau

                        Ursprünglicher            Aktueller    Tage
    Rechnung    Datum       Betrag      Fällig        Saldo überfällig
     10021     7.4.89     377,80 DM     7.5.89     377,80 DM      8
                                                  ------------
                        Kunde Gesamt:              377,80 DM
```

Abbildung 10-42.

(10-42 Fortsetzung)

```
Datum: 15.5.89           OFFENE POSTEN NACH KUNDE                  Seite: 2


Kd.-Name: QMF Marmorwerke

                    Ursprünglicher              Aktueller    Tage
Rechnung     Datum       Betrag     Fällig         Saldo überfällig
   10018   20.3.89    916,00 DM    19.4.89        16,00 DM   26
                                               ------------
                Kunde Gesamt:                    16,00 DM
Kd.-Name: R&R Spirituosen

                    Ursprünglicher              Aktueller    Tage
Rechnung     Datum       Betrag     Fällig         Saldo überfällig
   10007   30.1.89    872,55 DM     1.3.89       872,55 DM   75
                                               ------------
                Kunde Gesamt:                   872,55 DM
Kd.-Name: WMB Gentechnik

                    Ursprünglicher              Aktueller    Tage
Rechnung     Datum       Betrag     Fällig         Saldo überfällig
   10028   10.5.89    744,00 DM     9.6.89       744,00 DM    0
                                               ------------
                Kunde Gesamt:                   744,00 DM
Kd.-Name: XYZ AG

                    Ursprünglicher              Aktueller    Tage
Rechnung     Datum       Betrag     Fällig         Saldo überfällig
   10001    2.1.89  1.234,56 DM     1.2.89     1.234,56 DM  103
   10027    7.5.89    944,44 DM     6.6.89       944,44 DM    0
                                               ------------
                Kunde Gesamt:                 2.179,00 DM
Kd.-Name: XYZ AG

                    Ursprünglicher              Aktueller    Tage
Rechnung     Datum       Betrag     Fällig         Saldo überfällig
   10013   24.2.89  1.234,56 DM    26.3.89     1.234,56 DM   50
                                               ------------
                Kunde Gesamt:                 1.234,56 DM
Kd.-Name: ZZZ GmbH

                    Ursprünglicher              Aktueller    Tage
Rechnung     Datum       Betrag     Fällig         Saldo überfällig
   10025   30.4.89    210,55 DM    30.5.89       210,55 DM    0
                                               ------------
                Kunde Gesamt:                   210,55 DM
                                               ------------
                Bericht Gesamt:             10.840,49 DM
                                               ============
```

ANPASSUNGEN

Für die Debitor-Datenbank gibt es einige interessante Modifikationen. Sie könnten zum Beispiel noch weitere Berichte erstellen. Wählen Sie einfach Neuer Bericht aus dem Ansicht-Menü, löschen Sie die vorgegebene Definition, fügen Sie Zeilen ein, und füllen Sie die Zeilen aus. WORKS läßt für eine Datenbank allerdings nur bis zu acht Berichte zu, deshalb sollten Sie vorher überlegen, welche Berichte Sie wirklich benötigen.

Natürlich können Sie auch unsere Berichte verändern, indem Sie Felder hinzufügen oder weglassen, zusätzliche Statistiken mit einbringen oder Leerzeilen hinzufügen bzw. löschen. Mit dem Befehl Schriftstil aus dem Format-Menü können Sie im Bericht bestimmte Textstellen unterstreichen oder in Schrägschrift oder fett drucken.

Sollten Sie feststellen, daß manche Kunden mehr als zwei Zahlungen zu einer Rechnung leisten, richten Sie dafür einfach zwei zusätzliche Felder ein: Zhlg3-Datum und Zhlg3-Betr. Weisen Sie dem Feld Zhlg3-Datum das Format TT,MM,JJ und dem Feld Zhlg3-Betr das Währungsformat mit 2 Nachkommastellen zu. Dann müssen Sie noch die Formel im Feld Saldo eintragen. Sie muß folgendermaßen lauten:

```
Netto-'Zhlg1-Betr'-'Zhlg2-Betr'-'Zhlg3-Betr'
```

Außerdem müssen Sie das Formular neu anordnen, um die neuen Felder unterzubringen.

ZUSAMMENFASSUNG

Wenn Sie Ihre Waren oder Leistungen auf Kredit verkaufen brauchen Sie ein schlaues System, mit dem Sie Ihre Außenstände verwalten. Ein solches System haben wir in diesem Kapitel vorgeführt. Dabei haben Sie gelernt, Datenbanken einzurichten, sie abzufragen und zu sortieren. Außerdem wissen Sie jetzt, wie Sie Berichte erstellen und mit ihnen arbeiten.

Kapitel 11

GEWINN/VERLUST-PROGNOSE

Das Arbeitsblatt Gewinn/Verlust-Prognose, das wir in diesem Kapitel erstellen wollen, ist ein geeignetes Hilfsmittel, um Umsätze und Ausgaben für einen bestimmten Zeitraum (ein oder zwei Monate oder auch Jahre) im voraus zu planen. Die GuV-Tabelle ermöglicht, eventuelle Profitverluste oder Cashflow-Engpässe im voraus zu erkennen, so daß rechtzeitig Gegenmaßnahmen ergriffen werden können. Sie bietet darüber hinaus die Möglichkeit, die tatsächlichen Ergebnisse mit den geschätzten Ergebnissen zu vergleichen. Das Arbeitsblatt ist so angelegt, daß es für Unternehmen unterschiedlichster Größe einsetzbar ist.

DAS ARBEITSBLATT

Abbildung 11-1 zeigt die Tabelle Gewinn/Verlust-Prognose mit einigen Musterdaten. Diese Tabelle ist in zwei Bereiche unterteilt, Ertragsrechnung und Bilanz. Wenn Sie die neu erstellte Tabelle zum ersten Mal laden, sind in Spalte 2 noch keine Schätzwerte eingetragen, und alle Formeln liefern den Wert 0 oder FEHLER.

In Abbildung 11-2 sehen Sie den linken oberen Teil des Tabellenbereichs Ertragsrechnung in der Originalversion (beim ersten Laden auf den Bildschirm). Dieser Bereich belegt die Felder Z4S1:Z51S16. Hier geben Sie alle Informationen über Erträge und Aufwendungen Ihres Unternehmens ein: Umsatzerlös, Wareneinsatz, andere Erträge, Betriebskosten, Steuern und so weiter. Aus diesen Daten errechnen die Formeln in Zeile 50 dann das Nettoergebnis für jeden Monat des kommenden Jahres.

Der Tabellenbereich Bilanz erstellt aus Ihren Schätzwerten und den Daten in der Ertragsrechnung eine Bilanz Ihres Unternehmens. Dieser Bereich belegt die Felder Z53S1:Z98S15. Die Formeln in Zeile 76 errechnen die Summen der Aktiva, die Formeln in Zeile 92 die Summen der Verbindlichkeiten. In Zeile 97 werden die Summen der Passiva durch Addition der Summe der Verbindlichkeiten mit der Summe des Eigenkapitals (Stammkapital und Gewinnrücklagen) errechnet.

```
             1                2            3          4           5           6           7          8
 1  ===============================================================================================
 2  GEWINN/VERLUST-PROGNOSE        Schätzwerte       Jan         Feb         Mär         Apr        Ma
 3  ===============================================================================================
 4  Ertragsrechnung
 5  ===============================================================================================
 6  Umsatzerlös
 7   Gesamtumsatz               1% Zuwachs       115.000 DM  116.150 DM  117.312 DM  118.485 DM  119.669 D
 8   Minus: Gutschriften        3% vom Umsatz    (3.450 DM)  (3.485 DM)  (3.519 DM)  (3.555 DM)  (3.590 D
 9                                              ----------  ----------  ----------  ----------  --------
10  Nettoergebnis                               111.550 DM  112.666 DM  113.792 DM  114.930 DM  116.079 D
11
12  Wareneinsatz               45% vom Umsatz    51.750 DM   52.268 DM   52.790 DM   53.318 DM   53.851 D
13                                              ----------  ----------  ----------  ----------  --------
14  Bruttoergebnis                               59.800 DM   60.398 DM   61.002 DM   61.612 DM   62.228 D
15
16  Andere Erträge
17   Zinsertrag                 9% Jahresrate         0 DM        0 DM        0 DM        0 DM       82 D
18    Auf Umlaufverm. über  50.000 DM
19   Sonstige Erträge                                0 DM        0 DM    5.000 DM        0 DM        0 D
20                                              ----------  ----------  ----------  ----------  --------
21                                               59.800 DM   60.398 DM   66.002 DM   61.612 DM   62.310 D
22                                              ----------  ----------  ----------  ----------  --------
23  Betriebskosten
24   Personal                   1% Zuwachs       22.000 DM   22.220 DM   22.442 DM   22.667 DM   22.893 D
25   Freiw. Zuwendungen      20,00% von Lohn/Geh.  4.400 DM    4.444 DM    4.488 DM    4.533 DM    4.579 D
26   Lohnsteuer              15,00% von Lohn/Geh.  3.300 DM    3.333 DM    3.366 DM    3.400 DM    3.434 D
27   Miete                    0,00% Zuwachs        4.000 DM    4.000 DM    4.000 DM    4.000 DM    4.000 D
28   Bürokosten               2,00% Zuwachs          650 DM      663 DM      676 DM      690 DM      704 D
29   Portogebühren            1,00% Zuwachs        1.500 DM    1.515 DM    1.530 DM    1.545 DM    1.561 D
30   Telefonkosten            1,00% Zuwachs        1.500 DM    1.515 DM    1.530 DM    1.545 DM    1.561 D
31   Versicherungen           1,00% Zuwachs           50 DM       51 DM       51 DM       52 DM       52 D
32   Beiträge und Zeitschr.   1,00% Zuwachs          300 DM      303 DM      306 DM      309 DM      312 D
33   Werbung                  0,00% Zuwachs        2.500 DM    2.500 DM    2.500 DM    2.500 DM    2.500 D
34   Reisen und Bewirtung     1,00% Zuwachs        1.500 DM    1.515 DM    1.530 DM    1.545 DM    1.561 D
35   Honorare                 1,00% Zuwachs          500 DM      505 DM      510 DM    2.500 DM      515 D
36   Unterhaltungskosten      1,00% Zuwachs          500 DM      505 DM      510 DM      515 DM      520 D
37   Leasingraten             1,00% Zuwachs          100 DM        0 DM        0 DM        0 DM        0 D
38   Abschreib. auf Anlagen     60 Monate         4.716 DM    4.883 DM    4.466 DM    4.466 DM    4.466 D
39   Zinsen
40    Kurzfr. Verbindlichk.   8,00%                 433 DM      433 DM      433 DM      433 DM      433 D
41    Langfr. Verbindlichk.  10,00%               1.250 DM    1.250 DM    1.250 DM    1.250 DM    1.250 D
42   Andere                   1,00% Zuwachs          300 DM      303 DM      306 DM      309 DM      312 D
43                                              ----------  ----------  ----------  ----------  --------
44  Summe der Betriebskosten                     49.499 DM   49.938 DM   49.896 DM   52.260 DM   50.653 D
45                                              ----------  ----------  ----------  ----------  --------
46  Gewinn vor Steuern                           10.301 DM   10.461 DM   11.106 DM    9.352 DM   11.575 D
47
48  Ertragssteuern                                1.545 DM    1.569 DM    1.666 DM    1.403 DM    2.894 D
49                                              ----------  ----------  ----------  ----------  --------
50  Nettoergebnis                                 8.756 DM    8.891 DM    9.440 DM    7.949 DM    8.681 D
51                                              ==========  ==========  ==========  ==========  ========
52  ===============================================================================================
53  Bilanz
54  ===============================================================================================
55  Umlaufvermögen
56   Kasse/Bank                                  19.523 DM   21.646 DM   38.885 DM   49.618 DM   61.065 D
57   Forderungen               45  Tage Laufz.  165.032 DM  166.683 DM  168.350 DM  170.033 DM  171.733 D
58   Warenbestände             30  Tage Laufz.   51.041 DM   51.551 DM   52.067 DM   52.587 DM   53.113 D
59   Anderes                                         0 DM        0 DM        0 DM        0 DM        0 D
60                                              ----------  ----------  ----------  ----------  --------
61  Summe Umlaufvermögen                        235.596 DM  239.880 DM  259.302 DM  272.238 DM  285.911 D
62                                              ----------  ----------  ----------  ----------  --------
63  Werksanlagen
64   Verbesser. gel. Güter                       26.000 DM   36.000 DM   36.000 DM   36.000 DM   36.000 D
65   Büroausstattung                             87.000 DM   87.000 DM   87.000 DM   87.000 DM   87.000 D
66   Anlagevermögen                             125.000 DM  125.000 DM  100.000 DM  100.000 DM  100.000 D
67   Büromaschinen                               45.000 DM   45.000 DM   45.000 DM   45.000 DM   45.000 D
68                                              ----------  ----------  ----------  ----------  --------
69  Werksanlagen brutto                         283.000 DM  293.000 DM  268.000 DM  268.000 DM  268.000 D
70   Aufgel. Abschreibungen  70.750 DM Vorbilanz 75.466 DM   80.349 DM   64.815 DM   69.281 DM   73.747 D
71                                              ----------  ----------  ----------  ----------  --------
72  Werksanlagen netto                          207.534 DM  212.651 DM  203.185 DM  198.719 DM  194.253 D
73
74  Andere Sachanlagen                               0 DM        0 DM        0 DM        0 DM        0 D
75                                              ----------  ----------  ----------  ----------  --------
76  Summe der Aktiva                            443.130 DM  452.531 DM  462.487 DM  470.957 DM  480.164 D
77                                              ==========  ==========  ==========  ==========  ========
78
79  Kurzfr. Verbindlichk.
80   Kreditoren                30  Tage Laufz.   51.041 DM   51.551 DM   52.067 DM   52.587 DM   53.113 D
81   Kurzfr. Verbindlichk.                       65.000 DM   65.000 DM   65.000 DM   65.000 DM   65.000 D
82   fällige Ertragssteuern                       3.333 DM    3.333 DM    3.333 DM    3.333 DM    3.333 D
83   Antizipative Passiva                        25.000 DM   25.000 DM   25.000 DM   25.000 DM   25.000 D
```

Abbildung 11-1.

9	10	11	12	13	14	15	16
Jun	Jul	Aug	Sep	Okt	Nov	Dez	Summe
120.866 DM	122.075 DM	123.296 DM	124.529 DM	125.774 DM	127.032 DM	128.302 DM	1.458.488 DM
(3.626 DM)	(3.662 DM)	(3.699 DM)	(3.736 DM)	(3.773 DM)	(3.811 DM)	(3.849 DM)	(43.755 DM)
117.240 DM	118.413 DM	119.597 DM	120.793 DM	122.001 DM	123.221 DM	124.453 DM	1.414.733 DM
54.390 DM	54.934 DM	55.483 DM	56.038 DM	56.598 DM	57.164 DM	57.736 DM	656.320 DM
62.850 DM	63.479 DM	64.114 DM	64.755 DM	65.402 DM	66.056 DM	66.717 DM	758.414 DM
58 DM	138 DM	220 DM	298 DM	190 DM	271 DM	353 DM	1.610 DM
0 DM	0 DM	0 DM	0 DM	0 DM	0 DM	0 DM	5.000 DM
62.908 DM	63.617 DM	64.334 DM	65.053 DM	65.592 DM	66.327 DM	67.070 DM	765.024 DM
23.122 DM	23.353 DM	23.587 DM	23.823 DM	24.061 DM	24.302 DM	24.545 DM	279.015 DM
4.624 DM	4.671 DM	4.717 DM	4.765 DM	4.812 DM	4.860 DM	4.909 DM	55.803 DM
3.468 DM	3.503 DM	3.538 DM	3.573 DM	3.609 DM	3.645 DM	3.682 DM	41.852 DM
4.000 DM	4.000 DM	4.000 DM	4.000 DM	4.000 DM	4.000 DM	4.000 DM	48.000 DM
718 DM	732 DM	747 DM	762 DM	777 DM	792 DM	808 DM	8.718 DM
1.577 DM	1.592 DM	1.608 DM	1.624 DM	1.641 DM	1.657 DM	1.674 DM	19.024 DM
1.577 DM	1.592 DM	1.608 DM	1.624 DM	1.641 DM	1.657 DM	1.674 DM	19.024 DM
53 DM	53 DM	54 DM	54 DM	55 DM	55 DM	56 DM	634 DM
315 DM	318 DM	322 DM	325 DM	328 DM	331 DM	335 DM	3.805 DM
2.500 DM	2.500 DM	2.500 DM	2.500 DM	2.500 DM	2.500 DM	2.500 DM	30.000 DM
1.577 DM	1.592 DM	1.608 DM	1.624 DM	1.641 DM	1.657 DM	1.674 DM	19.024 DM
520 DM	525 DM	531 DM	536 DM	541 DM	547 DM	552 DM	8.282 DM
526 DM	531 DM	536 DM	541 DM	547 DM	552 DM	558 DM	6.341 DM
0 DM	0 DM	0 DM	0 DM	0 DM	0 DM	0 DM	100 DM
4.466 DM	4.466 DM	4.466 DM	4.466 DM	4.466 DM	4.466 DM	4.466 DM	54.259 DM
333 DM	333 DM	333 DM	333 DM	166 DM	166 DM	166 DM	3.995 DM
1.250 DM	1.250 DM	1.250 DM	1.250 DM	1.250 DM	1.250 DM	1.250 DM	15.000 DM
315 DM	318 DM	322 DM	325 DM	328 DM	331 DM	335 DM	3.805 DM
50.940 DM	51.331 DM	51.726 DM	52.125 DM	52.362 DM	52.769 DM	53.181 DM	616.681 DM
11.910 DM	12.148 DM	12.387 DM	12.629 DM	13.041 DM	13.287 DM	13.536 DM	141.733 DM
2.978 DM	4.130 DM	4.212 DM	4.925 DM	5.086 DM	5.182 DM	5.279 DM	40.868 DM
8.933 DM	8.018 DM	8.176 DM	7.704 DM	7.955 DM	8.105 DM	8.257 DM	100.865 DM
57.746 DM	68.495 DM	79.385 DM	89.786 DM	75.419 DM	86.186 DM	97.086 DM	
173.451 DM	175.185 DM	176.937 DM	178.706 DM	180.494 DM	182.298 DM	184.121 DM	
53.644 DM	54.181 DM	54.722 DM	55.270 DM	55.822 DM	56.381 DM	56.944 DM	
0 DM	0 DM	0 DM	0 DM	0 DM	0 DM	0 DM	
284.841 DM	297.861 DM	311.044 DM	323.762 DM	311.735 DM	324.865 DM	338.151 DM	
36.000 DM	36.000 DM	36.000 DM	36.000 DM	36.000 DM	36.000 DM	36.000 DM	
87.000 DM	87.000 DM	87.000 DM	87.000 DM	87.000 DM	87.000 DM	87.000 DM	
100.000 DM	100.000 DM	100.000 DM	100.000 DM	100.000 DM	100.000 DM	100.000 DM	
45.000 DM	45.000 DM	45.000 DM	45.000 DM	45.000 DM	45.000 DM	45.000 DM	
268.000 DM	268.000 DM	268.000 DM	268.000 DM	268.000 DM	268.000 DM	268.000 DM	
78.213 DM	82.679 DM	87.145 DM	91.611 DM	96.077 DM	100.543 DM	105.009 DM	
189.787 DM	185.321 DM	180.855 DM	176.389 DM	171.923 DM	167.457 DM	162.991 DM	
0 DM	0 DM	0 DM	0 DM	0 DM	0 DM	0 DM	
474.628 DM	483.182 DM	491.899 DM	500.151 DM	483.658 DM	492.322 DM	501.142 DM	
53.644 DM	54.181 DM	54.722 DM	55.270 DM	55.822 DM	56.381 DM	56.944 DM	
50.000 DM	50.000 DM	50.000 DM	50.000 DM	25.000 DM	25.000 DM	25.000 DM	
3.333 DM	3.333 DM	3.333 DM	3.333 DM	3.333 DM	3.333 DM	3.333 DM	
25.000 DM	25.000 DM	25.000 DM	25.000 DM	25.000 DM	25.000 DM	25.000 DM	

(11-1 Fortsetzung)

84	Andere		0 DM	0 DM	0 DM	0 DM	0 DM
85							
86	Summe kurzfr.Verbindl.		144.374 DM	144.884 DM	145.400 DM	145.920 DM	146.446 DM
87							
88	Langfr.Verbindlichk.						
89	Langfr. Kreditoren		150.000 DM	150.000 DM	150.000 DM	150.000 DM	150.000 DM
90	Andere		0 DM	0 DM	0 DM	0 DM	0 DM
91							
92	Summe Verbindlichkeiten		294.374 DM	294.884 DM	295.400 DM	295.920 DM	296.446 DM
93							
94	Stammkapital		50.000 DM	50.000 DM	50.000 DM	50.000 DM	50.000 DM
95	Gewinnrücklagen	90.000 DM Vorbilanz	98.756 DM	107.647 DM	117.087 DM	125.037 DM	133.718 DM
96							
97	Summe der Passiva		443.130 DM	452.531 DM	462.487 DM	470.957 DM	480.164 DM
98							

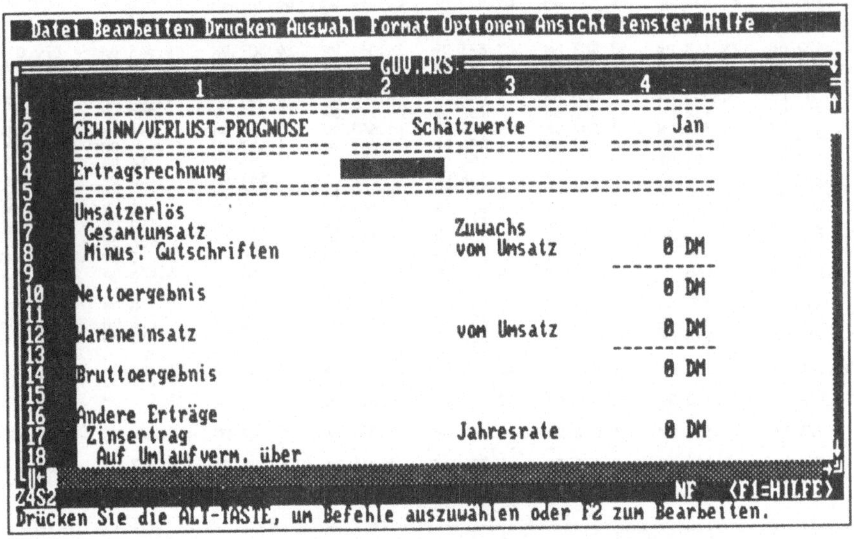

Abbildung 11-2.

In Spalte 2 geben Sie einige Schätzwerte ein - z.B. voraussichtliche Zuwachs-rate für Umsatzerlös und andere Ausgabenposten, die voraussichtliche Laufzeit von Forderungen und Wareneinsatz und so weiter. Für einige Konten tragen Sie in Spalte 4 Anfangssalden ein. Anhand der von Ihnen eingegebenen Daten nimmt die Tabelle anschließend eine Reihe von Berechnungen vor. Aus der Umsatzsteigerungsrate in Feld Z7S2 und dem voraussichtlichen Januar-Umsatz in Feld Z7S4 errechnet die Tabelle beispielsweise den voraussichtlichen Umsatzerlös für den Monat Februar und alle folgenden Monate.

Die meisten Felder der Spalten 4 bis 15 enthalten Formeln, die Monatswerte für Ihre Ertrags-, Ausgaben- oder Bilanz-Konten berechnen. Einige dieser Formeln beziehen sich auf die Schätzwerte in Spalte 2, andere auf die Werte in anderen Spalten. In einen Teil der Felder geben Sie Ihre Schätzwerte für außergewöhn

```
          0 DM        0 DM        0 DM        0 DM        0 DM        0 DM        0 DM
      ..........  ..........  ..........  ..........  ..........  ..........  ..........
   131.977 DM  132.514 DM  133.055 DM  133.603 DM  109.155 DM  109.714 DM  110.277 DM

   150.000 DM  150.000 DM  150.000 DM  150.000 DM  150.000 DM  150.000 DM  150.000 DM
         0 DM        0 DM        0 DM        0 DM        0 DM        0 DM        0 DM
      ..........  ..........  ..........  ..........  ..........  ..........  ..........
   281.977 DM  282.514 DM  283.055 DM  283.603 DM  259.155 DM  259.714 DM  260.277 DM

    50.000 DM   50.000 DM   50.000 DM   50.000 DM   50.000 DM   50.000 DM   50.000 DM
   142.651 DM  150.668 DM  158.844 DM  166.548 DM  174.503 DM  182.608 DM  190.865 DM
      ..........  ..........  ..........  ..........  ..........  ..........  ..........
   474.628 DM  483.182 DM  491.899 DM  500.151 DM  483.658 DM  492.322 DM  501.142 DM
   ==========  ==========  ==========  ==========  ==========  ==========  ==========
```

liche Erträge bzw. Aufwendungen manuell ein. Spalte 16 enthält eine Reihe von
SUMME-Funktionen, die für die einzelnen Zeilen in der Ertragsrechnung
jeweils die Jahressumme errechnen.

DAS ARBEITSBLATT ERSTELLEN

Erstellen Sie als erstes eine neue Tabellenkalkulation. Wählen Sie dazu Neue
Datei erstellen im Datei-Menü und anschließend Neue Tabellenkalkulation im
geöffneten Dialogfeld. Als nächstes rufen Sie im Optionen-Menü Manuell
berechnen auf, damit WORKS nicht bei jedem Eintrag eine Neuberechnung
vornimmt.

Ändern Sie nun einige Formateinstellungen für die gesamte Tabelle. Drücken
Sie also gleichzeitg Shift-Ctrl-[F8] (oder klicken Sie oben links auf dem Tabel-
lenrand mit der Maus), um die gesamte Tabelle zu markieren. Als erstes ändern
Sie das Standardformat in Währungsformat. Dazu wählen Sie Währung im
Menü Format, schreiben für Nachkommastellen: *0* und bestätigen mit Enter
oder OK.

Anschließend müssen einige Spaltenbreiten geändert werden. Dazu setzen Sie
den Cursor auf ein beliebiges Feld in der zu ändernden Spalte, wählen Spaltenbreite im Menü Format, schreiben die gewünschte Breite und geben diese mit
Enter oder OK ein. Die Tabelle in Abbildung 11-3 zeigt die neuen Spaltenbreiten.

Spalte	Breite
1	26
2	10
3	14
4 bis 15	12
16	14

Abbildung 11-3. Spaltenbreiten für die Gewinn/Verlust-Prognose

Nachdem Sie diese Änderungen vorgenommen haben, können Sie mit den Einträgen beginnen. Geben Sie also in die Zeilen 1, 2 und 3 Labels ein. Die Doppellinie in Zeile 1 reicht von Spalte 1 mit Spalte 15 und besteht aus Gleichheitszeichen (=). Um jede Spalte in Zeile 1 mit einem Label aus Gleichheitszeichen zu versehen, setzen Sie den Cursor in die jeweilige Spalte in Zeile 1 und tippen ein Anführungszeichen (") gefolgt von der richtigen Anzahl an Gleichheitszeichen (Anzahl entspricht der jeweiligen Spaltenbreite). Für das Label in Spalte 1 tippen Sie beispielsweise ein Anführungszeichen und anschließend 26 Gleichheitszeichen. Wenn Sie das Anführungszeichen vor den Gleichheitszeichen vergessen, interpretiert WORKS Ihre Eingabe als Formel und meldet: *FEHLER: Operand fehlt*.

Bewegen Sie nun den Cursor auf Feld Z2S1, und schreiben Sie *GEWINN/VERLUST-PROGNOSE*. Anschließend gehen Sie in Zeile 2 der Spalte 2, tippen sieben Leerräume und schreiben *Schätzwerte*. In Feld Z2S4 geben Sie dann *Jan* ein, in Feld Z2S3 *Feb*, in Z2S4 *Mär* und so weiter, bis Sie zu Feld Z2S15 kommen. Hier geben Sie als Label *Summe* ein.

Die Doppellinie in Zeile 3 erstellen Sie ähnlich wie die in Zeile 1. Beginnen Sie jedes Label mit einem Anführungszeichen oder einem oder mehreren Leerzeichen. In Feld Z3S1 tippen Sie also ein Anführungszeichen gefolgt von 26 Gleichheitszeichen. Das Label in Feld Z3S2 besteht aus zwei Leerzeichen gefolgt von acht Gleichheitszeichen. Für die weiteren Spalten in Zeile 3 gilt: das Label in Feld Z3S3 besteht aus einem Anführungszeichen gefolgt von vierzehn Gleichheitszeichen, die Labels in den Feldern Z3S4 bis Z3S15 aus zwei Leerzeichen gefolgt von zehn Gleichheitszeichen, das Label in Z3S16 aus zwei Leerzeichen gefolgt von zwölf Gleichheitszeichen.

Nachdem Sie diese Labels eingegeben haben, richten Sie die Labels in den Feldern Z2S4 bis Z3S16 rechts aus. Dazu markieren Sie den Bereich Z2S4:Z3S16, wählen Format und im Dialogfeld Schriftstil die Option Rechtsbündig. Bestätigen Sie Ihre Wahl mit Enter oder OK.

Der Bereich Ertragsrechnung

Sie können nun den Bereich Ertragsrechnung definieren. Setzen Sie dazu als erstes den Cursor auf Feld Z4S1, und schreiben Sie Ertragsrechnung. Anschließend bewegen Sie den Cursor auf Feld Z1S1, markieren den Bereich Z1S1:Z1S16, wählen Kopieren im Menü Bearbeiten, gehen anschließend mit dem Cursor auf Feld Z5S1 und drücken Enter. Die Doppellinie aus Zeile 1 wird damit in Zeile 5 kopiert.

Als nächstes geben Sie die Bezeichnungen für Spalte 1 ein. Setzen Sie also den Cursor auf Feld Z6S1, und schreiben Sie *Umsatzerlös*. Dann gehen Sie auf Feld Z7S1, tippen ein Leerzeichen und schreiben *Gesamtumsatz*. In Feld Z8S1 tippen Sie wieder ein Leerzeichen und schreiben dann *Minus: Gutschriften*.

Geben Sie nacheinander die in Abbildung 11-1 gezeigten Labels in die Ertrags-rechnung in Spalte 1 ein.

Beachten Sie, daß einige Labels um ein Leerzeichen eingerückt sind, andere um zwei Leerzeichen. Auf diese Weise soll die Tabelle übersichtlicher gestaltet werden. Um ein Label einzurücken, setzen Sie einfach vor die entsprechende Bezeichnung ein bzw. zwei Leerräume.

In Spalte 3 müssen nun einige Labels als Ergänzung der Labels in Spalte 2 ein-gegeben werden. Setzen Sie also den Cursor als erstes auf Feld Z7S3, tippen Sie ein Leerzeichen, und schreiben Sie *Zuwachs*. (Machen Sie es mit den anderen Labels in Spalte 3 ebenso, beginnen Sie jedes Label mit einem Leer-zeichen.) In Feld Z8S3 schreiben Sie dann *vom Umsatz*. Anschließend gehen Sie mit dem Cursor auf Feld Z12S3 und schreiben auch hier vom Umsatz. Fahren Sie in dieser Weise in Spalte 3 fort, bis alle Labels der Ertragsrechnung, wie in Abbildung 11-1 gezeigt, eingegeben sind.

Eintrag der Formeln

In die Spalten 4 und 5 müssen Sie nun Formeln (und einige Labels) eingeben. Die Tabelle in Abbildung 11-4 zeigt eine Liste mit Formeln und den ent-sprechenden Eingabeadressen. Einige dieser Formeln können Sie mit Hilfe der Option Unten ausfüllen aus dem Menü Bearbeiten eingeben. Statt beispiels-weise die Formeln der Felder Z27S5 bis Z37S5 einzeln einzugeben, können Sie einfach die Formel

```
=(1+ZS2)*ZS(-1)
```

in Feld Z27S5 eingeben, dann den Bereich Z27S5:Z37S5 markieren, Bearbei-ten-Unten ausfüllen wählen und mit Enter die Formel aus Z27S5 in die Felder Z28S5 bis Z37S5 kopieren.

Feld	Formel
Z7S5	=(1+ZS2)*ZS(-1)
Z8S4	=-ZS2*Z(-1)S
Z8S5	=-ZS2*Z(-1)S
Z10S4	=SUMME(Z(-3)S4:Z(-2)S)
Z10S5	=SUMME(Z(-3)S4:Z(-2)S)
Z12S4	=ZS2*Z(-5)S
Z12S5	=ZS2*Z(-5)S
Z14S4	=Z(-4)S-Z(-2)S
Z14S5	=Z(-4)S-Z(-2)S
Z17S4	=WENN(ISTFEHL(Z(+39)S);0;WENN(Z(+39)S>Z18S2; GANZZAHL(ZS2/12*(Z(+39)S-Z18S2));0))

Abbildung 11-4. Formeln für Spalten 4 und 5 der Ertragsrechnung

(11-4 Fortsetzung)

Feld	Formel
Z17S5	=WENN(ISTFEHL(Z(+39)S);0;WENN(Z(+39)S>Z18S2; GANZZAHL(ZS2/12*(Z(+39)S-Z18S2));0))
Z19S5	=ZS(-1)
Z21S4	=Z(-7)S+Z(-4)S+Z(-2)S
Z21S5	=Z(-7)S+Z(-4)S+Z(-2)S
Z24S5	=(1+ZS2)*ZS(-1)
Z25S4	=ZS2*Z(-1)S
Z25S5	=ZS2*Z(-1)S
Z26S4	=ZS2*Z(-2)S
Z26S5	=ZS2*Z(-2)S
Z27S5	=(1+ZS2)*ZS(-1)
Z28S5	=(1+ZS2)*ZS(-1)
Z29S5	=(1+ZS2)*ZS(-1)
Z30S5	=(1+ZS2)*ZS(-1)
Z31S5	=(1+ZS2)*ZS(-1)
Z32S5	=(1+ZS2)*ZS(-1)
Z33S5	=(1+ZS2)*ZS(-1)
Z34S5	=(1+ZS2)*ZS(-1)
Z35S5	=(1+ZS2)*ZS(-1)
Z36S5	=(1+ZS2)*ZS(-1)
Z37S5	=(1+ZS2)*ZS(-1)
Z38S4	=GANZZAHL(Z(+31)S/ZS2)
Z38S5	=GANZZAHL(Z(+31)S/ZS2)
Z40S4	=GANZZHAL(ZS2/12*Z(+41)S)
Z40S5	=GANZZAHL(ZS2/12*Z(+41)S)
Z41S4	=GANZZAHL(ZS2/12*Z(+48)S)
Z41S5	=GANZZHAL(ZS2/12*Z(+48)S)
Z42S5	=(1+ZS2)*ZS(-1)
Z44S4	=SUMME(Z(-20)S:Z(-1)S)
Z44S5	=SUMME(Z(-20)S:Z(-1)S)
Z46S4	=Z14S-Z44S
Z46S5	=Z14S-Z44S
Z48S4	=Z46S4*0,25
Z48S5	=Z46S5*0,25
Z50S4	=Z(-4)S-Z(-2)S
Z50S5	=Z(-4)S-Z(-2)S

Erklärungen zu den Formeln

Lassen Sie uns einen Blick auf die einzelnen Formeln in den Spalten 4 und 5 werfen. Einige dieser Formeln subtrahieren einfach einen Wert von einem anderen Wert, wie z.B. die Formel =Z(-4)S-Z(-2)S in Feld Z50S4. Hier wird die Gewerbeertragssteuer für Januar (Feld Z48S4) vom Gewinn vor Steuern für denselben Monat (Feld Z46S4) subtrahiert. Die Formel =Z(-4)S-Z(-2)S in Feld Z50S5 nimmt dieselbe Berechnung für den Monat Februar vor. Andere Formeln wiederum addieren einen Wert mit einem anderen Wert, wie z.B. die

Formel =Z(-7)S+Z(-4)S+Z(-2)S in Feld Z21S4. Hier wird das Bruttoergebnis für Januar (Feld Z14S4) mit dem Zinsertrag in Feld Z17S4 und Andere Erträge (Feld Z19S4) addiert. Ähnlich die Formel =SUMME(Z(-20)S:Z(-1)S) in Feld Z44S5, sie errechnet die Summe Betriebskosten für den Monat Februar, indem sie die Summe aller Werte in den Feldern Z24S5:Z43S5 bildet. (Da Sie bisher noch keine Einträge vorgenommen haben, liefern alle Formeln momentan den Wert 0 als Ergebnis.)

Die Formeln in den Feldern Z7S5, Z24S5 und Z27S5 bis Z37S5 sind gleich. Alle diese Formeln berechnen für eine ganze Reihe von Konten den Februarsaldo durch Multiplikation des Januarsaldos eines Kontos (Spalte 4) mit eins plus der Zuwachsrate für das entsprechende Konto (Spalte 2). Die Formel =(1+ZS2)*ZS(-1) in Feld Z7S5 beispielsweise errechnet den Februarsaldo des Gesamtumsatzes, indem sie den Januarsaldo dieses Kontos (Feld Z7S4) mit eins plus der geschätzten Zuwachsrate für den Gesamtumsatz (Feld Z7S2) multipliziert.

Andere Formeln in dieser Spalte benutzen für ihre Berechnungen andere Werte der Spalten 4 und 5 und andere Schätzwerte aus Spalte 2. Die Formel in Feld Z8S4, =-ZS2*Z(-1)S, berechnet beispielsweise die Gutschriften für Januar, indem sie das Multiplikationsergebnis aus geschätztem Zuwachs für Gutschriften (Feld Z8S2) mit dem Gesamtumsatz (Feld Z7S4) mit einem negativen Vorzeichen versieht. Ähnlich berechnet die Formel in Feld Z25S4, =ZS2*Z(-1)S, die Freiwilligen Zuwendungen für die einzelnen Monate durch Multiplikation der Ausgaben für Personalkosten im Januar (Z24S4) mit dem geschätzten Zuwachs für Freiwillige Zuwendungen (Z25S2).

Die Formeln in den Zeilen 40 und 41 errechnen die monatlichen Zinsen für kurzfristige und langfristige Verbindlichkeiten. Dabei berechnet die Formel =GANZZAHL(ZS2/12*Z(+41)S) in Feld Z40S4 die Zinsen für die kurzfristigen Verbindlichkeiten im Januar, indem sie den geschätzten Zinssatz (Feld Z40S2) durch 12 (Monate) dividiert und anschließend den so errechneten monatlichen Zinssatz mit dem Januarsaldo für kurzfristige Verbindlichkeiten (der in Feld Z81S4 berechnet wird) multipliziert und dann aus dem Ergebnis die entsprechende Ganzzahl bildet.

Mit den Formeln in den Feldern Z38S4 und Z38S5 werden die Abschreibungskosten für Januar und Februar berechnet. Die Formel in Feld Z38S5 beispielsweise dividiert den Bruttosaldo des Anlagevermögens im Februar (Z69S5) durch die geschätzte durchschnittliche Lebensdauer einer Anlage (Z38S2) und errechnet so die Abschreibungskosten für den Monat Februar.

Die Formeln in den Feldern Z17S4 und Z17S5 errechnen den Zinsertrag für die Monate Januar und Februar. Diese Formeln enthalten einen Bezug auf Feld Z17S2, in das Sie den geschätzten Zuwachs für den Zinsertrag aus Überschußreserven eingeben, und auf Feld Z18S2, mit den erforderlichen Barmitteln. Nehmen wir als Beispiel die Formel in Feld Z17S5

```
=WENN(ISTFEHL(Z(+39)S);0;WENN(Z(+39)S>Z18S2;GANZZAHL(ZS2/12*(Z(+39)S-Z18S2));0))
```

Diese Formel besagt: Wenn Feld Z56S5 (Kasse/Bank für Februar) den Wert FEHLER enthält, gib den Wert 0 zurück. Andernfalls, wenn der Wert in Feld Z56S5 größer ist als der Wert in Feld Z18S2 (Umlaufvermögen über DM 50.000), dann dividiere den Wert in Feld Z17S2 (9% Zinsrate) durch 12, um den monatlichen Zins zu erhalten, und multipliziere das Ergebnis mit der Differenz aus dem Wert in Feld Z56S5 (Kasse/Bank für Februar) und dem Wert in Feld Z18S2 (Umlaufvermögen über 50.000) und liefere als Ergebnis eine Ganzzahl. Und schließlich, wenn der Wert in Feld Z56S5 (Kasse/Bank Februar) nicht größer ist als der Wert in Feld Z18S2 (Umlaufvermögen über 50T), dann gib als Ergebnis den Wert 0 zurück.

Die Formeln in den Feldern Z48S4 und Z48S5 berechnen die Gewerbeertragssteuer für die Monate Januar und Februar. Dabei berechnet die Formel in Feld Z48S5 die voraussichtliche Gewerbeertragssteuer für den Monat Februar

```
=Z46S*0,25
```

Diese Formel multipliziert den Gewinn vor Steuern für Februar (Feld Z46S5) mit einer Prozentrate von derzeit 0,25.

Hinweis: Diese Formeln sind nur für Gewinn- und Verlust-Prognosen geeignet, nicht für exakte Steuerberechnungen. Es muß berücksichtigt werden, daß sich die Steuergesetze häufig ändern und diese Formeln vielleicht schon bald nicht mehr gültig sein werden.

Eingabe der Labels

Nachdem die Formeln aus Abbildung 11-4 nun in die Spalten 4 und 5 eingegeben sind, müssen noch einige Labels aus zwei Leerzeichen gefolgt von zehn Bindestrichen (----------) in folgende Felder dieser Spalten eingegeben werden: Z9S4, Z9S5, Z13S4, Z13S5, Z20S4, Z20S5, Z22S4, Z22S5, Z43S4, Z43S5, Z45S4, Z45S5, Z49S4 und Z49S5. Diese Labels bilden die Striche unter Zahlenspalten, die addiert werden sollen. Um dieses Label einzugeben, setzen Sie den Cursor auf das entsprechende Feld, drücken zweimal die Leertaste, tippen zehn Bindestriche und bestätigen mit Enter. Nachdem Sie ein Label eingegeben haben, können Sie mit Hilfe von Bearbeiten-Kopieren das Label in die übrigen Felder kopieren. In die Felder Z51S4 und Z51S5 geben Sie anschließend noch ein Label aus zwei Leerzeichen gefolgt von zehn Gleichheitszeichen ein.

Formeln kopieren

Kopieren Sie nun die Formeln aus Spalte 5 in die Spalten 6 bis 15 der Ertragsrechnung. Markieren Sie dazu den Bereich Z6S5:Z51S15, und wählen Sie im Bearbeiten-Menü Rechts ausfüllen. WORKS kopiert daraufhin alle Formeln und Labels aus Spalte 5 in den markierten Bereich.

Das Ergebnis sieht folgendermaßen aus: Der Bezug auf den Schätzwert in Spalte 2 besteht aus einer gemischten Adresse. Das bedeutet, die Spalte wird absolut adressiert, die Zeile relativ. Alle Bezüge auf die Felder in den Spalten 4 und 5 sind relativ. In der Formel, die Sie in Feld Z38S4 eingetragen haben, =GANZZAHL(Z(+31)S/ZS2), besteht der Bezug auf die Spalte 2 beispielsweise aus einer gemischten Adresse, der Bezug auf das Feld Z69S4 jedoch aus einer relativen Adresse. Das Ergebnis ist, daß sich beim Kopieren mit Rechts ausfüllen der Bezug auf Felder in Spalte 2 nicht ändert, während sich der Bezug auf Felder in den Spalten 4 und 5 ändert, so daß sich jede Adresse nach dem Kopieren auf ein Feld in der eigenen Spalte bezieht.

Vielleicht finden Sie es umständlich, erst Formeln in die Spalten 4 und 5 einzugeben und diese dann mit Rechts ausfüllen in die übrigen Felder eines Bereichs zu kopieren. Doch, dies ist eindeutig die schnellste Methode, um eine Tabelle (oder einen Tabellenbereich) zu erstellen, in der jedes Feld einer Zeile dieselbe Grundformel enthält. Diese Methode ist sehr viel effizienter als ihre Alternative: die Formeln in jede Zeile gesondert einzugeben und zu kopieren. Sie werden überrascht sein, wie viel Zeit Sie sich mit der ersten Methode sparen können, und für wie viele Tabellen diese Methode geeignet ist. Daher werden wir diese Methode auch beim Aufbau der Bilanz sowie bei der Cash-Flow-Planung und dem privaten Finanzplan in den letzten beiden Kapiteln einsetzen.

Die Formeln für Spalte 2

Als nächstes geben Sie in einige Felder der Spalte 2 der Ertragsrechnug eine einfache Formel ein. Dazu bewegen Sie den Cursor auf Feld Z27S2 und schreiben die Formel

=Z24S

Diese Formel hat einen Bezug auf Feld Z24S2, in das Sie die geschätzte Zuwachsrate für Personalkosten eintragen werden. Wählen Sie anschließend Prozent aus dem Menü Format, und bestätigen Sie mit Enter oder OK Prozentformat mit 2 Dezimalstellen für Feld Z27S2.

Als nächstes markieren Sie den Bereich Z27S2:Z37S2 und kopieren mit Unten ausfüllen aus dem Menü Bearbeiten die Formel aus Feld Z27S2 in den markierten Bereich. Da die Formel in Feld Z27S2 einen gemischten Bezug auf Feld Z24S2 enthält (absoluter Zeilenbezug), ist jede kopierte Formel mit der Ausgangsformel identisch. Feld Z28S2 enthält beispielsweise die Formel =Z24S, Feld Z29S2 ebenfalls die Formel =Z24S und so weiter.

Nachdem Sie die Formel kopiert haben, setzen Sie den Cursor auf Feld Z37S2 und rufen aus dem Bearbeiten-Menü die Option Kopieren auf. Anschließend bewegen Sie den Cursor auf Feld Z42S2 und kopieren mit Enter oder OK die Formel aus Feld Z37S2 in Feld Z42S2. Kopierte Formel und Ausgangsformel bleiben identisch, da die Formel in Feld Z37S2 einen absoluten Zeilenbezug enthält.

Mit diesen Formeln können Sie später beim Arbeiten viel Zeit sparen. Da alle Formeln das Feld Z24S2 adressieren, wird die hier eingetragene Zuwachsrate an die anderen Felder übergeben. Mit anderen Worten, die Zuwachsrate für diese sämtlichen Ausgaben entspricht der Zuwachsrate für Personalkosten. Sie können selbstverständlich die Wachstumsrate für die eine oder andere Aufwendung individuell ändern, indem Sie in das entsprechende Feld in Spalte 2 einen anderen Prozentsatz eintragen. Da man jedoch davon ausgehen kann, daß der überwiegende Teil Ihrer Aufwendungen im selben Maße zunimmt, müssen Sie nicht für jede Aufwendung eine gesonderte Zuwachsrate angeben.

Die Formeln für Spalte 16

Geben Sie nun in Spalte 16 einige SUMME-Funktionen ein. Jede Formel in dieser Spalte summiert den Inhalt der Spalten 4 bis 15 der entsprechenden Zeile und errechnet so die jeweiligen Jahressummen in Spalte 16. Feld Z7S15 enthält beispielsweise die Formel =SUMME(ZS4:ZS15), die die Summe der Werte in Zeile 7 berechnet. Die Tabelle in Abbildung 11-5 zeigt alle Formeln für Spalte 16.

Sie können die einzelnen Formeln selbstverständlich manuell eingeben, doch empfehlenswerter ist es, die Formel in Feld Z7S16 einzutragen und anschließend mit den Befehlen Kopieren und Unten ausfüllen in die übrigen Felder der Spalte 16 zu kopieren. Geben Sie also in Feld Z7S16 die Formel

```
=SUMME(ZS4:ZS15)
```

ein. Anschließend markieren Sie den Bereich Z7S16:Z8S16 und kopieren mit Unten ausfüllen aus dem Menü Bearbeiten die Formel in Feld Z8S16. Nun setzen Sie den Cursor auf Feld Z7S16, wählen Kopieren im Bearbeiten-Menü, markieren Feld Z10S16 und kopieren mit Enter die Formel aus Feld Z7S16 in Feld Z10S16. Wenn Sie nun wieder Kopieren wählen und den Cursor auf Feld Z12S16 setzen, können sie mit Enter die Formel in dieses Feld weiterkopieren. Machen Sie einfach so weiter - Formeln eingeben und mit Kopieren bzw. Unten ausfüllen aus dem Menü Bearbeiten kopieren - bis Sie alle Formeln aus der Tabelle in Abbildung 11-5 eingegeben haben.

Der Bereich Bilanz

Im Bilanzbereich geben Sie als erstes das Label *Bilanz* in Feld Z53S1 ein. Anschließend setzen Sie den Cursor auf Feld Z1A1, markieren den Bereich Z1S1:Z16S1, wählen Kopieren aus dem Menü Bearbeiten, markieren dann das Feld Z52S1 und drücken Enter. Mit diesem Schritt wird die Doppellinie aus Zeile 1 in Zeile 52 kopiert. Belassen Sie nun den Cursor auf Zeile 52, und wählen Sie wieder Bearbeiten-Kopieren. Markieren Sie Feld Z54S1, und kopieren Sie mit Enter die Doppellinie aus Zeile 52 in Zeile 54.

Feld	Formel
Z7S16	=SUMME(ZS(-12):ZS(-1))
Z8S16	=SUMME(ZS(-12):ZS(-1))
Z10S16	=SUMME(ZS(-12):ZS(-1))
Z12S16	=SUMME(ZS(-12):ZS(-1))
Z14S16	=SUMME(ZS(-12):ZS(-1))
Z17S16	=SUMME(ZS(-12):ZS(-1))
Z19S16	=SUMME(ZS(-12):ZS(-1))
Z21S16	=SUMME(ZS(-12):ZS(-1))
Z24S16	=SUMME(ZS(-12):ZS(-1))
Z25S16	=SUMME(ZS(-12):ZS(-1))
Z26S16	=SUMME(ZS(-12):ZS(-1))
Z27S16	=SUMME(ZS(-12):ZS(-1))
Z28S16	=SUMME(ZS(-12):ZS(-1))
Z29S16	=SUMME(ZS(-12):ZS(-1))
Z30S16	=SUMME(ZS(-12):ZS(-1))
Z31S16	=SUMME(ZS(-12):ZS(-1))
Z32S16	=SUMME(ZS(-12):ZS(-1))
Z33S16	=SUMME(ZS(-12):ZS(-1))
Z34S16	=SUMME(ZS(-12):ZS(-1))
Z35S16	=SUMME(ZS(-12):ZS(-1))
Z36S16	=SUMME(ZS(-12):ZS(-1))
Z37S16	=SUMME(ZS(-12):ZS(-1))
Z38S16	=SUMME(ZS(-12):ZS(-1))
Z40S16	=SUMME(ZS(-12):ZS(-1))
Z41S16	=SUMME(ZS(-12):ZS(-1))
Z42S16	=SUMME(ZS(-12):ZS(-1))
Z44S16	=SUMME(ZS(-12):ZS(-1))
Z46S16	=SUMME(ZS(-12):ZS(-1))
Z48S16	=SUMME(ZS(-12):ZS(-1))
Z50S16	=SUMME(ZS(-12):ZS(-1))

Abbildung 11-5. Formeln für Spalte 16 der Ertragsrechnung

Als nächstes tragen Sie nun die Zeilenbezeichnungen in Spalte 1 ein. Bewegen Sie dazu den Cursor auf Feld Z55S1, und schreiben Sie *Umlaufvermögen*. In Feld Z56S1 geben Sie ein Leerzeichen ein und schreiben anschließend *Kasse/Bank*. Gehen Sie nun auf Feld Z57S1, und tippen Sie hier ebenfalls ein Leerzeichen, und schreiben Sie *Forderungen*. Geben Sie auf diese Weise nach und nach alle Labels - wie in Abbildung 11-1 gezeigt - in Spalte 1 Ihrer Bilanz ein.

Wie in der Ertragsrechnung sind auch hier einige Labels eingerückt, um die Tabelle übersichtlicher zu gestalten. Um ein Label einzurücken, tippen Sie einfach ein oder zwei Leerzeichen, bevor Sie dann das Label selbst schreiben.

Nun müssen einige Labels in Spalte 3 eingegeben werden, als Ergänzung der in Spalte 2 eingegebenen Schätzwerte. Setzen Sie also den Cursor auf Feld Z57S3, und tippen Sie ein Leerzeichen und anschließend die Bezeichnung *Tage Laufzeit*. (Alle anderen Labels in Spalte 3 werden ebenfalls um ein Leerzeichen eingerückt.) Bewegen Sie den Cursor auf Feld Z58S3, und schreiben Sie *Tage Laufzeit*. Anschließend schreiben Sie in Feld Z69S3 das Label *Vorbilanz*, in Feld Z79S3 das Label *Tage Laufzeit* und in Feld Z95S3 das Label *Vorbilanz*.

Formeleingabe

Geben Sie nun die Berechnungsformeln ein. Die Tabelle in Abbildung 11-6 zeigt eine Liste aller Formeln, die Sie in die Spalten 4 und 5 der Bilanz eingeben müssen. Sie können auch hier wieder einige Formeln mit den Befehlen Bearbeiten-Unten ausfüllen eingeben. Sie tragen also nur die erste Formel einer Reihe ähnlicher Formeln ein und kopieren sie dann mit Unten ausfüllen in die darunterliegenden Felder.

Feld	Formel
Z56S4	=Z(+41)S-Z(+1)S-Z(+2)S-Z(+3)S-Z(+16)S-Z(+18)S
Z56S5	=Z(+41)S-Z(+1)S-Z(+2)S-Z(+3)S-Z(+16)S-Z(+18)S
Z57S4	=GANZZAHL((ZS2/365)*Z(-47)S*12)
Z57S5	=GANZZAHL((ZS2/365)*Z(-47)S*12)
Z58S4	=GANZZAHL((ZS2/365)*Z(-46)S*12)
Z58S5	=GANZZAHL((ZS2/365)*Z(-46)S*12)
Z59S5	=ZS(-1)
Z61S4	=SUMME(Z(-5)S:Z(-1)S)
Z61S5	=SUMME(Z(-5)S:Z(-1)S)
Z64S5	=ZS(-1)
Z65S5	=ZS(-1)
Z66S5	=ZS(-1)
Z67S5	=ZS(-1)
Z69S4	=SUMME(Z(-5)S:Z(-1)S)
Z69S5	=SUMME(Z(-5)S:Z(-1)S)
Z70S4	=ZS(-2)+Z(-32)S
Z70S5	=ZS(-1)+Z(-32)S
Z72S4	=Z(-3)S-Z(-2)S
Z72S5	=Z(-3)S-Z(-2)S
Z74S5	=ZS(-1)
Z76S4	=Z(-15)S+Z(-4)S+Z(-2)S
Z76S5	=Z(-15)S+Z(-4)S+Z(-2)S
Z80S4	=GANZZAHL((ZS2/365)*Z(-68)S*12)
Z80S5	=GANZZAHL((ZS2/365)*Z(-68)S*12)
Z81S5	=ZS(-1)
Z82S5	=ZS(-1)
Z83S5	=ZS(-1)

Abbildung 11-6. Formeln für die Spalten 4 und 5 der Bilanz

(11-6 Fortsetzung)

Feld	Formel
Z84S5	=ZS(-1)
Z86S4	=SUMME(Z(-6)S:Z(-1)S)
Z86S5	=SUMME(Z(-6)S:Z(-1)S)
Z89S5	=ZS(-1)
Z90S5	=ZS(-1)
Z92S4	=Z(-6)S+Z(-3)S
Z92S5	=Z(-6)S+Z(-3)S
Z94S5	=ZS(-1)
Z95S4	=ZS2+Z(-45)S
Z95S5	=ZS(-1)+Z(-45)S
Z97S4	=Z(-5)S+Z(-3)S+Z(-2)S
Z97S5	=Z(-5)S+Z(-3)S+Z(-2)S

Erklärungen zu den Formeln

Wie bei der Ertragsrechnung nehmen auch in der Bilanz einige Formeln nur
einfache Additionen bzw. Subtraktionen von Werten vor. Die Formel in Feld
Z61S4 beispielsweise errechnet das Gesamtumlaufvermögen für den Monat
Januar durch Addition der Summen von Kasse/Bank (Z56S4), Forderungen
(Z57S4), Warenbestände (Z58S4) und Anderes Umlaufvermögen (Z59S4)
dieses Monats. Analog errechnet die Formel in Z69S4 den Bruttosaldo Januar
für Anlagevermögen durch Addition der Summen im Bereich Z64S4:Z68S4.
Die Formel in Feld Z72S4 berechnet den Nettosaldo Anlagevermögen für
Januar durch Subtraktion der aufgelaufenen Abschreibungen im Januar (Feld
Z70S4) vom Bruttosaldo Anlagevermögen für diesen Monat (Z69S4). (Da Sie
bisher noch keine Werte eingetragen haben, liefern alle Formeln in diesem
Bereich momentan den Wert 0.)

Die Formeln in Zeile 56 berechnen jeweils den Monatssaldo für Kasse/Bank.
Die Formel in Feld Z56S5

```
=Z(+41)S-Z(+1)S-Z(+2)S-Z(+3)S-Z(+16)S-Z(+18)S
```

errechnet beispielweise den Februarsaldo für Kasse/Bank durch Subtraktion der
Februarsalden für Forderungen (Z57S5), Anderes Umlaufvermögen (Z59S5)
vom Saldo der Passiva. Diese Formel erscheint etwas umständlich, hat aber
einen ganz entscheidenden Vorteil: Sie garaniert die Saldierung Ihrer Bilanz.
Die Formel macht aus dem Konto Kasse/Bank eine Art "Schaltkonto", das
bedeutet, der Saldo Kasse/Bank deckt sich mit der Summe der Passiva abzüglich aller Vermögenskonten außer Kasse/Bank.

Andere Formeln in diesem Bereich übernehmen den Schätzwert aus Spalte 4 in
die Spalten 5 bis 15. So lautet z.B. die Formel in Feld Z59S5 =ZS(-1), die
Formel in Z90S5 =ZS(-1). Da diese Formeln relative Bezüge enthalten, ändern
sich die Bezüge beim Kopieren in die Spalten 6 bis 15, d.h. sie beziehen sich

immer auf das Feld in der vorhergehenden Spalte derselben Zeile. Damit wird der Wert aus Spalte 4 an die übrigen Spalten (5 bis 15) der jeweiligen Zeile übergeben.

Die Formeln in Zeile 70 berechnen die aufgelaufenen Abschreibungen für die Monate Januar und Februar. Die Monatssumme errechnet sich ganz einfach aus der Addition der Abschreibungssumme des jeweiligen Monats mit der Abschreibungssumme des Vormonats (vorausgesetzt, es wurden keine Sachanlagen veräußert). Bei den Formeln in Zeile 70 handelt es sich um einfache Additionformeln. So addiert die Formel in Feld Z70S4, =ZS(-2)+Z(-32)S, beispielsweise die Abschreibungen für Januar (Z38S4) mit dem Anfangssaldo für aufgelaufene Abschreibungen, den Sie in Feld Z70S2 eingegeben haben. Die Formel in Feld Z70S5 addiert die Abschreibungen für Februar (Feld Z38S5) mit dem Januarsaldo der aufgelaufenen Abschreibungen (Z70S4).

Ähnlich verhält es sich mit den Formeln in Zeile 95, die die Gewinnrücklagen für Januar und Februar berechnen. Diese monatlichen Rücklagen errechnen sich aus dem Nettoergebnis des entsprechenden Monats abzüglich der Gewinnrücklagen des Vormonats.

Die Formel in Feld Z95S4, =ZS2+Z(-45)S, addiert z.B. das Nettoergebnis für den Monat Januar (Z50S4) mit dem Ausgangssaldo der Gewinnrücklagen (Z95S2). Die Formel in Feld Z95S5 addiert das Nettoergebnis für den Monat Februar (Z50S5) mit den Gewinnrücklagen im Januar (Z95S4).

Ähnliches gilt für die Formeln in den Zeilen 57, 58 und 80. Diese Formeln benutzen die von Ihnen eingegebenen Schätzwerte (Felder Z57S2, Z58S2 und Z80S2), um für die Monate Januar und Februar die Salden für Forderungen, Warenbestände und Warenverbindlichkeiten zu berechnen. Die Formel in Feld Z57S4 beispielsweise

```
=GANZZAHL((ZS2/365)*Z(-47)S*12)
```

berechnet den Saldo der Januarforderungen. Die Formel setzen dabei voraus, daß Forderungen auch auf der Basis durchschnittlicher Laufzeiten errechnet werden können. Sie dividiert zuerst die geschätzten Forderungen (Z57S2) durch 365, um den Zuwachs der Forderungen in Prozent vom Umsatz zu errechnen. Anschließend multipliziert sie dieses Ergebnis mit dem Monatsumsatz im Januar (Z10S4) und mit 12, um den Januarsaldo der Forderungen zu erhalten. Dieselbe Berechnung nimmt die Formel

```
=GANZZAHL((ZS2/365)*Z(-47)S*12)
```

in Feld Z57S5 für den Monat Februar vor.

Die Formeln in Zeile 58 nehmen die Berechnung des Saldos Warenbestände vor. Dabei setzen die Formeln voraus, daß zur Berechnung der Warenbestände auch die durchschnittliche Verweildauer im Lager zugrundegelegt werden kann. Die Formel in Feld Z58S4

```
=GANZZAHL((ZS2/365)*Z(-46)S*12))
```

berechnet den Warenbestand vom Januar. Dabei dividiert sie als erstes die geschätzten Warenbestände (Feld Z58S2) durch 365, um den Prozentanteil des Wareneinsatzes am Warenbestand zu ermitteln. Anschließend multipliziert sie dann das Ergebnis mit dem Nettoergebnis im Januar (Z10S4) und mit 12, um den Saldo des Warenbestands für Januar zu erhalten. Dieselbe Berechnung nimmt die Formel in Feld Z58S5 für den Monat Februar vor.

Die Formeln in Zeile 80 berechnen für die Monate Januar und Februar den Saldo für Warenverbindlichkeiten. Die Formeln gehen dabei davon aus, daß Warenverbindlichkeiten auch auf der Basis "durchschnittliche Laufzeit im Lager" ausgedrückt werden können. Die Formel in Feld Z80S4 beispielsweise

```
=GANZZAHL((ZS2/365)*Z(-68)S*12)
```

dividiert zuerst die geschätzten Warenverbindlichkeiten aus Feld Z80S2 durch 365, um den Prozentanteil des Wareneinsatzes an den Verbindlichkeiten zu errechnen. Anschließend multipliziert sie das Ergebnis mit dem Januarumsatz (Z10S4) und mit 12, um den Januarsaldo der Warenverbindlichkeiten zu erhalten. Die Formel in Feld Z80S5 nimmt dieselbe Berechnung für den Monat Februar vor.

Wie Sie bemerkt haben werden, haben wir nicht in jedes Feld in Spalte 4 der Bilanz eine Formel eingegeben. Feld Z59S4 beispielsweise hat keinen Formeleintrag. Es wurden nur in solche Felder Formeln eingetragen, deren Werte sich aus den Werten anderer Felder in Spalte 4 (in der Ertragsrechnung oder in der Bilanz) oder aus den Schätzwerten in Spalte 2 berechnen lassen. Später in diesem Kapitel werden wir zeigen, wie in die übrigen Felder Werte manuell eingegeben werden.

Eingabe der Labels

Zusätzlich zu den Formeln aus Abbildung 11-6 müssen noch einige Labels in die Spalten 4 und 5 eingegeben werden. Geben Sie also in folgende Felder Labels aus zwei Leerzeichen gefolgt von zehn Bindestrichen ein: Z60S4, Z60S5, Z62S4, Z62S5, Z68S4, Z68S5, Z75S4, Z75S5, Z85S4, Z85S5, Z91S4, Z91S5, Z96S4 und Z96S5. Diese Labels bilden die Striche unter einer Reihe von Werten, die summiert werden sollen. In die Felder Z77S4, Z77S5, Z98S4 und Z98S5 geben Sie außerdem jeweils ein Label aus zwei Leerzeichen gefolgt von zwölf Gleichheitszeichen.

Formeln kopieren

Nachdem Sie die in Abbildung 11-6 aufgelisteten Formeln in die entsprechenden Felder eingegeben haben, kopieren Sie die Formeln aus Spalte 5 in die Felder der Spalten 6 bis 15. Markieren Sie dazu den Bereich Z56S5:Z97S15, und wählen Sie Bearbeiten-Rechts ausfüllen.

Wie bereits erwähnt, beziehen sich viele Formeln in Spalte 5 der Bilanz auf das Feld in Spalte 4 derselben Zeile. Da die Bezüge in diesen Formeln relativ sind, ändern sich die Bezüge beim Kopieren und zeigen jeweils die neue Position der kopierten Formel an. Daher adressieren die meisten Formeln in diesen Spalten der Bilanz das Feld in derselben Zeile der vorhergehenden Spalte. Die Formeln überreichen also den Wert aus Spalte 4 einer Zeile an alle anderen Felder derselben Zeile, bis hin zu Spalte 16.

Einige wenige Formeln in diesem Bereich enthalten gemischte Adressen auf Felder der Spalte 2. Die Formel in Feld Z57S5 beispielsweise, =GANZZAHL((ZS2/365)*Z(-47)S*12), enthält einen gemischten Bezug auf das Feld Z57S2. Da Spalte 2 absolut adressiert wird, beziehen sich alle kopierten Formeln in dieser Zeile auf Spalte 2. Die Formel in Feld Z57S6 lautet =GANZZAHL((ZS2/365)*Z(-47)S*12) und enthält denselben gemischten Bezug auf Feld Z57S2.

Zeilen und Spalten fixieren

Fixieren Sie die Zeilen 1,2 und 3 sowie die Spalte 1 auf dem Bildschirm, damit die Bezeichnungen beim Arbeiten jederzeit sichtbar bleiben - auch wenn sich der Cursor am Ende der Tabelle befindet. Um Spalte 1 und die Zeilen 1, 2 und 3 zu fixieren, setzen Sie den Cursor auf Feld Z4S2 und wählen im Optionen-Menü Titel fixieren.

Das Arbeitsblatt speichern

Bevor Sie nun mit Ihrer Tabelle arbeiten, speichern Sie als erstes die unausge-füllte Arbeitstabelle (falls Sie zwischendurch schon gespeichert haben, speichern Sie jetzt noch einmal). Wenn Sie die Tabelle zum ersten Mal speichern, wählen Sie Speichern unter im Menü Datei. Wollen Sie die Tabelle nicht im aktiven Verzeichnis ablegen, wählen Sie ein anderes Verzeichnis aus der Liste der Verzeichnisse und bestätigen es mit OK. Anschließend schreiben Sie einen Namen für Ihre Tabelle (z.B. *GUV.WKS*) und speichern die Tabelle dann mit Enter oder OK unter diesem Namen. Soll die Tabelle im aktiven Ver-zeichnis gespeichert werden, geben Sie einfach einen Namen ein und anschließend Enter oder OK. Wenn Sie Ihre Tabelle schon zu einem früheren Zeitpunkt gespeichert hatten, speichern Sie sie jetzt noch einmal mit Speichern im Menü Datei.

MIT DEM ARBEITSBLATT ARBEITEN

Sie können nun mit Ihrer Gewinn/Verlust-Prognose arbeiten. Öffnen Sie dazu als erstes die Tabelle. (Wenn Sie sie gerade erst erstellt haben, können Sie diesen Schritt überspringen.) Wählen Sie Neue Datei öffnen aus dem Menü Datei. Falls erforderlich, ändern Sie das aktive Verzeichnis, und schreiben Sie entweder den Tabellennamen einschließlich Erweiterung, unter dem Sie Ihre Tabelle gespeichert haben (z.B. *GUV.WKS*), oder markieren Sie den entsprechenden Tabellennamen im Listenfeld, und laden Sie die Tabelle mit Enter oder OK.

Als erstes müssen Sie Ihre Schätzwerte in die Spalten 2 und 4 eintragen und einige zusätzliche Konten in die entsprechenden Felder nachtragen. Anschließend werden Sie dann die Konten korrigieren, für die WORKS Werte errechnet hat, die eindeutig von Ihren persönlichen Schätzwerten abweichen. Wenn diese Schritte ausgeführt sind, lassen Sie Ihre Tabelle neu berechnen.

Schätzwerte eingeben

Geben Sie nun einige Grundwerte in die Spalten 2 und 4 ein. Einige dieser Werte sind Prozentangaben, einige DM-Beträge, und einige andere bezeichnen eine Anzahl an Tagen. Anhand dieser Werte nimmt WORKS einige Berechnungen vor. So werden die Werte in Feld Z7S2 (Jahresumsatzsteigerung) und in Z7S4 (geschätzter Januarumsatz) beispielsweise als Ausgangswerte für die Berechnung der Umsätze in den Feldern Z7S5 bis Z7S15 zugrunde gelegt.

Die Tabelle in Abbildung 11-7 zeigt eine Beschreibung aller Werte in den Spalten 2 und 4. Um die entsprechenden Werte einzugeben, bewegen Sie den Cursor jeweils auf das angegebene Feld, und tippen Sie den jeweiligen Wert ein. Für Felder mit Prozentangaben wählen Sie im Menü Format die Option Prozent oder Nachkommastellen, um die richtige Anzahl an Dezimalstellen festzulegen. Nehmen Sie für Ihre Eingaben die Tabelle in Abbildung 11-1 zu Hilfe. Doch vergessen Sie dabei nicht, Ihre eigenen Schätzwerte einzugeben - nicht die aus unserer Beispieltabelle.

Ertragsrechnung und Bilanz sind generische Tabellenbereiche und könnten daher in Ihrer Tabelle etwas anders aussehen als in unserem Beispiel. Einige Konten werden Sie vielleicht für Ihre Gewinn/Verlust-Prognose nicht benötigen, dafür aber einige andere. Wenn Sie das eine oder andere Konto aus unserer Mustertabelle nicht einsetzen wollen, nehmen Sie hier einfach keinen Schätzwerteintrag vor, oder geben Sie als Schätzwert *0* ein. Sie können auch weniger wichtige Konten aus Ihrem Abschlußbericht unter einem solchen Konto unserer Mustertabelle zusammenfassen. In jedem Fall werden Sie einige Änderungen an Ihrer Tabelle vornehmen müssen. Wie, werden wir Ihnen etwas später in diesem Kapitel zeigen.

Die Struktur dieser Tabelle zeigt eines sehr deutlich: die Schätzwerte sollten immer explizit sein, denn die gesamte Formelberechnung beruht auf diesen Schätzwerten. Unter "explizit" verstehen wir, die Werte sollten tatsächlich als Werte in die Felder eingegeben werden und nicht in Formeln verpackt. Wenn Sie diesen Hinweis befolgen, erhalten Sie einen ausgezeichneten Überblick über Ihre Tabellenwerte und können Schätzwerte im Bedarfsfall einfach und schnell revidieren.

Feld	Schätzwert	Format, Dezimalstellen
Z7S2	Jährl. Umsatzsteigerung	Prozent, 0
Z7S4	Januarumsatz	
Z8S2	Gutschriften in Prozent vom Umsatz	Prozent, 0
Z12S2	Wareneinsatz in Prozent vom Umsatz	Prozent, 0
Z17S2	Zinsertrag	Prozent, 2
Z18S2	auf Umlaufvermögen über 50.000	
Z24S2	Jährl. Zuwachsrate Personalkosten	Prozent, 0
Z24S4	Zuwachsrate Personalkosten im Januar	
Z25S2	Freiw. Zuwendungen in % von Personalkosten	Prozent, 2
Z26S2	Lohnsteuer in % von Personalkosten	Prozent, 2
Z27S4	Miete Januar	
Z28S4	Bürokosten Januar	
Z29S4	Portokosten Januar	
Z30S4	Telefongebühren Januar	
Z31S4	Versicherungen Januar	
Z32S4	Beiträge und Zeitschriften Januar	
Z33S4	Werbung Januar	
Z34S4	Reise und Bewirtung Januar	
Z35S4	Honorare Januar	
Z36S4	Unterhaltungskosten Januar	
Z37S4	Leasingkosten Januar	
Z38S2	Durchschnittl. Abschreibung Anlagegüter	
Z40S2	Durchschnittl. Zins für kurzfr. Verbindl.	Prozent, 2
Z41S2	Durchschnittl. Zins für langfr. Verbindl.	Prozent, 2
Z42S4	Sonstige Betriebskosten Januar	Prozent, 0
Z57S2	Durchschn. Laufzeit Forderungen	Nachkomma, 0
Z58S2	Durchschnittlicher Lagerumschlag	Nachkomma, 0
Z59S4	Saldo anderes Umlaufvermögen Januar	
Z64S4	Saldo Verbesserungen geleaste Güter Januar	
Z65S4	Saldo Büroeinrichtung und Ausstattung Januar	
Z66S4	Saldo Anlagevermögen Januar	
Z67S4	Saldo Büromaschinen Januar	
Z70S2	Saldo aufgel. Abschreibungen Dezember	
Z74S4	Saldo andere Sachanlagen Januar	
Z80S2	Durchschn. Tage Verbindl. Wareneinsatz	Nachkomma, 0
Z81S4	Saldo kurzfr. Verbindlichkeiten Januar	
Z82S4	Saldo Ertragssteuer Januar	
Z83S4	Saldo antizipative Passiva Januar	
Z84S4	Saldo andere kurzfr. Verbindl. Januar	
Z89S4	Saldo langfr. Verbindl. Januar	
Z90S4	Saldo andere langfr. Verbindl. Januar	
Z94S4	Saldo Stammkapital Januar	
Z95S2	Saldo Gewinnrücklagen Dezember	

Abbildung 11-7. Schätzwerte, die manuell eingegeben werden

Berechnung der Tabelle

Nachdem Sie alle Schätzwerte eingegeben haben, wählen Sie im Optionen-Menü Neu berechnen oder drücken die Funktionstaste [F9] zur Neuberechnung. Die Tabelle wird daraufhin neu berechnet.

Bei der Tabelle Gewinn/Verlust-Prognose müssen wir Sie noch auf eine ungewöhnliche Tatsache aufmerksam machen: Die Tabelle arbeitet mit einem Kreisbezug, das bedeutet, daß ein Feld einen Bezug auf sich selbst enthält. Wenn Sie beispielsweise in Feld Z1S1 die Formel =Z1S1 eingeben, dann adressiert dieses Feld sich selbst. Wenn Sie in Feld Z1S1 die Formel =Z2S1 eingeben und in Feld Z2S1 die Formel =Z1S1, dann stellen Sie damit einen Kreisbezug her, weil die Formel in Feld Z1S1 Feld Z2S1 adressiert, welches eine Formel enthält, die Feld Z1S1 adressiert. Mit anderen Worten, Feld Z1S1 adressiert sich über Feld Z2S1 selbst. Ähnlich verhält es sich, wenn Sie in Feld Z1S1 die Formel =Z2S1+Z3S1 eingeben, in Feld Z2S1 den Wert 1000 und in Feld Z3S1 die Formel =,5*Z1S1. Damit stellen Sie ebenfalls einen Kreisbezug her. In diesem Fall begründet die Formel in Feld Z1S1 den Kreisbezug, da sie sich auf Feld Z3S1 bezieht, das wiederum eine Formel mit Bezug auf Feld Z1S1 enthält.

Diese Kreisbezüge erschweren WORKS die Berechnung der Tabelle. Einige Kreisbezüge können ganz einfach nicht bedient werden, andere nur durch wiederholte Berechnung. Bei jeder Neuberechnung kommt WORKS der richtigen Lösung für alle verknüpften Formeln einen Schritt näher. Nach einer bestimmten Anzahl von Neuberechnungen werden alle Formeln schließlich das "korrekte" Ergebnis liefern. Man spricht bei diesem mehrfach wiederholten Berechnungsvorgang von einer "Berechnungsschleife".

Der Kreisbezug in unserer Tabelle resultiert aus den Zinsertragsberechnungen in Zeile 17. Diese Berechnungsformeln haben einen Bezug auf die Kasse/Bank-Salden in Zeile 56. Sie werden sich vielleicht erinnern, daß diese Salden durch Subtraktion mehrerer Kontensalden - Warenverbindlichkeiten, Warenbestände, Andere kurzfristige Verbindlichkeiten, Nettoertrag aus Anlagevermögen und Andere Anlagegüter - von der Summe der Passiva in Zeile 97 errechnet werden. Wie Sie sich vielleicht ebenfalls erinnern werden, setzt sich der Saldo der Passiva aus der Summe anderer Salden zusammensetzt - Summe der Verbindlichkeiten (Zeile 92), Stammkapital (Zeile 94) und Gewinnrücklagen (Zeile 95). Die Gewinnrücklagen eines Monats errechnen sich ja aus der Summe der Gewinnrücklagen des Vormonats zuzüglich dem Nettoergebnis desselben Monats (Zeile 50). Und schließlich beachten Sie noch, daß ein Teil des Nettoergebnisses für einen Monat aus dem Zinsertrag desselben Monats besteht. Mit anderen Worten, die Formeln in Zeile 17, die den Zinsertrag berechnen, sind mit den Formeln in Zeile 56 verknüpft, die den Saldo für Kasse/Bank eines Monats berechnen, die ihrerseits wieder mit den Formeln in Zeile 17 verknüpft sind.

Glücklicherweise können Sie diesen Kreisbezug mit Hilfe von Berechnungsschleifen in den Griff bekommen. Daher sollten Sie bei jeder Tabellenneuberechnung mindestens achtmal die Funktionstaste [F9] (Berechnen) drücken oder Neu berechnen im Menü Optionen wählen. Acht Berechnungen haben sich im allgemeinen als ausreichend herausgestellt, um den Kreisbezug vollständig zu lösen. Wenn Sie vergessen, Ihre Tabelle mehrmals berechnen zu lassen, müssen Sie mit ungenauen Ergebnissen in den Zeilen 17 (Saldo des Zinsertrags) und 56 (Saldo des Nettoergebnisses) rechnen. Vorsicht also!

Änderung von Salden

Als nächstes müssen Sie alle Konten ändern, für die WORKS Werte errechnet hat, die von Ihren Schätzwerten abweichen, also alle Konten, die in den einzelnen Monaten unterschiedliche Werte verbuchen müssen, wie z.B. die Konten Andere Erträge, Unterhaltungskosten, Reise und Bewirtung, Werbung und so weiter. Auch Konten, die sich ab einem bestimmten Zeitpunkt im Jahr ändern, gehören hierzu. Angenommen, Sie wissen, daß Sie ab August ein kleines Büro für DM 500 im Monat vermieten werden; dann muß diese Änderung Ihrer Erträge im Konto Andere Erträge für August und die Folgemonate berücksichtigt werden. Ähnlich verhält es sich, wenn Sie zu einem bestimmten Zeitpunkt im Jahr eine Anlage kaufen oder verkaufen; Sie müssen Ihr Konto Anlagevermögen entsprechend ändern und wahrscheinlich auch Ihr Konto für aufgelaufene Abschreibungen für diesen Monat aktualisieren.

Solche Änderungen können Sie folgendermaßen vornehmen. Setzen Sie den Cursor auf das Feld, in dem eine Änderung erforderlich ist, und geben Sie den neuen Wert ein. Nehmen wir an, Sie wollen Ihren Junisaldo für kurzfristige Verbindlichkeiten von DM 65.000 auf DM 50.000 reduzieren. Bewegen Sie einfach den Cusor auf Feld Z81S9, das Feld mit dem Junisaldo für kurzfristige Verbindlichkeiten, und ändern Sie den Wert in *50000*. Drücken Sie anschließend [F9] (Berechnen).

Wie Sie wissen, haben wir in eine ganze Reihe von Feldern Formeln eingegeben, die sich jeweils auf das benachbarte Feld links in derselben Zeile beziehen. Das Feld Z81S10 enthält beispielsweise die Formel =ZS(-1), Feld Z81S11 die Formel =ZS(-1) und so weiter. Diese fortlaufende Adressierung macht sich bei den oben beschriebenen Änderungen angenehm bemerkbar. Wenn Sie in ein Feld mit einer fortlaufenden Formeladresse einen Wert eingeben, wird dieser Wert von der Formel im Feld rechts neben dem Ausgangsfeld übernommen und an das nächste Feld rechts weitergereicht. Nehmen Sie als Beispiel hierfür die Felder Z81S10, S81S11, Z81S12 usw. in Abbildung 11-1. Alle Felder enthalten denselben Wert, den Wert DM 50.000, den wir in Feld Z81S9 eingeben haben, denn alle diese Felder verfügen über eine fortlaufende Formeladresse.

Wenn Sie also in eine Zeile mit fortlaufenden Formeladressen einen Wert eingeben, wird dieser Wert solange weitergereicht, bis Sie in ein anderes Feld in dieser Zeile einen neuen Wert eingeben. Sobald Sie einen neuen Wert eingeben, wird dieser in der Zeile weitergereicht, bis zu dem Folgemonat, in dem Sie wieder einen neuen Wert eingeben und so weiter. Angenommen, Sie wollen im Oktober den Saldo für kurzfristige Verbindlichkeiten noch einmal reduzieren, und zwar auf DM 25.000. Dann setzen Sie den Cursor auf Feld Z81S13, tragen den Wert 25000 ein und lassen anschließend Ihre Tabelle neu berechnen. Wie Sie in Abbildung 11-1 sehen können, übergibt WORKS diesen neuen Wert von Feld Z81S13 an die folgenden Felder in dieser Zeile, Z81S14 und Z81S15.

Nehmen wir ein anderes Beispiel. Angenommen, Sie leasen im Januar eine Maschine, die Sie am 31. desselben Monats wieder zurückgeben. Um das entsprechende Konto zu aktualisieren, setzen Sie den Cursor auf Feld Z37S5, das Feld mit dem Februarsaldo für Leasingkosten, geben hier den Wert 0 ein und drücken anschließend die Funktionstaste [F9].

Obgleich die Formeln in Zeile 37 kein eindeutiges Beispiel für die Übergabetechnik von Werten sind, hat doch jede Formel in dieser Zeile einen Bezug auf das Feld links in der vorhergehenden Spalte. Feld Z37S6 enthält beispielsweise die Formel =(1+ZS2)*ZS(-1), Feld Z37S7 die Formel =(1+ZS2)*ZS(-1) und so weiter. Auch diese Formeln reichen die von Ihnen vorgenommene Änderung weiter. Wie Sie in Abbildung 11-1 sehen, haben die Felder Z37S7, Z37S8, Z37S9 usw. alle denselben Wert 0, den Sie in Feld Z37S6 eingeben haben.

Wenn Sie sich im Laufe eines Jahres eine neue Werksanlage anschaffen, müssen Sie diese Neuanschaffung im Konto Anlagevermögen unter dem entsprechenden Monat verbuchen. AngenommenSie planen für den Monat Februar eine Neuanschaffung über DM 10.000. Dann ändern Sie das entsprechende Konto, indem Sie den Cursor auf Feld Z64S5 (Konto Verbesserungen geleaste Güter) setzen, die Funktionstaste [F2] (Bearbeiten) drücken, +*10000* schreiben, und diesen Eintrag mit Enter bestätigen. Mit diesem Schritt wird die Formel in Feld Z64S5 =ZS(-1) in =ZS(-1)+*10000* geändert und der Saldo dieses Kontos von DM 26.000 auf DM 36.000. Da die Formeln in Zeile 64 fortlaufende Formeladressen benutzen, reicht WORKS bei der Neuberechnung der Tabelle diese Änderung auch gleich an alle Felder derselben Zeile bis einschließlich Spalte 15 weiter. Wenn Sie sich Abbildung 11-1 ansehen, können Sie sehen, daß die Felder Z64S5, Z64S6, Z64S7 usw. alle denselben geänderten Wert (DM 36.000) enthalten.

Wenn Sie den Verkauf eines Vermögenswertes verbuchen wollen, müssen Sie die Salden von Anlagevermögen und von Aufgel. Abscheibungen in dem Verkaufsmonat ändern. Eventuell müssen Sie noch im Konto Andere Erträge den Gewinn oder Verlust des Verkaufs angeben. Angenommen, Sie wollen im März einen LKW für DM 10.000 verkaufen, den Sie für DM 25.000 angeschafft hatten. Gehen wir außerdem davon aus, daß sich die bis dato erfolgte Abschreibung für den LKW auf DM 20.000 beläuft. Um diesen Verkauf zu verbuchen, setzen Sie den Cursor auf Feld Z66S6, drücken die Bearbeiten-Taste [F2], schreiben -*25000* und drücken Enter. Damit wird die Formel in Feld Z66S6 von =ZS(-1) in =ZS(-1)-25000 und der Saldo von DM 125.000 auf 100.000 geändert. Wenn die Tabelle neu berechnet wird, wird der geänderte Wert von den Formeln in Zeile 66 bis in Spalte 15 weitergegeben. Als nächstes bewegen Sie den Cursor auf Feld Z70S6, drücken wieder [F2], schreiben *-20000* und bestätigen die Eingabe mit Enter. Die Formel in Feld Z70S6 wird von =ZS(-1)+Z(-32)S in =ZS(-1)+Z(-32)S-20000 und der zugehörige Saldo von DM 84.815 in DM 64.815 geändert. Diese Änderung gibt WORKS während der Neuberechnung an die nächsten Felder (bis Spalte 15 einschließlich) derselben Zeile weiter. Den Gewinn aus diesem Verkauf verbuchen Sie in Feld Z19S6. Setzen Sie den Cursor auf dieses Feld, und geben Sie hier den Wert *5000* ein. Da dieser Wert nicht an die nächsten Felder derselben Zeile weitergereicht werden soll, bewegen Sie den Cursor auf Feld Z19S7 und geben hier den Wert 0 ein.

Wahrscheinlich müssen Sie auch die Zuwachsraten in den Feldern Z24S2, Z27S2 bis Z37S2 und Z42S2 ändern. Wie Sie wissen, haben die Formeln in diesen Feldern alle einen Bezug auf das Feld Z24S2, in das Sie die geschätzte Zuwachsrate eingetragen haben. Der Wert, den Sie also in dieses Feld eingeben, erscheint auch in den anderen oben erwähnten Feldern. Wenn Sie beispielsweise in Feld Z24S2 eine Zuwachsrate von einem Prozent eingeben, erscheint derselbe Prozentsatz auch in den anderen erwähnten Feldern. Da es aber sehr gut möglich ist, daß einige Ausgabenkonten eine höhere Zuwachsrate verbuchen müssen, und einige anderen Konten wiederum gar keinen Zuwachs, müssen Sie die Zuwachsrate für die abweichenden Konten folgendermaßen eingeben: Schreiben Sie einfach in die Felder in Spalte 2 der entsprechenden Konten einen anderen Prozentsatz.

Abbildung 11-1 sieht beispielsweise für Werbungskosten eine Wachstumsrate von 0 Prozent vor. Um diesen abweichenden Prozentsatz einzugeben, setzen Sie den Cursor auf Feld Z33S2 und geben hier den Wert *0* ein. Auf die gleiche Weise nehmen Sie die Änderung für das Konto Bürokosten von 1 Prozent auf 2 Prozent vor. Sie setzen den Cursor auf Feld Z28S2 und geben ,02 ein.

Es wird auch vorkommen, daß Sie einen Monatssaldo ändern müssen, ohne daß die Salden der folgenden Monate davon betroffen werden. Angenommen, Sie müssen im April an Ihren Steuerberater ein Honrar über DM 2.000 für die Ausfertigung der Einkommensteuererklärung zahlen. Damit erhöht sich der Saldo Ihres Kontos Honorare in diesem Monat auf DM 2.500. Im Mai erreicht der Saldo wieder den geschätzten Wert von DM 515. Um diese Änderung durchzuführen, setzen Sie den Cursor auf Feld Z35S7, das Feld mit dem Aprilsaldo für Honorare und tragen hier den Wert *2500* ein.Anschließend bewegen Sie den Cursor auf Feld Z35S8 und schreiben *515*, um die Formel in Feld Z35S8 durch den geschätzten Wert von DM 515 zu ersetzen. Mit diesen beiden Änderungsschritten erhalten Sie das gewünschte Resultat: Der Aprilsaldo für Honorare wird auf DM 2.500 gesetzt - ohne Auswirkung auf die folgenden Monate.

Speichern und Drucken

Nachdem Sie alle Schätzungen in die Tabelle eingegeben haben, speichern Sie Ihre ausgefüllte Tabelle erst einmal in einer neuen Datei. Wählen Sie dazu Speichern unter aus dem Menü Datei. Wenn Sie die Tabelle im aktiven Verzeichnis ablegen wollen, schreiben Sie einfach einen Namen für die Tabelle, und speichern Sie diese dann mit Enter oder OK. Wollen Sie die Tabelle nicht im aktiven Verzeichnis ablegen, wählen Sie ein anderes Verzeichnis aus Verzeichnisse und bestätigen es mit OK. Anschließend schreiben Sie einen neuen Namen für die ausgefüllte Tabelle und speichern diese mit Enter oder OK. Geben Sie Ihrer Tabelle einen eindeutigen, aussagekräftigen Namen - z.B. PROG89.WKS.

Vergessen Sie nie, Ihre ausgefüllte Tabelle Gewinn/Verlust-Prognose unter einem anderen Namen zu speichern, als die Originaltabelle, da Sie sonst die Originalversion mit der ausgefüllten Version überschreiben und damit die Originaltabelle verlorengeht.

Um die gesamte Tabelle zu drucken, wählen Sie als erstes im Menü Drucken, die Option Papierformat und ändern einige Druckeinstellungen. Wenn Sie einen Drucker mit breitem Wagen haben, können Sie beispielsweise die Papierbreite von 21 cm auf 29,6 ändern. Vielleicht möchten Sie auch Kopf- oder/und Fußzeilen einfügen, oder rechten, linken, oberen oder unteren Seitenrand neu bestimmen. Dann können Sie dies in den Dialogfeldern Papierformat und Kopf-/Fußzeile vornehmen. Anschließend haben Sie die Möglichkeit, im Dialogfeld Schriftart im Menü Format noch einige weitere Einstellungen zu ändern. Wenn Sie z.B. die gesamte Tabelle auf einer einzigen Seite unterbringen wollen, können Sie eine komprimierte Schriftart (z.B. Elite) wählen und eine kleine Punktgröße (6 oder 8). Falls Sie Proportionalschrift (beispielsweise Times) wählen, müssen Sie in Kauf nehmen, daß Ihre Tabelle nicht mit exaktem Randausgleich und ohne Unterstreichungen, Fettdruck, usw. ausgedruckt wird.

Im Drucken-Menü können Sie anschließend noch im Dialogfeld Drucken weitere Einstellungen ändern. Wenn Sie anschließend Drucken aufrufen, wird Ihre Tabelle mit den neuen Druckeinstellungen gedruckt.

Wollen Sie nur einen Tabellenausschnitt drucken, markieren Sie den entsprechenden Bereich, wählen Markiertes drucken und gehen anschließend wie oben beschrieben vor. Angenommen, Sie wollen den Bereich Z1S1:Z51S16 drucken, dann markieren Sie diesen Bereichen und wählen Markiertes drucken. Dann ändern Sie die Druckeinstellungen (Papierformat, Kopf-/Fußzeile und Drucken) nach Ihren Bedürfnissen und drucken schließlich den markierten Bereich.

Mit der Arbeitstabelle arbeiten

Lassen Sie Ihre Tabelle neu berechnen und überprüfen Sie die Ergebnissse. Gehen Sie dabei sorgfältig vor, prüfen Sie Schritt für Schritt Ihre finanzielle Situation für das nächste Jahr. Sehen Sie sich z.B. das Nettoergebnis der einzelnen Monate genau an. Wenn die Tabelle in allen Monaten negative Werte aufweist, müssen Sie sich etwas einfallen lassen, um Ihre Ausgaben zu reduzieren oder Ihre Erträge zu erhöhen. Ferner sollten Sie prüfen, ob Ihr Konto Kasse/Bank zu irgendeinem Zeitpunkt ein negatives Ergebnis aufweist. Falls dies der Fall ist, müßten Sie sich nach weiteren Kreditmöglichkeiten umsehen, um diesen Engpaß zu überbrücken. Nachdem Sie sich entschieden haben, wie Sie Ihre Probleme lösen wollen, nehmen Sie die entsprechenden Änderungen in der Tabelle vor und lassen die Tabelle anschließend neu berechnen, damit Sie die Auswirkung Ihrer Änderungen prüfen können.

Vergleichen Sie am Monatsende jeweils Ihren tatsächlichen Monatssaldo mit dem geschätzten Saldo. Sind die Abweichungen zu gravierend, nehmen Sie eine entsprechende Angleichung vor. Dazu bewegen Sie den Cursor auf das Feld in der entsprechenden Zeile und Spalte und geben einen neuen Schätzwert ein. Die Tabelle wird daraufhin den neuen Schätzwert an die folgenden Monate bis zum Jahresende weitergeben. Dasselbe gilt für in der Tabelle nicht berücksichtigte Aktiv- oder Passivposten, die unerwartet anfallen. Nehmen Sie auch hier die entsprechende Angleichung vor.

Zeilen ergänzen

Wie wir bereits früher in diesem Kapitel erwähnt haben, besteht die die Gewinn/Verlust-Prognose aus einer generischen Ertragsrechnung und Bilanz. Wenn Sie für Ihre Prognose weitere Konten benötigen, fügen Sie einfach an der entsprechenden Stelle in der Tabelle eine Leerzeile ein. Dazu markieren Sie die Zeile, über der Sie eine neue Zeile einfügen möchten, und wählen Zeile/Spalte einfügen im Menü Bearbeiten. Wenn Sie mehrere Zeilen einfügen wollen, markieren Sie einfach so viele Zeilen, wie Sie ergänzen wollen. Weisen Sie anschließend den neu eingefügten Zeilen entsprechende Labels für Spalte 1 (Inhalt der Zeile), Spalte 2 (Schätzwert), falls erforderlich, und Spalte 3 (Angaben zum Schätzwert). Als nächstes geben Sie in Spalte 4 einen geschätzten Januarsaldo ein, in Spalte 5 eine Formel, die einen Bezug auf den Wert in Spalte 4 enthält (falls angebracht) und, wenn die Zeile in der Ertragsrechnung ergänzt wurde, eine Formel in Spalte 16, die die Summe dieses neuen Kontos berechnet. Anschließend kopieren Sie die Formel aus Spalte 4 oder 5 in die übrigen Felder der neuen Zeile.

Es ist nun wichtig, daß Sie alle Formeln in den Spalten 4 und 5, die mit der Formel in der neuen Zeile verknüpft sind, angleichen. Das dürfen Sie auf keinen Fall vergessen! Denn wenn Sie Zeilen ergänzen und die verknüpften Felder anschließend nicht entsprechend aktualisieren, erhalten Sie unkorrekte Ergebnisse, die zu falschen Entscheidungen führen können.

ZUSAMMENFASSUNG

Jedes Unternehmen sollte mit einer Gewinn- und Verlust-Prognose arbeiten, um sich den notwendigen Überblick auf das kommende Jahr, oder auch auf kommende Jahre, zu verschaffen. Wie wir Ihnen in diesem Kapitel gezeigt haben, bietet das WORKS-Arbeitsblatt Gewinn/Verlust-Prognose ein ideale Hilfsmittel hierfür.

Kapitel 12

CASHFLOW-PLANUNG FÜR UNTERNEHMEN

Wichtiges Gebot für jeden Unternehmer ist eine sorgfältige Finanzplanung. Dazu gehört auch, daß man sich von Zeit zu Zeit Gedanken macht, ob für die anfallenden Verpflichtungen ausreichend liquide Mittel zur Verfügung stehen. Vor allem junge expandierende Firmen sehen sich häufig vor das Problem gestellt, nicht über ausreichende Barmittel für anstehende Lohn- und Gehaltszahlungen oder sonstige Verpflichtungen zu verfügen.

Um Engpässe im Cashflow zu vermeiden, ist eine gewissenhafte Planung des Umlaufvermögens notwendig, die jedoch gar nicht so einfach durchzuführen ist. Die Cashflow-Planung eines Unternehmens muß eine ganze Reihe von Faktoren berücksichtigen, die den Cashflow bestimmen: mit welchem Umsatz zu rechnen ist, wie Verbindlichkeiten, Aufwendungen und Forderungen gehandhabt werden, Art und Höhe der Betriebskosten sowie Zinspolitik.

Mit dem Arbeitsblatt, das wir in diesem Kapitel anlegen wollen, können Sie Ihre Cashflow-Planung für das kommende Jahr einfach und effektiv vornehmen. Sie geben für Umsatzerlös, Wareneinsatz, Betriebskosten, Anschaffung und Verkauf von Anlagegütern sowie für den Schuldendienst Schätzwerte ein. Die Tabelle berechnet Ihnen dann anhand dieser Zahlen Kasseneingänge und -ausgänge sowie den Nettobetrag der Kasseneinnahmen. Die Tabelle enthält eine praktische Formel, die, sobald der Cashflow unter ein bestimmtes Niveau sinkt, die Mittel für kurzfristige Verbindlichkeiten irgendwo abzwackt und sobald genügend Barmittel zur Verfügung stehen, wieder "zurückgibt".

DAS ARBEITSBLATT

In Abbildung 12-1 sehen Sie eine Cashflow-Unternehmensplanung mit einigen Musterdaten. Wenn Sie das neu erstellte Arbeitsblatt zum ersten Mal laden, werden die meisten Formeln als Ergebnis den Wert 0 liefern. Einige Formeln, wie z.B. die Formeln in Zeile 38, zeigen als Ergebnis den Wert 100%, andere die Meldung FEHLER. Sobald Sie Zahlen eingeben und die Tabelle neu berechnen lassen, ändern sich diese Werte.

```
          1        2        3        4        5          6          7          8          9          10         11         12
1  ================================================================================================================================
2  CASH FLOW-ÜBERSICHT FÜR UNTERNEHMEN
3  ================================================================================================================================
4  ZAHLUNGSEINGANG                               Okt        Nov        Dez        Jan        Feb        Mär        Apr        Mai
5  ============================================  =========  =========  =========  =========  =========  =========  =========  ========
6  Produkt 1                             3,00%   55.720 DM  57.392 DM  59.113 DM  60.887 DM  75.000 DM  77.250 DM  79.568 DM  81.955 DM
7  Produkt 2                             5,00%   47.250 DM  49.613 DM  52.093 DM  54.698 DM  57.433 DM  60.304 DM  63.320 DM  66.485 DM
8  Produkt 3                             0,50%   65.383 DM  65.710 DM  66.038 DM  66.369 DM  66.701 DM  67.034 DM  67.369 DM  67.706 DM
9  Produkt 4                            -1,00%   45.556 DM  45.100 DM  44.649 DM  44.203 DM  43.761 DM  43.323 DM  42.890 DM  42.461 DM
10 Produkt 5                             3,00%   27.359 DM  28.180 DM  29.025 DM  29.896 DM  30.793 DM  31.717 DM  32.668 DM  33.648 DM
11                                               ---------  ---------  ---------  ---------  ---------  ---------  ---------  --------
12 Umsatz                                        241.268 DM 245.994 DM 250.920 DM 256.052 DM 273.687 DM 279.628 DM 285.814 DM 292.255 DM
13
14 Zahlungseingangsplan
15  Bar                                             25%        25%        25%        20%        20%        10%        10%        10
16  30 Tage                                         15%        15%        15%        20%        20%        20%        20%        20
17  60 Tage                                         45%        45%        45%        45%        45%        45%        45%        45
18  90 Tage                                         15%        15%        15%        15%        15%        25%        25%        25
19
20 Summe Zahlungseingang                                                235.736 DM 255.761 DM 235.562 DM 246.074 DM 253.274 DM
21                                                                      ========== ========== ========== ========== =========
22
23 ================================================================================================================================
24 EINSTANDSKOSTEN                               Okt        Nov        Dez        Jan        Feb        Mär        Apr        Mai
25 ============================================  =========  =========  =========  =========  =========  =========  =========  ========
26 Produkt 1                            45,00%   25.074 DM  25.826 DM  26.601 DM  27.399 DM  33.750 DM  34.763 DM  35.805 DM  36.880 DM
27 Produkt 2                            52,00%   24.570 DM  25.799 DM  27.088 DM  28.443 DM  29.865 DM  31.358 DM  32.926 DM  34.572 DM
28 Produkt 3                            40,00%   26.153 DM  26.284 DM  26.415 DM  26.547 DM  26.680 DM  26.814 DM  26.948 DM  27.082 DM
29 Produkt 4                            62,00%   28.245 DM  27.962 DM  27.683 DM  27.406 DM  27.132 DM  26.860 DM  26.592 DM  26.326 DM
30 Produkt 5                            25,00%    6.840 DM   7.045 DM   7.256 DM   7.474 DM   7.698 DM   7.929 DM   8.167 DM   8.412 DM
31                                               ---------  ---------  ---------  ---------  ---------  ---------  ---------  --------
32 Summe Einstandskosten                         110.882 DM 112.916 DM 115.044 DM 117.269 DM 125.125 DM 127.724 DM 130.438 DM 133.272 DM
33
34 Einkaufsplan
35   0 Tage im voraus                              10%        10%        10%        10%        10%        10%        10%        10
36  30 Tage im voraus                              45%        45%        45%        45%        45%        45%        45%        45
37  60 Tage im voraus                              30%        30%        30%        30%        30%        30%        30%        30
38  90 Tage im voraus                              15%        15%        15%        15%        15%        15%        15%        15
39
40 Gesamteinkauf                                 114.004 DM 117.011 DM 120.972 DM 125.916 DM 129.111 DM 131.886 DM 134.784 DM 137.810 DM
41
42 Zahlungsausgangsplan
43  Bar                                                        65%        65%        65%        65%        65%        65%        65
44  30 Tage                                                    25%        25%        25%        25%        25%        25%        25
45  60 Tage                                                    10%        10%        10%        10%        10%        10%        10
46
47 Zahlung f. Einkäufe (Einstandsk.)                                    123.789 DM 127.498 DM 130.595 DM 133.492 DM 136.461 DM
48                                                                      ========== ========== ========== ========== =========
49
50 ================================================================================================================================
51 BETRIEBSKOSTEN                                Okt        Nov        Dez        Jan        Feb        Mär        Apr        Mai
52 ============================================  =========  =========  =========  =========  =========  =========  =========  ========
53 Gesamtbetriebskosten                  1,00%  115.000 DM 116.150 DM 117.312 DM 118.485 DM 119.669 DM 120.866 DM 122.075 DM 123.296 DM
54
55 Zahlungsausgangsplan
56  Bar                                                        65%        65%        65%        65%        65%        65%        65
57  30 Tage                                                    35%        35%        35%        35%        35%        35%        35
58  60 Tage                                                     0%         0%         0%         0%         0%         0%         0
59
60 Zahlung f. Einkäufe (Betriebsk.)                                     118.074 DM 119.255 DM 120.447 DM 121.652 DM 122.868 DM
61                                                                      ========== ========== ========== ========== =========
62
63 ================================================================================================================================
64 ANLAGEVERMÖGEN                                                       Jan        Feb        Mär        Apr        Mai
65 ===========================================================         =========  =========  =========  =========  ========
66 Zugang                                                                                     15.000 DM
67 Abgang                                                                                          0 DM
68                                                                      ---------  ---------  ---------  ---------  --------
69 Anlagevermögen Einkauf                                                    0 DM       0 DM  15.000 DM       0 DM       0 DM
70
71  Zusätzl.langfr.Kreditaufnahme
72  Summe neuer Verbindlichkeiten
73  Zusätzl.monatl.Zahlungen
74                                                                      ---------  ---------  ---------  ---------  --------
75 Nettoeinkäufe Anlagevermögen                                              0 DM       0 DM  15.000 DM       0 DM       0 DM
76                                                                      ========== ========== ========== ========== =========
77
78 ================================================================================================================================
79 SCHULDENDIENST                                            Dez        Jan        Feb        Mär        Apr        Mai
80 ===========================================================  =======  =========  =========  =========  =========  ========
81 Langfr.Verbindlichkeiten
82  Monatliche Zahlungen                                     3.000 DM   3.000 DM   3.000 DM   3.000 DM   3.000 DM   3.000 DM
83   Zinsrate                                                10,00%     10,00%     10,00%     10,00%     10,00%     10,00
84   Zinszahlungen                                                       833 DM     815 DM     797 DM     779 DM     760 DM
85   Rückzahlungen                                                     2.167 DM   2.185 DM   2.203 DM   2.221 DM   2.240 DM
86
87
88 Kurzfr.Verbindlichkeiten                                   9,00%
89  Zinsrate                                                            9,00%      9,00%      9,00%      9,00%      9,00
90  Zinszahlungen                                                          0 DM       0 DM       0 DM     200 DM     292 DM
91                                                                      ---------  ---------  ---------  ---------  --------
92 Summe Schuldendienst                                                 3.000 DM   3.000 DM   3.000 DM   3.200 DM   3.292 DM
93                                                                      ========== ========== ========== ========== =========
94
95 ================================================================================================================================
96 CASHFLOW-ÜBERSICHT                                                   Jan        Feb        Mär        Apr        Mai
97 ===========================================================         =========  =========  =========  =========  ========
98 Zahlungseingang                                                      235.736 DM 255.761 DM 235.562 DM 246.074 DM 253.274 DM
99 Andere Zahlungseingänge
100
101 Zahlungsausgang
```

Abbildung 12-1.

```
     13            14            15            16            17            18            19            20            21            22            23
 ============= ============= ============= ============= ============= ============= ============= ========================= =============

 =====================================================================================================================    =============
     Jun           Jul           Aug           Sep           Okt           Nov           Dez          Gesamt
 ==========    ==========    ==========    ==========    ==========    ==========    ==========    ==============
 84.413 DM     86.946 DM     89.554 DM     92.241 DM     95.008 DM     97.858 DM    100.794 DM    1.021.471 DM
 69.810 DM     73.300 DM     76.965 DM     80.814 DM     84.854 DM     89.097 DM     93.552 DM      870.632 DM
 68.045 DM     68.385 DM     68.727 DM     69.070 DM     69.416 DM     69.763 DM     70.112 DM      818.695 DM
 42.037 DM     41.616 DM     41.200 DM     40.788 DM     40.380 DM     39.976 DM     39.577 DM      502.212 DM
 34.658 DM     35.697 DM     36.768 DM     37.871 DM     39.007 DM     40.178 DM     41.383 DM      424.284 DM
 ----------    ----------    ----------    ----------    ----------    ----------    ----------    ----------
298.962 DM    305.944 DM    313.214 DM    320.784 DM    328.665 DM    336.872 DM    345.417 DM    3.637.294 DM

               10%           10%           10%           10%           10%           10%           10%
               20%           20%           20%           20%           20%           20%           20%
               45%           45%           45%           45%           45%           45%           45%
               25%           25%           25%           25%           25%           25%           25%

286.871 DM    293.355 DM    300.107 DM    307.136 DM    314.456 DM    322.076 DM    330.011 DM    3.380.419 DM
 ==========    ==========    ==========    ==========    ==========    ==========    ==========    ==========

 =========================================================================================================    =============
     Jun           Jul           Aug           Sep           Okt           Nov           Dez          Gesamt          Jan           Feb           Mär
 ==========    ==========    ==========    ==========    ==========    ==========    ==========    ==========    ==========    ==========    ==========
 37.986 DM     39.126 DM     40.299 DM     41.508 DM     42.753 DM     44.036 DM     45.357 DM      459.662 DM
 36.301 DM     38.116 DM     40.022 DM     42.023 DM     44.124 DM     46.330 DM     48.647 DM      452.728 DM
 27.218 DM     27.354 DM     27.491 DM     27.628 DM     27.766 DM     27.905 DM     28.045 DM      327.478 DM
 26.063 DM     25.802 DM     25.544 DM     25.289 DM     25.036 DM     24.785 DM     24.537 DM      311.372 DM
  8.664 DM      8.924 DM      9.192 DM      9.468 DM      9.752 DM     10.044 DM     10.346 DM      106.071 DM
 ----------    ----------    ----------    ----------    ----------    ----------    ----------    ----------
136.232 DM    139.322 DM    142.548 DM    145.916 DM    149.431 DM    153.101 DM    156.932 DM    1.657.311 DM  160.858 DM    164.883 DM    169.008 DM

               10%           10%           10%           10%           10%           10%           10%                         10%           10%           10%
               45%           45%           45%           45%           45%           45%           45%                         45%           45%           45%
               30%           30%           30%           30%           30%           30%           30%                         30%           30%           30%
               15%           15%           15%           15%           15%           15%           15%                         15%           15%           15%

140.970 DM    144.268 DM    147.712 DM    151.306 DM    155.047 DM    158.919 DM    162.896 DM    1.720.625 DM

               65%           65%           65%           65%           65%           65%           65%
               25%           25%           25%           25%           25%           25%           25%
               10%           10%           10%           10%           10%           10%           10%

139.561 DM    142.798 DM    146.177 DM    149.704 DM    153.378 DM    157.190 DM    161.117 DM    1.701.761 DM
 ==========    ==========    ==========    ==========    ==========    ==========    ==========    ==========

 ==========================================================================================================
     Jun           Jul           Aug           Sep           Okt           Nov           Dez          Gesamt
 ==========    ==========    ==========    ==========    ==========    ==========    ==========    ==========
124.529 DM    125.774 DM    127.032 DM    128.302 DM    129.585 DM    130.881 DM    132.190 DM    1.502.681 DM

               65%           65%           65%           65%           65%           65%           65%
               35%           35%           35%           35%           35%           35%           35%
                0%            0%            0%            0%            0%            0%            0%

124.097 DM    125.338 DM    126.591 DM    127.857 DM    129.136 DM    130.427 DM    131.731 DM    1.497.474 DM
 ==========    ==========    ==========    ==========    ==========    ==========    ==========    ==========

 ==========================================================================================================
     Jun           Jul           Aug           Sep           Okt           Nov           Dez          Gesamt
 ==========    ==========    ==========    ==========    ==========    ==========    ==========    ==========
               50.000 DM                                                                            65.000 DM
                                                                                                        0 DM
 ----------    ----------    ----------    ----------    ----------    ----------    ----------    ----------
   0 DM        50.000 DM         0 DM          0 DM          0 DM          0 DM          0 DM        65.000 DM

               50.000 DM                                                                            50.000 DM
                1.600 DM                                                                             1.600 DM
 ----------    ----------    ----------    ----------    ----------    ----------    ----------    ----------
   0 DM            0 DM          0 DM          0 DM          0 DM          0 DM          0 DM        15.000 DM
 ==========    ==========    ==========    ==========    ==========    ==========    ==========    ==========

 ==========================================================================================================
     Jun           Jul           Aug           Sep           Okt           Nov           Dez          Gesamt
 ==========    ==========    ==========    ==========    ==========    ==========    ==========    ==========
 3.000 DM      3.000 DM      4.600 DM      4.600 DM      4.600 DM      4.600 DM      4.600 DM       44.000 DM
 10,00%        10,00%        10,00%        10,00%        10,00%        10,00%        10,00%
   742 DM        723 DM      1.120 DM      1.091 DM      1.062 DM      1.033 DM      1.003 DM       10.758 DM
 2.258 DM      2.277 DM      3.480 DM      3.509 DM      3.538 DM      3.567 DM      3.597 DM       33.242 DM

  9,00%         9,00%         9,00%         9,00%         9,00%         9,00%         9,00%
   362 DM        213 DM         48 DM          0 DM          0 DM          0 DM          0 DM        1.113 DM
 ----------    ----------    ----------    ----------    ----------    ----------    ----------    ----------
 3.362 DM      3.213 DM      4.648 DM      4.600 DM      4.600 DM      4.600 DM      4.600 DM       45.113 DM
 ==========    ==========    ==========    ==========    ==========    ==========    ==========    ==========

 ==========================================================================================================
     Jun           Jul           Aug           Sep           Okt           Nov           Dez          Gesamt
 ==========    ==========    ==========    ==========    ==========    ==========    ==========    ==========
286.871 DM    293.355 DM    300.107 DM    307.136 DM    314.456 DM    322.076 DM    330.011 DM    3.380.419 DM
                                                                                                        0 DM
```

(12-1 Fortsetzung)

		1	2	3	4	5	6	7	8	9	10	11	12
102	Zahlung f.Lagerzugang								123.789 DM	127.498 DM	130.595 DM	133.492 DM	156.461 DM
103	Zahlung f.Betriebskosten								118.074 DM	119.255 DM	120.447 DM	121.652 DM	122.868 DM
104	Einkauf f.Anlagevermögen								0 DM	0 DM	15.000 DM	0 DM	0 DM
105	Schuldendienst								3.000 DM	3.000 DM	3.000 DM	3.200 DM	3.292 DM
106	Gewerbesteuer												
107	Andere Zahlungsausgänge												
108									----------	----------	----------	----------	----------
109	Zahlungen insgesamt								244.863 DM	249.753 DM	269.042 DM	258.344 DM	262.621 DM
110									----------	----------	----------	----------	----------
111	Netto-Cash flow aus Lieferungen								(9.128 DM)	6.008 DM	(33.481 DM)	(12.270 DM)	(9.347 DM)
112	Kurzfr.Verbindlichk. (Rückzahlg.)								0 DM	0 DM	26.601 DM	12.270 DM	9.347 DM
113									----------	----------	----------	----------	----------
114	Netto-Cash flow								(9.128 DM)	6.008 DM	(6.880 DM)	0 DM	0 DM
115									==========	==========	==========	==========	==========

								Dez	Jan	Feb	Mär	Apr	Mai
117	============================							==========	==========	==========	==========	==========	==========
118	ANALYSE FÜR ZAHLUNGSMITTEL												
119	============================							==========	==========	==========	==========	==========	==========
120	Anfangsbestand								125.000 DM	115.872 DM	121.880 DM	115.000 DM	115.000 DM
121	Netto-Cash flow aus Lieferungen								(9.128 DM)	6.008 DM	(33.481 DM)	(12.270 DM)	(9.347 DM)
122									----------	----------	----------	----------	----------
123	Saldo vor Verbindlichkeiten								115.872 DM	121.880 DM	88.399 DM	102.730 DM	105.653 DM
124	Mind.erforderlicher Saldo							115.000 DM	115.000 DM	115.000 DM	115.000 DM	115.000 DM	115.000 DM
125									----------	----------	----------	----------	----------
126	Zahlungsmittel/Saldo (+ -)								872 DM	6.880 DM	(26.601 DM)	(12.270 DM)	(9.347 DM)
127													
128	Laufende kurzfr.Kreditaufnahme								0 DM	0 DM	26.601 DM	12.270 DM	9.347 DM
129									----------	----------	----------	----------	----------
130	Endbestand								115.872 DM	121.880 DM	115.000 DM	115.000 DM	115.000 DM
131									==========	==========	==========	==========	==========

								Dez	Jan	Feb	Mär	Apr	Mai
133	============================							==========	==========	==========	==========	==========	==========
134	BILANZ												
135	============================							==========	==========	==========	==========	==========	==========
136	Aktiva												
137	Barvermögen								125.000 DM	115.872 DM	121.880 DM	115.000 DM	115.000 DM	115.000 DM
138	Debitoren								65.000 DM	85.316 DM	103.242 DM	147.309 DM	187.049 DM	226.030 DM
139	Lager								87.000 DM	95.647 DM	99.632 DM	103.794 DM	108.141 DM	112.679 DM
140													
141	Kreditoren												
142	Verbindl.an Lieferanten								95.000 DM	97.537 DM	99.564 DM	101.274 DM	102.989 DM	104.765 DM
143	Andere kurzfr.Verbindlichk.								0 DM	0 DM	0 DM	26.601 DM	38.870 DM	48.217 DM
144									----------	----------	----------	----------	----------
145	Netto-Betriebskapital								182.000 DM	199.298 DM	225.191 DM	238.229 DM	268.331 DM	300.726 DM
146													
147													
148	Langfristige Verbindlichkeiten								100.000 DM	97.833 DM	95.649 DM	93.446 DM	91.224 DM	88.985 DM
149									==========	==========	==========	==========	==========	==========

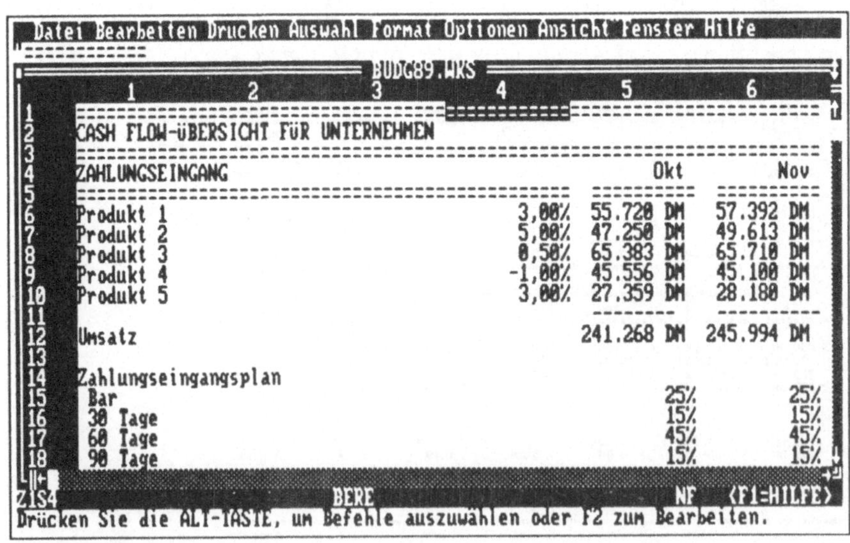

Abbildung 12-2.

13	14	15	16	17	18	19	20	21	22	23
139.561 DM	142.798 DM	146.177 DM	149.704 DM	153.378 DM	157.190 DM	161.117 DM	1.701.761 DM			
124.097 DM	125.338 DM	126.591 DM	127.857 DM	129.136 DM	130.427 DM	131.731 DM	1.497.474 DM			
0 DM	0 DM	0 DM	0 DM	0 DM	0 DM	0 DM	15.000 DM			
3.362 DM	3.213 DM	4.648 DM	4.600 DM	4.600 DM	4.600 DM	4.600 DM	45.113 DM			
							0 DM			
							0 DM			
267.020 DM	271.349 DM	277.416 DM	282.161 DM	287.114 DM	292.217 DM	297.448 DM	3.259.348 DM			
19.851 DM	22.007 DM	22.691 DM	24.976 DM	27.342 DM	29.859 DM	32.563 DM	121.071 DM			
(19.851 DM)	(22.007 DM)	(6.360 DM)	0 DM	0 DM	0 DM	0 DM	0 DM			
0 DM	0 DM	16.331 DM	24.976 DM	27.342 DM	29.859 DM	32.563 DM	121.071 DM			

Jun	Jul	Aug	Sep	Okt	Nov	Dez
115.000 DM	115.000 DM	115.000 DM	131.331 DM	156.307 DM	183.648 DM	213.508 DM
19.851 DM	22.007 DM	22.691 DM	24.976 DM	27.342 DM	29.859 DM	32.563 DM
134.851 DM	137.007 DM	137.691 DM	156.307 DM	183.648 DM	213.508 DM	246.071 DM
115.000 DM	115.000 DM	115.000 DM	115.000 DM	115.000 DM	115.000 DM	115.000 DM
19.851 DM	22.007 DM	22.691 DM	41.307 DM	68.648 DM	98.508 DM	131.071 DM
(19.851 DM)	(22.007 DM)	(6.360 DM)	0 DM	0 DM	0 DM	0 DM
115.000 DM	115.000 DM	131.331 DM	156.307 DM	183.648 DM	213.508 DM	246.071 DM

Jun	Jul	Aug	Sep	Okt	Nov	Dez
115.000 DM	115.000 DM	131.331 DM	156.307 DM	183.648 DM	213.508 DM	246.071 DM
238.121 DM	250.710 DM	263.818 DM	277.465 DM	291.674 DM	306.470 DM	321.875 DM
117.417 DM	122.363 DM	127.526 DM	132.917 DM	138.532 DM	144.350 DM	150.314 DM
106.605 DM	108.512 DM	110.487 DM	112.534 DM	114.652 DM	116.835 DM	119.072 DM
28.367 DM	6.360 DM	0 DM	0 DM	0 DM	0 DM	0 DM
335.566 DM	373.202 DM	412.189 DM	454.155 DM	499.203 DM	547.493 DM	599.188 DM
86.726 DM	134.449 DM	130.969 DM	127.461 DM	123.923 DM	120.356 DM	116.758 DM

Wie Sie sehen können, arbeitet die Tabelle mit verschiedenen Tabellenbereichen: Zahlungseingang, Einstandskosten, Betriebskosten, Anlagevermögen, Schuldendienst, Cashflow-Übersicht, Analyse für Zahlungsmittel und Bilanz. Der Bereich für den Zahlungseingang belegt die Felder Z3S1:Z22S20. Wenn Sie die unausgefüllte Originaltabelle laden, erscheint auf dem Bildschirm der linke obere Teil dieses Bereichs, wie in Abbildung 12-2 zu sehen ist. In diesen Bereich geben Sie die geschätzten Umsätze in Form von Produkten und Laufzeit der Forderungen ein. Aus diesen Daten errechnet die Tabelle dann für jeden Monat die Summe des Zahlungseingangs.

Der Bereich Einstandkosten belegt die Felder Z23S1:Z49S23. Hier geben Sie für die einzelnen Produkte Schätzwerte für den jeweiligen Wareneinsatz ein. In diesem Bereich werden auch die Kosten für den Wareneinsatz und die Bezahlung dieser Waren geplant. Abbildung 12-3 zeigt den oberen linken Teil von Einstandskosten .

Der Bereich Betriebskosten umfaßt die Felder Z50S1:Z62S20. Hier geben Sie die Schätzwerte für die monatlich anfallenden Betriebskosten und ein entsprechendes Zahlungsschema für diese Kosten ein.

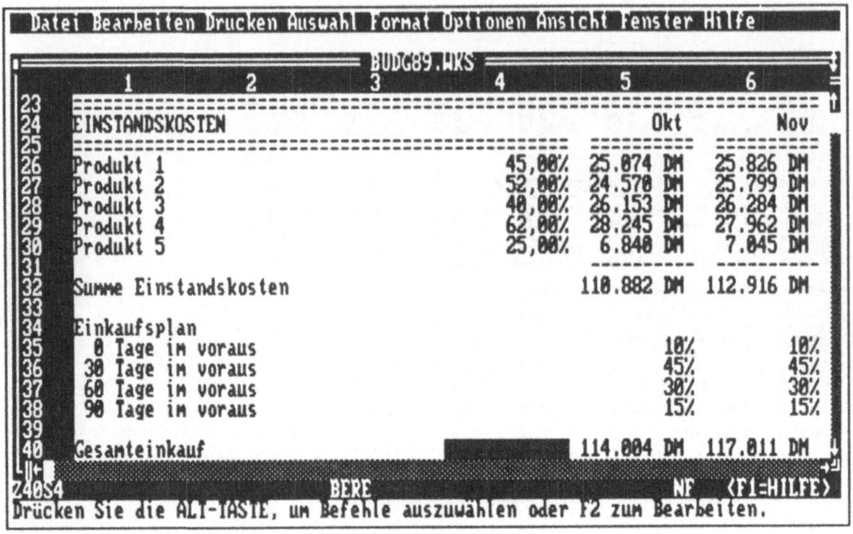

Abbildung 12-3.

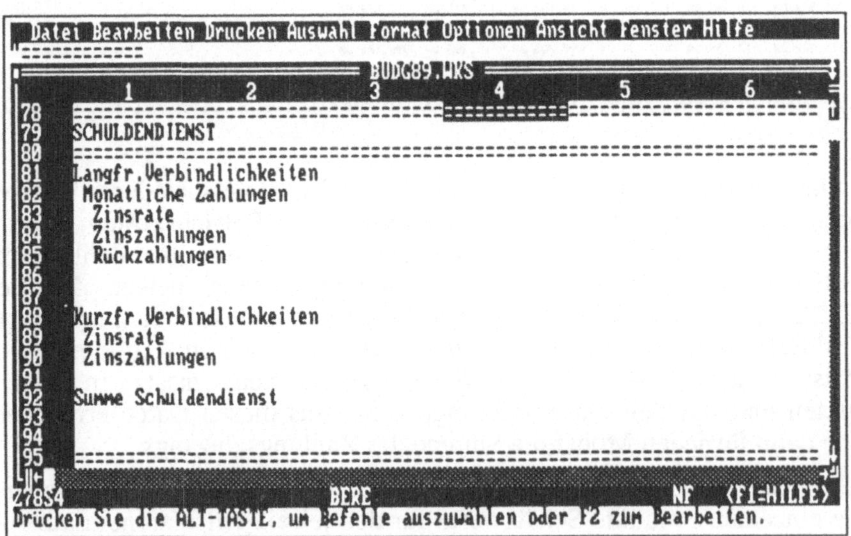

Abbildung 12-4.

Der nächste Bereich, Anlagevermögen, belegt die Felder Z63S1:Z77S20. In diesen Bereich tragen Sie Ihre Schätzwerte für den An- und Verkauf von Sachanlagen und die dadurch anfallende Aufstockung der langfristigen Verbindlichkeiten ein. Die geplante Schuldentilgung geben Sie in den Bereich Schuldendienst (Z78S1:Z94S20) ein. In Abbildung 12-4 sehen Sie den linken oberen Teil dieses Bereichs.

Die Cashflow-Übersicht, der Bereich Z95S1:Z116S20, gibt einen Überblick über den Cashflow, so wie er in den anderen Tabellenbereichen berechnet wurde. Abbildung 12-5 zeigt den linken oberen Teil dieses Bereichs. Die Formeln in Zeile 98 berechnen die Monatssalden für Zahlungseingänge, die Formeln in Zeile 109 die Monatssalden für Zahlungsausgänge. In Zeile 111 wird der Saldo des erwirtschafteten Nettoüberschusses errechnet. Alle Formeln in Zeile 112 haben einen Bezug auf die Felder in Zeile 128, deren Formeln die Höhe der Verbindlichkeiten, die für einen akzeptablen Kassensaldo erforderlich sind, errechnen. Die Formeln in Zeile 114 errechnen dann für die einzelnen Monate den Netto-Cashflow inklusive kurzfristiger Verbindlichkeiten.

Wie Sie sehen können, arbeitet die Tabelle mit verschiedenen Tabellenbereichen: Zahlungseingang, Einstandskosten, Betriebskosten, Anlagevermögen, Schuldendienst, Cashflow-Übersicht, Analyse für Zahlungsmittel und Bilanz. Der Bereich für den Zahlungseingang belegt die Felder Z3S1:Z22S20. Wenn Sie die unausgefüllte Originaltabelle laden, erscheint auf dem Bildschirm der linke obere Teil dieses Bereichs, wie in Abbildung 12-2 zu sehen ist. In diesen Bereich geben Sie die geschätzten Umsätze in Form von Produkten und Laufzeit der Forderungen ein. Aus diesen Daten errechnet die Tabelle dann für jeden Monat die Summe des Zahlungseingangs.

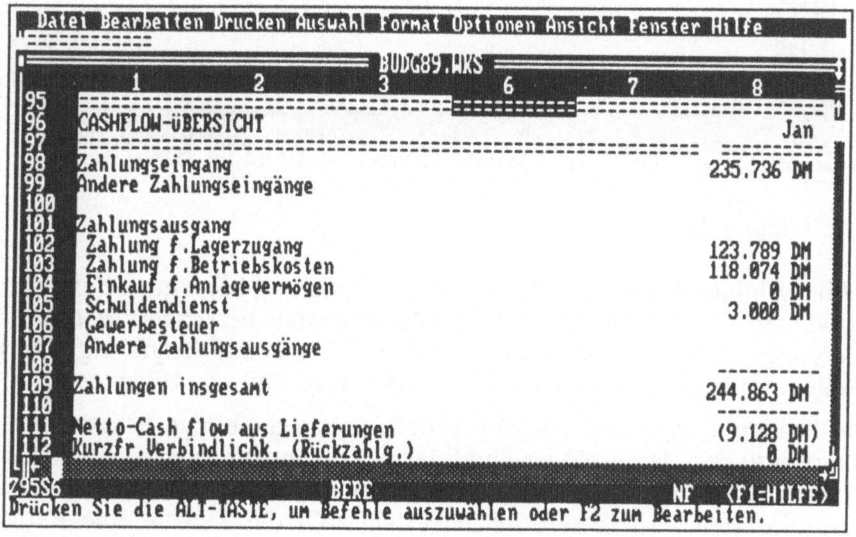

Abbildung 12-5.

Der Bereich Einstandkosten belegt die Felder Z23S1:Z49S23. Hier geben Sie für die einzelnen Produkte Schätzwerte für den jeweiligen Wareneinsatz ein. In diesem Bereich werden auch die Kosten für den Wareneinsatz und die Bezahlung dieser Waren geplant. Abbildung 12-3 zeigt den oberen linken Teil von Einstandskosten .

Der Bereich Betriebskosten umfaßt die Felder Z50S1:Z62S20. Hier geben Sie die Schätzwerte für die monatlich anfallenden Betriebskosten und ein entsprechendes Zahlungsschema für diese Kosten ein.

Die Analyse für Zahlungsmittel erstreckt sich auf den Bereich Z117S1 bis Z132S19. Die Formeln in diesem Bereich errechnen, wie hoch der Betrag für die kurzfristigen Verbindlichkeiten sein darf, damit der Kassensaldo nicht überstrapaziert wird. In Abbildung 12-6 sehen Sie den linken oberen Teil dieses Bereichs.

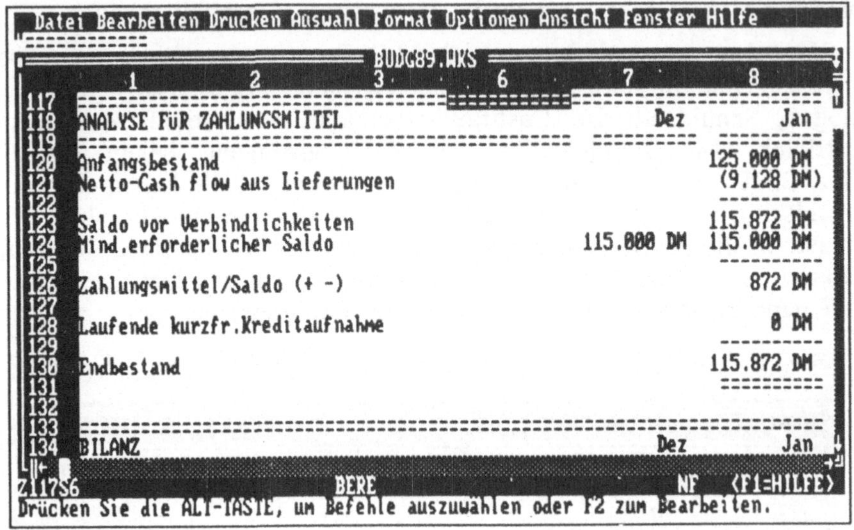

Abbildung 12-6.

Die Bilanz bildet den letzten Bereich der Tabelle und beginnt in Feld Z133S1. Hier werden die Salden für sechs Schlüsselkonten berechnet: Barvermögen, Forderungen, Lager, kurzfristige Verbindlichkeiten und langfristige Verbindlichkeiten. In Abbildung 12-7 wird der obere linke Teil von Bilanz gezeigt.

In die Spalten 4, 5, 6 und 7 dieser Tabelle geben Sie einige Schätzwerte ein - Anfangssaldo des Barvermögens und der Forderungen, Ihre Verbindlichkeiten an Lieferanten und kurzfristige Verbindlichkeiten sowie die geschätzten Anfangszinsraten. Mit diesen Schätzwerten stellt die Tabelle eine Reihe von Berechnungen an. Beispielsweise benutzt sie die Werte für den geschätzten Zuwachs, die Sie in die Felder Z6S4 bis Z10S4 eingegeben haben, um die monatlichen Umsätze in den Felder Z6S6 bis Z10S19 zu errechnen. Analog benutzt sie den in Feld Z124S7 eingegebenen Wert, um für die einzelnen Monate die anfallende Aufstockung bzw. Tilgung der kurzfristigen Verbindlichkeiten zu berechnen.

Die meisten Felder der Spalten 8 bis 19 enthalten Formeln. Einige dieser Formeln beziehen sich auf die Schätzwerte in den Spalten 4 bis 7, andere haben einen Bezug auf Werte in anderen Spalten. In einigen wenigen Felder geben Sie direkt (manuell) einen Wert ein. Spalte 20 enthält eine Reihe von SUMME-Funktionen, die für jede Zeile in dieser Tabelle den Jahresgesamtwert addiert.

```
 Datei Bearbeiten Drucken Auswahl Format Optionen Ansicht Fenster Hilfe
 =============
=============================== BUDG89.WKS ===============================
         1          2          3          6          7          8
133 ============================================ ==========  ==========
134 BILANZ                                           Dez        Jan
135 ============================================ ==========  ==========
136 Aktiva
137  Barvermögen                               125.000 DM  115.872 DM
138  Debitoren                                  65.000 DM   85.316 DM
139  Lager                                      87.000 DM   95.647 DM
140
141  Kreditoren
142  Verbindl.an Lieferanten                    95.000 DM   97.537 DM
143  Andere kurzfr.Verbindlichk.                     0 DM        0 DM
144                                            ----------  ----------
145 Netto-Betriebskapital                      182.000 DM  199.298 DM
146
147
148 Langfristige Verbindlichkeiten             100.000 DM   97.833 DM
149                                            ==========  ==========
150
Z133S6                    BERE                           NF    <F1=HILFE>
Drücken Sie die ALT-TASTE, um Befehle auszuwählen oder F2 zum Bearbeiten.
```

Abbildung 12-7.

DAS ARBEITSBLATT ERSTELLEN

Um eine Cashflow-Übersicht für ein Unternehmen aufzubauen, wählen Sie als erstes Manuell berechnen aus dem Menü Optionen, damit die Tabelle nicht bei jedem Eintrag, den Sie vornehmen, sofort neu berechnet wird, was den Aufbau der Tabelle erheblich verlangsamen würde.

Bestimmen Sie jetzt Währungsformat mit 2 Nachkommastellen für Ihre Tabelle. Dazu markieren Sie Ihre gesamte Tabelle, indem Sie den Cursor auf Feld Z1S1 setzen und im Menü Auswahl die Option Zeile wählen. Mit diesem Befehl wird jedes Feld in Zeile 1 markiert. Anschließend wählen Sie Spalte aus dem Auswahl-Menü. Da bereits in jeder Spalte ein Feld markiert ist, werden mit diesem Befehl alle Felder in allen Spalten markiert. (Wenn Sie mit der Maus arbeiten, klicken Sie einfach auf die linke obere Ecke der Tabelle - auf den Bereich links von der Spaltenbezeichnung 1 und unmittelbar über der Zeilenbezeichnung 1 - um die gesamte Tabelle zu markieren. Rufen Sie nun Währung aus dem Format-Menü auf, und schreiben Sie im geöffneten Dialogfeld als Nachkommastellen *0*. Bestätigen Sie Ihre Wahl mit Enter oder OK.

Als nächstes muß die Breite der Tabellespalten von 10 auf 12 geändert werden. Dazu setzen Sie den Cursor in die erste Spalte, wählen Spaltenbreite im Menü Format und ändern den angegebenen Wert in 12 um. Anschließend wiederholen

Sie den Vorgang für die Spalten 2 bis 19 und 21 bis 23. Für Spalte 20 bestimmen Sie die Breite 14.

Den Feldern in Spalte 4 muß nun Prozentformat zugewiesen werden. Markieren Sie dazu die Spalte 4, wählen Sie im Format-Menü die Option Prozent, und bestätigen Sie die vorgegebene Einstellung mit Enter oder OK. Wenn Sie mit der Maus arbeiten, klicken Sie einfach auf die Spaltenbezeichnung "4", um die Spalte zu markieren. Wenn Sie ohne Maus arbeiten, bewegen Sie den Cursor auf ein beliebiges Feld der Spalte 4 und rufen dann Spalte aus dem Auswahl-Menü auf.

Labels für Spalten und Zeilen

Nachdem Sie die Spaltenbreiten geändert haben, können Sie nun mit den Label-einträgen beginnen. Geben Sie als erstes die Labels für die Zeilen 1,2 und 3 ein. Die Doppellinie in den Zeilen 1 und 3 besteht aus Gleichheitszeichen und reicht von Spalte 1 bis Spalte 23. Um diese Labels einzugeben, müssen Sie jeweils ein Anführungszeichen gefolgt von zwölf Gleichheitszeichen (Anzahl entspricht der jeweiligen Spaltenbreite) eingeben ("============). Setzen Sie also den Cursor auf Feld Z1S1, tippen Sie ein Anführungszeichen und anschließend zwölf Gleichheitszeichen. Markieren Sie dann den Bereich Z1S1:Z23, und wählen Sie die Option Rechts ausfüllen aus dem Bearbeiten-Menü. An-schließend kopieren Sie die Doppellinie aus Zeile 1 in Zeile 3. Dazu markieren Sie Zeile 1, wählen Kopieren im Menü Bearbeiten, setzen den Cursor dann auf Feld Z3S1 und drücken Enter. Vergessen Sie bei der Labeleingabe nicht das Anführungszeichen vor den Gleichheitszeichen, da WORKS andernfalls Ihre Eingabe als Formeleingabe interpretieren und eine Fehlermeldung anzeigen würde.

Als nächstes setzen Sie den Cursor auf Feld Z2S1 und schreiben *CASHFLOW-ÜBERSICHT FÜR UNTERNEHMEN*. Anschließend bewegen Sie den Cursor auf Feld Z4S1 und schreiben *ZAHLUNGSEINGANG*. Gehen Sie dann zu Feld Z4S5, und geben Sie hier als Label *Okt* ein. In Feld Z4S6 schreiben Sie *Nov*, in Feld Z4S7 *Dez*, usw bis zu Feld Z4S19 (Dez). In Feld Z4S20 schreiben Sie *Summe*.

In Zeile 5 werden wieder Doppellinien eingegeben. In die Felder Z5S1, Z5S2, Z5S3 und Z5S4 geben Sie ein Anführungszeichen gefolgt von zwölf Gleich-heitszeichen ein. In die übrigen Spalten der Zeile 5 jeweils zwei Leerzeichen gefolgt von zehn Gleichheitszeichen und in Spalte 20 zwei Leerzeichen gefolgt von 12 Gleichheitszeichen. Nachdem diese Labels eingegeben sind, richten Sie die Labels in den Feldern Z5S5 bis Z5S19 rechts aus. Wählen Sie dazu im Menü Format die Option Schriftstil, und wählen Sie im geöffneten Dialogfeld Rechtsbündig.

Die Labels aus den Zeilen 3 bis 5 können nun in die anderen Bereiche kopiert werden. Dazu markieren Sie den Bereich Z3S1:Z5S20, wählen Kopieren aus dem Menü Bearbeiten, setzen den Cursor auf Feld Z23S1 und drücken Enter.

Lassen Sie den neu kopierten Bereich markiert, wählen Sie wieder Kopieren im Menü Bearbeiten, setzen den Cursor auf Feld Z63S1 und drücken Enter. Dann rufen Sie wieder Bearbeiten-Kopieren auf, setzen den Cursor auf Feld Z78S1 und kopieren wieder mit Enter. Auf dieselbe Weise kopieren Sie den Header noch in die Felder Z95S1, Z117S1 und Z133S1.

Anschließend müssen das Label Zahlungseingang umgeschrieben bzw. die Labels Okt, Nov, und Summe aus einigen Bereichen entfernt werden. Bewegen Sie also den Cursor zu Feld Z134S1, und schreiben Sie hier *Bilanz*. (Mit der Tastenkombination Ctrl-Aufwärtspfeil können Sie sich schnell von einem Bereich zum nächsten aufwärts bewegen. Wenn Sie mit der Maus arbeiten, benutzen Sie die Schieberleiste zur Cursorbewegung.) Markieren Sie nun den Bereich Z134S4:Z135S6, und wählen Sie Rechts ausfüllen aus dem Menü Bearbeiten, um die Einträge in den Feldern Z134S5, Z135S5, Z134S6 und Z135S6 zu "löschen" und durch die kopierten Einträge aus den Feldern Z134S4 und Z135S4 zu ersetzen. Anschließend markieren Sie den Bereich Z134S220:Z135S20 und wählen Inhalte löschen aus dem Menü Bearbeiten, um die Labels in diesen Feldern zu löschen.

Dann gehen Sie mit dem Cursor auf Feld Z118S1 und geben hier das Label *Analyse für Zahlungsmittel* ein. (Da der kopierte Header im Bereich Z23S1:Z25S20 schon markiert ist, muß er nicht noch einmal markiert werden, bevor Sie Bearbeiten-Kopieren aufrufen. Anschließend markieren Sie den Bereich Z118S4:Z119S6, wählen Rechts ausfüllen im Menü Bearbeiten. Dann markieren Sie Z118S20:Z119S20 und wählen Bearbeiten-Inhalte löschen. Bewegen Sie den Cursor zu Feld Z79S1 und schreiben hier das Label *Cashflow-Übersicht*. Anschließend markieren Sie den Bereich Z79S2:Z80S6 und wählen Rechts ausfüllen aus dem Menü Bearbeiten.

Nun setzen Sie den Cursor auf Feld Z64S1, schreiben *Anlagevermögen*, markieren den Bereich Z64S4:Z65S7 und wählen Bearbeiten-Rechts ausfüllen. Anschließend gehen Sie mit dem Cursor auf Feld Z51S1 und schreiben hier *Betriebskosten*. Dann bewegen Sie den Cursor auf Feld Z24S1 und geben das Label *Einstandskosten* ein. Danach markieren Sie den Bereich Z23S8:Z25S10, wählen Kopieren im Menü Bearbeiten, setzen den Cursor auf Feld Z23S21 und drücken Enter. Mit diesem Schritt werden die Labels Jan, Feb und Mär in die Felder Z24S21 bis Z25S23 kopiert.

Jetzt können Sie die Zeilenbezeichnungen in Spalte 1 eingeben. Setzen Sie dazu den Cursor auf Feld Z6S1, und schreiben Sie das Label *Produkt 1*. Dann gehen Sie auf Feld Z7S1 und schreiben *Produkt 2*. Geben Sie auf diese Weise alle Labels (siehe Abbildung 12-1) in Spalte 1 ein.

Beachten Sie, daß einige Labels in Spalte 1 eingerückt sind, um die Tabelle übersichtlicher zu gestalten. Um ein Label einzurücken, tippen Sie einfach ein oder zwei Leerzeichen, und schreiben Sie dann das Label. Um beispielsweise das Label "Bar" einzurücken, tippen Sie ein Leerzeichen, schreiben *Bar* und drücken anschließend Enter.

Spalten und Zeilen fixieren

Nachdem Sie alle Labels in die Spalten 1, 2 und 3 eingegeben haben, fixieren Sie sie, damit sie beim Arbeiten mit der Tabelle jederzeit auf dem Bildschirm sichtbar bleiben. Markieren Sie dazu Spalte 4, und wählen Sie anschließend im Optionen-Menü Titel fixieren. Damit bleiben die Spalten 1, 2 und 3 auf dem Bildschirm sichtbar, auch wenn Sie sich Tabelle im letzten Feld der untersten Zeile befinden.

Der Bereich Zahlungseingang

Jetzt ist Ihre Tabelle so weit fertig, daß Sie Formeln in die Spalten 5, 6, 7 und 8 eingeben können. In Abbildung 12-8 ist genau aufgelistet, welche Formeln in welche Felder eingetragen werden müssen.

Mit dem Befehl Unten ausfüllen im Menü Bearbeiten können ähnliche Formeln eingegeben werden. Sie schreiben einfach die erste Formel in das entsprechende Feld, wählen dann Bearbeiten-Unten ausfüllen und tragen so die gleichen Formeln in die Felder darunter ein. Statt beispielsweise die Formeln in die Felder Z7S6, Z8S, Z9S6 und Z10S6 alle einzeln einzugeben, tragen Sie einfach die Formel $=ZS(-1)*(1+ZS4)$ in Feld Z6S6 ein, markieren den Bereich Z6S6:Z10S6 und kopieren dann die Formel aus Z6S6 mit Unten ausfüllen in die markierten Felder darunter. Beim Kopieren gleicht WORKS die Feldbezüge Z6S5 und Z6S4 so an, daß sich jede kopierte Formel auf das Feld in der angebenen Spalte der jeweiligen Zeile bezieht.

Feld	Spalte
Z6S6	$=ZS(-1)*(1+ZS4)$
Z7S6	$=ZS(-1)*(1+ZS4)$
Z8S6	$=ZS(-1)*(1+ZS4)$
Z9S6	$=ZS(-1)*(1+ZS4)$
Z10S6	$=ZS(-1)*(1+ZS4)$
Z12S5	$=SUMME(Z(-6)S:Z(-1)S)$
Z12S6	$=SUMME(Z(-6)S:Z(-1)S)$
Z15S6	$=ZS(-1)$
Z16S6	$=ZS(-1)$
Z17S6	$=ZS(-1)$
Z18S5	$=1-SUMME(Z(-3)S:Z(-1)S)$
Z18S6	$=1-SUMME(Z(-3)S:Z(-1)S)$
Z20S8	$=Z(-8)S(-3)*Z(-2)S(-3)+Z(-8)S(-2)*Z(-3)S(-2)+Z(-8)S(-1)*$ $Z(-4)S(-1)+Z(-8)S*Z(-5)S$

Abbildung 12-8. Formeln für die Spalten 5, 6 und 8 des Tabellenbereichs Zahlungseingang

Erklärungen zu den Formeln

Die Formeln in den Feldern Z6S6 bis Z10S6 ähneln sich alle. Jede dieser Formeln berechnet den November-Umsatz für ein Produkt, indem sie den Oktober-Umsatz des Produktes (Spalte 5) mit 1 plus der geschätzten Zuwachsrate (Spalte 4) multipliziert. (Da die Felder in den Spalten 4 und 6 momentan noch leer sind, geben die Formeln den Wert 0 zurück.) Die Formel in Feld Z6S6 beispielsweise (=ZS(-1)*(1+ZS4) multipliziert den Oktober-Umsatz von Produkt 1, den Sie in Feld Z6S5 eingeben, mit 1 plus der geschätzten Zuwachsrate für dieses Produkt, die Sie in Feld Z6S4 eingeben. Beachten Sie, daß die Bezüge auf die Felder in Spalte 4 gemischte Adressen sind: absoluter Spaltenbezug, relativer Zeilenbezug. Wenn Sie diese Formeln kopieren, bleiben die gemischten Bezüge immer dieselben.

Die Formeln in den Feldern Z12S5 und Z12S6 berechnen den Gesamtumsatz für die Monate Oktober und November. Die Formel in Feld Z12S5 (=SUMME(Z(-6)S:Z(-1)S) addiert die Werte der Felder Z6S5, Z7S5, Z8S5, Z9S5, Z10S5 und Z11S5. (Da in die Spalten 4 und 5 noch keine Zahlen eingegeben wurden, geben diese Formeln momentan noch den Wert 0 zurück.)

Die Formeln in den Feldern Z15S6, Z16S6 und Z17S6 beziehen sich direkt auf die Ergebnisse der Formeln in den Feldern der Spalte 5. Die Formel in Feld Z15S6 lautet beispielsweise =ZS(-1). Da die Bezüge auf die Spalte 5 in dieser Formel relativ sind, ändern Sie sich beim Kopieren.

Die Formeln in den Feldern Z18S5 und Z18S6 berechnen den Prozentanteil der Oktober- und Novemberumsätze, die innerhalb von 90 Tagen eingehen. Diese Formeln arbeiten mit folgender Logik: Die Umsätze in Prozent, die nach 90 Tagen gutgeschrieben sind, errechnet sich aus der Differenz zwischen 100 Prozent des Umsatzes und dem Zahlungseingang, der bar, nach 30 Tagen und nach 60 Tagen erfolgt. Die Formel in Feld Z18S5 nimmt diese Berechnung durch Subtraktion der Summe des Bereichs Z15S5:Z17S5 (der die Umsatz-Prozente für Bareingang, Zahlungseingang nach 30 Tagen und nach 60 Tagen enthält) von 1 (100%).

Weil wir diese Formeln in den Feldern Z18S5 und Z18S benutzen, müssen wir uns keine Sorgen machen, ob die Prozente in den Zeilen 15 bis 18 100 Prozent ergeben. Nachdem Sie die Prozente für Bareingang, 30 und 60 Tage Zahlungseingang in den Zeilen 15, 16 und 17 eingegeben haben, berechnet die Tabelle den Prozentanteil für Zahlungsziel 90 Tage.

Die Formel in Feld Z20S8 errechnet die Summe der Barzahlungseingänge für den Monat Januar. Diese Formel arbeitet mit folgender Logik: Die Bareingänge im Januar entsprechen dem Oktober-Umsatz (Feld Z12S5) mal der Prozentrate für Zahlungseingang nach 90 Tagen (Feld Z18S5) plus November-Umsatz (Z12S6) mal Prozentrate für November-Umsatz aus Zahlungen mit 60 Tagen Zahlungsziel (Z17S6) plus Dezember-Umsatz (Z12S7) mal Prozentrate für Dezember-Umsatz aus Zahlungen mit 30 Tagen Zahlungsziel (Z16S7) plus

Januar-Umsatz (Z12S8) mal Prozentrate für Januar-Umsatz aus Bareingängen (Z15S8).

Labels eingeben

Zusätzlich zu den Formeln in Abbildung 12-8 müssen noch einige Labels in die Felder Z11S5 und Z11S6 eingegeben werden, die die Striche unter den Zahlen der Spalten 5 und 6 bilden. Setzen Sie dazu den Cursor als erstes auf Feld Z11S5, und geben Sie hier zwei Leerzeichen gefolgt von zehn Bindestrichen (---------) ein. Drücken Sie anschließend Enter. Wiederholen Sie diesen Schritt in Feld Z11S6. In Feld Z21S8 geben Sie dann ein Label aus zwei Leerzeichen gefolgt von zehn Gleichheitszeichen (=========) ein. Bestätigen Sie Ihre Eingabe wieder mit Enter.

Formate ändern

Nachdem Sie alle Formeln und Labels in diesen Bereich eingegeben haben, ändern Sie für den Bereich Z15S5:Z18S19 Währungsformat in Prozent mit 0 Nachkommastellen um. Dazu markieren Sie den Bereich Z15S5:Z18S19, wählen Prozent im Menü Format, tippen *0* und bestätigen mit Enter.

Formeln kopieren

Als nächstes müssen die eingegebenen Formeln in die anderen Spalten des Bereichs kopiert werden. Markieren Sie also als erstes den Bereich Z6S6:Z18S19, und wählen Sie Rechts ausfüllen im Menü Bearbeiten. WORKS kopiert daraufhin die Formeln und Labels aus Spalte 6 in die Spalten 7 bis 19. Anschließend markieren Sie den Bereich Z10S8:Z20S19 und wählen wieder Bearbeiten-Rechts ausfüllen, um die Formel in Feld Z20S8 in die Felder Z20S9, Z20S10, usw. zu kopieren.

Lassen Sie uns einen Blick auf das Ergebnis unseres letzten Befehls (Rechts ausfüllen) werfen. Die Formeln in den Feldern Z15S6, Z16S6, Z17S6 und Z18S6 beziehen sich jeweils auf das Feld in Spalte 6 derselben Zeile. Da diese Formeln mit relativen Bezügen arbeiten, ändern sich die Bezüge beim Kopieren. Die Formeln geben also den Wert aus Spalte 5 jeweils an die Felder der Spalten 6 bis 19 der entsprechenden Zeile weiter. Da diese Formeln also den Wert von einem Monat zum nächsten Monat weitergeben, spricht man von einer sogenannten "Übergabe-Technik". Wir werden etwas später in diesem Kapitel noch eingehender über diese Technik zu sprechen kommen.

Ähnlich verhält es sich mit den Formeln in den Feldern Z6S6, Z7S6, Z8S6, Z9S6 und Z10S6, die ebenfalls mit Bezügen auf die Felder der Spalten 4 und 5 arbeiten. Bei dem Bezug auf das Feld in Spalte 4 handelt es sich dabei um einen gemischten Bezug (absoluter Spaltenbezug), während der Bezug auf das Feld in Spalte 5 relativ ist. Wenn Sie diese Formeln kopieren, ändert sich der relative Bezug, während der gemischte Bezug unverändert bleibt. Jede Formel gibt dabei als Ergebnis einen Wert zurück, der gleich dem Wert in der vorhergehenden Spalte mal der Summe aus 1 und dem Wert aus Spalte 4 ist.

Der Weg, den wir für den Aufbau dieses Tabellenbereichs gewählt haben, mag auf den ersten Blick umständlich erscheinen - alle Formeln in die Spalten 5, 6 und 8 eingeben und dann mit Rechts ausfüllen in die Spalten 7 bis 19 kopieren. Tatsächlich aber ist dieser Weg immer dann der beste, wenn dieselbe Formel in alle Felder einer Zeile eingegben werden sollen. Diese Methode ist sehr viel effektiver als die nächstbeste - die Formeln für jede Zeile einzeln eingeben und kopieren. Wir werden diese Methode auch für die anderen Tabellenbereiche anwenden.

Die Tabelle speichern

Nun, da alle Formeln aus Abbildung 12-8 eingegeben und in die Spalten 7 bis 19 kopiert sind, speichern Sie erst einmal Ihre Tabelle. Wählen Sie Speichern unter im Menü Datei. Wenn Sie die Tabelle nicht im aktuellen Verzeichnis speichern wollen, wählen Sie das gewünschte Verzeichnis aus der Liste der Verzeichnisse und bestätigen Sie mit OK. Anschließend schreiben Sie einen Namen für Ihre Tabelle und speichern diese dann mit Enter oder OK. Wenn Sie die Tabelle im aktuellen Verzeichnis ablegen wollen, tippen Sie einfach einen Namen ein, und speichern dann mit Enter oder OK.

Da diese Tabelle verhältnismäßig lang und umfangreich ist, werden Sie mehr Zeit für ihren Aufbau benötigen, als für andere Tabelle in diesem Buch. Es empfiehlt sich, von Zeit zu Zeit eine Zwischenspeicherung vorzunehmen, damit nicht aus unvorhersehbaren Gründen (Stromausfall oder ähnliche Probleme), Ihre wertvolle Arbeit plötzlich umsonst war.

Der Bereich Einstandskosten

Geben Sie nun die Formeln ein, die die Werte für den Bereich Einstandskosten berechnen. Dieser Bereich ähnelt in seiner Struktur dem Bereich Zahlungseingang. Die Tabelle in Abbildung 12-9 zeigt eine Liste mit Formeln und den zugehörigen Eingabefeldern. Sie können ähnliche Formeln, wie im vorhergehenden Bereich, wieder mit dem Befehl Unten ausfüllen eingeben. Geben Sie jeweils die erste Formel manuell ein, dann rufen Sie Unten ausfüllen im Menü Bearbeiten auf und kopieren die Formeln in den zuvor markierten Bereich.

Erklärungen zu den Formel in diesem Bereich

Die Formeln in den Feldern Z26S5 bis Z30S6 berechnen die Einstandskosten der einzelnen Produkte, die in den Monaten Oktober und November verkauft wurden. Dazu werden die Umsätze in den Feldern Z6S5 bis Z10S6 im Zahlungseingangsbereich mit den Prozentwerten in den Feldern Z26S4 bis Z30S4 multipliziert. Die Formel in Feld Z26S5 (=Z(-20)S*ZS4) multipliziert beispielsweise den Oktoberumsatz für Produkt 1 (Feld Z6S5) mit den Prozent-

werten für die Einstandskosten für Produkt 1 (Z26S4) um die Einstandskosten
für Produkt 1 im Oktober zu berechnen. (Da bisher noch keine Zahlen eingegeben wurden, geben die Formel vorerst den Wert 0 zurück.)

Die Formeln in den Feldern Z35S6, Z36S6 und Z37S6 haben einen Bezug auf
die von Ihnen eingegebenen Schätzwerte für den Einkaufsplan in den Feldern
Z35S5, Z36S5 und Z37S5. Die Formel in Z35S6 lautet z.B. =ZS(-1).

Die Formeln in den Feldern Z38S5 und Z38S6 berechnen den Prozentsatz der
Einstandskosten für Güter, die im Oktober und November 90 Tage im voraus
eingekauft wurden. Diese Formeln ähneln den Formeln in den Feldern Z18S5
und Z18S6 des Zahlungseingangsbereichs. Die Formel in Z38S5 subtrahiert
beispielsweise die Summe aus dem Bereich Z35S5:Z37S5 (Prozente für
Einstandskosten im Oktober für Güter, die 0, 30 und 60 Tage im voraus
eingekauft wurden) von 1 (100%). Als Ergebnis erhält man den Prozentwert für
die Einstandskosten von Gütern, die 90 Tage im voraus gekauft wurden.

Feld	Formel
Z26S5	=Z(-20)S*Z(-20)S4
Z26S6	=Z(-20)S*Z(-20)S4
Z27S5	=Z(-20)S*Z(-20)S4
Z27S6	=Z(-20)S*Z(-20)S4
Z28S5	=Z(-20)S*Z(-20)S4
Z28S6	=Z(-20)S*Z(-20)S4
Z29S5	=Z(-20)S*Z(-20)S4
Z29S6	=Z(-20)S*Z(-20)S4
Z30S5	=Z(-20)S*Z(-20)S4
Z30S6	=Z(-20)S*Z(-20)S4
Z32S5	=SUMME(Z(-6)S:Z(-2)S)
Z32S6	=SUMME(Z(-6)S:Z(-2)S)
Z35S6	=ZS(-1)
Z36S6	=ZS(-1)
Z37S6	=ZS(-1)
Z38S5	=1-SUMME(Z(-3)S:Z(-1)S)
Z38S6	=1-SUMME(Z(-3)S:Z(-1)S)
Z40S5	=Z(-5)S*Z(-8)S+Z(-4)S(+1)*Z(-8)S(+1)+Z(-3)S(+2)* Z(-8)S(+2)+Z(-2)S(+3)*Z(-8)S(+3)
Z40S6	=Z(-5)S*Z(-8)S+Z(-4)S(+1)*Z(-8)S(+1)+Z(-3)S(+2)* Z(-8)S(+2)+Z(-2)S(+3)*Z(-8)S(+3)
Z43S7	=ZS(-1)
Z44S7	=ZS(-1)
Z45S6	=1-SUMME(Z(-2)S:Z(-1)S)
Z45S7	=1-SUMME(Z(-2)S:Z(-1)S)
Z47S8	=Z(-2)S(-2)*Z(-7)S(-2)+Z(-3)S(-1)*Z(-7)S(-1)+Z(-4)S*Z(-7)S

Abbildung 12-9. Formeln für die Spalten 5, 6 und 7 im Bereich Einstands-
kosten.

Da wir diese Formeln in den Feldern Z38S5 und Z38S6 benutzt haben, können wir davon ausgehen, daß die Werte in den Zeilen 35 bis 38 100 Prozent ergeben werden. Tragen Sie in den Zeilen 35, 36 und 37 einfach ein, wieviel Prozent der Anschaffungen 0, 30 und 60 Tage im voraus getätigt werden sollen. Die Tabelle errechnet dann die Prozentrate der Einkäufe, die 90 Tage im voraus vorgenommen werden können.

Die Formeln in den Feldern Z40S5 und Z40S6 berechnen die Einstandskosten insgesamt für die Anschaffungen im Oktober und November. Diese Formeln ähneln den Formeln zur Berechnung der Summe des monatlichen Zahlungseingangs. Die Formel in Feld Z40S5 beruht auf folgender Logik: Die Einkäufe im Oktober entsprechen den Einstandskosten im Oktober (Z32S6) mal den Einstandskosten in Prozent, für Güter, die im Oktober bar eingekauft werden (Z35S5) plus Einstandskosten im November (Z32S6) mal den Einstandskosten in Prozent für Güter, die im November 30 Tage im voraus eingekauft werden 8Z36S6) plus Einstandskosten im Dezember (Z32S7) mal den Einstandskosten in Prozent für Güter, die im Dezember 60 Tage im voraus eingekauft werden (Z37S7) plus Einstandskosten im Januar (Z32S8) mal Einstandskosten in Prozent für Güter, die im Januar 90 Tage im voraus eingekauft werden sollen (Z38S8). Nachdem Sie die Formel in Feld Z40S5 eingegeben haben, markieren Sie den Bereich Z40S5:Z40S6, wählen Rechts ausfüllen im Menü Bearbeiten und kopieren so die Formel in Feld Z40S6.

Die Formeln in den Feldern Z43S7, Z44S7, Z45S6 und Z45S7 ähneln den Formeln in den Feldern Z15S6, Z16S6, Z17S6 und Z18S6 im Bereich Zahlungseingang und den Formeln Z35S6, Z36S6, Z37S6 und Z38S6 im Bereich Einstandskosten. Die Formeln in Z43S7 und Z44S7 haben einen Bezug auf die Schätzwerte des Einkaufsplans, die Sie in die Felder Z43S5 und Z44S5 eingegeben haben. Die Formeln in den Feldern Z45S6 und Z45S7 berechnen den Prozentanteil der November- und Dezembereinkäufe, die Sie innerhalb von 60 Tagen bezahlen wollen. Die Formel in Z45S6 subtrahiert zum Beispiel die Summe des Bereichs Z43S6:Z44S6 (Prozentanteil der Novembereinkäufe, die bar oder nach 30 Tagen bezahlt werden sollen) vom Wert 1 (100%). Als Ergebnis erhalten Sie den Prozentsatz der Novembereinkäufe, die innerhalb von 60 Tagen bezahlt werden sollen.

Die Formel in Z47S8 berechnet die Gesamtsumme für Einstandskosten im Monat Januar. Um diese Summe auszurechnen, addiert die Formel die Novembereinkäufe (Z40S6) mal Prozent der Einkäufe, die innerhalb von 60 Tagen bezahlt werden sollen (Z45S6) plus Dezembereinkäufe (Z40S7) mal Prozent der Einkäufe im Dezember, die innerhalb von 30 Tagen bezahlt werden sollen (Z44S7) plus Januareinkäufe (Z40S8) mal Prozent der Bareinkäufe im Januar (Z43S8).

Labels eingeben

Geben Sie in die Felder Z31S5 und Z31S6 ein Label aus zwei Leerzeichen gefolgt von zehn Bindestrichen ein. Sie können diese Labels entweder manuell eingeben oder mit Bearbeiten-Kopieren ein bereits vorhandenes Label dieser Art aus dem Zahlungeingansbereich kopieren. In Feld Z48S8 tragen Sie dann ein ähnliches Label aus zwei Leerzeichen und zehn Gleichheitszeichen ein (oder kopieren es mit Bearbeiten-Kopieren aus dem Zahlungseingangsbereich in dieses Feld).

Formate ändern

Das Format im Bereich Z35S5:Z38S23 muß nun von Währungsformat in Prozentformat geändert werden. Markieren Sie also den Bereich Z35S5:Z38S23, wählen Sie Format-Prozent, und geben Sie *0* ein. Bestätigen Sie Ihre Wahl mit Enter.

Anschließend ändern Sie das Format im Bereich Z43S6:Z45S19 ebenfalls von Währungsformat in Prozentformat mit Null Nachkommastellen.

Formeln kopieren

Als nächstes kopieren Sie die Formeln und Labels aus den Spalten 5, 6, 7 und 8 in die anderen Spalten des Bereichs Einstandskosten. Dazu markieren Sie den Bereich Z26S6:Z40S19 und wählen Bearbeiten-Rechts ausfüllen. WORKS kopiert daraufhin die Formeln und Labels von Spalte 6 in die Spalten 7 bis 19. Anschließend markieren Sie den Bereich Z43S7:Z45S19 und wählen Rechts ausfüllen im Menü Bearbeiten, um die Formeln aus Z43S7, Z44S7 und Z45S7 in die Spalten 8, 9, 10 und so weiter zu kopieren. Als letztes markieren Sie den Bereich Z47S8:Z49S19 und wählen wieder Bearbeiten-Rechts ausfüllen. WORKS kopiert dann die Formel aus Feld Z47S8 in die Felder Z47S9, Z47S10, Z47S11 und so weiter.

Formeln ausdehnen

Da jede Formel in Zeile 40 (Summe der Gesamteinkäufe pro Monat) einen Bezug auf den Schätzwert für Einstandskosten der folgenden drei Monate hat, müssen Sie die Einstandskosten für Januar, Februar und März des drauffolgenden Jahres eingeben (bzw. berechnen). Die Tabelle benutzt diese Werte dann, um die Einkäufe für Oktober, November und Dezember im vorhergehenden Jahr zu berechnen.

Bewegen Sie also den Cursor auf Feld Z32S21, und geben Sie folgende Formel ein

```
=ZS(-2)*(ZS19/ZS18)
```

Diese Formel schätzt die Einstandskosten für Januar, indem sie die Gesamteinstandskosten im Dezember (Z32S19) mit der Steigerungsrate gegenüber den
Einstandskosten im November (Z32S18) multipliziert. Diese Formel geht also
davon aus, daß die Einstandskosten zwischen Dezember und Januar im selben
Maße steigen, wie zwischen November und Dezember. Da Feld Z32S18
momentan den Wert 0 enthält, gibt die Formel als Ergebnis die Meldung
FEHLER zurück.

Bewegen Sie nun den Cursor auf Z32S22, und geben Sie die Formel

```
=ZS(-1)*(ZS19/ZS18
```

ein. Markieren Sie anschließend den Bereich Z32S22:Z32S23, und wählen Sie
Bearbeiten-Rechts ausfüllen, um die Formel von Feld Z32S22 in Z32S23 zu
kopieren. Auch hier erhalten Sie vorerst als Ergebnis eine Fehlermeldung.

Als letztes setzen Sie den Cursor auf Z35S21 und geben hier die Formel =ZS(-
2) ein. Diese Formel reicht den Prozentwert aus Feld Z35S19 an Feld Z35S21
weiter. Markieren Sie nun den Bereich Z35S21:Z38S21, und wählen Sie
wieder Bearbeiten-Unten ausfüllen. Anschließend gehen Sie mit dem Cursor
auf Feld Z35S22 und geben die Formel =ZS(-1) ein. Diese Formel reicht den
Wert aus Feld Z35S21 an Feld Z35S23 weiter. Markieren Sie den Bereich
Z35S22:Z38S23. Wählen Sie im Menü Bearbeiten die Option Unten ausfüllen
und anschließend Bearbeiten-Unten ausfüllen, um die Formel aus Feld Z35S22
in die anderen Felder im markierten Bereich zu kopieren. Da die Formel in
Z35S22 einen relativen Bezug hat, ändert sie sich beim Kopieren in die anderen
Felder.

Der Bereich Betriebskosten

Im Bereich Betriebskosten bewegen Sie als erstes den Cursor auf Feld Z53S6
und geben hier folgende Formel ein

```
=ZS(-1)*(1+ZS4)
```

Diese Formel, die den Formeln in den Feldern Z6,S6, Z7S6, Z8S6, Z9S6 und
Z10S6 im Zahlungseingangsbereich ähnelt, setzt den Wert in Feld Z53S6
(Summe der Betriebskosten im November) mit dem Wert in Feld Z53S5
(Summe der Betriebskosten im Oktober) mal 1 plus der geschätzten
monatlichen Zuwachsrate (Z53S4) gleich. (Da bisher noch keine Werte
eingegeben wurden, gibt die Formeln momentan den Wert 0 zurück.)

Als nächstes setzen Sie den Cursor auf Z56S7 und geben hier die Formel

```
=ZS(-1)
```

ein. Dann gehen Sie auf Feld Z57S7 und geben hier =ZS(-1) ein. Nun gehen
Sie zu Feld Z58S6 und geben

```
=1-SUMME(Z(-2)S:Z(-1)S)
```

ein. Markieren Sie den Bereich Z58S6:Z58S7, und kopieren Sie die Formel mit Bearbeiten-Rechts ausfüllen in Z58S7.

Die Formeln in den Feldern Z56S7, Z57S7, Z58S6 und Z58S7 berechnen, wieviel Prozent der Betriebskosten bar, innerhalb von 30 Tagen und innerhalb von 60 Tagen bezahlt werden sollen. Die Formeln in Z56S7 und Z57S7 haben einen Bezug auf die Schätzwerte in den Feldern Z56S6 und Z57S6. Die Formeln in Z58S6 und Z58S7 berechnen, wieviel Prozent der Betriebskosten im November und Dezember innerhalb von 60 Tagen zu bezahlen sind. Diese Formeln ähneln denen in Z45S6 und Z45S7 im Bereich Einstandskosten.

Bewegen Sie den Cursor nun auf Feld Z60S8, und geben Sie folgende Formel ein

```
=Z(-2)S(-2)*Z(-7)S(-2)+Z(-3)S(-1)*Z(-7)S(-1)+Z(-4)S*Z(-7)S
```

Mit dieser Formel wird die Summe der Betriebskosten im Januar berechnet. Dazu multipliziert sie die Betriebskosten im November (Z53S6) mit der Prozentrate der Betriebskosten, die im November innerhalb von 60 Tagen bezahlt werden (Z58S6), addiert die Betriebskosten im Dezember (Z53S7) mal der Prozentrate der Betriebskosten, die im Dezember innerhalb von 30 Tagen bezahlt werden (Z57S7) und addiert die Betriebskosten im Januar (Z53S8) mal der Prozentrate der Betriebskosten, die im Januar bar bezahlt werden sollen (Z56S8).

Tragen Sie nun in Feld Z61S8 ein Label aus zwei Leerzeichen gefolgt von zehn Gleichheitszeichen ein, oder kopieren Sie ein solches aus einem der Felder oben.

Nachdem Sie die Formeln und Labels für diesen Bereich eingegeben haben, müssen Sie nun noch das Format im Bereich Z56S6:Z58S19 von Währungsformat in Prozentformat mit 0 Nachkommastellen ändern. Markieren Sie dazu den entsprechenden Bereich, wählen Sie Format-Prozent, und geben Sie *0* ein. Bestätigen Sie Ihre Eingabe mit Enter.

Kopieren Sie nun die Formeln und Labels der Spalten 6, 7 und 8 in die anderen Spalten dieses Bereichs. Dazu markieren Sie den Bereich Z53S6:Z53S19 und wählen Bearbeiten-Rechts ausfüllen. WORKS kopiert dann die Formel aus Feld Z53S6 in die Felder Z53S7 bis Z53S19. Markieren Sie anschließend den Bereich Z56S7:Z58S19, und wählen Sie wieder Rechts ausfüllen im Menü Bearbeiten, um die Formeln aus den Feldern Z56S7, Z57S7 und Z58S7 in die übrigen Spalten zu kopieren. Als letztes markieren Sie den Bereich Z60S8:Z60S19 und wählen erneut Bearbeiten-Rechts ausfüllen, um die Formel aus Feld Z60S8 in die folgenden Feldern derselben Zeile zu kopieren.

Der Bereich Anlagevermögen

Geben Sie hier als erstes in die Felder Z68S8 und Z74S8 ein Label aus zwei Leerzeichen gefolgt von zehn Bindestrichen ein. Dann bewegen Sie den Cursor auf Feld Z69S8 und geben hier die Formel =Z(-3)S-Z(-2)S und anschließend in Feld Z75S8 die Formel =Z(-6)S-Z(-3)S ein. Danach setzen Sie den Cursor auf Feld Z76S8 und geben hier wieder ein Label aus zwei Leerzeichen gefolgt von zehn Gleichheitszeichen ein (oder kopieren es aus Feld Z74S8).

Nachdem Sie diese Formeln und das Label in Spalte 8 eingegeben haben, kopieren Sie sie in die übrigen Felder in diesem Bereich. Markieren Sie dazu Z68S8:Z76S19, und wählen Sie Bearbeiten-Rechts ausfüllen. Mit diesem Befehl werden die Einträge in Spalte 8 in die übrigen Felder der Spalten 9 bis 19 im Bereich Anlagevermögen kopiert.

Der Bereich Schuldendienst

Sie können nun die Formeln aus Abbildung 12-10 in die angegebenen Felder eingeben. Die Formeln dieses Bereichs berechnen einige Werte, die für die Handhabung der lang- und kurzfristigen Verbindlichkeiten wichtig sind. Die Formel in Z82S8 berechnet die Januar-Zahlungen für langfristige Verbindlichkeiten, indem sie den Wert in Feld Z73S7 (zusätzliche monatliche Zahlung im Dezember) zum Wert in Feld Z82S7 (monatliche Zahlung im Dezember) addiert. Die Formel in Z83S8 (=ZS(-1)) gibt den Wert aus Feld Z83S7 (Zinsrate im Dezember für langfristige Verbindlichkeiten) an die folgenden Felder weiter. Da bisher noch keine Schätzwerte eingegeben sind, geben alle Formeln in diesem Bereich mementan den Wert 0 zurück.

Die Formel in Feld Z84S8 berechnet den Zinsanteil an der Gesamtzahlung im Januar. Diese Formel dividiert die Zinsrate in Z83S8 durch 12, um eine monatliche Zinsrate zu erhalten, die sie dann mit dem Saldo der langfristigen Verbindlichkeiten im Dezember (Z148S7) multipliziert. Die Formel in Z85S8 subtrahiert das Ergebnis aus Feld Z84S8 von der monatlichen Zahlung in Feld Z82S8, um den Anteil der tatsächlichen Rückzahlung für langfristige Verbindlichkeiten im Januar zu errechnen.

Feld	Formel
Z82S8	=ZS(-1)+Z(-9)S(-1)
Z83S8	=ZS(-1)
Z84S8	=Z(-1)S/12*Z(+64)S(-1)
Z85S8	=Z(-3)S-Z(-1)S
Z89S8	=ZS(-1)
Z90S8	=Z(-1)S/12*Z(+53)S(-1)
Z92S8	=Z(-10)S+Z(-2)S

Abbildung 12-10. Formeln für Spalte 8 im Bereich Schuldendienst

Die Formeln in den Feldern Z89S8 und Z90S8 enthalten einen Bezug auf die kurzfristigen Verbindlichkeiten. Die Formel in Z89S8 (=ZS(-1)) übergibt einfach den Schätzwert für die Zinsrate der kurzfristigen Verbindlichkeiten von

Feld Z89S7 an Feld Z89S8. Die Formel in Z90S8 berechnet den Zinsanteil der Januar-Zahlungen für kurzfristige Verbindlichkeiten. Diese Formel dividiert die Zinsrate in Feld Z89S8 durch 12, um die monatliche Rate zu errechnen, und multipliziert diese Rate dann durch den Dezember-Saldo der kurzfristigen Verbindlichkeiten (Z143S7).

Die Formel in Z92S8 (=Z(-10)S+Z(-2)S) summiert die Januar-Zahlungen für langfristige Verbindlichkeiten (Z82S8) und die Januar-Zahlungen für kurzfristige Verbindlichkeiten (Z90S8), um den Schuldendienst für Januar zu berechnen.

Geben Sie nun noch in Feld Z91S8 ein Label aus zwei Leerzeichen gefolgt von zehn Bindestrichen ein und in Feld Z93S ein ähnliches Label aus zwei Leerzeichen gefolgt von zehn Gleichheitszeichen (oder kopieren Sie diese Labels).

Als nächstes ändern Sie das Format mit Bereich Z83S7:Z83S19 und Z89S7:Z89S19 von Währungsformat in Prozentformat. Markieren Sie jeweils den entsprechenden Bereich, und wählen Sie dann Format-Prozent mit zwei Dezimalstellen. Bestätigen Sie Ihre Wahl mit Enter.

Kopieren Sie nun die Formeln aus Spalte 8 des Schuldendienstes in die folgenden Spalten dieses Bereichs. Dazu markieren Sie Z82S8:Z93S19 und wählen Bearbeiten-Rechts ausfüllen. Da die Formeln in Z82S8:Z93S8 relative Bezüge enthalten, ändern sich diese Bezüge beim Kopieren.

Der Bereich Cashflow-Übersicht

Die meisten Formeln in diesem Bereich beziehen sich auf Formeln in den anderen Bereichen dieser Tabelle. Als erstes geben Sie die Formel *=Z(-78)S8* in Feld Z98S8 ein. Diese Formel bezieht sich auf Feld Z20S8, das eine Formel zur Berechnung der Summe des Zahlungseingangs enthält. Setzen Sie anschließend den Cursor auf Feld Z102S8, und geben Sie hier die Formel *=Z(-55)S* ein. (Da bisher noch keine Werte eingegeben wurden, geben alle Formeln momentan den Wert 0 zurück.) Feld Z47S8 enthält eine Formel, die die Zahlungen für Einkäufe (Einstandskosten) berechnet. Bewegen Sie den Cursor auf Feld Z103S8, und geben Sie die Formel *=Z(-43)S* ein. Diese Formel bezieht sich auf Feld Z60S8, das eine Formel zur Berechnung der Zahlungen für Betriebskosten enthält. In Feld Z104S8 geben Sie die Formel *=Z(-29)S* ein. Die Formel in Feld Z75S8 berechnet die Nettoeinkünfte aus dem Anlagevermögen. Als nächstes bewegen Sie den Cursor auf Feld Z105S8 und geben hier die Formel *=Z(-13)S* ein. Diese Formel bezieht sich auf ein Feld im vorhergehenden Bereich, das eine Formel zur Berechnung der Summe des Schuldendienstes enthält.

Geben Sie als nächstes in Feld Z108S8 ein Label aus zwei Leerzeichen gefolgt von zehn Bindestrichen ein (Sie können das Label auch kopieren). In Feld Z109S8 tragen Sie die Formel

```
=SUMME(Z(-7)S:Z(-2)S)
```

ein. Diese Formel berechnet die Summe der Zahlungen für Januar, indem sie die Summe der Werte aus den Feldern Z102S8, Z103S8, Z104S8, Z105S8, Z106S8 und Z107S8 bildet. Setzen Sie den Cursor anschließend auf Feld Z110S8, und geben Sie hier ein Label aus zwei Leerzeichen gefolgt von zehn Bindestrichen ein (oder kopieren Sie es).

Bewegen Sie den Cursor nun auf Feld Z111S8, und geben Sie folgende Formel ein

```
=Z(-13)S+Z(-12)S-Z(-2)S.
```

Diese Formel berechnet den Netto-Cashflow für Lieferungen, indem sie die Bareingänge (Z98S8) und die sonstigen Zahlungseingänge (Z99S8) im Januar addiert und dann die Summe der Zahlungsausgänge im Januar (Z109S8) von diesem Wert subtrahiert.

In Feld Z112S8 geben Sie die Formel $=Z(+16)S$ ein. Diese Formel bezieht sich auf Feld Z128S8, das eine Formel enthält, die die Summe der laufenden kurzfristigen Kreditaufnahme, die zur Aufrechterhaltung eines akzeptalen Barsaldos erforderlich ist, berechnet.

Tragen Sie nun in Feld Z113S8 ein Label aus zwei Leerzeichen gefolgt von zehn Bindestrichen ein (oder kopieren Sie es). Bewegen Sie dann den Cursor auf Feld Z114S8, und geben Sie hier die Formel $=Z(-3)S+Z(-2)S$ ein. Diese Formel errechnet den Cashflow für Januar, indem sie die kurzfristige Kreditaufnahme im Januar mit dem Netto-Cashflow für Lieferungen addiert. In Feld Z115S8 geben Sie dann wieder ein Label aus zwei Leerzeichen gefolgt von zehn Gleichheitszeichen ein (oder kopieren Sie es wieder).

Nachdem Sie die Formeln und Labels in Spalte 8 eingegeben haben, kopieren Sie sie in die Spalten 9 bis 19. Markieren Sie dazu den Bereich Z98S8:Z115S19, und wählen Sie Bearbeiten-Rechts ausfüllen. Die Formeln und Labels aus Spalte 8 werden damit in die entsprechenden Felder der markierten Spalten kopiert.

Da die Formeln in Spalte 8 der Cashflow-Übersicht alle relative Bezüge enthalten, ändern sich die Formeln beim Kopieren entsprechend.

Der Bereich Analyse für Zahlungsmittel

In Abbildung 12-11 sind die Formeln mit ihren entsprechenden Eingabefeldern für diesen Bereich aufgelistet. Die meisten dieser Formeln enthalten einen Bezug auf Werte, die irgendwo in der Tabelle berechnet werden. Die Formel in Z120S8 bezieht sich beispielweise auf Feld Z137S7, das eine Formel zur Berechnung des Barvermögens im Dezember enthält.

(Da bisher noch keine Werte eingegeben wurden, geben alle Formeln momentan noch den Wert 0 zurück.) Feld Z121S8 bezieht sich auf Feld Z111S8, das eine Formel zur Berechnung des Netto-Cashflows für Lieferungen im Januar enthält. Die Formel in Z123S8 summiert einfach die Werte in Feld

Z120S8 und Z121S8, um den Barsaldo vor der Aufnahme kurzfristiger Kredite zu errechnen. Die Formel in Z124S8 bezieht sich auf den mindestens erforderlichen Liquiditätssaldo, für den Sie in Feld Z124S7 einen Schätzwert eingeben. In Feld Z126S8 wird der Überschuß bzw. das Defizit des Zahlungsmittelsaldos für Januar errechnet, indem der Wert aus Feld Z124S8 (mindestens erforderliche Liquidität) vom Wert in Feld Z123S8 (Liquidität vor Kreditaufnahme) subtrahiert wird.

Feld	Formel
Z120S8	=Z(+17)S(-1)
Z121S8	=Z(-10)S
Z123S8	=Z(-3)S+Z(-2)S
Z124S8	=ZS(-1)
Z126S8	=Z(-3)S-Z(-2)S
Z128S8	=WENN(Z(-2)S<0;-Z(-2)S;WENN(Z(+15)S(-1)>0; WENN(Z(+15)S(-1)>Z(-2)S;-Z(-2)S;-Z(+15)S(-1));0))
Z130S8	=Z(-7)S+Z(-2)S

Abbildung 12-11. Formel für Spalte 8 des Bereichs Analyse für Zahlungsmittel

Die Formel in Feld Z128S8 stellt die Schlüsselformel der gesamten Tabelle dar. Diese Formel berechnet den Betrag für eine kurzfristige Kreditaufnahme, falls erforderlich, die Sie im Januar eingehen müssen, um die mindestens erforderlichen Zahlungsmittel bereitstellen zu können. Diese Formel besagt: Wenn der Wert in Feld Z126S8 kleiner als Null ist (d.h., wenn der Wert in Feld Z126S8 ein Zahlungsdefizit für Januar anzeigt), dann nimm einen Kredit auf, der das Defizit ausgleicht. Andernfalls, wenn der Saldo für kurzfristige Verbindlichkeiten im Dezember (Z143S7) größer als Null ist (das bedeutet, im Dezember ein Teil der kurzfristigen Verbindlichkeiten nicht beglichen wurde), dann zahle einen der beiden Beträge: Wenn der Betrag der Ende Dezember noch offenen kurzfristigen Verbindlichkeiten (Z143S7) größer als der Netto-Cashflow für Lieferungen im Januar (Z126S8) ist, dann bezahle einen Betrag in Höhe des Überschusses in Feld Z126S8; andernfalls zahle einen Betrag in Höhe des Dezember-Saldos der offenen kurzfristigen Verbindlichkeiten (Z143S7). Wenn der Wert in Feld Z126S8 größer als Null ist (d.h. für Januar ein Überschuß ausgewiesen wird) und der Wert in Feld Z143S7 nicht größer als Null ist (keine kurzfristigen Verbindlichkeiten aus Monat Dezember offenen sind), dann gibt die Formel als Ergebnis den Wert 0 zurück.

Wie Sie beim Arbeiten mit dieser Tabelle später sehen werden, berechnet diese Formel exakt den Kreditbetrag , den Sie in der entsprechenden Periode aufnehmen müssen, um die mindestens erforderlichen Zahlungsmittel bereitstellen zu können. Wenn die Tabelle einen Zahlungsmittelüberschuß ausweist, zwackt die Formel gerade soviele Mittel zur Befriedigung der kurzfristigen Verbindlichkeiten davon ab, wie zulässig, um einen akzeptablen Zahlungsmittelsaldo zu sichern. Tatsächlich beruht die gesamte Tabelle auf dieser Formel. Sie ist die "Signalflagge" der Tabelle, die anzeigt, wo zusätzliche Zahlungsmittel benötigt werden und überschüssige Mittel für Rückzahlungen zur Verfügung stehen.

Nachdem Sie die Formeln aus Abbildung 12-11 eingetragen haben, geben Sie noch Labels aus zwei Leerzeichen und zehn Bindestrichen in die Felder Z122S8, Z125S8 und Z129S8 ein. In Feld Z131S8 geben Sie zwei Leerzeichen gefolgt von zehn Gleichheitszeichen ein. Sie können diese Labels aber auch kopieren.

Anschließend kopieren Sie die Formeln und Labels aus Spalte 8 in die Spalten 9 bis 19. Dazu markieren Sie den Bereich Z120S8:Z131S19 und wählen Rechts ausfüllen im Menü Bearbeiten.

Da die Formeln in Spalte 8 dieses Bereichs alle relative Bezüge enthalten, ändern sich die Bezüge beim Kopieren.

Der Bereich Bilanz

Geben Sie nun in den Bilanz-Bereich die Formeln aus Abbildung 12-12 ein. Diese Formeln berechnen einige Januar-Salden für: Kassenbestand, Forderungen, Lager, Verbindlichkeiten, kurzfristige und langfristige Verbindlichkeiten. Die Formel in Feld Z137S8 errechnet z.B. den Kassensaldo durch einen einfachen Bezug auf den Kassenendbestand in Feld Z130S8. Den Januarsaldo für Forderungen (Z138S8) erhält, indem man den Januar-Umsatz (Z12S8) und den Vormonatssaldo für Forderungen (Feld Z138S7) addiert und von dieser Summe den Kasseneingang im Januar (Z20S8) subtrahiert. Die Formel in Feld ZZ139S8 addiert die Aufwendungen für Einkäufe im Januar (Z40S8) mit dem Lagerbestand des Vormonats (Z139S7) und subtrahiert dann die Einstandskosten für Januar (Z32S8) von dieser Summe, um den Lagersaldo für Ende Januar zu ermitteln. (Da bisher noch keine Zahlen eingegeben wurden, geben alle Formeln in diesem Bereich momentan als Ergebnis den Wert 0 zurück.)

Feld	Formel
Z137S8	=Z(-7)S
Z138S8	=ZS(-1)+Z(-126)S-Z(-118)S
Z139S8	=ZS(-1)+Z(-99)S-Z(-107)S
Z142S8	=ZS(-1)+Z(-102)S-Z(-95)S+Z(-89)S-Z(-82)S
Z143S8	=ZS(-1)+Z(-15)S
Z145S7	=Z(-8)S+Z(-7)S+Z(-6)S-Z(-3)S-Z(-2)S
Z145S8	=Z(-8)S+Z(-7)S+Z(-6)S-Z(-3)S-Z(-2)S
Z148S8	=ZS(-1)+Z(-76)S-Z(-63)S

Abbildung 12-12. Formeln für Spalten 7 und 8

In Feld Z142S8 werden die Gesamteinkäufe im Januar (Z40S8) des Bereichs Einstandskosten mit den Verbindlichkeiten des Vormonats (Z142S7) addiert, von dieser Summe dann die Zahlungen für Einkäufe (Z42S8) subtrahiert, die Gesamteinkäufe für Januar (Z53S8) des Bereichs Betriebskosten addiert und dann die Zahlungen für Betriebskosten (Z60S8) von diesem Wert abgezogen. Als Ergebnis erhalten wir den Januarsaldo für Verbindlichkeiten. Die Formel in Z143S8 berechnet den Januarsaldo für die kurzfristigen Verbindlichkeiten, indem sie die kurzfriste Kreditaufnahme im Januar (Z128S8) mit dem Dezembersaldo der kurzfristigen Verbindlichkeiten (Z143S7) addiert.

Die Formeln in den Felder Z145S7 und Z145S8 berechnen das Nettobetriebskapital für Dezember und Januar. Dabei addieren sie einfach Kassensaldo, Forderungen und Lagersaldo des entsprechenden Monats und subtrahieren dann von dieser Summe die Kreditoren und kurzfristigen Verbindlichkeiten jener Monate.

Die Formel in Z148S8 berechnet schließlich den Januarsaldo für langfristige Verbindlichkeiten. Dabei addiert sie die gesamte Neuverschuldung im Januar (Z72S8) mit dem Dezembersaldo für langfristige Verbindlichkeiten (Z148S7) und subtrahiert von dieser Summe die Rückzahlungen im Januar für langfristige Verbindlichkeiten (Z85S8).

Als nächstes geben Sie in die Felder Z144S7 und Z144S8 jeweils ein Label aus zwei Leerzeichen gefolgt von zehn Bindestrichen ein. Sie können diese Labels auch mit Hilfe des Kopierbefehls im Bearbeiten-Menü eingeben. In die Felder Z149S7 und Z149S8 geben Sie dann noch jeweils ein Label aus zwei Leerzeichen gefolgt von zehn Gleichheitszeichen ein.

Nachdem Sie die Formeln und Labels in die Spalten 7 und 8 des Bilanz-Bereichs eingegeben haben, kopieren Sie sie in die übrigen Spalten in diesem Bereich. Markieren Sie dazu die Felder Z137S8:Z149S19, und wählen Sie dann Rechts ausfüllen im Bereich Bearbeiten.

Spalte 20

In Spalte 20 geben Sie nun eine Reihe von SUMME-Funktionen ein. Jede dieser Formeln berechnet die Summe aus den Werten der Spalten 8 bis 19 einer Zeile und errechnet so die jeweilige Jahressumme. Die Formel in Z6S20 lautet beispielsweise =SUMME(ZS(-14):ZS(-1)) und errechnet die Summe aller Werte in Zeile 6. Die Tabelle in Abbildung 12-13 zeigt einer Lister aller Formeln und Eingabefelder für Spalte 20.

Geben Sie also in Feld Z6S20 die Formel *=SUMME(ZS(-12):ZS(-1))* ein, und kopieren Sie sie dann mit Bearbeiten-Kopieren und Bearbeiten-Unten ausfüllen in die darunterliegenden Felder. Dazu markieren Sie den Bereich Z6S20:Z10S20 und wählen Bearbeiten-Unten ausfüllen. Mit diesem Schritt wird die Formel aus Feld Z6S20 in die Felder Z7S20 bis Z10S20 kopiert. Da diese Formel relative Bezüge enthält, ändern sich die Bezüge beim Kopieren automatisch. Anschließend markieren Sie Z10S20, wählen Kopieren aus dem Menü Bearbeiten, bewegen den Cursor auf Feld Z12S20 und drücken Enter, um die Formel in das neue Zielfeld zu kopieren. Wiederholen Sie diese Schritte für die anderen Eingabefelder in dieser Spalte.

Feld	Formel
Z6S20	=SUMME(ZS(-12):ZS(-1))
Z7S20	=SUMME(ZS(-12):ZS(-1))
Z8S20	=SUMME(ZS(-12):ZS(-1))
Z9S20	=SUMME(ZS(-12):ZS(-1))
Z10S20	=SUMME(ZS(-12):ZS(-1))
Z12S20	=SUMME(ZS(-12):ZS(-1))
Z20S20	=SUMME(ZS(-12):ZS(-1))
Z26S20	=SUMME(ZS(-12):ZS(-1))
Z27S20	=SUMME(ZS(-12):ZS(-1))
Z28S20	=SUMME(ZS(-12):ZS(-1))
Z29S20	=SUMME(ZS(-12):ZS(-1))
Z30S20	=SUMME(ZS(-12):ZS(-1))
Z32S20	=SUMME(ZS(-12):ZS(-1))
Z40S20	=SUMME(ZS(-12):ZS(-1))
Z47S20	=SUMME(ZS(-12):ZS(-1))
Z53S20	=SUMME(ZS(-12):ZS(-1))
Z60S20	=SUMME(ZS(-12):ZS(-1))
Z66S20	=SUMME(ZS(-12):ZS(-1))
Z67S20	=SUMME(ZS(-12):ZS(-1))
Z69S20	=SUMME(ZS(-12):ZS(-1))
Z72S20	=SUMME(ZS(-12):ZS(-1))
Z73S20	=SUMME(ZS(-12):ZS(-1))
Z75S20	=SUMME(ZS(-12):ZS(-1))
Z82S20	=SUMME(ZS(-12):ZS(-1))
Z84S20	=SUMME(ZS(-12):ZS(-1))
Z85S20	=SUMME(ZS(-12):ZS(-1))
Z90S20	=SUMME(ZS(-12):ZS(-1))
Z92S20	=SUMME(ZS(-12):ZS(-1))
Z98S20	=SUMME(ZS(-12):ZS(-1))
Z99S20	=SUMME(ZS(-12):ZS(-1))
Z102S20	=SUMME(ZS(-12):ZS(-1))
Z103S20	=SUMME(ZS(-12):ZS(-1))
Z104S20	=SUMME(ZS(-12):ZS(-1))
Z105S20	=SUMME(ZS(-12):ZS(-1))
Z106S20	=SUMME(ZS(-12):ZS(-1))
Z107S20	=SUMME(ZS(-12):ZS(-1))
Z109S20	=SUMME(ZS(-12):ZS(-1))
Z111S20	=SUMME(ZS(-12):ZS(-1))
Z112S20	=SUMME(ZS(-12):ZS(-1))
Z114S20	=SUMME(ZS(-12):ZS(-1))

Abbildung 12-13. Formeln für Spalte 20

Nun müssen Sie nur noch in folgende Felder ein Label aus zwei Leerzeichen gefolgt von zehn Bindestrichen eingeben: Z11S20, Z31S20, Z68S20, Z74S20,

Z91S20, Z108S20, Z110S20 und Z113S20 und in folgende Felder ein Label aus zwei Leerzeichen gefolgt von zehn Gleichheitszeichen: Z21S20, Z48S20, Z61S20, Z76S20, Z93S20 und Z115S20. Diese Labels können mit Bearbeiten-Kopieren auch in die Zielfelder kopiert werden.

Das Arbeitsblatt speichern

Nachdem Sie die letzten Formeln und Labels in Spalte 20 eingegeben haben, speichern Sie die Tabelle erst einmal. Wenn Sie sie zum ersten Mal speichern, wählen Sie Speichern unter im Menü Datei. Soll die Tabelle im aktuellen Verzeichnis gespeichert werden, müssen Sie nur einen Namen (z.B. *CASHFLOW.WKS*) eingeben und mit Enter bestätigen. Falls Sie Ihre Tabelle nicht im aktuellen Verzeichnis ablegen wollen, gehen Sie in die Liste der Verzeichnisse, geben das gewünschte Verzeichnis an und bestätigen Ihre Wahl mit Enter oder OK. Anschließend weisen Sie der neuen Tabelle einen eindeutigen Namen zu und speichern dann mit Enter oder OK.

MIT DEM ARBEITSBLATT ARBEITEN

Sie können nun die Tabelle zur Planung Ihres Cashflows einsetzen. Öffnen Sie also zuerst einmal die Tabelle. (Wenn Sie sie gerade erst erstellt haben, können Sie diesen Schritt überspringen.) Wählen Sie Vorhandene Datei laden im Menü Datei. Falls die Tabelle nicht im aktuellen Verzeichnis abgelegt ist, wählen Sie das gewünschte Verzeichnis aus der Liste der Verzeichnisse. Anschließend schreiben Sie den Namen der gewünschten Datei einschließlich Dateierweiterung (oder markieren die Datei im Verzeichnis) und laden sie mit Enter oder OK. Befindet sich die gewünschte Datei im aktuellen Verzeichnis, dann schreiben oder markieren Sie einfach den Dateinamen einschließlich Erweiterung und laden die Datei mit Enter oder OK.

Als erstes tragen Sie einige Schätzwerte in die Spalten 4, 5 6 und 7 ein. Dann gehen Sie zurück an den Anfang und geben einige unregelmäßige (einmalige) Posten in die entsprechenden Felder ein. Außerdem müssen Sie noch einige Posten ändern, die WORKS in der Mustertabelle bereits für Sie berechnet hat, die aber von Ihren Werten abweichen. Anschließend lassen Sie dann Ihre Tabelle neu berechnen.

Schätzwerte eingeben

Sie sollen nun einige Ausgangsschätzwerte in die Spalten 4, 5, 6 und 7 eingeben. Bei einigen dieser Werte handelt es sich um Prozente, bei anderen um DM-Beträge. Die Tabelle stellt anhand dieser Werte eine Reihe von Berechnungen an. Sie benutzt zum Beispiel den Schätzwert für die Zuwachsrate, den Sie in Feld Z6S4 eingeben, und den Schätzwert für den Oktober-Umsatz in

Feld Z6S5, um den Umsatz für November und alle folgenden Monate zu berechnen.

Feld	Schätzwert für
Z6S4	Monatl.Zuwachsrate für Produkt 1
Z6S5	Umsatz Oktober für Produkt 1
Z7S4	Monatl. Zuwachsrate für Produkt 2
Z7S5	Umsatz Oktober für Produkt 2
Z8S4	Monatl. Zuwachsrate für Produkt 3
Z8S5	Umsatz Oktober für Produkt 3
Z9S4	Monatl. Zuwachsrate für Produkt 4
Z9S5	Umsatz Oktober für Produkt 4
Z10S4	Monatl. Zuwachsrate für Produkt 5
Z10S5	Umsatz Oktober für Produkt 5
Z15S5	Prozent Oktober-Umsatz Bar
Z16S5	Prozent Oktober-Umsatz innerhalb 30 Tagen
Z17S5	Prozent Oktober-Umsatz innerhalb 60 Tagen
Z26S4	Prozente Einstandskosten Oktober für Produkt 1
Z27S4	Prozente Einstandskosten Oktober für Produkt 2
Z28S4	Prozente Einstandskosten Oktober für Produkt 3
Z29S4	Prozente Einstandskosten Oktober für Produkt 4
Z30S4	Prozente Einstandskosten Oktober für Produkt 5
Z35S5	Prozent der Einstandskosten zahlbar 0 Tage im voraus
Z36S5	Prozent der Einstandskosten zahlbar 30 Tage im voraus
Z37S5	Prozent der Einstandskosten zahlbar 60 Tage im voraus
Z43S6	Prozente der November-Einkäufe zahlbar bar
Z44S6	Prozente der November-Einkäufe zahlbar innerhalb 30 Tagen
Z53S4	Monatliche Zuwachsrate für Betriebskosten
Z56S6	Prozente der Betriebskosten Oktober zahlbar bar
Z57S6	Prozente der Betriebskosten Oktober zahlbar in 30 Tagen
Z82S7	Monatl. Gesamtzahlung für langfristige Verbindlichkeiten Dezember
Z83S7	Durchschn. Zinsrate für langfristige Verbindlichkeiten Dezember
Z89S7	Durchschn. Zinsrate für kurzfristige Verbindlichkeiten Dezember
Z124S7	Mindest erforderlicher Kassensaldo im Dezember
Z137S7	Kassensaldo Ende Dezember
Z138S7	Saldo Debitoren Ende Dezember
Z139S7	Verbindlichkeiten Lager Ende Dezember
Z142S7	Saldo Kreditoren Ende Dezember
Z143S7	Saldo kurzfristige Verbindlichkeiten Ende Dezember
Z148S7	Saldo langfristige Verbindlichkeiten Ende Dezember

Abbildung 12-14. Schätzungen

Die Tabelle in Abbildung 12-14 gibt eine Erklärung zu jedem Schätzwert, den Sie in die Spalten 4, 5, 6 und 7 eintragen. Um diese Werte einzugeben, bewegen Sie den Cursor auf das entsprechende Feld und geben Ihren Schätzwert ein.

Die Mustertabelle in Abbildung 12-1 zeigt Ihnen, was die Schätzungen ausdrücken. Vergessen Sie jedoch nicht, Ihre eigenen Werte einzugeben, anstelle der von uns vorgegebenen.

Wie Sie sehen, enthalten nicht alle Zeilen der Mustertabelle Schätzwerte. Im Bereich Anlagevermögen bespielsweise gibt es keine Schätzungen, da die Posten in diesem Bereich unregelmäßig sind, das heißt, man kann sie nicht voraussagen. Man kann lediglich mit einiger Sicherheit davon ausgehen, daß Sie nicht jeden Monat umfangreiche Neuanlagen vornehmen werden. In Abbildung 12-1 sind nur solche Schätzwerte enthalten, die unter normalen Umständen vorausberechnet werden können. Die anderen Schätzungen müssen manuell eingegeben werden. Wie, werden Sie etwas später in diesem Kapitel erfahren.

Die Tabelle ist übersichtlich stukturiert und müßte von Ihnen leicht nachvollziehbar sein. Wichtig ist, daß Sie Ihre Schätzwerte explizit eingeben, d.h. daß Sie die wichtigsten Werte - die Ausgangswerte für die Formeln in der Tabelle - direkt eingeben und nicht in einer Formel verpackt. Dadurch wird die Tabelle eindeutiger und leichter verständlich.

Unregelmäßige Posten eingeben

Wie wir bereits im vorhergehenden Abschnitt festgestellt haben, können nicht alle Schätzungen in ein Formelschema integriert werden. Einige Posten erscheinen nur unregelmäßig, oft nur einmal im Quartal oder sogar nur einmal im Jahr. Diese Schätzwerte müssen manuell eingegeben werden. Dazu setzen Sie den Cursor auf das entsprechende Feld und tippen dann den jeweiligen Wert ein.

Zeile	Bezeichnung	Ihr Eintrag
66	Zugang Anlagevermögen	Zahlungsausgang für Anlagekäufe
67	Abgang Anlagevermögen	Bar aus Verkäufen Anlagevermögen
72	Gesamtneuverschuldung	Barmittel durch neue langfristige Kreditaufnahme
73	Zus. monatl. Zahlungen	Zus. monatl.Zahlungen für neue Kredite
99	Sonstige Barzugänge	Barzugänge ohne eigenen Vermerk
106	Gewerbesteuern	Zahlungsausgang für Steuerzahlungen
107	Sonstige Zahlg.ausgänge	Zahlungsausgang ohne eigenen Vermerk

Abbildung 12-15. Unregelmäßige Posten

In Zeile 66 können Sie beispielsweise Informationen über Ihr Anlagevermögen eingeben. Einträge in dieser Rubrik erscheinen im allgemeinen unregelmäßig und variieren. Daher sieht die Tabelle hier keinen Schätzwerteintrag vor. Wenn Sie eine Anlage kaufen wollen, schreiben Sie einfach den entsprechenden Betrag in das dafür vorgesehene Feld in Zeile 66. Die Mustertabelle in Abbildung 12-1 zeigt in Z66S10 einen Eintrag über DM 15.000. Diese Zahl repräsentiert den Ankauf einer Sachanlage im Wert von DM 15.000 im Monat März des kommenden Jahres. Um diesen Wert einzugeben, bewegen Sie einfach den Cursor auf Feld Z66S10, tippen die Zahl *15000* und bestätigen mit Enter.

Die Tabelle in Abbildung 12-15 zeigt eine Liste aller Konten (und deren Inhalt), für die die Schätzwerte manuell eingegeben werden müssen. Benutzen Sie diese Liste als Unterstützung bei der Eingabe unregelmäßiger Posten. Denken Sie daran, daß nicht für jede Zeile ein Eintrag erforderlich ist. Falls eines der Konten für Sie nicht zutrifft, lassen Sie einfach die entsprechende Zeile leer.

Regelmäßige Posten ändern

Einige Konten werden Sie jetzt sicher ändern müssen, da die von WORKS errechneten Werte nicht mit Ihren Prognosen übereinstimmen. Dazu gehören alle Zahlungseingänge und -ausgänge, die von Monat zu Monat, oder saisonalbedingt leicht differieren. Dazu gehören auch Konten, die über einen längeren Zeitraum regelmäßig sind und sich dann plötzlich ändern. Wenn Sie beispielsweise aufgrund einer gezielten Werbekampagne den Umsatz für ein bestimmtes Produkt über mehrere Monate in die Höhe treiben können.

Um einen berechneten Wert zu ändern, bewegen Sie den Cursor auf das entsprechende Feld mit diesem Wert und geben einfach den neuen Wert ein. In Abbildung 12-1 wurde zum Beispiel im Monat Februar der monatliche Umsatz für Produkt 1 (Z6S9) auf DM 75.000 geändert. Um diese Änderung vorzunehmen, setzen Sie den Cursor auf Feld Z6S9, geben *75000* ein und drücken anschließend Enter. In den Feldern Z15S8 und Z16S8 (mit dem Umsatz in Prozent, der bar bzw. innerhalb von 30 Tagen eingehen soll) wurden die Werte von 25 und 15 Prozent jeweils auf 20 Prozent geändert. Dazu wurde der Cursor wieder auf die entsprechenden Felder gesetzt und der neue Wert (,2) eingetippt und mit Enter bestätigt.

Wie Sie wissen, beziehen sich viele Formeln in dieser Tabelle auf das benachbarte Feld. Die Formel in Feld Z6S6 beispielsweise, =ZS(-1)*(1+ZS4), enthält einen Bezug auf das vorhergehende Feld derselben Zeile (Z6S5), die Formeln in Feld Z15S6 (=ZS(-1)) auf Feld Z15S5, usw. Diese Formeln, sogenannte "Übergabe-Formeln", reichen den Wert eines Feldes an das nächste Feld weiter. Wenn Sie in ein Feld, das eine "Übergabe-Formel" enthält, einen neuen Wert eingeben, ersetzt der Wert die Formel in diesem Feld, und die Formel im nachfolgenden Feld reicht den neuen Wert an die nachfolgenden Felder weiter. Der neue Wert wird also in der restlichen Tabelle weitergegeben. Die Werte in den Feldern Z15S9 und Z16S9 in Abbildung 12-1 zeigen beide 20 Prozent an - den von uns geänderten Wert aus den Feldern Z15S8 und Z16S8 - da beide Felder eine sogenannte "Übergabe-Formel" enthalten. Ähnlich verhält es sich mit dem Wert in Feld Z6S10, DM 77.250, der ebenfalls mit dem Wert in Feld Z6S9 verknüpft ist.

Wenn Sie in Zeile 66 einen Wert eingeben, wird dieser Wert solange in dieser Zeile weitergereicht, bis Sie irgendwo einen neuen Wert eingeben. Nehmen wir die Felder Z15S10 und Z18S10, in denen wir die Werte von 20 auf 10 Prozent bzw. von 15 auf 25 Prozent geändert haben. Um diese Änderungen vorzunehmen, haben wir den Cursor auf Feld Z15S10 gesetzt, *,1* eingetippt und mit Enter bestätigt. Anschließend haben wir den Cursor zu Feld Z18S10 bewegt, hier *,2* eingetippt und wieder mit Enter bestätigt. Die neuen Werte werden von Feld Z15S10 und Z18S10 an die folgenden Felder Z15S11 und Z18S11, Z15S12 und Z18S12 usw. in der Tabelle weitergereicht.

Diese Technik erlaubt Ihnen, alle errechneten Werte in der Tabelle Ihren Anforderungen entsprechend zu ändern. Alle Änderungen werden weitergegeben. Sobald Sie die Tabelle neu berechnen lassen, können Sie Ihre Änderungen überprüfen.

Die Tabelle berechnen

Nachdem Sie alle Schätzwerte und unregelmäßigen Zahlungseingänge und -ausgänge eingegeben und die erforderlichen Wertänderungen vorgenommen haben, sollten Sie Ihre Tabelle nun neu berechnen lassen. Drücken Sie dazu die Funktionstaste [F9] (Berechnen). WORKS aktualisiert daraufhin alle Formeln in der gesamten Tabelle. Die "Übergabe-Formeln" übergeben die Werte aus den Spalten 4, 5, 6 und 7 an die Spalten 8 mit 19. Andere Formeln der Tabelle nehmen gleichzeitig die Berechnung für die monatlichen Zahlungseingänge, Zahlungsausgänge für Einstands- und Betriebskosten sowie kurzfristige Kreditaufnahme bzw. Rückzahlungen kurzfristiger Verbindlichkeiten vor. Die SUMME-Funktionen errechnen dann die Gesamtsummen der einzelnen Zeilen und Monate.

Drucken und Speichern der Tabelle

Speichern Sie Ihre neu ausgefüllte Tabelle in einer neuen Datei. Dazu wählen Sie Speichern unter im Menü Datei, weisen der Tabelle einen neuen Namen zu und speichern dann mit Enter oder OK. Achten sie darauf, daß die ausgefüllte Datei einen eindeutigen, aussagekräftigen Namen erhält (z.B. *BUDG89*). Um die Tabelle wieder zu laden, wählen Sie Vorhandene Datei öffnen aus dem Menü Datei, schreiben den Tabellenamen und bestätigen mit Enter oder OK.

Wenn Sie die ausgefüllte Tabelle unter demselben Namen wie die leere Originaltabelle speichern, wird die Originaltabelle von der ausgefüllten Version überschrieben und geht damit verloren.

Wenn Sie Ihre gesamte Tabelle ausdrucken wollen, rufen Sie als erstes Papierformat im Drucken-Menü auf, um einige Druckänderungen festzulegen. Wenn Sie beispielsweise einen Drucker mit breitem Wagen haben und diese Tabelle auf DIN-A3-Papier drucken wollen, müssen Sie die Seitenbreite von 21 auf 29 cm ändern. Sie können außerdem den oberen, unteren, rechten und linken

Seitenrand ändern oder eine Kopf- bzw. Fußzeile einfügen. Wenn Sie die gewünschten Optionen in diesem Menü geändert haben, können Sie noch Schriftart und Schriftstil ändern. Wenn Sie Proportionalschrift (z.B. Times) wählen, werden die Tabellenspalten beim Druck nicht exakt ausgerichtet. Um möglichst viel auf eine Seite zu bekommen, wählen Sie am besten eine komprimierte Schriftart (z.B. Elite) und möglichst kleine Punktgröße (etwa 6 oder 8).

Nachdem Sie alle Druckeinstellungen vorgenommen haben, wählen Sie im geöffneten Dialogfeld Drucken die Option Drucken.

Wollen Sie nur einen Teil Ihrer Tabelle audrucken, dann markieren Sie den zu druckenden Bereich und wählen Markiertes drucken aus dem Menü Drucken. Wenn Sie beispielsweise nur den Bereich Analyse für Zahlungsmittel drucken wollen, markieren Sie den Bereich Z117S4:Z1312S19 und wählen Markiertes drucken im Menü Drucken. (Die Spalten 1, 2, und 3 müssen nicht markiert werden, da WORKS automatisch die fixierten Titel mitdruckt.) Anschließend nehmen Sie dann eventuelle Änderungen für Layout und Schrift vor und drucken dann Ihren Tabellenbereich, indem Sie im geöffneten Dialogfeld Drucken wählen.

Einsatz der Tabelle

Nachdem Sie die Tabelle neu berechnet haben, sehen Sie sich die Ergebnisse genau an. Sind die Werte realistisch? Ist der Wert für den monatlichen Umsatz ständig negativ? Ist der Saldo für eines der Vermögenskonten negativ? Wenn ja, müssen Sie einige Änderungen vornehmen. Vielleicht müssen Sie einen der Schätzwerte für eines der variablen Ausgabenkonten ändern, um negative Zahlen im Cashflow zu vermeiden, oder den Betrag eines Bilanztransfers ändern, um nicht in die roten Zahlen zu geraten, oder einen Bilanztransfer vornehmen, um eine außerordentliche Aufwendung zu finanzieren. Nachdem Sie die entsprechenden Änderungen vorgenommen haben, lassen Sie Ihre Tabelle neu berechnen und prüfen, welche Auswirkung der Transfer auf Ihre Cashflow-Planung hat.

Anhand der Tabelle können Sie nun feststellen, wo Engpässe auftreten könnten, wenn unerwartete Ausgaben erforderlich werden. Überlegen Sie, ob dringende Anschaffungen anstehen, die Sie sich momentan nicht leisten können. Benutzen Sie die Tabelle, um einen Sparplan zu entwickeln, der Ihnen hilft, Ihr Unternehmensziel zu erreichen.

Am Ende eines Monats vergleichen Sie die tatsächlichen Zahlungseingänge und -ausgänge mit den von Ihnen geschätzten Werten. Anhand dieses Vergleichs können Sie die Zuverlässigkeit Ihrer Planung feststellen. Schätzwerte, die stark von den tatsächlich erreichten Zahlen abweichen, müßten angepaßt werden. Dazu müßten Sie den Cursor auf das entsprechende Feld des betreffenden Monats setzen und den neuen Schätzwert eingeben. Die Tabelle reicht den neuen Wert an alle weiteren Felder derselben Zeile weiter.

ANPASSUNGEN

An Ihrer Tabelle könnten zwei weitere Änderungen notwendig werden. Erstens werden Sie vielleicht weitere Zeilen für neue Konten benötigen und zweitens, werden Sie aus den Tabellendaten eventuell Diagramme anfertigen wollen. Im nachfolgenden Abschnitt zeigen wir Ihnen, wie Sie beides durchführen können.

Weitere Produkte einfügen

In der Mustertabelle sind fünf Produkte berücksichtigt. Wenn Sie mehr Produkte haben, können sie entweder mehrere Produkte unter einem Produkt zusammenfassen, damit sie in der Tabelle untergebracht werden können, oder Sie ergänzen noch einige Zeilen.

Um ein neues Produkt in die Tabelle aufzunehmen, markieren Sie im Bereich Zahlungseingang die Zeile, über der Sie ein neues Produkt einfügen wollen, und wählen dann Zeile/Spalte einfügen im Menü Bearbeiten. Mit diesem Befehl fügt das Programm über der markierten Zeile eine leere Zeile ein. Wenn Sie mehr als ein Produkt ergänzen wollen, müssen Sie mehrere Zeilen markieren. Anschließend tragen Sie Labels in die neuen Zeilen in Spalte 1, Schätzwerte für die Zuwachsrate in Spalte 4 und den erwarteten Umsatz im Oktober in Spalte 5 ein. Anschließend bewegen Sie den Cursor zu Spalte 6 und eine Zeile nach oben, auf das Feld mit der Formel für den November-Umsatz des vorhergehenden Produkts. Markieren Sie das Feld und die Felder in den neuen Zeilen derselben Spalte darunter, und rufen Sie Bearbeiten-Unten ausfüllen auf. WORKS kopiert daraufhin die Formel für den November-Umsatz in die darunterliegenden neuen Felder. Anschließend markieren Sie die Felder in den Spalten 6 bis 19 und kopieren mit Bearbeiten-Rechts ausfüllen die Formeln in die übrigen Felder der neu eingefügten Zeilen. In Spalte 20 geben Sie dann noch in jede neue Zeile eine SUMME-Formel ein, die die jeweilige Jahressumme berechnet.

Für jede neu eingefügte Zeile im Bereich Zahlungseingang müssen Sie auch im Bereich Einstandskosten entsprechende Zeilen ergänzen. (Beispiel: Wenn Sie zwischen Produkt 4 und 5 im Zahlungseingangsbereich eine neue Zeile eingefügt haben, müssen Sie dies auch im Einstandskostenbereich an dieser Stelle tun.) Markieren sie dazu die Zeile(n), über der Sie eine oder mehrere neue Zeilen einfügen wollen, wählen Sie Bearbeiten-Zeile/Spalte einfügen und anschließend Enter oder OK. Für jede markierte Zeile fügt WORKS eine neue Zeile über der markierten Zeile ein. Geben Sie in Spalte 1 Labels für die neuen Zeilen ein und in Spalte 4 Schätzwerte. Anschließend markieren Sie die Felder in den Spalten 5 bis 19 in der Zeile über den neu eingefügten Zeilen und kopieren mit Bearbeiten-Unten/Rechts ausfüllen die Formeln aus dieser Zeile in die neuen Zeilen.

Die Formeln in den Zeilen 12 und 32 schließen bei der Berechnung des Gesamtumsatzes und der Gesamteinstandskosten alle Produkte, auch die neu hinzugefügten, mit ein. Da diese Formeln mit der SUMME-Funktion arbeiten, erweitert sich der summierte Bereich, wenn innerhalb des Bereichs Zeilen ergänzt werden.

Diagramme erstellen

Mit den Daten aus dieser Tabelle können Sie nun noch ein oder mehrere Diagramme anfertigen lassen. Dazu müssen nur den entsprechenden Datenbereich mit den benötigten Informationen in der Tabelle markieren und im Menü Ansicht die Option Neues Diagramm aufrufen. Sie bekommen das Diagramm automatisch angezeigt. Zusätzlich haben Sie die Möglichkeit, einen neuen Namen für das Diagramm zu bestimmen, den Diagrammtyp zu ändern und das Diagramm mit Titeln, Legenden und sonstigen Informationen auszustatten.

Angenommen, Sie möchten ein Diagramm anlegen, das den Kassensaldo für jeden einzelnen Monat darstellt. Dann markieren Sie den Bereich Z137S7:Z137S19 (diese Zeile enthält den Kassenjahressaldo für jeden Monat) und wählen im Menü Ansicht die Option Neues Diagramm. Verlassen Sie die Diagrammanzeige mit Esc. Anschließend markieren Sie den Bereich Z134S7:Z134S19 und wählen X-Datenreihe im Daten-Menü, um einige Titel für die X-Achse zu bestimmen. Nachdem Sie die Titel gesetzt haben, rufen Sie Diagramm1 im Menü Ansicht auf, um das fertige Diagramm auf dem Bildschirm anzusehen (Abbildung 12-16). Sie können bis zu acht Diagramme aus den Daten der Cashflow-Tabelle erstellen.

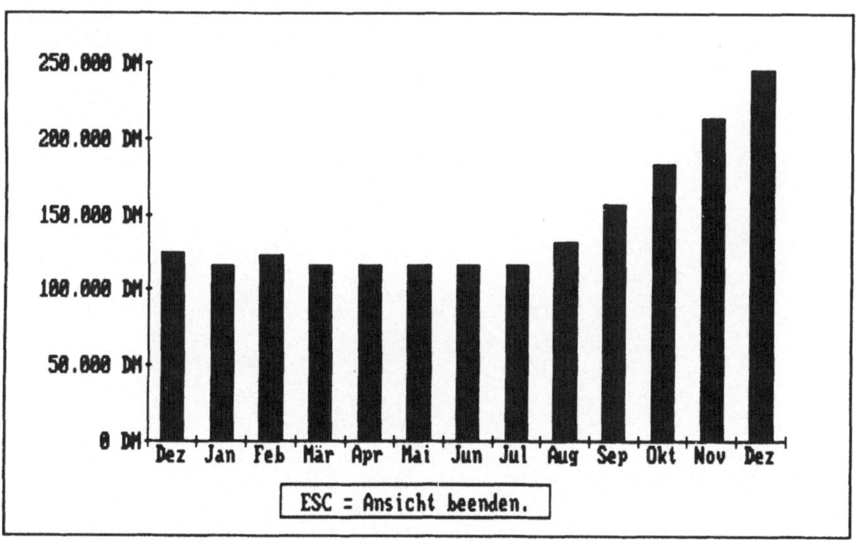

Abbildung 12-16.

ZUSAMMENFASSUNG

Eine Cashflow-Planung ist für jedes Unternehmen wichtig. Sicher kann man Glück haben, und gelegentlich auch ohne Planung richtigliegen, aber es ist unwahrscheinlich, daß dies immer gelingt. Ein Unternehmen ohne Cashflow-Planung ist wie eine Wettervoraussage ohne Barometer. Die hier entwickelte Tabelle kann in Unternehmungen jeglicher Größe zur Planung von Cashflow und Kassensaldo eingesetzt werden.

Auch wenn Sie nicht ausdrücklich mit dieser Tabelle arbeiten werden, können Sie eine Reihe der hier gezeigten Techniken - z.B. das Arbeiten mit den "Übergabe-Formeln" - auch beim Aufbau anderer komplexer Tabellen einsetzen.

Kapitel 13

PERSÖNLICHE FINANZPLANUNG

Nicht nur für Unternehmen sondern auch für den Privatgebrauch empfiehlt es sich, eine detaillierte Finanzplanung für das jeweils kommende Jahr vorzunehmen. Anhand dieses Plans kann dann genau festgestellt werden, wann finanzielle Engpässe auftreten und wann überschüssige Geldmittel angelegt werden können.

Das in diesem Kapitel beschriebene Arbeitsblatt Persönliche Finanzplanung benutzt als Grundlage die WORKS-Tabellenkalkulation, um das persönliche Einkommen und die Finanzsituation für ein volles Jahr im voraus zu planen.

Beim Aufbau dieser Tabelle werden Sie mit einigen wichtigen Techniken vertraut gemacht, u.a. mit einer effektiven "Übergabe-Technik". Außerdem sollen Sie erfahren, warum und wie Schätzwerte immer explizit eingegeben werden sollten.

DAS ARBEITSBLATT

In Abbildung 13-1 sehen Sie die Tabelle Persönliche Finanzplanung mit Musterdaten. Wenn Sie die Tabelle zum ersten Mal erstellen, werden in den meisten Feldern statt der gezeigten Zahlen nur Nullen zu sehen sein (Z6S4:Z215S16). Die Tabelle ist in mehrere Bereiche mit folgenden Bezeichnungen unterteilt: Einkommen, Ausgaben, Zusammenfassung und Salden. Der Einkommensbereich belegt die Felder Z5S1:Z45S16. Wenn Sie die Tabelle zum ersten Mal laden, erscheint immer der linke obere Teil dieses Bereichs (Abbildung 13-2) auf dem Bildschirm. In diesen Bereich geben Sie Ihre Einkommensdaten ein: Lohn oder Gehalt (einschl. Einbehaltung von Steuern), Zinsen, Dividenden, Miete, usw.

		1	2	3	4	5	6	7	8
1	===
2	PERSÖNLICHE FINANZPLANUNG								
3	===
4	EINKOMMEN				Jan	Feb	Mär	Apr	Mai
5	==========================				=========	=========	=========	=========	=========
6	Gehalt 1			62.000 DM	5.167 DM	5.167 DM	5.167 DM	5.167 DM	5.167 DM
7	Abzüge								
8	Lohnsteuer			30,00%	1.550 DM	1.550 DM	1.550 DM	1.550 DM	1.550 DM
9	Rentenversicherung			9,50%	491 DM	491 DM	491 DM	491 DM	491 DM
10	Arbeitslosenvers.			2,25%	116 DM	116 DM	116 DM	116 DM	116 DM
11	Krankenkasse			5,80%	300 DM	300 DM	300 DM	300 DM	300 DM
12	Beiträge			300 DM	25 DM	25 DM	25 DM	25 DM	25 DM
13	Sonstige			0 DM	0 DM	0 DM	0 DM	0 DM	0 DM
14									
15	Gesamtabzüge				2.482 DM	2.482 DM	2.482 DM	2.482 DM	2.482 DM
16									
17	Nettogehalt 1				2.685 DM	2.685 DM	2.685 DM	2.685 DM	2.685 DM
18									
19									
20	Gehalt 2			30.000 DM	2.500 DM	2.500 DM	2.500 DM	2.500 DM	2.500 DM
21	Abzüge								
22	Lohnsteuer			20,00%	500 DM	500 DM	500 DM	500 DM	500 DM
23	Rentenversicherung			9,50%	238 DM	238 DM	238 DM	238 DM	238 DM
24	Arbeitslosenvers.			2,25%	56 DM	56 DM	56 DM	56 DM	56 DM
25	Krankenkasse			5,80%	145 DM	145 DM	145 DM	145 DM	145 DM
26	Beiträge			0 DM	0 DM	0 DM	0 DM	0 DM	0 DM
27	Sonstige			0 DM	0 DM	0 DM	0 DM	0 DM	0 DM
28									
29	Gesamtabzüge				939 DM	939 DM	939 DM	939 DM	939 DM
30									
31	Nettogehalt 2				1.561 DM	1.561 DM	1.561 DM	1.561 DM	1.561 DM
32									
33	Gesamtnettogehalt				4.246 DM	4.246 DM	4.246 DM	4.246 DM	4.246 DM
34									
35	Anderes Einkommen								
36	Zinsertrag				6 DM	6 DM	192 DM	7 DM	8 DM
37	Dividenden				0 DM	0 DM	75 DM	0 DM	0 DM
38	Vermietung			0 DM	0 DM	0 DM	0 DM	0 DM	0 DM
39	Geschenke								
40	Sonstiges Einkommen							150 DM	
41									
42	Anderes Einkommen insgesamt				6 DM	6 DM	267 DM	157 DM	8 DM
43									
44	Gesamtnettoeinkommen				4.252 DM	4.253 DM	4.513 DM	4.403 DM	4.254 DM
45					=========	=========	=========	=========	=========
46									
47	===
48	AUSGABEN				Jan	Feb	Mär	Apr	Mai
49	====================================				=========	=========	=========	=========	=========
50	Schuldendienst								
51	Kreditkarten			10 DM	10 DM	10 DM	10 DM	25 DM	25 DM
52	Zinsen			18,00%	6 DM	6 DM	6 DM	10 DM	10 DM
53	Rate				4 DM	4 DM	4 DM	15 DM	15 DM
54									
55	Persönl. Kredit			0 DM	0 DM	0 DM	0 DM	0 DM	0 DM
56	Zinsen			0,00%	0 DM	0 DM	0 DM	0 DM	0 DM
57	Rate				0 DM	0 DM	0 DM	0 DM	0 DM
58									
59	BAföG			115 DM	115 DM	115 DM	115 DM	115 DM	115 DM
60	Zinsen			7,00%	34 DM	33 DM	33 DM	32 DM	32 DM
61	Rate				81 DM	82 DM	82 DM	83 DM	83 DM
62									
63	Autokredit 1			275 DM	275 DM	275 DM	275 DM	275 DM	275 DM
64	Zinsen			12,00%	45 DM	0 DM	0 DM	0 DM	0 DM
65	Rate				230 DM	275 DM	275 DM	275 DM	275 DM
66									
67	Autokredit 2			132 DM	132 DM	132 DM	132 DM	132 DM	132 DM
68	Zinsen			13,00%	87 DM	86 DM	85 DM	85 DM	84 DM
69	Rate				45 DM	87 DM	45 DM	87 DM	45 DM
70									
71	Hypothek			875 DM	875 DM	875 DM	875 DM	875 DM	875 DM
72	Zinsen			9,50%	783 DM	782 DM	776 DM	775 DM	769 DM
73	Rate				92 DM	783 DM	92 DM	783 DM	92 DM
74									
75	Sonstige Hypotheken			0 DM	0 DM	0 DM	0 DM	0 DM	0 DM
76	Zinsen			0,00%	0 DM	0 DM	0 DM	0 DM	0 DM
77	Rate				0 DM	0 DM	0 DM	0 DM	0 DM
78									
79	Schuldendienst insgesamt				1.407 DM	1.407 DM	1.407 DM	1.422 DM	1.422 DM
80									
81	Fixkosten								
82	Zehnter			10,00%	425 DM	425 DM	451 DM	440 DM	425 DM
83	Kinder			525 DM	525 DM	525 DM	525 DM	525 DM	525 DM
84	Unkosten Haus								
85	Vermögenssteuer						975 DM		
86	Haftpflichtvers.					500 DM			
87	Dienstleistungen								
88	Telefon			200 DM	200 DM	200 DM	175 DM	150 DM	100 DM
89	Wasser			20 DM	20 DM	20 DM	20 DM	20 DM	20 DM

Abbildung 13-1.

9	10	11	12	13	14	15	16
Jun	Jul	Aug	Sep	Okt	Nov	Dez	Summe
5.167 DM	5.167 DM	5.167 DM	5.167 DM	5.167 DM	5.167 DM	5.167 DM	62.000 DM
1.550 DM	1.550 DM	1.550 DM	1.550 DM	1.550 DM	1.550 DM	1.550 DM	18.600 DM
491 DM	491 DM	491 DM	491 DM	491 DM	491 DM	491 DM	5.890 DM
116 DM	116 DM	116 DM	116 DM	116 DM	116 DM	116 DM	1.395 DM
300 DM	300 DM	300 DM	300 DM	300 DM	300 DM	300 DM	3.596 DM
25 DM	25 DM	25 DM	25 DM	25 DM	25 DM	25 DM	300 DM
0 DM	0 DM	0 DM	0 DM	0 DM	0 DM	0 DM	0 DM
2.482 DM	2.482 DM	2.482 DM	2.482 DM	2.482 DM	2.482 DM	2.482 DM	29.781 DM
2.685 DM	2.685 DM	2.685 DM	2.685 DM	2.685 DM	2.685 DM	2.685 DM	32.219 DM
2.500 DM	2.500 DM	2.500 DM	2.500 DM	2.500 DM	2.500 DM	2.500 DM	30.000 DM
500 DM	500 DM	500 DM	500 DM	500 DM	500 DM	500 DM	6.000 DM
238 DM	238 DM	238 DM	238 DM	238 DM	238 DM	238 DM	2.850 DM
56 DM	56 DM	56 DM	56 DM	56 DM	56 DM	56 DM	675 DM
145 DM	145 DM	145 DM	145 DM	145 DM	145 DM	145 DM	1.740 DM
0 DM	0 DM	0 DM	0 DM	0 DM	0 DM	0 DM	0 DM
0 DM	0 DM	0 DM	0 DM	0 DM	0 DM	0 DM	0 DM
939 DM	939 DM	939 DM	939 DM	939 DM	939 DM	939 DM	11.265 DM
1.561 DM	1.561 DM	1.561 DM	1.561 DM	1.561 DM	1.561 DM	1.561 DM	18.735 DM
4.246 DM	4.246 DM	4.246 DM	4.246 DM	4.246 DM	4.246 DM	4.246 DM	50.954 DM
193 DM	9 DM	9 DM	195 DM	10 DM	11 DM	196 DM	842 DM
75 DM	0 DM	0 DM	75 DM	0 DM	0 DM	75 DM	300 DM
0 DM	0 DM	0 DM	0 DM	0 DM	0 DM	0 DM	0 DM
							0 DM
							150 DM
268 DM	9 DM	9 DM	270 DM	10 DM	11 DM	271 DM	1.292 DM
4.514 DM	4.255 DM	4.255 DM	4.516 DM	4.256 DM	4.257 DM	4.517 DM	52.246 DM

9	10	11	12	13	14	15	16
Jun	Jul	Aug	Sep	Okt	Nov	Dez	Summe
25 DM	25 DM	25 DM	25 DM	25 DM	25 DM	25 DM	255 DM
10 DM	10 DM	9 DM	9 DM	9 DM	9 DM	8 DM	102 DM
15 DM	15 DM	16 DM	16 DM	16 DM	16 DM	17 DM	153 DM
0 DM	0 DM	0 DM	0 DM	0 DM	0 DM	0 DM	0 DM
0 DM	0 DM	0 DM	0 DM	0 DM	0 DM	0 DM	0 DM
0 DM	0 DM	0 DM	0 DM	0 DM	0 DM	0 DM	0 DM
115 DM	115 DM	115 DM	115 DM	115 DM	115 DM	115 DM	1.380 DM
31 DM	31 DM	30 DM	30 DM	29 DM	29 DM	28 DM	374 DM
84 DM	84 DM	85 DM	85 DM	86 DM	86 DM	87 DM	1.006 DM
275 DM	275 DM	275 DM	275 DM	275 DM	275 DM	275 DM	3.300 DM
0 DM	0 DM	0 DM	0 DM	0 DM	0 DM	0 DM	45 DM
275 DM	275 DM	275 DM	275 DM	275 DM	275 DM	275 DM	3.255 DM
132 DM	132 DM	132 DM	132 DM	132 DM	132 DM	132 DM	1.584 DM
83 DM	82 DM	82 DM	81 DM	80 DM	80 DM	79 DM	994 DM
87 DM	45 DM	87 DM	45 DM	87 DM	45 DM	87 DM	792 DM
875 DM	875 DM	875 DM	875 DM	875 DM	875 DM	875 DM	10.500 DM
768 DM	762 DM	761 DM	755 DM	755 DM	748 DM	748 DM	9.183 DM
783 DM	92 DM	783 DM	92 DM	783 DM	92 DM	783 DM	5.250 DM
0 DM	0 DM	0 DM	0 DM	0 DM	0 DM	0 DM	0 DM
0 DM	0 DM	0 DM	0 DM	0 DM	0 DM	0 DM	0 DM
0 DM	0 DM	0 DM	0 DM	0 DM	0 DM	0 DM	0 DM
1.422 DM	1.422 DM	1.422 DM	1.422 DM	1.422 DM	1.422 DM	1.422 DM	17.019 DM
451 DM	425 DM	426 DM	452 DM	426 DM	426 DM	452 DM	5.225 DM
525 DM	525 DM	525 DM	525 DM	525 DM	525 DM	525 DM	6.300 DM
223 DM		318 DM				982 DM	2.498 DM
		500 DM					1.000 DM
100 DM	150 DM	150 DM	150 DM	150 DM	175 DM	200 DM	1.900 DM
20 DM	20 DM	20 DM	20 DM	20 DM	20 DM	20 DM	240 DM

(13-1 Fortsetzung)

Nr	1	2	3	4	5	6	7	8
90	Strom und Gas		50 DM	50 DM	50 DM	50 DM	50 DM	50 DM
91	Nahrung u. Haushalt		300 DM	300 DM	300 DM	300 DM	300 DM	300 DM
92	Versicherungen							
93	Lebensvers.							
94	Autoversicherung						550 DM	
95	Krankenzusatzvers.							
96				---------	---------	---------	---------	---------
97	Fixkosten insgesamt			1.520 DM	2.020 DM	2.496 DM	1.485 DM	1.970 DM
98				---------	---------	---------	---------	---------
99	Variable Kosten							
100	Wohnungskosten							
101	Unterhalt		50 DM	50 DM	50 DM	50 DM	50 DM	50 DM
102	Möbel					300 DM		
103	Verbesserungen				200 DM			
104	Autokosten							
105	Benzin		50 DM	50 DM	50 DM	50 DM	50 DM	50 DM
106	Unterhalt		25 DM	25 DM	25 DM	25 DM	25 DM	25 DM
107	Kleidung							
108	Neuanschaffung		200 DM	200 DM	200 DM	200 DM	200 DM	200 DM
109	Wäscherei		48 DM	48 DM	48 DM	48 DM	48 DM	48 DM
110	Reinigung		43 DM	43 DM	43 DM	43 DM	43 DM	43 DM
111	Arztkosten							
112	Arztrechnungen		25 DM	25 DM	25 DM	25 DM	25 DM	25 DM
113	Rezepte		25 DM	25 DM	25 DM	25 DM	25 DM	25 DM
114	Persönliches							
115	Sport		55 DM	55 DM	55 DM	55 DM	55 DM	55 DM
116	Zeitungen		9 DM	9 DM	9 DM	9 DM	9 DM	9 DM
117	Bücher und Zeitschriften		25 DM	25 DM	25 DM	25 DM	25 DM	25 DM
118	Kabelfernsehen		17 DM	17 DM	17 DM	17 DM	17 DM	17 DM
119	Unterhaltung		100 DM	100 DM	100 DM	100 DM	100 DM	100 DM
120	Restaurant		100 DM	100 DM	100 DM	100 DM	100 DM	
121	Geschenke					100 DM		
122	Urlaub							1.500 DM
123	Friseur			87 DM		12 DM		12 DM
124	Steuerrückzahlung							
125	Andere varibale Kosten		25 DM	25 DM	25 DM	25 DM	25 DM	25 DM
126				---------	---------	---------	---------	---------
127	Variable Kosten insgesamt			884 DM	997 DM	1.209 DM	797 DM	2.309 DM
128				---------	---------	---------	---------	---------
129	Gesamtausgaben			3.811 DM	4.424 DM	5.112 DM	3.704 DM	5.701 DM
130				=========	=========	=========	=========	=========

Nr	ZUSAMMENFASSUNG			Jan	Feb	Mär	Apr	Mai
135	Gesamteinkommen			4.252 DM	4.253 DM	4.513 DM	4.403 DM	4.254 DM
136	Gesamtausgaben			(3.811 DM)	(4.424 DM)	(5.112 DM)	(3.704 DM)	(5.701 DM)
138	Nettoeinkommen/(Defizit)			441 DM	(172 DM)	(599 DM)	699 DM	(1.447 DM)

Nr	SALDEN			Jan	Feb	Mär	Apr	Mai
144	Kasse			7.114 DM	7.455 DM	7.183 DM	6.784 DM	7.383 DM
145	Nettoeinkommen			441 DM	(172 DM)	(599 DM)	699 DM	(1.447 DM)
146	Sparleistung			(100 DM)	(100 DM)	(100 DM)	(100 DM)	(100 DM)
147	Kauf/Verkauf Rentenpapiere						4.000 DM	
148	Kauf/Verkauf Aktien						(4.000 DM)	
149	Kauf/Verkauf Immobilien							
150	Kreditkartenkauf					300 DM		
152	Endsaldo		7.114 DM	7.455 DM	7.183 DM	6.784 DM	7.383 DM	5.836 DM
154	Sparkonten			1.350 DM	1.456 DM	1.562 DM	1.669 DM	1.776 DM
155	Zugänge/Abgänge			100 DM	100 DM	100 DM	100 DM	100 DM
156	Zinsertrag		5,25%	6 DM	6 DM	7 DM	7 DM	8 DM
158	Endsaldo		1.350 DM	1.456 DM	1.562 DM	1.669 DM	1.776 DM	1.884 DM
160	Rentenpapiere			14.600 DM	14.600 DM	14.600 DM	14.860 DM	10.860 DM
161	Kauf/Verkauf						(4.000 DM)	
162	Zinsertrag					185 DM		
163	Dividenden					75 DM		
165	Endsaldo		14.600 DM	14.600 DM	14.600 DM	14.860 DM	10.860 DM	10.860 DM
167	Aktien			8.000 DM	8.000 DM	8.000 DM	8.204 DM	12.204 DM
168	Nettozugänge			0 DM	0 DM	0 DM	4.000 DM	0 DM
169	Zinsen/Dividenden					204 DM		
170	Kapitalgewinn/(Verlust)							
172	Endsaldo		8.000 DM	8.000 DM	8.000 DM	8.204 DM	12.204 DM	12.204 DM
174	Haus			96.000 DM	96.240 DM	96.681 DM	96.922 DM	97.165 DM
175	Abschreibung		3,00%	240 DM	241 DM	242 DM	242 DM	243 DM
176	Verbesserungen			0 DM	200 DM	0 DM	0 DM	0 DM
178	Endsaldo		96.000 DM	96.240 DM	96.681 DM	96.922 DM	97.165 DM	97.408 DM

9	10	11	12	13	14	15	16
50 DM	50 DM	50 DM	50 DM	50 DM	50 DM	50 DM	600 DM
300 DM	300 DM	300 DM	300 DM	300 DM	300 DM	300 DM	3.600 DM
	221 DM						221 DM
			300 DM				850 DM
							0 DM
1.669 DM	1.691 DM	2.289 DM	1.797 DM	1.471 DM	1.496 DM	2.529 DM	22.434 DM
50 DM	50 DM	50 DM	50 DM	50 DM	50 DM	50 DM	600 DM
		500 DM		200 DM		200 DM	1.200 DM
400 DM						600 DM	1.200 DM
50 DM	50 DM	50 DM	50 DM	50 DM	50 DM	50 DM	600 DM
25 DM	25 DM	25 DM	25 DM	25 DM	25 DM	25 DM	300 DM
200 DM	200 DM	200 DM	200 DM	200 DM	200 DM	200 DM	2.400 DM
48 DM	48 DM	48 DM	48 DM	48 DM	48 DM	48 DM	576 DM
43 DM	43 DM	43 DM	43 DM	43 DM	43 DM	43 DM	516 DM
25 DM	25 DM	25 DM	25 DM	25 DM	25 DM	25 DM	300 DM
25 DM	25 DM	25 DM	25 DM	25 DM	25 DM	25 DM	300 DM
55 DM	55 DM	55 DM	55 DM	55 DM	55 DM	55 DM	660 DM
9 DM	9 DM	9 DM	9 DM	9 DM	9 DM	9 DM	108 DM
25 DM	25 DM	25 DM	25 DM	25 DM	25 DM	25 DM	300 DM
17 DM	17 DM	17 DM	17 DM	17 DM	17 DM	17 DM	204 DM
100 DM	100 DM	100 DM	100 DM	100 DM	100 DM	100 DM	1.200 DM
100 DM	100 DM	100 DM	100 DM	100 DM	100 DM	100 DM	1.200 DM
	27 DM			100 DM		500 DM	727 DM
					250 DM		1.750 DM
	87 DM		12 DM		12 DM		222 DM
(800 DM)	(433 DM)						(1.233 DM)
25 DM	25 DM	25 DM	25 DM	25 DM	25 DM	25 DM	300 DM
397 DM	478 DM	1.297 DM	809 DM	1.097 DM	1.059 DM	2.097 DM	13.430 DM
3.488 DM	3.591 DM	5.008 DM	4.028 DM	3.990 DM	3.977 DM	6.048 DM	52.883 DM

Jun	Jul	Aug	Sep	Okt	Nov	Dez	Summe
4.514 DM	4.255 DM	4.255 DM	4.516 DM	4.256 DM	4.257 DM	4.517 DM	52.246 DM
(3.488 DM)	(3.591 DM)	(5.008 DM)	(4.028 DM)	(3.990 DM)	(3.977 DM)	(6.048 DM)	(52.883 DM)
1.026 DM	663 DM	(752 DM)	489 DM	267 DM	280 DM	(1.531 DM)	(637 DM)

Jun	Jul	Aug	Sep	Okt	Nov	Dez	Summe
5.836 DM	6.761 DM	7.325 DM	6.473 DM	6.861 DM	7.028 DM	7.208 DM	
1.026 DM	663 DM	(752 DM)	489 DM	267 DM	280 DM	(1.531 DM)	(637 DM)
(100 DM)	(100 DM)	(100 DM)	(100 DM)	(100 DM)	(100 DM)	(100 DM)	(1.200 DM)
							4.000 DM
							(4.000 DM)
							0 DM
							300 DM
6.761 DM	7.325 DM	6.473 DM	6.861 DM	7.028 DM	7.208 DM	5.577 DM	
1.884 DM	1.992 DM	2.101 DM	2.210 DM	2.320 DM	2.430 DM	2.541 DM	
100 DM	100 DM	100 DM	100 DM	100 DM	100 DM	100 DM	1.200 DM
8 DM	9 DM	9 DM	10 DM	10 DM	11 DM	11 DM	102 DM
1.992 DM	2.101 DM	2.210 DM	2.320 DM	2.430 DM	2.541 DM	2.652 DM	
10.860 DM	11.120 DM	11.120 DM	11.120 DM	11.380 DM	11.380 DM	11.380 DM	(4.000 DM)
185 DM			185 DM			185 DM	740 DM
75 DM			75 DM			75 DM	300 DM
11.120 DM	11.120 DM	11.120 DM	11.380 DM	11.380 DM	11.380 DM	11.640 DM	
12.204 DM	12.504 DM	12.504 DM	12.504 DM	12.834 DM	12.834 DM	12.834 DM	
0 DM	0 DM	0 DM	0 DM	0 DM	0 DM	0 DM	4.000 DM
300 DM			330 DM			340 DM	1.174 DM
							0 DM
12.504 DM	12.504 DM	12.504 DM	12.834 DM	12.834 DM	12.834 DM	13.174 DM	
97.408 DM	98.051 DM	98.296 DM	98.542 DM	98.788 DM	99.035 DM	99.283 DM	
244 DM	245 DM	246 DM	246 DM	247 DM	248 DM	248 DM	2.931 DM
400 DM	0 DM	0 DM	0 DM	0 DM	0 DM	600 DM	1.200 DM
98.051 DM	98.296 DM	98.542 DM	98.788 DM	99.035 DM	99.283 DM	100.131 DM	

368 Kapitel 13

(13-1 Fortsetzung)

	1	2	3	4	5	6	7	8
179								
180	Andere Immobilien			0 DM	0 DM	0 DM	0 DM	0 DM
181	Kauf/Verkauf			0 DM	0 DM	0 DM	0 DM	0 DM
182	Abschreibung		0,00%	0 DM	0 DM	0 DM	0 DM	0 DM
183				---------	---------	---------	---------	---------
184	Endsaldo		0 DM	0 DM	0 DM	0 DM	0 DM	0 DM
185								
186	Anderes Vermögen							
187	Auto 1			5.000 DM	4.867 DM	4.734 DM	4.601 DM	4.468 DM
188	Abschreibung		(133 DM)	(133 DM)	(133 DM)	(133 DM)	(133 DM)	(133 DM)
189				---------	---------	---------	---------	---------
190	Endsaldo		5.000 DM	4.867 DM	4.734 DM	4.601 DM	4.468 DM	4.335 DM
191								
192	Auto 2			7.000 DM	6.845 DM	6.690 DM	6.535 DM	6.380 DM
193	Abschreibung		(155 DM)	(155 DM)	(155 DM)	(155 DM)	(155 DM)	(155 DM)
194				---------	---------	---------	---------	---------
195	Endsaldo		7.000 DM	6.845 DM	6.690 DM	6.535 DM	6.380 DM	6.225 DM
196								
197	Persönliches Vermögen		20.000 DM	20.200 DM	20.400 DM	20.900 DM	21.100 DM	21.300 DM
198				---------	---------	---------	---------	---------
199	Anderes Vermögen insgesamt			31.912 DM	31.824 DM	32.036 DM	31.948 DM	31.860 DM
200				---------	---------	---------	---------	---------
201	Gesamtvermögen			159.663 DM	159.850 DM	160.475 DM	161.336 DM	160.051 DM
202				=========	=========	=========	=========	=========
203	Schulden							
204	Kreditkarten		400 DM	396 DM	392 DM	688 DM	673 DM	658 DM
205	Persönlicher Kredit		0 DM	0 DM	0 DM	0 DM	0 DM	0 DM
206	Ausbildungskredit (BAfög)		5.800 DM	5.719 DM	5.637 DM	5.555 DM	5.472 DM	5.389 DM
207	Autokredit 1		4.500 DM	4.270 DM	3.995 DM	3.720 DM	3.445 DM	3.170 DM
208	Autokredit 2		8.000 DM	7.955 DM	7.868 DM	7.823 DM	7.736 DM	7.691 DM
209	Haushypothek		98.900 DM	98.808 DM	98.025 DM	97.933 DM	97.150 DM	97.058 DM
210	Andere Hypothek		0 DM	0 DM	0 DM	0 DM	0 DM	0 DM
211				---------	---------	---------	---------	---------
212	Gesamtschulden			117.147 DM	115.917 DM	115.719 DM	114.477 DM	113.966 DM
213	Nettovermögen			42.515 DM	43.933 DM	44.757 DM	46.859 DM	46.085 DM
214				---------	---------	---------	---------	---------
215	Gesamtschulden u. Nettovermögen			159.663 DM	159.850 DM	160.475 DM	161.336 DM	160.051 DM
216				=========	=========	=========	=========	=========

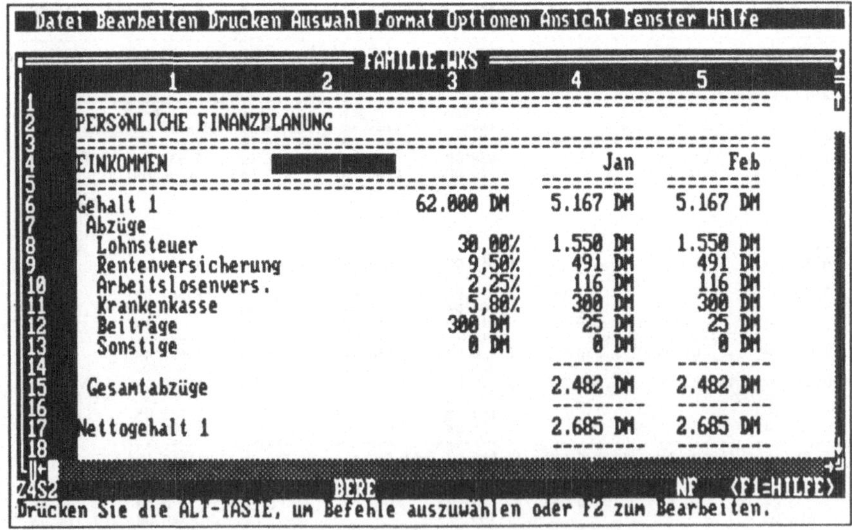

Abbildung 13-2.

9	10	11	12	13	14	15	16
0 DM	0 DM	0 DM	0 DM	0 DM	0 DM	0 DM	
0 DM	0 DM	0 DM	0 DM	0 DM	0 DM	0 DM	0 DM
0 DM	0 DM	0 DM	0 DM	0 DM	0 DM	0 DM	0 DM
---------	---------	---------	---------	---------	---------	---------	
0 DM	0 DM	0 DM	0 DM	0 DM	0 DM	0 DM	
4.335 DM	4.202 DM	4.069 DM	3.936 DM	3.803 DM	3.670 DM	3.537 DM	
(133 DM)	(133 DM)	(133 DM)	(133 DM)	(133 DM)	(133 DM)	(133 DM)	(1.596 DM)
4.202 DM	4.069 DM	3.936 DM	3.803 DM	3.670 DM	3.537 DM	3.404 DM	
6.225 DM	6.070 DM	5.915 DM	5.760 DM	5.605 DM	5.450 DM	5.295 DM	
(155 DM)	(155 DM)	(155 DM)	(155 DM)	(155 DM)	(155 DM)	(155 DM)	(1.860 DM)
6.070 DM	5.915 DM	5.760 DM	5.605 DM	5.450 DM	5.295 DM	5.140 DM	
21.500 DM	21.700 DM	22.400 DM	22.600 DM	23.000 DM	23.200 DM	23.600 DM	
31.772 DM	31.684 DM	32.096 DM	32.008 DM	32.120 DM	32.032 DM	32.144 DM	
162.201 DM	163.030 DM	162.945 DM	164.191 DM	164.827 DM	165.278 DM	165.318 DM	
=========	=========	=========	=========	=========	=========	=========	
643 DM	628 DM	612 DM	597 DM	580 DM	564 DM	548 DM	
0 DM	0 DM	0 DM	0 DM	0 DM	0 DM	0 DM	
5.306 DM	5.222 DM	5.137 DM	5.052 DM	4.967 DM	4.881 DM	4.794 DM	
2.895 DM	2.620 DM	2.345 DM	2.070 DM	1.795 DM	1.520 DM	1.245 DM	
7.604 DM	7.559 DM	7.472 DM	7.427 DM	7.340 DM	7.295 DM	7.208 DM	
96.275 DM	96.183 DM	95.400 DM	95.308 DM	94.525 DM	94.433 DM	93.650 DM	
0 DM	0 DM	0 DM	0 DM	0 DM	0 DM	0 DM	
112.723 DM	112.211 DM	110.967 DM	110.453 DM	109.207 DM	108.692 DM	107.445 DM	
49.478 DM	50.819 DM	51.978 DM	53.738 DM	55.620 DM	56.585 DM	57.874 DM	
162.201 DM	163.030 DM	162.945 DM	164.191 DM	164.827 DM	165.278 DM	165.318 DM	
=========	=========	=========	=========	=========	=========	=========	

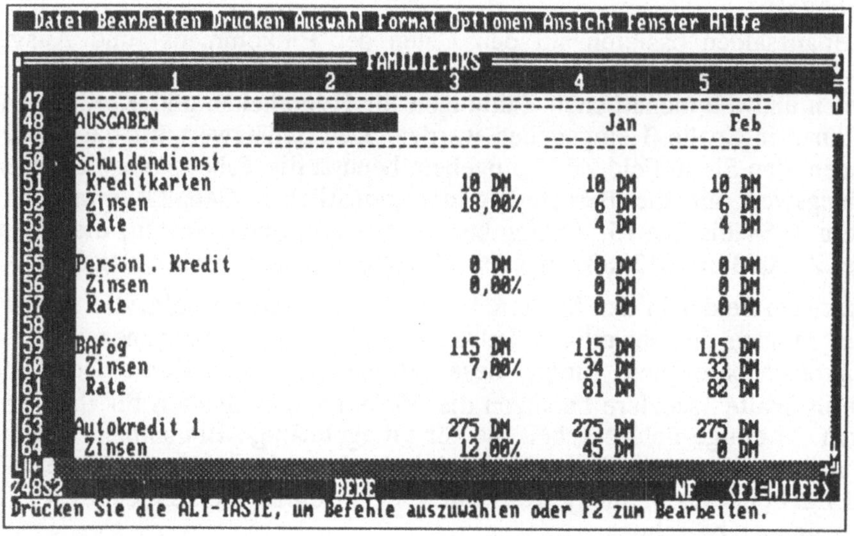

Abbildung 13-3.

Der Ausgabenbereich reicht von Z48S1 bis Z130S16. In Abbildung 13-3 sehen Sie den linken oberen Teil dieses Bereichs. In den Ausgabenbereich geben Sie Ihre geschätzten Ausgaben für das kommende Jahr ein. Der Bereich ist in drei Unterbreiche unterteilt: Schuldendienst, Fixkosten und Variable Kosten. Unter Schuldendienst tragen Sie die geschätzten Aufwendungen für Verbindlichkeiten ein: Kreditkarten, Darlehen, Hypotheken, usw. Im Unterbereich Fixkosten planen Sie Ihre regelmäßigen, festen Ausgaben, wie: Aufwendungen für Kinder, Dienstleistungen, Nahrung, Versicherungen, usw. Im dritten Unterbereich, Variable Kosten, schätzen Sie Ihre übrigen Ausgaben: Einrichtung, Benzin, Arztkosten, Reinigung und ähnliche Posten.

Im Bereich Zusammenfassung, der die Felder Z133S1:Z139S16 belegt, werden einfach die Einkommens- und Ausgabenbereiche summiert. Die Formeln in Zeile 138 subtrahieren die Gesamtausgaben von den Gesamteinnahmen, um das monatliche Nettoeinkommen oder -defizit zu berechnen.

Der letzte Bereich, Salden, ist imgrunde eine vereinfachte persönliche Bilanz. Er berechnet den Wert Ihres Vermögens - Kasse, Ersparnisse, Kapitalerträge, Immobilien, persönliches Eigentum usw. - und Ihrer Verbindlichkeiten - Kreditkartensaldo, Hypotheken, Kreditraten, usw.. Der Saldenbereich belegt die Felder Z142S1:Z216S15. Die Formeln in Zeile 201 berechnen den Gesamtwert Ihres Vermögens, die Formeln in Zeile 212 den Gesamtwert Ihrer Verbindlichkeiten. In Zeile 213 wird Ihr Nettovermögen errechnet. Dazu subtrahieren die Formeln in diesem Bereich Ihre Verbindlichkeiten vom Vermögenswert.

Die Bilanzsalden basieren auf den Daten der Einkommens- und Ausgabenbereiche sowie auf einer Reihe von Schätzwerten, z.B. für das Jahreseinkommen und die monatlichen Zahlungen für Hypotheken und Kreditraten, die von Ihnen in Spalte 3 eingegeben werden. Den Schätzwert für das Jahreseinkommen, den Sie in Feld Z6S3 eingeben, benutzt die Tabelle beispielsweise als Ausgangswert für die Berechnung der monatlichen Gehaltssummen in den Feldern Z6S4 bis Z6S15. Analog berechnet sie mit den Werten, die Sie in die Felder Z100S3 bis Z124S3 eingeben, Ihre monatlichen Gesamtausgaben.

Die meisten Felder in den Spalten 4 mit 15 enthalten Formeln, die für die einzelnen Monate den jeweiligen Betrag der einzelnen Einkommens- und Ausgabenkonten berechnen. Einige dieser Formeln beziehen sich auf die Schätzwerte in Spalte 3, andere benutzen die Werte anderer Spalten für ihre Berechnungen. In einige Felder geben Sie für unregelmäßige Einnahmen- oder Ausgabenkonten manuell einen Wert ein. Spalte 16 enthält eine Reihe von SUMME-Funktionen, die jeweils für die einzelnen Konten der Tabelle die Jahressummen berechnen.

DAS ARBEITSBLATT ERSTELLEN

Als erstes wählen Sie Neue Datei erstellen im Menü Datei, falls das entsprechende Dialogfeld nicht bereits auf Ihrem Bildschirm zu sehen ist. Wählen Sie Neue Tabellenkalkulation im Dialogfeld , um eine leere Kalkulationstabelle zu laden. Anschließend rufen Sie Manuell berechnen im Optionen-Menü auf, damit Ihre Tabelle nicht bei jedem Neueintrag sofort neu berechnet wird.

Als nächstes bestimmen Sie Währungsformat für Ihre gesamte Kalkulationstabelle. Dazu markieren Sie die Tabelle mit der Tastenkombination Shift-Ctrl-[F8], wobei alle drei Tasten gleichzeitig gedrückt werden. Danach rufen Sie Währungsformat im Format-Menü auf und geben im geöffneten Dialogfeld für Nachkommastellen 0 ein. Bestätigen Sie Ihre Wahl mit Enter oder OK.

Die gesamte Tabelle ist noch immer hell unterlegt, und Sie können nun die Breite der Spalten insgesamt von 10 auf 12 ändern. Rufen Sie dazu im Format-Menü Spaltenbreite auf, und tippen Sie 12 ein. Bestätigen sie mit Enter oder OK. Anschließend bewegen Sie den Cursor in Spalte 1, rufen Spaltenbreite im Format-Menü auf und geben 19 ein. Wieder mit Enter oder OK bestätigen.

Labels für Spalten und Zeilen eingeben

Nachdem Sie die Spaltenbreiten geändert haben, können Sie nun die gewünschten Labels eingeben. In die Zeilen 1, 2 und 3 geben Sie als erstes die Header ein. Die Doppellinien in den Zeilen 1 und 3 bestehen aus Gleichheitszeichen, die von Spalte 1 bis Spalte 16 reichen. Um diese Labels einzugeben, setzen Sie den Cursor in die jeweilige Spalte, tippen ein Anführungszeichen gefolgt von der entsprechenden Anzahl an Gleichheitszeichen (Anzahl entspricht der Spaltenbreite). In Spalte 1 tippen Sie also ein Anführungszeichen gefolgt von 19 Gleichheitszeichen ("===================="), in Spalte 2 ein Anführungszeichen und zwölf Gleicheitszeichen. Mit Bearbeiten-Rechts ausfüllen kopieren Sie dann den Header aus Spalte 2 in die übrigen Spalten der Zeile 1. Anschließend markieren Sie den Bereich Z1S1:Z1S16, wählen Kopieren im Menü Bearbeiten, bewegen den Cursor auf Feld Z3S1 und bestätigen mit Enter oder OK. Damit haben Sie die Doppellinie aus Zeile 1 in Zeile 3 kopiert. Vergessen Sie nicht, jedes Label aus Gleichheitszeichen mit einem Anführungszeichen zu beginnen, da WORKS andernfalls Ihre Eingabe als Formel interpretiert und die Meldung *Fehler: Operand fehlt anzeigt*.

Nachdem Sie die beiden Doppellinien eingegeben haben, bewegen Sie den Cursor auf Feld Z2S1 und schreiben hier *PERSÖNLICHE FINANZPLANUNG*. Anschließend gehen Sie mit dem Cursor in Zeile 4 Spalte 1 und schreiben hier *EINKOMMEN*. Danach bewegen Sie den Cursor in Spalte 4 derselben Zeile und geben hier das Label JAN ein. In die folgenden Spalten der Zeile 4 schreiben Sie *Feb, Mär, Apr*, usw. In Feld Z4S16 geben Sie als Label *Summe* ein.

Setzen Sie nun den Cursor in Zeile 5, und geben Sie hier eine unterbrochene Doppellinie ein. Das Label in Z5S1 besteht aus einem Anführungszeichen gefolgt von 19 Gleichheitszeichen, das Label in Spalte 2 aus einem Anführungszeichen gefolgt von zwölf Gleichheitszeichen. Die Labels in den übrigen Spalten werden aus drei Leerzeichen gefolgt von neun Gleichheitszeichen gebildet. Um die Labels für die Spalten 4 mit 16 einzugeben, markieren Sie den Bereich Z4S4:Z4S16 und wählen Bearbeiten-Rechts ausfüllen.

Anschließend richten Sie die Zeilen 4 und 5 rechtsbündig aus. Dazu markieren Sie die beiden Zeilen (Bereich Z4S4:Z5S16), wählen Schriftstil im Menü Format und im geöffneten Dialogfeld die Option Rechtsbündig. Bestätigen Sie Ihre Wahl mit Enter oder OK.

Die Header des Einkommensbereichs können Sie anschließend in die anderen Bereiche kopieren. Dazu markieren Sie einfach die Felder Z3S1:Z5S16, wählen Kopieren im Bearbeiten-Menü, setzen den Cursor auf den entsprechenden Zielbereich (erstes Feld im Zielbereich) und bestätigen mit Enter oder OK. Sobald Sie den Befehl Kopieren aufrufen, erscheint in der Statuszeile unten auf dem Bildschirm die Meldung *Zielort wählen und EINGABETASTE drücken. Zum Abbrechen ESC-TASTE drücken.* Wenn diese Meldung gezeigt wird, bewegen Sie einfach den Cursor zu Feld Z47S1, das erste Feld im Bereich Ausgaben, und drücken Enter.

Den neu kopierten, noch markierten Header kopieren Sie dann mit Bearbeiten-Kopieren sofort weiter in den nächsten Bereich (Z132S1). Bestätigen Sie den Kopiervorgang wieder mit Enter. (Da der kopierte Header im Bereich Z47S1:Z49S16 noch hell unterlegt ist, können Sie ohne erneuten Markierungsvorgang sofort mit Bearbeiten-Kopieren weiterkopieren.) Wählen Sie anschließend wieder Kopieren, bewegen Sie den Cursor aufs Zielfeld Z141S1, und bestätigen Sie wieder mit Enter.

Als nächstes müssen Sie die Labels Einkommen in den kopierten Bereichen ändern. Bewegen Sie dazu den Cursor auf Feld Z142S1 und schreiben Sie *SALDEN*. Dann gehen Sie auf Feld Z133S1 und geben hier *ZUSAMMENFASSUNG* ein. In Feld Z48S1 tippen Sie *AUSGABEN*. (Mit Ctrl-PgUp bzw. Ctrl-Abwärtspfeil gelangen Sie am schnellsten in die verschiedenen Bereiche. Wenn Sie mit der Maus arbeiten, benutzen Sie die Schieberleiste zur Cursorbewegung.)

Sie können nun Zeilenbezeichnungen in Spalte 1 eingeben. Bewegen Sie den Cursor auf Feld Z6S1 und schreiben Sie Gehalt 1. Anschließend setzen Sie den Cursor auf Feld Z7S1 und geben hier ein Leerzeichen und anschließend *Abzüge* ein. In Feld Z8S1 tippen Sie zwei Leerzeichen und dann *Lohnsteuer*, in Z9S1 *Rentenversicherung*, und in Z10S1 *Arbeitslosenversicherung*. Geben Sie alle Labels aus Abbildung 13-1 auf diese Weise ein.

Beachten Sie dabei, daß einige Labels in Spalte 1 um ein, zwei oder drei Leerzeichen eingerückt sind. Durch die Einrückungen wird die Tabelle übersichtlicher gestaltet. Wenn Sie ein Label einrücken wollen, tippen Sie einfach die entsprechende Anzahl an Leerzeichen und anschließend den Text.

Als nächstes müssen Sie Spalte 1 und die Zeilen 1 mit 3 fixieren, damit sie jederzeit auf dem Bildschirm sichtbar bleiben. Setzen Sie dazu den Cursor auf Feld Z4S2, und wählen Sie im Optionen-Menü Titel fixieren. Mit Enter bestätigen.

Der Bereich Einkommen

In den Einkommensbereich geben Sie nun die in Abbildung 13-4 gezeigten Formeln ein. Die meisten dieser Formeln enthalten einen Bezug auf einen der Schätzwerte, die Sie in Spalte 3 eingeben. Die Formel in Feld Z6S4 beispielsweise, =ZS3/12, dividiert den Schätzwert für das Jahreseinkommen in Feld Z6S3 durch 12, um das monatliche Einkommen zu berechnen. (Da die Felder in Spalte 3 bisher noch leer sind, geben die Formeln momentan den Wert 0 zurück.) Einige Formeln summieren ganz einfach Werte in Spalte 4, wie z.B. die Formel in Z17S4, =Z(-11)S-Z(-2)S, die den Wert in Feld Z15S4 vom Wert in Z6S4 subtrahiert. Die Formeln in den Zeilen 36 und 37 enthalten einen Bezug auf die Zeilen 156, 162 und 163 im Saldenbereich. (Diese Formeln geben vorerst als Wert 0 zurück.) Die meisten Formeln in Spalte 5 beziehen sich direkt auf die Ergebnisse der Formeln in Spalte 4. So lautet die Formel in Feld Z6S5 beispielsweise =ZS(-1).

Mit dem Befehl Unten ausfüllen aus dem Bearbeiten-Menü können Sie ähnliche Formeln einfach in die darunterliegenden Felder kopieren, statt jede manuell einzugeben. Dazu setzen Sie einfach den Cursor auf das entsprechende Feld, geben die Formel ein, markieren den Zielbereich und wählen dann Bearbeiten-Unten ausfüllen. Statt die Formeln in die Felder Z9S4, Z10S4 und Z11S4 z.B. manuell einzugeben, tragen Sie nur die Formel *=ZS3*Z(-3)S* in Feld Z9S4 ein, markieren dann den Bereich Z9S4:Z11S4 und wählen anschließend Bearbeiten-Unten ausfüllen. Damit wird die Formel aus Z9S4 in die Felder Z10S4 und Z11S4 kopiert.

Nachdem die Formeln in die richtigen Felder der Spalten 4 und 5 eingegeben sind, tragen Sie einige Labels aus drei Leerzeichen gefolgt von neun Bindestrichen (---------) in folgende Felder ein: Z14S4, Z14S5, Z16S4, Z16S5, Z18S4, Z18S5, Z28S4, Z28S5, Z30S4, Z30S5, Z32S4, Z32S5, Z41S4, Z41S5, Z43S4 und Z43S5. Diese Labels bilden die Striche unter Zahlenblöcken, die summiert werden sollen. Um diese Labels einzugeben, bewegen Sie den Cursor als erstes auf Feld Z14S4, tippen drei Leerzeichen gefolgt von neun Bindestrichen und bestätigen mit Enter. Mit den Befehlen Rechts ausfüllen oder Kopieren aus dem Menü Bearbeiten können Sie die Labels dann in die anderen Felder kopieren. Anschließend geben Sie in die Felder Z45S4 und Z45S5 jeweils ein Label aus drei Leerzeichen gefolgt von neun Gleichheitszeichen (=========) ein, die Sie wieder mit Enter bestätigen.

Feld	Formel	Feld	Formel
Z6S4	=ZS3/12	Z6S5	=ZS(-1)
Z8S4	=ZS3*Z(-2)S	Z8S5	=ZS(-1)
Z9S4	=ZS3*Z(-3)S	Z9S5	=ZS(-1)
Z10S4	=ZS3*Z(-4)S	Z10S5	=ZS(-1)
Z11S4	=ZS3*Z(-5)S	Z11S5	=ZS(-1)
Z12S4	=ZS3/12	Z12S5	=ZS(-1)
Z13S4	=ZS3/12	Z13S5	=ZS(-1)
Z15S4	=SUMME(Z(-7)S:Z(-1)S)	Z15S5	=SUMME(Z(-7)S:Z(-1)S)
Z17S4	=Z(-11)S-Z(-2)S	Z17S5	=Z(-11)S-Z(-2)S
Z20S4	=ZS(-1)/12	Z20S5	=ZS(-1)
Z22S4	=ZS3*Z(-2)S	Z22S5	=ZS(-1)
Z23S4	=ZS3*Z(-3)S	Z23S5	=ZS(-1)
Z24S4	=ZS3*Z(-4)S	Z24S5	=ZS(-1)
Z25S4	=ZS3*Z(-5)S	Z25S5	=ZS(-1)
Z26S4	=ZS3/12	Z26S5	=ZS(-1)
Z27S4	=ZS3/12	Z27S5	=ZS(-1)
Z29S4	=SUMME(Z(-7)S:Z(-1)S)	Z29S5	=SUMME(Z(-7)S:Z(-1)S)
Z31S4	=Z(-11)S-Z(-2)S	Z31S5	=Z(-11)S-Z(-2)S
Z33S4	=Z(-16)S+Z(-2)S	Z33S5	=Z(-16)S+Z(-2)S
Z36S4	=Z(+120)S+Z(+126)S	Z36S5	=Z(+120)S+Z(+126)S
Z37S4	=Z(+126)S	Z37S5	=Z(+126)S
Z38S4	=ZS(-1)	Z38S5	=ZS(-1)
Z42S4	=SUMME(Z(-6)S:Z(-1)S)	Z42S5	=SUMME(Z(-6)S:Z(-1)S)
Z44S4	=Z(-11)S+Z(-2)S	Z44S5	=Z(-11)S+Z(-2)S

Abbildung 13-4. Formeln für die Spalten 4 und 5 im Einkommensbereich

Die Formeln kopieren

Die Formeln aus Abbildung 13-4 haben Sie nun in die entsprechenden Felder eingegeben und können sie in die übrigen Spalten kopieren. Dazu markieren Sie den Bereich Z6S5:Z45S15 und wählen Bearbeiten-Rechts ausfüllen. WORKS kopiert daraufhin die Formeln aus Spalte 5 in die Spalten 6 bis 15. Abbildung 13-5 zeigt den linken oberen Teil des Einkommensbereichs, nachdem Sie die Formeln kopiert haben.

Da fast alle Formeln in diesem Bereich relative Bezüge enthalten, ändern sich die Bezüge beim Kopieren. Die meisten Formeln in den Spalten 6 bis 15 des Einkommensbereichs beziehen sich auf das vorhergehende Feld derselben Zeile. Mit anderen Worten, Feld Z6S6 enthält die Formel =ZS(-1), Feld Z6S7 die Formel =ZS(-1), Feld Z6S8 die Formel =ZS(-1), usw.

Die Formeln in Spalte 4 geben den Wert an die Spalten 5 mit 15 weiter. Alle Felder in Zeile 6 zeigen beispielsweise denselben Wert, u.z. den Wert, den die Formel in Feld Z6S4 errechnet hat. Da diese Formeln die Werte von Monat zu Monat weiterreichen, nennt man dieser Art der Formelbearbeitung "Übergabe-

Technik". Später in diesem Kapitel werden Sie Näheres über diese Technik erfahren.

Auf den ersten Blick mag die Art der Formeleingabe - alle Formeln in die Spalten 4 und 5 eingeben und dann mit Rechts ausfüllen in die übrigen Felder derselben Spalte kopieren - etwas umständlich erscheinen. Tatsächlich aber ist dies die effektivste Methode, um ähnliche Formeln in benachbarte Felder einzugeben. Die andere Möglichkeit - jede Formel manuell einzugeben - ist sehr viel langsamer.

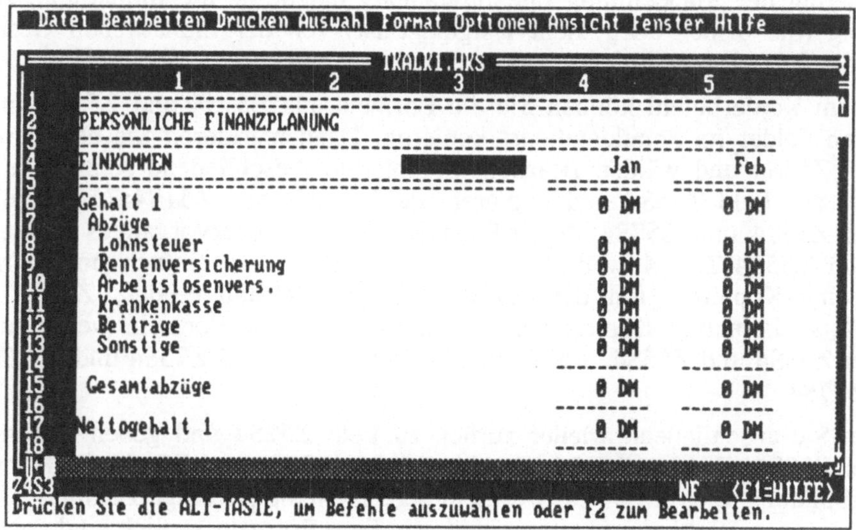

Abbildung 13-5.

Die Tabelle speichern

Nachdem Sie alle Formeln aus Abbildung 13-4 eingegeben und in die übrigen Spalten kopiert haben, speichern Sie erst einmal Ihre Arbeit. Dazu rufen Sie Speichern unter im Menü Datei auf. Falls Sie die neue Datei nicht im aktuelle Verzeichnis ablegen wollen, wählen Sie in Verzeichnisse das gewünschte Verzeichnis. Dann geben Sie einen Namen mit Erweiterung für Ihre neue Datei ein, z.B. *FAMILIE.WKS*, und wählen anschließend Enter oder OK. Wenn Sie die Datei im aktuellen Verzeichnis speichern wollen, schreiben Sie einfach den Dateinamen und wählen anschließend Enter oder OK.

Da diese Tabelle länger und umfangreicher als die meisten anderen Tabellen in diesem Buch ist, wird ihr Aufbau etwas mehr Zeit in Anspruch nehmen. Wir empfehlen Ihnen dringend, möglichst häufig zwischenzuspeichern, damit Sie jeweils den aktuellen Stand Ihrer Tabelle auf der Platte haben.

Der Bereich Ausgaben

Nachdem Sie den Einkommensbereich soweit aufgebaut und mit Formeln versehen haben, geben Sie nun Formeln und Labels in den Ausgabenbereich ein. Bewegen Sie dazu als erstes den Cursor auf Feld Z51S4, und geben Sie hier die Formel =ZS(-1) ein. Diese Formel setzt den Wert in Feld Z51S4 (Januarkosten für Kreditkarten) mit dem geschätzten monatlichen Betrag, den Sie in Feld Z51S3 eingeben, gleich. Anschließend bewegen Sie den Cursor auf Feld Z53S4 und geben die Formel =Z(-2)S-Z(-1)S ein. Diese Formel berechnet den Betrag der Rückzahlungsrate im Januar, indem sie die monatliche Zinszahlung (die bisher noch nicht festgelegt ist) von der monatlichen Gesamtzahlung (Z51S4) subtrahiert.

Mit dem Kopierbefehl können Sie die Formeln aus Z51S4 und Z53S4 in die anderen Felder im Schuldendienst kopieren. Dazu markieren Sie den Bereich Z51S4:Z53S4 und wählen Bearbeiten-Kopieren. Anschließend setzen Sie den Cursor auf Feld Z55S4 und kopieren die Formeln aus Z51S4:Z53S4 in die Felder Z55S4 und Z57S4. Nach Beendigung des Kopiervorganges bleibt der Bereich Z55S4:Z57S4 weiterhin markiert. Wählen Sie einfach noch einmal Bearbeiten-Kopieren, um die Formeln in die nächsten Felder, Z59S4 und Z61S4, zu kopieren. Kopieren Sie auf diese Weise die Formeln weiter in die Felder Z63S4 und Z65S4, Z67S4 und Z69S4, Z71S4 und Z73S4 und in Z75S4 und Z77S4.

Gehen Sie anschließend wieder zurück zu Feld Z52S4 und geben Sie in die Felder Z52S4, Z56S4, Z60S4, Z64S4, Z68S4, Z72S4 und Z76S4 die Formeln aus Abbildung 13-6 ein. Diese Formeln berechnen die jeweilige Zinsrate für die verschiedenen Verbindlichkeiten. Obgleich diese Formeln ähnlich sind, können sie nicht einfach kopiert werden, sondern müssen einzeln eingetippt werden.

Jede dieser Formeln enthält einen Bezug auf ein Feld in Spalte 3 - in das Sie einen Schätzwert für die jeweilige Zinsrate eingeben - und auf ein Feld im Saldenbereich. Die Bezüge auf das Feld in Spalte 3 sind gemischte Bezüge, d.h., absoluter Bezug auf die Spalte 3, relativer Bezug auf die Zeile. Wenn Sie diese Formeln in der Tabelle kopierten, würde WORKS die gemischten Bezüge aufrechterhalten.

Wenn Sie die Formeln aus Abbildung 13-6 eingegeben haben, setzen Sie den Cursor auf Feld Z78S4 und geben hier ein Label aus drei Leerzeichen und neun Bindestrichen ein. Anschließend markieren Sie dieses Label, wählen Bearbeiten-Kopieren, zeigen mit dem Cursor auf Feld Z80S4 und drücken Enter. Damit haben Sie die gestrichelte Linie aus Z78S4 in Z80S4 kopiert. Bewegen Sie anschließend den Cursor auf Feld Z79S4, und geben Sie folgende Formel ein

```
=Z(-28)S+Z(-4)S+Z(-20)S+Z(-16)S+Z(-12)S+Z(-8)S+Z(-4)S.
```

Diese Formel summiert die gesamten monatlichen Aufwendungen für die verschiedenen Verbindlichkeiten.

Feld	Formel
Z52S4	=ZS3/12*Z(+152)S(-1)
Z56S4	=ZS3/12*Z(+149)S(-1)
Z60S4	=ZS3/12*Z(+146)S(-1)
Z64S4	=ZS3/12*Z(+143)S(-1)
Z68S4	=ZS3/12*Z(+140)S(-1)
Z72S4	=ZS3/12*Z(+137)S(-1)
Z76S4	=ZS3/12*Z(+134)S(-1)

Abbildung 13-6. Formeln für Spalte 4 des Unterbereichs Schuldendienst im Ausgabenbereich

Feld	Formel
Z82S4	=ZS3*Z(-38)S
Z83S4	=ZS(-1)
Z88S4	=ZS(-1)
Z89S4	=ZS(-1)
Z90S4	=ZS(-1)
Z91S4	=ZS(-1)
Z97S4	=SUMME(Z(-15)S:Z(-1)S)
Z101S4	=ZS(-1)
Z105S4	=ZS(-1)
Z106S4	=ZS(-1)
Z108S4	=ZS(-1)
Z109S4	=ZS(-1)
Z110S4	=ZS(-1)
Z112S4	=ZS(-1)
Z113S4	=ZS(-1)
Z115S4	=ZS(-1)
Z116S4	=ZS(-1)
Z117S4	=ZS(-1)
Z118S4	=ZS(-1)
Z119S4	=ZS(-1)
Z120S4	=ZS(-1)
Z125S4	=ZS(-1)
Z127S4	=SUMME(Z(-27)S:Z(-1)S)
Z129S4	=Z(-50)S+Z(-32)S+Z(-2)S

Abbildung 13-7. Formeln für Spalte 4 der Unterbereiche Fixkosten und Variable Kosten im Ausgabenbereich

Als nächstes geben Sie dann die Formeln zur Berechnung der Fixkosten und variablen Kosten in Spalte 4 ein. In Abbildung 13-6 sind alle Formeln mit den entsprechenden Eingabefeldern aufgelistet. Die meisten dieser Formeln beziehen sich ganz einfach auf den Wert im benachbarten Feld (Spalte 3). Die

Formel in Feld Z83S4 beispielsweise, =ZS(-1), bezieht sich auf Feld Z83S3. (Da bisher noch keine Werte eingetragen wurden, geben alle Formeln momentan den Wert 0 zurück.)

Einige dieser Formeln können Sie wieder mit dem Befehl Bearbeiten-Unten ausfüllen eingeben.

Zusätzlich zu den Formeln aus Abbildung 13-7 müssen in folgende Felder noch einige Labels aus drei Leerzeichen gefolgt von neun Bindestrichen eingegeben werden: Z96S4, Z98S4, Z126S4 und Z128S4. Ein Label aus drei Leerzeichen und neun Gleichheitszeichen geben Sie in Feld Z130S4 ein (=========).

Anschließend kopieren Sie dann die Formeln und Labels aus Spalte 4 in die Spalten 5 mit 15. Dazu markieren Sie den Bereich Z51S4:Z130S15 und wählen Bearbeiten-Rechts ausfüllen. Abbildung 13-8 zeigt den linken oberen Teil des Ausgabenbereichs, nachdem die Formeln in diesen Tabellenbereich kopiert wurden.

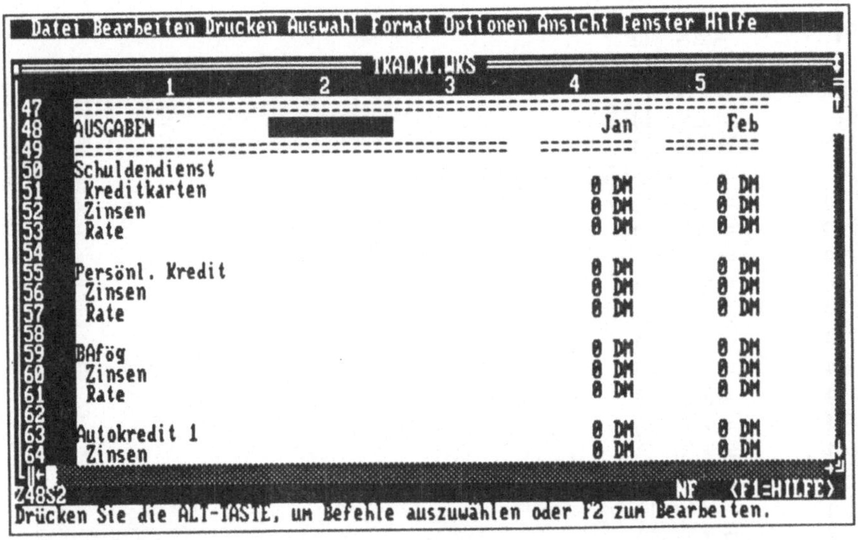

Abbildung 13-8.

Wie im Einkommensbereich geben auch hier viele Formeln einfach den Schätzwert aus Spalte 4 an die Spalten 5 mit 15 weiter. Andere Formeln wiederum berechnen den Zahlungsaufwand für einen bestimmten Monat. Die Formel in Feld Z52S4 beispielsweise, =ZS3/12*Z(+152)S(-1), berechnet die anfallenden Januarzinsen für die Kreditkarten. Nach dem Kopieren dieser Formel in Feld Z52S5 lautet die Formel in diesem Feld =ZS3/12*Z(+152)S(-1). Diese Formel berechent die Höhe der anfallenden Februarzinsen für Kreditkarten. Die Formel in Feld Z52S6 lautet auch =ZS3/12*Z(+152)S(-1) und berechnet die Höhe der anfallenden Märzzinsen für Kreditkarten. (Da bisher noch keine Zahlen eingegeben wurde, geben momenatan alle Formeln den Wert 0 zurück.)

Der Bezug in Feld Z52S3 bleibt konstant, d.h. beim Kopieren der Formel aus Z52S4 in die übrigen Spalten derselben Zeile bleibt der Bezug immer derselbe, da die Formel Spalte 3 absolut adressiert. Eingabe: =ZS3 schreiben). Bei dieser Art der Adressierung - ein Teil der Adresse wird absolut, der andere Teil relativ angesprochen - spricht man von gemischten Bezügen oder Adressen. Die Tabelle in Abbildung 13-6 enthält eine Reihe von Formeln mit gemischten Bezügen auf die Spalte 3. Beachten Sie, daß beim Kopieren dieser Formeln der Bezug auf Spalte 3 immer konstant bleibt.

Der Bereich Zusammenfassung

Geben Sie nun einige Formeln in diesen Bereich ein. Bewegen Sie dazu als erstes den Cursor auf Feld Z135S4, und geben Sie hier die Formel *=Z(-91)S* ein. Diese Formel bezieht sich auf das Feld in Zeile 44 Spalte 4, das eine Formel zur Berechnung des Gesamteinkommens enthält. Anschließend setzen Sie den Cursor auf Z136S4 und geben die Formel *=-Z(-7)S*. Diese Formel adressiert das Feld mit der Formel zur Berechnung der Gesamtausgaben. Als nächstes geben Sie in Feld Z137S4 ein Label aus drei Leerzeichen gefolgt von neun Bindestrichen ein. (Sie können das Label auch von weiter oben in dieses Feld kopieren.) Dann setzen Sie den Cursor auf Feld Z138S4 und geben hier die Formel *=Z(-3)S+Z(-2)S* ein. Diese Formel berechnet das Nettoeinkommen für den Monat Januar, indem sie die die Summe aus Gesamtausgaben und Gesamteinkommen bildet. Als letztes bewegen Sie den Cursor auf Feld Z139S4 und geben hier ein Label aus drei Leerzeichen gefolgt von neun Bindestrichen ein (oder kopieren es von oben in dieses Feld).

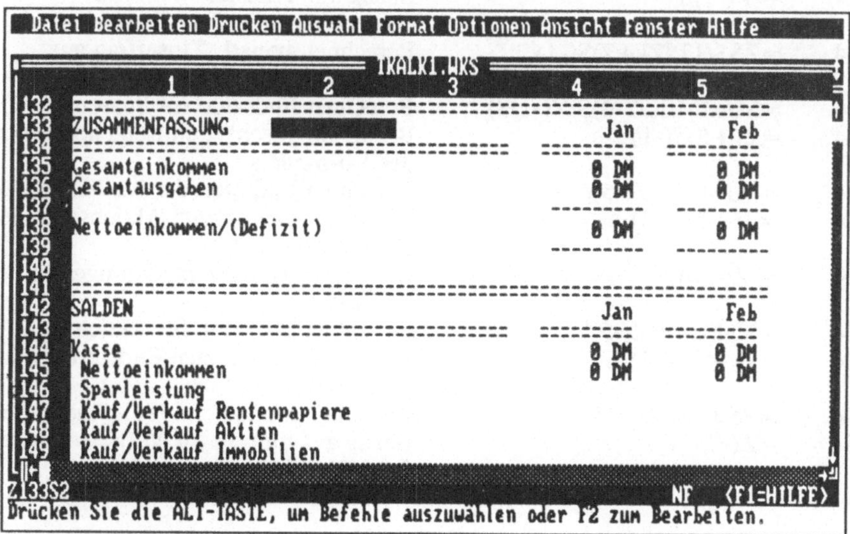

Abbildung 13-9.

Nachdem die Formeln für den Bereich Zusammenfassung eingegeben sind, kopieren Sie sie in die Felder 5 mit 16. Dazu markieren Sie den Bereich Z135S4:Z139S16, wählen Bearbeiten-Rechts ausfüllen und bestätigen mit Enter. Anschließend drücken Sie die Funkktionstaste F9, um Ihre Tabelle neu zu berechnen und alle Formeln zu aktualisieren. Abbildung 13-9 zeigt, wie der linke obere Teil des Bereichs Zusammenfassung nach diesem Schritt aussehen soll.

Da alle Formeln in Spalte 4 der Zusammenfassung relative Bezüge enthalten, ändern sich diese Bezüge beim Kopieren.

Der Bereich Salden

Der letzte Bereich der Tabelle ist der Bereich Salden. In diesem Bereich geben Sie die Formeln aus Abbildung 13-10 in Spalte 4 ein. Sie können auch hier wieder einige Formeln mit Hilfe des Befehls Unten ausfüllen aus dem Menü Bearbeiten eingeben.

Feld	Formel	Erklärung
Z144S4	=Z(+8)S(-1)	Bezug auf geschätzten Kassensaldo des Vormonats
Z145S4	=Z(-7)S4	Bezug auf das in Feld Z138S4 errechnete Nettoeinkommen
Z152S4	=SUMME(Z(-8)S:Z(-2)S)	Berechnet Kassenendsaldo
Z154S4	=Z(+4)S(-1)	Bezug auf geschätzten Sparsaldo des Vormonats
Z155S4	=-Z(-9)S	Bezug auf Transfers (zu)/von Spareinträgen in Feld Z146S4
Z156S4	=ZS3/12*Z(+2)S(-1)	Berechnet monatl. Zinsertrag aus Spareinlagen
Z158S4	=SUMME(Z(-4)S:Z(-1)S)	Berechnet Endsaldo für Spareinlagen
Z160S4	=Z(+5)S(-1)	Bezug auf geschätzten Rentenpapiersaldo des Vormonats
Z165S4	=SUMME(Z(-5)S:Z(-4)S)	Berechnet Endsaldo der Rentenpapiere
Z167S4	=Z(+5)S(-3)	Bezug auf geschätzten Aktiensaldo des Vormonats
Z168S4	=-Z(-20)S	Bezug auf Aktienveränderungen in Feld Z148S4
Z172S4	=SUMME(Z(-5)S:Z(-1)S)	Berechnet Endsaldo für Aktien
Z174S4	=Z(+4)S(-1)	Bezug auf geschätzten Endwert für Hauskonto
Z175S4	=ZS3/12*Z(-1)S	Berechnet monatliche Hausabschreibung
Z176S4	=Z(-73)S	Bezug auf Eintrag für Verbesserungen in Feld Z103S4

Abbildung 13-10. Formeln für Spalte 4 des Saldenbereichs.

(13-10 Fortsetzung)

Feld	Formel	Erklärung
Z178S4	=SUMME(Z(-4)S:Z(-1)S)	Berechnet Endwert für Haus
Z180S4	=Z(+4)S(-1)	Bezug auf geschätzten Immobilienendwert des Vormonats
Z181S4	=Z(-32)S	Bezug auf Kauf/Verkauf von Immobilien in Feld Z149S4
Z182S4	=ZS3/12*Z(-2)S	Berechnet monatliche Abschreibung für Immobilien
Z184S4	=SUMME(Z(-4)S:Z(-1)S)	Berechnet Endwert für Immobilien
Z187S4	=Z(+3)S(-1)	Bezug auf geschätzten Wert für Auto 1 im Vormonat
Z188S4	=ZS(-1)	Bezug auf geschätzte Abschreibung für Auto 1 in Feld Z188S3
Z190S4	=Z(-3)S+Z(-2)S	Berechnet Endwert für Auto 1
Z192S4	=Z(+3)S(-1)	Bezug auf geschätzten Endwert für Auto 2 im Vormonat
Z193S4	=ZS(-1)	Bezug auf geschätzte Abschreibung für Auto 2 in Feld Z193S3
Z195S4	=Z(-3)S+Z(-2)S	Berechnet Endwert für Auto 2
Z197S4	=ZS(-1)+Z(-95)S+Z(-89)S	Berechnet den Wert des persönlichen Vermögens: Saldo des Vormonats plus Aufwendungen für Einrichtung (Z102S4) und Kleidung (Z108S4)
Z199S4	=Z(-9)S+Z(-4)S+Z(-2)S	Berechnet sonstiges Gesamtvermögen
Z201S4	=Z(-49)S+Z(-43)S+Z(-36)S +Z(-29)S+Z(-23)S+Z(-17)S +Z(-2)S	Berechnet Gesamtvermögen
Z204S4	=ZS(-1)-Z(-151)S+Z(-4)S	Berechnet Kreditkartensaldo: subtrahiert Rückzahlungen (Z53S4) vom Vormonatssaldo und addiert neue Einkäufe über Kreditkarten (Z150S4)
Z205S4	=ZS(-1)-Z(-148)S	Berechnet Saldo der persönlichen Schulden: Subtrahiert Rückzahlungen für persönliche Kredite (Z57S4) vom Saldo des Vormonats
Z206S4	=ZS(-1)-Z(-145)S	Berechnet BAFöG-Saldo: Subtrahiert BAFöG-Rückzahlungen (Z61S4) vom Saldo des Vormonats
Z207S4	=ZS(-1)-Z(-142)S	Berechnet Kreditsaldo für Auto 1: Subtrahiert Rückzahlung (Z65S4) für Auto 1 vom Saldo des Vormonats
Z208S4	=ZS(-1)-Z(-139)S	Berechnet Kreditsaldo für Auto 2: Subtrahiert Rückzahlung (Z60S4) vom Saldo des Vormonats
Z209S4	=ZS(-1)-Z(-136)S	Berechnet Saldo für Haushypothek: Subtrahiert Rückzahlungen (Z73S4) vom Saldo des Vormonats

(13-10 Fortsetzung)

Feld	Formel	Erklärung
Z210S4	=ZS(-1)-Z(-133)S	Berechnet den Saldo der sonstigen Hypotheken: Subtrahiert Rückzahlungen für sonstige Hypotheken (Z77S4) vom Saldo des Vormonats
Z212S4	=SUMME(Z(-8)S:Z(-1)S)	Berechnet die Gesamtschulden
Z213S4	=Z(-12)S-Z(-1)S	Berechnet das Nettovermögen: Subtrahiert Gesamtschulden (Z212S4) vom Gesamtvermögen
Z215S4	=Z(-3)S+Z(-2)S	Berechnet die Gesamtschulden und das Nettovermögen

Wie Sie bemerkt haben werden, haben wir nicht in jede Zeile der Spalte 4 des Saldenbereichs eine Formel eingegeben. Feld Z148S4 haben wir z.B. ausgelassen. Tatsächlich haben wir nur in die Felder Formeln eingegeben, deren Wert sich aus anderen Werten in Spalte 4 berechnen läßt oder aus den Schätzwerten in Spalte 3. Die Formeln können uns logischerweise nur Werte aus Zeilen mit regulären, voraussehbaren Vorgängen berechnen. In die übrigen Zeilen müssen die Werte manuell eingeben werden. Wie, erfahren Sie etwas später in diesem Kapitel.

Nachdem Sie die Formeln aus Abbildung 13-10 eingegeben haben, tragen Sie noch einige Labels aus drei Leerzeichen gefolgt von neun Bindestrichen in folgende Felder ein: Z151S4, Z157S4, Z164S4, Z171S4, Z177S4, Z183S4, Z189S4, Z194S4, Z198S4, Z200S4, Z211S4 und Z214S4. Diese Labels bilden die Striche unter Zahlenblöcken, die summiert werden sollen. Sie können diese Labels auch mit Bearbeiten-Kopieren eingeben. Anschließend geben Sie dann in die Felder Z202S4 und Z216S4 ein Label aus drei Leerzeichen gefolgt von neun Gleicheitszeichen ein.

Als nächstes kopieren Sie die Formeln und Labels aus Spalte 4 in die Spalten 5 mit 15 des Saldenbereichs. Markieren Sie also den Bereich Z144S4:Z216S15, und wählen Sie Rechts ausfüllen im Menü Bearbeiten. In Abbildung 13-11 können Sie sehen, wie der linke obere Teil Ihres Saldenbereichs nach diesem Schritt aussehen soll.

Wie im Einkommens- und Ausgabenbereich reichen auch hier viele Formeln einfach den Wert aus Spalte 4 an die übrigen Spalten derselben Zeile weiter. Andere Formeln wiederum übergeben Werte aus anderen Zeilen. Die Formeln in Zeile 144 beziehen sich beispielsweise alle auf Zeile 152 der jeweils vorhergehenden Spalte: Feld Z144S4 enthält die Formel =Z(+8)S(-1), Feld Z144S5 die Formel =Z(+8)S(-1), usw. Diese Formeln setzen den Kassenanfangssaldo einer bestimmten Periode mit dem Kassenendsaldo der vorhergehenden Periode gleich. Die Formeln in den Zeilen 154, 160, 167, 174, 180, 187 und 192 ähneln den Formeln in Zeile 144. (Da bisher noch keine Werte in Spalte 3 eingetragen wurden, geben alle Formeln vorerst den Wert 0 zurück.)

Einige Formeln im Saldenbereich nehmen ganz einfache Berechnungen vor, wie z.B. die Formel in Feld Z156S4, =ZS3/12*Z(+2)S(-1), die den Zinsertrag aus Spareinlagen für den Monat Januar berechnet. Die in die übrigen Felder der Zeile 156 kopierten Formeln sehen ähnlich aus und nehmen dieselbe Berechnung (Zinsertrag aus Spareinlagen) für die entsprechenden anderen Monate vor. Beachten Sie, daß die Formel einen absoluten Bezug auf die Spalte 3 enthält, der auch beim Kopieren erhalten bleibt.

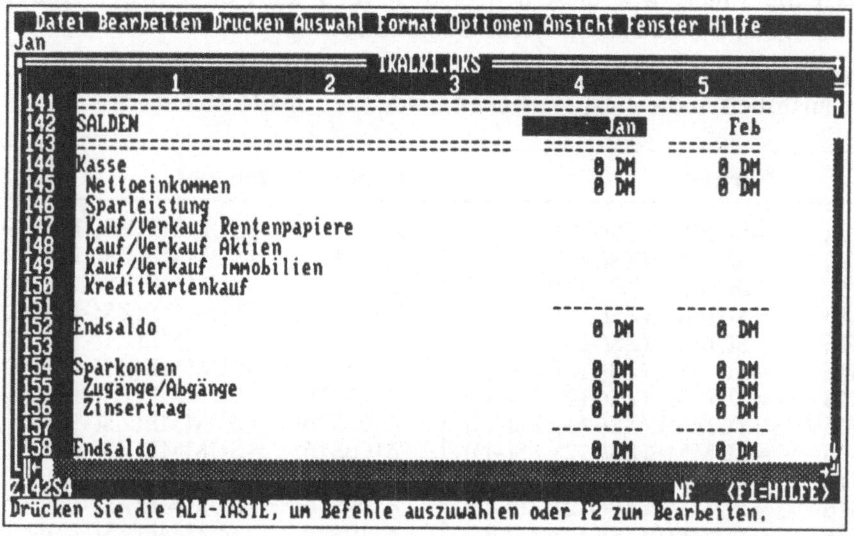

Abbildung 13-11.

Die SUMME-Formeln

In Spalte 16 müssen Sie nun Formeln eingeben, die jeweils die Werte aus den Spalten 4 mit 15 einer Zeile summieren, um die jeweilige Jahressumme in Spalte 16 zu berechnen. In Feld Z6S16 geben Sie z.B. die Formel *=SUMME(ZS(-12):ZS(-1))* ein. Diese Formel bildet die Summe aller Werte in Zeile 6. In Abbildung 13-12 finden Sie eine Liste aller Formeln und Eingabefelder für die Spalte 16.

Sie können diese Formeln natürlich alle manuell eingeben, aber wahrscheinlich werden Sie es vorziehen, die erste Formel in Feld Z6S16 einzugeben und diese dann mit Bearbeiten-Kopieren oder Unten ausfüllen in die darunterliegenden Felder zu kopieren. Geben Sie also in Feld Z6S16 die Formel

```
=SUMME(ZS(-12):ZS(-1))
```

ein, und bestätigen Sie mit Enter. Anschließend rufen Sie Bearbeiten-Kopieren auf, zeigen mit dem Cursor auf Feld Z8S16 und drücken Enter. Mit diesem Befehl wird die Formel aus Feld Z6S16 in Feld Z8S16 kopiert. Da die Formel in Z6S16 relative Bezüge enthält, ändern sich die Bezüge beim Kopieren. Markieren Sie nun den Bereich Z8S16:Z13S16, und kopieren Sie die Formel aus Z8S16 mit Bearbeiten-Unten ausfüllen in die Felder Z9S16 mit Z13S16.

Die Formeln in den Zeilen 6 mit 13 können Sie in die Zeilen 20 mit 27 kopieren. Markieren Sie also den Bereich Z6S16:Z13S16, wählen Sie Bearbeiten-Kopieren, setzen Sie anschließend den Cursor auf Feld Z20S16, und drücken Sie Enter. Mit diesem Schritt werden die Formeln aus Z6S16 mit Z13S16 in den Bereich Z20S16:Z27S16 kopiert.

Geben Sie auch die übrigen Formeln aus Abbildung 13-12 mit Kopieren oder Unten ausfüllen in die entsprechenden Felder der Spalte 16 ein.

Feld	Formel	Feld	Formel
Z6S16	=SUMME(ZS(-12):ZS(-1))	Z91S16	=SUMME(ZS(-12):ZS(-1))
Z8S16	=SUMME(ZS(-12):ZS(-1))	Z93S16	=SUMME(ZS(-12):ZS(-1))
Z9S16	=SUMME(ZS(-12):ZS(-1))	Z94S16	=SUMME(ZS(-12):ZS(-1))
Z11S16	=SUMME(ZS(-12):ZS(-1))	Z95S16	=SUMME(ZS(-12):ZS(-1))
Z12S16	=SUMME(ZS(-12):ZS(-1))	Z101S16	=SUMME(ZS(-12):ZS(-1))
Z13S16	=SUMME(ZS(-12):ZS(-1))	Z102S16	=SUMME(ZS(-12):ZS(-1))
Z20S16	=SUMME(ZS(-12):ZS(-1))	Z103S16	=SUMME(ZS(-12):ZS(-1))
Z22S16	=SUMME(ZS(-12):ZS(-1))	Z105S16	=SUMME(ZS(-12):ZS(-1))
Z23S16	=SUMME(ZS(-12):ZS(-1))	Z106S16	=SUMME(ZS(-12):ZS(-1))
Z24S16	=SUMME(ZS(-12):ZS(-1))	Z108S16	=SUMME(ZS(-12):ZS(-1))
Z25S16	=SUMME(ZS(-12):ZS(-1))	Z109S16	=SUMME(ZS(-12):ZS(-1))
Z26S16	=SUMME(ZS(-12):ZS(-1))	Z110S16	=SUMME(ZS(-12):ZS(-1))
Z27S16	=SUMME(ZS(-12):ZS(-1))	Z112S16	=SUMME(ZS(-12):ZS(-1))
Z36S16	=SUMME(ZS(-12):ZS(-1))	Z113S16	=SUMME(ZS(-12):ZS(-1))
Z37S16	=SUMME(ZS(-12):ZS(-1))	Z115S16	=SUMME(ZS(-12):ZS(-1))
Z38S16	=SUMME(ZS(-12):ZS(-1))	Z116S16	=SUMME(ZS(-12):ZS(-1))
Z39S16	=SUMME(ZS(-12):ZS(-1))	Z117S16	=SUMME(ZS(-12):ZS(-1))
Z40S16	=SUMME(ZS(-12):ZS(-1))	Z118S16	=SUMME(ZS(-12):ZS(-1))
Z51S16	=SUMME(ZS(-12):ZS(-1))	Z119S16	=SUMME(ZS(-12):ZS(-1))
Z52S16	=SUMME(ZS(-12):ZS(-1))	Z120S16	=SUMME(ZS(-12):ZS(-1))
Z53S16	=SUMME(ZS(-12):ZS(-1))	Z121S16	=SUMME(ZS(-12):ZS(-1))
Z55S16	=SUMME(ZS(-12):ZS(-1))	Z122S16	=SUMME(ZS(-12):ZS(-1))
Z56S16	=SUMME(ZS(-12):ZS(-1))	Z123S16	=SUMME(ZS(-12):ZS(-1))
Z57S16	=SUMME(ZS(-12):ZS(-1))	Z124S16	=SUMME(ZS(-12):ZS(-1))
Z59S16	=SUMME(ZS(-12):ZS(-1))	Z125S16	=SUMME(ZS(-12):ZS(-1))
Z60S16	=SUMME(ZS(-12):ZS(-1))	Z145S16	=SUMME(ZS(-12):ZS(-1))
Z61S16	=SUMME(ZS(-12):ZS(-1))	Z146S16	=SUMME(ZS(-12):ZS(-1))
Z63S16	=SUMME(ZS(-12):ZS(-1))	Z147S16	=SUMME(ZS(-12):ZS(-1))
Z64S16	=SUMME(ZS(-12):ZS(-1))	Z148S16	=SUMME(ZS(-12):ZS(-1))
Z65S16	=SUMME(ZS(-12):ZS(-1))	Z149S16	=SUMME(ZS(-12):ZS(-1))

Abbildung 13-12. Formeln für Spalte 16.

(13-12 Fortsetzung)

Feld	Formel	Feld	Formel
Z67S16	=SUMME(ZS(-12):ZS(-1))	Z150S16	=SUMME(ZS(-12):ZS(-1))
Z68S16	=SUMME(ZS(-12):ZS(-1))	Z155S16	=SUMME(ZS(-12):ZS(-1))
Z69S16	=SUMME(ZS(-12):ZS(-1))	Z156S16	=SUMME(ZS(-12):ZS(-1))
Z71S16	=SUMME(ZS(-12):ZS(-1))	Z161S16	=SUMME(ZS(-12):ZS(-1))
Z72S16	=SUMME(ZS(-12):ZS(-1))	Z162S16	=SUMME(ZS(-12):ZS(-1))
Z73S16	=SUMME(ZS(-12):ZS(-1))	Z163S16	=SUMME(ZS(-12):ZS(-1))
Z75S16	=SUMME(ZS(-12):ZS(-1))	Z168S16	=SUMME(ZS(-12):ZS(-1))
Z76S16	=SUMME(ZS(-12):ZS(-1))	Z169S16	=SUMME(ZS(-12):ZS(-1))
Z77S16	=SUMME(ZS(-12):ZS(-1))	Z170S16	=SUMME(ZS(-12):ZS(-1))
Z82S16	=SUMME(ZS(-12):ZS(-1))	Z175S16	=SUMME(ZS(-12):ZS(-1))
Z83S16	=SUMME(ZS(-12):ZS(-1))	Z176S16	=SUMME(ZS(-12):ZS(-1))
Z85S16	=SUMME(ZS(-12):ZS(-1))	Z181S16	=SUMME(ZS(-12):ZS(-1))
Z86S16	=SUMME(ZS(-12):ZS(-1))	Z182S16	=SUMME(ZS(-12):ZS(-1))
Z88S16	=SUMME(ZS(-12):ZS(-1))	Z188S16	=SUMME(ZS(-12):ZS(-1))
Z89S16	=SUMME(ZS(-12):ZS(-1))	Z193S16	=SUMME(ZS(-12):ZS(-1))
Z90S16	=SUMME(ZS(-12):ZS(-1))		

Die Summen in Spalte 16

Zum Abschluß müssen Sie noch in Spalte 16 einige Formeln eingeben, die
jeweils die Summe mehrerer Summen in Spalte 16 berechnen. Diese Formeln
haben Sie bereits in Spalte 15 erstellt und können einfach aus den entsprechenden Feldern in Spalte 16 kopiert werden. Abbildung 13-13 zeigt eine Liste der
Ausgangsfelder und der entsprechenden Zielfeldern.

Nehmen wir ein Beispiel. Um den ersten Satz Summen zu addieren, markieren
Sie den Bereich Z14S15:Z18S15 und wählen Bearbeiten-Kopieren. An-
schließend bewegen Sie den Cursor auf Feld Z14S16 und drücken Enter.
WORKS kopiert dann die Formeln und Labels aus dem Bereich
Z14S15:Z18S15 in den Bereich Z14S16:Z18S16. Da die Formeln in
Z14S15:Z18S15 relative Bezüge auf Felder in Spalte 15 enthalten, bleiben die
Bezüge auf Spalte 16 erhalten. Drücken Sie die Funktionstaste F9, um Ihre
Tabelle erst einmal neu berechnen zu lassen, bevor Sie den nächsten Schritt
ausführen.

Kopieren von	nach
Z14S15:Z18S15	Z14S16
Z28S15:Z33S15	Z28S16
Z41S15:Z45S15	Z41S16
Z78S15:Z80S15	Z78S16
Z96S15:Z98S15	Z96S16
Z126S15:Z130S15	Z126S16

Abbildung 13-13. Formeln aus Spalte 15 für Spalte 16.

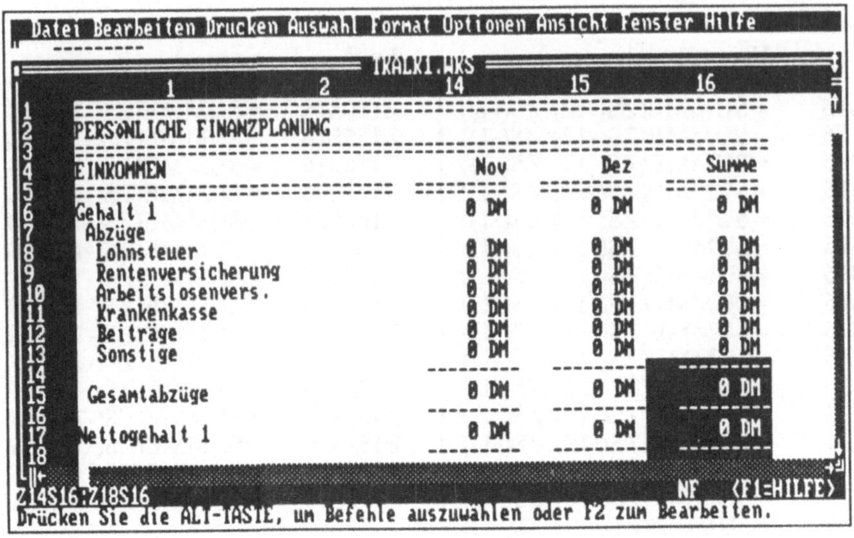

Abbildung 13-14.

Das Arbeitsblatt speichern

Nachdem alle Formeln und Labels eingegeben sind, speichern Sie nun als erstes Ihre fertige Tabelle. Wenn Sie die Tabelle jetzt zum ersten Mal speichern, rufen Sie aus dem Datei-Menü die Option Speichern unter auf. Soll die Tabelle im aktuellen Verzeichnis abgelegt werden, dann tippen Sie jetzt einfach einen Dateinamen für Ihre Tabelle ein (z.B. *FAMILIE.WKS*) und bestätigen diesen mit Enter oder OK. Wenn Sie Ihre Datei nicht im aktuellen Verzeichnis speichern wollen, müssen Sie in Verzeichnisse das entsprechende Verzeichnis wählen. Anschließend tippen Sie dann einen Dateinamen ein und bestätigen mit Enter oder OK. Falls Sie die Tabelle bereits während des Erstellens gespeichert hatten (was empfehlenswert ist), dann wählen Sie nun einfach Datei-Speichern.

MIT DEM ARBEITSBLATT ARBEITEN

Sie können nun anfangen, Daten und Informationen in Ihre Tabelle einzutragen. Laden Sie also als erstes das Arbeitsblatt. (Falls Sie die Tabelle gerade erst erstellt haben, können Sie diesen Schritt auslassen.) Rufen Sie also Vorhandene Datei öffnen im Menü Datei auf, und markieren oder schreiben Sie den Dateinamen (einschließlich Dateierweiterung), unter dem Sie die gewünschte Tabelle abgelegt haben. Falls die gesuchte Tabelle nicht im aktuellen Verzeichnis gespeichert ist, müssen Sie das gewünschte Verzeichnis aus der Liste der Verzeichnisse wählen und dann die gewünschte Datei markieren oder den Namen eintippen. Mit Enter oder OK bestätigen.

Als erstes müssen Sie nun einige Schätzwerte in Spalte 3 eingeben. Anschließend gehen Sie dann wieder zurück an den Anfang und geben alle unregelmäßigen Einnahmen und Ausgaben in die entsprechenden Felder ein. Wahrscheinlich werden Sie auch einige Werte ändern müssen, die WORKS errechnet hat, aber nicht mit Ihren Prognosen übereinstimmen. Wenn Sie diese Eingaben und Änderungen vorgenommen haben, drücken Sie [F9], um Ihre Tabelle neu berechnen zu lassen.

Schätzwerte eingeben

Geben Sie als erstes in Spalte 3 einige Schätzwerte ein. Bei einigen dieser Werte handelt es sich um Prozentangaben, bei anderen um DM-Beträge. Mit diesen Schätzwerten nimmt die Tabelle dann eine Reihe von Berechnungen vor. Den Schätzwert für das monatliche Einkommen (Z6S3) benutzt die Tabelle als Ausgangswert, um das jeweilige monatliche Einkommen in den Feldern Z6S4 bis Z6S15 zu berechnen. Analog werden die Werte in den Feldern Z100S3 mit Z124S3 zur Berechnung der monatlichen Ausgaben benutzt.

In Abbildung 13-15 werden die einzelnen Schätzwerte in Spalte 3 näher erläutert. Um die Schätzwerte einzugeben, setzen Sie einfach den Cursor auf das entsprechende Feld in Spalte 3 und tippen den Wert ein. Anschließend müssen Sie dann, falls erforderlich, für das entsprechende Eingabefeld Prozentformat mit zwei Nachkommastellen bestimmen. Die Mustertabelle in Abbildung 13-1 zeigt, wie Sie die Schätzwerte eingeben müssen. Vergessen Sie aber nicht, Ihre eigenen Werte einzutragen - nicht die vorgegebenen Werte aus der Tabelle.

Feld	Schätzung	Format, Nachkommastellen
Z6S3	Jahresbetrag für Gehalt 1 in DM	
Z8S3	Geschätzte jährl. Lohnsteuerabzüge für Gehalt 1 (ca. 30%)	Prozent,2
Z9S3	Geschätzte jährl. Abzüge für Rentenversicherungsbeiträge (9,5%)	Prozent,2
Z10S3	geschätzte jährl. Abzüge für Arbeitslosenversicherung von Gehalt 1 (2,25%)	Prozent,2
Z11S3	Krankenkasse für Gehalt 1 (meist 5,8%)	Prozent,2
Z12S3	Schätzwert für Jahresbeiträge für Gehalt 1	
Z13S3	Schätzwert für sonstige Abzüge im Jahr von Gehalt 1 (falls vorhanden)	
Z20S3	Jahresbetrag für Gehalt 2 in DM	
Z21S3	Geschätzte jährl. Lohnsteuerabzüge für Gehalt 2 (9,5%)	Prozent,2
Z22S3	Geschätzte jährl. Lohnsteuerabzüge für Gehalt 2 (20%)	Prozent,2
Z23S3	Geschätzte jährl. Abzüge für Rentenversicherungsbeiträge (9,5%)	Prozent,2

Abbildung 13-15. Schätzungen für die persönliche Finanzplanung

(13-15 Fortsetzung)

Feld	Schätzung	Format, Nachkommastellen
Z24S3	Geschätzte jährl. Abzüge für Arbeitslosenversicherung von Gehalt 2 (2,25 %)	Prozent,2
Z25S3	Krankenkasse für Gehalt 2 (ca. 5,8 %)	Prozent,2
Z26S3	Schätzwert für Jahresbeiträge für Gehalt 2	
Z27S3	Schätzwert für sonstige Abzüge im Jahr von Gehalt 2 (falls vorhanden)	
Z38S3	Schätzwert für monatliche Mieteinnahmen (falls vorhanden)	
Z51S3	Monatliche Zahlungen für Kreditkarten	
Z52S3	Aktueller Jahreszins auf Kreditkarten	Prozent,2
Z55S3	Monatliche Raten für persönl. Kredite	
Z56S3	Aktueller Monatszins auf pers. Kredite	Prozent,2
Z59S3	Monatliche Rückzahlung für BAFöG	
Z60S3	Aktueller Jahreszins auf Ausbildungskredite	Prozent,2
Z63S3	Monatliche Ratenzahlung für Auto 1	
Z64S3	Aktueller Jahreszins für Autokredite	Prozent,2
Z67S3	Monatliche Ratenzahlung für Auto 2	
Z68S3	Aktueller Jahreszins auf Autokredite	Prozent,2
Z71S3	Monatliche Hypothekenbelastung	
Z72S3	Aktuller Jahreszins auf Hypotheken	Prozent,2
Z75S3	Monatliche Zahlungen für andere Hypotheken	
Z76S3	Jahreszins auf andere Hypotheken	Prozent,2
Z82S3	z.B. 10 Prozent des Gesamtnettoeinkommens	Prozent,2
Z83S3	Schätzwert der monatlichen Aufwendungen für Kinder	
Z88S3	Geschätzte Ausgaben für Telefon pro Monat	
Z89S3	Geschätzte Ausgaben für Wasser pro Monat	
Z90S3	Geschätzte Ausgaben für Strom und Gas pro Monat	
Z91S3	Geschätzte Ausgaben für Nahrung und Haushalt pro Monat	
Z101S3	Geschätzte Ausgaben für Hausunterhalt pro Monat	
Z105S3	Geschätzte Ausgaben für Benzin pro Monat	
Z106S3	Geschätzte Ausgaben für Unterhalt des Autos pro Monat	
Z108S3	Geschätzte Ausgaben für Kleidung pro Monat	
Z109S3	Geschätzte Ausgaben für Wäscherei pro Monat	
Z110S3	Geschätzte Ausgaben für Reinigung pro Monat	
Z112S3	Geschätzte Ausgaben für Drogerieartikel pro Monat	
Z115S3	Geschätzte Ausgaben für Sport pro Monat	
Z116S3	Geschätzte Ausgaben für Zeitungen pro Monat	
Z117S3	Geschätzte Ausgaben für Bücher und Zeitschriften pro Monat	
Z118S3	Geschätzte Ausgaben für Radio und Fernsehen pro Monat	
Z119S3	Geschätzte Ausgaben für Unterhaltung pro Monat	
Z120S3	Geschätzte Ausgaben für Restaurants pro Monat	
Z125S3	Geschätzte Ausgaben für Sonstiges pro Monat	
Z152S3	Kassensaldo des Vormonats	
Z156S3	Aktueller Jahreszins auf Spareinlagen	Prozent,2
Z158S3	Sparsaldo des Vormonats	
Z165S3	Marktwert der Rentenpapiere vom Vormonat	

(13-15 Fortsetzung)

Feld	Schätzung	Format, Nachkomma- stellen
Z172S3	Marktwert der Aktien vom Vormonat	
Z175S3	Geschätzte Abschreibung für Haus	Prozent,2
Z178S3	Geschätzter Verkehrswert des Hausesim Vormonat	
Z182S3	Geschätzte Abschreibung eventueller anderer Immobilien	Prozent,2
Z184S3	Geschätzter Verkehrswert anderer Immobilien im Vormonat	
Z188S3	Geschätzte monatliche Abschreibung (Minderung des Wiederverkaufswertes) von Auto 1	
Z190S3	Geschätzter Marktwert von Auto 1 am Ende des Vormonats	
Z193S3	Geschätzte monatliche Abschreibung (Minderung des Wiederverkaufswertes) von Auto 2	
Z195S3	Geschätzter Marktwert von Auto 2 am Ende des Vormonats	
Z197S3	Geschätzter Marktwert des persönlichen Vermögens	
Z204S3	Endsaldo aller Kreditkartensalden im Vormonat	
Z205S3	Endsaldo aller persönlicher Kredite im Vormonat	
Z206S3	Endsaldo aller Ausbildungskredite im Vormonat	
Z207S3	Endsaldo des Autokredits für Auto 1 im Vormonat	
Z208S3	Endsaldo des Autokredits für Auto 2 im Vormonat	
Z209S3	Endsaldo der Haushypothek im Vormonat	
Z210S3	Endsaldo sonstiger Hypotheken im Vormonat	

Wie Sie feststellen können, haben wir nicht in alle Zeilen Schätzungen eingegeben. Wir haben daher nur für die vorhersehbaren Ausgaben Schätzungen eingegeben. Wie Sie die unvorhersehbaren Werte manuell eingeben, werden wir Ihnen später in diesem Kapitel noch zeigen.

Falls das eine oder andere Konto in unserer Tabelle für Sie nicht zutreffen sollte, lassen Sie es einfach leer oder tragen Sie als Wert 0 ein.

Die Struktur dieser Tabelle läßt eines ganz klar erkennen: Schätzungen - Ausgangswerte und Prozentangaben, mit denen die Formeln der Tabelle arbeiten - sollten immer explizit, d.h. als Zahl und nicht in Formeln verpackt, eingegeben werden. Wenn Sie Ihre Schätzungen explizit eingeben, können Sie den Wert sofort prüfen und gegebenenfalls ändern.

Eingabe unregelmäßiger Posten

Wie wir bereits erwähnt haben, können nicht alle Einnahmen und Ausgaben von der Tabelle berechnet werden. Einige fallen unregelmäßig oder nur gelegentlich an - einmal im Jahr oder einmal im Quartal. Andere fallen zwar jeden Monat an, aber mit unregelmäßigen Beträgen. Solche Einnahmen und Ausgaben müssen manuell eingegeben werden. Das bedeutet, Sie müssen den Cursor auf das entsprechende Feld (Spalte: Monat/Zeile: Konto) setzen und die Zahl eintippen.

Die Zeile 40 der Tabelle enthält beispielsweise das Konto Sonstiges Einkommen, in das Zahlungseingänge verbucht werden sollen, für die kein eigenes Konto in dieser Spalte vorgesehen ist. Die Beträge, die hier eingegeben werden, fallen unregelmäßig und in unterschiedlicher Höhe an. Die Tabelle erwartet also nicht, daß Sie in diese Zeile einen Schätzwert eingeben. Wenn Sie für dieses Konto einen Eingang erwarten, geben Sie den Betrag in die entsprechende Spalte der Zeile 40 ein. In unsere Mustertabelle in Abbildung 13-1 haben wir in Feld Z40S7 den Wert DM 150 eingegeben. Diese Zahl repräsentiert einen außerordentlichen Zahlungseingang über DM 150 im Monat April des kommenden Jahres. Um diesen Eintrag vorzunehmen, haben wir einfach den Cursor auf Feld Z40S7 gesetzt, die Zahl *150* eingetippt und mit Enter bestätigt.

Die Tabelle in Abbildung 13-16 zeigt eine Liste mit Konten und entsprechenden Zeilenangaben, für die Sie die Werte manuell eingeben müssen. Benutzen Sie diese Liste als Richtlinie bei der Eingabe Ihrer unregelmäßigen Daten. Denken Sie daran, daß Sie nicht unbedingt in jeder Zeile Einträge vornehmen müssen. Falls das eine oder andere Konto für Sie ohne Bedeutung ist, lassen Sie einfach die entsprechende Zeile leer.

Feld	Beschreibung	Eingabe
39	Zuwendungen	Transfereinkommen pro Monat
40	Sonstiges Einkommen	Zusätzl. Einkommen pro Monat
		Vermögenssteuer pro Monat
86	Haftpflichtversicherung	Monatliche Versicherungsprämie
93	Lebensversicherung	Monatliche Versicherungsprämie
94	Autoversicherung	Monatliche Versicherungsprämie
95	Krankenzusatzvers.	Monatlicher Beitrag
102	Einrichtung/Möbel	Monatliche Ausgaben für Möbel
103	Verbesserungen	Monatliche Aufwendungen für Verbesserungen am Haus
121	Geschenke	Monatl. Ausgaben für Geschenke
122	Urlaub	Ausgaben für Urlaub pro Monat
123	Friseur	Monatl. Ausgaben für Friseur
124	Steuerrückzahlung	Steuerrückzahlung/Monat
150	Krediteinkäufe	Einkäufe mit Kreditkarten

Abbildung 13-16. Unregelmäßige Posten im persönlichen Finanzplan

Unregelmäßige Posten ändern

Alle von WORKS berechneten Einkommens- und Ausgabenkonten, die nicht mit Ihren Prognosen übereinstimmen, müssen nun noch geändert werden. Zu diesen Konten zählen alle Einnahmen- und Ausgabenkonten, deren Beträge in den einzelnen Monaten leicht schwanken, wie z.B. Friseurkosten. Auch

Konten, die bis zu einem bestimmten Zeitpunkt ganz regelmäßig sind und sich dann plötzlich ändern.

Um einen bereits berechneten Wert zu ändern, bewegen Sie den Cursor auf das entspechende Feld und geben einfach den neuen Wert ein. In Abbildung 13-1 haben wir z.B. die Kosten für Kreditkarten im April (Z51S3) von DM 10 auf DM 25 geändert. Dazu hatten wir den Cursor auf Feld Z51S3 gesetzt, die Zahl *25* eingetippt und anschließend mit Enter bestätigt. Ähnlich haben wir die Änderung der Zahlungen für Telefon im März (Z88S6) von DM 200 auf DM 175, im April (Z88S7) auf DM 150 und im Mai (Z88S8) auf DM 100 vorgenommen. Wir haben einfach den Cursor auf das entsprechende Feld, Z88S6 gesetzt, *175* eingetippt und dann die rechte Pfeiltaste gedrückt, um den Cursor auf Feld Z88S7 zu setzen. In diesem Feld haben wir den Wert *150* eingetippt und dann wieder die rechte Pfeiltaste gedrückt, um auf Feld Z88S8 zu gelangen, und hier den Wert *100* einzugeben. Mit Enter haben wir den Änderungsvorgang beendet.

Wie Sie sich erinnern werden, haben wir in viele Felder des Einkommens- und Ausgabenbereichs Formeln eingegeben, die sich einfach auf links angrenzende Feld derselben Zeile beziehen. Feld Z51S4 z.B. enthält die Formel =ZS(-1), Feld Z51S5 die Formel =ZS(-1), usw. Wir hatten im Zusammenhang mit diesen Formeln die sogenannte Übergabe-Technik erwähnt. Der Vorteil dieser Technik wird erst deutlich, wenn man die oben erwähnten Änderungen vornimmt. Wenn Sie in Feld mit einer "Übergabe-Formel" einen Wert eingeben, ersetzt dieser Wert die Formel. Die Formel im Feld rechts neben dem Feld mit dem neuen Eintrag übernimmt den neuen Wert und gibt ihn an die anderen Felder weiter. Mit anderen Worten, der neue Wert wird in der Tabelle weitergereicht. Nehmen wir ein Beispiel: Die Felder Z51S8, Z51S9, Z51S10, Z51S11, usw.in unserer Mustertabelle in Abbildung 13-1 zeigen alle denselben Wert 25 - den Wert, den wir in Feld Z51S7 eingegeben haben. Das kommt daher, weil jedes dieser Felder mit einer "Übergabe-Formel" ausgestattet ist. Ähnlich verhält es sich mit dem Wert, den wir in Feld Z88S8 eingegeben haben, auch dieser Wert wurde an das nächste Feld (Z88S9) mit der Formel =ZS(-1) weitergereicht.

Wenn Sie in eine Zeile einen Wert eingeben, reichen die Formeln diesen Wert an die übrigen Felder derselben Zeile weiter. Wenn Sie irgendwo innerhalb der Zeile einen neuen Wert eingeben, wird dieser neue Wert an die nachfolgenden Felder der Zeile übergeben. Nehmen wir als Beispiel Feld Z88S10 in Abbildung 13-1, das den Wert DM 150 enthält. Dieser Wert wurde geändert. Dazu hatten wir den Cursor auf Feld Z88S10 gesetzt und hier den Wert *150* eingetippt. Wie Sie sehen werden, wurde der neue Wert von Z88S10 an die nachfolgenden Felder Z88S11, Z88S12 und Z88S13 weitergereicht. In Feld Z88S14 geben Sie wieder den Wert *DM 175* und Feld Z88S15 den Wert *DM 200* ein.

Die Tabelle in Abbidlung 13-17 listet eine Reihe von Zeilen und Konten auf, die eventuell geändert werden müßten. Vielleicht müssen auch Zeilen geändert

werden, die nicht in dieser Liste aufgeführt sind. Die Änderungen werden erst
weitergereicht, wenn Sie Ihre Tabelle neu berechnen lassen.

Zeile	Konto
11	Krankenkassenabzüge (Gehalt 1)
13	Sonstige Abzüge (Gehalt 1)
25	Krankenkassenabzüge (Gehalt 2)
27	Sonstige Abzüge (Gehalt 2)
51	Zahlung für Kreditkarten
88	Telefon
89	Wasser
90	Strom und Gas
101	Unterhaltskosten für Haus
105	Benzinausgaben
106	Unterhaltskosten für Auto
108	Anschaffungskosten für Kleidung
112	Arztkosten
113	Drogerieartikel
119	Unterhaltung

Abbildung 13-17. Regelmäßige Konten, die eventuell geändert werden müssen.

Saldentransfers

Jetzt müssen Sie nur noch eines tun. In den Zeilen 146 bis 149 können
Transfers zwischen Kassenkonten und anderen Vermögenskonten, wie z.B.
Spareinlagen, Kapitalanlagen, Grundbesitz usw. vorgenommen werden. Die
Tabelle in Abbildung 13-18 beschreibt den Inhalt der einzelnen Zeilen.

Um einen Transfer vom Kassenkonto zu einem dieser Vermögenskonten vorzu-
nehmen (Reduzierung des Kassenbestands und Erhöhung eines Vermögenswertes), geben Sie einfach eine negative Zahl in das entsprechende Feld ein. In
unserer Mustertabelle in Abbbildung 13-1 haben wir beispielsweise in jedem
Feld in Zeile 146 den Wert -100 eingegeben. Die negativen Zahlen, die im
Arbeitsblatt in Klammern dargestellt werden, repräsentieren immer einen
Transfer vom Kassenkonto auf ein Sparkonto. Der Wert -4000, der in Feld
Z148S7 eingegeben wurde, spiegelt einen Transfer vom Kassenkonto auf eines
der Ertrags-Konten wieder.

Um einen Transfer von einem Vermögenskonto auf das Kassenkonto zu vermerken, (Erhöhung des Kassensaldos, Reduzierung der anderen Konten), geben
Sie einen positiven Wert im entsprechenden Feld ein. In unserer Mustertabelle
in Abbildung 13-1 stellt der Wert DM 4.000 in Feld Z147S7 den Verkauf einer
Anlage in Höhe von DM 4.000 als Kassenzugang dar.

Die Tabelle reicht jeden Wert, den Sie in eine dieser Zeilen eingeben, an die
anderen Zeilen im Saldenbereich weiter. So bezieht sich beispielsweise jedes
Feld in Zeile 155 (Zugänge/Abgänge Sparkonten) das entsprechende Feld in

Zeile 146. Feld Z155S4 enthält z.B. die Formel =Z(-9)S, Feld Z155S5 die Formel =Z(-9)S, usw. Wenn Sie in eines der Felder in Zeile 146 einen negativen Wert eingeben, erscheint dieser Wert in dem entsprechenden Feld in Zeile 155 mit einem positiven Vorzeichen - als Zugang für die Spareinlagen. In unserer Mustertabelle in Abbildung 13-1 enthält Feld Z146S4 beispielsweise den Wert -100, der in der Tabelle in Klammern (DM 100) erscheint; in Feld Z155S4 derselben Tabelle wird dieser Wert als positiver Wert gezeigt, DM 100. Wenn Sie also in ein Feld in Zeile 146 einen positiven Wert eingeben, erscheint dieser Wert im entsprechenden Feld in Zeile 155 als negative Zahl.

Zeile	Beschreibung	Eingabe
146	Sparleistung	Betrag transferiert auf/von Sparkonten
147	(Kauf)/Verkauf	Monatlicher Kauf/Verkauf von Aktien
148	(Kauf)/Verkauf von Rentenpapieren	Monatlicher Kauf/Verkauf von Rentenpapieren
149	(Kauf)/Verkauf Immobilien	Monatlich gekaufte/verkaufte Immobilien

Abbildung 13-18. Saldentransfers.

Da die Tabelle die Werte, die Sie in die Zeilen 146 mit 149 eingeben, an die entsprechenden Felder im übrigen Saldenbereich weitergibt, müssen Sie Transfers dieser Art nicht manuell verbuchen. Doch müssen diese Transfers sehr sorgfältig vorgenommen werden, damit ein negativer Kassen- oder anderer Vermögenssaldo vermieden wird.

Die Tabelle berechnen

Nachdem alle Schätzungen und unregelmäßigen Ausgaben und Einnahmen verbucht und alle erforderlichen Angleichungen vorgenommen sind, wählen Sie nun Neu berechnen im Optionen,-Menü oder drücken einfach die Funktionstaste [F9], um Ihre Tabelle neu berechnen zu lassen. Die Tabellenkalkulation aktualisiert daraufhin alle Formeln: Die "Übergabe-Formeln" reichen die Werte aus den Spalten 3 und 4 an die Spalten 5 mit 15 weiter, andere Formeln nehmen Berechnungen vor und die SUMME-Funktionen addieren die Werte einer Zeile bzw. der einzelnen Monate.

Sehen Sie sich anschließend das Ergebnis genau an. Erscheinen die Werte unrealistisch? Ist der Saldo für das monatliche Einkommen ständig negativ? Finden Sie irgendwo einen negativen Kassensaldo? Ist der Saldo eines der anderen Vermögenskonten irgendwo negativ? Wenn ja, ändern Sie einige Einträge, um das Problem in den Griff zu bekommen. Eventuell müssen Sie einen Schätzwert für eine variable Ausgabe ändern, um einen negativen Kassensaldo zu vermeiden; oder den Betrag für einen Transfer im Saldenbereich reduzieren, um keinen negativen Vermögenssaldo zu erhalten; oder einen weiteren Transfer vornehmen, um Geld für eine außerordentliche Ausgabe bereitstellen zu können. Nachdem Sie Ihre Änderungen ausgeführt haben, lassen Sie Ihre Tabelle noch einmal berechnen, und prüfen Sie das Ergebnis Ihrer Änderungen.

Drucken und Speichern

Als erstes sollten Sie Ihre fertig ausgefüllte Tabelle in einer neuen Datei speichern. Dazu rufen Sie Speichern unter im Datei-Menü auf, ändern, falls erforderlich, das vorgegebene Verzeichnis, tippen dann einen neuen Namen für Ihre Tabelle ein und speichern anschließend mit Enter oder OK. Achten Sie darauf, daß der gewählte Dateiname eindeutig und aussagekräftig ist - z.B. *PLAN90* für die Planung des Jahres 1990. Achten Sie auch darauf, daß die ausgefüllte Tabelle nicht unter demselben Namen wie die unausgefüllte Tabelle gespeichert wird, da andernfalls die ausgefüllte Version die Originalversion überschreibt, die damit verlorenginge.

Um die gesamte Tabelle zu drucken, wählen Sie als erstes Papierformat im Drucken-Menü und nehmen die gewünschten Druckänderungen vor. Wenn Sie beispielsweise einen Drucker mit breitem Wagen haben und die Tabelle auf DIN-A3 Papier drucken wollen, ändern Sie die Einstellung für Seitenbreite. Außerdem Randeinstellungen ändern. Wenn Sie mit den Layout-Änderungen fertig sind, können Sie im Dialogfeld Kopf-/Fußzeilen einen Text für die Kopf- und die Fußzeile eingeben.

Markieren Sie den gesamten Text und öffnen Sie das Dialogfeld Schriftart und nehmen hier die gewünschten Schrifteinstellungen vor. (Bei Proportional-schrift, wie z.B. Times, funktionieren Formateinstellungen wie Unterstreichen und Fettdruck nicht.) Falls Sie Ihre gesamte Tabelle auf einer einzigen Seite unterbringen wollen, müssen Sie eine komprimierte Schriftart wählen (z.B. Elite) und kleine Punktgröße (6 oder 8).

Anschließend rufen Sie Drucken im Drucken-Menü auf, um weitere Druckein-stellungen zu ändern, und wählen schließlich Drucken, um die Tabelle auszu-drucken.

Wenn Sie nur einen Teil der Tabelle drucken wollen, markieren Sie den ent-sprechenden Bereich und wählen dann im Drucken-Menü die Option Markiertes drucken. Anschließend nehmen Sie die gewünschten Änderungen in den Dialogfeldern Papierformat, Kopf-/Fußzeilen und Schriftart vor und rufen dann Drucken im Dialogfeld Drucken auf.

Mit der Tabelle arbeiten

Ihre Tabelle ist nun fertig, und Sie haben damit eine komplette Planung Ihrer persönlichen Finanzen für das kommende Jahr vorliegen. Sehen Sie sich die Planung sorgfältig an, damit Sie wissen, wie Ihre Finanzen im kommenden Jahr aussehen werden. Wo sind beispielsweise Engpässe zu erwarten? Was geschieht, wenn eine unvorhergesehene Ausgabe zu diesem Zeitpunkt anfällt?

Ändern Sie eventuell Ihre Planung, um Probleme zu vermeiden. Sollten Sie vielleicht im kommenden Jahr neue Investitionen vornehmen? Die Tabelle zeigt Ihnen, wann der richtige Zeitpunkt dafür wäre. Sind irgendwelche Anschaffungen erforderlich, die Sie sich momentan nicht leisten können? Arbeiten Sie anhand der Tabelle eine Sparstrategie aus, die Ihnen die Anschaffung in absehbarer Zeit ermöglicht.

Nehmen Sie sich am Ende jedes Monats Ihre Kreditkartenabrechnungen und Ihr Scheckjournal vor, und vergleichen Sie Ihre tatsächlichen Ausgaben mit den geschätzten Ausgaben in Ihrer Tabelle. So können Sie leicht feststellen, wie zuverlässig Ihre Schätzungen sind. Wenn Sie Schätzwerte finden, die weit über oder unter den tatsächlichen Werten liegen, gleichen Sie die Schätzwerte der Realität an. Um ein solche Änderung vorzunehmen, setzen Sie einfach den Cursor auf das entsprechende Feld (Zeile: Konto/Spalte: Monat) und geben einen neuen Schätzwert ein. Die Tabelle reicht den neuen Wert dann automatisch an die übrigen Spalten bis zum Jahresende weiter. Falls Sie für einen wichtigen Posten kein geeignetes Konto finden, können Sie eine neue Zeile im entsprechenden Bereich einfügen. (Wie man das macht, zeigen wir Ihnen im nächsten Abschnitt.)

ANPASSUNGEN

Zwei Änderungen könnten noch für Ihre Tabelle von Bedeutung sein. Erstens können Sie neue Zeilen für weitere Konten einfügen und zweitens mit den Daten in der Tabelle Diagramme anfertigen.

Zeilen einfügen

Falls Sie ein neues Konto in die Tabelle aufnehmen wollen - weil Sie vielleicht in der Lotterie gewonnen haben und nun jeden Monat zusätzlich DM 500 erhalten - dann benötigen Sie im Einkommensbereich Ihrer Tabelle ein neues Konto dafür. Sie müssen also eine weitere Zeile einfügen, und zwar folgendermaßen: Sie markieren einfach die Zeile, über der Sie eine neue Zeile einfügen wollen, und wählen Zeile/Spalte einfügen im Menü Bearbeiten. Mit diesem Befehl wird über der markierten Zeile eine neue, leere Zeile eingefügt. Wenn Sie mehrere Zeilen ergänzen wollen, markieren Sie einfach so viele Zeilen, wie Sie ergänzen wollen und wählen dann Bearbeiten-Zeile/Spalte einfügen. Anschließend geben Sie für die neuen Zeilen in Spalte 1 Labels, in Spalte 3 Schätzwerte und in die Spalten 4 mit 15 Formeln zur Berechnung der monatlichen Beträge ein. Für neue Ausgaben- oder Einkommenskonten, die nicht regelmäßig sind, geben Sie keine Schätzwerte und Formeln ein, sondern nur die tatsächlichen Beträge in die entsprechenden Felder der neuen Zeile.

Wichtig ist, daß der Inhalt der neu eingefügten Zeilen in die Summenberechnungen mit einbezogen wird. Das kann kompliziert werden, ist es aber in den seltensten Fällen. Denn wenn Sie zwischen den Zeilen 36 und 41 des Ein-

kommensbereichs und zwischen den Zeilen 82 und 96 oder 100 und 126 des
Ausgabenbereichs neue Zeilen einfügen, wird der Inhalt dieser Zeilen in die
Summen in den Zeilen 42, 97 oder 127 einbezogen, da die Formeln in diesen
Zeilen SUMME-Funktionen enthalten. Wenn man zwischen den Zeilen, die die
SUMME-Bereiche definieren, neue Zeilen einfügt, werden die Bereiche auto-
matisch erweitert und die neuen Zeilen von der SUMME-Formel mit erfaßt.

Wenn Sie allerdings außerhalb des SUMME-Bereichs neue Zeilen einfügen,
wird es etwas komplizierter. Dann müssen Sie die entsprechenden Formeln so
ändern, daß Sie die neuen Werte mit einbeziehen. Besonders umständlich wird
es, wenn eine neue Art von Verbindlichkeit oder Investition in die Tabelle aufgenommen werden soll. In diesem Fall kann es erforderlich werden, sowohl im
Saldenbereich (um einen neuen Vermögenswert oder eine neue Verbindlichkeit
aufzunehmen) als auch im Einkommensbereich (um bei einem Anlagevermögen
den Kapitalertrag zu verbuchen) oder im Ausgabenbereich (um die Zinsen für
eine Verbindlichkeit zu verbuchen) neue Zeilen einfügen zu müssen. Doch
Vorsicht! Machen Sie sich vorher anhand der Mustertabelle in Abbildung 13-1
die Auswirkungen klar, bevor Sie derartige Änderungen vornehmen.

Diagramme erstellen

Die Daten in Ihrer Tabelle können Sie in verschiedenen Diagrammen grafisch
darstellen lassen. Um ein Diagramm anzufertigen, markieren Sie als erstes den
Bereich mit den Daten, die im Diagramm grafisch dargestellt werden sollen.
Anschließend rufen Sie Neues Diagramm im Ansicht-Menü auf. WORKS
erstellt dann aus den Daten ein Diagramm, das sofort angezeigt wird. Sie
können die Anzeige mit Esc verlassen. Ihnen stehen jetzt verschiedene
Optionen zur Verfügung, mit denen Sie das Diagramm noch weiter bearbeiten
können.

Angenommen, Sie wollen ein Diagramm erstellen, das den Kassensaldo am
Ende jedes Monats darstellt. Dann markieren Sie den Bereich Z152S4:Z152S15
(monatliche Kassenendsummen) und wählen Neues Diagramm im Menü
Ansicht. Verlassen Sie die Anzeige mit Esc. Anschließend markieren Sie den
Bereich Z142S4:Z142S15 und wählen im Daten-Menü die Option X-Datenreihe, um die X-Achse zu beschriften. Wenn Sie nun Ansicht-Diagramm1
wählen, erscheint das in Abbildung 13-19 gezeigte Diagramm auf Ihrem Bildschirm. WORKS bietet Ihnen die Möglichkeit, mit den Daten aus Ihrer Tabelle
bis zu acht Diagramme anfertigen zu lassen

ZUSAMMMENFASSUNG

Eine persönliche Finanzplanung ist für Jedermann geeignet und für viele wohl
auch dringend zu empfehlen. Wie Sie in diesem Kapitel gesehen haben, bietet
die Tabellekalkulation von Microsoft WORKS das geeignete Instrumentarium
hierfür. Wenn sich Ihre Finanzen im Rahmen halten, dann bietet diese Tabelle

eine sinnvolle und effektive Unterstützung bei der Vorauskalkulation Ihres Nettoeinkommens und Ihres Kassensaldos für das nächste Jahr.

Selbst wenn Sie die Tabelle in dieser Form nicht einsetzen werden, können Sie sich einige der hier gezeigten Techniken und Tips - wie z.B. Einsatz der "Übergabe-Formeln" und explizite Eingabe von Schätzwerten - für andere Anwendungen zunutze machen.

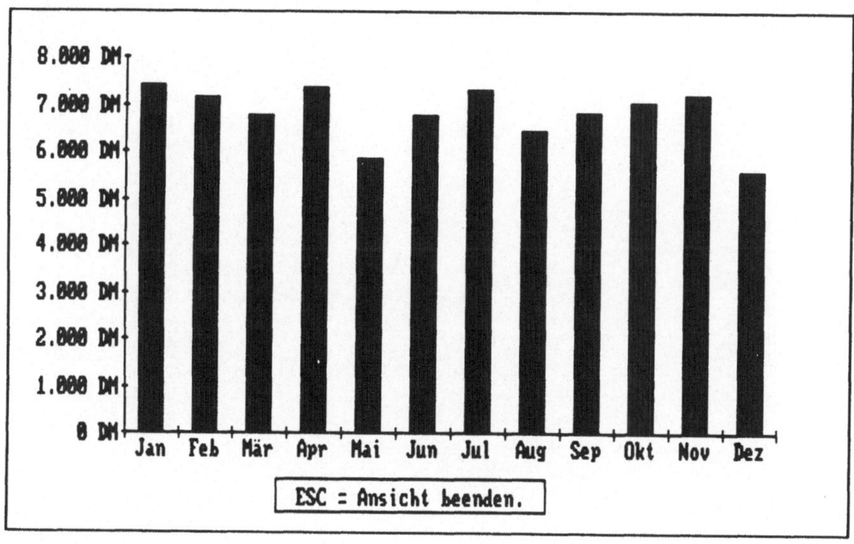

Abbildung 13-19.

Sachwortverzeichnis